소비자와
법의 지배

이 책은 Microsoft사의 'Rule of Law' Fund의 지원을 받아 출판되었습니다.

서울대학교 법학연구소
법의지배센터 연구시리즈 2008-1

소비자와
법의 지배

여정성 최종원 장승화 공편

서울대학교출판부

SNU Center for Rule of Law
Research Series 2008-1

Consumers and the Rule of Law

Edited by

Jungsung Yeo, Jongwon Choi, and Seung Wha Chang

Seoul National University Press

발간사

서울대학교 법학연구소 법의지배센터는 2003년 Microsoft사의 재정적 지원으로 설립된 이래 한국사회에 법의 지배 이념을 확산하는 데 기여할 수 있는 연구활동, 세미나 개최 및 교육활동을 지속적으로 전개해 왔다. 그동안 법의지배연구 시리즈로서『절차적 정의와 법의 지배』(2003),『국제기준과 법의 지배』(2004),『사회적 차별과 법의 지배』(2005),『법치주의의 기초: 역사와 이념』(2005),『NGO와 법의 지배』(2006) 그리고『언론과 법의 지배』(2007)을 비롯한 여러 권의 단행본을 발간한 바 있다. 지난 과거 5년에 걸친 발간 작업 중에서『절차적 정의와 법의 지배』(2003)에 이어『법치주의의 기초: 역사와 이념』(2005)이 대한민국학술원 우수학술도서로 최근 또 한 번 선정되었음은 자랑스러운 일이 아닐 수 없다.

이번에 간행되는『소비자와 법의 지배』는 우리 사회에서 본질적으로 하나의 이익집단으로 조직화되기 어려우면서도 경제적, 사회적으로 핵심적인 중요성을 차지해야 하는 소비자에 관하여, 그 관련 법과 정책을 법의 지배라는 큰 테두리 하에서 종합적으로 조명하는 국내 첫 연구결과라고 자랑스럽게 말할 수 있다. 소비자 법과 정책을 제대로 시행하는 것이 법의 지배를 확산하는 주요한 방법이 될 수 있을 뿐만 아니라 소비자가 보호의 대상으로만 인식됨을 넘어서서 법의 지배를 실현하는 주체로서의 인식이 요구되고 있는 상황에서 소비자 관련 국내 법과 정책의 전문가들을 한자리에 모아 다양한 시각을 통해서 균형된 지향점을 모색할 수 있었다는 것만으로도 이 책의 출간은 매우 큰 의의가 있을 수 있다고 생각된다.

이 책이 발간되기까지는 너무도 많은 분들의 수고가 모아졌다. 이 프로젝트의 전체책임을 지시고 이끌어 주신 여정성 교수님, 기획단계부터 마지막 순간까지 공동편저자로 창의적인 시각을 보태 주신 최종원 교수님, 워크숍에서 정해진 시간이 모자라 안타까워하면서 열띤 토론을 해 주신 모든 참석자 여러분께 우선 진심으로 감사를 드린다. 2001년 이후, 특히 법의지배센터가 설립된 2003년 이후 법의지배센터 연구사업을 재정적으로 지원해 주고 있는 Microsoft사의 Bradford Smith 수석변호사, Pamela Passman 부수석변호사, University of Washinton Law School의 Geoff Manne 교수, 그리고 워크숍에 직접 참여해 주신 정재훈 Microsoft Korea 수석변호사님께 감사드린다. 또한 법의지배센터 연구사업에 항상 관심을 가지고 2007-8년도 사업의 일환인 본 프로젝트를 지원을 해 주신 호문혁, 김건식 (전/현)서울대 법과대학 학장님, 정인섭, 박정훈 (전/현)법학연구소장님께도 깊게 감사드리고자 한다. 마지막으로 행정적으로 궂은 일을 항상 웃는 얼굴로 성심 성의껏 도와준 조민아 (전)조교에게도 고마움을 전한다.

2008년 9월

서울대학교 법과대학 법의지배센터장 장승화

Foreword

It is amazing to see how the Seoul National University's Center for the Rule of Law has developed and flourished over the past seven years. SNU has established a Rule of Law Program in Korea that is second to none and has provided a model program for other universities across the Region to emulate. On behalf of Microsoft I would like to express our deep appreciation for the exemplary work of the SNU Center for the Rule of Law and our gratitude to Professor Seung Wha Chang for his dedication as the Director of the Center, and to Professor Jung Sung Yeo for her leadership in bringing this year's project to conclusion.

The Rule of Law is one of the most important and fundamental principles that guide the development and operation of a modern society. A healthy and functioning system of rules or laws that are fair, stable and broadly known and which are backed up by a judicial system that is competent, efficient, ethical and independent of influences both private and public, is central to the functioning of civil society, social development, political stability, and economic growth. This year, the Center has focused specifically on consumer issues as they relate to the Rule of Law. This is a particularly interesting topic and one that I was delighted to see selected. Consumers today enjoy enormous benefits and choice as a result of globalization and technological advances, most notably the rise of Internet commerce; however, these advances bring certain challenges and risks such as cyber crime, identity theft, and other online fraudulent schemes. This topic is therefore a timely one to examine from a Rule of Law perspective and I congratulate the Center for having selected it.

Microsoft is truly honored to be the founding contributor to the Center, and we hope that our contribution continues to support scholarly research in this important area and raise awareness of the importance of the Rule of Law. We are proud to work with the Center and look forward to our continued partnership on this important initiative.

August 2008

Bradford Smith
General Counsel and Sr. Vice President
Microsoft Corporation

차례

제II부 소비자와 정책과정

제III부 소비자의 권리구제

제IV부 타 정책 속의 소비자

SESSION

서문: 소비자, 시장 그리고 소비자문제

▌여 정 성▐
서울대학교 소비자학과 교수

제1절 문제 제기

소비자보호법의 제정 또는 한국소비자보호원의 개원을 그 기점으로 할 때, 우리나라의 행정체계에서 '소비자' 내지는 '소비자정책'이라는 단어가 등장한 지 어느덧 20여 년이 지났다. 소비자보호법의 제정을 시작으로, 1980년대에는 약관규제법, 방문판매법, 통신판매법 등이 거래 관련 법령들이 우선적으로 도입되었으며, 1990년대에는 식품과 의약품의 안전성을 제고할 수 있도록 식품의약품안전청이 신설되었고, 공정거래위원회의 소비자보호 기능을 강조한 소비자보호국이 신설되었다. 뒤이어, '표시광고 공정화에 관한 법률'과 '제조물책임법'을 도입함으로써, 소위 국제적인 수준의 소비자보호기제를 모두 다 완비한 바람직한 법체계를 갖추게 되었다. 또한 최근에는 소비자기본법의 개정, 한국소비자보호원의 이관 등 소비자정책추진체계에 있어 지난 20년 중 그 어느 때보다도 가장 급격하고도 큰 변화를 직면하게 되었다.

이제 우리나라에서는 소비자중심적인 기업 운영이 활성화되고 있으며, 상품의 품질이나 소비자불만해결체제에 있어 국제적 수준의 경쟁력을 갖춘 기업이 날로 늘어가고 있다. 그럼에도 불구하고 독점적 구조의 산업이나 소규모 영세산업 등에서는 여전히 과거와 같은 양태의 소비자문제가 지속되고 있는 실정이다. 소비자들이 겪고 있는 피해의 양상 역시 여전히 과거의 모습을 그대로 하고 있다. 즉, 그 어느 나라와 비교해서는 뒤떨어지지 않는 법적 기제를 갖추고 있음에도 불구하고 이런 실태가 나타나는 것은 바로 도입된 법을 제대로 지키려 하지 않는 경제주체들의 몰이해 내지는 방관과 법을 제대로, 그리고 적절히 집행하지 못하는 행정력의 한계에서 기인한다고 생각한다.

어떤 사회에 도입된 법은 바로 사회 구성원들 간에 지키기로 합의된, 그리고 모두가 지켜야 하는 약속이다. 이러한 약속을 사회 구성원 누구나가 지키고, 또 끊임없이 이를 단속해야 하는 감시의 눈이라는 비용을 지불하지 않을 수 있는 것이 바로 바람직한 법치국가의 모습임에도 불구하고, 현재 우리나라의 소비자들은 여전히 심각한 소비자문제에 노출되어 있다.

이에 왜 이런 현상이 시정되지 못한 채 끊임없이 동일한 양태의 소비자문제가 반복되고 있는지 시행 중인 소비자보호법제들의 입법 배경과 정책 효과에 대해 점검할 필요할 있다는 문제의식에서 서울대학교 법과대학 법의지배센터의 연구과제로 '소비자와 법의 지배'라는 본 과제를 출범시켰다. 특히 최근 들어 소비자보호정책이 아닌 다른 정책 영역에서도 화두가 되고 있는 '소비자' 그리고 '소비자이익' 등에 대해서도 어떤 접근을 취하고 있는가에 대해서도 함께 고민하는 자리를 만들고자 하였다.

본 과제의 기획에는 장승화 교수(법의지배센터 센터장)와 최종원 교수(행정대학원) 그리고 필자가 참여하였으며, 수차례의 회의를 거쳐 본 과제의 진행방향과 내용, 참여자 범위 등에 대해 논의하였다. 소비자문제라는 매우 현실적인 주제를 다룬다는 측면에서, 학자들뿐만 아니라 현장에서 활동하는 전문가들을 모셔 의견을 나눌 기회를 만드는 것이 중요하다는 것에 뜻을 모았다. 또한 각 발표자들의 견해를 담은 글을 완성하기 전에, 모든 참여자들이 이번 기획의 취지를 공감하며 시작과 진행 그리고 끝을 함께할 수 있도록 세 차례에 걸쳐 워크숍을 진행하는 형식을 취하기로 결정하였다. 그리고 이러한 단계를 거쳐 다른 참여자의 의견을 반영하여 각자의 글로 완성하여 함께 엮은 것이 바로 이번 저서다.

이 책은 크게 '소비자와 법', '소비자와 정책과정', '소비자의 권리구제', 그리고 '타 정책 속의 소비자'의 네 부분으로 구성되어 있다. 우선, 첫 번째 장인 '소비자와 법'에서는 소비자와 직접적으로 관련되는 소비자기본법, 공정거래법, 그리고 기타 거래법제 등에 대해 그 내용과 타당성의 측면에서 검토하였다. 두 번째 장인 '소비자와 정책과정'에서는 법이 만들어지고 집행되는 과정에서 전개된 정책현황을 살펴보았으며, 특히 그 과정에서 민간소비자단체의 역할에 대해 분석하였다. 세 번째 장인 '소비자와 권리구제'에서는 소비자피해를 구제하기 위한 일반적인 기제들뿐만 아니라 새로운 형태의 기제의 도입가능성에 대해 고민하였다. 네 번째 장인 '타 정책 속의 소비자'에서는 통상정책, 독점금지정책, 산업정책, 금융정책 그리고 환경정책 등에서 소비자후생, 소비자이익, 소비자보호 등의 개념이 어떻게 사용되고 있는가를 중심으로 각 법의 입법목적과 소비자보호정책과의 관계에 대해 살펴보았다. 마지막으로 워크숍에서 논의되었던 내용 중 개별 원고에는 담기지 않았지만 매우 의미 있는 언급이었다고 생각되는 부분을 발췌하여 정리한 것을 실었다.

이번 작업은 다음과 같이 두 가지 의미에서 매우 중요한 작업이었다고 사료된다. 우선, 소비자문제와 관련된 법과 소비자문제의 해결에 대해 분야별로 활발하게 연구 활동을 전개하고 있는 학자들뿐만 아니라 현장에서 소비자문제를 해결하기 위해 활약하고 있는 소비자운동가와 소비자정책전문 행정가들을 모셔 다양한 의견을 공유하는 장을 펼쳤다는 것에 큰 의의가 있다. 소비자문제를 해결하기 위한 법을 제정하는 데 크게 기여하는 법학자들과 실제로 소비자행정을 담당하는 행정가들이나 소비자문제를 해결하기 위해 소비자운동에 참여하고 있는 운동가들 사이에는 그동안 유대가 적었던 것이 사실이다. 다음으로, 소비자보호라는 것이 직접적으로 그리고 가시적으로 드러나는 소비자정책 영역에서뿐만 아니라 기타 정책에서 언급되고 있는 다양한 차원의 소비자 이익에 대해 처음으로 살펴볼 기회였다는 점에서도 큰 의의가 있다.

제2절 소비자문제와 정부의 시장 개입

1. 소비자문제는 왜 발생하나?

소비자문제란 시장경제체제 내에서 소비자가 원하는 상품 및 용역(이하 상품)을 제공하는 과정에서 상품의 내용에 대해서나 거래관계에서 발생하는 소비자의 불만이나 피해를 의미한다. 이때 소비자피해(consumer damages)는 물품의 하자 또는 결함이나 사업자의 채무불이행 또는 불법행위 등으로 인하여 입은 생명·신체·재산·정신상의 손해'를 총칭하며, 소비자불만(consumer complaints)은 생명·신체·재산·정신상의 손해를 입지는 않았지만 물품 또는 용역의 효용이나 사업자의 사후조치 및 거래행태와 관련하여 소비자가 가졌던 합리적인 기대에 미치지 못해 발생하게 된다.

일반적으로 소비자기만(consumer fraud)은 생산자나 판매자가 중요한 사실에 대해 잘못 전달하거나 또는 전달하는 것을 누락했을 때 일어나게 되며, 그 결과, 소비자들은 속임을 당했다고 생각하게 된다. 그런데 대부분의 사람들이 이러한 소비자기만 행위가 많지 않다고 생각하거나, 있어도 금방 사라질 것이라고 생각한다. 왜냐하면 반복구매에 의해 이런 기만은 금방 밝혀질 것이기 때문에 이런 행위를 하는 기업은 시장에서 도태될 것이라고 생각하기 때문이다. 그러나 복잡하고 다차원적인 시장에서 반복구매를 통해 습득한 정보는 항상 믿을 수 있는 것이 아니다. 특히 인구가 많고 시장의 규모가 클 경우, 다양한 사람들에게 기만적 상행위를 할 수 있는 가능성이 높아진다. 이러한 기만행위는 어느 사회에나 나타난다. 또한 특히 경제적 거래에서 이윤을 극대화하려는 유인이 클 때 더 많이 일어난다.

이론적 모형에서는 시장경쟁이 강화되면 위와 같은 정직하지 못한 판매자를 몰아낼 수 있다고 가정하고 있으나, 현실의 시장에서는, 이론의 전제처럼 소비자들이 정직한 판매자들이 누구인지를 구별해 낼 수 없고, 속고 나서도 다시금 그들로부터 구입하지 않을 수 없기 때문에, 기만이 쉽게 사라지기 않게 된다. 또한 정부는 예산의 제약으로 인해 큰 문제에만 간여할 수 있을 뿐 자잘한 문제들은 다룰 수 없기 때문에, 시장에는 계속 그와 같은 문제들이 해결되지 않은 채 방치된다.

결국 소비자기만은 상품이나 서비스의 속(내용, 품질)과 겉(표시, 광고, 약관, 판매원의 설명 등)이 다를 때 발생하는 것이다. 왜 그런 차이가 발생할까? 바로 상품의 내용을 제대로 파악할 수 있도록 정보가 제공되지 못했기 때문에 발생한다. 이때 제공된 정보 자체가 불충분해서일 수도 있고, 또는 왜곡(허위, 기만)된 정보가 제공되었을 수도 있다. 불안전한 상품의 경우 역시, 상품이 불안전하다는 것을 판단할 수 있을 만큼 충분히 정보가 제공되지 못한 것으로 설명할 수 있다. 기업으로부터 주어지는 정보는 대부분 기업의 입장을 반영한 채, 매우 기만적이거나 허위적인 경우가 많다. 특히 공급과잉의 시장상황이 되면서, 비가격적인 요소인 광고를 통한 판매경쟁이 격화되고 있다.

광고를 중심으로 조금 더 살펴보자. 소비자들에게 필요한 정보를 제공하는 광고가 되기 위해서는 바람직하고 사실적인 광고이어야 한다. 바람직하고 사실적인 광고란, 광고의 내용이 사실이고, 객관적으로 입증이 가능하여야 하며, 소비자에게 공정한 인상을 주어야 하고, 또 과장이 없어야 한다. 그러나 이러한 요건을 제대로 충족시킬 수 있는 광고는 사실상 우리 주위에서 찾기 힘들다.

1990년대에 허위/과장의 문제로 논란이 되었던 광고 중에, 아직도 우리의 기억에 남아 있는 것들로는 원료 중에 묵은 쌀을 사용했다는 상표와 수입밀가루를 사용했다는 논쟁이 제기되었던 1995년의 이유식광고 사건, 보통 물에 비해 그 효과가 뛰어나다고 광고했었던 육각수 광고, 다른 상표에 비해 자사의 상품이 상대적으로 깨끗하다는 의미를 강조하기 위해 광고에서 사용되었던 '고름우유' 논란 등이 있었다.

소비자를 오도시키는 기만광고(deceptive advertising)에는 두 종류가 있다. 우선, 가장 명료한 기만광고는 바로 표시 대상물과 광고주장을 비교할 때, 광고표현이 대상과 달라 소비자를 오도시키는 허위광고(falsity)다. 예를 들면, 사실과 달리 '전국적으로 수천 명의 속기사 인력난'이라며 소개하는 광고, 마치 제한된 양만 판매하는 것처럼 '한정된 판매량' 등 허위 표식에 의한 허위광고를 말한다. 또한 소비자들의 의사결정에 영향을 미치는 중요한 사실을 생략한(누락한) 광고도 허위광고다. 예를 들면, "어떤 대머리도 치료될 수 있다."라고 광고했으나 실제로 유전적인 것을 치료하지 못한다면, 그리고 부작용을 언급하지 않은 건강식품이나 약품, 이율이 변동될 수 있음에도 불구하고 적시하지 않은 '고수익배당상품' 등이 바로 중요한 사실을 누락한 허위광고라 할 수 있다.

다음으로 비록 내용이 허위는 아닐지라도 전달된 의미가 상품에 관한 사실과 달라서 소비자를 오도시키는 경우도 기만광고이다. 예를 들면 '무가당 주스'의 경우, 소비자들은 가당이 전혀 들어 있지 않은 주스라고 인지할 수 있다. 그러나 설탕 성분만이 없을 뿐 인체에서는 설탕과 똑같은 이성화당이 포함되어 있다면 이는 소비자들은 하여금 잘못된 생각을 하도록 만드는 기만광고인 것이다.

그러나 각 상품에 대해 정확한 정보가 충분히 전달된다고 가정하는 경우에도 여전히 문제는 발생한다. 현대의 소비자는 여러 종류의 다양한 상품을 구매하고 있기 때문에 상품에 대해 불완전한 정보를 가질 수밖에 없으며, 특히 생산기술의 발전이 빨라지면서 새롭게 소개되는 상품의 경우 그런 상품이 존재하는지조차 알지 못하는 소비자들도 있다. 또한 성능을 쉽게 평가할 수 없는 상품에 대해서는 소비자 개인의 경험이나 정보탐색에 의한 상품정보의 획득이 더욱 어려워지고 있다. 특히 구매나 사용하기 전에 정보를 획득할 수 없는 경험재(experience qualities)나 신뢰재(credence qualities)적 특성을 지닌 상품의 경우, 품질에 대해 소비자는 전혀 판단을 할 수 없게 된다. 신뢰적 속성은 구매나 소비 후에 소비자가 평가하기 불가능한 속성으로 의료서비스업이나 수리업 등의 전문서비스업의 경우를 들 수 있다. 이러한 전문분야의 지식이 없는 소비자는 제품 구매 후에도 그 평가가 어렵다.

한편, 소비자기만은 의도적으로 일어날 수도 있고 또는 의도하지 않은 경우에도 일어날 수 있다. 물론 법적으로 기만은 의도적인 속임이 있었던 경우로 한정된다. 그러므로 이때 속임을 당한 소비자는 판매자가 의도적으로 속였다는 것을 입증해야만 하고, 그런 입증은 사실상 매우 불가능하다. 그 결과, 소비자들은 시장에 만연하는 의도적인 그리고 의도하지 않은 기만적인 상행위에 수시로 노출되게 된다.

2. 소비자문제를 어떻게 해결할 것인가?

소비자정책은 상품을 구입-사용-처분하는 과정에서 소비자가 직면하게 되는 문제를 해결하기 위해 정부가 취하게 되는 행정적 규제를 의미한다. 대부분의 정부규제는 일정 부문 소비자와 관련된 내용을 담고 있다. 그러나 소비자와 관련된 모든 내용이 소비자정책은 아니다.

소비자정책이란 소비자문제를 해결하기 위해 정부가 관련법과 제도를 정비하고, 이를 기초로 각종 관련 규제를 강구하는 일련의 과정으로, '소비자문제를 해결하기 위한 정부의 공식화된 행동지침'이다. 가장 좁게 소비자정책을 정의할 때는, '기만과 사기, 그리고 위해제품으로부터 직접적으로 소비자를 보호하는 것'으로 정의하기도 한다.

소비자보호를 위한 정부의 진입에 있어서는 왜 소비자들에게 '보호'가 필요하며, 왜 시장을 신뢰할 수 없는가에 대한 명확한 논리적 근거가 필요하다. 그 근거가 확실히 된 후에 '그렇다면 문제를 해결하기 위해 정부가 어떤 역할을, 어떻게 담당할 것인가?'에 대한 것이 논의되어야 한다.

일반적으로 받아들여지는 소비자정책의 근거(justifications)로는 '정보실패(information failure)', '거래상 지위의 불균등(inequality of bargaining power)', 그리고 '가부장적 소비자보호론(paternalism)'이 있다.

우선, '정보실패이론'에서는 시장경제가 근본적으로 가지고 있는 불완전성, 즉 시장실패(market failure)로 인해 소비자문제가 발생한다고 본다. 만약 소비자들이 상품의 특성(예: 품질)에 대해 제대로 파악할 수 없다면, 이때 경쟁은 보다 손쉽게 관찰되는 특성(예: 가격)에 의해 진행되게 되며, 이는 제대로 작동하는 시장에서 도달할 수 있는 품질의 수준보다 낮은 수준으로 품질을 저하시키는 결과를 가져오게 된다. 이때 시장에는 불완전정보로 인해 정보실패가 발생하게 되며, 이를 치유하기 위해 정부는 '소비자정책'이라는 도구를 가지고 시장에 개입하게 된다.

소비자들은 적절하게 자원을 배분하지 못하게 되고, 정보처리에 있어 어려움에 직면하게 되며, 가격과 품질의 비례관계가 성립되지 않고, 허위적인 제품차별화가 발생하는 비효율적인 시장이 형성된다.

이때 소비자정책의 목표가 소비자주권의 확보에 있어 소비자주권론적 입장이라고도 부르며, '합리적인 경제적 인간모형(rational economic man model)'을 상정하게 된다. 소비자주권(consumer sovereignty)의 핵심은 소비자선택권의 행사다. 이를 위해서는 경쟁적 시장에서 여러 가지 소비선택의 대상이 '상당히' 다양하게 존재하여야 하고, 소비자는 시장정보를 활용하여 이들 중에서 자유롭게 선택할 수 있는 능력을 갖추어야 한다. 따라서 거래질서의 공정성, 품질의 적정성을 확보하는 것이 필수적이며 동시에 관련 정보가 신속·정확·충분하게 제공되도록 하여야 한다.

다음으로 '거래상 지위의 불균등'이 있다. 근대법의 근간이 되는 사적 자치의 원칙에서는 개인은 누구와 어떠한 내용의 계약을 어떠한 방식으로 체결할 것인지를 자유롭게 결정할 수 있으며, 개인이 자기결정에 바탕으로 거래를 맺은 이상 거기서 생긴 손해는 원칙적으로 자기가 부담해야 한다. 즉, 시장 거래에서 사적 자치의 원칙은 계약자유의 원칙과 과실책임의 원칙으로 나타나게 되며, 이때 거래주체의 지위의 대등성과 입장의 호환성을 그 전제로 한다. 그러므로 사적 자치의 원칙에서는 거래에 있어 당사자들의 자기결정에 맡기고 국가는 여기에 직접 개입하지 않는다는 것을 원칙으로 하며, 다만 이러한 전제가 지켜지지 않을 때 바로 정부가 개입하게 된다.

권오승(2005)은 사업자와 소비자의 비대칭성을 정보 측면에서의 열등성, 기술조작에 있어서 열등성, 부담전가에 있어서의 열등성, 그리고 조직력과 시장지배력에 있어서의 열등성으로 적시하였으며, 이에 따라 생산자들에 비해 상대적으로 열등한 위치에 있는 소비자들을 보호하고 이러한 문제들을 해결하기 위해 소비자정책이 필요하게 됨을 강조하였다.

마지막으로 '가부장적 소비자보호론' 또는 '온정적 간섭주의'는 정부가 개인 소비자들이 무엇을 원하고 또 무엇이 그들에게 바람직한가를 소비자들보다 더 잘 파악하고 있다는 전제에서 출발한다. 주로 정보를 평가하는 소비자들의 능력을 믿지 않거나 또는 정확한 정보가 주어질 때조차도 소비자들이 상품의 위험을 잘못 판단하여 불합리하게 행동할 것이라고 생각하는 데서 출발하기 때문에, '소비자보호론적 접근'이라 불린다. 특히 이런 원칙은 상품의 안전이 중시되는, 즉 신체적 상해 등 잠재적 위해가 크거나 치명적인 비용을 초래하는 상품군에서 강조된다.

그러나 실제로 제한된 합리성 등의 문제 때문에 정부의 개입이 필요한 상황과 단순히 정부가 개인의 선호를 제약하는 상황 사이에 판단이 매우 어렵다. 그러므로 일정 부분 불안정(slippery)한 원칙이 될 수 있으며, 또한 개인의 선호를 무시할 수 있기 때문에, 논란의 여지가 있다. 특히 '비합리적 소비행위'에 대해서는 그 판단이 매우 주관적일 수 있어, 소비자보호를 위해 어떤 일반적이고 합리적인 기준을 도출하는 것이 어려워질 수 있기 때문이다.

이런 한계로 인해, Barry(1965)는 막대한 비용을 지불하는 실수로부터 소비자를 보호하는 것이 정부의 의무라는 점에서 제한된 합리성에서 비롯되는 문제만을 처리하는 것으로 한정하고 '합리적인 가부장제(rational paternalism)'라는 표현을 사용하기도 했다. 그러나 이러한 논란에도 불구하고 가부장적 소비자보호론은 그 비용과 편익을 차치하고 정부규제의 강한 동기를 제공하고 있다.

이와 같이 위에 제시한 세 가지 접근은 소비자정책을 결정함에 있어 중요한 논거로 사용되고 있으며, 이와 같은 맥락에서 우리나라에서도 많은 소비자정책기제가 도입되었다. 소비자와 관련된 일반법적인 성격을 지닌 법들은 과거 소비자정책을 담당하던 재정경제부에서 주관하여 입법화하였으며, 시장거래와 관련한 기제들은 공정거래위원회가, 상품별

안전성에 대해서는 해당 부처별로 관련되는 법을 도입해 관리하고 있다.

제3절 책의 구성

제1부인 '소비자와 법'은 위에서 제기한 소비자정책의 접근을 시장에서 집행하기 위해 입법화한 소비자관련 법에 대한 고찰이다. 권대우 교수(한양대)는 소비자와 관련된 헌법이라고 할 수 있는 '소비자기본법'(舊 소비자보호법)의 체계와 의미를 1980년 제정 시부터 20여 년이 지난 지금까지의 주요 변화와 쟁점을 중심으로 살펴보았으며, 소비자법제의 당면한 과제와 발전방향에 대해 제언함으로써 글을 맺었다. 이어 장승화 교수와 이봉의 교수는 공정거래법이 소비자에 주는 함의에 대해 고찰하였다. 장승화 교수는 경쟁법으로서의 공정거래법이 소비자 선택과 어떻게 관련되는가에 대해 입법 목적과 집행방향을 중심으로 논의하였으며, 이봉의 교수는 공정거래법의 목적 그리고 규제내용과 소비자주권과의 관계에 대해 고민하였다. 이어 김성천 박사는 소비자거래관련 법제들의 제정연혁과 현황을 분석하고 문제점을 제기하였으며, 바람직한 해결방안에 대해 논의하였다. 이어 신영수 교수는 소비자들의 일상적인 거래에서 쓰이고 있는 약관에 대한 현행 규제제도의 효용과 폐해에 대해 분석한 후, 제도의 현실성을 제고하고 합리적으로 운용할 수 있는 방안을 제시하였다.

제2부인 '소비자와 정책과정'에서는 특정한 소비자문제가 제기되고, 이를 해결하기 위해 관련 법안이 입법화되며, 이후 실제로 집행되게 되는 전 과정에서 펼쳐지는 다양한 문제들을 짚어보았다. 우선, 최병선 교수는 소비자문제를 해결하는 과정에서 발생할 수 있는 정치경제적 Wilson과 Vogel의 연구모형을 중심으로 설명하였으며, 소비자보호정책의 초점이 소비자보호에서 소비자선택의 자유 보장으로 옮겨 감에 따라 신제도경제학적 접근이 필요함을 강조하였다. 다음으로 박명희 교수는 소비자의 주권이 강화됨에 따라 소비자단체가 정책파트너로서의 역할을 수행해야 함을 강조하면서, 지금까지의 소비자단체의 정책참여 활동을 분석하였고, 소비자단체가 취할 수 있는 새로운 역할에 대해 제언하

였다. 이어 송보경 교수는 우리나라의 대표적인 민간소비자단체인 '소비자문제를 연구하는 시민의 모임'의 활동을 중심으로 정책과정에서 나타난 소비자단체의 역할 수준에 대해 평가하였으며, 우리나라의 소비자단체가 안고 있는 과제에 대해 분석하였다. 마지막으로 여정성 교수는 우리나라 소비자정책의 집행 현황을 평가하고, 소비자정책으로 해결해야 할 과제와 해결방안을 제시하였다.

제3부에서는 소비자피해를 해결하는 피해구제제도의 유용성과 효과성에 대해 다루었다. 우선, 조성국 교수는 전통적으로 채택되어 온 행정적, 민사적, 그리고 형사적 구제절차를 통한 소비자피해구제의 한계에 대해 분석한 후 개선방안을 제시하였다. 이어 홍명수 교수는 전통적인 구제방법의 한계를 극복하기 위해 채택된 다양한 소비자피해구제제도를 분석하였으며, 피해구제의 방법으로서 소비자단체소송제의 도입에 대해 검토하였다. 최은실 박사는 우리나라의 다양한 소비자분쟁조정제도들을 비교, 검토하였으며, 한국소비자원의 소비자분쟁조정 사례를 중심으로 분쟁조정제도의 효과를 분석하고, 실효성 확보를 위한 개선방안을 제시하였다. 마지막으로 전삼현 교수는 소비자권리구제를 위한 새로운 제도로서 집단소송제와 징벌적 배상제 도입이 과연 필요한가에 대해 긍정적인 견해와 부정적인 견해를 종합하여 논의하였다.

제4부인 '타 정책 속의 소비자'에서는 소비자정책이 아닌 다른 정책에서 소비자나 소비자 이익이 어떻게 수용되고 있는가를 살펴보았다. 안덕근 교수는 통상정책에서의 소비자이해의 다면성에 대해 언급하면서 소비자이해 보호에서의 구조적 문제점을 분석하였으며, 통상정책과 소비자정책의 조화 가능성에 대한 견해를 피력하였다. 이어 최종원 교수는 소비자후생개념을 중심으로 독점금지정책의 효과에 대해 분석하였으며, 경제적 목표와 비경제적 목표의 충돌에 대한 견해를 피력하였다. 이성구 박사는 기존의 산업정책이 가져올 수 있는 소비자문제에 대해 분석하였으며, 소비자정책과 산업정책의 충돌을 해결할 수 있는 가능성에 대해 언급하였다. 이어 전성인 교수는 상품의 특징상 나타날 수 있는 금융소비자보호의 문제점을 거론하고, 금융산업의 건전성 유지와 금융소비자보호라는 두 가지 목표의 충돌가능성을 거론하며 이에 대한 제도적 해결방안을 제시하였다. 조홍식 교수는 환경보호정책과 소비자보호정책의 구조적인 차이점을 비교하면서, 지속가능한 소비를 위한 환경보호정책과 소비자정책의 공존가능성에 대해 제언한다.

끝 부분에는 각 장의 저자들과 4명의 외부전문가들이 포함되었던 워크숍에서 논의되었던 내용을 발췌하여 수록하였다. 워크숍은 주제별로 저자들이 작성한 초고에 대해 발표를 한 후, 이를 전체 구성원들이 다함께 모여 이틀 동안 토론하는 식으로 진행되었다. 매우 소중한 논의과정이었으나 내용이 너무나 방대하기 때문에 아쉽게도 전문을 수록할 수는 없었으며, 특별히 각 발제자의 견해에 덧붙여 제시된 다양한 의견을 소개하는 것이 의미 있을 것이라 사료되어 이를 중심으로 발췌하였다.

마지막으로 한 가지 양해를 구하고 글을 맺고자 한다. 이 책의 기획은 2007년 1월에 시작되었으며, 초고를 완성한 것이 2007년 봄 학기였고, 워크숍의 진행은 2007년 6월, 개별 원고의 최종본이 완성된 것은 2007년 가을부터 2008년 봄 사이의 일이다. 이 기간은 우리나라의 정책환경, 그중에서도 소비자 정책환경이 매우 급격하게 변화된 시기다. 그 결과, 각 글에서 약간의 시차가 느껴질 수도 있다는 것에 대해, 그리고 저자들의 입장 또한 약간의 변화가 수반되었다는 것에 대해 미리 양해를 구한다.

제 I 부

소비자와 법

제1장

소비자기본법의 체계와 의미

▌권 대 우▐
한양대학교 법과대학 교수

제1절 소비자기본법의 의미와 연혁

1. 소비자법제의 체제

(1) 소비자법제의 기본적 토대

(가) 소비자법제의 의미

입법은 가장 정책적인 수단의 하나라는 점에서 소비자법제의 수립은 소비자정책에 대한 입법자의 근본적인 그리고 가장 효율적인 결단이라고 볼 수 있다.[1] 이러한 의미에서 2006년 이루어진 소비자보호법을 소비자기본법으로 개정한 것은 여러 가지 함의를 가지고 있다. 이전의 소비자보호법도 소비자관련법령의 기본법으로서 역할을 해 왔으나, 법명이 바뀜에 따라 새로운 소비자기본법이 이제는 명실상부하게 소비자관련법령의 기본법으로서의 의미를 가져야 한다는 입법자의 정책적 의지가 드러난 개정이었다고 할 수 있다. 새로운 기본법 체제는 소비자 스스로 자구적인 행위를 할 수 있도록 배려하는 차원에서 소비자 권익증진을 입법목적에서 명백히 규정함으로써 소비자 주권시대의 새로운 패러다

1) Eike von Hippel도 소비자보호수단 중 가장 우선적인 것으로 입법조치를 들고 있다(von Hippel, 1986: 25).

임을 실현하기 위한 정책적 기반을 제시하고 있다.

(나) 헌법적 근거

이러한 자구적이며 능동적 소비자주권시대의 패러다임에 입각한 새로운 소비자법체계와 소비자주권의 헌법적 기반은 헌법 제10조 인간의 존엄과 가치에서 찾을 수 있다. 모든 국민은 소비자이므로, 소비자로서 국민은 우리 헌법 제10조에 따라 인간으로서 존엄과 가치를 가지며, 행복을 추구할 가치를 가진다. 이러한 인간으로서의 존엄과 가치의 내용으로 그리고 행복추구권의 내용으로 소비자의 권리가 보장되어야 한다는 것이며,[2] 이러한 기본인권으로서 소비자의 권리는 국가가 확인하고 보장할 의무를 부담하고, 그 책무의 입법적 실현이 소비자기본법과 관련법령체계로 파악될 수 있을 것이다.

헌법적 기반을 가진 또 하나의 권리가 소비자운동권이다. 우리 헌법은 기본적 인권에 대한 보장과 선언에 덧붙여 제124조에서 건전한 소비행위를 계도하고 생산품의 품질향상을 촉구하기 위한 소비자운동권을 보장하도록 규정하고 있다. 이는 경제활동에 대한 영역에서의 정책적 수단의 보장과 함께 소비자의 권익을 증진시키기 위한 노력으로 소비자운동을 헌법적 차원에서 정책적으로 보장할 필요성을 강조하고 있으며,[3] 이러한 소비자운동권은 능동적인 소비자주권의 또 하나의 기반으로 받아들여야 할 것이다.[4]

(다) 국가의 책무

기본적 인권으로서의 소비자주권과 소비자운동권을 보장하여야 할 국가의 책무는 소

2) 행복추구권의 내용으로 일반적 행동자유권이 포함되며, 계약의 자유도 여기에서 파생된다고 보는 견해로는 김철수(2007: 510ff) 참조; 헌재 1991.6.3. 선고 89헌마204 판결 참조. 소비자권에 대한 근거로 헌법 제10조와 제34조를 원용해야 한다는 견해로는 성낙인(2007: 202ff) 참조. 독일에서는 자기결정권의 보장을 위한 일반인격권의 근거로는 독일헌법 제2조 제1항을 근거로 보는 견해로는 Umbach & Clemens(2002a: 112f) 안전과 관련하여서는 신체의 불가침성을 보장하는 독일헌법 제2조 제2항이 근거로 된다는 견해에 대하여는, Umbach & Clemes(2002b: 370ff) 참조.

3) 우리 헌법상 보장되는 시장경제질서의 내용으로 계약의 자유, 경쟁의 자유, 소비의 자유가 포함된다고 보고, 소비자운동권의 보장은 자유시장경제에 대한 수정을 의미한다고 보는 견해로는 권영성(2005: 172) 참조; 자유경쟁을 소비자보호의 주요한 부분으로 본 헌법재판소의 판결로는 헌재 1996.12.26. 선고 96헌가18 판결 참조.

4) 성낙인(2007: 203)에서는 소비자운동의 보장만으로는 소비자권리의 보장은 너무 좁다는 입장이다.

비자의 권리와 소비생활에 대한 정책적 입법의 영역에서 구체적으로 구현될 수 있을 것이며, 그러한 책무의 이행이 소비자보호법과 소비자기본법의 제・개정 및 관련 소비자보호법령들의 제・개정으로 발현되었고, 그러한 논지의 연속선상에서 소비자기본법과 관련법제의 내용이 해석되어 소비자주권의 실현에 이바지하여야 할 것이다.

(라) 법체계적인 의미

기본법제로서 민사법과 형사법제도에 추가적으로 제정된 정책적 법규로서 소비자법령들은 이러한 국가의 정책목표의 실현을 위하여 마련된 제도로서 기본적 인권으로서 소비자의 권리확인과 보장은 국가의 입법적 책무로서 파악되어야 할 뿐만 아니라 관련법령의 해석기준으로서도[5] 매우 중요할 역할을 하게 될 것이다.

소비자 법령체계에서는 민사법 영역에서는 건전한 시민사회의 자유로운 계약질서에서 산업사회로 전환된 이후에 공공복리를 바탕으로 하는 구체적 정의의 실현을 위하여 소비자의 실질적 권리가 실현될 수 있도록 계약법질서와 책임법 원칙에 대한 수정을 도모하고 있으며, 행정법규에 의한 행정적 규제가능성을 통하여 소비자의 권익 실현을 위한 적절한 정책적 개입을 가능하게 할 뿐만 아니라, 정책적 목적에서 부과된 시장참여자로서 사업자들에 대한 질서유지의무 위반에 대한 형사적 규제를 가능하게 하는 규범을 포섭하고 있으며, 소비자의 권익실현을 위한 피해구제절차의 변화도 도모하고 있다.

(2) 소비자법제의 수립

소비자주권의 실현을 위한 정책적 개입의 출발점으로 그 역할을 하고 있는 규범이 소비자보호법과 새로운 소비자기본법이며, 이 기본법의 바탕 하에서 관련 소비자법제가 정책적 기능체로서 역할을 하여야 할 것이다. 이러한 관점에서 현재 우리나라의 소비자보호법제는 소비자기본법을 축으로 식품안전법, 약사법, 품질경영 및 공산품안전관리법 등 안전관련법령과 소비자 거래와 관련된 할부거래에 관한 법률, 방문판매 등에 관한 법률, 전자상거래 등에서의 소비자보호에 관한 법률 등 거래관련법령, 그리고 기타 소비자보호를 위한 특별법들로 이루어진 연관법령체제와 민법과 형법, 그리고 소송법 등 기본법제

5) 법관의 헌법구속적인 법해석의무에 대하여 김철수(2007: 1580) 참조.

들이 함께 어우러져 소비자권익증진을 위한 관련법령체계를 갖추고 있다.

기본법제가 국민으로서의 전통적이고 기본적인 권리를 확인하고 실현할 수 있도록 하는 일반적인 역할을 하는 반면에 소비자보호를 위한 특별법규들은 한편으로는 거래에서 생기는 소비자의 열등성을 극복하기 위하여 소비자의 권리를 확장시켜 주는 민사법적 요소와 부당한 사업자의 행위를 효과적으로 규제하기 위한 행정법적 요소를 가진 이중적 성격을 띠고 있고, 그러한 두 가지 요소의 적절한 조화를 통하여 소비자 권리의 최적화를 꾀하고 있다.

이러한 소비자법규의 역할은 1차적인 목적으로 소비자의 권익향상으로 그치는 것이 아니라 관련산업에 대한 소비자의 신뢰를 바탕으로 산업적 성장을 뒷받침하여, 거래의 공정화 및 상거래질서의 확립을 통하여 건전한 산업질서를 정립함으로써 소비자복지의 실현에 따른 산업성장에도 이바지할 수 있을 것으로 보여진다.

2. 소비자기본법의 연혁

(1) 소비자보호법의 제정

1970년대 이후로 우리나라에서 소비자운동이 활성화된 이래로 소비자단체들의 지속적인 노력의 결실로 1980년 1월 4일 소비자보호법(법률 제 3257호)이 제정되었다.[6] 그러나 동법 부칙은 시행일을 대통령령이 정하는 날로부터 시행한다고 규정하여 동법 시행령이 제정된 1982년 9월 13일부터 시행되었다.

1980년법에서는 소비자기본권익보호와 소비생활의 향상과 합리화가 법의 목적이었으며, 정부, 사업자, 소비자의 역할에 대한 원칙론적 규정만 가지고 있었다. 소비자보호위원회를 경제기획원에 설치운영하는 규정을 두었으나, 실효성 있는 추진기관이나 추진방향에 대한 구체적인 내용은 가지고 있지 못한 형태로 입법이 되었다. 특히 적용배제규정을 두어 소비자의 안전(제3장), 표시의 충실(제4장), 거래의 적정화(제5장) 및 피해보상기구의 설치운영(제27조)에 규정된 사항과 다른 내용이 다른 법에서 규정되어 있는 경우에

6) 소비자보호법 제정의 배경에 대하여는 한봉희(1980: 186ff)와 강용찬 · 권대우(1987: 19ff) 참조.

그 법이 우선 적용되도록 한 점 등이 문제점으로 지적되었었다. 그러나 이 법을 기반으로 민간차원의 소비자보호운동은 더욱 활성화되었고, 사회적으로 소비자보호라는 정책적 이슈가 부각되는 계기가 되었다.

(2) 소비자보호법의 개정

소비자보호법이 더 큰 의미를 가지게 된 것은 1986년의 전면개정을 통하여서이다.[7) 1986년 법은 법체계를 전체적으로 개편하여 소비자, 국가 및 지방자치단체, 사업자, 소비자단체 등 주체별로 나누어 그 역할을 규정하였고, 다른 법에 의한 적용배제규정을 삭제하였으며, 소비자의 권리실현을 위하여 좀 더 구체화된 모습을 갖추었다. 특히 소비자보호정책의 추진체로서 한국소비자보호원을 발족시키고, 소비자분쟁조정제도를 도입하였는데, 이는 이전의 법제에 비하면 획기적인 변화를 가져왔고, 한국소비자보호원을 통한 소비자정책의 실현은 소비자의 권익실현에 큰 진전을 이룩했다.

1995년 12월 개정에서는 소비자안전을 위하여 중요한 여러 가지 사항을 법안에 포함시켰다. 위해정보보고기관의 지정에 대한 내용과 소비자피해보상기준에 대한 근거, 소비자단체에 대한 지원의 법적 근거를 마련하고, 사업자단체의 자율적인 피해보상기구 설치 운영에 대한 조항도 삽입하였다.[8) 1997년에는 검사와 자료제출요구, 청문 등과 관련된 간단한 개정이 있었다. 1999년 개정에서는 소비자안전의 확보를 위한 정부의 수거, 파기 명령권 등에 대한 근거가 마련되었다. 소비자단체 및 한국소비자보호원의 자료 및 정보 제공요청권이 규정되었다. 2001년 개정을 통하여 사업자의 결함정보보고의무 등 리콜과 관련된 제도가 보완되는 등 소비자안전을 위한 조치가 강화되었다. 2003년에서는 소비자단체의 자율적 분쟁조정권한을 인정하는 개정이 이루어졌다. 2004년에는 소비자보호법 위반행위를 한 사업자에 대한 정부의 시정조치권과 관련된 조항도 규정되었다. 이러한 점진적인 개정작업에 이어 2006년에는 전면적인 개정작업이 이루어졌다.

7) 1986년 12월의 소비자보호법 개정의 취지 등에 대하여 강용찬 · 권대우(1987: 22ff) 참조.
8) 1995년 12월 개정에 대하여는 강창경 · 손수진(1996: 25ff) 참조.

(3) 소비자기본법으로의 개정

2006년의 개정작업은 법명의 변화로 이어졌을 뿐만 아니라 참여정부에서의 정책적인 패러다임의 변화가 반영된 매우 큰 개정이었다. 이 법 개정은 2004년 이후에 논의된 여러 가지 정책적 논의가 개정작업에 반영되어 이루어졌다. 소비자정책기관으로 재경부와 공정위의 관계에 대하여 정책기능과 집행기능의 분리, 조화를 추구하였고, 한국소비자원의 관할기관이 재경부에서 공정위로 변화하게 되는 등 기본적 구조의 변화와 함께 소비자가 주체적으로 스스로의 권익을 실현할 수 있도록 하는 패러다임의 변화가 시도되었고, 이는 단체소송제 도입 등의 여러 가지 변화를 동반하였다(제2절 참조).

제2절 소비자기본법의 주요 변화와 쟁점

1. 구성의 변화

새로운 소비자기본법은 11개 장에 86개 조문으로 되어 있다. 2004년 개정되었던 구소비자보호법이 64개 조문이었던 것과 비교해 보면 조문의 숫자가 상당히 많이 늘어났다. 구성도 8개의 장이 11개로 늘어났는데, 소비자의 권리와 의무에 대한 내용을 총칙에서 분리하여 별도로 제2장으로 신설하였고, 사업자에 대한 내용은 오히려 국가 및 지방자치단체에 대한 내용과 묶어서 하나의 장으로 축소하였고, 소비자정책추진체계에 대한 내용을 소비자단체에 대한 내용과 순서를 바꾸어 제4장으로 배치하였다. 소비자안전에 대한 내용을 제7장에서 독립시켜 규정하였으며, 신설된 소비자단체소송과 관련된 조항을 포함한 소비자분쟁해결에 대한 내용을 제8장에 모았고, 조사절차와 관련된 내용이 이어서 각종 행정조치에 대한 내용을 보칙으로 모아 한 개의 장(제10장)으로 구성하였다. 따라서 구성상 가장 큰 변화는 소비자안전과 소비자분쟁해결에 대한 내용으로 볼 수 있다.

2. 소비자의 개념과 소비자의 권리

(1) 소비자의 개념

소비자기본법상 소비자의 개념은 기본의 소비자보호법의 내용과 큰 변화가 없다. 소비자기본법 제2조 정의 조항에서 규정하고 있는 소비자의 개념은 소비자기본법에 의한 보호대상의 의미를 가지므로, 법리적으로는 인적인 적용범위를 한정하는 역할을 한다. 소비자기본법 제2조 1호의 소비자 정의 및 동시행령 제2조에 의하면 상품을 소비생활을 위하여 사용하는 전통적 의미의 소비자 이외에 농업과 어업을 영위하는 소규모의 사업자들[9]도 보호대상으로 포함하고 있다. 이는 약자라는 입장에서 농어민을 보호하려는 정책적인 의도가 아직 남아 있는 것으로 보이지만, 보호목적과 대상에서 소비자와 영세한 농어민은 하루 빨리 분리되어야 할 것이다.

(2) 소비자의 권리와 의무

소비자의 기본적 권리로서 소비자기본법은 구법상의 8대 권리를 그대로 받아들이고 있다. 안전의 권리(동법 제4조 1호), 알 권리(2호), 선택할 권리(3호), 의견을 반영시킬 권리(4호), 피해보상을 받을 권리(5호), 교육의 받을 권리(6호), 단결권 및 단체활동권(7호) 및 환경친화적 소비권(8호)에서 소비자는 인간의 존엄과 가치라는 기본권에서 더욱 구체화된 소비자로서의 기본적 권리를 가짐을 소비자기본법은 명정하고 있다. 소비자의 이러한 8대 권리는 권리장전적 선언에도 불구하고 그 권리를 실현하기 위한 구체적인 절차규정이 결여된 경우에는 프로그램적 권리에 불과한 한계를 갖게 되지만, 소비자관련 법령상에 근거한 국가 내지 지방자치단체 등의 각종 보호조치와 각종 보완적 조치 이외에도 신법에서 도입하고 있는 소비자소송제도가 이러한 권리 실현에 큰 변화를 가져올 수도 있을 것이다. 이러한 관점에서 소비자단체의 역할이 더욱 강조될 것이다.

9) 축산업자의 경우 모돈 500두 이하의 양돈업을 영위하는 경우와 닭 5만 수 이하의 양계업자가 여기에 해당되며, 어민의 경우 원양어업을 하는 자는 소비자기본법의 보호대상에서 제외된다(축산업법 시행규칙 제26조, 수산업법 제43조 참조).

소비자의 기본적 권리 외에도 새로이 소비자의 책무라는 조항을 넣어 소비자가 스스로 자유시장경제를 구성하는 주체임을 인식하고, 소비자의 권리를 정당하게 행사할 책무(제5조 제1항), 권익증진을 위한 지식과 정보를 습득할 책무(동조 제2항) 및 자주적이고 합리적인 행동을 하고 자원절약적이고 환경친화적인 소비생활을 할 책무(제3항)를 규정하고 있다.[10] 이러한 소비자로서의 책무는 구법에서 소비자의 역할이라는 표현에서 촉구된 내용을 더욱 구체화한 것으로, 명시적인 의무사항을 구체적으로 규정하고 있는 것은 아닐지라도 소비자에 대하여 합리적이며 적절한 소비자로서의 행동을 촉구하고, 일정한 범주를 벗어나는 경우에 소비자의 권리와 사업자의 침해의 위법성을 판단함에 있어서 비교형량의 기준이 될 여지가 있다. 다만 양 당사자의 이해관계를 판단함에 있어 소비자의 보호필요성과 관련하여 검증된 소비자의 열등성 즉 정보, 기술조작, 부담전가, 조직력 및 시장지배력에서의 열등성[11]이 배제될 수는 없을 것이다. 이러한 소비자의 열등성에도 불구하고 소비자들은 소비시장에서 자신에게 부여된 시장경제의 주체로서의 역할을 충실히 이행하여야 할 의무가 있으며, 특히 소비자의 권리를 남용하지 않도록 절제된 행동을 하여야 할 것이다.

(3) 소비자기본법의 해석 기준 및 타법에 대한 보충적 적용

(가) 입법목적 변화

신법은 법명칭의 변화 외에서도 목적조항의 변화를 도모하였다. 구 소비자보호법에서는 동법의 1차적 목적이 소비자의 기본권익 보호임을 명시적으로 규정하였고, 소비자의 권익을 보호하는 개별적 제도의 최종적인 목적은 소비생활의 향상과 합리화임을 선언하고 있었으나(구소비자보호법 제1조) 새로운 소비자기본법은 일차적으로 소비자의 권익증진이 주된 목적이며, 각종의 조치들을 통하여 소비생활의 향상과 국민경제의 발전에 이바지함을 최종목적으로 선언하고 있다. 따라서 소비자보호입법의 기본목적을 소비자의 기본권익의 보호에서 소비자의 권익증진으로 변경한 것은 21세기에 들어와 변화된 사회상황에 맞추어 소비자보호법의 기능에 대한 기본적인 패러다임이 변화되어야 한다는 정

10) 김원기 · 박수영(2007: 28) 참조.

11) 이와 관련하여서는 권오승(2005: 9ff) 참조.

책적 의지의 발현으로 보인다.[12] 이는 소비자의 권리를 보다 실효성 있게 실현하기 위하여, 입법과정에서 심도 있게 논의되었던 소비자소송제도의 도입과도 깊은 관련이 있으며, 소비자행정체계의 변화와도 무관하지 않다. 그러나 보다 중요한 것은 소비자보호법이 정부나 지방자치단체 등의 행정주체가 소비자를 위한 후견적 기능을 하여야 한다는 차원에서 소비자법의 역할이 소비자 스스로 자신들의 권익을 보다 적극적으로 찾아서 실현할 수 있도록 하여야 한다는 입장으로 진일보된 것을 의미한다. 이는 헌법상 인간의 존엄과 가치라는 기본권을 소비자권이라는 입장에서 보다 더 적극적으로 보장하려는 입법자의 의도로 해석하여야 할 것이다.

소비자권익증진이라는 목적에 도달하는 기본법의 수단은 정부, 지방자치단체, 사업자, 소비자, 소비자단체 등 여러 법적 주체의 역할 및 관계에 대한 규정과 소비자정책의 종합적 추진사항을 규정하는 것이고, 당연히 이러한 규정의 구현에도 법취지가 있다고 보아야 한다. 이 법이 구현하고자 하는 각 주체들의 역할에 합치되는 행위를 기대하고, 각 주체들이 종합적인 소비자정책에 협력하여 줄 것을 기대하고 있으며, 관련 법령도 이러한 기본적인 정신을 수용할 것을 요구하고 있다고 보인다. 따라서 소비자기본법의 취지와 그 실현내용으로서의 소비자정책은 타 법령을 정비하고, 해석하는 데 바탕이 되어야 할 것이다.

(나) 보충적 효력

1980년 소비자보호법이 타법령에 특별한 규정이 있는 경우에 적용이 배제됨을 선언하고 있었던 경우와는 달리, 소비자기본법에서는 다른 법률에서 (이 법과 다른 입장을 취하여할 이유가 있어 규정된) 특별한 규정이 있는 경우에는 그 법의 내용이 적용되지만, 그렇지 않은 경우에는 원칙적으로 소비자기본법이 적용된다는 입장을 취하고 있다. 이는 소비자기본법의 적용범위를 제한하는 의미로 해석되기보다는 소비자보호와 관련된 특별법령이 구체적으로 반영되는 영역 이외에는 소비자기본법이 보충적으로 적용되는 일반법적인 성격을 선언한 것으로 해석되어야 할 것이다.

12) 김영신 외(2007: 67) 참조.

3. 국가의 기본책무와 정책의 수립과 집행

(1) 기본책무

국가 및 지방자치단체는 소비자의 권리를 보장하기 위하여 여러 가지 조치를 할 의무를 소비자기본법은 입법적으로 규정하고 있다(동법 제6조 참조). 소비자의 안전을 보장하기 위하여 위해방지를 위한 기준을 제정하고 그 기준의 준수여부를 확인하기 위한 정기적인 점검을 의무화하고 있으며(제8조), 소비자의 선택권이 보장될 수 있도록 계량 및 규격의 적정화(제9조), 적정한 표시기준의 설정(제10조), 광고의 적정기준의 제정(제11조)과 거래 적정화 시책을 마련하고 시행하여야 한다(제12조), 소비자의 알 권리를 보장하기 위하여 소비자의 권익 등의 정보가 소비자에게 알려질 수 있도록 배려하여야 하고(제13조), 그에 필요한 시험검사시설을 설치하도록 하고 있으며(제17조), 소비자의 능력향상을 위한 노력을 통하여(제14조) 교육받을 권리가 보장될 수 있도록 배려하여야 한다. 소비자의 피해보상권을 더욱 강화하기 위하여 일반적인 민사법적 구제체계에 추가적으로 소비자의 불만이나 피해가 신속하고 공정하게 처리될 수 있도록 여러 가지 조치를 할 의무를 국가 및 지방자치단체에 부여하고 있으며(제16조), 소비자단체를 결성하여 활동할 수 있도록 배려하기 위하여 국가 및 지방자치단체는 등록소비자단체의 건전한 육성, 발전을 위하여 보조금을 지급할 수 있는 근거 조항을 두고 있다(제32조). 뿐만 아니라 개인정보보호를 위한 국가의 책무도 강화되어 있다(제15조 참조).

이러한 책무를 국가는 몇 가지 형식으로 구현하도록 되어 있는데, 그 가장 우선적인 형태가 입법작업이다. 즉 국가 내지 지방자치단체는 법령 혹은 자치법령의 형태로 소비자보호를 위한 국가의 책무를 구현할 수 있으며, 그 내용을 바탕으로 국가의 관련 행정조직을 정비하고 운영하여야 하며, 이와 관련된 시책을 수립하고 실시하여야 하고, 소비자들 스스로 권리를 지킬 수 있도록 자주적인 조직을 육성하여야 할 뿐만 아니라 소비자조직들의 활동을 지원하여야 한다(동법 제6조 참조). 이러한 소비자기본법상의 국가의 입법적 책무는 관련법령의 제·개정에서 고려되어야 할 뿐만 아니라 제정 시행된 법의 해석에서도 중요한 기준이 될 수 있을 것이다. 법령의 제·개정 이외에 신법체제에서 가장 중요한 것은 정책수립체계의 강화가 될 것이다.

(2) 정책수립체계

새로운 소비자기본법을 통한 변화에 가장 주요한 요소 중 하나가 행정부 내에서의 정책담당부서의 변화다. 구 소비자보호법 체제에서는 소비자정책을 재경부가 주도하고, 부문별로 관련된 업무를 하는 부서에서 산업정책과 소비자정책을 같이 조율하여 왔으며, 재경부의 소비자정책을 수행하는 역할을 한국소비자원이 해 오고 있었다. 공정거래위원회는 거래분야에서 경쟁정책의 집행을 통하여 공정한 거래질서를 확립하는 한편, 할부판매, 방문판매, 전자상거래 등 특수거래영역에서의 소비자보호 및 표시광고와 관련하여 사업자가 전달하는 소비자 정보의 시정작업을 규제하여 왔으며, 계약법의 수정기능으로서 약관의 공정성을 확보하기 위한 행정적 규제를 충실히 시행하고 있었다. 그러나 한국소비자원의 기능을 극대화하고, 소비자보호와 관련된 행정부의 집행기능을 강화하기 위하여 정책담당부서의 변화가 필요하다는 측면에서 정부 내에서의 심도 있는 논의를 거쳐 정책과 집행 기능을 이원적으로 수행하는 방식으로 소비자정책 담당부서의 변화를 도모하게 되었다.[13)]

신법에서는 소비자정책심의위원회를 소비자정책위원회로 명칭을 변경하고, 민간공동위원장제를 도입하여 재정경제부의 경제부총리와 함께 소비자정책을 보다 전문적인 시각에서 수립, 심의, 집행할 수 있도록 배려할 수 있는 인적 구조를 갖추었으며, 정책적인 기능을 강화하기 위하여 소비자정책위원회는 3년마다 제출되는 소비자정책기본계획과 그에 대한 종합시행계획을 심의, 의결하고, 매년 해당 소비자정책의 종합적 추진에 관한 사항을 점검하고, 평가할 수 있게 되어, 정책적 기능의 실질적 강화가 이루어질 수 있게 되었다.[14)] 이러한 내용은 실무위원회 및 분야별 전문위원회가 활성화될 경우에 더욱 효율적인 수단이 될 수 있을 것이며, 정책 수립과 심의, 평가를 비롯한 여러 단계에서 소비자단체의 의견이 적극적으로 반영된다면, 소비자 권익증진에 큰 기여를 할 수 있을 것으로 보인다. 구법에 비하여 강화된 정책수립 시스템의 변화는 소비자정책의 진일보를 가져올 수 있는 매우 좋은 도구일 것이다. 다만 정책당국의 의지에 따라 정책의 수립과 시

13) 2008년 정부조직 내의 업무분장의 변화로 인하여 소비자보호정책관련 기능을 모두 공정거래위원회로 이관되게 되었는데, 이를 위한 소비자기본법제의 변화도 일부 예상된다.

14) 김영신 외(2007: 67, 76ff) 및 김원기 · 박수영(2007: 50ff) 참조.

행에는 큰 차이가 있을 수 있으므로, 소비자정책당국의 보다 강력한 의지가 구현되어야 할 것이다.

(3) 정책집행체계

연도별 시행계획과 기본계획의 집행자는 기본적으로 정부 각 부처와 지방자치단체일 것이다. 각 중앙행정기관의 장과 시도지사는 시행계획이 실효성 있게 추진될 수 있도록 예산편성 등 필요한 조치를 하여야 하며, 그 집행실적을 평가하여 매년 1월 31일까지 재정경제부장관에게 제출하여야 하도록 되어 있다. 이러한 개별 부처의 평가를 바탕으로 재정경제부장관은 기본계획의 성과를 종합적으로 평가하고, 이를 바탕으로 기본계획의 수립 및 변경에 반영하도록 되어 있는데, 이러한 평가 시스템의 도입이 정책당국의 의지에 따라서는 소비자정책집행을 한 차원 높일 수 있는 좋은 계기가 될 것으로 보인다. 우리나라 소비자정책은 산업정책을 수행하는 부서에서 추진되는 경우가 대부분이며, 따라서 산업정책과 무관하지 않지만, 이러한 종합적인 평가 시스템이 활성화될 경우에 산업정책에 숨겨진 소비자정책의 양태가 더 현실화될 가능성이 있다. 이는 향후에 소비자정책의 강화에도 긍정적인 역할을 하게 될 것이다.

(4) 공정거래위원회와 한국소비자원

소비자정책 집행의 중심축은 공정거래위원회와 그 산하기관인 한국소비자원이 될 것이다. 이는 소비자관련예산뿐만 아니라 전문인력의 숫자에도 두 기관이 우위에 있기 때문이다. 신법에서는 공정위가 구법 하에서 재경부가 수행하여 온 소비자정책의 집행기능의 주요한 부분을 담당하게 되었는데, 그 주요한 내용 중 하나가 한국소비자원에 대한 업무의 지휘감독권을 갖게 된 것이며, 이 밖에도 공정위는 소비자단체 등록 및 등록취소 권한을 가지게 되었으며, 소비자단체에 대한 지원기능도 담당하게 되어 있다. 따라서 소비자단체와 공정위의 관계가 보다 더 긴밀하게 될 것이며, 그동안 공정위가 특수거래, 약관, 표시광고 등의 영역에서 담당해 왔던 여러 가지 소비자보호정책의 집행기능들을 통하여 소비자단체의 소비자보호활동에 대한 직접적 지원협력이 가능할 것으로 보인다.[15]

구법인 소비자보호법에서뿐만 아니라 소비자기본법에서도 한국소비자원은 소비자보호를 위한 기본적인 정책추진체로서 뒷받침되고 있다(동법 제6장 제33조 이하 참조). 다만 구법이 소비자분쟁조정위원회를 한국소비자원의 한 기구로서 '제6장 한국소비자보호원'에서 같이 규정하고 있었지만, 소비자기본법은 '제8장 소비자분쟁의 해결'에서 소비자분쟁해결의 수단의 하나로 소비자분쟁조정제도를 규정하고 있다. 이는 신법이 소비자피해구제제도를 단계적으로 규정하되, 한국소비자원이 가지는 정책적 추진체계와 분리하려고 하는 정책적 의지를 보여 주고 있다.

정부의 소비자정책수행기관으로서 한국소비자원의 업무는 구법에 비하여 정책연구 내지는 조사분석 업무가 강화되고 있다. 이는 규정의 변화에서 감지할 수 있는데, 구법 제28조에서 한국소비자보호원의 업무 제1호에 규정되어 있는 소비자의 불만처리 및 피해구제 업무는 신법 제35조에서는 제6호로 순위가 바뀌었다. 이는 한국소비자원의 업무에 있어서 우선을 바꿀 의지가 있음을 암시하고 있다고 보아야 하며, 장기적인 관점에서 한국소비자원을 민원처리기관에서 정책연구 내지는 조사분석 그리고 정보수집과 교육홍보와 같은 정책기관으로 전환시켜 나가려는 정책적 의지가 반영된 것이라고 해석될 수 있다.

4. 소비자안전보장

(1) 새로운 소비자안전체계

구법에서도 소비자안전은 가장 중요한 요소 중 하나였으나, 신법은 소비자안전의 강화라는 측면에서 소비자안전을 독립된 장(제7장)으로 구성하고, 총칙 부분에서는 취약계층에 대한 보호를 소비자안전의 주요한 정책목표로 추가하였으며, 재정경제부 장관의 소비자안전업무에 대한 지휘권의 의미를 가지는 관계기관의 장에 대하여 시정요청을 할 수 있는 권한을 부여하고, 소비자안전센터에 대한 근거규정을 마련하였으며, 위해정보수집과

15) 대선 이후 신정부에서는 이 두 가지 기능을 모두 공정위로 집중시키겠다는 의향을 가지고 있으며, 그러한 방향에서 법개정이 추진될 것으로 보인다.

처리에 대한 소비자안전센터의 역할을 강조하는 등 소비자안전에 대한 새로운 패러다임을 제시하고 있다.[16] 따라서 소비자기본법상의 소비자안전보장체계의 출발은 소비자안전센터의 위해정보수집체계의 완비에서 시작되고 있으나, 사업자의 위해보고의무와 리콜의무로 이어지는 기존의 체계는 그대로 수용되었으며, 기존의 체계로 담보되지 못하는 소비자안전의 위해상황이 제기될 경우에 재정경제부 장관의 정책적 지휘감독권으로 시정요청권이 보완되어 있다.

(2) 소비자안전센터에 의한 위해정보수집

신법에 따라 한국소비자원에 설치된 소비자안전센터는 보다 적극적으로 위해정보를 수집하고, 분석하여, 소비자의 안전을 위협하는 요소가 발견될 경우, 이를 해당부서 및 소비자에 신속하게 알림으로써[17] 소비자안전강화를 위한 전위대 역할을 하도록 되어 있다. 동 센터는 위해정보의 수집을 위하여 각종 행정기관, 병원, 학교, 소비자단체들을 위해정보제출기관으로 지정하여 위해정보를 수집하고, 이를 분석하여 필요한 경우에 소비자안전경보를 발령하든가 물품의 안전성에 대한 사실의 공표하고, 사업자에 대한 시정권고 내지 국가 또는 지방자치단체에 이를 위한 제도적 개선방안을 건의하는 등과 같은 소비자안전의 파수꾼 노릇을 할 수 있도록 법적으로 규정되어 있다. 소비자안전을 위한 단초로서 위해정보가 수집되고, 분석・평가된다면, 식품의약청을 비롯한 해당부서에서 타법령에 기하여 수거, 파기, 권고 혹은 명령과 같은 조치를 내릴 수 있을 것이다.

(3) 사업자의 안전보장의무

(가) 안전한 제품의 제조 및 정확한 정보의 제공(제19조 1항, 3항)

소비자안전을 보장하기 위하여 가장 중요한 것은 사업자가 안전한 제품을 제조하고, 만약 위험요소가 있을 경우에 이에 대한 대비책을 충분히 잘 설명하는 것이다. 소비자기본법 제19조 제1항에 기하여 사업자는 소비자에게 생명, 신체 또는 재산에 대한 위해가

16) 김영신 외(2007: 79ff) 참조.

17) 법 제52조의 소비자안전경보의 발령과 관련하여서는 김원기・박수영(2007: 83) 참조.

발생하지 않도록 필요한 조치를 강구하여야 할 책무가 있으며, 그 책무의 내용 중 가장 중요한 것은 물품을 안전하게 제조하는 것이다. 또한 적절한 사용방법에 대한 설명서를 교부하는 등 해당 상품을 안전하게 사용할 수 있도록 배려할 의무도 여기에 포함된다. 동조 제3항에 따르면 사업자는 소비자에게 물품에 대한 정보를 성실하고 정확하게 전달하여야 하는데, 상품의 위험성에 대한 정보전달의무도 여기에 포함된다고 볼 수 있다.

(나) 결함정보 보고의무

안전한 물품을 제조하여야 한다는 일반적인 의무보다 소비자안전을 보장하기 위해서는 사업자는 해당 상품이 유통된 이후에도 지속적으로 시장에서 어떤 위험요소를 가질 수 있을 것인가에 대한 감시를 하여야 하며, 구체적으로 상품이 소비자에게 위해가 될 수 있을 것이라는 '결함'에 대한 정보를 얻게 되었을 때에는 사업자는 이를 지체하지 않고 (5일 이내에) 그 내용을 서면으로 소관 중앙행정기관의 장에서 보고하여야 한다(동법 제47조). 결함정보에 대한 보고의무를 갖는 사업자에는 제조업자나 수입업자뿐만 아니라 대형 유통업자도 포함된다. 다만 해당물품을 직접 제조한 자가 아닐 경우에는 상품의 위해요소에 대하여 정확하게 파악하기 힘들 것이다.

이 결함정보의 보고는 소비자안전센터를 중심으로 한 위해정보 수집체계와 상호보완적인 의미를 가지기도 하지만, 안전법의 체계에서는 그보다 더 중요한 기본적인 요소로 보아야 한다. 이는 사업자의 전문성과 생산 판매에의 연계성을 고려할 때, 상품의 결함정보를 가장 쉽게 파악할 수 있는 존재가 사업자라는 점에서 출발하고 있으며, 사업자에게 상품의 결함에 대한 고지의무를 부여하는 것이 소비자를 보호하기 위한 가장 효과적인 방안이 될 수 있으며, 이러한 이유에서 외국에서도 결함정보 보고의무를 등한시할 경우에 사업자에게 강한 책임을 부여하고 있다.[18] 사업자가 상품의 결함정보를 알고서도 보고하지 않았을 경우에는 3,000만 원 이하의 과태료 처분의 대상이 될 뿐만 아니라, 제조자로서 민사책임을 부담하게 될 것이다.

(다) 자발적 리콜

사업자들은 상품에 존재하는 결함으로 인하여 소비자의 생명, 신체 또는 재산에 위해

18) 예를 들어 제조자의 사후관찰책임에 대하여 Westphalen(1989: 255ff) 참조.

가 발생하였거나 발생할 우려가 있는 경우에 자발적으로 해당되는 물품을 수거하여 파기, 수리, 교환 등 소비자의 안전을 보장하기 위하여 필요한 조치를 취하여야 한다. 이 자발적 리콜조치는 사업자에게도 재정적인 부담을 야기하므로 쉽게 결정할 수는 없을 것이지만, 사업자는 결함정보가 입수된 경우 한편으로는 정부에 결함정보에 대한 보고를 하여야 하고, 다른 한편으로는 정부에 자진시정조치에 대한 계획서를 제출하고 자진시정조치를 행하고, 그 결과를 다시 정부에 보고하여야 한다. 자발적 리콜은 기업에게 상당한 재정적인 부담을 주는 만큼 어느 정도의 위해가능성이 있을 때, 리콜을 하여야 할 것인가를 판단하기가 쉽지 않은 만큼 강제리콜과는 달리 기업에서 자발적으로 위해물품을 수거하여 수리하거나 교환하여 줌으로써 사후에 발생될 상품의 위해로 인한 손해배상책임을 사전에 차단하는 효과가 있다. 자동차산업에서는 자발적 리콜이 정착화되어 가고 있으며, 이로 인하여 기업의 이미지에 대하여 긍정적인 변화를 낳고 있다.

(라) 리콜권고와 리콜명령

중앙행정기관의 장은 사업자의 결함정보 보고가 있거나, 다른 경로로 수집한 정보에 의하여 사업자가 제공한 물품 등의 결함으로 인하여 소비자의 생명, 신체 또는 재산에 위해가 발생하였거나 발생할 가능성이 있다고 판단될 경우에는 그 위해를 방지하기 위하여 필요한 조치를 해당 사업자에게 권고할 수 있다(리콜권고). 이러한 시정권고를 받은 사업자는 7일 이내에 소관 중앙행정기관의 장에게 시정권고의 수락여부를 통지하여야 하고, 리콜권고를 받아들인 사업자는 자발적 리콜에서와 같이 신속하게 필요한 조치를 취하여야 한다.

한편 위해의 정도가 보다 심각하다고 판단될 경우에는 중앙행정기관의 장은 소비자안전센터로부터 위해정보의 제출을 명하는 등의 절차를 거쳐 소비자들의 안전을 보호하기 위하여 필요한 조치를 사업자가 행하도록 명령할 수 있으며(일반적 리콜명령, 동법 제50조 제1항 전단), 소비자의 긴급하고 현저한 위해를 방지하기 위하여 불가피하다고 인정될 경우에는 절차를 생략하고 해당 행위에 대한 명령을 내릴 수 있고(긴급 리콜명령, 동법 제50조 제1항 후단), 경우에 따라서는 정부가 직접 필요한 조치를 행할 수 있다(강제리콜, 동 제2항).

이러한 리콜권고와 리콜명령은 소비자에게 발생될 위해가능성의 심각성에 따라서 결정되어야 할 것이다. 가장 낮은 단계에서는 리콜권고가 내려질 것이지만, 사업자가 소극적이거나 빠른 조치가 필요한 경우에는 일반적 리콜명령, 긴급한 사업자의 대응이 필요한 경우에는 긴급 리콜명령이 내려져야 할 것이다. 사업자가 리콜명령에 응하지 않을 것이 명확한 경우 또는 파산 등의 사유로 사업자가 이를 수행할 수 없는 사정이 있는 경우에는 국가가 직접 비용을 부담하여 리콜조치를 수행하여야 할 것이다. 그 집행비용에 대하여는 행정대집행법에 따라 회수되어야 할 것이다.

(4) 시정조치요청권

신법에서 이러한 일련의 리콜조치 과정에 추가하여 개별 산업부서에서 소비자안전을 위한 조치가 소극적일 경우에 재정경제부 장관이 보충적으로 요청할 수 있는 시정조치요청권을 규정하고 있다(동법 제46조).[19] 이 시정조치요청권은 재정경제부 장관이 권한을 행사함에 있어 소비자안전센터 등과 같은 전문기관의 의견과 소비자단체들에 의한 여론을 들어서 필요한 최소한의 경우로 제한되어야 할 것이지만, 소비자 안전 정책의 최후의 보루로서 매우 중요한 역할을 하게 될 것으로 보여진다.

(5) 평가 및 타 법률과의 관계

특히 자동차관리법, 식품위생법 등 여러 법령에 근거하여 리콜제도가 운영되고 있으나, 운용과 관련하여 상이한 기준과 절차를 거치게 되어 있고,[20] 소비자기본법상 리콜제도와의 연계에 대한 논의가 미진하여 안전체계 전체를 총괄하는 법령(예: 소비자안전법)의 제정에 대한 논의가 필요한 실정이다.[21]

---

19) 김원기 · 박수영(2007: 72) 참조.

20) 김영신 외(2007: 81) 참조.

21) 이와 관련하여 권대우 외(2003: 168ff) 참조.

5. 소비자분쟁해결

(1) 소비자분쟁해결구조의 변화

가장 보편적인 소비자불만해결구조는 고객으로 소비자가 해당 상품을 판매한 사업자와 직접적으로 접촉하여 사후서비스를 받는 등과 같은 사업자와 소비자 간의 대화를 통한 경우이며, 이것이 가장 바람직한 구조이지만, 한 단계 더 나아가서 사업자단체 혹은 소비자의 권익을 대변하는 단체를 통하여 개별적인 문제들이 해결되도록 주선하여 줄 경우에 보다 합리적인 해결이 가능할 것이다. 그러나 소비자분쟁은 소액 다수의 분쟁이라는 특성이 있으며, 사업자에 비하여 분쟁해결 능력이 떨어지는 소비자의 특성을 고려할 때, 소비자들의 불만이 해결되기 위하여 일반적인 분쟁해결수단과는 다른 절차가 필요하다. 이러한 관점에서 구 소비자보호법 하에서도 소비자분쟁조정제도가 도입되어 운영되어 왔으나, 소비자분쟁을 보다 통합적으로 해결하고자 신법에서는 소비자단체소송제도와 집단적 분쟁조정제도라는 새로운 제도가 도입되었다.

(2) 소비자단체소송

(가) 단체소송 도입논의

이번 소비자보호법의 개정에서 가장 중요한 쟁점 중 하나가 소비자피해구제를 위한 소송제도에 대한 논의였다.[22] 소액다수의 소비자피해구제를 활성화, 효율화하기 위해서는 집단적 피해구제제도의 도입이 필수불가결한 상황이기 때문에 선진각국에서는 소비자피해구제를 위한 특별한 소송제도의 도입이 일반적이었다. 우리는 이미 1980년대 후반부터 이를 위한 논의가 있어 왔으며, 증권관련 집단소송제가 도입된 이후에는 더욱 그 논의가 활발해졌다. 정부에서는 소비자피해구제를 위하여 소비자들의 직접적인 손해배상청구를 내용으로 하는 집단소송제를 도입하는 것은 기업에 지나친 부담으로 작용할 것이라는 입장에서 부작위청구를 내용으로 하는 단체소송제를 담은 소비자보호법 개정안을 제출하였고, 국회 재경위 내에서도 소비자피해구제제도로서 단체소송안과 집단소송안이 같이 논

22) 김영신 외(2003: 87) 참조.

의되었으나, 단체소송제도의 도입으로 결론을 내리고, 새로운 소비자기본법에 이를 반영하였다.

(나) 원고적격

단체소송제도는 집단소송제도와 달리, 소비자를 위하여 소송을 제기할 수 있는 자격(원고적격)을 일정한 단체로 한정한 제도다. 새로운 소비자기본법에 의하면 소비자를 위하여 소송을 제기할 수 있는 단체로는 동법 제29조에 기하여 공정거래위원회에 등록된 소비자단체 중 단체의 정회원 숫자가 1,000명 이상이고, 등록된 후 3년이 경과하였으며, 소비자의 권익증진을 그 단체의 기본목적으로 한 경우로 제한되어 있다. 소비자기본법이 2007년 3월 말에 시행되었으나, 등록기간이 3년 이상이라는 요건은 부칙 제8조에 기하여 구법 제19조에 기하여 재정경제부 및 지방자치단체에 등록된 시점에서 기산될 수 있으므로, 현재 2007년 3월에 소송을 제기하기 위해서는 2004년 3월 이래로 재경부 및 지방자치단체에 소비자단체로 등록이 되어 있는 정회원 숫자가 1,000명 이상인 단체는 소를 제기할 수 있는 원고적격을 가진다.[23] 뿐만 아니라 동법 제70조에 따르면 소비자단체 이외에도 대한상공회의소, 중소기업협동조합중앙회 및 대통령에 정하는 전국 단위의 경제단체에게도 사업자 대표로 원고적격을 인정하고 있는데,[24] 이는 유럽의 단체소송제도에서 유래된 것으로 소비자의 권익을 직접적으로 실현하기 위해서라기보다는 사업자 상호간에 부정경쟁행위를 방지할 수 있도록 허용함으로써 간접적으로 소비자의 권익이 보호되도록 하기 위함으로 보인다. 또한 중앙행정기관에 등록된, 5,000명 이상의 상시 구성원이 있는 단체로서 소비자의 권익증진을 위한 활동을 구체적으로 하고 있는 비영리민간단체가 50인 이상의 소비자로부터 단체소송의 제기를 요청받은 경우에도 소송수행권을 가진다.

(다) 소송물

가장 중요한 내용은 소송물이다. 즉 어떤 사안을 단체소송으로 제기할 수 있을 것인가

23) 김원기 · 박수영(2007: 117ff) 참조.

24) 이 경우에는 피해 소비자들로부터의 단체소송제기 요청이 요건이 아니다. 김원기 · 박수영(2007: 118) 참조.

에 대한 문제인데, 이와 관련하여 소비자기본법은 법 제20조에서 사업자에게 부과한 소비자권익증진 관련법령 준수의무 위반사항으로 제한하고, 소송의 청구취지도 소비자권익 침해행위의 금지 내지는 중지로 한정하고 있다. 따라서 손해배상청구소송을 단체소송의 형태로 제기하는 것을 입법적으로 배제하고 있는 것이다. 이는 소비자들이 입은 피해에 대한 손해배상소송을 집단적으로 인용하기보다는 침해행위의 금지 혹은 중지를 요청하는 부작위청구소송의 형태로 소비자소송제도를 운용함으로써 기업의 갑작스러운 부담을 덜어주기 위함이다. 따라서 소비자들의 피해에 대한 직접적인 배상청구는 여전히 기존의 공동소송형태로 이루어질 수밖에 없다.

어떤 내용에 대해 구체적으로 단체소송을 제기할 수 있을 것인지는 향후 소비자기본법 제20조의 소비자권익증진 관련법령상 사업자의 준수의무의 내용에 대한 보다 구체적인 논의를 거쳐야 할 것이다. 이는 단순한 학술적인 논의로만 그치는 것이 아니라, 제20조에서 요구되는 각 영역에서 사업자가 준수해야 할 기준들에 대하여 매우 구체적인 법령 작업이 있어야 할 것이다. 예를 들면, 동법 제8조에 위해방지를 위한 기준에 속하는 기준의 종류, 내용에 대한 정리작업이 있어야만 사업자의 위반행위를 확정할 수 있으며, 그 위반행위를 막기 위한 부작위소송의 대상이 정해질 수 있는 것이다.[25] 따라서 단체소송을 통한 소비자권익증진의 정책적 성과는 제20조의 규범적 의미와 내용에 대한 구체적인 검토가 얼마나 빨리 정확하게 이루어지는가에 직접적으로 연계되어 있다고 보아야 할 것이다.

(라) 남소방지대책

소비자단체의 소송권 남용을 막기 위하여, 신법은 소송허가제도를 도입하고 있다. 소비자단체소송을 제기할 경우 원고는 원고 및 피고와 소송물인 사업자의 권익침해행위를 기재한 소송허가신청서를 법원에 제출하여 소송허가를 받아야만 본안심리를 받을 수 있다. 이는 남소를 방지하기 위한 내용으로 법원은 소송을 제기한 원고가 법에서 정하고 있는 원고적격을 가지는지와 청구내용이 소비자단체소송제도의 취지에 부합하는 공익상의 필요를 가졌는지, 또 원고가 소송을 회피하기 위한 노력을 하였는지 여부를 판단하여 소송을 허가하여야 할 것이다. 소비자단체소송제도에서는 변호사 강제주의가 적용되므로, 소비자의 권익실현을 위하여 단체소송을 제기하는 단체는 소송수행에 관하여 반드시 변

25) 김원기 · 박수영(2007: 123) 참조.

호사를 선임하고 소송 수행업무를 위임하여야 한다.

(마) 소비자단체소송의 강화

이러한 소비자단체소송제도는 변호사 강제주의를 채택하고, 소송심리전 소송허가제를 도입하는 등 남소방지를 위한 제도적인 보완이 있음에도 불구하고 기업의 활동을 위축시킬 것이라는 우려와 함께 손해배상사건에 적용되지 않는 한계를 가지고 있다는 점에서 불완전한 제도라는 비판이 있다. 미국의 집단소송제도와 같이 손해배상사건을 다루기 위한 제도적 개선점에 대한 논의도 필요할 것이지만. 변호사 강제주의로 인하여 변호사 선임에 따르는 재정적인 부담을 포함하여 소비자단체소송제도의 소송비용을 제도적으로 지원하는 방안도 검토되어야 할 것이다.

(3) 집단분쟁조정제도

신법은 소비자단체소송 이외에도 소비자분쟁조정과 관련하여 일괄분쟁조정제도를 도입하였다. 이는 소비자의 피해가 다수의 소비자에게 같거나 비슷한 유형으로 발생하는 경우에 한국소비자원, 소비자단체, 사업자 등이 소비자분쟁조정위원회에 일괄적인 분쟁조정을 요청할 경우, 집단분쟁조정 개시의 공고를 거쳐, 추가적인 당사자의 참가를 받아 처리할 수 있는 일괄분쟁조정절차다. 조정위원회의 의결을 통하여 소비자측을 대표하는 대표당사자를 선임하여 절차를 진행할 수 있고, 집단분쟁조정절차에 따른 결과를 사업자가 받아들일 경우 사업자는 조정위원회에 권고를 받아 절차에 참여하지 않는 피해자에 대한 보상계획서를 작성하여 제출할 수 있다.

현재 소비자분쟁조정위원회에서도 다수 소비자의 피해구제를 일괄적으로 처리하려는 절차를 진행하고 있으나, 이번 개정안으로 대표당사자의 선임, 절차에 참여하지 않은 피해자에 대한 보상계획 승인 등 집단소송적 요소를 가미한 것이 특징으로 보여진다. 유사한 피해를 입은 소비자들에게 일정한 기간 동안 조정에 참여하도록 권유할 수 있다면, 집단적 소비자피해구제에 도움이 될 것으로 보인다. 따라서 적절한 매체를 통하여 충분히 구체적으로 참가를 권고한다면, 미처 피해구제요청을 하지 못한 많은 소비자들이 참가할 수 있을 것이고, 소액 다수의 피해구제의 적정한 효과를 도모할 수 있을 것이다. 피해구제단계에서 분쟁조정제도는 재판을 통한 일반 민사구제제도보다 효율성이나 경제성에서 뛰어나므로,[26] 소비자단체에서도 집단적 피해구제를 위하여 소비자보호원의 분쟁조정제도를 좀 더 활발히 이용할 필요가 있을 것으로 보인다. 다만 조정제도의 특성상 강제력에 한계가 있으므로, 일방당사자가 조정결정을 받아들이지 않을 경우에 한계가 노출될 수 있으며, 비참여자에게도 구속력이 있는 내용을 조정제도를 통하여 결정하는 것이 바람직할 것인가에 대한 논의가 제기될 여지가 있다.

6. 소비자교육기능의 강화

이번 법개정의 큰 성과 중 하나가 소비자 능력향상을 위한 소비자교육에 대한 국가의 역할을 강화한 것이다. 소비자문제의 해결을 위해 무엇보다도 소중한 것은 소비자교육의 활성화다. 기존의 소비자보호법이 정부의 후견적 기능을 강조하는 데 그쳤다면, 새로운 소비자기본법에서는 소비자 스스로 권익을 찾을 수 있도록 자조기능을 강화하려는 입장을 취하고 있으며 그러한 정책적 연장선상에서 중앙정부와 지방자치단체는 소비자교육에 대한 기본적 의무를 부담하고, 그 구체적인 내용으로 소비자능력향상을 위한 교육프로그램을 개발할 책무를 지며, 소비자교육과 학교교육 및 평생교육을 연계시켜 교육효과를 증대시키는 등 교육기회의 확대・구체화를 위한 노력을 하여야 하며, 소비자방송의 활성화를 통한 노력을 할 수 있도록 소비자교육을 위한 근거규정을 마련하였다(동법 제14조).

이러한 근거 규정을 바탕으로 규제 혹은 후견적 기능으로 일관되어 왔던 소비자정책에 소비자교육을 통한 자율과 자조의 기조를 불러일으킴으로써 또 다른 패러다임의 변화를 가져왔다.[27] 이는 소비자정책 담당자로서 재경부와 공정위의 정책적 기조에 소비자교육의 축이 새로이 설정되어야 함과 아울러, 한국소비자원과 소비자단체의 활동도 소비자교육을 위한 노력이 이루어져야 하고, 이를 위한 정책적 지원이 필요할 것으로 보인다.

26) 김원기・박수영(2007: 93ff) 참조.

27) 김영신 외(2007: 346ff) 참조.

7. 국제소비자문제

신법에서는 세계적인 무역대국이라는 우리나라의 특성에 걸맞게 국제소비자문제를 해결하기 위한 국제협력을 강화하기 위한 근거규정을 신설하였다. 신법 제27조에 의하면 정부는 소비자문제의 국제화에 대응하기 위하여 국가 사이의 상호협력방안을 마련하는 등 필요한 대책을 강구하고, 관련시책을 수립, 시행하여야 한다.[28] 이 쟁점은 이미 기존의 실무에서 많이 논의되어 왔던 것으로 우리나라 산업이 무역에 대한 의존도가 큰 만큼 더 큰 의미를 지니고 있으며, 이미 법개정 이전에 재경부에서 국제소비자보호전문위원회를 통하여 소비자보호를 위한 국제적인 네트워킹 및 소비자보호제도의 비교검토 및 동조화를 위한 노력을 경주하고 있었다.

국제소비자문제는 국제거래상 소비자관련문제에서의 협력을 중심으로 국내에서의 외국소비자보호 내지는 국내제품과 관련된 외국소비자문제의 해결노력과 외국에서의 내국소비자피해구제문제에 대한 피해구제와 관련된 네트워크 조성,[29] 각국의 소비자보호법규의 비교검토를 통하여 자국의 소비자보호법규의 개선과 함께 외국의 소비자보호법규과의 동조화, 자유무역협정 등 각종 무역협정체결 시에 국내소비자보호를 위한 조항을 삽입하는 등 변화하는 무역여건에서 자국소비자의 권익을 보호하기 위한 노력을 경주하는 것이 그 내용이 될 것이다. 구체적으로는 각국의 안전기준을 동일화하고, 사업자규제도 일관되게 함으로써 소비자안전을 보장한다든가, 소비자피해에 대한 정책적 공조를 통하여 유사한 피해가 반복되지 않도록 함으로써 전체 소비자의 복리를 증진시킬 수 있을 것이다.

28) 김원기・박수영(2007: 53ff) 참조.
29) 김영신 외(2007: 382ff) 참조.

제3절 소비자기본법과 관련법령

1. 안전관련 법령체계와 소비자기본법

(1) 위해의 방지

소비자의 8대 권리 중 가장 중요한 권리는 안전할 권리다.[30] 소비자의 생명이나 신체의 안전은 양보할 수 없는 이익이며, 위해방지는 국가정책의 최대한의 목표이며, 국가의 최소한의 의무다. 그러나 과학의 발전과 생활의 다양화로 시장에 새로운 제품의 출시가 되는 등 항상 새로운 위험원이 출현하고 있으므로, 안전에 대한 보장은 그만큼 어려워지고 있다.

전통적으로 안전에 대한 규제는 각종 상품별 혹은 산업별로 적용되는 개별법령을 중심으로 실행되어 왔다. 안전한 제품만이 시장에 유통되도록 하기 위한 규제법령은 그 상품의 특성을 고려하여야만 성공적으로 제어할 수 있기 때문이다. 자동차에 대한 안전의 기준이나 고려점이 약품에 대한 내용과 다를 수 있고, 공산품과 식품은 안전성에 대한 점검방식에서 차이가 날 것이다. 따라서 각종 제품에 맞는 다양한 제어방식 및 안전기준의 설정이 필요하다. 그러나 상품으로 인한 위해의 개별성, 특수성을 지나치게 강조하다 보면, 산업부서의 사업자 친화적인 결정에 의존하게 되고, 소비자에게 중요한 소비생활에서의 안전성 보장은 제한적으로밖에 실현될 수 없는 상황이 있어 왔고, 또 제품의 안전성보다는 경제성을 기준으로 한 산업정책적 결정이 내려질 수도 있기 때문에, 전체적인 입장에서 조율하는 기구가 필요하다. 이러한 역할이 소비자 안전정책을 주도할 부서가 소비자 안전을 위한 국가적 책무를 이행하기 위하여 수행하여야 할 방향이라고 보인다.

선진사회에서 소비자안전을 보장받기 위하여 국가가 추구하고 있는 제어방식에는 사전규제제도와 사후책임제도의 두 가지 영역으로 나누어 볼 수 있다. 사전규제제도는 안전하지 못한 제품이 시장에 출시되지 않도록 일정한 사전검증 시스템에 의하여 통제하는

30) 권오승(2005: 85ff) 참조.

경우이고, 사후책임제도는 일단 시장에 출시되어 소비자가 소비하다가 제품의 안전성 미비로 피해를 입은 경우에 민사책임을 물음으로써 소비자가 손해를 배상받을 수 있을 뿐만 아니라, 기업의 입장에서는 손해배상책임을 면하기 위하여 보다 안전한 (결함 없는) 제품의 제작에 노력하도록 유도하는 경우다.

(2) 사전적 규제제도

현재 우리나라에서 시행되고 있는 소비자 안전관련 법령은 매우 많다. 소비자기본법 이외에도 자동차의 안전에 대한 자동차관리법, 식품위생법, 약사법이 식의약품의 안전의 근거법령이고, 품질경영 및 공산품안전관리법이 공산품관련 소비자안전을 책임지고 있다. 그 외에도 먹는물관리법, 전기용품 안전관리법, 수산품품질관리법, 농산물품질관리법, 축산물가공처리법 등 매우 많은 법령이 소비자안전과 관련된 규정을 가지고 있으며, 소비자안전을 거래와 관련된 영역 이외로 확대할 경우에는 승강기 제조 및 관리에 관한 법률, 고압가스안전법, 도시가스법, 건축법 등 많은 관련법령을 가지고 있으며, 이러한 행정법령들은 시장진입에 대한 안전성 점검을 통한 사전규제방식의 제어시스템을 가지고 있다.

자동차에 대하여는 자동차관리법상 자기인증제도를 통하여 시장진입규제를 자율적인 책임하에 시행하고 있으며, 국가는 다만 일정한 안전기준을 제시하고, 성능시험 및 안전도평가를 통하여 사후적으로 안전기준의 준수여부를 점검하고 있다. 이는 자동차업계에 대한 신뢰가 바탕이 된 정책적인 결정으로 보인다. 공산품에 대해서도 품질경영 및 공산품 품질관리법에서 안전인증제도를 통하여 자율적으로 공산품의 안전성으로 보장하려고 하고 있으며, 전기용품안전관리법에 기하여 전기관련된 공산품도 안전인증제를 통한 자율적인 안전성확보에 주력하고 있다.

식품위생에 대하여도 공전 내지는 위해요소중점관리기준 등 일정한 표시 및 관리기준을 제시하고, 위해식품의 유통을 금지하는 것과 같은 대원칙 이외에는 자율적인 안전성 준수에 정책적인 초점이 놓여 있다. 다만 의약품에 대하여는 약품의 위해적 요소를 고려하여 허가제를 원칙으로 시장진입을 규제하고 있다.

이러한 자율적 규제방식을 고려할 때 소비자안전의 확보는 안전기준의 합리적인 설정과 안전기준 준수 및 상품의 안전성 확보를 위한 사업자들의 자율적인 의지가 지켜지도록 정책적인 운용이 되어야 할 것으로 보인다.

사전규제방식을 가진 법령을 통한 소비자안전 확보는 몇 가지 단계를 통하여 실행되고 있다. 일반적으로 가장 우선적인 것은 제품별로 시장진입을 위한 안전기준이 설정되어 있다는 점이다. 일부 규정에서는 혼동이 있기는 하지만 이는 원칙적으로 산업표준과는 구분되는 것으로 소비자의 안전이 보장되기 위한 최소한의 기준이라고 보인다. 기준의 설정과 관련하여 과학적인 검증과정을 거쳐야 할 것이지만, 정책의 효율성과 경제성의 측면에서 선진각국의 안전기준을 도입하는 경우가 일반적이다. 그러나 안전기준이 언제나 소비자의 안전을 지속적으로 보장하는 것은 아니며, 과학기술의 발전이 이루어짐에 따라 새로운 위험을 인식할 수도 있고, 보다 안전한 제품의 생산도 가능해지므로 안전기준에 대한 지속적인 검증작업이 필요하다. 예를 들면 약사법에서 약품의 안전성의 재평가를 위하여 판매허가 후 4-6년이 지나면 재심사 내지는 재평가할 수 있는 근거를 가지고 있는 것도 주목할 만하다(약사법 제32, 33조 참조). 안전기준에 대한 재검토 필요성을 가장 직접적으로 제기할 수 있는 것은 위해정보의 수집과 평가를 통한 검증작업이다.

소비자의 안전은 항상 침해받을 수 있는 가능성이 있으며, 대량생산, 대량소비가 이루어지는 산업사회에서는 일정한 위험이 존재하고 이것이 현실화될 경우에 동일한 위난이 발생할 확률이 매우 높다. 따라서 국가는 그러한 위난의 반복을 막을 책임이 있다. 소비자안전을 보장하기 위한 가장 적절한 방법은 위해에 대한 정보를 가능한 신속하게 수집하여 대처방안을 강구하여야 하는 것이다. 위해와 관련된 의미 있는 정보가 수집될 경우에 한편으로는 그 위해에 대한 공개적인 경고를 하고, 또 한편으로는 위해의 재발방지를 위하여 시장에 있는 위해요소를 제거하기 위한 리콜을 실시하여야 하며, 장기적으로는 그러한 위해를 극복하여 안전한 제품을 생산, 공급할 수 있도록 배려하여야 한다.

결국 행정법규에 의한 위해정보는 리콜제도로 이어지며, 리콜제도의 합리적인 추진이 소비자안전에는 매우 중요한 제도다. 다만 리콜이라는 절차가 사업자의 입장에서는 재정적으로도 큰 부담이 되는 것이고, 경우에 따라서는 제품에 대한 이미지 손실을 동반하기 때문에 사업자는 소극적일 수밖에 없다. 따라서 이를 극복하기 위한 제도적인 보완이 필요하다. 사업자가 스스로 인식하고 실시하는 자발적 리콜 이외에 리콜권고와 리콜명령이라는 단계적인 개입을 통하여 사업자의 소극성으로 인하여 소비자안전에 대한 위험을 극복할 수 있도록 되어 있으며, 일정한 전문적인 검토가 선행되어야 할 것이다. 리콜제도의 정착을 위해서는 사업자에게 책임의 경감 등 인센티브가 제공되어야 하며, 사회적으로도 리콜에 적극적인 기업의 신뢰성에 대한 긍정적 논의가 이루어져야 한다. 반대로 리콜명령에도 불구하고 리콜을 하지 않는 사업자에 대한 실효성 있는 제재조치도 마련되어야 할 것이다.

리콜과 관련하여 소비자기본법은 사업자에게 결함정보의 보고의무를 부과하고 있으며, 자발적 리콜-리콜권고-리콜명령의 순차적인 리콜가능성을 규정하고 있으나, 운용상 타법령에 기한 리콜가능성이 있을 경우에는 해당법령에 의한 조치를 선행시키는 보충적 효력을 가지고 있다. 이는 해당 제품을 담당하는 부서의 전문성을 인정하고, 기존의 체제를 존중하겠다는 입장을 반영한 것으로 안전에 대한 총괄적인 점검과 평가가 가능하다면 긍정적으로 보아야 할 것이다.

안전과 관련된 개별법령에도 리콜제도에 대한 규정이 있다. 자동차관리법에서는 자동차의 결함시정과 관련하여 제작자들은 자동차의 안전성에 문제가 발견될 경우 이를 지체없이 공개하고, 필요한 시정조치를 하여야 하며, 이를 정부에 보고하여야 한다. 또한 정부는 시정조치를 명령할 권한을 가지며, 필요한 경우 성능시험대행자를 통하여 조사할 수도 있다. 공산품에 대하여는 시도지사의 위해제품에 대한 개선, 수거 파기명령권이 인정되고 있으며(품질경영및공산품안전관리법 제31조 참조), 전기용품에 대하여도 마찬가지다(전기용품안전관리법 제8조 참조). 식품위생법에서는 위해식품의 자발적인 회수를 하도록 유도하고, 필요한 경우 정부가 폐기처분을 명령하거나 직접 해당 식품을 압류하거나 폐기할 수 있도록 되어 있으며, 해당 사업자에게 식품의 위해성에 대한 공표를 명령할 수 있고, 약사법에서는 제약업자의 자발적 리콜 및 보고의무가 규정되어 있다(약사법 제39조 참조). 그러나 이들 개별법령의 리콜관련규정은 소비자기본법에 비하여 위해정보수집-사업자의 결함정보보고의무-자발적 리콜-리콜권고-리콜명령과 같은 일관된 체계를 갖고 있지 못하며, 종합적인 안전체계를 보장하기에는 미진한 요소들이 있다.

(3) 사후적 규제제도

자본주의 경제에서 민사책임을 통한 사후규제도 큰 효과를 거둘 수 있다. 시장에 이미 존재하는 (예상치 못한) 위험원에 의하여 소비자가 피해를 입은 경우에 개인적으로 그 피해에 대한 보상이 필요할 뿐만 아니라, 사회적으로는 피해에 대한 보상책임이 강화될수록 기업의 사전회피노력이 증대된다. 따라서 민사책임제도에 대한 사후규제제도는 행정부의 개입이라는 비용증가 없이 민간자율에 의하여 통제될 수 있는 매우 유용한 방식이다.

민사책임과 관련하여 민법규정 이외에 제조물책임법이 2000년 제정되어 2002년 7월부터 시행되고 있으므로, 제조자들의 민사책임이 강화되어 있다. 그러나 소액다수의 집단적 분쟁의 경우에는 이들 민사책임법의 강화만으로는 한계가 있으며, 소비자단체의 공동소송이나 집단분쟁조정제도를 이용할 경우에 그 효과는 더욱 커지리라 생각된다. 현행법은 집단소송제를 도입하지 않았으며, 단체소송도 부작위, 금지소송으로 한정하고 있지만, 민사책임을 통한 사후통제제도에서 소비자단체가 적극적인 역할을 할 경우에는 위해성 제품의 판매금지 외에 피해구제절차에서도 의미 있는 결과를 낳을 수도 있을 것이다.

(4) 일관된 안전체계의 성립

소비자안전의 중요성은 소비자안전행정에 대한 효율성을 요구하고 있다. 현대사회의 특징 중 하나인 위험사회가 제품의 소비 이외에도 모든 소비자의 활동영역에서 (예를 들면 번지 점프와 같은 서비스영역에서도) 위해 가능성을 내포하고 있으며, 일정한 비율의 위해는 상존하고 있으므로, 위해정보의 수집과 분석, 안전기준의 적절성 검토, 안전기준의 준수여부 확인, 그리고 리콜제도와 관련된 정책적 결정에 이르기까지 통합하여 조정할 수 있는 일관된 행정시스템이 필요하며, 경우에 따라 영역별로 분리 운용될 수도 있으나, 현재의 식품안전분야에서 이루어지고 있는 시스템이 전자제품이나 어린이용품 등 공산품의 영역이나 기타 다른 영역에서도 효율적으로 실현될 수 있는 제도적인 변화가 필요하다.

소비자기본법상 소비자원에 설치될 안전센터의 역할에 대한 기대가 큰 만큼, 안전센터를 운용할 수 있는 행정체계의 효율성도 중요한 상황이 될 것이다. 그러한 의미에서 소비자기본법의 하위법령으로 소비자안전법의 제정도 고려될 수 있을 것이다.

2. 거래관련법령과 소비자기본법

(1) 계량과 규격의 적정화

소비자기본법상 국가와 지방자치단체는 계량제도의 운용과 규격제도에 대한 적정한 운용에 대한 책무가 있다. 계량 및 규격의 적정화는 소비자복지의 기본요건이다. 산업표준화는 산업정책적으로도 매우 중요한 사항이지만, 규격의 적정화는 소비자의 편익성을 보장하기 위하여도 매우 중요한 내용이며, 계량의 정확성은 제품과 거래에 대한 소비자의 신뢰를 증가시키고, 거래비용을 절감할 수 있다는 점에서 큰 의미를 가진다.

우리 헌법은 제127조 제2항에서 국가표준제도의 확립에 대한 국가의 의무를 규정하고 있으며, 이러한 국가의 책무는 소비자 복지와도 직간접으로 연결되어 있다.

이를 위해서는 계량에 관한 법률뿐만 아니라 공업규격 등 각종 기준에 대한 체계적인 검증이 필요하며 기준 내지는 규격제도의 실효성이 정립될 수 있도록 배려하여야 할 것이다. 또한 산업표준화법, 품질경영 및 공산품품질관리법, 수산물품질관리법, 농산물품질관리법 등 관련 규정을 재검토하여 규격이나 계량에 대한 소비자의 이익이 반영될 수 있도록 연계시킬 필요가 있다. 수입물품에 대한 계량의 규제와 국제적인 표준의 동일화 작업은 소비자보호의 국제적 영역에서도 큰 의미가 있고, 소비자거래에서 규격과 계량의 적정성은 계약목적물의 적합성 판정기준이라는 중요한 의미가 있다.

(2) 표시 및 광고기준

표시는 소비자의 선택권을 보장하기 위한 최소한의 요건이므로, 표시의 기준은 매우 구체적이고 엄격하게 마련되어야 한다. 위험의 증가와 변화가 상존하는 위험사회에서 기준의 적절성을 유지하려면 일정한 점검시스템에 의하여 체크하고 결과를 반영하는 기반이 필요하다. 소비자기본법상 국가는 표시에 대한 적정한 기준을 제시하도록 되어 있으며(제10조), 사업자는 이를 준수하여야 하고(제20조), 이를 위반할 경우 소비자단체는 단체소송을 제기할 수 있다. 민사법적으로는 표시기준을 지키지 않아서 소비자에게 피해가 발생할 경우에 제조자는 표시상 결함을 이유로 손해배상책임을 질 수 있으며, 이와는 별도로 민법상 불법행위책임이 문제될 수도 있다.

시장이 공급자 주도적인 상황으로 변화하고, 광고가 소비에 미치는 영향이 커질수록 허위과장광고로 인한 피해가 늘어나고 있다. 광고의 규제는 표시와는 달리 자율규제 가능성이 있으며, 선진국에서는 자율규제시스템의 활용이 매우 효과적인 것으로 알려져 있다. 소비자기본법상 국가는 광고와 관련된 기준을 정해야 하고(제11조), 사업자는 이를 준수하여야 하며(제20조), 이를 어길 경우 소비자단체는 부작위, 금지소송을 제기할 수 있다.

표시와 광고에 대한 개별법령으로 표시 및 광고의 공정화에 관한 법률이 시행되고 있다. 동법에서 사업자에 대하여 소비자를 속이거나 소비자로 하여금 잘못 알게 할 우려가 있는 부당한 표시 광고행위를 금지하고(동법 제3조), 그러한 부당한 표시 및 광고행위가 있을 경우에 공정위는 당해 행위의 중지 등 적절한 시정조치를 명할 수 있다(동법 제7조 이하 참조). 이러한 공정위의 시정조치권은 소비자기본법상 소비자단체소송제도와 조화를 이룰 경우 여러 가지 좋은 결과를 낳을 것으로 보인다.

또한 허위과장광고는 이로 인한 소비자피해가 발생할 경우, 예외적으로 광고내용을 계약의 내용으로 받아들일 수도 있으며, 착오로 인한 의사표시의 취소와 같은 민법상 이론에 대한 검토가 필요할 것으로 보인다.

(3) 거래의 적정화

거래적정화는 공정거래의 기본영역이자 상거래 질서의 핵심이라고 할 수 있다. 소비자기본법상 국가는 거래의 적정화를 위한 시책을 강구하여야 하며, 그 정책적 결정에 의하여 많은 거래관련 법령이 제정·시행되고 있다.

독점규제 및 공정거래에 관한 법률, 부정경쟁방지 및 영업비밀보호에 관한 법률, 약관의 규제에 관한 법률, 할부거래법, 방문판매법, 전소법, 이자제한법 등 각종 거래행위 규제에 대한 법률의 시행은 이러한 국가책무의 이행으로 볼 수 있다. 국가는 이러한 법률의 내용으로 혹은 기타 행정법규에 의하여 소비자의 합리적인 선택을 방해하고 소비자에게 손해를 끼칠 우려가 있다는 사업자의 부당행위를 지정고시할 수 있는데, 이 기준을 사업자는 준수하여야 하며, 위반 시에 소비자단체소송의 대상이 될 수 있다.

소비자거래의 민사법적인 효력과 관련하여 거래적정화를 위한 법령과 기준에 어떠한 영향을 줄 것인가에 대한 검토가 필요하다. 특히 거래의 적정화와 민법 제103조 104조의 일반규정상의 기능적 관련성은 검토할 필요가 있으며, 이자제한법의 부활 등 규범환경의 변화와 그 효과에 대하여 보다 적극적인 시책이 필요하고, 소비자단체 등의 입법청원이 필요하다.

3. 개인정보보호와 소비자기본법

인터넷과 무선통신서비스 등 급속도로 발전한 정보화로 인하여 개인정보보호는 전국민의 관심사가 되었다. 정보보호와 관련하여 정보체계와 관련된 여러 가지 법령에서 정보수집절차나 요건에 대한 규제가 제대로 이루어지고 있는지에 대한 점검이 필요하고, 국가는 보다 안전한 정보보호환경이 조성될 수 있도록 노력하여야 한다. 개인정보보호와 관련하여 국가가 적정한 기준을 제시할 의무를 갖고(제15조), 사업자는 이를 준수하여야 하며(제20조) 위반 시에는 단체소송의 대상이 될 수 있을 것이다.

개인정보보호의 문제는 개별법령으로 정보통신망이용촉진 및 정보보호 등에 관한 법률로 보호하고 있다. 동법에서는 정보통신서비스 제공자의 정보수집의 제한과 관리의무를 강화하고 있는데(동법 제22조 이하 참조), 그 이외의 자에 의한 침해에 대하여는 소비자기본법이 적용될 수 있도록 개인정보보호의 기준과 침해에 대한 대응책이 강구될 필요가 있다.

민사법적으로는 정보가 침해되었을 경우 피해구제 절차나 요건 확대 및 손해배상 책임 강화에 대한 구체적인 내용의 논의가 필요하다. 이와 관련하여 정신적 피해에 대한 손해배상액의 책정에 대한 보다 구체적이고 합리적인 기준을 마련할 필요가 있다.

제4절 소비자법제의 과제와 발전

1. 기본법제와 보완법제의 연계성 강화

지금까지의 소비자보호법이 많은 영역에서 규범력을 갖지 못하였던 것은 기본법으로서의 소비자보호법과 관련법제에 대한 연계가 부족했던 점에서 기인된 바가 크므로, 새로운 소비자기본법의 집행에서는 관련법령과의 연계에 대한 연구와 검토가 매우 중요하다. 특히 학술적인 연구뿐만 아니라 실무적인 차원에서 기본법과 보완법의 보완적 기능에 대한 논의가 필요하고, 그 내용이 행정청의 업무집행에 반영되어야 한다. 연계성의 강화를 위하여 필요한 경우에는 내용이 법개정에도 반영되어야 할 것이다.

연계성의 강화는 기본법제의 운용과 관련된 행정주체와 보완법제의 담당부서 사이에 업무의 연계성의 강화로 이어져야 하며, 그 연계성이 소비자복지의 향상뿐만 아니라 행정의 효율성 강화로 이어질 것이므로, 향후 소비자기본법 시대의 정부의 과제가 될 것이다. 이를 위하여 새로운 소비자정책위원회의 적극적이며 긍정적인 활동을 기대한다.

2. 공법적 규제와 사법적 효력의 동조화

소비자 스스로의 권리실현을 통한 소비자권익증진이 새로운 소비자기본법의 패러다임이므로, 이런 의미에서 공법적 규제의 강화보다는 소비자법규가 소비자 개인 혹은 소비자단체들 스스로가 소비자권익증진을 위하여 사업자 내지는 사업자단체와 협의하고, 분쟁이 발생할 경우에는 소를 제기하도록 소비자권리의 외연을 명확하게 할 필요가 있다. 만약 민사법적인 책임이 공법적 규제보다 더 강화된다면, 실제로 정부의 개입 없이도 소비자 스스로 권리를 실현할 수 있는 계기가 증가할 것이다. 따라서 소비자법제의 방향은 행정부의 개입이나 공법적 규제를 강화하는 것보다는 소비자들의 사법적인 권리 강화에 초점이 맞추어져야 하고, 공법적 규제가 필요한 경우에도 사법상의 책임이 그 기준이 되어 결정된다면, 사업자가 지는 책임의 동조화가 가능할 것이다.

3. 소비자의 자구적 권리실현의 여건조성

소비자문제의 핵심은 다수의 소액 피해자들이 발생한다는 점이고, 소액의 피해에 대한 권리실현의지가 부족한 점이 큰 난점이다. 단체소송제도도 그러한 특성에 기반을 두고 도입한 개선방안이기도 하다. 단체소송 이외에도 소액 다수의 소비자가 자신의 권리를 실현할 수 있는 여건을 확대하는 것이 소비자의 권익증진을 지향하고 있는 새로운 기본법체제의 방향과 일치한다. 이미 위에서 지적한 바와 같이 단체소송에서 손해배상이 가능하도록 할 것인지에 대한 제도적인 검토와 함께 오히려 증권거래 영역에서 도입된 집단소송제도를 도입하는 문제 등도 같이 검토될 수 있을 것이다. 다만 제도 개선만이 소비자의 권익을 향상시키는 것이 아니라 새로운 제도의 정착과 운영의 지혜로움을 통하여 기존의 틀 속에서 소비자들이 자신들의 권익을 어떻게 실현해 나가는지에 대한, 또 그것이 가능하도록 어떻게 배려할 것인지에 대한 성과를 지켜보고 이를 바탕으로 새로운 논의가 이루어지는 것이 바람직할 것이다.

4. 안전성확보를 위한 법집행력의 강화

소비자안전행정의 효율성은 전문적인 안전집행기관을 설치하는 것이다. 식품의약품안전청은 제한된 영역에서 소비자안전을 보장할 수 있을 뿐 전반적인 안전담당 부서는 현재 존재하지 않는다. 소비자원에 설치될 소비자안전센터의 강화가 필요한 시점이다. 이를 위해서는 위해정보 수집체제가 실효성을 가질 수 있도록 시스템을 확대・강화할 필요가 있고, 수집된 정보를 신속하고 효율적으로 분석하여 정책에 반영할 수 있는 전문화된 정책적 추진체가 필요하다. 현재와 같은 조직과 인원 그리고 재정적인 역량으로는 종합적인 소비자안전 보장체계는 어려울 것으로 보인다.

또한 보완적으로 논의될 수 있는 것은 리콜제도에 대한 민사법적 근거를 확대하는 방안이다. 위해 사실을 인식한 개인이나 소비자단체가 해당 사업자를 대상으로 리콜을 요구할 수 있다면, 매우 유용할 것이다. 이는 단체소송의 활성화를 통해서도 일부 달성할 수 있을 것이지만, 이를 위한 정책적 뒷받침과 함께 명문화된 법적 근거가 필요하다.

5. 거래관련 규제의 효율화

거래관련된 법령과 제도도 기본적인 점검이 필요하다. 이는 산업별 자율규제의 활성화 및 소송을 통한 부정경쟁행위 근절뿐만 아니라 거래방식의 특수성과 상품의 특수성을 고려하여 소비자권리의 집단적 행사가 가능하도록 하는 방향에서 고려되어야 할 것이다. 거래관련 영역에서 단체소송은 향후에 매우 효과적일 것으로 예상된다. 이를 위한 구체적인 활성화 방안이 제시되어야 할 것이다. 예를 들면 독일의 소비자보호협회와 같이 단체소송을 담당하는 전담단체를 설립하여 정부의 비용보조가 이루어질 경우에는 단체소송을 통한 사업자규제가 가능할 것이다.

6. 피해구제제도의 효율화

피해구제제도의 능률을 향상시키기 위해서는 초기 단계에서의 구제조치가 활성화되어야 한다. 여기에 가장 중요한 역할을 할 수 있는 것은 사업자단체와 소비자단체, 한국소비자원일 것이다. 소비자단체의 활성화와 전문화는 향후 매우 중요한 정책적 과제이며, 사업자단체를 통한 소비자상담 및 피해구제제도의 활성화도 시급하게 입안되어야 할 것이다.

참 ▪ 고 ▪ 문 ▪ 헌

강용찬 · 권대우(1987), 『소비자보호법 해설』, 한국소비자보호원.

강창경 · 손수진(1996), 『개정소비자보호법 해설』, 한국소비자보호원.

권대우 · 이종영 · 신동주(2003), 「소비자안전강화방안에 관한 연구」, 재정경제부 연구용역보고서.

권영성(2005), 『헌법학원론』, 법문사.

권오승(2005), 『소비자보호법(제5판)』, 법문사.

김영신 · 김인숙 · 이희숙 · 강성진 · 유두련(2007), 『새로 쓰는 소비자법과 정책』, 교문사.

김원기 · 박수영(2007), 『소비자보호법』, 대명출판사.

김철수(2007), 『헌법학개론』, 박영사.

박희주(2007), 『개정소비자기본법 해설』, 한국소비자원.

성낙인(2007), 『헌법학』, 법문사.

한국법학교수회(1980), 『법과 소비자보호』, 삼영사.

한봉희(1980), 「소비자보호관계법의 개관」, 『법과 소비자보호』.

황적인 · 이상정(1994) 『소비자보호법』, 대학출판사.

Graf von Westphalen, Friedrich (1989), *Produkthaftungshandbuch Bd.1: Vertragliche und deliktische Haftung*, Straftecht und Produkt-Haftpflichtversicherung, München.

von Hippel, Eike (1986), *Verbraucherschutz*, 3. Aufl., Tübingen.

Reich, Nobert, Tonner, Klaus, Wegener, Hartmut (1976), *Verbraucher und Recht*, Göttingen.

Umbach, Dieter C. & Clemens, Thomas (2002a), *Grundgesetz*, Bd. I (Art. 1-37), Heidelberg.

Umbach, Dieter C. & Clemens, Thomas (2002b), *Grundgesetz*, Bd. II.

제2장

경쟁법의 '소비자'로의 수렴

장 승 화
서울대학교 법과대학 교수

제1절 경쟁법의 입법 목적

세계 각국의 경쟁법은 나름대로의 입법 목적을 추구하고 있다. 기본적으로는 시장 내에서의 경쟁자들 간의 경쟁을 촉진시킨다는 데에는 이견이 없다. 다만, 그 목적을 추구하는 방법이나, 또는 그 목적을 추구함으로써 어떠한 결과를 얻어내려고 하는가에 대해서는 각국의 법제들이 서로 다른 모습을 보여 왔다. 또한 같은 나라라고 하더라도 시대적 흐름과 이론적, 정치적 배경에 따라서 약간씩 변화하여 왔다. 나라에 따라서는 특히 경쟁을 보호한다는 경쟁법 순수의 목적을 넘어서는 정치/사회/경제적인 목적을 추구하는 법적 도구의 역할을 수행하기도 하고 있다.

그러한 광범위한 입법목적을 전부 망라해 보면 다음과 같다.

- 부당한 시장지배력의 행사로부터 소비자를 보호
- 정적인 또는 동적인 의미에서의 경제적 효율성의 촉진
- 사유화, 탈규제, 외부무역장벽의 감소를 통한 경제자유화의 추구
- 시장경제의 건전한 발전을 유지, 촉진
- 경제적 다원주의와 사회경제력의 분산 등 민주적 가치의 증진
- 시장 거래에 있어서의 공평과 평등의 유지

- 산업경쟁력과 고용과 관련한 '공공이익'의 추구
- 자유시장경제에 규제나 정치적 간섭의 필요성 최소화
- 중소기업의 사업기회 보장(WTO, 1997: 121)

전 세계적으로 보았을 때 특히 소비자보호나 경제적 효율성의 증진 이외의 정치/사회/경제적 목적들은 각국의 독점금지법 초기에 주로 많이 발견되는 경향을 보이고 있다. 미국만 하더라도 셔먼법을 제정하던 19세기 말에는 경제적 다양성, 경제력집중의 방지, 시장지배력이 없는 소규모 사업자의 경제적 기회의 보장 등을 셔먼법의 주목적으로 생각하였던 것이 사실이다. 그런데 위와 같은 사회경제적 목적들은 소비자보호나 경제적 효율성을 보호한다는 순수 경쟁법적 목적과 가끔 충돌하는 양상을 보일 수 있다. 예를 들자면, 사회적 공평성(fairness) 또는 중소사업자의 보호를 목적으로 한다고 했을 때에는 궁극적으로 소비자에게 득이 되는 시장 내에서의 사업자 행위가 규제될 가능성이 있기 때문이다.

더구나 개별국가들의 경쟁법은 여러 가능한 입법 목적 중에서 어디에 중점을 둘 것인가에 관하여 다양한 모습을 보이고 있다. 미국을 예로 들자면 현재의 미국 경쟁법/정책은 소비자후생에 강한 초점을 맞추는 것을 알 수 있다. 반면 유럽연합은 상대적으로 경제적 약자인 경쟁기업의 사업기회를 보호하는 측면이 강하다. 영국의 경우에는 넓게 정의된 개념인 '공익'을 보호한다는 입장이며, 캐나다의 경우에는 소위 전체후생(total welfare)의 측면에서 경쟁법을 운영한다. 이렇듯 선진국들의 경우에도 약간씩 경쟁법의 중점이 달라지는 다양한 모습을 보이고 있다(*Id.*, pp. 126-7).

우리나라 공정거래법만 하더라도 그 입법 목적에는 경쟁을 촉진하는 것 이외에도 다른 여러 가지 미사여구들이 인용되고 있다. '공정하고 자유로운 경쟁을 촉진' 내지는 '소비자를 보호'한다고 하는 기본 목적 이외에도 '경제력집중의 방지'와 '국민경제의 균형 있는 발전' 등이 나열되어 있다. 특히 아직도 구체적 시장에서의 반경쟁적 행위의 규제와는 상관없는 일반 경제력집중을 완화하기 위한 입법장치들이 공정거래법에 다수 담겨 있다. 그 이외에도 '경쟁을 보호'한다는 의미가 무엇인지 '소비자보호'라는 목적이 구체적 법규정에서 어떠한 의미를 가져야 하는 것인지가 불명확하다.

제2절 경쟁법의 수렴

각국의 경쟁법은 최근에 들어서 그 궁극적 목적이 경쟁 내지는 경제적 효율성의 증진이라는 쪽으로 수렴의 경향을 보이고 있다(*Id.*). 다만, '경쟁'의 의미가 무엇이며 경제적 효율성을 증진시키기 위하여 구체적인 반경쟁적 효과를 낳을 가능성이 있는 행위에 대하여 어떤 규제방식을 도입하느냐는 것이 어려운 문제이기 때문에 여전히 수렴의 경향을 보인다는 긍정적 평가에 대하여는 유보적 견해가 있을 수밖에 없다.

여하튼 전 세계적으로 경쟁법의 수렴을 이야기하려면 경쟁법 정책의 수립 및 집행을 주도하고 있는 미국과 유럽연합 사이의 수렴을 먼저 논의하지 않을 수 없다. 우리나라 역시 일본은 별론으로 하고 이 두 경쟁법제도의 영향을 가장 많이 받았기 때문에 이 두 법제의 차이점과 공통점에 관하여 살펴보는 것은 매우 유의미하다.

미국의 경우는 초기의 경쟁법 정책에서 벗어나기 시작한 것은 1980년대에 들어와서이다. 레이건 행정부 이래 가급적 규제당국은 반독점법의 집행을 자제하고 특정 시장 내에서의 행위가 생산량을 감축하거나 가격을 인상할 우려가 있는 경우에만 시장개입을 하겠다는 쪽으로 정책적 패러다임이 변화하게 되었다. 경제적 효율성의 목적을 추구하는 데에는 '소비자후생' 모델을 채택하게 되었다(Fox, 2002: 457, 458).

유럽연합의 경쟁법은 시장지배적 지위의 남용은 경쟁을 왜곡시킨다는 점에 초점을 두고 있는 듯하다. 카르텔 그 자체의 규제나 카르텔을 목적으로 하는 기업합병의 경우에는 미국과 유럽연합은 모두 당연 위법으로 강력한 규제를 하고 있음에 아무런 차이가 없다. 다만, 한 기업이 독점을 형성하면서 타기업을 배제하는 행위를 하거나, 그러한 행위가 가능하도록 시장구조를 만들어 내는 것에 관해서는 미국과 유럽연합 독점금지당국 사이에 차이를 보이는 것으로 생각된다(*Id.*, p. 459). 이를 구체적으로 보기 위하여 그동안 유럽연합이 미국기업에 대하여 독점금지법을 역외적용하면서 발생한 사건들을 살펴보기로 하자.

특히 유럽연합 경쟁당국은 미국기업인 것으로 보이는 두 기업 간의 합병에 제동을 걸면서 미국과 유럽연합 경쟁당국의 경쟁법에 대한 인식 차이를 드러내게 되었다. 최근에는 Microsoft와 같이 전 세계 시장에서의 독점이 문제되는 사건에 미국 독점금지당국과 견해 차이를 드러낸 적이 있다. 이는 뒤집어 말하자면 앞서 Eleanor Fox가 지적한 대로 독점기업의 타기업 배제행위나 시장지배적 지위를 창출하거나 확장하는 대규모기업 간의 합병을 제외하고는 미국과 유럽연합 독점금지당국 간에 큰 차이를 보이지 않는다고도 할 수 있다. Microsoft 사건은 현재 유럽제1심법원에서는 판결이 나왔지만 유럽사법재판소에 항소될 가능성이 있기 때문에 지금 논의는 하지 않고, 사건이 종료된 다른 대규모 합병사건을 살펴보도록 하자.

기업합병사건으로 유럽연합이 미국기업에 대하여 규제의 칼을 들이댄 사건 몇 가지를 예를 들자면 다음과 같다.

- Boeing/McDonnell Douglas
- AOL/ Time Warner
- MCI WorldCom/Sprint
- GE/Honeywell

위 사건들 중에서 유럽연합과 미국 독점금지당국 간에 가장 극명한 입장 차이를 드러낸 것은 GE/Honeywell 사건이었으므로 이에 대하여 자세히 살펴보고자 한다.

GE는 전 세계에서 가장 큰 제트엔진 생산자이며, 나른 자회사들이 항공기관련 제조업 및 서비스업에 종사하면서 상당 정도의 시장점유율을 차지하고 있었다. Honeywell은 항공산업 부품업계에서 역시 상당한 시장점유율을 차지하고 있었다. 미국 경쟁당국은 두 기업의 합병에 대하여 완전히 겹치는 엔진 사업부분을 정리(spin-off)하라는 조건하에 이를 승인하였다. 그러나 유럽연합 경쟁당국은 장기적으로 합병이 GE의 시장지배적 지위를 더욱 강고히 할 것이며, 초기에는 관련 상품들의 가격을 bundling을 통하여 인하하는 효과가 있겠지만 장기적으로는 다른 경쟁업체들을 시장에서 몰아내고 궁극적으로 시장가격을 독점가격으로 상승시킬 것이라는 판단 하에 이를 금지시키려는 입장을 표명하였다. 이러한 유럽연합 경쟁당국의 입장은 미국 독점금지당국이나 경쟁법학자들의 시각에서는 받아들이기 힘든 것이었다. 즉, 미국 경쟁당국 입장에서는 결국은 합병으로 인하여 가격이 인하될 것이며, 이는 소비자에게 유익한 것이므로 금지되어서는 안 된다는 것이다. 양 경쟁당국은 단기적으로는 기업합병 이후에 가격이 인하될 것이라는 데에 의견을 같이하였다. 이 사건에서 장기적으로 소비자 가격이 독점가격으로 인상될 것이라는 증거가 제시되지는 않았다. 그럼에도 불구하고 유럽연합 경쟁당국 입장에서는 그 가능성만으로 충분한 것으로 보았으며, 그 가능성이 발생하는 데 용이한 시장구조가 탄생하는 것 자체를 규제하려는 것으로 해석된다. 그러한 시장구조의 탄생이란 결국 경쟁업자들의 시장에서의 퇴출가능성을 의미하는 것이다. 경쟁기업들의 그 시장에서의 퇴출이 합병기업이 부과하는 인하된 가격을 따라오지 못하여 발생하는 것인데, 미국 경쟁당국은 이를 건강한 경쟁과정으로 본 것이며, 유럽당국은 독점으로 이행하는 중간과정으로 보고 있는 것이다.[1)]

결국 이 사건은 정치적 타협으로 해결이 되었다. 즉, 극단으로 치닫던 대립은 서로 입장을 완화하면서 한걸음 물러서게 되었으며, 유럽당국이 제시하는 여러 조건을 충족시킨 이후에 동 합병은 승인되게 되었다. 그러나 양 당국 간의 이 사건을 바라보는 근본적인 시각차는 좁힐 수 있는 조화방안을 찾지 못하고 그대로 남게 되었다.

여기서 유념해야 할 점은 미국과 유럽연합 간의 입장 차이라고 하는 것이 미국 경쟁당국과 유럽 집행위원회 사이의 차이라는 것이다. 미국은 경쟁당국과 이를 최종적으로 승인해야 하는 법원 사이에 현재 경쟁법의 법이론적인 근본 시각에 차이가 없는 실정이다. 그러나 유럽연합은 유럽 집행위원회와 법원(CFI & ECJ) 사이에 어느 정도 입장 차이가 있는 것으로 보인다. 예를 들어 유럽 집행위원회는 영국의 Airtours와 First Choice 간의 기업합병에 대하여 '집단적 지배(collective dominance)'를 취득하게 된다는 이유로 이를 금지하였으나, 유럽제1심법원(CFI)은 경쟁업체들이 카르텔과 같이 집단적으로 행동할 것이라는 점을 입증하지 못했다는 이유로 유럽 집행위원회의 결정을 파기하였다(Fox, 2002: 465). 현재 Microsoft 사건에 대하여 2007년 9월 17일자로 유럽제1심법원의 판결이 나왔고, 이 판결은 유럽 집행위원회의 입장을 대부분 유지하였으나 항소심인 유럽사법재판소에서 과연 어떤 입장을 취할지가 관심사다.[2)]

위와 같은 유럽 내에서의 구체적인 사건에서의 규제당국의 입장 차이와는 별개로 그동안 유럽 집행위원회는 소비자가 아닌 생산자 내지는 경쟁자를 보호하는 입장을 취해 왔다는 점에서 학자들과 경쟁법 관련 전문가들로부터 많은 비판을 받아 왔다(Murray and

1) GE/Honeywell 사건의 설명에 관하여는 Fox(2002)과 Schmitz(2002)를 참조.
2) 유럽제1심법원 판결문은 다음 웹사이트 참조.
http://curia.europa.eu/jurisp/cgi-bin/form.pl?lang=EN&Submit=rechercher&numaff=T-201/04.

Johnstone, 2002: 2). 최근에 들어서는 이와 같은 비판을 수용하면서 유럽 집행위원회는 역사상 최초로 경쟁정책의 총체적인 목적은 소비자이익을 증진시키는 것이라는 입장표명을 공식적으로 하게 되었다. 그에 따라 구체적인 사건의 처리과정에 소비자의 의견을 반영하기 위한 제도적 정비를 추진하는 등 가시적인 움직임을 보이고 있다(*Id.*, p. 1). Microsoft 사건 판결의 결과에 따라 유럽 법원의 경쟁법에 대한 근본적인 시각이 미국과 다르다면 어느 정도까지 다를 것인가가 판명이 나겠지만, 이 사건과는 별개로 기본적으로 전 세계적으로 경쟁법이 '소비자후생' 내지는 소비자이익을 증진시키는 쪽으로 나아가고 있다는 것을 부정하기는 어려울 것으로 생각된다.

제3절 우리나라 경쟁법의 집행방향

그렇다면 우리나라 경쟁법의 입법 목적은 무엇이며, 소비자보호라는 이념은 그 입법목적과의 관계 속에 어떠한 위치를 차지하고 있는가? 공정거래위원회나 우리나라 법원이 구체적인 법집행과정이나 개별 법조문에 관한 해석에서 어떠한 입장을 취하고 있는지는 다음 장에서 이봉의 교수가 이를 자세히 분석할 것이므로, 여기에서는 입법목적과 관련한 대법원의 판시를 소개하면서 우리나라 경쟁법의 기본적인 집행방향을 제시해 보기로 하자.

대법원 2005.9.9. 선고 2003두11841 판결[제주관광사업자사건]에서 대법원은 문제된 제주도 내 관광사업단체가 관광상품 및 용역에 대한 최고가격을 설정한 것에 대하여 이는 공정거래법 제19조 제1항의 가격제한행위에 해당하여 일정 거래분야에서 경쟁을 실질적으로 제한하는 행위에 해당하지만 그 행위가 궁극적으로 소비자를 보호함과 아울러 국민경제의 균형 있는 발전을 도모한다는 법 제1조상의 궁극적인 목적에 실질적으로 반하지 아니하는 예외적인 경우에 해당한다면 부당한 가격제한행위라고 할 수 없다고 판시한 바 있다.

이 사건은 사실관계를 자세히 분석해 보았을 때 그 결론에 있어서는 찬성할 수 있으나 결론에 이르는 법적 분석에 있어서는 문제가 있어 보인다. 우선 일반론으로 최고가격설정행위는 그것이 실질적으로 최저가격설정행위와 마찬가지의 가격고정 효과를 가져올 수 있는 경우에는 경쟁제한행위로서 금지되는 것이 마땅하다. 그러나 이 사안에서는 그런 경쟁제한 효과까지 있는 것으로 보이지 않는다. 다만, 대법원은 소규모의 사업자단체 구성원들 사이에 '경쟁을 다소 제한'하는 효과는 있다고 판단하였다. 여기서 문제는 일정 관련시장과 상관없이 그 관련시장 내의 소규모 단체 사업자들이 최고가격을 설정한 것을 "경쟁을 제한"한다고 판단했다는 점이다. "경쟁을 제한"했다는 표현을 쓰는 데에는 신중해야 한다. 관련시장 전체의 입장에서 경쟁제한 효과가 없는 경우에도 그것을 "경쟁을 제한"하는 행위라는 표현을 쓰는 것은 독점금지법의 기본 이론에 반함을 유념해야 한다.

대법원은 "경쟁"이라는 개념을 관련시장에서의 효과와는 다른 개념, 즉 경쟁자들 간의 일련의 상호작용으로 파악한 것으로 보인다. 그렇게 경쟁의 개념을 파악하게 되면 본 사안의 행위와 같이 "일정 거래 분야에서 경쟁을 실질적으로 제한하는 행위"가 아닌 경우에도 대법원 판시처럼 일단 그러한 경쟁제한 행위에 해당하는 것으로 판단을 한 다음 굳이 법 제1조상의 목적조항으로 돌아가 위법성을 조각하는 것처럼 판단을 할 수밖에 없는, 논리적으로 매우 인위적인 과정을 거치지 않을 수 없게 된다. 즉, 일정 거래분야에서 경쟁을 실질적으로 제한하는 행위인지 여부를 판단함에는 경쟁자들 간의 경쟁과정 그 자체에 초점을 두는 것만으로는 부족하고 그 행위가 관련시장에서 소비자들에게 불리하게 가격이 인상되는지 여부가 발생하는지를 당연히 판단해야 하는 것이 타당하다. 대법원은 "경쟁제한"과 "소비자보호"가 다른 개념인 것으로 판시하였는바, 이는 너무도 경쟁법에 비전문적인, 평상인들이 이해하는 국어사전적 개념으로서의 문구에만 의존한 것이라는 비판을 면할 수 없다. 특히 개별 위법성 판단기준이 제시되어 있는 공정거래법상의 조문을 해석하면서 문제된 행위의 위법성 판단을 결국 가장 일반 조항인 법 제1조에 돌아가 판단하는 것은 법적용의 예측가능성을 담보하지 못한다는 점에서도 위험하다.

다만, 대법원이 문제된 행위의 공정거래법 위반 여부를 판단하면서 "소비자보호"를 궁극적인 잣대로 삼은 것은 옳은 판단이었다고 본다. 다만, 소비자보호라는 이념은 결국 개별 법조문에서 제시하는 위법성 판단기준인 "일정분야에서 경쟁을 실질적으로 제한"하는지 여부의 판단과정에 투영시켜서 그 이념을 구체화하는 방향으로 법 해석을 운용함이 타당하다는 것이다. 더욱이 대법원은 소비자보호 이념 이외에도 너무도 일반적인 개념인 "국민경제의 균형 발전"이라는 이념 역시 구체적 행위의 법위반 여부를 판단하는 데 활용하였다는 점은 향후 하급심법원에서 다른 사건들을 처리하면서 '원님재판'식으로 법위반 여부를 판단할 수도 있는 여지를 남겨 놓았다는 점이 아쉬움을 남긴다.[3)]

결론적으로, 필자의 견해로는 공정거래법의 위반 여부를 판단함에 있어서는 당연히 경쟁제한 여부가 그 판단의 기준이 되어야 하며, 경쟁제한 여부를 판단함에 있어서는 문제된 행위가 일정 관련시장 내에서 소비자의 이익을 해하는 효과를 발생시키는지, 아니면 최소한 그런 효과를 발생시킬 개연성이 있는지 여부가 판단 기준이 되어야 한다고 본다. 특정한 입법 취지에 따른 구체적 법조문의 형식이 이와 다른 기준을 적용시킬 것을 입법단계에서 의도한 경우를 제외하고는, "경쟁제한 = 소비자이익저해"라는 공식은 일반적으로 적용되어야 한다고 본다. 소비자보호라는 판단기준 이외의 일반 개념들, 예를 들어 '국민경제의 균형 발전' 등을 구체적 법적용의 잣대로 활용하는 것은 궁극적으로 소비자의 이익을 저해하는 방향으로 법적 판단이 내려질 가능성을 안고 있으며, 이는 공정거래법의 궁극적 목적에 배치되는 것이다.

참 ■ 고 ■ 문 ■ 헌

Fox, Eleanor (2002), "Mergers in Global Markets: GE/Honeywell and the Future of Merger Control," 23 *University of Pennsylvania Journal of International Economic Law.*

Murray, Alasdair and Johnstone, Jill (2002), "Consumers and EU Competition Policy," (2002.9.) www.ncc.org.uk/europe/EUcompetition.pdf.

Schmitz, Stefan (2002), "How Dare They? European Merger Control and the European Commission's Blocking of the General Electric/ Honeywell Merger," *23 U. Pa. J. Int'l Econ. L. 325.*

WTO (1997), "Chapter Four: Special Study on Trade and Competition Policy," *WTO Annual Report.*

3) 서울고법 1996.12.6. 선고 96나2240 판결[수입청과물사건]에서도 위 대법원 판결과 비슷한 논리과정을 거쳐 문제된 행위의 위법성을 조각하는 듯한 판시를 하고 있다.

제3장

소비자와 공정거래법

이 봉 의
서울대학교 법과대학 교수

제1절 들어가는 말: 소비자주권, 사법질서와 경쟁법의 관계

1. 사적 자치와 경쟁법

자유시장경제는 경쟁을 기본으로 하고, 공정하고 자유로운 경쟁이란 사적 자치와 그 운명을 같이한다. 사적 자치는 계약자유를 그 본질적 내용으로 하고, 계약자유는 다시 체결의 자유, 상대방선택의 자유 및 내용결정의 자유를 포괄하는 것으로 이해되어 있다. 여기서 경쟁이 공정하고 자유롭게 이루어지기 위해서는 계약자유가 실질적으로 최대한 보장되어야 하고, 이는 명령·강제가 경제활동을 조정하는 시스템을 원칙적으로 거부한다는 의미를 갖게 된다.

그런데 계약자유와 자유경쟁은 그 자체가 스스로를 파괴할 위험성을 내포한 것으로서, 흔히 자유의 제한 내지 힘의 남용에 대한 한계의 문제로서 오래전부터 여러 법영역에서 다루어지고 있다. 그중 사적 자치에 대한 대표적인 제한 내지 한계사유가 바로 지위의 대등성 상실을 전제로 한 규제이고, 할부거래에 관한 법률 등 각종 소비자계약법이나 공정거래법 역시 이러한 의미에서 사적 자치의 한계설정을 통한 계약자유의 실질적 보장이라는 규범적 방향설정을 그 출발점으로 삼고 있다(Rittner, 1982: 27, 30ff). 개개의 시장참여자의 경제활동의 자유 내지 사적 자치를 보호하고, 경제력의 행사에 일정한 한계를 설정함으로써 시장에서의 경쟁이 제대로 기능하도록 하는 것이 경쟁법을 포함한 시장경제 법질서의 기본적 과제이기 때문이다.

여기서 경쟁법은 시장경제에서 '힘'의 행사를 적절히 통제함으로써 보다 자유로운 경제활동이 이루어질 수 있도록 노력하고, 이는 절대적이든 상대적이든 개별 시장 또는 거래관계에서 나타나는 '경제력(economic power)'에 대한 일정한 한계설정을 그 내용으로 한다.[1) 경쟁법이 각종 경쟁제한행위를 금지하는 취지도 결국은 사적 자치의 실질적 보장을 통한 소비자주권의 실현과 무관할 수 없는 이유도 바로 여기에 있다. 다만, 입법례에 따라 계약자유의 실질적 보장이나 소비자주권의 실현을 경쟁법에 맡길 것인지 일반사법에 맡길 것인지, 행정규제주의를 택할 것인지 사법심사주의를 택할 것인지가 달라질 뿐이다.

2. 경쟁법과 소비자주권

대부분의 경쟁법제는 경쟁을 보호하는 것을 주된 목적으로 하는바(Scherer, 2000: 15), 이는 경쟁이야말로 효율성 증대와 혁신을 자극하여 소비자주권을 담보할 가장 효과적인 수단이기 때문이다. 그런데 대부분의 나라에서는 경쟁법 외에 소비자보호를 위한 법제를 별도로 마련하고 있다. 여기서 경쟁법과 소비자보호법의 관계를 어떻게 설정할 것인지, 양자의 역할은 어떻게 다르고 그 한계는 어디까지인지의 문제가 제기된다.

여기서 출발점은 경쟁법이나 소비자보호법 모두 궁극적으로는 소비자주권의 실현 내지 소비자선택의 실질적 보장을 목적으로 삼고 있다는 점이다. 경쟁을 통하여 소비자에게 폭넓은 선택의 여지가 존재하고 실제로 소비자가 경쟁사업자 중에서 자기가 원하는 거래처를 자유롭게 선택할 수 있다면 소비자주권이 일차적으로 실현되는 것이다. 구체적으로 경쟁법은 시장에서 공정하고 자유로운 경쟁을 보호함으로써 소비자가 선택할 수 있는 여지를 가능한 폭넓게 유지하고자 하며, 이러한 의미에서 소비자주권을 실현하기 위

1) Fikentscher(1992: 30ff). 국가권력과 마찬가지로 경제력 또한 법의 구속 내지 한계를 받지 않으면 안 되며, 경제력의 남용을 방지하는 것은 단순히 경제정책의 문제가 아니라 법적 문제로 인식되어야 한다는 견해도 이와 같은 맥락에서 이해할 수 있다. Mestmäcker(2002) 참조.

한 구조적 조건을 마련하는 데에 초점을 맞추고 있다.

반면, 소비자보호법은 시장에서 경쟁이 제대로 기능하고 있는지 여부와 상관없이 실제 사업자와의 거래단계에서 잘못된 정보제공이나 불합리한 거래조건 등으로부터 소비자의 자유로운 선택권이 침해되지 않도록 하고, 그럼에도 불구하고 발생하는 피해를 효과적으로 구제할 수단을 마련함으로써 소비자선택권을 실질적으로 보장하는 역할을 담당하게 된다. 그리고 시장경제가 제대로 기능하기 위해서는 이들 두 법제가 제 기능을 다해야 함은 물론이다(Lande, 1982: 65, 123).

그렇다면 경쟁법과 소비자보호법을 지배하는 상위원리로서 소비자주권의 개념을 이해하는 것이 가능하고, 양자는 소비자주권을 중심으로 상호 보완적인 역할을 담당하는 것이 된다.[2] 그러나 양자의 관계가 언제나 보완적인 것만은 아니다. 무엇보다 경쟁법에는 적극적인 소비자보호와 직접 결부되는 내용이 포함되어 있는 경우가 적지 않고, 당장의 소비자이익에는 부합하나 중장기적인 관점에서는 경쟁질서와 모순되는 경우가 발생할 수 있기 때문이다. 반대로 소비자보호를 명분으로 한 불합리한 사전규제가 효과적인 경쟁을 저해할 우려도 있다(Cseres, 2005: 2). 다만, 이 글에서는 공정거래법과 소비자보호법이 상호 중첩되는 영역, 구체적으로 공정거래법상 소비자이익이 어떻게 반영되고 있는지를 살펴보고자 하며, 이를 통하여 공정거래법과 소비자법의 관계를 올바르게 정립하기 위한 시론으로서의 역할에 국한하고자 한다.

제2절 공정거래법의 목적과 소비자

1. 목적조항의 체계적 이해

독점규제법은 제1조에서 "이 법은 i) 사업자의 시장지배적 지위의 남용과 과도한 경제

2) 공정거래위원회의 조직상으로 경쟁관련 부서 외에 소비자본부가 설치되어 있는 점도 이러한 맥락에서 이해할 수 있다.

력의 집중을 방지하고, 부당한 공동행위 및 불공정거래행위를 규제하여 ii) 공정하고 자유로운 경쟁을 촉진함으로써 iii) 창의적인 기업활동을 조장하고 소비자를 보호함과 아울러 국민경제의 균형 있는 발전을 도모함을 목적으로 한다."라고 규정하고 있다. 위 목적조항은 그 성격상 크게 세 부분으로 나누어 설명할 수 있다. 우선, i)부분은 독점규제법의 목적을 실현하기 위한 '수단'으로서 동법이 금지하는 행위이자 독점규제법의 주된 규제내용인 시장지배적 지위남용, 경제력집중, 부당한 공동행위와 불공정거래행위라는 네 가지 행위를 열거하고 있다.

여기서 '공정하고 자유로운 경쟁을 촉진'한다는 ii)부분이 바로 i)부분에 규정된 수단을 통하여 동법이 실현하고자 하는 목적을 정하고 있는 것으로 이해할 수 있다. 문제는 마지막 iii)의 부분이다. 이에 관하여는 그것이 동법의 궁극적인 목적을 정한 것이라고 보는 견해도 있다(권재열, 2002: 59-61; 박상용 · 엄기섭, 2004: 30-32). 그러나 iii)의 부분은 경쟁촉진이라는 목적이 실현될 경우에 기대되는 "경쟁정책의 의의나 가치" 또는 독점규제법의 "국민경제적 의미" 정도로 이해하는 것이 타당하다. 왜냐하면 iii)의 부분 중에서 '창의적인 기업활동의 조장'은 경쟁이 제대로 기능하는 경우에 자연히 도출되는 것이고, '소비자의 보호'는 경제민주주의 하에서 소비자주권의 실현을 표현한 것으로서 경쟁이 제대로 기능할 경우에 소비자에게 돌아가는 간접적인 이익을 말하는 것이기 때문이다.[3]

끝으로 '국민경제의 균형 있는 발전'은 경제규제법이 공통적으로 지향하는 내용으로서, 일반적으로 경쟁촉진이 국민경제의 발전을 가져올 것이라는 점을 확인하고 있는데 불과한 것으로 보는 것이 타당하다. 헌법 제119조 제1항이 우리나라 경제질서의 기본을 자유시장경제로 정하고 있는 것도 시장에서의 경쟁촉진을 통하여 국민경제의 균형발전을 실현하는 것이 원칙이라는 것을 밝히고 있는 것으로 이해할 수 있다.[4] 더구나 '국민경제의 균형발전'은 그 의미가 지극히 불명확하여 법집행의 명확성과 예측가능성을 저해할 수 있고, 이를 경쟁보다 상위의 가치로서 규범적 성격을 부여할 경우 그러한 판단에 대해

3) 권오승(2005: 87-88)과 김성천(1999: 85, 97ff)에서는 동법상의 규제를 독점규제와 공정거래규제로 양분하여, 전자와 달리 후자의 목적은 소비자보호에 있음을 지적하고 있다. 다만, 불공정거래행위의 상당 부분은 경쟁사업자 간에 발생하는 것임을 고려할 때, 이러한 이분법적 접근이 언제나 타당할 것인지는 의문이다.

4) 이원우(2006: 97ff)에 따르면 헌법 제119조 제2항을 단순히 제1항에 대한 예외가 아니라, 시장경제가 추구하는 효율성과 자유를 보장하기 위한 전제조건 내지 그 기반을 규정하는 것이라고 한다.

서는 사실상 사법심사가 지극히 곤란하여 자칫 공정거래법의 '정치화(politicalization)'를 가져올 우려가 있기 때문이다.

2. 공정하고 자유로운 경쟁의 촉진 vs. 소비자보호, 국민경제의 균형발전

문제는 소비자보호나 국민경제의 균형발전이 언제나 경쟁촉진을 통해서만 실현된다거나 양자의 충돌이 불가능한 것은 아니라는 점이다. 구체적인 사례에서 경쟁과 국민경제의 균형발전이 서로 충돌하는 경우에도 후자에 독자적인 규범성을 인정하지 않는 경우에는 실제 공정거래법의 해석·적용에 있어서 별다른 문제는 발생하지 않는다. 그런데 이른바 궁극적인 목적에 경쟁제한을 정당화할 수 있는 최종적 가치를 인정할 경우에는 규범해석상 적지 않은 난점을 야기하게 된다. 이를 보여 주는 대표적인 사례로 제주도관광협회판결[5]을 들 수 있는데, 대법원이 목적 간의 충돌에 대해서 고민한 흔적을 엿볼 수 있다.

이 사건에서 원고인 (사)제주도관광협회는 제주지역의 농원, 성읍, 유람선업, 승마장업, 기념품업, 관광지업, 사진업, 비디오업 등의 분야에서 관광사업을 영위하는 사업자 중 일부인 450여 개 사업자로 구성된 사업자단체다. 그런데 원고는 관광상품 및 용역(이하 '관광상품'이라 한다)의 판매가격을 인하하고, 동시에 송객수수료율(송객수수료가 관광상품의 판매가격에서 차지하는 비율)을 하향조정하기로 결의하고, 이를 준수하도록 구성사업자들에게 통보하였다. 여기서 송객수수료란 원고의 구성사업자가 관광객을 유치·안내해 주는 여행사나 안내원, 운전사에게 지급하는 사례성격의 보수로서, 송객수수료율을 하향조정하면 구성사업자들의 판매비용이 절약되므로 관광상품의 판매가격을 인하할 수 있게 된다. 그리고 원고의 송객수수료율 등의 결정행위는 설정가격보다 높은 가격으로 송객수수료를 지급하거나 관광상품을 판매하지 못하도록 제한하는 것으로서, 공정거래위원회는 동 행위가 독점규제법 제26조 제1항 1호에 반하는 사업자단체의 금지행위, 즉 사업자단체의 카르텔에 해당한다고 보아 시정조치를 내렸다.[6]

---

5) 대법원 2005.9.9. 2003두11841 판결.

6) 공정거래위원회 의결 제2002-082호, 2002.4.11.

여기서 일견 송객수수료율 등의 하향조정은 직접적으로 제주도를 찾는 관광객의 비용 감소로 이어지고, 따라서 적어도 단기적으로는 소비자의 이익에도 부합하는 것일 수 있다. 그리고 대법원은 사업자단체에 의한 가격결정행위가 일정한 거래 분야의 경쟁을 실질적으로 제한하는 행위에 해당하더라도, 이로 인하여 경쟁이 제한되는 정도에 비하여 동법 제19조 제2항 각 호에 정해진 목적 등에 이바지하는 효과가 상당히 커서 소비자를 보호함과 아울러 국민경제의 균형 있는 발전을 도모한다는 법의 궁극적인 목적에 실질적으로 반하지 아니하는 예외적인 경우에 해당한다면, 부당한 가격제한행위라고 할 수 없다고 판시하였다.[7)]

그 근거로서 대법원은 제주지역의 일부 관광사업자들로 구성된 사업자단체가 관광상품과 용역의 판매가격 및 송객수수료가 위 판매가격에서 차지하는 비율을 하향조정하기로 결의한 다음 이를 준수하도록 구성원인 사업자들에게 통보한 행위는, 위 사업자단체가 제주지역 내의 전체 관광산업에서 차지하는 비중이 높지 아니할 뿐만 아니라 구성사업자의 탈퇴에 특별한 제한이 없고 구성사업자가 위 사업자단체의 결의사항을 위반하였을 경우에도 효과적인 제재수단이 없는 점 외에 위 사업자단체의 결의가 제주도 관광사범수사지도협의회의 수수료 지급실태에 대한 조사 및 협의에 따라 지나치게 과다한 송객수수료의 지급으로 인한 관광의 부실화 및 바가지요금, 물품강매 등 관광부조리를 방지하고 관광상품 판매가격의 인하를 유도하기 위하여 행하여진 점 등을 들고 있다.

이처럼 일견 소비자에게 이익이 될 수 있는 카르텔에 대해서 대법원은 법 제19조 제2항의 예외적 인가요건 외에 나아가 제1조의 목적조항에 규범적 의미를 부여하여, 궁극적 목적인 소비자보호 등에 규범적으로 우선적 가치를 부여하고, 경쟁에 반하는 카르텔이라도 실질적으로 위법성을 부인할 수 있게 함으로써 발생 가능한 목적 간 충돌의 문제를 해결하고 있는 것이다. 다만, 위 사건의 경우 목적조항과 결부시켜 불문의 예외를 인정하기보다는 차라리 경쟁제한성이 미미하다거나 동 행위의 취지나 예상되는 효과를 고려할 때 부당성이 없다는 식의 접근이 바람직하였을 것으로 판단된다.

7) 동 법리를 처음으로 밝힌 바 있는 서울고법 1996.12.6. 선고 96나2240 판결에 대한 비판으로는 이봉의(2004: 1ff) 참조.

제3절 공정거래법상 규제와 소비자

1. 시장지배적 지위남용의 금지

(1) 가격남용(법 제3조의2 제1항 1호)

공정거래법상 시장지배적 사업자가 자신의 지위를 이용하여 가격을 부당하게 책정하는 행위는 법 제3조의2 제1항 1호의 (협의의) 가격남용 또는 5호의 경쟁사업자배제로 규제되고 있다. 전자는 수급의 변동이나 공급비용의 변동에 비하여 가격을 현저하기 상승시키거나 근소하게 하락시키는 이른바 가격의 실질적인 '인상'을 문제 삼는 것으로서 직접적으로 소비자후생을 감소시키는 행위를 가리키며, 후자는 주로 통상거래가격에 비하여 현저히 낮은 대가로 공급하는 거래로서 가격 그 자체가 낮다는 것을 문제 삼는 것이 아니라 경쟁사업자를 시장에서 배제시킬 우려가 있는, 즉 경쟁이론상 '약탈가격(predatory pricing)'인 경우를 금지하는 것을 의미한다(이봉의, 2002a: 354ff).

독과점사업자가 소비자에게 미치는 가장 전형적인 폐해는 바로 독점가격의 책정이라는 점에서 협의의 가격남용규제는 제조업을 중심으로 독과점구조가 널리 퍼져 있는 우리나라에서 매우 중요한 의미를 가진다. 그러나 독과점사업자의 가격인상이 과연 지배력에서 비롯되는 부당한 것인지를 판단하는 작업은 원가산정의 곤란과 비교시장의 부존재 등으로 인하여 전혀 간단치 않다. 종래 공정거래위원회는 1992년 롯데제과 등 3개 제과업체에 대하여 원가를 상회하는 용량감소를 부당한 가격인상으로 규제한 이래 극소수의 사례에서 독과점적 가격책정을 문제 삼은 바 있을 뿐이다.[8)]

그 밖에 2001년 '비씨카드(주) 및 12개 회원은행, 엘지캐피탈(주), 삼성카드(주)의 시장지배적지위남용행위에 대한 건'에서는 이들 사업자가 1998.1.15.부터 1998.3.1. 중 현금서비스 수수료율, 할부수수료율 및 연체이자율을 인상한 이후, 자금조달금리, 연체율 및 대손율이 상당기간 하락하였음에도 불구하고 현금서비스 수수료율은 오히려 소폭 인상하

8) 공정거래위원회 의결 제92-1호, 제92-2호, 제92-3호, 1992.1.15.

여 유지하고, 할부수수료율과 연체이자율은 거의 동일한 수준으로 유지하는 행위는 시장지배적 지위를 남용하여 가격을 정한 행위로 문제시되었다.[9] 그러나 동 심결은 대법원에 의해 취소되었는바, 여기서는 가격결정의 부당성 여부를 다루지 않고 공정거래위원회가 BC카드와 12개 회원은행들을 하나의 사업자로 보아 엘지카드 및 삼성카드와 함께 시장지배적 사업자로 판단한 부문만을 받아들이지 않았다.[10] 그 결과 동 판결은 가격남용에 관한 대법원의 유일한 판시라는 점에 의의가 있으나, 선결문제인 시장지배적 지위를 부인함으로써 가격결정의 부당성 판단기준에 관하여는 아무런 선례를 만들지 못하였다는 점에 한계가 있다.

(2) 소비자의 이익을 현저히 저해하는 행위(법 제3조의2 제1항 5호)

공정거래법상 지위남용행위는 법 제3조의2 제1항 각호에 열거된 사항에 한정되어 있어서, 열거되지 아니한 남용행위가 발생한 경우 종래에는 법 제23조의 불공정거래행위로 보아 규제하는 경향이 있었다. 그런데 열거주의의 한계는 공정거래법 제3조의2 제1항 5호의 소비자이익저해행위를 나름의 일반조항으로 파악할 경우 극복될 수 있으며, 그 이유는 다음과 같다(이봉의, 2004b: 338ff).

첫째, 시장지배적 사업자의 남용행위는 착취남용이든 방해남용이든 궁극적으로 소비자의 이익에 부합하지 않는다. 가격남용의 경우에는 직접적으로 소비자가격의 인상을 수반하게 되고, 경쟁사업자의 사업활동을 방해하거나 경쟁사업자의 진입을 방해하거나 또는 경쟁사업자를 배제하는 행위는 독점적 지위를 인위적으로 유지・강화하거나 여타의 시장을 추가로 독점화함으로써 궁극적으로 소비자의 이익을 침해할 우려가 크기 때문이다.

둘째, 동조 제1항 1호 내지 4호에 열거된 행위만으로는 새롭게 나타나는 복잡・다양한 남용행위를 탄력적으로 포섭하기 어렵다. 예컨대 법 제3조의2 제1항 1호는 직접적인 가격인상만을 규정함으로써 그 밖의 형태로 나타나는 다양한 착취남용을 적절히 규제할 수 없으며, 따라서 소비자의 이익을 현저히 저해할 우려가 있는 남용행위에 대해서는 '최후의 수단(ultima ratio)'으로서 5호를 적극적으로 적용할 필요가 있는 것이다.

9) 공정거래위원회 의결 제2001-40호, 2001.3.28.

10) 대법원 2005.12.9. 선고 203두6283 판결.

공정거래위원회는 먼저 1999년 '현대자동차(주) 및 기아자동차(주)의 시장지배적지위 남용행위에 대한 건'[11]에서 양사가 사실상 독점에 가까운 지위를 보유하고 있는 국내트럭시장에서 수출시장의 경우 가격인상이 거의 없거나 하락하고 있음에도 불구하고 국내시장에서 가격을 과도하게(20만 원에서 100만 원) 인상하였고, 현대차의 경우 모델변경 등 특별한 가격인상요인이 없음에도 불구하고 가격을 인상하였다는 등의 이유를 들어 남용행위를 인정하였다. 그런데 이 사건에서는 현대차 등의 공급비용 내지 원가산정의 어려움으로 인하여 법 제3조의2 제1항 1호를 적용하지 않고, 5호의 소비자이익 저해조항을 적용하였다. 그 밖에 비교적 최근인 2006년 마이크로소프트사건에서 공정거래위원회는 서버 및 개인PC용 운영체제에 각각 WMS나 WMP, 메신저를 끼워팔기 한 행위에 대하여 전술한 맥락에서 소비자이익저해행위를 인정한 바 있다.[12]

2. 경쟁제한적 기업결합의 제한

관련시장에서 경쟁을 실질적으로 제한하는 기업결합을 규제하는 것은 대표적인 시장구조규제, 즉 시장구조의 집중을 방지함으로써 궁극적으로 소비자후생을 증대시키기 위한 규제에 해당한다. 이때 소비자는 무엇보다 경쟁제한성 판단의 전단계인 시장획정(market definition)을 함에 있어서 매우 중요한 역할을 담당하게 된다. 즉, 1999년 전면개정된 '기업결합 심사기준'[13]은 1982년 미국의 합병지침(Merger Guidelines)에서 명시한 바 있는 SSNIP(Small but Significant, Non-transitory Increase in Price) Test를 나름대로 도입하고 있는바, 관련시장의 획정에서 대표적인 구매자의 관점에서 대체가능성을 판단하고 있는 것이다. 다만, SSNIP Test가 갖는 약점을 보완하여 공정거래위원회는 '무학・대선의 기업결합사건'에서 공급자의 측면을 고려한 임계매출감소분석(Critical Loss

11) 공정거래위원회 의결 제99-130호, 1999.9.3.

12) 공정거래위원회 의결 제2006-042호, 2006.2.24. 그 밖에도 이 사건에서는 결합판매를 통한 다른 사업자의 사업활동방해 및 불공정거래행위의 하나인 끼워팔기가 모두 인정되었다. 이 사건은 현재 고등법원에 계류 중이다.

13) 공정거래위원회 고시 제1998-6호, 1998.6.15. 동 고시는 1999.4.15.과 2006.7.19. 두 차례에 걸쳐 개정되었고, 최근 전면개정을 앞두고 있다.

Analysis)[14]을 통하여 부산 및 경남지역을 별개의 지리적 관련시장으로 획정하였고, 이는 2003년 서울고법판결에서 확정되었다.[15]

한편, 공정거래법은 경쟁제한성이 인정될 경우에도 효율성증대효과가 매우 큰 기업결합이나 회생불가회사와의 결합에 대해서는 예외를 인정하고 있다. 이때 효율증대효과는 개별 기업차원과 국민경제차원의 효율성이 모두 포함되며, 전자의 경우 생산・판매・물류비용 등의 절감을 고려하여 판단하게 되는바, 그러한 비용절감이 당해 기업결합으로 인하여 심화될 독과점구조에서는 소비자이익으로 이전되기 어렵다는 점이 제대로 고려되지 못하고 있다. 이와 관련하여 유럽의 합병규칙(ECMR)에서는 기업결합의 예외사유를 명시하지는 않고 있으나, 경쟁제한성을 판단하는 단계에서 기업결합에 따른 소비자이익을 종합적으로 고려하도록 하고 있다(동 규칙 제3조 제2항b).[16]

3. 부당한 공동행위의 금지

부당한 공동행위란 경쟁관계에 있는 복수의 사업자가 경쟁을 제한하기로 하는 합의를 말하며, 일명 카르텔 또는 담합이라고도 불리고 있다. 카르텔은 직접적으로 유효경쟁을 제거하기 위한 의도에서 이루어지며, 그 결과 기업결합과 달리 일반적으로 효율성 증대를 기대하기 어렵고, 경쟁제한의 폐해만이 나타나기 쉽다는 점에서 경쟁법을 두고 있는 모든 나라가 이를 엄격하게 금지하고 있다.

독과점사업자가 가격에 대한 지배력과 경쟁사업자를 배제할 수 있는 지배력을 남용할 수 있는 것과 마찬가지로 비록 경쟁자가 다수 존재하는 시장에서 카르텔은 독과점과 동

14) 임계매출감소분석이란 특정 지역에서 가상적 독점사업자가 상당기간 어느 정도 의미 있는 수준으로 가격을 인상하였을 때(SSNIP) 실제매출감소율(actual loss)이 임계매출감소율(critical loss: 그러한 가격인상에 따라 독점사업자가 이윤손실을 겪지 않을 수 있는 매출감소율 중 최대치)보다 클 경우에는 관련시장을 다음 인접지역으로 확대하여 동일한 과정을 반복하고, 전자가 후자보다 작을 경우에는 당해 사업자가 가격인상을 통하여 이윤을 실현할 수 있을 정도의 독점력을 행사할 수 있는 것으로 보아 당해 지역을 지리적 관련시장으로 정의하는 방법을 말한다.

15) 서울고법 2004.10.27. 선고 2003누2252 판결.

16) 동조에 따르면 경쟁제한성 판단시 폭넓게 소비자이익을 고려할 뿐만 아니라, 아울러 기술개발이나 경제발전이 갖는 긍정적 효과라도 그것이 소비자에게 이익이 되는 경우에만 고려할 수 있다.

일한 지배력을 행사할 수 있다는 점에서 경쟁과 소비자에 미칠 수 있는 폐해 역시 마찬가지라고 할 수 있다.[17)]

한편, 카르텔 중에서도 직접적으로 소비자후생에 부정적으로 영향을 미치는 것은 바로 가격담합이다. 가격담합은 모든 사업자에게 직접적으로 이익이 되기 때문에 결성 및 유지가 용이하고, 따라서 카르텔 중에서도 가장 빈번하게 이루어지는 유형이기도 하다. 지난 3월 7일 경실련이 발표한 보도자료에 따르면 대표적인 9개 업종에서 2005년 소비자피해 추정액은 1조 1,020억, 2006년 9,460억, 2007년 현재까지 1조 8000억으로 2005년 이후 현재까지 소비자피해추정액[18)]은 9개 업종 3조 8,480억으로 나타난 반면 이들 9개 업종에 부과된 과징금 총액은 2,960억 원으로 업종당 평균 329억 원, 소비자피해 추정액의 7.7%에 불과한 것으로 나타났다.

최근 공정거래위원회는 카르텔을 시장경제의 공적 제1호로 보아 국민생활에 밀접한 재화와 관련된 카르텔의 적발과 시정을 강화하고 있는바, 대표적으로 커피, 화장지를 비롯하여 2006년부터 현재까지 석유제품, 신용카드 수수료, 세탁・주방세제, 이동통신서비스, 닭고기, 밀가루, 유선방송서비스 분야의 가격담합에 대하여 시정조치와 과징금을 부과하였다.

4. 불공정거래행위의 금지

(1) 공정거래저해성의 의미

불공정거래행위는 공정한 거래를 저해할 우려가 있는 행위를 말한다(법 제23조 제1항). 종래 공정거래위원회의 실무를 중심으로 공정거래저해성을 거래결정의 자주성, 경쟁수단의 공정성 및 경쟁의 촉진이라는 관점에서 파악하거나(공정거래위원회, 2001: 397; 이남기・이승우, 2001: 224), 그 밖에 공정거래법의 목적론과 결부되어 경제력집중의 억

17) Jones and Sufrin(2001: 631). 여기서는 독점을 단일 사업자의 독점, 복수사업자의 카르텔을 통한 독점 및 기업결합을 통한 독점으로 나누고 있다.

18) 공정거래위원회는 종래 소비자피해 추정액의 근거로 경제협력개발기구(OECD)의 회원국 조사방식을 원용하여 카르텔로 인한 피해액을 관련 매출액의 15-20%로 추정하는 방식을 사용하고 있다.

제나 중소사업자보호 등 사회적 관점을 중시하는 것이 전형적인 다원주의적 접근방법에 해당되며, 이에 대해서는 경쟁 또는 효율성 중심의 일원주의적 접근방법에 입각한 비판이 제기되고 있다. 특히 효율성이나 소비자후생을 강조하는 견해는 불공정거래행위의 금지가 경제적 가치 외에 비경제적 가치를 함께 고려함으로써 객관적이고 명확한 법집행이 곤란해지는 점을 지적하면서, 객관적인 분석이 가능한 효율성과 같은 가치중립적 기준을 공정거래저해성의 핵심으로 삼을 것을 주장하기도 한다(신광식 · 성소미, 2000; 한현옥, 2002: 437, 446ff; 이문지, 1999: 72ff).

그러나 거래의 '공정성'이란 가치중립적일 수 없고, 효율성이나 소비자후생이라는 개념은 일응 객관적인 것으로 보이나 그 발생여부나 정도를 계량화한다는 것은 지극히 어렵다는 점에서 나름의 한계를 가질 수밖에 없다(이봉의, 2002b: 37, 52ff). 아래에서는 소비자계약에 있어서 공정거래저해성을 소비자주권의 관점에서 해명해 보고, 그 정당성을 공정거래위원회의 실무에서 나타난 구체화과정을 통하여 확인해 보기로 한다.

(2) 소비자주권과 공정거래저해성

종래 불공정거래행위 금지에 대한 비판 중에서 눈에 띄는 것으로는 공정하고 자유로운 '경쟁'이라는 측면보다는 경쟁사업자나 거래상대방 또는 소비자에 미치는 피해에 치중하여 판단하고, 그 결과 공정거래위원회의 자원을 사적 분쟁에 소모한다는 지적을 들 수 있다(양명조, 2002: 20; 정호열, 2000: 373, 400). 이는 지금까지 '경쟁법'의 목적은 경쟁보호, 나아가 궁극적으로는 효율성이나 소비자후생의 증대이고, 따라서 경쟁을 오로지 경제적 가치의 측면에서만 접근하여야 한다는 경제이론의 흐름, 그 결과 경쟁의 존립기반인 사적 자치나 계약질서의 건전한 유지라는 규범적 가치가 상대적으로 간과되어 온 것과 맥락을 같이한다.

그런데 중소사업자나 소비자보호라는 가치의 실현을 경쟁법의 범주에 포함시킬지 여부는 사안에 따라 나라마다 그 모습을 달리하는 것으로 보인다. 예컨대, 독일이나 미국의 입법례를 보더라도 '부정경쟁행위(unlauterer Wettbewerb)' 또는 '불공정한 경쟁방법(unfair methods of competition)'이란 경제분석에 기초한 효율성의 기준보다는 경제적 거래관계에서 현실의 거래상대방이나 소비자의 기능적 보호라는 다분히 규범적 기준에 입각하고 있으며, 이들 행위를 각각 부정경쟁방지법(Gesetz gegen den unlauteren Wettbewerb: UWG)이나 연방거래위원회법(FTC Act)에서 금지하고 있는바, 이들 법률은 넓은 의미에서 경쟁법의 범주에 해당할 것이다.

불공정거래행위의 금지가 민사적 분쟁에 지나치게 개입하는 것이라는 비판 역시 바로 이러한 관점에서 받아들이기 어렵다. 불공정거래사건과 민사사건은 서로 연관성이 전혀 없는 것이 아니라, 다만 문제를 바라보고 이를 규율하는 방식의 차이에 지나지 않기 때문이다. 동시에 계약자유와 소비자보호의 관점에서 공정거래저해성을 파악하는 것은 효율성과 같은 결과보다는 '과정으로서의 경쟁'이라는 측면을 규범적으로 가장 무난하게 포섭할 수 있는 장점이 있다.[19] 계약자유를 남용하여 소비자의 선택권을 제약하는 등의 행위를 불공정거래행위의 본질적 요소의 하나로 파악하는 것은 소비자계약의 공정성 확보가 사업자 간 경쟁 및 나아가 소비자주권의 출발점이라는 점에서도 매우 중요한 의미를 갖는다.

(3) 소비자계약관련 불공정거래행위 분석

자유시장경제에서 경쟁은 계약체결의 자유 및 상대방선택의 자유를 본질적인 내용으로 하는바, 거래관계의 특성을 이용하여 소비자의 계약체결의 자유나 거래처선택의 자유를 제약하는 행위가 나타날 수 있으며, 이는 양질염가를 기초로 한 능률경쟁을 저해할 우려가 있으므로 공정거래법이 규제하게 된다. 먼저, 공정거래법상 거래강제를 살펴보면, 여기에는 끼워팔기와 사원판매 및 기타의 거래강제가 있는바, 소비자계약에서는 그 중 끼워팔기가 전형적으로 문제된다.

끼워팔기란 거래상대방에게 주된 상품을 공급하면서 정상적인 거래관행에 비추어 부당하게 다른 종된 상품을 자기 또는 자기가 지정하는 사업자로부터 구입하도록 강제하는 행위를 말한다. 먼저 공정거래위원회의 실무,[20] 판례[21]를 비롯하여 다수설(권오승, 2005:

19) 계약자유의 실질적 보장이야말로 경쟁의 보호가 효율성 등 특정 목적을 실현하기 위한 수단이 아니라는 의미에서 개방된 경쟁메커니즘을 보호하는 데 가장 적합하다.

20) 지금까지 공정거래위원회가 금지한 끼워팔기는 거의 대부분 예식장(2002.2.11., 궁전회관의 거래강제)이나 장례식장(2003.8.26., 충남대학교병원의 거래강제)에서 문제되었다.

21) 끼워팔기에 관한 대법원 판결로는 최근에 한국토지공사의 택지분양에 관한 것(2006.2.10., 2001누

327-328; 이남기 · 이승우, 2001: 252-254)은 끼워팔기가 성립하기 위해서는 '별개상품성'과 '거래강제성' 내지 '거래상대방의 선택의 자유침해', 그에 따른 '종된 상품시장에서의 능률경쟁의 저해우려'만 인정되면 족하다고 한다. 그리고 이때 종된 상품이란 주된 상품의 밀접불가분한 구성요소가 아닌 별개의 상품으로서 독립하여 거래의 대상이 될 수 있고, 통상적으로 주된 상품과 하나의 단위로 판매 또는 사용되지 않는 상품이면 족하다고 한다. 이 경우 당해 사업자가 주된 상품시장에서 시장지배적 지위에 있을 것을 요하지 않으며, 공정거래저해성을 판단함에 있어서 종된 상품시장에서의 경쟁제한성을 심사할 필요도 없다. 일단 끼워팔기가 능률경쟁을 저해하는 것으로 판단될 경우 사업자의 주관적 의도나 사업상의 이유는 부당성을 판단하는 데 고려되지 않는다.

따라서 끼워팔기를 거래강제의 일 유형으로 규정하고 있는 공정거래법의 해석에 있어서 '강제성'은 계약자유의 직접적 침해를 공정거래저해성과 결부시키는 연결고리이자, 끼워팔기의 위법성 판단에 있어서 가장 핵심적인 요소에 해당된다. 이때, 강제수단으로는 계약 또는 사실상의 불이익이 모두 포함된다. 즉, 주된 상품과 종된 상품을 함께 구입하지 않을 경우 일정한 이익을 제공하지 않거나 불이익을 제공하는 경우, 대표적으로 동일한 제조업자로부터 부품을 구입하지 않을 경우 주된 상품에 대한 품질보증이나 A/S를 해주지 않는 경우에도 사실상의 강제성을 인정할 수 있을 것이다. 다만, 두 상품을 함께 구매 시 가격할인 등 추가로 경제적 이익을 제공하는 패키지판매나 번들링에서는 거래상대방에게 여전히 선택의 자유가 존재한다는 점에서 강제성이 인정되지 않는다.

이어서 소비자계약과 관련하여 후술하는 '부당한 고객유인'의 특수한 형태로 '신문업에 있어서의 불공정거래행위 및 시장지배적 지위남용행위의 유형 및 기준'(이하 "신문고시"라 한다)[22]에 관하여 살펴볼 필요가 있다. 신문고시는 신문업자를 다시 신문발행업자와 신문판매업자로 나누어 독자나 광고주와의 관계에서 발생하는 불공정거래행위를 중심으로 규제하고 있는바, 동 고시에서 열거하고 있는 불공정거래행위의 유형은 무가지 · 경품류의 제공, 부당한 고객유인, 거래상 지위남용, 부당한 차별취급, 부당한 거래강제, 배타조건부거래 및 부당한 거래거절이다.

동 고시는 신문발행업자나 신문판매업자가 독자에게 1년간 제공하는 무가지와 경품의

16288)이 유일하다.

22) 공정거래위원회 고시 제2003-3호, 2003.5.27.

합계액이 당해 독자로부터 받는 유료신문대금의 20%를 초과하는 경우, 신문판매업자가 구독계약기간이 종료된 후 구독중지의사를 표시한 자에게 신문을 7일 이상 계속 투입하는 행위, 그리고 신문발행업자나 신문판매업자가 경품류제공 이외의 방법(신문대금 대신 지급, 다른 간행물 끼워주기, 과도한 가격할인 등)으로 정상적인 상관행에 비추어 과도한 대가지급을 전제로 경쟁사업자의 고객을 자기와 거래하도록 유인하는 행위를 금지하고 있다(고시 제4조 2호).

문제는 무가지나 경품류제공이 부당하게 경쟁자의 고객을 자기와 거래하도록 유인하는 행위로서 금지되어야 하는지 여부, 과연 어느 정도의 무가지·경품류제공이 부당한지 여부이다. 일단 이들이 가액의 정도와 상관없이 어느 정도 고객유인의 효과를 가질 것은 당연하다. 문제는 부당성의 근거와 한계다.

먼저, 신문고시는 무가지와 경품류의 제공 합계액이 유료신문대금에서 차지하는 비율을 기준으로 부당성을 판단하고 있는바, 이는 주상품과 경품류의 대가관계를 기초로 경품류제공의 부당성을 정하는 '경품류제공에 관한 불공정거래행위의 유형 및 기준 지정고시'(이하 "경품고시"라 한다)[23)]와 그 접근방법에 있어서 동일하다. 이러한 접근방법이 규제의 편의를 도모할 수 있음은 물론이다. 그런데 여기에는 구체적 타당성을 결여한다는 점 외에도 부당한 고객유인을 금지하는 취지와 금지기준에 관한 적지 않은 오해가 깔려 있는 것으로 판단된다.

특히 부당한 이익에 의한 고객유인은 그 보호법익이 어디에 있는지에 따라 규제방식을 달리할 수 있다. 만약 그것이 경쟁사업자를 보호하기 위한 것이라면 무가지나 경품류제공이 경쟁사업자의 사업활동을 방해 또는 배제할 우려가 있어야 하고, 방해·배제의 수단으로서 소비자의 오인가능성이나 합리적 판단의 저해 여부를 살필 뿐이다. 반면, 그것이 소비자를 오인유발과 그로 인한 합리적 구매결정의 방해로부터 보호하기 위한 것이라면, 무가지나 경품류의 가액수준이 중요한 것이 아니라 개별 상품에 따라 실제 소비자의 구매기준과 행태를 기초로 하여 결국은 소비자에게 유·무형의 피해를 가져올 우려가 있어야 한다.

23) 공정거래위원회 고시 제2005-11호, 2005.7.1. 원칙적으로 소비자경품류의 경우 거래가액의 10%, 소비자현상경품류의 경우 경품부예상매출액의 1%(정기간행물출판업의 경우 5%)를 기준으로 부당성을 판단한다(동 고시 제7조, 제8조 참조).

이와 관련하여 우리나라에서 부당한 이익에 의한 고객유인의 금지목적은 명확하지 않은데, 시행령[별표 1] 4. 가에서는 문제되는 부당한 이익을 '정상적인 거래관행에 비추어 부당하거나 과대한 이익'으로 정의하고 있고, 불공정거래행위 심사지침[24]에 따르면 정상적인 거래관행에 비추어 바람직하지 않거나 통상적인 수준을 넘어서는지 여부로 판단하게 된다. 그리고 동 심사지침은 그러한 부당한 이익이 경쟁사업자의 고객을 자기와 거래하도록 유인할 가능성이 있는지 여부를 주요한 위법성 판단기준으로 삼고 있는바, 여기서는 당해 이익제공이 객관적으로 고객의 의사결정에 상당한 영향을 미칠 수 있으면 족하다고 함으로써, 일견 소비자보호보다는 경쟁사업자에 초점을 맞추고 있는 것으로 볼 여지가 있다.

그렇다면 여기서는 소비자주권의 관점에서 과연 무가지나 경품류제공이 소비자의 합리적 선택을 저해할 우려가 있는지를 살펴보기로 한다. 소비자는 여러 가지 기준에 따라 신문을 선택한다. 아무리 깊이 있는 기사를 담은 신문이라도 소비자는 흥미위주나 생활정보의 양 등을 기준으로 다른 신문을 선택할 수 있으며, 여러 경로와 그간의 경험을 통하여 신문에 대한 정보를 충분히 보유하고 있는 대부분의 소비자의 경우 오히려 기사의 품질과 요금 등을 종합적으로 고려하여 구매결정을 내릴 수 있다. 예컨대, 적지 않은 소비자는 무료신문이나 인터넷을 통한 대체적 매체의 이용가능성을 고려하여 현재의 구독료수준이 높다고 판단할 수 있고, 무가지나 경품은 결국 구독료를 실질적으로 낮추어 주는 효과를 갖는다. 또한 신문발행업자는 발행부수에 따라 광고비가 높게 책정될 수 있다는 점에서 무가지나 경품류의 비용을 충분히 회수할 수 있으며, 신문판매업자는 무가지나 경품을 제공하는 비용을 광고물의 배달을 의뢰받는 데 따른 수입으로 만회할 수 있다. 어느 누구도 경제적으로 피해를 입지 않는 것이다.[25]

그럼에도 불구하고 예컨대 자전거를 제공받는 조건으로 신문구독을 결정하는 소비자가 과연 경품에 유인된 불합리한 소비자인가? 그 밖에 소비자가 정치적 중립성이나 정보내용의 충실성 등을 기준으로 신문을 선택해야 하며, 그와 무관한 경제적 이익을 의식하여 선택해서는 안 된다는 생각은 소비자의 종합적이고도 합리적인 판단능력을 과소평가

24) 공정거래위원회 예규 제26호, 2004.12.27. 제정, 2005.5.11. 개정.

25) 무가지나 경품제공의 일률적 금지가 오히려 소비자후생을 감소시키는 측면에 대해서는 김재홍(2004: 775ff) 참조.

한 전혀 근거 없는 것이다. 그렇다면 의문에 대한 해답이 명확해진다. 즉, 부당성을 판단함에 있어서 경쟁사업자보호와 소비자이익보호 중에서 마땅히 후자를 우선해야 하는 것이다.

참고로, 독일에서는 부정경쟁방지법[26]이 신문시장에서의 대표적인 부정경쟁행위, 즉 무가지의 배포나 끼워팔기, 약탈적 가격책정 등에 적용되어 왔다(이봉의, 2004c: 135ff). 그 밖에 일찍이 1932년의 경품령(Zugabeverordnung)과 1933년의 할인법(Rabattgesetz)이 신문업자들의 각종 요금할인행위와 신문구독에 따른 경품제공을 규제해 왔으나, 2001년 7월 31일자로 이들 두 개 법령이 전면적으로 폐지됨으로써 할인이나 경품제공은 그 자체로 특별한 규제를 받지 않게 되었다. 물론 이들 법률이 폐지된 후에도 할인이나 경품이 무제한적으로 허용되는 것은 아니고, 부당한 고객유인이나 심리적 구입강제 등과 관련하여 부정경쟁방지법 제3조의 일반조항이 적용될 여지는 여전히 남아 있으나, 중요한 것은 신문시장에서도 경품과 할인이 보다 폭넓게 제공될 수 있는 여지가 마련되었고, 신문사업자들이 직접적인 가격경쟁뿐만 아니라 경품이나 할인을 통한 간접적인 가격경쟁을 적극적인 마케팅 수단으로 활용할 수 있게 되었다는 점이다. 그 혜택이 일차적으로 소비자에게 돌아갈 것임은 물론이다.

5. 부당한 표시 · 광고의 금지: 소비자의 자유의사 방해

(1) 의의 및 규제체계

경쟁이 공정하고 자유롭게 이루어지기 위해서는 계약자유가 최대한 보장되어야 하고, 그 전제로서 당사자들이 계약체결의 여부를 결정함에 있어서 대외적으로는 잘못된 정보에 의하지 않고, 타인에 의한 의사의 강제가 없으며, 대내적으로는 의사결정에 아무런 착오가 없어야 한다(freie Willensbildng). 그런데 계약체결에 중요한 정보는 대체로 사업자

26) 2004.7.3. 개정된 UWG는 제1조에서 동법의 목적이 경쟁사업자, 소비자 및 경쟁의 보호임을 명시하는 한편, 구법 제1조의 일반조항을 제3조로 옮겼으며, 여기서도 종래의 '양속위반'이라는 개념을 삭제하고 부정경쟁행위를 널리 금지하는 방식으로 전환하였다.

가 일방적으로 제공하게 되는바, 계약의 주된 급부와 무관한 이익을 제공하거나 허위·과장된 정보를 제공하거나, 또는 경쟁사업자와의 거래를 방해하는 등의 방법에 의한 계약체결의 유인은 사업자가 자신의 성과에 의지하지 않고 소비자를 확보하기 위한 불공정한 경쟁수단으로서 공정하고 자유로운 경쟁질서를 저해할 우려가 있다.

공정거래법은 고객유인을 크게 세 가지 방법으로 규제하고 있는바, 부당한 이익, 위계 등에 의한 고객유인(법 제23조 제1항 3호; 일반불공정거래행위), 부당한 이익 중 경품류 제공의 수단에 의한 고객유인(특수불공정거래행위) 및 위계의 일종인 부당한 표시나 광고에 의한 고객유인행위(표시·광고의 공정화에 관한 법률)가 그것이다. 따라서 부당한 이익에 의한 고객유인은 경품류제공을 제외한 다른 경제상의 이익제공을 통한 고객유인에만 적용되고, 위계에 의한 고객유인은 표시·광고를 제외한 다른 수단에 의한 고객유인에만 적용된다.

참고로, 2007년 10월 현재 표시·광고법에 근거한 관련 기준, 지침 등을 개관하면 아래와 같다.

- 보험상품 표시·광고에 관한 심사지침
- 부당한 표시·광고행위의 유형 및 기준
- 비교표시·광고에 관한 심사지침
- 상가등의 분양 및 임대표시·광고에 관한 심사지침
- 소비자안전에 관한 표시·광고 심사지침
- 소비자피해일괄구제에 관한 운영지침
- 수상·인증등의 표시·광고에 관한 심사지침
- 은행등의 금융상품 표시·광고에 관한 심사지침
- 임시중지명령에 관한 운영지침
- 정정광고에 관한 운영지침
- 주유소등 석유판매업에 있어서의 공급자에 관한 부당한 표시·광고행위의 유형 및 기준 고시
- 주택의 표시·광고에 관한 심사지침
- 중요한 표시·광고사항 고시
- 추천·보증등에 관한 표시·광고 심사지침

- 통신판매 표시·광고에 관한 심사지침
- 표시·광고 실증에 관한 운영 고시
- 환경관련 표시·광고에 관한 심사지침

(2) 규제내용

(가) 부당한 표시·광고의 금지

먼저, 부당한 표시·광고행위는 금지되는바, 이때 '표시'란 사업자 또는 사업자단체가 상품 또는 용역에 관한 사항을 소비자에게 알리기 위하여 상품의 용기·포장, 사업장 등의 게시물 또는 상품등에 관한 권리를 나타내는 증서(ex. 상품권, 회원권, 분양권)에 쓰거나 붙인 문자·도형 및 상품의 특성을 나타내는 용기·포장(법 제2조 제1호)을, '광고'란 사업자등이 상품등에 관한 표시사항을 개별법 소정의 정기간행물, 인터넷신문, 전기통신 등의 방법으로 소비자에게 널리 알리거나 제시하는 것(법 제2조 제2호)을 말한다. 이때 금지되는 부당한 표시·광고란 허위·과장의 표시·광고, 기만적인 표시·광고, 부당하게 비교하는 표시·광고 및 비방적인 표시·광고를 말한다(법 제3조 제1항).[27]

사업자등이 부당한 표시·광고를 하는 때에 공정거래위원회는 통상의 시정조치 외에 당해 표시·광고행위가 금지되는 표시·광고행위임이 명백하게 의심되고, 당해 표시·광고행위로 인해 소비자 또는 경쟁사업자에게 회복하기 어려운 손해가 발생할 우려가 있어 이를 예방하기 위한 긴급한 필요가 있다고 인정되는 경우에는 사업자등에 대하여 당해 표시·광고행위를 일시 중지할 것을 명할 수 있다(임시중지명령; 법 제8조 제1항).[28] 소비자단체 기타 대통령령이 정하는 기관·단체는 사업자등의 표시·광고가 부당한 표시·광고에 해당한다고 인정되는 때에는 서면으로 공정거래위원회에 당해 표시·광고행위의 일시중지를 명할 것을 요청할 수 있고(법 제8조 제2항), 부당한 표시·광고행위로

---

27) 표시·광고의 유형별 부당성 판단기준에 관한 상세한 내용은 공정거래위원회 고시 제2001-13, 부당한 표시·광고행위의 유형 및 기준, 2001.8.30. 참조.

28) 임시중지명령에 대해 불복이 있는 자는 명령을 받은 날부터 7일 이내에 공정거래위원회에 이의를 제기할 수 있고, 이 경우 공정거래위원회는 지체 없이 서울고등법원에 그 사실을 통보하여야 하며, 통보를 받은 서울고등법원은 비송사건절차법에 의하여 재판하게 된다는 점에서 여타 시정조치에 대한 불복과 다르다(법 제8조 제3항, 제4항).

피해를 입은 자는 사업자등에 대하여 무과실의 손해배상의 책임을 구할 수 있다(법 제10조 제1항, 제2항). 다만 공정거래위원회의 시정조치가 확정된 후가 아니면 이를 재판상 주장할 수 없다(법 제11조 제1항).

(나) 중요한 정보의 공개

상품이나 거래 분야의 성질에 비추어 소비자의 보호 또는 공정한 거래질서의 유지를 위하여 필요한 사항으로서, ① 표시·광고를 하지 아니하여 소비자의 피해가 자주 발생하고 있는 사항이거나 ② 표시·광고를 하지 아니할 경우에는 소비자가 상품등의 중대한 결함 또는 기능상의 한계 등을 정확히 알지 못하여 소비자의 구매선택에 결정적인 영향을 미치게 되거나 소비자의 생명·신체상의 위해가 발생할 가능성이 있거나 또는 그 밖에 소비자의 합리적인 선택을 현저히 그르칠 가능성이 있거나 공정한 거래질서를 현저히 저해하는 경우에 공정거래위원회는 사업자등이 표시·광고에 포함하여야 하는 사항(중요정보)과 표시·광고의 방법을 고시할 수 있다(법 제4조 제1항).

공정거래위원회가 이를 고시하고자 하는 경우 중요정보제공협의회 및 관계행정기관의 장과 미리 협의하여야 하고, 필요하다고 인정되는 때에는 공청회를 개최하여 사업자단체, 등록한 소비자단체 및 이해관계인의 의견을 청취할 수 있다(법 제4조 제2항). 여기서 중요정보제공협의회(법 제4조의2)는 위원장(위원장은 공정거래위원회 부위원장이 됨) 1인 포함하여 25인 이내의 위원으로 구성되며, 중요정보의 발굴·평가에 관한 사항, 통합공고에 관한 사항, 그 밖에 중요정보의 제공 촉진 등에 관한 사항을 협의·조정한다. 사업자등이 표시·광고행위를 하는 경우에는 고시된 중요정보를 표시·광고에 포함시켜야 한다(법 제4조 제5항).

(다) 표시·광고내용의 실증

사업자등은 자기가 행한 표시·광고 중 사실과 관련한 사항에 대하여는 이를 실증할 수 있어야 하며(법 제5조 제1항), 공정거래위원회는 부당한 표시·광고의 우려가 있어 실증이 필요하다고 인정되는 경우에는 그 내용을 구체적으로 명시하여 당해 사업자등에게 관련자료의 제출을 요청할 수 있다(법 제5조 제2항). 실증자료의 제출 요청을 받은 사업자 등은 요청받은 날부터 15일 이내에 그 실증자료를 공정거래위원회에 제출해야 한다

(법 제5조 제3항).

그 밖에 공정거래위원회는 상품등에 관한 소비자의 잘못 아는 것을 방지하거나 공정한 거래질서를 유지하기 위해 필요하다고 인정되는 경우 사업자등이 제출한 실증자료를 비치하여 일반이 열람할 수 있게 하거나 기타 적절한 방법으로 이를 공개할 수 있고(법 제5조 제4항), 사업자등이 실증자료의 제출을 요구받고도 이를 제출하지 아니한 채 계속하여 표시·광고를 하는 경우 실증자료를 제출할 때까지 그 표시·광고행위의 중지를 명할 수 있다(법 제5조 제5항). 실증자료제출을 요구받고 이를 제출하지 아니하거나 표시·광고행위의 중지명령을 받고 당해 행위를 중지하지 아니한 사업자등에 대해서는 과태료가 부과된다(법 제20조 제1항 제2호, 제3호).

제4절 기타의 쟁점

1. 소비자 또는 소비자협동조합의 행위에 대한 공정거래법의 적용여부

공정거래법은 사업자와 사업자단체에게만 적용된다. 이는 사업자개념과도 결부되어 있는바, 대법원이 동법상 사업자를 '사경제의 주체로서 거래에 참여하고 있는 자'로 매우 폭넓게 해석하고 있는 것도 바로 그러한 자만이 경쟁질서를 위태롭게 할 수 있기 때문이라는 맥락에서 이해할 수 있다.[29] 따라서 흔히 경쟁을 저해하는 주체가 아니라 경쟁의 수혜자라고 할 수 있는 소비자(단체·조합)에 대해서는 공정거래법이 적용되지 않는 것이 원칙이다.

그러나 여기에는 분명 예외가 존재한다. 즉, 일상적으로는 소비자(단체·조합)라도 특정 행위와 관련해서는 여전히 사업자적격이 인정될 수 있는 것이다. 이를 최근 논란이 된

29) 이를 '기능적 사업자개념'이라 하며, 경쟁을 보호하고자 하는 경쟁법의 규범목적에 비추어 경쟁에 영향을 미칠 수 있는 자인지에 따라 사업자 여부를 판단하는 것을 말한다. 대법원 1990.11.23. 선고 90다카3659 판결(서울특별시 지하철공사 사건)도 이러한 맥락에서 이해할 수 있다.

바 있는 '아파트부녀회'의 가격담합을 중심으로 살펴보면 다음과 같다. 예컨대, 아파트부녀회가 단지 내 아파트의 최저매매가격을 정하여 입주민에게 통보하고 이를 준수하도록 유도하는 경우, 당해 행위와 관련하여 아파트부녀회는 통상적인 아파트입주자의 공동생활에 따른 이익을 도모하는 활동에 그치는 것이 아니라 한 발 나아가 아파트의 공급자로서 가격을 공동으로 정하고 있는 것이 핵심이다. 즉, 부녀회는 당초의 설립목적이나 법적 형태와 상관없이 아파트 가격담합에 관한 한 최종소비자로서 행위하는 것과는 거리가 멀 뿐만 아니라, 적어도 그 행위에 관한 한 사업자단체의 성격을 갖는 것으로 보아야 할 것이다.

이와 같은 맥락에서 공정거래법 역시 공동구매 등 소비자협동조합의 통상적인 활동에 대해서는 동법의 적용제외를 인정하고 있으나, 소비자의 상호부조를 목적으로 설립된 조합의 행위라도 그것이 불공정거래행위 또는 부당하게 경쟁을 제한하여 가격을 인상하게 되는 경우에는 동법이 적용됨을 명시하고 있다(법 제60조 참조). 따라서 소비자 또는 소비자조합이나 소비자단체라도 문제의 행위가 수요 또는 공급측면에서 경쟁에 부정적 영향을 미칠 우려가 있는 경우에는 소비자보호의 명목으로 일률적인 적용제외를 주장할 수 없으며, 소비자 전체의 이익을 위해서라도 제한적으로나마 사업자 또는 사업자단체로서의 적격을 인정할 필요가 있다.

2. 온라인을 통한 C2C거래와 소비자보호

인터넷의 발전과 그에 따른 온라인쇼핑의 증가는 소비생활을 보다 편리하게 만드는 긍정적 측면과 아울러 충동구매나 온라인사기 등 새로운 소비자피해를 야기하고 있다. 특히, 온라인에서 이미 확산되어 있는 소비자 간 직거래, 즉 C2C 과정에서도 다양한 피해가 발생하고 있는바, 이때 비록 통상의 소비자가 온라인으로 상품이나 용역을 제공하더라도 그러한 공급행위에 관한 한 '전자상거래 등에서의 소비자보호에 관한 법률'상 엄연한 사업자로 볼 수밖에 없다(동법 제2조 6호 참조). 따라서 일견 '소비자 간' 거래라도 경쟁제한행위와 관련해서는 공정거래법을 비롯한 여타 소비자법의 적용범위에 포섭될 것이다.

다만, 예컨대 UCC(User Created Contents, 사용자제작콘텐츠)와 같이 현재는 대체로 무료로 제공되고 있으나, 언제라도 유료화된 거래를 수반할 잠재력을 갖고 있는 새로운 서비스가 창출되고 있는 온라인상에서 사업자와 소비자의 경계가 매우 불확실해진다는 점에서 온라인 C2C거래를 소비자법의 영역에 포섭하는 작업은 이론적으로도 매우 어려운 과제가 될 것으로 보인다.

제5절 맺는 말

공정거래법은 일차적으로 공정하고 자유로운 경쟁보호를 목적으로 삼고 있으며, 이를 통하여 소비자주권의 핵심적인 축을 이루는 소비자선택권을 구조적으로 보장하는 역할을 담당하고 있다. 반면, 소비자보호법은 구체적인 거래관계에서 경쟁으로 해결되지 않는 소비자피해의 예방 및 구제를 통하여 소비자주권을 직접적으로 실현하는 장치에 해당한다.

그런데 공정거래법은 비단 경쟁보호를 통하여 간접적으로 소비자보호에 기여할 뿐만 아니라 부분적으로는 직접 소비자를 보호할 수 있는 장치를 두고 있다는 점에서, 동법 제1조의 구조 하에서 소비자보호를 공정거래법의 목적 중 하나로 이해하는 것도 충분히 가능할 듯하다. 다만, 소비자의 이익을 고려하는 방법에 있어서 경쟁을 통한 간접적 보호와 규제를 통한 직접적 보호가 상충할 여지가 있으며, 이를 어떻게 해결할 것인지는 향후의 과제로 남아 있다. 이 문제는 구체적으로 불공정거래행위의 부당성 판단과 같이 개별 금지행위의 해석론에서 다루어질 수도 있고, 공정거래법과 소비자보호법의 기능적 역할분담에 관한 이론적, 정책적 논의에서 다루어질 수도 있을 것이다.

현재 우리나라에는 경쟁을 보호한다는 이유로 소비자이익을 외면하거나, 소비자보호를 명분으로 경쟁원리에 맞지 않는 규제를 유지하는 예가 적지 않다. 이러한 현상은 경쟁과 소비자보호 및 양자의 관계에 대한 이해의 차이 또는 근거 없는 오해에서 비롯되는 측면이 있다. 그리고 차제에 소비자와 경쟁법의 관계를 올바르게 정립하는 것은 이러한 현상을 극복하기 위한 하나의 출발점이 될 것이다.

참 ■ 고 ■ 문 ■ 헌

공정거래위원회(2001), 『공정거래위원회 20년사』.

권재열(2002), 『경제법』.

권오승(2005), 『경제법(제5판)』.

김성천(1999), 「공정거래법상의 소비자보호목적과 소비자권리」, 『외법연구』, 제6집.

김재홍(2004), 「신문/방송시장의 경쟁제한성」, 『공정거래와 법치』.

박상용 · 엄기섭(2004), 『경제법원론』.

신광식 · 성소미(2000), 「새로운 환경에 대응한 공정거래정책의 발전방향」, 『산업조직연구』, 제10집 1호, 산업조직학회.

양명조(2002), 「한국독점규제법의 평가와 전망」, 『경쟁법연구』, 제8권.

이남기 · 이승우(2001), 『경제법』.

이문지(1999), 「불공정거래행위의 규제와 경제적 효율성」, 『규제연구』, 제8권.

이봉의(2002a), 「공정거래법상 저가입찰의 부당염매 해당요건」, 『상사판례연구』, 제13집.

_____(2002b), 「공정거래위원회의 재량통제」, 『규제연구』, 제11권.

_____(2004a), 「독점규제법의 목적과 경쟁제한행위의 위법성」, 『경제법판례연구』, 제1권.

_____(2004b), 「독점적 사업자의 끼워팔기」, 『법과사회』, 제27호.

_____(2004c), 「독일의 신문시장과 불공정경쟁 규제」, 『세계의 언론법제』, 상권.

이원우(2006), 「경제규제와 공익」, 『서울대학교 법학』.

정호열(2000), 「불공정거래행위의 금지」, 『공정거래법강의』, II.

한현옥(2002), 「불공정거래행위의 위법성판단, 자유경쟁과 공정거래」.

Cseres, K. J. (2005), *Competition Law and Consumer Protection*.

Fikentscher, Wolfgang (1992), *Vertrag und wirtschaftliche Macht, Recht und wirtschaftliche Freiheit*.

Jones, Alison and Sufrin, Brenda (2001), *EC Competition Law: Text, Cases, and Materials*, Oxford University Press, USA.

Lande, Robert H. (1982), "Wealth Transfers as the Original and Primary Concern of Antitrust:

The Efficiency Interpretation Challenged," *34 Hastings L. J.* 65, 123.

Mestmäcker, Ernst Joachim (2002), "Immenga/Mestmäcker," *Kommentar zum GWB*, Einleitung Rn. 7.

Rittner, Fritz (1982), *Vertragsfreiheit und Wettbewerbspolitik*, Festschrift für Sölter.

Scherer, F.M. (2000), "Efficiency, Fairness, and the Early Contributions of Economists to the Antitrust Debate," *Competition Policy, Domestic and International*, p. 15.

제4장

소비자거래법제: 과거, 현재 그리고 미래[*]

▌김 성 천▐

한국소비자원 정책연구본부 연구위원

*이 글의 내용은 개인의견임을 밝혀 둡니다.

제1절 들어가는 말

1980년 소비자보호법 제정과 함께 우리 사회에서 그 중요성이 부각되고 있는 소비자법은 그동안 여러 법률의 제·개정으로 많이 진화됐다. 사실 선진국에 비해 그리 길지 아니한 우리나라 소비자법의 역사에 비해[1] 소비자기본법, 약관의 규제에 관한 법률, 방문판매 등에 관한 법률, 할부거래에 관한 법률, 전자상거래 등에서의 소비자보호에 관한 법률, 표시·광고의 공정화에 관한 법률, 제조물책임법 등 다양한 소비자법이 현재 운용되고 있다. 그러나 21세기 들어서 정치·경제·사회적 환경변화는 소비자법에 영향을 주어 패러다임의 전환을 요구하고 있다. 종전에는 소비자문제를 단지 정보의 비대칭·불균형에 따른 거래당사자 사이의 교섭력 차이에서 발생하는 문제로 인식하였으나, 지금은 '자주적 역량을 가진 주체적 소비자의 실질적 권익실현'을 위한 소비자법의 보완·확충이 강조되고 있다. 특히 다양한 소비자거래의 등장에 따른 법제정비는 중요한 소비자법 정책의 과제로 인식되어 각국은 소비자거래법제를 재구축하고 있다.

소비자와 사업자의 만남은 소비자거래다. 소비자거래는 기본적으로 소비자와 사업자의 힘의 불균형이 전제된 계약으로 각국은 이를 시정하기 위해 소비자거래정책을 강구하고 소비자거래법제를 정비하고 있다. 소비자거래정책의 목표는 사업자의 불공정한 거래조건

1) 우리나라 소비자법의 역사에 대해서는 김성천(1992, 1994, 2005) 참조.

이나 거래방법으로 인하여 소비자가 부당한 피해를 입지 아니하도록 하는 것이고, 소비자거래법제의 내용은 정보제공, 투명성확보, 원치 않는 계약으로부터 벗어날 수 있는 기회의 부여, 공정성보장 등이다. 구체적으로는 계약체결 전 정보제공의무, 계약체결 후 서면교부의무, 소비자의 철회권, 위약금제한, 금지행위, 불공정약관조항의 무효, 강행법규위반의 무효 등이다.

현재 우리나라 소비자거래법제의 법적 출발점은 소비자기본법이다. 소비자거래법제의 토대가 되는 소비자권리는 물품 등을 선택함에 있어서 필요한 지식 및 정보를 제공받을 권리와 물품 등을 사용함에 있어서 거래상대방・구입장소・가격 및 거래조건 등 자유로이 선택할 권리이다(동법 제4조). 그리고 소비자기본법은 거래의 적정화라는 표제 아래 국가 및 지방자치단체의 책무를 구체적으로 규정하고 있다(동법 제12조). 첫째, 국가는 사업자의 불공정한 거래조건이나 거래방법으로 인하여 소비자가 부당한 피해를 입지 아니하도록 필요한 시책을 수립・실시하여야 한다. 둘째, 국가는 소비자의 합리적인 선택을 방해하고 소비자에게 손해를 끼칠 우려가 있다고 인정되는 사업자의 부당한 행위를 지정・고시할 수 있다. 셋째, 국가 및 지방자치단체는 약관에 따른 거래 및 방문판매・다단계판매・할부판매・통신판매・전자거래 등 특수한 형태의 거래에 대하여는 소비자의 권익을 위하여 필요한 시책을 강구하여야 한다.

현재 국가는 소비자기본법에 근거하여 약관의 규제에 관한 법률, 방문판매 등에 관한 법률(이하 '방문판매법'이라 함), 표시・광고의 공정화에 관한 법률, 전자상거래 등에서의 소비자보호에 관한 법률(이하 '전자상거래소비자보호법'이라 함), 할부거래에 관한 법률(이하 '할부거래법'이란 함) 등 소비자거래의 적정화에 관한 법률을 제정하였고, 관광진흥법, 학원의 설립・운영 및 과외교습에 관한 법률, 체육시설의 설치・이용에 관한 법률, 여신전문금융업법 등 일부 개별 사업법에도 소비자거래의 적정화에 관한 규정을 두고 있다.

이 글은 소비자거래법제의 과거・현재・미래에 대해 서술한다. 우선 소비자거래법제가 어떻게 진화되어 왔는가를 검토하고, 소비자거래법제 중 현재 소비자분쟁해결에 핵심적인 역할을 하는 특수판매법제 즉 방문판매법, 전자상거래소비자보호법, 할부거래법을 중심으로 소비자거래법제의 내용을 분석한 뒤, 향후 소비자거래법제의 과제와 전망을 제시하고자 한다.

제2절 소비자거래법제의 연혁

1. 도입기

우리나라에서 부분적으로 거래의 적정화에 관한 규정을 둔 법률이 제정된 것은 1960년대부터이다. 예를 들면 1961년 상품권법[2] 및 전기사업법, 1962년 보험업법 및 증권거래법 등이다.

그러나 소비자보호의 차원에서 소비자거래의 적정화에 관해 선언된 시기는 1980년대부터이다. 1980년 소비자보호법은 제5장 거래의 적정화라는 표제 아래 공정거래의 원칙(동법 제18조[3]), 부당한 거래방법등에 관한 공표(동법 제19조), 부당한 거래의 시정명령(동법 제20조) 등을 규정하였다. 그 후 1986년 전면개정된 소비자보호법은 거래의 적정화라는 표제 아래 오늘날과 같은 모습의 규정을 두었다(동법 제10조). 이때부터 소비자거래의 적정화를 목적으로 한 정책이 시행되고 소비자거래법이 제정되기 시작했다. 최초 소비자거래법제라고 할 수 있는 것은 1986년에 제정된 약관의 규제에 관한 법률과 도・소매업진흥법이다. 약관의 규제에 관한 법률[4]은 법목적에 소비자보호를 선언하고 사업자가 그 거래상의 지위를 남용하여 불공정한 내용의 약관을 작성・통용하는 것을 방지하고 불공정한 내용의 약관을 규제하기 위해 약관의 명시・설명의무, 약관해석의 일반원칙,

2) 상품권법은 1933년 조선상품권취체령을 폐지하고 권면에 금액을 표시하는 상품권의 확실한 상환을 도모함을 목적으로 제정됐다.

3) 제18조(공정거래의 원칙) 사업자는 물품 또는 용역을 공급함에 있어서 공정한 거래를 하여야 하며 소비자의 합리적인 선택이나 이익을 침해할 우려가 있는 거래조건이나 방법을 사용하여서는 아니된다.

4) 약관의 규제를 위한 입법논의는 1980년대 초부터 있었다. 1981년 상법개정안과 1982년 민사법 개정의견서는 구체적인 법안으로 제안하였다. 전자는 상법전 중의 상행위편의 통칙에 이은 독립의 장으로 구성하였고, 후자는 민사특별법으로 제정하자는 의견을 제시하였다. 그 후 경제기획원은 1986년 6월 '소비자문제를 연구하는 시민의 모임'이 제출한 약관의 규제에 관한 법률(안)을 토대로 입법하기로 민정당과 협의하였고, 당정협의를 거쳐 재수정한 것이 민정당안으로 채택되어 정기국회에 제출, 12월 18일 본회의에서 통과되어, 12월 21일 제정・공포되었다. 이에 대해서는 소비자문제를 연구하는 시민의 모임 편(1986) 참조.

무효가 되는 불공정약관조항의 내용, 불공정한 약관의 시정제도, 약관심사위원회의 설치 등을 규정하였다. 그리고 도·소매업진흥법도 법목적에서 소비자보호를 선언하고 적용대상에 할부판매, 채무보증할부판매, 방문판매, 통신판매 등을 포함하고(동법 제2조), 제7장에서는 '할부판매등'이라는 표제 아래 할부판매자 및 채무보증할부판매자의 표시의무 및 계약서교부의무(동법 제33조 내지 제34조), 방문판매자의 명시의무 및 계약교부의무(동법 제36조 및 제37조), 통신판매자의 표시의무 및 승낙여부통지의무(동법 제38조), 할부판매규정의 적용(동법 제39조) 등 특수판매의 적정화를 위한 법적 근거를 처음으로 규정하였다. 그 후 1987년에 제정된 신용카드업법[5]은 신용카드업을 건전하게 보호·육성하여 신용사회의 기반을 조성하고 소비자의 금융편의를 도모하기 위해 거래조건의 주지의무(동법 제10조), 신용카드업자의 책임 등(동법 제12조), 신용정보의 목적외 사용금지(동법 제14조) 등 신용카드거래의 적정화를 위한 규정을 두었다.

2. 정착기

1990년대 들어서면서 1991년 도·소매업진흥법의 개정을 계기로 특수판매분야의 새로운 소비자거래법제의 도입이 본격적으로 전개되었다. 1991년 개정된 도·소매업진흥법은 방문판매의 경우 구매자가 상품을 구매한 날부터 7일 이내에 구매계약을 철회할 수 있도록 하여 최초로 소비자의 청약철회권을 도입했다(동법 제37조의2 및 제37조의3). 이외에도 할부판매조조건의 지정 등(동법 제34조의2), 할부판매업의 신고(제34조의3)를 규정했다.

그러나 같은 해에 소비자보호기능을 더욱 강화하기 위해 도·소매진흥법에 일부 규정되어 있던 특수판매규정을 분리하여 방문판매법[6]과 할부거래법[7]을 제정하였다. 가장 핵

5) 신용카드업법의 제정이유는 "신용카드업을 제도화하여 건전하게 육성함으로써 신용카드를 지급결제수단으로 널리 보급하여 국민의 현금소지에 따른 위험과 불편을 제거하고 아울러 신용카드업자와 신용카드가맹점 및 신용카드회원간의 분쟁의 사전예방과 신용카드회원을 보호하기 위한 제도적 장치를 마련함으로써 건전한 소비자신용제도를 확립하고 국민의 금융기관 이용을 생활화"하려는 것이다.

6) 방문판매에 관한 입법안 건의는 1989년 한국소비자보호원의 방문판매법 시안이다. 이에 대해서는

심적인 내용은 청약철회에 관한 사항으로 방문판매법의 경우 방문판매 및 다단계판매의 경우 구매자등은 계약서를 교부받은 날부터 각각 7일 및 14일 이내에 서면의 발송에 의하여 청약을 철회할 수 있도록, 할부거래법은 매수인은 계약서를 교부받은 날 또는 목적물의 인도등을 받은 날로부터 7일 이내에 청약을 철회할 수 있도록 규정했다.

1990년대에는 1992년 상품권법이 폐지되었고,[8] 1997년 신용카드업법은 여신전문금융업법으로 편입되었다.[9] 1995년1월 5일 개정된 방문판매법은 다단계판매업자의 등록제 및 환불보증금제 등 다단계판매규제를 전면 개편했고, 같은 해 12월 29일에는 방문판매 및 통신판매에서의 소비자보호제도를 보완했다.

3. 확장기

2000년대 들어서면서 소비자거래법제는 다시 분화되었다. 대표적으로 2002년 전면개정된 방문판매법은 방문판매 및 다단계판매 중심으로 개편하고, 소비자피해가 빈발하는 전화권유판매, 계속거래, 사업권유거래 등을 법의 적용대상에 새로이 추가하는 한편, 통신판매규정은 별도로 분리하여 전자상거래소비자보호법을 제정했다.[10] 그 후 2005년 개정된 전자상거래소비자보호법은 비대면(非對面) 선불거래방식인 통신판매에 있어서 소비

이홍무(1988), 한국소비자보호원 정책연구부(1989) 참조.

7) 할부거래에 관한 최초의 입법안 건의는 1988년 15개조로 구성된 한국소비자보호원의 할부판매법(안)이다. 이에 대해서는 이경현 · 김영원(1988) 참조.

8) 상품권법의 폐지이유는 "기업의 자유로운 경제활동을 도모하기 위하여 상품권의 발행 · 유통과 관련된 규제를 폐지"하는 데 있었다.

9) 여신전문금융업법의 제정이유는 신용카드업 · 시설대여업 · 할부금융업 · 신기술사업금융업 등은 수신기능이 없이 여신업무만을 취급하는 유사한 성격의 금융업임에도 개별근거법에 의하여 별도 회사를 설립하여야만 영위할 수 있도록 되어 있으므로, 단일법을 제정하여 이러한 유사한 금융업을 종합적으로 영위할 수 있도록 하고, 아울러 진입 및 영업에 관한 규제도 대폭 완화하여 자유롭게 영업할 수 있도록 함으로써 국민의 다양한 금융수요를 효과적으로 충족시키는 한편, 이러한 금융업의 경쟁력을 높이려는 것이었다.

10) 전자상거래소비자보호법은 의원입법으로 제정된 것이다. 제1차 의원입법안은 2000년 12월 8일 김민석 대표발의 '전자상거래 및 통신판매에 관한 법률안'이었으나 통과되지 못했고, 재차 2001년 4월 17일 법명칭과 내용일부가 수정된 김민석 의원 대표발의 법안이 일부 수정되어 2002년 2월 28일 국회를 통과했다. 이에 대해서는 김성천(2003a) 참조.

자의 피해를 방지하기 위하여 소비자의 결제대금을 제3자에게 예치하는 제도를 도입하고, 통신판매업자의 무차별적인 구매권유광고로 인하여 발생하는 소비자의 불편을 해소하기 위하여 소비자가 구매권유광고의 수신을 거부하는 의사를 인터넷을 통하여 등록할 수 있는 시스템을 운영할 수 있는 법적 근거를 보완했다. 2006년에 제정된 전자금융거래법은 전자금융거래의 특성을 반영하여 거래당사자의 권리·의무 등 법률관계를 명확히 하는 한편, 전자금융업무를 영위하는 자에 대한 허가·등록 및 감독에 관한 사항을 체계적으로 정비했다.

제3절 소비자거래법제의 현황과 성과

1. 소비자거래법제의 현황

(1) 방문판매법

방문판매법은 1991년 제정된 이후 1995년, 1999년, 2002년, 2005년, 2007년 등에 일부개정됐다.[11] 방문판매법은 방문판매, 전화권유판매, 다단계판매, 계속거래 및 사업권유거래 등에 의한 재화 또는 용역의 공정한 거래에 관한 사항을 규정함으로써 소비자의 권익을 보호하고 시장의 신뢰도 제고를 통하여 국민경제의 건전한 발전을 이바지함을 목적으로 한다(동법 제1조).

방문판매법은 방문판매와 전화권유판매의 적정화를 위해 신고의무(동법 제5조), 판매원의 명부비치(동법 제6조), 계약체결전의 정보제공 및 계약체결에 따른 계약서 교부의무(동법 제7조), 청약철회(동법 제8조 및 제9조), 손해배상청구금액의 제한(동법 제10조), 금지행위(동법 제11조) 등, 다단계판매의 적정화를 위해 등록의무(동법 제13조), 다단계판매원자격(동법 제15조), 계약체결전의 정보제공 및 계약체결에 따른 계약서교부의무(동

11) 방문판매법의 연혁에 대해서는 김성천(2007a, 2007b) 참조.

법 제16조), 청약철회(동법 제17조 및 18조), 손해배상청구금액의 제한(동법 제19조), 후원수당의 지급기준(동법 제20조), 금지행위(제23조), 다단계판매업자의 책임(동법 제27조) 등, 계속거래 및 사업권유거래의 적정화를 위해 계약체결전의 정보제공 및 계약체결에 따른 계약서교부의무(동법 제28조), 계약의 해지(동법 제29조 및 제30조), 거래기록의 열람(동법 제31조), 금지행위(동법 제32조) 등을 규정하고 있다. 이외에도 소비자권익의 보호를 위해 소비자보호지침의 제정(동법 제33조), 소비자피해보상보험계약(동법 제34조), 공제조합(동법 제35조) 등을 규정하고 있다.

(2) 전자상거래소비자보호법

전자상거래소비자보호법은 방문판매법으로부터 전자상거래와 통신판매관련 사항을 별도로 분리하여 2002년 제정됐고, 2004년, 2005년 등에 일부개정됐다.

전자상거래소비자보호법은 전자상거래 및 통신판매 등에 의한 재화 또는 용역의 공정한 거래에 관한 사항을 규정함으로써 소비자의 권익을 보호하고 시장의 신뢰도 제고를 통하여 국민경제의 건전한 발전에 이바지함을 목적으로 한다(동법 제1조).

전자상거래소비자보호법은 전자상거래에 관한 특칙으로 전자문서의 활용(동법 제5조), 거래기록의 보존(동법 제6조), 조작실수의 방지(동법 제7조), 전자적 대금지급의 신뢰확보(동법 제8조), 배송사업자의 협력(동법 제9조), 사이버몰의 운영(동법 제10조), 소비자에 관한 정보의 이용(동법 제11조) 등, 통신판매의 적정화를 위해서 신고의무(동법 제12조), 신원 및 거래조건에 대한 정보의 제공(동법 제13조), 청약확인(동법 제14조), 청약철회(동법 제17조 및 제18조), 손해배상청구금액의 제한(동법 제19조), 통신판매중개자의 책임(동법 제20조), 금지행위(동법 제21조)를 규정하고 있다. 그리고 소비자권익의 보호를 위해 소비자보호지침의 제정(동법 제23조), 소비자피해보상보험계약 및 결제대금예치(동법 24조), 구매권유광고 수신거부의사 등록시스템(동법 제24조의2) 등을 규정하고 있다.

(3) 할부거래법

할부거래법은 1991년 제정 이후 2005년 부분개정됐다. 할부거래법은 할부계약에 의한 거래를 공정하게 함으로써 소비자등의 이익을 보호하고 국민경제의 건전한 발전에 이바지함을 목적으로 한다(동법 제1조).

할부거래법은 할부계약에 의한 거래의 적정화를 위해 할부거래의 표시(동법 제3조), 할부계약의 서면주의(동법 제4조), 매수인의 철회권(동법 제5조), 매도인의 할부계약의 해제(동법 제8조), 매도인의 손해배상청구금액의 제한(동법 제9조), 매수인의 기한이익상실(동법 제10조), 매수인의 항변권(동법 제12조), 매수인에 불리한 계약의 금지(동법 제13조) 등을 규정하고 있다.

(4) 기타

(가) 관광진흥법

관광진흥법은 관광 여건을 조성하고 관광자원을 개발하며 관광사업을 육성하여 관광진흥에 이바지하는 것을 목적으로 한 법률로서(동법 제1조), 여행계약 및 휴양콘도니엄계약의 적정화를 위한 규정을 두고 있다.

첫째, 여행업자의 계약서교부의무를 부여하고 있다(동법 제14조). 즉 여행업자는 여행자와 여행계약을 체결하는 때에는 그 서비스에 관한 내용을 적은 계약서(약관을 정하여 사용하는 경우로서 약관의 내용이 계약서에 적혀 있지 아니한 경우에는 그 약관을 적은 서면을 포함한다)를 내주어야 한다.

둘째, 관광숙박업자나 관광객 이용시설업자의 분양 및 회원모집에 관해 자세하게 규정하고 있다(동법 제20조).

(나) 여신전문금융업법

여신전문금융업법은 신용카드업·시설대여업·할부금융업 및 신기술사업금융업을 영위하는 자의 건전하고 창의적인 발전을 지원함으로써 국민의 금융편의를 도모하고 국민경제의 발전에 이바지함을 목적으로 한 법률로서(동법 제1조), 거래조건의 주지의무, 가맹점의 해지의무 등 신용카드거래의 적정화를 위한 규정을 두고 있다.

첫째, 신용카드업자는 신용카드업자가 정하는 이자율·할인율·연체료율등 각종 요율, 신용카드·직불카드 이용금액의 결제방법, 신용카드회원 등에 대한 책임, 신용카드가맹점에 대한 책임과 신용카드가맹점의 준수사항 등을 재정경제부령이 정하는 방법에 의하여 신용카드회원등과 신용카드가맹점에게 알려야 한다(동법 제18조).

둘째, 신용카드업자는 신용카드가맹점이 법 제19조 또는 제20조제1항의 규정을 위반하여 형을 선고받거나 관계행정기관으로부터 동 규정의 위반사실에 대하여 서면통보를 받는 등 대통령령이 정하는 사유에 해당하는 때에는 특별한 사유가 없는 한 지체 없이 가맹점계약을 해지하여야 한다(동법 제21조).

(다) 학원의 설립·운영 및 과외교습에 관한 법률

학원의 설립·운영 및 과외교습에 관한 법률은 학원의 설립 및 운영에 관한 사항을 규정하여 학원의 건전한 발전을 도모함으로써 평생교육의 진흥에 이바지함과 아울러 과외교습에 관한 사항을 규정함을 목적으로 한 법률로서(동법 제1조), 학원계약의 적정화에 위해 수강료반환에 관한 규정을 두고 있다(동법 제18조). 즉 학원설립·운영자 및 교습자는 학습자가 수강을 계속할 수 없는 경우 또는 학원의 등록말소, 교습소 폐지 등으로 교습을 계속할 수 없는 경우에는 학습자로부터 받은 수강료등의 반환 등 학습자의 보호를 위하여 필요한 조치를 하여야 한다.

(라) 체육시설의 설치·이용에 관한 법률

체육시설의 설치·이용에 관한 법률은 체육시설의 설치·이용을 장려하고 체육시설업을 건전하게 발전시켜 국민의 건강증진과 여가선용에 이바지함을 목적으로 한 법률로서(동법 제1조), 체육시설이용계약의 적정화를 위해 회원모집에 대해 자세하게 규정하고 있다(동법 제17조).

(마) 전자금융거래법

전자금융거래법은 전자금융거래의 법률관계를 명확히 하여 전자금융거래의 안전성과 신뢰성을 확보함과 아울러 전자금융업의 건전한 발전을 위한 기반조성을 함으로써 국민의 금융편의를 꾀하고 국민경제의 발전에 이바지함을 목적으로 한 법률로서(동법 제1조), 전자금융거래의 적정화를 위한 규정을 두고 있다.

첫째, 전자지급거래의 효력발생시기, 오류의 정정절차 등 전자금융거래 법률관계의 명확화하고 있다(동법 제8조 및 제13조). 전자자금이체 등 전자지급거래 유형별로 지급의 효력이 발생하는 시점을 구체화하고, 이용자가 거래내용을 확인한 후에 오류정정을 요구하는 때에는 금융기관 등은 이를 조사·처리하여 2주 내에 그 결과를 이용자에게 알리도록 한다.

둘째, 전자금융사고시 이용자와 금융기관 등의 책임부담 원칙을 규정하고 있다(동법 제9조). 접근매체의 위조 또는 변조로 발생한 사고, 계약체결 또는 거래지시의 전자적 전송이나 처리과정에서 발생한 사고로 인하여 이용자에게 손해가 발생한 경우에는 금융기관 또는 전자금융업자가 손해배상책임을 지도록 하되, 사고 발생에 있어서 이용자의 고의나 중대한 과실이 있는 경우로서 일정한 약정을 체결한 경우 등에는 그 책임의 전부 또는 일부를 이용자가 부담하게 할 수 있도록 한다.

2. 소비자거래법제의 성과

1986년 전면개정된 소비자보호법이 거래의 적정화라는 표제 아래 소비자거래정책을 선언한 이후, 1986년 약관의 규제에 관한 법률을 시작으로 방문판매법, 전자상거래소비자보호법, 할부거래법, 표시·광고의 공정화에 관한 법률 등 소비자거래법제가 시행되면서 소비자거래의 적정화가 도모되었다. 특히 소비자거래법제의 주무부서인 공정거래위원회는 소비자피해를 유발하는 부당거래행위를 적극적으로 시정하고 분야별 거래안전장치 도입을 통하여 소비자권익증대에 기여했다.

방문판매분야의 경우 2002년도 방문판매법개정에 따라 시장의 신뢰도를 높일 수 있도록 시장감시활동과 더불어 소비자에 대한 사후적피해구제장치 구축에 중점을 두고 업무를 추진한바 효과가 있었고, 소비자정보제공과 같은 사전적 피해예방장치에도 많은 성과가 있었다. 특히 다단계판매에 대한 시장감시활동의 지속적 수행, 다단계판매업자 주요정보공개는 의미가 크다고 할 수 있다. 2002년도 개정된 방문판매법을 본격적으로 집행한 2003년 이후 2006년까지 공정거래위원회의 시정조치실적은 총 283건이다(공정거래위원회, 2007: 369). 거래분야별로 보면 다단계판매가 179건으로 가장 많고, 방문판매(48건), 전화권유판매(30건), 계속거래(2건), 사업권유거래(24건)의 순이다. 위반유형별로는 방문판매의 경우 정보제공의무위반이 가장 많고, 금지행위, 청약철회 등의 순이고, 다단계판매의 경우 후원수당이 가장 많고, 금지행위, 청약철회, 판매원관련, 정보제공의무 등의 순이며, 계속거래 및 사업권유거래의 경우 정보제공의무, 금지행위 등에 관한 것이다.

전자상거래 및 통신판매분야의 경우 2005년 전자상거래소비자법이 개정되면서 선불식 통신판매에서 발생하는 소비자피해를 방지하기 위하여 결제대금예치제도 등을 선불식 통신판매사업자가 의무적으로 도입하도록 하고, 구매권유광고수신거부의사등록시스템 운영 근거를 마련하여 통신판매의 소비자피해를 사전에 예방하는 성과가 있었다. 2002년도 제정된 전자상거래소비자법을 본격적으로 집행한 2004년 이후 2006년까지 공정거래위원회의 시정조치실적은 총 392건이다(*Id.*, p. 376). 거래분야별로 보면 인터넷쇼핑몰이 가장 많고, 인포머셜, 인터넷콘텐츠, 홈쇼핑의 순이다. 위반유형별로는 신원정보가 가장 많고, 금지행위, 기록보존, 재화등 공급, 공급서 송부 등의 순이다.

할부거래분야의 경우 신용카드거래에서 철회권 및 항변권제도를 통해 소비자피해를 최소화했다.

제4절 소비자거래법제의 문제점과 과제

방문판매법, 전자상거래소비자보호법, 할부거래법 등 현행 소비자거래법제의 개별적 문제점은 물론 소비자거래의 적정화를 위한 내용을 중심으로 수평적으로 비교하여 문제점을 제시하면 다음과 같다.

1. 기본적 문제점

전체적으로 방문판매법, 전자상거래소비자보호법, 할부거래법 등 소비자거래법제는 소비자거래의 적정화를 위해 민사법적 효력을 부여하기보다는 공정거래위원회의 시정조치 또는 영업정지, 과태료, 과징금 등 행정제재나 형사처벌을 통해 소비자거래의 적정화 또는 공정화를 실현하려고 했다. 그리고 개별적인 내용으로 보면 첫째, 계약체결 전 정보제공의무와 관련하여 정보제공의무 불이행 시 공법적 제재규정만 있고 이에 대한 민사법적 효력에 대해서는 별도의 규정이 없다. 둘째, 계약체결 후 서면교부의무와 관련하여 서면교부의무 불이행시 청약철회기간 산정에 대한 민사적 제재만을 규정하고 있을 뿐 별도의 민사법적 효력에 대해서는 규정이 없다. 셋째, 방문판매법, 전자상거래소비자보호법, 할부거래법 모두 청약철회에 대해서 규정하고 있지만, 청약철회기간, 청약철회 제외범위, 청약철회의 효력 등이 통일적이지 못하다. 넷째, 방문판매법, 전자상거래소비자보호법, 할부거래법 모두 계약해제시 손해배상예정액을 제한하는 규정을 두고 있지만 구체적인 범위에 대해서는 구체화되어 있지 않다. 다섯째, 방문판매법, 전자상거래소비자보호법, 할부거래법 모두 금지행위규정을 두고 있는데, 이에 대한 민사법적 효력에 대해서는 별도의 규정을 두고 있지 않다.

개별적으로 방문판매법의 문제점은 첫째, 계약체결과정의 부당거래행위에 따른 민사규정이 미비하다. 둘째, 사업자의 계약서미교부에 대한 소비자의 권리가 미흡하다. 셋째, 금지행위유발로 인한 소비자피해에 대한 민사적 보상시스템과 사업자의 부당이득환수시스템이 미흡하다.

전자상거래소비자보호법의 문제점은 첫째, 통신판매규제가 중심이 되어야 하는데 전자상거래・통신판매가 혼재되어 있어 혼란을 주고 있다. 둘째, 통신판매중개자의 책임규정이 면책의 효과를 주고 있어 실효성이 없다. 셋째, 소비자피해분쟁조정의 요청과 관련해서는 시정조치를 하지 아니하는 경우가 있어 위법사업자에 대한 면죄부를 주는 문제가 있다.

할부거래법의 문제점은 첫째, 직접할부계약을 중심으로 규정되어 있어 간접할부계약의 문제점을 해소하는 데 한계가 있다. 둘째, 소비자의 청약철회권과 관련하여 철회기간의 기산점이 미흡하고, 제외범위가 품목 및 금액으로 설정되어 있어 소비자에게 불리하다. 셋째, 소비자의 항변권과 관련하여 항변사유가 너무 제한적이고 항변의 효과도 잔여할부금거절에 한정되어 소비자에게 불리하다.

2. 개별법의 과제

(1) 방문판매법[12)]

첫째, 법명칭은 법의 얼굴로서 법의 내용과 구조를 표명한다. 따라서 법명칭은 주된 적용대상과 법목적에 부합되어야 한다. 법의 적용대상이란 관점에서 보면 방문판매법의 적용대상은 방문판매, 전화권유판매, 다단계판매, 계속거래 및 사업권유거래 등 다양한 분야이다. 따라서 법명칭에 방문판매만을 표현하기보다는 이런 판매 및 거래를 통합한 용어인 '특수판매' 또는 일본 특정상거래에 관한 법률의 '특정상거래'가 사용되어야 한다(동법 제33조 제1항). 따라서 현행 법명칭인 '방문판매 등에 관한 법률'보다는 '특수판매에 관한 법률', '특수판매에서의 소비자보호에 관한 법률' 또는 '특수판매의 공정화에 관한 법률'이 적절하다.

둘째, 현행 방문판매법은 방문판매규제의 적용대상인 방문판매, 방문판매업자, 방문판매원의 정의를 규정하고 있다. 그러나 방문판매의 개념으로는 소비자와의 계약방식을 알 수 있지만, 방문판매업자와 방문판매원의 관계 및 방문판매원 간의 관계 등 방문판매조직에 대해서는 명확하게 알 수 없다.[13)] 2002년 제4차 개정법 이전에는 방문판매조직, 방문판매원의 지위, 사업자의 관리・운영의 위탁 등에 관한 규정을 둔 바가 있다.[14)] 이에

---

12) 방문판매법의 문제점과 과제에 대해 자세한 내용은 김성천(2007a, 2007b) 참조.

13) 1995년 제1차 개정 방문판매법은 방문판매조직을 방문판매업자와 방문판매원으로 구성된 판매조직이라고 정의했고(동법 제2조 제3호), 1995년 제2차 개정 방문판매법은 방문판매조직에 있어서의 방문판매원은 자신의 상위에 다른 방문판매원이 없거나 자신의 상위에 자신을 모집한 방문판매원 1인만이 있고 그 상위에는 다른 방문판매원만 있고 그 상위에는 다른 방문판매원이 없어야 한다고 규정하고, 사업자의 관리・운영의 위탁에 관한 규정을 두어 방문판매조직에 대해 언급했다(동법 제5조 및 제6조).

14) 2002년 제4차 개정 방문판매법은 소비자개념을 도입하면서(동법 제2조 제10호) 사업자가 제공하는 재화 또는 용역을 소비생활외의 목적에 사용하거나 이용하는 자 중 방문판매업자와 거래하는 경우의 방문판매원을 소비자범위에 포함시켰고(동법 시행령 제4조 제4호), 방문판매자의 금지행위에 가입비・판매보조물품・개인할당 판매액・교육비 등 그 명칭 및 형태여하를 불문하고 방문판매원이 되고자 하는 자 또는 방문판매원에게 방문판매원이 되기 위한 조건 또는 방문판매원의 자격을 유지하기 위한 조건으로서 대통령령이 정하는 수준 이상의 비용 그 밖의 금품을 징수하거나 재화 등을 구매하게 하는 등 의무를 부과하는 행위와 방문판매원에게 다른 방문판매원을 모집하도록 의무를 지게 하는 행위를 규정하여(동법 제11조 제3호 및 제4호) 방문판매업자와 방문판매원 간의 관계를

동법 제2조 제2호에서 말하는 '방문판매조직'과 '방문판매업자를 대신하여'라는 법적 의미에 대한 해석이 필요하다. 이는 방문판매와 다른 특수판매와의 구별을 명확하게 하는 기준이며, 방문판매원의 법적 지위를 부여하는 경계선이 된다.

셋째, 방문판매법은 방문판매자와 소비자 간의 정보불균형을 시정하고 소비자의 선택할 권리를 보장하기 위해 방문판매자에게 계약체결전의 정보제공 및 계약체결에 따른 계약서교부의무를 부여하고 있다(동법 제7조).[15] 그러나 이 규정들은 정보제공의무와 계약서교부의무를 이행키 위한 제재수단으로 미흡하다. 현행법은 시정조치, 시정권고, 과징금 등의 대상이지만 벌칙 및 과태료의 대상은 아니다.[16] 이에 설명을 하지 않거나 허위로 설명한 경우에 대해서도 벌칙을 부과하여 소비자의 알 권리를 보장해야 할 것이다. 더 나아가 설명을 하지 않거나 허위로 설명한 경우에도 민법상 사기에 의한 의사표시가 되어 취소가 될 수 있는데 소비자의 취소권을 부여하여 할 것이다. 그리고 계약서교부의무와 관련하여 허위로 기재한 계약서를 교부한 자에 대해서는 벌금을 부과하고(동법 제56조 제2항), 계약서를 교부하지 아니한 자에 대해서는 과태료를 부과하는데(동법 제58조 제1항 제3호),[17] 이는 제재의 정도를 동일하게 변경해야 한다.[18] 오히려 허위로 기재한 계약서를 교부한 자보다는 계약서를 교부하지 아니한 자를 더 제재해야 한다.

넷째, 방문판매법은 방문판매의 경우 청약의 철회 및 계약의 해제를 구분하여 규정하고 이를 통괄하여 '청약철회등'이라 하고 있다(동법 제7조 제1항 제6호). 이는 일본 특정상거래에 관한 법률을 차용한 것이다. 청약의 철회와 계약의 해제는 별개의 제도다. 민법

간접적으로 규율하고 있다.

15) 방문판매자가 정보제공의무와 계약서교부의무에 관한 규정을 위반한 경우 시정조치(동법 제42조 제1항), 시정권고(동법 제41조), 영업정지(동법 제42조 제4항), 과징금(동법 제44조), 벌칙(동법 제56조 제2호), 과태료(동법 제58조 제2항 제3호) 등을 부과하고 있다. 한편 동법 제7조의 규정에 위반한 약정으로 소비자에게 불리한 것은 그 효력이 없다고 규정하고 있다(동법 제45조).

16) 정보제공의무와 관련하여 제4차 개정법 이전에는 서면고지의무이었는데 현재는 설명의무이며, 설명을 하지 않거나 허위로 설명한 경우에 대해서도 제정법은 과태료, 제1차・제2차・제3차 개정법은 벌칙을 부과하였다.

17) 동법 제56조 제2항 및 제58조 제1항 제3호에서 '제7조 제1항'으로 규정되어 있는데 이는 '제7조 제2항'으로 수정해야 한다.

18) 1991년 제정법, 제1차 개정법, 제2차 개정법, 제3차 개정법은 계약서를 교부하지 아니한 자와 허위사실을 기재한 계약서를 교부한 자에게 대해 동일한 벌칙을 부과했다(제정법 제39조, 제1차 개정법 제47조 제1호, 제3차 개정법 제61조 제3호).

상 계약의 해제는 채무불이행책임을 전제로 한 계약책임으로 청약의 철회와 계약의 해제라고 구분하게 되면 소비자의 입장에서는 혼동을 초래할 뿐이다. 이에 제4차 개정법 이전과 같이 청약의 철회로 통일하거나 소비자의 철회권이란 용어를 사용하고 그 효과의 내용은 청약이나 계약의 철회라고 해야 할 것이다.[19] 그리고 방문판매자의 귀책사유에 의해 청약철회기간이 연장되는 경우로 재화등의 내용이 표시・광고의 내용과 다르거나 계약내용과 다르게 이행된 경우에는 해당 재화등을 공급받은 날로부터 3월 이내, 그 사실을 안 날 또는 알 수 있었던 날로부터 30일 이내에 청약철회등을 할 수 있다고 규정하고 있다(동법 제8조 제3항). 그러나 이 규정은 소비자에게 혼동을 줄 수 있다. 재화등의 내용이 표시・광고의 내용과 다르거나 계약내용과 다르게 이행된 경우에는 대부분 채무불이행이 될 수 있어 민법에 근거하여 계약을 해제할 수 있다. 그런데 3개월 또는 30일이 넘으면 소비자는 청약철회는 물론 계약해제도 할 수 없는 것으로 오해될 수 있다. 이 규정은 삭제되어야 한다.

다섯째, 방문판매법은 방문판매자의 금지행위를 세부적으로 규정하고(동법 제11조 제1항), 이를 위반한 경우 시정조치(동법 제42조 제2항), 시정권고(동법 제41조), 영업정지(동법 제42조 제4항), 과징금(동법 제44조), 벌칙(동법 제54조 제1항 제1호, 제55조 제2항, 제56조), 과태료(동법 제58조 제1항 제2호 및 제3호) 등을 부과하고 있다. 그러나 방문판매자의 금지행위에 대한 민사적 효과에 대해서는 두고 있지 않아 금지행위에 대한 행정제재 및 형사처벌이 있을 때까지 직접 손해배상을 청구하거나 계약을 철회・해제하는 등 민사적 권리를 행사할 수 없다. 금지행위사유 중 일부는 강행법규에 해당되어 이를 위반한 행위에 대해서는 민법상 무효를 주장할 수 있지만, 소비자와 밀접한 관계가 있는 금지행위인 제1호와 제2호의 경우에는 이에 해당하는 행위가 종료된 시점에서부터 청약철회기간이 기산되도록 하여 소비자철회권을 보장해야 한다. 또한 제7호의 경우에는 소비자의 청약이 없는데도 일방적으로 재화 등을 공급하는 경우를 부담 없는 증여로 보아 재화 등을 사용하거나 이용한 경우에도 대금을 청구할 수도 없도록 하여 금지행위 자체를 근절해야 할 것이다. 스위스채무법의 경우 주문하지 않은 물건의 송부는 청약이 아니라고 하며, 수령자는 물건을 반송하거나 보관할 의무가 없다고 규정하고 있고(동법 제6a조), 독일민법도 주문하지 않은 물품에 관한 규정을 두어 이로 인한 청구권의 발생을 부

19) 독일민법은 철회권(widerrufsrecht)이란 용어로 통일적으로 사용하고 있다(동법 제361a조).

정하고 있다(동법 제241a조). 영국의 경우에는 원격거래소비자보호규칙(The Consumer Protection (Distance Selling) Regulation 2000)에서 주문하지 않은 물품 또는 용역을 소비자에게 송부한 경우, 이를 부담 없는 증여(Unconditional gift)로 규정하고 있다(동규칙 제24조).[20]

여섯째, 방문판매와 전화권유판매는 내용상 차이가 있는데 동일한 내용으로 규제하고 있다. 전화권유판매를 분리하여 구매권유 수신거부의사 등록제도의 도입 등 방문판매와 다른 규제내용을 신설해야 한다.

일곱째, 소비자피해가 다발적으로 발생하는 분야의 계속거래 및 사업권유거래에 대해서도 소비자의 청약철회권을 도입해야 할 것이다.

(2) 전자상거래소비자보호법[21]

첫째, 법명칭은 법의 얼굴로서 법의 내용과 구조를 표명한다. 따라서 법명칭은 주된 적용대상과 법목적과 부합되어야 한다. 법의 적용대상이 통신판매라는 점에서 '통신판매 등에 관한 법률' 또는 '전자상거래 및 통신판매에 관한 법률'로 개칭해야 한다.

둘째, 전자소비자보호법은 적용대상으로 전자상거래, 통신판매, 통신판매중개를 규정하고 있는데 기본적인 출발점은 전자상거래와 통신판매의 구분에 있다. 이에 법의 적용대상인 전자상거래와 통신판매의 관계를 명확히 하고 정의규정에 사이버몰과 전자결제업에 대해서도 규정해야 한다.

셋째, 통신판매중개자 연대책임의 요건을 보면 통신판매중개자는 책임이 없다는 사실을 약정하거나 이미 고지한 경우에는 면책이 되어 통신판매중개자의 연대책임을 규정한 취지가 퇴색된다. 이에 통신판매중개자가 부담하는 연대책임범위를 구체적으로 설정해야 할 것이다. 불법행위, 채무불이행 등 통신판매를 의뢰한 자의 일정한 법적 책임에 대해 통신판매중개자는 책임이 없다는 사실을 약정하거나 이미 고지한 경우를 불문하고 무과실책임을 부담시켜야 한다.

넷째, 전자소비자보호법은 소비자피해분쟁조정기구의 권고안 또는 조정안에 대하여 당

20) 주문하지 않은 물품의 송부에 대한 자세한 내용은 김성천(2001a: 85ff) 참조.

21) 전자상거래소비자보호법의 문제점과 과제에 대해 자세한 것은 김성천(2002a) 참조.

사자가 수락하고 이행한 경우에는 시정조치를 하지 아니한다고 규정하고 있는데(동법 제33조 제3항), 분쟁조정의 성립과 행정적 시정조치는 별개의 문제다. 분쟁의 양 당사자가 권고안 또는 조정안을 수락하고 이행하는 것은 피해보상에 대한 민사상의 합의에 불과한 것이고 법위반행위 자체에 대한 시정조치를 하는 것은 행정규제의 핵심인데 민사적 합의로 시정조치를 면해 주는 것은 문제가 있다.

(3) 할부거래법[22)]

첫째, 할부거래법상의 할부계약의 구성요건은 제한적이다. 소비자가 거래대금을 할부식으로 전부를 지급한 후에 물품을 인도받거나 용역을 제공받는 선급식 할부계약은 제외된다. 그러나 결혼식이나 장례식에 관한 서비스 일체를 장래에 받기 위해 할부금을 적립하는 경우가 있다. 할부거래법에 선급식 할부계약을 둘러싼 소비자보호규정의 적용근거를 두어야 한다.

둘째, 할부거래법은 목적조항에서 소비자 등의 이익을 보호한다고 선언하였으나(동법 제1조), 구체적인 규정에서는 매도인과 매수인 등 민법상 매매의 당사자개념을 사용하고 있어, 소비자기본법, 방문판매법, 약관의 규제에 관한 법률 등에 있어서의 사업자 또는 판매업자와 소비자라는 개념과 차이를 보이고 있다. 할부거래법상의 매도인은 직접할부계약과 간접할부계약에 관계없이 '할부판매업자', 그리고 매수인은 '소비자'로 개정해야 할 것이다.

셋째, 소비자의 청약철회권과 관련하여 철회기간의 기산점, 철회권의 제외범위 등의 내용이 개선되어야 한다. 할부거래법상 철회기간의 기산점도 다양하게 규정하여야 한다. 즉 계약서를 교부한 날, 주소 등이 기재되지 아니한 계약서를 교부받은 경우 또는 매도인의 주소변경 등의 사유로 청약의 철회를 할 수 없는 경우에는 그 주소를 안 날로 또는 알 수 있었던 날로 규정한다. 그리고 계약서가 교부되지 아니한 경우에는 철회기간에 대해서 별도로 규정하여야 할 것이다. 철회권의 제외범위인 냉장고, 세탁기, 전기냉방기는 철회권을 행사할 수 있는 품목으로 하고, 신용카드 할부거래 시에도 철회권을 행사할 없는 하한선을 할부가격이 10만 원 이하로 낮추어야 한다.

22) 할부거래법의 문제점과 과제에 대해 자세한 것은 김성천(2001e) 참조.

넷째, 할부거래법에서 규정하고 있는 항변사유인 무효, 취소, 해제 등과 민법상 유사한 효력이 있는 계약의 불성립, 해지, 청약철회 등이 규정되어야 한다. 소비자의 할부판매업자에 대한 항변권 규정은 열거주의를 채택하지 말고, 포괄적으로 매도인 즉 할부판매업자에 대한 모든 항변사유에 적용하여야 한다. 매수인의 항변권 제한에서 신용카드를 사용하여 할부거래를 하는 경우에도 그 하한선을 10만 원으로 개정해야 한다. 계약 자체가 존재하지 않는 계약의 불성립, 무효 등의 경우에는 나머지 할부금에 대한 거절뿐만 아니라 지급한 할부금에 대해서도 환급을 청구할 수 있도록 해야 한다.

제5절 소비자거래법제의 전망

1. 민사규제로의 전환

소비자거래법제는 행정규제, 민사규제, 형사규제가 혼재되어 있는 혼합법령이다. 그런데 현행 소비자거래법제는 공적 규제의 중심으로 중앙정부(공정거래위원회 등)나 지방정부(시·도지사, 시·군·구청)에 의한 행정제재나 형사처벌에 의존하고 있다. 실제 소비자거래의 적정화를 위해서는 민사규제가 가장 실효성이 높다. 미국, 일본, EU 등의 소비자거래법제는 민사규제중심으로 소비자가 스스로 권리를 실현할 수 있도록 하고 있다. 앞으로 우리나라 소비자거래법제도 판매업자의 위법행위에 대해 소비자가 민사적 권리를 실현할 수 있는 제도가 도입되어야 한다.

첫째, 소비자의 금지청구권제도를 도입하여야 한다. 소비자거래로 인한 소비자피해에 대한 규제방식은 사전적 행정규제와 사후적 민사규제가 있는데, 사전적 행정규제는 관할문제, 중복규제 등으로 소비자피해의 사전예방을 충분히 할 수 없고, 사후적 피해구제 역시 증가하는 소비자피해를 해소하는 데 한계가 있다. 판매자의 부당거래행위에 대해서는 민법, 형법, 독점규제 및 공정거래에 관한 법률, 소비자기본법 등 관련 규정에 의해 규제되지만 근절하는 데 한계가 있다. 또한 판매자는 교묘히 위 규정의 적용을 피하여 부당거래행위를 지속적으로 행하고 있다. 현행 소비자거래법제는 소비자피해를 사전에 예방하는 사전적 민사규제가 미흡하다. 이미 EU, 일본 등에서는 사전적 소비자피해예방을 위한 제도로 소비자의 금지청구권 또는 금지소송제도를 도입·운용하고 있다. EU의 경우 1998년 소비자이익의 보호를 위한 금지청구권에 관한 입법지침(injunction for the protection of consumers' interest)을 제정하였고, 일본의 경우 2000년 '사적독점의 금지 및 공정거래의 확보에 관한 법률'에 피해자의 금지청구권 제도를 신설하여 독점금지법 위반행위로 인하여 피해를 입거나 입을 우려가 있는 자는 법원에 대하여 위반사업자 또는 사업자단체의 침해행위의 정지 또는 예방을 청구할 수 있도록 하고 있다(동법 제24조). 이에 소비자거래법제에도 특수판매의 소비자피해에 대한 사전예방을 위해 사전적 민사규제로서 소비자의 금지청구권제도를 도입해야 한다. 부정경쟁방지 및 영업비밀보호에 관한 법률 제4조를 참조하여 소비자거래법제의 위반행위로 인하여 피해를 입거나 입을 우려가 있는 소비자는 법원에 대하여 위반사업자 또는 사업자단체의 침해행위의 정지 또는 예방을 청구할 수 있도록 한다.

둘째, 소비자의 손해배상청구권을 강화하여야 한다. 소비자거래의 소비자피해에 대해 소비자의 손해배상청구는 소비자피해구제의 최후수단이다. 판매자의 계약위반 또는 불법행위, 물품 또는 용역의 하자나 결함, 부당한 권유행위 등으로 인한 소비자피해의 구제수단이다. 실제 소비자의 손해배상청구권은 민법상 위법행위인 채무불이행과 불법행위는 물론 기타 계약체결상의 과실책임, 하자담보책임, 품질보증계약 등에 의해 발생하고, 민법 제393조는 손해배상의 범위를 정하는 기준으로서 통상손해와 특별손해를 규정하고 있다. 그러나 소비자피해구제 시 소비자가 판매자의 위법행위로 인해 받는 손해에 대한 배상의 범위는 제한적이고 상징적인 금액에 불과하다. 따라서 일부 판매자들은 이런 점을 악용하여 소비자에게 상습적으로 채무불이행이나 불법행위를 행하고 있다. 이에 2004년 12월 31일 개정이전의 공정거래법 제56조[23]와 같이 판매자의 무과실 손해배상책임을

23) 2004년 13월 31일 개정이전의 독점규제 및 공정거래에 관한 법률 제56조(손해배상책임)
① 사업자 또는 사업자단체는 이 법의 규정을 위반함으로써 피해를 입은 자가 있는 경우에는 당해 피해자에 대하여 손해배상의 책임을 진다.
② 제1항의 규정에 의하여 손해배상의 책임을 지는 사업자 또는 사업자단체는 그 피해자에 대하여 고의 또는 과실이 없음을 들어 그 책임을 면할 수 없다.
2004년 13월 31일 개정이후의 독점규제 및 공정거래에 관한 법률 제56조(손해배상책임)

별도로 규정하거나 소비자손해를 자신의 수익으로 취득하려는 악질판매자에 대해 영미법상 징벌적 배상제도를 제한적으로 도입해야 한다.[24)]

셋째, 단체소송제도를 도입해야 한다. 소비자가 일단 위법행위로 판명이 되거나 가능성이 있는 무효가 되거나 가능성이 있는 소비자거래를 금지하거나 집단적으로 손해배상을 청구할 수 있어야 근본적인 예방책이 될 수 있다. 2008년 1월 1일부터 시행이 되는 소비자기본법상 단체소송제도를 소비자거래법제에도 준용하여 판매자의 부당행위에 대해 소비자단체 등 적격단체가 금지청구소송을 제기할 수 있도록 해야 한다.

2. 새로운 소비자거래법제의 제정

소비자거래의 세계화에 따라 각국에서 제정하고 있는 소비자거래법제의 도입이 필요하다. 대표적으로 소비자신용법과 소비자품질보증법의 제정이 시급하다.

첫째, 할부거래법도 문제점이 있지만, 할부계약에 관한 사업법으로서 여신전문금융업법 및 할부계약 약관도 소비자보호 차원에서 보면 미흡하고 문제가 되는 규정이 많다. 할부계약의 적정화를 위해서는 할부거래법의 개정 이외에도 할부계약약관의 개정은 물론 여신전문금융업법의 개정이 동시에 수행되어야 한다. 그러나 보다 근본적으로는 할부계

① 사업자 또는 사업자단체는 이 법의 규정을 위반함으로써 피해를 입은 자가 있는 경우에는 당해 피해자에 대하여 손해배상의 책임을 진다. 다만, 사업자 또는 사업자단체가 고의 또는 과실이 없음을 입증한 경우에는 그러하지 아니하다.

②삭제

24) 사업자의 고의 또는 중과실로 인한 소비자의 피해에 대한 배상제도로 영미법에는 징벌적 손해배상제도가 있다. 징벌적 손해배상(Punitive Damage)란 가해자에게 '고의 또는 그것에 가까운 악의'가 있을 경우, 그러한 행위를 장차 두 번 다시 하지 않게 하기 위하여 손해액과는 관계없이 고액의 배상금을 가해자에게 부과하는 제도다. 미국은 판례법으로 고의불법행위, 보험업자의 불성실행위, 불공정거래행위, 직업적 배임행위, 고의 또는 중과실에 의한 제조물책임 등에 대해 고액의 징벌적 손해배상을 부과하고 있다. 그리고 미국은 반트러스트법의 경우 3배배상규정, 인권법, 공정주택법, 노동차별금지법 등 제정법의 경우에 징벌적 손해배상규정을 두고 있다. 한편 미국의 통일주법위원회는 징벌적 손해배상에 관한 모델법(Model Punitive Damages Act)을 제정하였다. 이 모델법은 징벌적 손해배상에 관한 재판절차, 입증방법, 심리과정 등의 개선을 도모하고 있다. 이에 대해서는 김성천(2003b) 참조.

약을 포함한 소비자신용 전반을 규율하는 소비자신용법을 제정하여야 한다. 시장의 세계화와 규제완화에 따른 소비자신용산업의 변화에 대처하기 위해서는 소비자신용을 포괄적으로 규제하는 본래적 소비자법의 성격을 갖는 소비자신용법이 제정되어야 한다. 현행 할부거래법과 여신전문금융업법을 통합하여 소비자신용법으로 개편하여야 할 것이다.[25)]

둘째, 품질보증은 품질을 매개로 한 제조자, 판매업자, 소비자 등 다수당사자가 연계되어 있는 복합적 관계로서 소비자문제가 발생하는 주된 영역이다. 소비자분쟁해결기준 등 현행 품질보증법제에 의해 품질보증의 문제가 부분적으로 예방되고 구제되고 있지만, 점증하고 있는 품질보증과 관련한 소비자분쟁을 해결하기에는 문제점이 있다. 소비자기본법의 경우 국가의 품질보증기간에 대한 표시기준 제정의무만을 규정하고 있을 뿐(동법 제10조 제1항 제4호), 품질보증에 관한 소비자보호시책의 구체적인 근거규정이 없어 품질보증에 있어서 소비자의 권리의 실현이 어렵다. 소비자기본법 시행령은 일반적 소비자분쟁해결기준에서 품질보증의 내용, 품질보증서, 품질보증기간 등에 관한 규정을 두고 있지만, 이 규정은 사업자에게 강제할 수 있는 법적 근거가 되지 못한다.[26)] 이런 품질보증법제의 문제점은 품질보증에 관한 해석론을 통해 부분적으로 해소될 수 있지만, 현재로는 근본적인 해결책이 되지 못하기 때문에 품질보증법제가 명실상부한 품질보증의 적정

25) 비교법적으로 할부신용만을 초점으로 하는 입법례는 우리나라의 할부거래법과 일본의 할부판매법이고, 대부분의 선진국은 소비자신용법을 시행하고 있다. 예를 들면 EU의 Consumer Credit Directive, 영국 Consumer Credit Act, 뉴질랜드 Credit Contracts and Consumer Finance Act, 오스트레일리아 Consumer Credit Code 등이고, 일본의 경우에는 2000년 일본 변호사연합회가 통일적·종합적인 소비자신용법의 입법조치를 요구하는 결의문을 발표한 바 있다. 우리나라에서도 소비자신용법의 제정에 대한 논의는 한국소비자보호원과 민간소비자단체나 학계로부터 제기되었고, 이미 (구)신용카드업법 제정 당시 1986년 재무부가 소비자신용에 관한 법률제정안을 마련했고, 2004년 참여연대가 「신용소비자보호법제정에 관한 청원서」를 국회에 제출한 바 있다. 이에 대해서는 김성천(2000, 2001b) 참조.

26) 소비자분쟁해결기준은 행정기관이 결정한 사항 등을 일반국민에게 널리 알리기 위하여 공고하는 고시(告示)로서 원칙적으로는 사업자에 대한 법적 강제력은 없다. 따라서 다른 법령에 근거한 별도의 보상기준이 있는 경우에는 당해 보상기준을 소비자분쟁해결기준보다 우선하여 적용한다. 다시 말해 소비자기본법 시행령이나 소비자분쟁해결기준은 강제력을 갖고 있지 못하기 때문에 품질보증책임에 관한 법적 근거는 없는 상태이고, 사업자가 품질보증서를 교부하는 경우 품질보증서의 형식과 내용이 법정화 되어 있지 않기 때문에 사업자의 약정품질보증책임을 묻기 어려운 경우가 많다. 또한 사업자가 품질보증서를 교부하는 경우 민법이 적용되는데 품질보증서의 내용이 법정화되어 있지 않아 사업자에 따라 형식과 내용이 다르면 품질보증책임의 구체적인 내용을 규율하는 규정이 없어 사업자에게 구체적인 책임을 묻기 어렵다.

화를 위한 소비자보호규정으로 거듭나기 위해서는 소비자기본법의 개선 등 입법론적 해결이 필요하다. 미국의 소비재보장법, EU의 소비재보증지침, 뉴질랜드의 소비자보장법, 캐나다의 소비재보장 및 제조물책임법 등과 같이 소비자와 사업자를 품질보증관계의 주체로 하고 소비자의 권리를 적극적으로 보장하고, 실효성 있는 품질보증의 적정화를 촉진하는 본래적 소비자법인 소비자품질보증법의 입법이 필요하다.[27]

제6절 맺는 말

소비자거래의 소비자보호규제는 법의 세계화현상으로 통일화 또는 표준화가 요구되는 분야다. 소비자거래법제도 국제적 규범에 뒤지는 일은 없어야 할 것이다. 지속적으로 소비자거래법제의 평가와 국제적 규범의 동향을 분석하여 소비자거래에서의 소비자권리증진에 만전을 기할 수 있도록 소비자거래법제에 관한 입법정책이 수립되어야 한다. 일본 등 외국법제의 부분적 차용 등에 의한 접근이 아니라 전면적인 수정을 전제로 한 종합적이고 체계적인 입법정책방향이 설정되어야 한다. 특히 소비자기본법에 따른 소비자법의 패러다임전환을 반영하기 위해서도 소비자거래법제도 종합적으로 검토되어야 한다.

첫째, 소비자거래법제의 내용에 관한 것으로 규제시스템을 행정규제에서 민사규제로 전환하여야 한다. 소비자기본법의 개정에 따라 소비자 스스로 자신의 8대 기본 권리를 실현하기 위한 민사규제시스템으로 정립되어야 한다. 알 권리, 선택할 권리, 신속·공정하게 피해구제를 받을 권리 등의 실현이 중요하다. 소비자거래법제의 핵심은 소비자의 자기결정권을 확보하는 데 있고, 가장 중요한 소비자권리실현수단인 소비자철회권의 확대가 필수적이다. 이외에도 국제적 규범의 수준에 맞게 소비자거래에서도 소비자취소권과 항변권이 보장되어야 한다. 둘째, 소비자거래법제의 형식에 관한 것으로 방문판매법에서 특수판매를 종합적으로 규제하는 것보다는 판매형식에 따라 분리하여 다단계판매와 방문판매에 대해서 별도의 법률로 규제해야 할 것이다.

27) 품질보증법제에 대해서는 김성천(2001c, 2001d, 2002b) 참조.

물론 현행 소비자거래법제의 시스템은 당분간 변화하기 어렵기 때문에 소비자거래법제의 정비는 지속적으로 논의되어야 할 것이다. 소비자거래를 어떻게 규제할 것인가의 문제는 법리적인 문제 이전에 정부의 정책적 결단과 국회의 입법적 조치로 해결될 수 있다고 생각한다. 그렇다고 소비자거래법제의 개정만을 기대할 수 없기 때문에 현행 소비자거래법제 시스템을 잘 활용해 불법적인 소비자거래를 근절시켜야 한다. 이를 위해서는 특수판매법은 물론 독점규제 및 공정거래에 관한 법률, 소비자기본법 등을 근거로 공정거래위원회, 검・경찰, 한국소비자원, 소비자단체, 법원 등이 소비자거래의 소비자문제를 해결하고자 하는 의지를 갖고 협력하는 것이 절실하다.

또한 소비자거래의 소비자문제는 소비자거래법제의 미흡은 물론 판매자의 부당한 거래행태에서도 기인한다. 이에 앞으로 소비자거래의 법제적 논의를 넘어 합리적이고 책임있는 소비자거래문화의 정착이라는 소비자문화적 논의가 필요하다. 특히 소비자거래문제는 판매자의 사회적 책임이라는 관점에서 해소되어야 한다. 소비자에게 최대의 만족을 주는 것은 판매자의 본래적 기능이며 기본적인 사회적 책임이다. 특히 피해를 입은 자에 대한 판매자의 적극적 대응은 판매자의 존재책임으로 사회적으로 요구되는 것일 뿐만 아니라 법률로 정해진 법정의무이기도 하다. 이제 우리나라 판매업계도 소비자거래문제가 유통에 어떠한 영향을 미치는가 하는 점과 이에 대응하는 판매자의 자세와 생각을 새롭게 해야 할 때다.

참 ▪ 고 ▪ 문 ▪ 헌

공정거래위원회(2007), 『2007년판 공정거래백서』.

김성천(1992), 「우리나라 소비자보호입법에 관한 연구」, 『소비생활연구』, 제9호.

_____(1994), 「소비자보호법제의 개선방안」, 『법제연구』, 제7호.

_____(2000), 「신용카드관련 법제개선방안」, 『법제』, 2000년 5월호.

_____(2001a), 「민사법상의 청약의 구속력과 철회에 관한 연구」, 법학박사학위논문.

_____(2001b), 「소비자신용에 관한 비교법적 고찰」, 『여신금융』, 창간호.

_____(2001c),『소비자피해보상규정의 개선방안연구』, 한국소비자보호원.

_____(2001d),「품질보증의 비교법적 고찰」,『외법논집』, 제11집.

_____(2001e),「할부거래법의 문제점과 개정방향」,『소비자문제연구』, 제24호.

_____(2002a),「전자소비자보호법의 문제점 및 개선방향」,『e-commerce』, 통권 제43호.

_____(2002b),「품질보증의 법제개선방안」,『법제』, 2002년 9월호.

_____(2003a),『전자상거래 등에서의 소비자보호에 관한 법률 해설』, 한국소비자보호원 전자상거래지원센터.

_____(2003b),『징벌적 손해배상제도와 소비자 피해구제』, 한국소비자보호원.

_____(2005),「소비자정책의 최근 동향: 2004년과 2005년을 중심으로」,『소비자정책·교육연구』, 제1권 제1호.

_____(2007a),「방문판매법상 방문판매규제의 과제와 전망」,『방문판매 제도의 규제와 전망』, 한국기업법무협회·한국비교법학회공동세미나 발표자료집.

_____(2007b),「방문판매법상의 다단계판매규제에 관한 고찰」,『경제법연구』, 제6권 제1호.

소비자문제를 연구하는 시민의 모임 편(1986),『약관규제의 입법』.

이경현·김영원(1988),『할부판매법의 제정방향』, 한국소비자보호원.

이홍무(1988),『방문판매에 관한 연구』, 한국소비자보호원.

한국소비자보호원 정책연구부(1989),『방문판매법 제정시안』, 소비자보호정책토론회 자료.

제5장

약관의 규제와 소비자보호

▌신 영 수▐

경북대학교 법과대학 교수

제1절 들어가는 말: 약관의 제도적 효용과 운용상 폐해

1. 약관, 무엇이 왜 문제되는가?

약관은 사업자가 다수의 고객과 동일한 내용의 계약을 체결할 목적으로 미리 작성해 놓은 계약의 초안이다. 현대인의 경제생활에 있어서 약관이 수행하는 역할과 비중은 우리가 실감하는 것 이상으로 크다. 오늘날 기업이 주체가 되는 대량거래에 있어서 약관을 통하지 않고 이루어지는 경우를 찾기는 쉽지 않으며, 이미 거의 모든 대량거래관계에서 약관이 개별 계약을 대체한 채 영역을 확장해 나가고 있다.

약관이 이처럼 보편화와 성장의 일로를 달리게 된 것은, 물론 약관이 제공하는 편의와 비용절감의 효과, 그리고 법률관계의 명확화라는 순기능 때문이다. 이 순기능은 기업뿐만 아니라 소비자들 사이에서도 대단히 선호되고 있다. 약관의 쓸모를 경험한 거래당사자들은 이제 특약이나 개별계약을 통한 거래를 번거로운 것으로 느끼게 되었으며, 특히 소비자들은 약관에 대한 의존도가 높아질수록 구체적 거래조건이나 분쟁의 해결방법에 대해서는 오히려 무심해지는 성향을 보이기도 한다.

이런 가운데 약관을 둘러싼 법적 관심은 오랫동안 약관의 본질을 무엇으로 볼 것인지에 맞추어져 있었다. 이를테면 당사자가 약관에 구속되는 이유가 약관이 계약이기 때문인지 아니면 규범이기 때문인지에 관한 논의였다. 하지만 약관규제법 제3조가 명시·교부 및 설명의무를 규정하면서 약관은 규범이 아닌 계약의 성질을 가지는 것으로 약관본질에 관한 논쟁은 일단락되었으며,[1] 이에 따라 현재는 약관에 관한 논의의 초점은 본질론이 아닌 약관의 폐해로부터 고객을 어떻게 보호할 것인지의 문제로 옮겨지게 되었다. 약관은 그 편의성만큼이나 부작용도 많이 가지고 있는 거래수단이기 때문이다. 약관의 비중이 확대될수록 그 부작용은 다양하고도 심화되고 있다. 문제는 그 피해가 주로 상대고객 특히 소비자에게 귀결된다는 점이며, 이 때문에 약관문제가 소비자정책의 주요대상으로 다루어지고 있다. 거래현실에서 약관이 차지하는 비중이 급증한 오늘의 현실에서 약관에 대한 규제를 배제하고 소비자보호법/정책을 논하는 것은 무의미해졌다.

본 편에서는 약관규제법이 현대 소비자보호법/정책에서 차지하는 지위는 어떠한지, 그리고 법은 당초의 기대목적을 충실히 이행하고 있는지, 소비자보호를 위해 약관규제법에서 보완되어야 하는 부분은 무엇인지를 살펴보고자 한다. 이를 위해서는 먼저 약관이 소비자문제를 야기하는 근본 이유와 그에 대한 법의 대응방식, 그리고 현행 약관규제법이 소비자보호를 위해 기능해야 하는 법리적 정당성을 검토해 볼 필요가 있다.

2. 약관관련 소비자문제의 발원점: 약관의 일방성, 일반성 그리고 사전성

약관은 왜 소비자문제를 야기하는가? 약관을 두고 고객 내지 소비자보호의 문제를 제기하게 되는 이유는 무엇보다 약관이 당사자 간의 흥정을 거치지 않고 작성된 소위 계약의 초안이라는 점 때문이다. 작성자에게 일방적으로 내용을 구성할 권한이 부여된 경우에, 작성자의 개성이나 선의 여하는 불문한다면, 작성자는 가급적 자신에게 유리하고 장래의 거래상대방인 고객이나 소비자에게는 불리한 내용을 약관에 담으려 할 것으로 예상할 수 있다. 약관 관련 소비자문제는 바로 이로부터 유발되는데, 이는 곧 약관의 일방성(一方性)과 일반성(一般性), 그리고 사전성(事前性)의 특성 때문이다. 약관 고유의 이 3대 특성은 현행법상 약관개념으로부터도 추출해 볼 수가 있다. 우리 「약관의 규제에 관한

1) 약관규제법이 제정되기 이전에 대법원도 이미 같은 입장을 취한 바가 있다(대법원 1985.11.26. 선고 84다카2543 판결).

법률」 제2조에 따르면 약관은 "명칭이나 형태 또는 범위를 불문하고 계약의 일방당사자가 다수의 상대방과 계약을 체결하기 위하여 일정한 형식에 의하여 미리 마련한 계약의 내용이 되는 것"으로 정의된다. 여기서 계약의 일방당사자가 작성한 것이라는 점에서 약관이 일방성을 띠게 되며, 다수의 상대방과 계약을 체결하기 위한 것이라는 점에서 또 보편성 내지 일반성을 내포하고, 또 미리 마련된 것이라는 점에서 사전성을 본질로 갖는다고 하는 것이다.

약관은 상대방과 협의하여 정한 것이 아니라는 점은 작성자가 자기에게 유리한 내용을 포함시킬 수 있다는 문제를 유발한다. 또한 특정의 일회적 계약만을 위하여 만들어진 것이 아니라 장래 다수의 반복되는 계약에 통일적으로 사용하기 위한 것이어서 특정 약관으로 발생되는 피해는 다수의 소비자들에게 귀결된다. 아울러 계약체결 전에 미리 작성하였기 때문에 당사자 일방의 의사가 개입되지 못했던 점도 상대방인 소비자에 대해 문제를 야기하게 된다. 특정 약관이 약관성을 갖추지 않았다면 약관으로 인정받지 못하게 되고 따라서 약관규제법에 의한 규율의 대상이 되지 못하므로, 약관이 가지는 3대 특성이야말로 약관규제의 일차적 검토대상이자 관문이라 할 수 있다.

제2절 약관문제에 대한 규범적 대처방식 및 특징

1. 주요국의 약관규제 방식 개관

약관이 가지는 일방성, 일반성, 사전성으로 인한 폐해와 그에 대한 우려는 보편적인 것이라 할 수 있다. 이 때문에 약관이 통용되는 모든 나라에서 예외 없이 약관에 대한 규제가 행하여져 왔다. 다만 어느 법에서 어떤 방식으로 규제하는지가 다를 뿐이다. 실제로 약관이 유발하는 문제를 규범적으로 대처하는 방식은 매우 다양한데 우리의 경우처럼 약관규제만을 별도의 입법으로 규율하는 방식은 현재에 와서는 보편적인 것이라 할 수 없다.

우리 약관규제법이 모델로 삼은 법을 들자면 1977년 4월 1일 제정된 독일의 구 보통거래약관규제법(Das Gesetz zur Regelung des Rechts der Allgemeinen Geschaeftsbedingungen)을 꼽을 수 있는데, 동법은 우리와는 달리 약관의 구체적 추상적 내용통제를 법원이 담당토록 했다는 점에서 근본적인 차이가 있는 것이기도 했다. 하지만 이나마도 2002년에 발효된 채권현대화법(Schuldrechtsmodernisierungsgesetz) 제6조에 따라 보통거래약관법이 폐지되고 약관규제는 독일 민법(BGB)에 흡수되어 형식적인 큰 변화가 있었다.

일본의 경우는 약관을 포함한 소비자계약관련 법을 통합하여 지난 2001년 4월 1일 소비자계약법을 제정·시행하는 방식을 취하고 있다. 따라서 현재 약관의 불공정성 등에 관한 통제는 동법에 의해 이루어진다. 동법은 소비자계약 체결과정에 대한 절차적 규제와 계약조항에 대한 실체적 규제를 함께 규정하고 있는데, 소비자계약의 체결과정에 있어서 사업자가 중요사항의 허위고지 또는 불고지로 인하여 소비자를 오인시키거나, 사업자의 퇴거불응 또는 소비자에 대한 퇴거방해로 인하여 소비자를 곤혹스럽게 한 경우에 소비자는 소비자계약의 청약 또는 승낙의 의사표시를 취소할 수 있고(제4조), 사업자의 면책조항(8조), 과다한 손해배상액의 예정조항 또는 위약금 약정조항(9조), 소비자의 권리를 제한하거나 의무를 가중하여 소비자의 이익을 일방적으로 해하는 조항(10조) 등은 무효로 하고 있다.

한편 영국의 경우는 작성자불리의 원칙, 기본적 계약위반의 원칙, 면책조항의 제3자 원용금지, 제한적 해석원칙 등 약관규제의 주된 사항들이 보통법(Common Law)에 의해 규제되어 오고 있다. 다만 1977년에는 불공정계약조항법(Unfair Contract Terms Act)이 제정되기도 했으나 동법에서는 약관의 면책조항에 관한 사항만을 규율하고 있어서, 적용범위가 협소하여 약관규제의 기본법으로 보기는 어렵다. 약관규제를 소비자보호법에서 규율하는 입법례도 찾아볼 수 있는데 프랑스나 오스트리아의 경우가 그러하다.

이들 유럽연합 회원국들은 지난 1993년 4월 5일부터 EC 각료이사회를 통해 제정된 '소비자계약에 있어서 불공정조항에 관한 EC지침(EC Directive on Unfair Terms in Consumer Contract)'의 영향 하에 놓여 있어서 각 회원국들은 지침에 따른 적절한 조치를 취할 것을 권고받고 있다.

미국은 약관규제에 관한 별도의 실정법을 두고 있지 않으며, 일반 계약법 및 상거래법리에 의하여 약관을 규율하고 있다. 다만 UCC에서 비양심적 조항에 관해 규제를 함으로써 간접적으로 약관규제의 근거를 제공하고 있기는 하다.

2. 우리나라 약관규제법의 도입 연혁과 특징

우리나라에서 약관규제가 법제화된 것은 비교적 최근의 일이다. 1986년 12월 31일에 제정되어 1987년 7월 1일부터 시행된 「약관의 규제에 관한 법률」(이하, 약관규제법)[2]이 그것이다. 이 제정 약관규제법에서는 약관심의위원회를 설치하여 약관을 심의토록 하고 불공정한 약관으로 판단되는 경우에는 이를 경제기획원장관의 시정권고 형식으로 삭제 또는 수정토록 하였다.

이후 1993년 3월 1일에 약관규제법을 개정되어 시정권고제를 시정명령제로 전환하는 한편 심의 및 시정명령 기관을 공정거래위원회로 변경하는 개편이 이루어졌다. 이에 따라 약관심사위원회는 공정거래위원회 내의 약관심사자문위원회로 변경되었다. 단 우월적 지위의 사업자에 대해서만 불공정약관의 사용금지의무를 부과하였다. 이후 불공정한 약관규제의 실효성 확보목적으로 2001년 3월 28일 다시 법률을 개정되어 모든 사업자에 대해 불공정한 약관의 사용의 금지되었고 우월적 지위의 사업자나 시정권고를 불이행하는 사업자에 대해 시정명령을 할 수 있도록 하였다. 또한 2004년 1월 20일에는 불공정약관으로 인한 소비자의 피해와 분쟁을 예방할 수 있도록 표준약관제도를 개선・보완하였으며, 약관의 편입통제 등을 개선하기 위한 법개정이 다시 추진 중에 있다.

전술한 바와 같이 약관규제법 제2조는 계약의 일방당사자가 다수의 상대방과 계약을 체결하기 위하여 일정한 형식에 의하여 미리 마련한 모든 형태의 계약 내용을 약관으로 보고 있다. 여느 법의 정의규정과 마찬가지로, 법 제2조의 약관개념은 개별사안에서 문제된 계약의 초안이 약관규제법의 규제대상이 되는 약관성을 가지는지를 가리는 기준이 된다. 또한, 우리나라의 경우 약관의 본질을 무엇으로 볼 것인지에 관한 규범적 해석의 기초를 제공하기도 하였다. 이 같은 약관개념은 법의 모델이 된 독일법과 차이가 있는 것인데, 현행 독일 민법(Buegerliches Gesetzbuch: BGB) 제305조 1항에 의하면 "일방당사자

2) 법률 제3922호.

(약관이용자)가 다수의 계약을 위하여 미리 작성한 것으로서 계약체결시에 상대방 당사자에게 제시하는 모든 계약조항"을 약관으로 정의하면서, 당사자의 구체적 청약을 또 하나의 요건으로 제시하고 있다. 이에 비해 우리 법에서는 거래상대방에 대한 청약까지는 요구하지 않고, 사업자가 다수 거래상대방을 상정하여 미리 일방적으로 작성한 것이라는 요건만 충족되면 곧바로 약관성이 인정된다고 함으로써 약관의 인적, 물적 범위를 확장시켜 놓고 있다. 독일법에 비해 규제범위가 넓다고 할 수 있다. 이 같은 입법적 접근은 최근 들어 약관규제의 대상을 가급적 포괄적으로 운용할 필요가 있다는 주요국(독일, 일본 등)의 인식변화에 비추어 보더라도 타당한 것으로 평가할 수 있겠다. 다만 제2조가 거래상대방에 대한 청약원칙을 배제하고 있는 점 때문에 약관의 성질을 일종의 상관습적 성격을 가진 규범으로 볼 수 있다는 주장의 논거로 활용될 여지는 남게 되었다.

3. 약관규제법의 내용과 사법의 수정원칙

(1) 약관과 사적 자치

약관의 본질을 무엇으로 보든(굳이 계약론에 기초하여 설명하지 않더라도), 약관이 계약을 원만히 체결하려는 노력의 과정에서 탄생한 것이라는 점에 대해서는 의문이 없다. 약관은 계약체결을 전제로 할 때만 비로소 의미를 가지게 되며 계약을 떼어 놓고 약관의 존재의미나 특수성을 논할 수 없다.

주지하다시피 계약에 관한 사법상 대원칙의 하나가 '계약은 지켜져야 한다(Pacta Sund Servanda).'라는 것이다. 이 원칙은 윤리적 자율능력을 가진 인간이 스스로 내린 자율적 의사결정에 대하여 스스로 구속받게 된다는 것을 내용으로 한다. 계약이 이기적이고 합리적인 판단능력을 가진 당사자들의 의지에 따라 체결된 것이라면 그 결과의 유·불리에 관계없이 당사자들에 의해 준수되어야 한다는 것이다. 그런데 이 명제는 계약이 즉 당사자들끼리 모여서 자유로이 흥정할 수 있었다는 점을 전제로 한다. 여기서 당사자들이 자유로이 흥정할 수 있다는 것은 곧 양자 간 지위의 대등성이 유지되었음을 의미하는 것으로서, 만일 일방이 제시한 조건을 타방이 거부할 수 있었다면 상호간에 대등성은 유지된 것으로 보게 된다.

이 같은 환경이 조성된 상태에서 행해진 법률행위에 대해 일반 私法[계약법]이 관심을 가지는 사항은 계약의 구체적 내용[實質]이 아니라 계약이 성립되는 과정[形式]이라고 할 수 있다. 계약이 적절하게 이루어졌는지, 이를테면 계약 당사자에게는 법률행위를 유효하게 완성할 의사능력이나 행위능력이 있는지,[3] 당사자에게 행위능력이 있더라도 사기나 강박에 의해 마지못해 체결한 것이 아닌지 등이 계약법의 주된 관심사이다. 만일 절차상 아무런 하자가 없다면 당사자들이 자유롭게 의사결정 즉 흥정을 거쳐 결정된 것이므로 그 내용이 누구에게 유리하고 누구한테 불리한지는 문제 삼지 않으며, 다소 불공정한 계약이 체결되더라도 개입하지 않겠다는 것이 계약법리다.

요컨대 계약과 같이 당사자 간의 대등성을 기초로 한 흥정의 산물에 대하여는 사적 자치의 원리가 지배하며 계약의 공정성보다는 계약자유의 이념이 상위에 서게 된다(자유 〉 공정). 단, 이때도 합의결과가 선량한 풍속 기타 사회질서(민법 103조), 혹은 강행법규에 반하는 것이 아니어야 함은 물론이고, 이 부분에 국한하는 한 일반 사법(私法)에 의한 내용적 통제가 불가능한 것은 아니라 할 수도 있겠다.

하지만 당사자 간의 대등성이 깨어진, 다시 말해 흥정의 과정이 존재하지 않은 경우라면 상황은 달라지는데, 이때 법은 계약의 내용이 어떠한지에 대해서도 관심을 갖게 되어서 내용이 공정한 계약만을 비로소 유효한 것으로 인정하게 된다. 자유가 공정에 우선적 지위를 내어주어야 하는 것이다(자유 〈 공정). 결국, 당사자 사이에 대등성이 갖추어졌는지 여부가 관건이라 할 수 있는데, 당사자 간의 대등성이 깨어진 상태에서 성립된 대표적인 예가 곧 약관이다.

약관은 사업자 측이 일방적으로 사전에 작성한 것이어서 거래상대방인 고객에게는 작성단계에 개입해서 내용을 인지하거나 거부할 수 있는 기회가 충분히 부여되어 있지 못하다. 당사자 간 흥정의 산물이라 볼 수 없는 것이다. 흥정의 과정을 거치지 않은 약관에 대해서 작성자는 약관내용을 가급적 자신한테 유리하게 마련해 놓으려는 유인을 갖게 된다. 만일 사업자가 자신에게 유리하게 작성해 놓은 약관조항을 두고 그것이 선량한 풍속이나 사회질서 혹은 강행법규에 반하지 않는다는 이유로 허용한다면 법은 이행에 조력하

3) 행위 주체가 회사 등 법인이라면 권리능력과 관련해서 정관이 정한 목적범위 내의 행위인지 여부도 이 논의에 포함될 것이다.

게 되고 결국 법이 유리한 자의 편에 서는 결과가 되고 만다. 이 때문에 약관에 대해서는 사적 자치의 원리를 제한하고 계약의 자유를 희생하더라도 공정성을 우위에 두겠다는 이념이 생겨나게 되었고, 이 이념을 법제화한 것이 곧 약관규제법이라고 할 수 있다.[4)]

(2) 공정성 판단기준으로서의 신의칙

현행 약관규제법은 약관의 공정성을 사적 자치보다 중요시하여 공정하지 않은 약관조항은 무효로 봄으로써 사적 자치의 원칙을 제한하고 있다. 그렇다면 공정한 약관이란 무엇이며, 약관의 내용이 어떠한 경우에 불공정한 것으로 판단되는 것인지가 문제된다. 이 기준 역시 우리 약관규제법에 제시되어 있다. 즉 동법 제6조 1항은 "신의성실의 원칙에 반하여 공정을 잃은 약관조항은 무효"라고 규정함으로써, 신의성실의 원칙(이하, 신의칙)을 약관의 공정성 혹은 유무효 판단에 대한 가장 중요한 기준으로 선언하였다. 약관의 유·무효를 신의칙에 따라 판단하겠다는 이 규정이야말로 약관규제 전반을 관통하는 가장 중요한 이념이자 우리 약관규제법의 특징이라고 할 수 있다.

본래 신의칙은 권리의 행사와 의무의 이행을 신의에 좇아 성실히 하여야 한다는 것으로서 법률행위의 유·무효를 판단하는 기준이 아니다. 즉, 신의칙은 이미 유효하게 존재하는 법률관계를 전제로 한다. 하지만 약관은 계약과 다른 특수성으로 인해 신의칙을 법률행위에 대한 유·무효의 판단 기준으로 삼게 된 것이다. 그 결과 일반적인 계약에 있어서는 신의칙에 반하므로 무효라는 말을 할 수가 없지만 약관에 대해서는 신의칙에 위반한다는 이유로 무효화하는 것이 가능해진다. 이 때문에 일반계약이라면 충분히 용납될 수 있는 거래조건도 약관 속에 담겨 있기 때문에 문제되는 일들이 발생하는 것이다.

4) 약관과 사적 자치 간의 이러한 관계에 관해서는 우리 대법원도 2005.2.18. 선고 2003두3734 판결을 통해 확인한 바가 있다. 이 판결에서 대법원은 "약관은 사업자가 다수의 고객과 계약을 체결하기 위하여 일방적으로 작성한 것으로서 고객이 그 구체적인 조항내용을 검토하거나 확인할 충분한 기회를 가지지 못한 채 계약의 내용으로 되는 것이므로, 그 약관의 내용이 사적 자치의 영역에 속하는 것(가령, 채무자위험부담주의에 관한 민법 제537조의 규정)이라고 하더라도, 사업자가 상당한 이유 없이 자신이 부담하여야 할 위험을 고객에게 이전하는 내용의 약관조항은 고객의 정당한 이익과 합리적인 기대에 반할 뿐 아니라 사적 자치의 한계를 벗어나는 것이라고 할 것이고, 따라서 이러한 사적 자치의 한계를 벗어나는 약관조항을 무효로 한다고 하여 사적 자치의 원칙에 반한다고 할 수는 없다."라고 판시하였다.

(3) 개별약관조항과 민·상법상 임의규정의 관계

민상법상 임의규정은 대개가 당사자의 의사를 확인할 수 없는 경우에 그 의사를 보충하기 위한 목적에서 규율된 것들이다. 따라서 당사자들은 의사나 특약에 의해 임의규정들의 적용을 배제할 수 있다. 여기서 말하는 특약은 당사자들이 상호간의 이해관계를 조정하기 위해 자율적으로 형성한 내부적 약속이라 할 수 있겠다.

그런데 약관은 사업자에 의해 일방적으로 작성된 것이기 때문에 당사자 간의 특약에도 해당하지 않으며, 민·상법상 임의규정보다도 후순위에 놓일 수 있다. 민·상법상 임의규정들은 대개 당사자들의 이익형평을 고려한 것으로서 약관의 불공정성을 판단하는 데 매우 유용한 모델로 삼을 수 있다. 때문에 약관의 규제과정에서는 임의규정을 강행법규로 전환하여 활용하기도 한다(사법연수원, 2006: 10). 그 결과 약관 가운데 임의규정에 반하는 조항이 있다면, 즉 임의규정보다 고객에게 불리한 내용을 담고 있다면 이 또한 무효가 될 수 있다. 가령 법률상의 손해배상책임을 배제한다든지, 고객의 계약 해제·해지권을 제한하는 약관조항이 이에 해당한다. 현행 약관규제법 제7조 내지 14조는 민·상법의 임의규정에 비추어 부당한, 즉 작성자에게 유리하고 고객에게 불리한 약관은 무효가 될 수 있음을 규정한 것이다. 이때 부당한지에 대한 최종적인 판단기준은 역시 신의칙이 제공하게 될 것이다.

제3절 약관규제에 있어서 소비자보호의 지위

1. 약관규제법은 민사특별법인가 소비자보호법인가?

(1) 약관규제법의 기능 1: 계약형성의 불완전성 보완

약관규제의 법리적 배경이 되는 사적 자치의 제한, 유·무효 판단기준으로서의 신의칙, 약관내용에 대한 민상법상 임의규정의 우선적 지위 등은 모두 민법의 기본원칙에 대한 수정이라 할 수 있다. 이 점에서 약관규제법은 일응 민사특별법의 하나로 볼 수 있으며, 실제로 종래의 약관규제에 관한 논의 역시도 민법학의 연장선상에서 주도되었던 것이 사실이다.

하지만 현대에 와서는 약관규제를 소비자정책의 일환으로 운용하는 인식이 강하다. 약관규제법은 이미 소비자보호법의 한 축을 담당하게 되었다(木村敦志, 1999: 6). 그렇다면 약관규제법의 법체계상 지위는 오늘날 어떻게 이해되어야 할까?

약관에 대한 규제목적이 본래부터 소비자보호의 정책이념과 직결되어 있던 것은 아니었다. 약관이 계약체결의 원활화를 위해 출현했다는 점이나 그 규제가 계약의 완결성을 도모하려는 데에서 기원되었다는 점에서 그렇고, 약관거래의 당사자 일방이 언제나 소비자인 것만은 아니라는 점에서도 그러하다. 예를 들어 기업용 은행여신거래기본약관[5]과 같이 사업자간의 거래만을 예정한 약관들도 상당수 존재한다. 이 점에서 보면 비록 약관규제가 소비자정책과 무관치 않으며 현실적으로 이를 위한 중요한 수단이 된다는 점은 인정될 수 있을지라도, 계약법에서 출발한 약관규제 본연의 역할에 비추어 볼 때 소비자보호는 일종의 부수적 기대 효과 정도의 의미를 가지는 것으로 볼 수도 있겠다.

실제로 이점 때문에 약관규제론을 일단 소비자보호와 단절시켜서 논할 필요가 있다는 주장이 제기되기도 한다. 약관에서 문제되는 것은 무엇보다 작성자가 계약내용결정의 자유를 일방적으로 행사했다는 점이므로, 거래의 합리화나 계약형성의 완결성을 갖추도록 하는 것이 우선이라는 것이다.[6] 그리 보자면 당사자 한 쪽에서 일방적으로 마련한 것이니까 상대방에게도 그 내용을 알도록 함으로써 청약과 승낙이라는 계약의 형식을 갖추도록 하여 계약의 모습을 갖추도록 하려는 것이 약관규제의 본질이자 목적이 된다. 다만 이 규제의 실질적 혜택은 현실적으로 소비자들에게 주로 돌아가는데 바로 그 점 때문에 약관규제를 소비자정책에서 활용하게 되는 것이라고 설명된다.[7]

5) 표준약관 등록번호 1005호.

6) 독일의 구 보통거래약관법(AGBG)이 이런 인식에 기초하고 있었던 것으로 분석된다(石田喜久夫 編, 1999: 13).

7) 이에 관해서는 박동진 · 이병준(2004: 18-19) 참조.

(2) 약관규제법의 기능 2: 당사자 간 구조적 불균형의 시정

하지만 현대 소비자거래에 있어서는 약관규제를 이처럼 소극적으로 해석하는 것은 바람직하지도 현실부합적이지도 않은 측면이 있다. 약관규제법에는 소비자보호의 이념 내지 사회법적 성격이 내재된 것으로 이해하는 편이 오히려 타당하다. 작성자는 계약조건을 미리 마련할 기회를 가질 뿐만 아니라 약관조항이 변경되지 않고 수용될 것을 예상하고 상대방의 사정을 고려함이 없이 계약형성에 나서는 반면, 고객은 약관내용의 충분한 검토 기회뿐만 아니라 내용의 변경기회도 갖지 못하는 경우가 대부분이기 때문이다. 당사자 간의 구조적 불균형, 특히 작성과정에 참여하지 못한 고객의 열후적 지위를 약관규제의 실질적 이유로 이해해야 한다는 것이다.[8)]

(3) 소비자거래의 현실과 법에 대한 올바른 이해 방향

약관을 통한 거래당사자의 지위상 불균형은 우리의 거래현실에서 쉽게 목격된다. 가령 동일한 불공정한 약관조항에 직면했을 때 소비자의 대처 능력과 사업자인 고객이 대처하는 방식에 차이가 있다. 짐작컨대 약관을 작성한 사업자보다 교섭력과 경제력에서 우위에 있는 고객이 거래에 나설 때에는 약관을 통한 거래보다는 계약을 통한 거래가 더 많을 것으로 추측된다. 설령 약관을 제시하더라도 특약이나 계약방식으로 거래조건을 결정하게 될 것이다. 사업자인 고객이 불공정한 약관으로 피해를 보게 되는 경우라면 주로 중소기업 등 교섭력과 경제력에 있어서 열위에 있는 경우(예를 들어 가맹점약관, 대리점약관 등)가 대부분일 것이다. 즉 약관을 수용하는 방식으로 거래를 하는 자는 작성자보다 교섭력과 정보력, 경제력에서 열위에 있는 소비자나 영세사업자 및 중소기업일 가능성이 크다.

예를 들어, 아파트분양약관을 보고 소비자가 약관에 이의를 제기한 후 아파트회사에게

8) 독일에서도 최근에는 약관규제에 대한 전통적 인식이 변화되고 있는 것으로 알려진다. 그 계기가 된 것은 1993년 '소비자계약에 있어서의 남용적 조항에 관한 EC 지침'이라고 할 수 있는데, 이 지침에 따라 1996년 개정 독일보통거래약관법 제24조a가 사업자와 소비자 간의 일정계약에 관해 적용되는 특별규정을 신설하여 소비자라고하는 일정범위에서 정형적으로 발생하는 고객보호를 배려함으로써, 소비자보호법으로서의 성격을 명확히 하였다고 설명된다(박동진 · 이병준, 2004: 19).

특약을 체결하길 원한다고 하면, 과연 아파트회사는 고객의 요구를 수용해서 별도의 특약을 마련할 것인가? 아파트 회사로서는 그 소비자를 위해 특약을 마련하기보다는 약관을 수용할 새로운 소비자를 찾는 방법을 선택할 것이다. 굳이 그렇게 하지 않아도 약관내용대로 계약을 체결하려는 많은 소비자들이 대기하고 있기 때문이다. 이것이 현실이라면 소비자가 약관의 내용을 명시・교부받거나 중요사항에 대한 설명을 들었다는 것이 실질적으로 가지는 의미는 크지 않게 된다. 오히려 사업자로서는 소비자가 약관의 모든 내용을 다 파악하고서도 약관을 수용하여 계약에 편입한 것이라는 항변사유만 제공해 준 의미가 되고 말 것이다.

따라서 오늘날에 와서 약관을 규제해야 하는 본래 이유는 단순히 그것이 거래가 이루어지기 전에 미리 당사자에 의해 일방적으로 마련된 것이라는 사실 때문이 아니라, 그로 인해 실제로 피해를 보게 되는 자들이 사회적 약자라는 점 때문이라고 이해되어야 할 것으로 본다. 환언하면 고객이 작성과정에 참가하지 않아서 원하지 않는 거래조건을 거부할 수 있는 기회가 없었기 때문이 아니라, 기회가 있어도 실제로 거부하기 어려운 위치에 처해 있다는 점 때문으로 보아야 한다.

약관에 일방성, 일반성, 사전성이 존재하고 그 때문에 소비자문제가 발생한다는 논리구조가 아니라, 사업자들이 소비자나 거래상 약자를 상대로 한 대량거래를 할 것을 상정하여 미리 일방적으로 약관을 만들게 되며 그로 인해 여러 사회적 문제가 발생한다는 구조로 이해될 필요가 있다. 그렇지 않고 여전히 전자에만 주목할 경우에는 현대적 약관거래에서 주를 이루는 소비자문제를 해결하기 어렵고 해결할 수 있더라도 그 근거를 설명하는데 한계를 가질 수밖에 없다. 이 점에서 일방성, 일반성, 사전성과 같은 요인 때문에 약관을 규제해야 한다는 논리는 현재에 와서는 약관규제의 논거로 삼기에는 다소 미약하며, 여기에 추가적인 요소를 가미할 때 비로소 약관규제가 실질적 효용을 갖게 될 것인바, 그 요소가 곧 경제적 약자 내지 소비자를 보호하는 이념이 아닐까 생각된다.

우리 약관규제법의 경우, 소비자보호의 이념은 다른 어느 나라의 그것보다 명확하다고 할 수 있다. 소비자단체 주도로 입법이 추진되었던 법제화의 과정에 비추어 보더라도 그러하며, 법 제1조의 목적조항이 소비자보호를 주된 목적의 하나로 천명하고 있는 점 또한 이를 뒷받침한다. 아울러 법의 실체규정 곳곳에서 국가가 소비자를 후견적으로 보호하기 위한 목적에서 약관을 규제하는 취지를 엿볼 수 있다. 따라서 현대에 있어서 약관규제는 소비자보호의 정책선상에서 운용되어야 하며, 향후 제도운용의 방향은 계약형성의 완결 목적 이외에 소비자의 대등한 거래조건 확보에 맞추어질 필요가 있다.

이처럼 소비자보호의 맥락에서 약관규제를 운용한다고 할 때 주목해야 할 부분은 크게 두 가지로 생각된다. 하나가 약관의 명시설명제도이고 다른 하나는 표준약관제도다.

2. 소비자보호 측면에서 본 약관규제법의 과제

(1) 편입통제의 현실화

약관의 규제는 크게, 명시・교부 및 설명의무의 부과를 내용으로 하는 편입통제와 신의칙 및 통일적 해석, 작성자불리의 원칙을 근간으로 하는 해석통제, 그리고 불공정한 약관을 무효로 보는 유효성 통제의 세 가지 형태로 구성된다. 소비자보호를 약관규제의 현대적 목표이념으로 설정한다면 종래에 이 목표의 실현을 위해 가장 중요한 역할을 수행했던 것은 역시 유효성 통제라 할 수 있다. 하지만 오늘날에 와서는 약관에 관한 소비자보호 문제의 축은 불공정약관 못지않게 약관의 계약편입과정을 중심으로 형성되는 것으로 보인다. 불공정한 약관이 소비자의 이익을 침해할 수 있다는 인식은 보편화되어 있는데 비하여, 약관을 계약에 편입하는 과정에서 발생하는 소비자보호의 문제에 대한 고려는 상대적으로 부족하다. 약관규제법상 명시・설명 및 교부의무(이하, 명시・설명의무로 약칭한다)의 부과는 과연 약관 문제로부터 소비자를 보호하는 1차적 역할을 충실히 수행하고 있는가?

작성자의 명시・설명의무를 계약편입의 성립요건으로 보면 일방 당사자가 계약의 내용을 제시하고 편입시킬 것인지 여부를 통보하고 상대방인 소비자가 동의하는 순간 약관은 계약으로 완성되어 당사자들을 구속하게 된다. 작성자의 의무가 일단 이행되고 난 뒤에는 계약이행의 책임이 소비자에게 넘어가게 된다고 하는 명시・설명제도의 기본 골격은, 그러나 실상 지나치게 소극적인 것이라고 할 수 있다.

명시・설명의무와 관련된 규정만을 놓고 보면 우리 약관규제법이 상정하고 있는 고객은 대단히 꼼꼼하고 자기보호에도 철저하며 게다가 시간도 많은 소비자들이라는 느낌이 있다. 하지만 현실은 그렇지 않을 때가 대부분이다. 대다수의 소비자들은 거래조건이나 분쟁의 해결방법에 대해 무심하고 안일한 성향을 갖고 있으며, 특히 난해하고도 방대한 약관은 일일이 확인하려 들지 않는다. 사업자들이 약관의 내용을 세밀하고 방대하게 작성할수록 소비자들의 이해도와 내용파악에 대한 의욕은 반감되기도 한다. 친절하고 세밀한 약관은 실상 소비자를 보호하기보다는 사업자를 책임으로부터 보호하는 기능을 수행하는 꼴이 되고 만다. 소비자들에게 필요한 것은 상세한 약관보다는 대강이나마 주요 거래조건을 소비자들이 이해할 수 있도록 하는 방안이다. 이 점에서 약관의 편입통제의 현실화는 명시・교부의무 못지않게 설명의무에 많은 비중이 두어져야 한다고 본다.

한편 실제로 소비자들이 명시, 설명을 받고 내용을 충분히 이해했다고 하더라도 소비자들이 계약내용편입 여부 및 내용수정에 관한 실질적 대응력을 갖지 못하다는 점도 문제이다. 이런 상황에서 소비자들이 약관내용을 명시・교부받거나 설명을 들었다는 사실은 큰 의미가 없다. 오히려 사업자에 대한 면책 구실만을 제공해 주는 결과가 될 수 있다. 소비자가 약관을 수용하는 대신 특약을 체결할 수 있는 권리가 현실적으로 보장되어야 한다.

(2) 표준약관제도 운용의 합리화

표준약관은 사업자 및 사업자 단체 등이 작성하여 공정거래위원회의 심사를 받은 약관을 말하는 것으로, 해당업계 내의 건전한 거래질서를 확립하고 불공정한 약관의 통용을 방지하기 위한 목적으로 활용되고 있다. 약관의 내용을 업계 내에서 표준화하여 운용할 것을 제도적으로 추진하게 된 것은 비교적 최근의 일로서 표준약관은 특히 우리나라에서 보급과 효용이 급속도로 확대되어가는 추세에 있다. 그 원인은 표준약관의 법제화뿐만 아니라 표준약관제도를 약관정책의 주요과제로 인식하고 보급 및 확산에 주력하고 있는 정부의 태도에서 찾을 수 있다. 이 점은 우리나라에 있어서 약관규제가 소비자보호 정책적 성격을 강하게 띠고 있음을 보여 주는 중요한 근거가 되기도 하다.

표준약관이 소비자보호에 도움이 되는 측면이 있는 것은 분명해 보인다. 약관을 통한 거래의 공정화에 표준약관이 기여한 부분이 적지 않다. 무엇보다 약관의 일방성, 사전성으로 인한 폐해 즉 사업자가 자신에게 유리하게 약관내용을 작성할 가능성은 표준약관을 작성하는 과정에서 차단된다는 점이 장점이다. 하지만, 표준약관의 효용에 대한 기대에 앞서 몇 가지 짚어 볼 문제들이 있다.

우선 법리적 측면에서 국가가 표준약관의 보급 및 확산에 나서는 것이 타당한가 하는 점을 지적할 수 있다. 표준약관이 가지는 사적 자치를 침해할 수 있기 때문이다. 물론 앞서 살펴본 대로 약관의 거래에 있어서 사적 자치가 제한받게 된다는 점에는 의문이 없지만, 약관의 내용이 신의칙에 반하는 불공정한 것이 아닌 한 구체적인 조건을 설정할 수 있는 권리는 여전히 작성자에게 부여되어 있다. 따라서 사업자들의 입장에서 자신이 임의로 작성한 것이 아닌 제3자인 국가가 작성한 약관을 사실상 강요당하고 있다는 점은 지나친 사적 자치의 침해요소가 있는 것이 아닌가 하는 의문이다.

또 하나 소비자보호 측면에서도 표준약관이 완결적인 것이 될 수 없다는 점이다. 표준적 약관조항의 제시가 자칫 사업자 간 경쟁을 위축시키는 결과를 야기할 수 있기 때문이다. 약관 역시 거래조건에 관한 경쟁의 일환으로 활용되어야 하는 것이 원칙인데 업계에서 공통적으로 표준약관을 사용하게 되면 사업자 사이에 약관에 관한 경쟁이 제한되고 따라서 소비자가 보다 유리한 약관을 적용받을 가능성이 차단될 수 있다는 문제다.

제도의 한계에 대한 분석과 이해, 그리고 제도운영의 새로운 방향설정이 필요하다고 본다. 이하에서는 명시설명제도의 현실화 및 표준약관제도의 합리적 운용을 위한 구체적인 방안에 대해 살펴보기로 한다.

제4절 명시 · 설명의무의 현실성 제고 방안

1. 명시 · 설명의무의 제도적 의미

흥정의 산물이 아닌 약관의 특성상, 약관이 계약의 내용으로 편입되기 위해서는 작성단계에서 개입하지 않았던 타방당사자로 하여금 약관의 내용을 인지토록 하는 일련의 절차를 거쳐야만 한다. 이 절차를 거칠 때 비로소 약관의 실질은 계약초안에서 정식계약으로 전환되며 당사자에 대한 구속력을 확보하게 되는데, 이를 위해 현행법이 규정한 절차가 곧 명시·교부 및 설명의무다.

명시·설명의무 도입의 제도적 의미는 단순히 계약편입을 위한 절차확보 차원에만 머무르지 않는다. 오히려 약관의 본질에 관한 논란을 일단락 시키는 계기를 마련했다는 실체적 측면에 더 높은 평가가 내려진다. 주지하다시피 약관규제법이 제정되기 이전에는 약관의 본질을 일종의 상관습 내지 규범으로 파악하는 견해가 다수였고, 이런 기조는 약관은 계약의 초안에 불과하다는 대법원의 판결들이[9] 도출된 이후에도 한동안 지속되었다. 물론 규범설에 대해서는 사인(私人)인 사업자에게 입법권을 부여한 결과가 될 수 있다는 약점이 부각되면서 계약설이 통설로 자리 잡기도 했지만, 약관의 본질에 관한 논쟁을 사실상 종식시킨 것은 역시 약관규제법 제3조가 사업자의 약관에 대한 명시·설명의무를 정하면서부터라고 할 수 있다. 비록 독일의 약관규제법과는 달리 고객의 약관적용에 관한 동의는 명문화되어 있지 않더라도 사업자가 약관을 명시·설명하고 고객이 이에 대해 이의를 제기하지 않으면 묵시적 동의에 따른 계약체결의 의미를 가진다고 볼 수 있게 된 것이다(장경환, 1995: 142).

2. 현행법상 명시·설명의 방법

약관규제법 제3조 제1항 및 2항에서 제시되어 있는 명시·설명의무의 내용은, 사업자가 계약체결 시 고객에게 약관의 내용을 계약의 종류에 따라 일반적으로 예상되는 방법으로 명시하여야 하고, 특히 중요한 내용은 고객이 이해할 수 있도록 설명해야 한다는 것이다. 여기서, '일반적으로 예상되는 방법'은 어떤 방법을 말하는지, 그리고 '중요한 내

9) 대판 1983.12.27., 83다카893. 이 판결에서 대법원은 "전기공급규정은 국민에 대하여 일반적 구속력을 갖는 법률로서의 효력은 없고 단지 피고와 전기공급계약을 체결하거나 그 규정의 적용에 동의한 수요자에 대하여만 효력이 미친다고 볼 것"이라고 판시하였다. 이후 대판 1986.10.14., 84다카122에서도 대법원은 약관의 본질은 계약의 초안, 즉 예문에 불과하므로 그것이 계약당사자에 대하여 구속력을 가지려면 계약당사자 사이에서 계약내용에 포함시키기로 하는 합의가 있어야 할 것이지만, 일반적으로 계약당사자 사이에 약관을 계약내용에 포함시킨 계약서가 작성된 경우에는 계약당사자가 그 약관의 내용을 알지 못하는 경우에도 그 약관의 구속력을 배제할 수 없다고 하였다.

용'이란 무엇인지는 법령에 제시되어 있지 않다. 다만 약관의 설명 방법에 관해서는 수건의 판례를 통해서 부분적이나마 최소한의 윤곽을 추출해 볼 수 있는 기준이 제시되어 있다. 이를테면 보험자가 보험계약자에게 보험계약의 청약을 유인하는 안내문만 송부한 것으로는 설명의무를 다하였다고 볼 수 없다는 것이다.[10]

아울러 설명의무의 대상으로서 '중요한 내용'의 판단기준에 관해서는, 고객이 당해 내용에 대해 설명을 들었다면 계약을 체결하지 아니하였을 정도가 될 때[11] 중요한 것으로 인정된다고 보았다. 반면 내용상으로는 계약의 핵심적 사항이라고 하더라도, 당사자 사이에서 그에 대한 설명의무가 제대로 이행되었더라도 그것이 계약의 체결여부에 영향을 미치지 않을 만한 사정이 있다면 설명의무의 대상이 되는 중요한 내용으로 인정되지 않는다.[12]

한편, 약관의 중요내용에 관한 구체적이고 개별적인 명시 · 설명의무가 부과되는 이유는 고객이 알지 못하는 가운데 약관의 중요한 사항이 계약내용으로 됨으로써 보험계약자가 예측하지 못한 불이익을 입는 것을 방지하고자 함에 그 목적이 있기 때문에 비록 중요한 내용이더라도 고객이 충분히 예상할 수 있는 내용이거나,[13] 법령에 정하여진 것을 반복하거나 부연하는 내용,[14] 고객이 약관의 내용을 이미 잘 알고 있는 경우[15]에는 고객에게 설명의무를 이행하지 않아도 무방하다는 것이 대법원의 일관된 입장이다. 법 제3조의 2항 단서 소정의 성질상 설명이 현저히 곤란한 경우도 마찬가지다.[16]

10) 대법원 1997.9.26. 선고 97다4494 판결; 대법원 1999. 3.9. 선고 98다43342, 43359 판결.

11) 대법원 1996.6.25. 선고 96다12726 판결; 대법원 1995.12.12. 선고 95다11344 판결.

12) 대법원 2005.10.7. 선고 2005다28808 판결; 대법원 1994.10.25. 선고 93다39942 판결.

13) 대법원 2005.6.9. 선고 2003두7484 판결; 대법원 2006다87453 판결.

14) 대법원 2003.12.11. 선고 2001다33253 판결; 대법원 2000.7.4. 선고 98다62909, 62916 판결; 대법원 1999.9.7. 선고 98다19240 판결.

15) 대법원 2005.8.25. 선고 2004다18903 판결; 대법원 2003.8.22. 선고 2003다27054 판결; 대법원 2001.7.27. 선고 99다55533 판결.

16) 계약의 성질상 설명이 어려운 사례로서는, 토익시험계약에서 그 체결과정의 특수성에 비추어 볼 때 응시자에게 약관이라고 볼 수 있는 '부정행위자처리규정'의 내용에 대하여 설명을 하는 것이 현저히 곤란하다고 보아 제3조 제2항 단서에 따라 위 규정에 대한 설명의무가 면제된다고 한 하급심 판결(서울지법 2003.5.2. 선고 2002가합62628 판결)이 있다.

3. 명시 · 설명의무의 현대적 과제

전술한 바와 같이, 약관규제에 있어서 명시 · 설명의무는 중요한 한 축을 점하고 있으며, 특히 소비자보호 측면에서 가지는 의미는 크다고 할 수 있다. 다만 법이 명시 · 설명의무에 관한 요건과 범위를 비교적 명료하게 규정해 놓고 있어서 명시 · 교부의무 이행 자체를 둘러싼 분쟁 여지는 크지 않으며 쟁점의 소재도 좁게 분포되어 있다고 볼 수 있다. 오히려 소비자의 입장에서 실제 문제가 되는 것은, 명시 · 설명은 되었으되 약관을 계약의 내용으로 편입시킨다고 볼 만큼의 현실적 이해가 과연 수반되었는가 하는 점이다. 현대적 약관거래에서 이런 문제가 제기되는 이유를 추적하자면 약관내용을 꼼꼼히 따져서 확인하지 않는 소비자들의 소극적 태도와 몰이해에서도 원인을 찾을 수 있겠지만, 사업자들이 이를 부추기거나 악용하려는 유인과 입법적 미비에 대해서도 책임을 물을 만한 여지가 있다.

전술했다시피, 현행 약관규제법 제3조에서는 계약의 종류에 따라 일반적으로 예상되는 방법으로 명시할 의무는 있지만 구체적인 기준은 제시하고 있지 못하다. 이런 입법태도는 보기에 따라서는 적극적이고 부지런한 고객상을 상정해 놓고 고객들이 약관의 내용을 파악할 수 있도록 하기 위한 최소한의 요건을 사업자들에게 부과한 느낌을 갖게 한다. 이러한 의무를 위반한 사업자에 대해서는 공정거래위원회가 500만 원 이하의 과태료를 처할 수 있으나, 고객의 약관에 대한 인식가능성이 없었다는 것을 입증하는 일이 쉽지 않아서 실제 과태료를 부과 · 징수한 사례는 없는 것으로 나타났다(감사원, 2004: 72).

요컨대 명시 · 교부 및 설명의무의 핵심이 고객들이 약관의 내용을 이해하여 계약에 편입할 것인지를 판단토록 하는 데 있는 것이라면, 명시 · 교부의무의 현대적 요구는 명시 · 교부사실의 여부가 아니라 어떻게 이행했는지에 있으며, 그것이 제대로 이행되었는지는 소비자의 입장에서 판단되어야 한다. 제도운용의 초점도 여기에 맞추어 개선될 필요가 있다. 그렇지 않을 경우 전술한 것처럼 명시의무이행이 사업자들에게 단순히 면책과 항변의 구실을 제공하는 것에 지나지 않을 수 있기 때문이다.

4. 소비자의 이해력과 교섭력 제고 방안

무엇보다 계약내용에 편입하게 될 약관조항들을 상대방 고객이 쉽게 파악하고 이해할 수 있도록 하는 현실적 조치가 요구된다. 이를 위해서는 먼저 약관의 글자 크기를 일정수준 이상으로 유지하여 고객이 무난하게 읽을 수 있는 수준이 되도록 해야 한다.

현행 약관관련 법령에는 약관에 사용되는 글자크기에 대한 규제는 존재하지 않는다. 이와 관련하여 약관거래 고객과 겹쳐질 수 있는 여타 소비자군을 상정한 것으로서 타법이나 매체에서 운용되고 있는 기준을 보면, 일반인들이 가장 쉽게 접할 수 있는 일간신문의 활자크기는 통상적인 컴퓨터 문서프로그램을 기준으로 약 10포인트로 하고 있다. 또한 할부거래에 관한 법률 시행규칙 제3조에서는 할부거래계약서의 활자크기를 9포인트 이상으로 하되 중요사항에 대해서는 붉은 글씨로 기재하고 테두리를 치도록 의무화하고 있다. 아울러 식품의약품안전청이 제정, 고시한 '식품 등의 표시기준'[17] 제5조 3호에서는 식품의 제조연월일, 유통기한, 원재료명, 성분 및 함량표시 글자는 7포인트 이상으로 할 것을 정하고 있다.

반면 약관에 대해서는 구체적인 기준이 제시되어 있지 않아서, 실제 운용되는 약관가운데는 일반 고객이 거의 알아보기 힘든 정도의 작은 글씨들이 약관에 사용되기도 한다. 특히 금융이나 통신약관에서는 4-6포인트 정도의 글씨를 사용하는 '깨알약관'이 이용되기도 하였다. 이런 유형의 약관은 소비자들의 인식가능성을 떨어뜨릴 뿐만 아니라 고객에게 불리한 규정에 대한 주의력과 관심을 분산시키는 효과가 있어서 사실상 명시・교부의무가 이행된 것으로 보기 어렵다. 깨알약관에 대해서는 이미 공정거래위원회가 지난 2005년 3월에 10개 신용카드사에 대해 시정조치를 내린 바가 있다. 명시・설명의무 위반행위에 대해서는 최초의 시정조치이기도 했다. 글씨크기가 지나치게 적다면 계약으로 편입시킬 수 없다는 규범적 판단이 내려진 만큼, 약관작성자가 글씨의 크기를 일정수준 이상 유지토록 할 의무를 부과하는 것이 바람직하리라 본다.

아울러 해독성을 높이기 위해서는 용어선택에 있어서 가급적 평이하면서도 표준화된 한글을 사용하는 것이 바람직하다. 약관의 내용 가운데 향후 불공정성 시비의 원인이 될 수 있는 중요 내용들, 가령, 계약의 목적이 되는 상품이나 용역의 종류・내용・인도시기

17) 식품의약품안전청고시 제2003-27호.

및 가격, 사업자의 면책사항, 고객의 계약내용위반에 대한 책임가중, 급부의 변경, 청약의 철회, 계약의 해제 · 해지 효과 등에 대해서는 부호, 색채 등을 가미하여 명확성을 높이도록 하는 조치도 필요하다.[18]

전자상거래나, 온라인게임 등 인터넷을 이용한 회원가입 및 서비스이용약관에 대해서는 약관의 전체 내용을 확인한 후 동의여부를 클릭할 수 있도록 보완하는 방안도 고려해 볼 수 있다. 또한 사실상 거래조건에 해당하는 내용을 약관 이외에 별도의 운용규정 등에서 규율하고 있는 경우, 이 내용에 대한 접근가능성이나 명시 · 설명의무도 약관과 동일한 수준에서 보장되어야 할 것이다.

한편 약관이용 고객 가운데에서도 사회적 소수자의 지위에 있는 집단에 대해 추가적인 고려가 있어야 한다. 예를 들어, 시각 및 청각장애인이나 노약자 등 생활약자와 문맹인이나 외국인 근로자는 신체활동능력이나 문자이해와 언어구사능력에 있어서 평균인에 미치지 못하는 경우가 많기 때문에, '일반적으로 예상되는 방법'으로 명시 · 설명해도 약관의 내용을 파악하지 못할 수 있다. 이와 관련하여 독일 민법이 지난 2002년 구약관법을 편입시키면서 제305a조 2항을 신설하여 외관상 뚜렷한 신체장애인을 위하여 소위 '약관사업자의 약관내용인지 배려의무(zumutbare Kenntnisverschaffung-spflicht der Verwender)'를 도입하였던 점은 시사하는 바가 크다(김대규, 2004: 269).

아울러 이 같은 요구들은 기술적인 성격을 띠고 있는 만큼, 작성자의 선의와 노력에만 맡겨두기보다는 하위규범이나 지침 등을 통해 그 요구를 명확히 하여 의무화하는 입법적 조치가 뒤따라야 할 것이다.

그 다음으로 보완되어야 할 것은 소비자의 교섭력 제고에 관한 부분이다. 소비자가 약관의 내용을 쉽게 접수해서 이해토록 하려는 근본취지는 이를 계약내용에 편입할 것인지를 판단케 하려는 데 있음은 물론이다. 아무리 약관의 내용을 이해했더라도 소비자가 원하지 않는 약관 속 거래조건을 거부하고 특약을 체결할 수 있는 가능성이 뒷받침되어 있지 않다면 명시 · 설명의무의 이행은 무의미해지고 만다. 약관조항에 대해 명시 · 설명의무를 이행하는데도 소비자에게 불리한 약관조항이 발견되고 실제로 사후에 불공정성 시비가 제기되는 이유는 소비자가 편입단계에서 특약으로 불공정요소를 배제하지 못했던 것에서도 찾을 수 있다. 특히 대량으로 이루어지는 거래와 작성자가 우월적 지위를 가진

18) 2007년 개정된 약관규제법 제3조도 이런 노력의 일환이라고 할 수 있겠다.

거래에 있어서는 소비자에 의한 약관내용의 거부 및 새로운 조건의 교섭, 그리고 특약의 체결을 기대하기가 어렵다. 따라서 명시・설명 이후의 거래조건 수정을 사실상 어렵게 하는 사업자의 관행에 대한 규제수단이 필요하다.

제5절 표준약관제도의 합리적 운용 방안

1. 표준약관의 제도적 의의와 이용현황

표준약관제도를 법에 명시적으로 규정하여 운용하고 있는 나라는 매우 드문 형편이다.[19] 그런 점에서 우리나라의 표준약관 운용실태를 다소 이례적인 것으로 분류할 수도 있겠다. 우리나라의 경우 불공정약관을 예방할 목적으로 지난 1992년 약관규제법을 개정하면서 표준약관제도를 도입하였다. 그 취지는 불공정약관으로 인한 소비자의 피해와 분쟁을 예방할 수 있도록 표준약관의 보급을 확대하는 한편 현행 표준약관제도의 운영상 나타난 일부 미비점을 개선・보완하려는 것이었다. 현행 약관규제법 제2조의 약관에 관한 정의에서도 "사전에 작성한"이라고 표현하지 않고 "미리 마련한"이라고 하고 있다. 입법자가 표준약관[20]의 활성화를 예측한 결과로 보이지는 않으나, 현재에 와서 미리 마련된 표준약관을 사용하여 계약에 편입시키는 경우가 대단히 많다는 점을 감안할 때 적절하면서도 흥미로운 조문기술방식으로 느껴진다.

관청인가약관과 더불어 이처럼 표준약관까지 제도적으로 보장하고 있다는 점에서 보면 약관의 법적 성질을 규범으로 보아야 한다는 주장에 뒤늦게나마 무게가 실리기도 한다. 약관규제법을 소비자보호법제의 일환으로 볼 수 있는 근거도 이로부터 추출할 수 있음은 전술한 바와 같다.

19) 영국의 공정거래청(Office of Fair Trading)이 운영하고 있는 '소비자거래관행규약(Consumer Code of Practice)' 정도를 예로 들 수 있다.

20) 물론 미리 마련한 것이 표준약관만 있는 것은 아니며, 해상운송 중 공동해손에 관한 York Antwet 규칙, 선하증권의 면책약관에 관한 Harter규칙 등 국제적 규칙도 계약의 초안으로서 활용되고 있다.

운용현황을 살펴보면 지난 1992년 법제화된 이래 2006년 말을 기준으로 아파트분양, 주택임대차, 상가분양, 여행업, 전자거래, 자동차 등 다양한 분야에서 총 54여 개의 표준약관이 작성, 운용되어 오고 있으며(공정거래위원회, 2007: 360), 시장상황과 거래형태의 변화에 따라 표준약관 개정작업도 병행하여 추진되고 있다.

그런 가운데 2004년에는 표준약관의 보급을 더욱 활성화하기 위한 일련의 법제정비가 이루어진 바 있다. 특히 공정거래위원회는 사업자나 사업자단체로 하여금 표준약관의 제정 및 운영을 독려하고 있고, 감사원, 소비자원 등 정부기관과 소비자단체 등은 공정위로 하여금 불공정약관조항이 문제되는 업종이나 약관이 없는 분야의 거래를 위하여 표준약관 마련을 추진하고 있다. 최근만 해도 오랫동안 표준약관이 미비된 채 남아 있던 신용카드업계를 위시하여 해외연수 수속대행업, 자동차대여업 등의 분야에서도 표준약관 등이 마련될 예정이며, 특수형태근로종사자 관련 표준약관도 추진되는 등 점차 활용영역도 확대되는 추세에 있다.[21] 실제 공정위의 약관관련 업무에 있어서 표준약관의 보급업무는 개별사건의 심사와 더불어 양대 축으로 꼽힌다.[22]

2. 표준약관의 순기능

표준약관은 사업자가 작성하여 공정거래위원회의 승인을 받은 것이든 공정거래위원회가 자체적으로 마련한 것이든 불공정성에 대한 일차적 검증을 마친 것이 되므로 약관의 불공정성성 시비로부터 벗어날 수 있다는 장점이 있다. 여기에 약관작성에 소요되는 비용이나 시간을 절감할 수 있다는 점도 기대할 수 있다. 사업자 입장에서 기대할 수 있는 효용이다.

소비자 입장에서도 적지 않은 기대효과가 있다. 무엇보다 거래에 대한 신뢰를 높이는 역할을 수행한다. 표준약관은 소비자정책의 집행기관인 공정거래위원회의 눈높이에 맞게 설정된 것인 만큼, 그 내용은 소비자에 가급적 유리한 것으로 구성되어 있을 것이 예상된

21) 공정거래위원회 소비자본부(2007) 참조.

22) 공정거래법이나 약관규제법 이외에 개별업종을 관할하는 법에서도 표준약관제도를 도입하는 사례가 늘어나고 있다. 가령 온라인디지털콘텐츠산업발전법 차원에서도 표준약관을 정보통신부장관이 승인토록 하는 방안이 모색되고 있다.

다. 따라서 표준약관을 통한 거래에 대해 소비자는 불공정성을 우려하지 않아도 되며, 약관의 내용을 확인하는 데 드는 유·무형의 비용을 줄일 수가 있다. 불공정한 약관을 사용하는 사업자로부터 억울한 피해를 당했을 때 손해보상을 받을 수 있는 근거로 활용할 수도 있다. 약관의 법에 위반되는지에 대한 사후 법률자문 비용도 절감할 수 있다.

규제자의 입장에서 보면 사후에 약관관련 분쟁이 발생하고 나서 이를 심의, 조정하기보다는 사전에 공정약관의 작성을 독려하는 편이 효율적일 것이다. 행정력의 합리적 활용 측면에서 기대되는 이점이다.

한편, 약관내용의 명시나 설명이 충분히 이행되지 못했더라도 표준약관을 채용한 거래에서는 소비자에게 불공정한 결과의 발생가능성이 대폭 줄어들게 된다. 이점에서 표준약관은 약관 편입통제의 현실적 한계를 보완하는 기능을 수행하는 것으로도 볼 수 있겠다.

3. 법리적 문제점

(1) 작성주체에 따른 내용상의 편차

표준약관의 작성경로는 비교적 다양하다. 우선 사업자단체가 표준약관을 작성하여 공정거래위원회의 승인을 받는 방식으로 운용할 수 있다. 또한 소비자기본법에 의해 등록된 소비자단체가 사업자단체와 협의를 하여 표준약관안을 작성하여 공정거래위원회의 인준을 받는 방식도 가능하며, 2004년부터는 소비자피해가 많이 발생하는 분야에 약관이 없거나 불공정한 약관이 사용되는데도 사업자들이 공정거래위원회의 표준약관 제정 권고를 거부하면 공정거래위원회가 직접 표준약관을 제정할 수도 있게 되었다. 한국소비자원 또는 소비자단체가 공정위에 대해 표준약관의 제정을 요청할 수도 있다.

이들 모두 표준약관이라는 표지를 사용하게 되는데, 약관에 포함되는 내용은 작성주체에 따라, 즉 누가 주도하여 작성한 것인지에 따라 다를 수 있다. 가령 소비자단체나 공정거래위원회가 약관을 작성할 때에는 소비자의 피해의 방지는 물론 보다 적극적인 이익관철을 우선적으로 고려하게 될 것이다. 반면에 사업자단체가 작성을 주도할 때에는 불공정성 논란을 차단하기 위한 목적과 아울러 최소한의 영업상 이익을 보장받기 위한 내용을 중심으로 편성할 가능성이 크다. 이 과정에서 다음과 같은 몇 가지 법리적 문제점들이 노정될 수 있다.

(2) 사적 자치의 침해가능성

본질적으로 표준약관은 사적 자치의 침해가능성을 내포하고 있다. 공정거래위원회가 작성하거나 승인한 표준약관은 신의칙보다 엄격한 기준 하에 마련될 가능성이 크다. 이 경우 사업자의 입장에서는 신의칙보다 훨씬 엄격한 거래조건을 수용할 수밖에 없는 측면이 있다. 개별약관의 불공정성은 이미 약관규제법의 틀 내에서 규제 및 제재의 수단이 확보되어 있는데, 이에 더하여 표준약관을 강요하는 것은 사업자들로서는 약관내용결정의 자유를 제한받고 사적 자치의 여지가 줄어드는 결과가 된다.

공정거래위원회 등 행정기관이 마련해서 사업자들에게 제시하는 약관이 이런 문제를 유발할 수 있다. 행정기관은 중립적 입장보다는 가급적 소비자우호적 관점에서 표준약관을 제시하게 될 것이고 경우에 따라서는 법에서 허용하고 있는 유효성 기준보다도 훨씬 좁은 즉 엄격한 조건을 사업자들에게 부과할 수도 있다. 그 결과 표준적 조건을 설정한 약관이라기보다는 이상적 내지 급진적 기준을 제시한 약관이 제시될 수 있다.

표준약관이 운용되고 있는 분야에서는 약관규제법에서 약관조항의 유효성 판단의 기준으로 제시되어 있는 신의칙이나 민법상 임의규정에 해당하는 사항들보다도 훨씬 더 엄격한 기준을 적용하는 결과가 된다.

개별약정이 약관규제법에도 위배되지도 않는데 표준약관을 사용하지 않는다고 해서 그 자체로 사실상의 부담을 떠안아야 한다면 이는 문제가 있어 보인다. 더욱이 현행 약관규제법은 표준약관이 마련된 업종에서 사업자들이 표준약관과 다른 약관을 사용하는 경우에는 다르게 정한 주요내용을 고객이 알기 쉽도록 표시하여야 하며, 표준약관표지를 사용하면서 표준약관의 내용보다 고객에게 더 불리한 약관의 내용은 무효로 하고 있다. 표준약관 자체에 대해 규범적인 긍정평가를 부여한 상태에서 관련정책을 추진하다 보니까 공정거래위원회가 표준약관의 보급에 적극적으로 나서게 된 것으로 짐작된다.

표준약관은 사업자가 계약을 체결하는 과정이나 거래조건을 결정하는 방식에서 채택할 수 있는 여러 대안 중 하나일 뿐이다. 동일한 사업분야에서도 표준약관을 사용하는 사업자와 개별약관을 사용하는 사업자는 다양하게 존재할 수 있으며, 그것이 자연스러운 일이다. 그럼에도 약관조항의 불공정 문제를 사전차단하기 위한 목적으로 표준약관이 강권된다면, 이는 자칫 제도 본연의 취지를 벗어난 것이 될 수도 있다.

(3) 표준약관에 의한 경쟁제한의 우려

한편, 약관내용에 대한 국가의 과도한 개입이나 구체적인 기준설정의 결과, 사업자간 약관을 통한 거래조건에 관한 경쟁의 여지가 감소할 우려가 있다. 사업자들이 작성하여 행정기관이 승인하는 표준약관의 경우, 사업자들이 소비자들에게 더 유리한 거래조건을 제시할 수 있음에도 불구하고 표준약관이 오히려 거래조건의 경쟁을 제한하는 결과를 낳을 수도 있다. 극단적으로 표준약관이 일종의 카르텔적 약관으로 변질될 가능성도 배제할 수 없다.

결국, 불공정성을 가까스로 면하는 수준의 약관조항을 가지고 표준약관을 만들었다면 이는 약관규제법에 위배되지 않는 개별약관을 통해 사업자들이 경쟁할 수 있는 가능성을 차단하는 것이 되고, 반대로 약관규제법보다 훨씬 더 소비자보호적인 색채가 강한 표준약관을 만들게 되면, 약관규제법의 효용을 축소시키고 사적 자치를 훼손할 수도 있게 되는 문제가 발생하고 만다. 표준약관 운용상의 딜레마라 할 수 있다.

4. 표준약관 내용의 재판구속력

공정거래위원회가 심사・인준・작성한 약관이라고 해서 법원이 그 약관에 대한 공정성 판단에 구속을 받는 것은 아니다. 법원은 공정거래위원회의 판단에 관계없이 경우에 따라 표준약관을 불공정한 것으로 볼 수 있다. 이 점에서 공정거래위원회를 거쳐서 나온 표준약관이라고 해서 규범적 성격이 부여된다고 보기 어려우며, 그 내용의 정당성 및 공정성 또한 보장받는 것이라 할 수 없다. 공정성이 단지 추정되는 것일 뿐이다. 실제로 전자상거래 표준약관 등 공정거래위원회가 승인한 표준약관에서도 여러 문제점들이 이미 노정되고 있고, 변화가 급격한 거래분야에서는 정태적인 표준약관과 동태적인 현실 간에 괴리가 발생할 경우에는 이런 문제가 현실화될 가능성이 크다.

아직 직접적인 관련 사례는 나오고 있지 않지만 만일 공정위가 인정 내지 직접 작성한 표준약관이 법원에 의해 무효화된다면 이는 당해 표준약관은 물론 공정위의 위상이나 신뢰도 자체에 결정적인 타격을 미치게 될 것이다. 이 점에서도 표준약관을 맹신하거나 약관으로 인한 소비자문제의 해결역할을 표준약관에만 맡겨두는 것은 문제가 있다.

5. 표준약관제도의 개선을 위한 모색방향

우리 약관규제법의 모델이자 표준약관에 관한 규율을 가지고 있는 독일의 경우, 현행 민법전의 약관관련 부분에서 표준약관제도를 규율하고 있지 않다. 다만 경쟁제한금지법(Gesetz gegen Wettbewerbsbeschraenkungen: GWB)에서 표준약관과 유사한 제도를 두고 있는데, 1998년 개정된 경쟁제한금지법 제22조를 통해 우리 약관규제법상 표준약관에 관한 내용을 수록한 바 있다(박동진 · 이병준, 2004: 124-125). 그러나 카르텔청의 역할은 우리 공정거래위원회와 나소 차이가 있어서 주로 표준약관을 통한 경쟁제한가능성은 없는지에 초점이 맞추어져 있다. 다분히 소극적 접근방식이라 할 수 있다. 단, 약관이 작성되어 사전에 카르텔청에 표준약관으로 등록을 한 번 했었더라도 사후적으로 계속하여 관리 · 감독을 받아야 한다.

독일의 예가 곧 기준이 될 수는 없지만, 표준약관의 본질에 대한 이해에 있어서는 시사점을 준다. 표준약관은 용어 그대로 거래계의 표준을 담고 있어야 하며, 약관 속에 소비자보호적 가치를 지나치게 많이 담는 것은 표준약관의 보급 및 활성화를 위해서도 바람직하지 않다. 일부 업종에서 사업자들이 표준약관을 외면하여 사용률이 현저히 저하되는 이유 가운데는 이들 표준약관이 사업자의 입장에서 과도한 거래조건을 담고 있기 때문이라는 추측도 해 볼 수 있다(공정거래위원회, 2006: 356).

우선 계약의 성질상 표준약관의 작성이 곤란한 경우를 선별해야 한다. 공정위의 표준약관 심사는 표준약관의 경쟁제한성을 중심으로 이루어져야 하며, 공정성 부분은 개별약관에 대한 사후심사 단계에서 처리하는 것이 바람직하다고 본다. 만일 표준약관이 필요하다면 주로 불공정 약관이 많이 적발된 업종을 중심으로 운용되어야 할 것이다. 내용 면에서는 기존의 판례나 심결례에서 추출된 기준을 활용하여 개별조항을 구성한다면 공정성이나 재판상 효력을 둘러싼 논란을 피할 수 있을 것이다.

한편 불공정약관 문제가 거의 제기되지 않았던 분야에서는 단순히 표준약관이 존재하지 않는다는 이유로 보급률을 높이기 위한 차원에서의 표준약관 사용권고를 하는 것은 바람직하지 않다. 표준약관제도가 가진 법리적 문제를 인식한다면 표준약관 보급 자체를 소비자정책 집행기관의 정책목표로 삼아서는 안 되며, 약관의 편입통제 및 유효성통제의 보조수단으로 국한하여 활용해야 할 것이다. 요컨대 공정위는 표준약관의 작성주체로서의 지위는 포기하되 권장, 또는 권고로 자신의 역할을 제한할 필요가 있다. 강제적 작성이 필요하다면 한국소비자원으로 그 권한을 이양하는 방안도 고려해 볼 만하다.

아울러 시장환경이 급변하는 거래분야나 새로운 불공정거래행위들이 출현하는 시장에서는 기작성된 표준약관에 대한 주기적 검토와 감독이 병행되어야 한다. 사업자가 표준약관과 다른 내용의 약관을 채용하면서 표준약관표지를 사용한 경우의 처리도 행정제재벌 중심으로 운영하는 것이 바람직하다.

제6절 보론

약관규제의 주된 논거를 소비자보호에서 찾는다고 할 때 약관규제법 운용의 방향은 실제로 약관을 통해 거래를 하는 소비자들을 어떻게 현실적으로 조력할 것인지에 맞추어져야 한다. 이 점에서 현실적으로 의미를 가지는 것이 명시·설명의무 등 편입통제수단의 현실화이며, 아울러 소비자정책의 일환으로서 법 집행기관이 중점운용 중인 표준약관제도에 관해서는 법리적 한계를 감안한 친경쟁적 운용이 필요하다고 본다.

약관의 불공정성이 현실적으로 문제된 단계에서의 보완점도 눈에 띈다. 이에 관해 우선 지적해야 할 부분은 불공정 약관으로 인한 피해로부터의 행정적 구제수단(공정거래위원회의 시정조치)과 사법적 구제수단(법원의 손해배상)의 연계가능성 모색이다. 현행법상 약관의 불공정조항 등 소비자문제가 제기된 경우에 피해소비자가 강구할 수 있는 방안은,

공정거래위원회에 문제된 약관조항의 공정성을 심사토록 요청하여 법 제17조의2에 따른 시정조치를 받도록 하거나(행정적 규제), 이미 계약화되어 버린 약관규정의 불공정성 여부를 법원으로부터 판단 받는 방법(사법적 규제)이 있다. 즉, 현 단계에서는 공정거래위원회의 판단에 따라 특정 약관조항이 무효가 되었더라도 소비자가 구제를 받으려면 다시 법원에 제소하여야 하는 방법을 취할 수밖에 없다.

법원에 의한 사법적(司法的) 통제는 사후적 규제를 본질로 하므로 실체적 진실의 규명과 분쟁의 구체적 해결에는 타당하지만, 일반적・사전적 규제수단으로서 공정위의 행정처분이 가지는 효율성을 확보하고 있지 못하다. 소비자피해구제의 완결성을 높이기 위해서는 양자를 일원화 내지 연계하는 방안이 필요하다. 약관거래로 인한 피해가 소액다수적 성격을 가지고 있다는 점을 감안하면 더욱 그러하다.

현재로서는 소비자기본법에 새로 도입된 소비자집단분쟁조정제도가 대안이 될 수는 있겠으나 이 역시도 사업자가 손해배상결정을 따르지 않을 경우 배상을 강제할 방법이 없어서 행정구제와 사법구제 연계수단으로 삼기에는 한계가 있다. 근본적으로는 집단소송제도나 공정거래위원회로 하여금 손해배상명령권을 부여하는 방안이 해결책이 될 수 있겠지만 현재로서는 실현에 무리가 있는 만큼, 공익소송이나 약관소비자피해구제를 위한 단체소송지원을 과도기적 수단으로 고려해 볼 필요가 있다.

아울러 약관이 불공정한 것으로 공정거래위원회로부터 무효결정을 받게 되면 사업자들은 무효결정이 내려진 불공정약관을 더 이상 사용하지 못하게 되며 고객들에게도 해당 약관의 불공정성과 시정조치 받은 사실을 알 수 있도록 통지해서 적절한 조치를 취할 수 있게 해야 한다. 이와 관련하여 공정거래위원회는 불공정약관에 대한 시정조치를 내린 이후에 「공정거래위원회의 운영 및 사건처리절차 등에 관한 규칙」[23] 제64조의 규정에 따라 그 이행결과를 확인토록 되어 있다. 따라서 단지 당해 약관을 사용 중지했는지 여부뿐만 아니라 고객들에게 당해 사실을 통지했는지에 관해 사후관리를 철저히 할 필요가 있다.[24]

23) 공정거래위원회고시 제2002-9호, 2002.8.21.

24) 2004년 감사원의 감사보고서에 따르면 이 분야에 관한 공정거래위원회의 사후관리감독활동은 미진한 것으로 나타난다. 감사원(2004: 75) 참조.

참 ■ 고 ■ 문 ■ 헌

감사원(2004), 「소비자보호시책추진실태」.

공정거래위원회(2006), 『2006년판 공정거래백서』, 공정거래위원회.

______(2007), 『2007년판 공정거래백서』, 공정거래위원회.

공정거래위원회 소비자본부(2007), 「건전한 거래질서 확립을 위한 표준약관 제・개정 추진」, 공정거래위원회 보도자료, 2007.5.22.

김대규(2004), 「약관편입통제 조항의 기능성 연구」, 『비교사법』, 제11권 1호.

박동진・이병준(2004), 「외국의 약관 및 소비자계약 규제동향 및 사례연구」, 공정거래위원회 연구용역보고서, 2004.12.15.

사법연수원(2006), 「약관규제 및 소비자보호연구」.

장경환(1995), 「계약의 구속력의 근거」, 『고시계』(95/7월호).

木村敦志(1999), 『契約法から消費者法へ』, 東京大學出版會.

石田喜久夫 編(1999), 「註釋ドイツ約款規制法」(改正普及版), 同文館.

제 II 부

소비자와 정책과정

제6장

소비자정책의 정치경제: 소비자보호를 위한 시장의 재발견

최 병 선
서울대학교 행정대학원 교수

제1절 들어가는 말

정치경제학 연구의 핵심대상은 정부의 정책이다. 뒤집어 말한다면 정부의 정책은 정치경제학 연구의 표본이다.[1] 정부의 정책은 모두 다 공익적 의도에서 비롯되며, 정책이 아니고는 공익의 실현이 불가능하다고 철석 같이 믿는 사람은 정치경제학적인 분석 렌즈를 통하지 않고서는 정책의 진면목을 들여다볼 수 없다는 말이 이해하기 어려울지 모른다. 이런 사람에게 정치는 정책을 망치는 요소로서 극력 배제되어야 할 대상일 뿐이다. 정책은 모름지기 인간의 순수한 합리적 이성의 표현이어야 한다. 이런 규범적 관점으로 정책의 실상을 올바로 파악하기는 불가능하다.[2] 정책이 이런 것이어야 한다고 한다면 아마도 국가마다 정책이 각양각색일 이유도 없을 것이다.

소비자정책을 논하면서 정치경제학적 관점의 필요성과 중요성을 강조하고자 하는 이유가 있다. 소비자(보호)정책은 그 자체로 매우 강한 규범적 특성과 함의를 갖고 있기 때문이다.[3] 소비자는 물론 보호되어야 한다. 그러나 정부가 시장에 적극적으로 개입하지

1) 정치경제학의 관점이나 분석방법론의 유형에 대한 일반적 설명은 최병선(1999: 7-18) 참조.

2) 어쩐 이유에선지 알기 어려우나, 유감스럽게도 국내의 기존 정책학(행정학) 교과서들은 대체로 이런 규범적 관점을 취하고 있다. 아마도 효율성을 최고의 가치로 여기는 기술합리적(technocratic-rational) 사고에 길들여진 탓일 것이다.

3) 소비자정책은 사실상 소비자보호정책이라고 말할 수 있고, 소비자보호정책은 내용적으로 보면 거의

않으면 소비자의 권익은 확보되지 않는다고 보는 것은 옳지 않다. 무엇보다도 먼저 시장에서 소비자문제가 발생하는 원인을 천착하고, 오로지 그 토대 위에서 소비자보호정책을 강구하지 않는다면 그 정책은 오히려 소비자이익을 해칠 수도 있다. 바로 여기에 소비자보호정책에 대한 정치경제학적 접근이 요구되는 소이가 있다.

국가정책의 실상은 매우 복잡다단하다. 우선 너무나 당연하다고 여겨 굳이 개념을 정의할 필요조차 없다고 생각하기 쉽지만, 소비자의 권익이 구체적으로 지칭하는 바가 무엇인지는 의외로 불분명하다. 사실상 모든 국민을 지칭하는 소비자집단은 하나의 집단, 동질적 집단이 아니다. 소비자 개개인마다 취향이 다르고 욕구가 다르고 원하는 바가 모두 다르다. 따라서 예컨대 어떤 제품의 안전성 제고를 위해 규제정책을 펼 경우 그것이 과연 모든 소비자의 권익 증진에 실제적으로 도움을 주는지 아닌지 살피기 어렵다. 비교적 높은 소득계층의 소비자 권익의 증진에 도움이 되는 규제가 소득수준이 낮은 소비자에게는 오히려 불편과 부담을 줄 수 있다. 제품의 안전성 제고에 따른 가격의 상승으로 소비기회 자체가 아예 박탈되거나 선택의 폭이 매우 좁아질 수 있기 때문이다.

다른 예로서 소비자마다 각기 다른 특성으로 인해 어떤 소비자층에게 이익이 되는 일이 다른 소비자층에게는 불편을 초래하고 불이익이 되는 경우가 많다. 예를 들면 지체장애자를 위해서는 도로의 높낮이를 없애는 것이 안전한 이동을 돕는 일이 되지만, 맹인에게는 안전한 도보에 필요한 기준점을 상실하게 만드는 결과를 초래하는 것과 같다. 어떤 제품의 안전상 취약점을 개선하는 데 있어서도 어린이를 기준으로 삼은 개선은 어른에게는 불필요할뿐더러 오히려 불편을 초래하는 개악일 수 있다.

이런 예들은 무수하다. 그러나 소비자보호규제의 이런 복잡다단한 이면을 정확하게 이해하고 있는 사람은 의외로 드물다. 여기에 소비자보호정책에 대한 정치경제학적 접근이 필요한 이유가 있다. 예컨대 위의 예가 보여 주는 현상은 언뜻 이해하기 힘들다. 왜냐하면 이런 규제나 정책을 주도한 것은 소비자의 이익을 대변하고 도모하는 소비자단체였을 것이기 때문이다. 여기서 우리는 소비자단체는 과연 누구의 권익을 대변·옹호하는가? 이들이 주창하는 공익은 과연 공익인가?라고 질문해 보지 않을 수 없다. 이 질문은 소비자단체에 대한 매우 공격적인 비판으로 들릴 수 있다.[4] 그러나 위의 예들이 소비자보호

모두가 규제다. 예외가 있다면 소비자교육과 홍보 등을 꼽을 수 있을 뿐이다. 이런 견지에서 이 글에서는 이해의 편의를 위해 소비자보호정책이란 용어와 소비자보호규제라는 용어를 혼용하고 있다.

정책과 규제의 실상 혹은 실제효과를 왜곡하고 있는 게 아니라면 이런 질문의 제기는 정당하다.

사실 소비자단체 등 소위 공익단체의 정치사회적 역할과 공과에 대한 연구들은 공익단체 역시 특수이익집단(special interest groups)의 범주에서 벗어날 수 없음을 지적하고 있다(Vogel, 1996a: 158). 구체적으로 소비자단체 등 공익단체의 지도자와 핵심구성원들은 대부분 중상층(upper middle class) 출신이다(*Id*., p. 154). 이들은 기업 등의 경제활동의 사회적 영향(social impact)에 관심을 기울이고, 주로 언론매체에 의존하여 정치사회적 영향력을 행사한다. 이들이 주장하고 요구하는 것은 한마디로 말해 참여의 보장이다. 자신의 일상생활과 행복에 부정적 영향을 미치는 기업의 행태나 의사결정과정, 정부의 정책결정과정에 그로부터 영향을 받을 수밖에 없는 모든 사람과 집단이 균등하게 참여하는 것이 사회정의라고 외친다. 그러나 이들이 참여하고, 이들이 주도적인 영향을 미치는 가운데, 이들이 믿는 '공익'의 실현을 위해 만들어지는 각종의 소비자보호규제 및 정책이 전반적으로는 소비자이익의 증진에 기여하겠지만, 위에서 본 바와 같은 의도하거나 예기치 않은 결과, 아이러니컬한 결과를 만들어 내기도 한다는 사실에 주목하지 않을 수 없다.

왜 이런 일들이 나타나는 것인가? 왜 공익단체의 주도적 참여와 영향력 하에 만들어지는 규제와 정책이 이런 모순된 결과를 낳게 되는가? 이런 질문이야말로 정치경제학적 관점에서만 제기될 수 있는 독특한 질문의 전형이다. 답은 이들의 규범적 접근에 문제가 있다는 것이다. 공익단체는 말 그대로 자기들만이 '공익'의 수호자·옹호자라고 주장한다. 이런 주장을 내세우며 사회의 다른 어떤 집단이나 세력도 차지하거나 향유할 수 없는 도덕적 절대우위를 차지한다. 이 결과 소비자단체 등 소위 공익단체의 주장과 요구는 거의 절대적인 도덕적 정당성(moral justification)이 부여되는 경향이 있다(Vogel, 1996b: 156).

이들의 주장과 요구가 거의 그대로 정책 프로그램화되곤 하는 이유가 여기에 있다. 물론 이들의 주장과 요구가 관철되지 못하는 경우들이 있다. 그러나 이런 경우에서조차 이들의 주장과 요구가 불합리해서가 아니라, 현실정치와 행정이, 정부와 기업의 관계가 근

4) 일반적으로 정책에 대한 정치경제학적 접근과 분석을 꺼리는 이유 중 하나가 바로 이런 종류의 질문을 던지게 만드는 것이기 때문인지 모른다. 그러나 이런 도전적인 질문을 던져 보지 않고서는 정책이 만들어지고 집행되는 과정에서 나타나는 복잡하고 기이한 현상들을 정확하게 이해하기 어렵다.

본적으로 부도덕하기 때문인 것으로 치부되고, 그래서 더욱 강한 정치적 호소력을 얻게 되는 경우가 더 많다. 이 결과로 나타나는 현상이 '공익'을 앞세운 정부개입의 무한정한 확산이고, 정부규모의 팽창이다(Vogel, 1996b: 155-160).[5)]

정부개입의 확대로 소비자문제가 원만하게 해결된다고 한다면 이를 문제 삼을 하등의 이유가 없다. 그러나 앞에서 보았듯이 소비자문제의 특수성으로 인해 소비자보호규제나 정책은 어떤 소비자집단의 문제는 해결할지언정 다른 소비자집단에게는 새로운 문제를 안기는 경우가 오히려 더 많다. 이런 정부권력의 행사는 소비자의 자율적 판단과 선택의 자유와 권리에 대한 부당한 제약으로서 심각한 문제가 아닐 수 없다. 소비자단체가 옹호하는 '공익'이 과연 공익적인지, 혹시 소비자단체의 사익, 혹은 소수 엘리트의 사익의 충족을 '공익'으로 둔갑시키고 있는 것은 아닌지 천착해 볼 필요가 있다.[6)] 더 근본적으로 소비자마다 다른 개성과 무한한 다양성을 감안할 때, 속성상 획일성과 경직성의 함정에서 벗어날 도리가 없는 정부규제로 소비자이익을 도모할 수 있다면 오히려 이상한 일이다. 이런 견지에서 본다면 모든 개인의 의사와 선택이 고르게 반영되고 존중되는 시장을 적극 활용하는 것이 진정한 의미에서 소비자보호라는 공익 목표를 더 잘 실현할 수 있는 길이다.[7)]

이런 문제의식에서 이 글은 오늘날 소비자보호정책이 가부장주의(paternalism)에 입각한 소비자보호규제 위주의 정책에서 벗어나 시장기능과 시장유인(market incentives)의 중요성을 잘 인식하고 활용하는 시장중심적인 접근(market-centered approach) 위주로 정책의 패러다임을 수정할 필요가 있다는 주장을 펴고 있다. 이를 위해 또한 논의전개의 편리를 위해 윌슨(James Q. Wilson)의 규제정치경제 모델을 고찰한다. 이어서 이 모형에 의하면 모든 소비자보호규제 및 정책은 기업가적 정치(entrepreneurial politics) 유형에

5) 이런 결과가 과연 소비자단체 등 공익단체가 원하는 바인지 여부는 알기 어렵다. 일반적으로 말한다면 무릇 공익단체는 기업을 불신할 뿐만 아니라 기업을 비호하는 정부 역시 불신하기 때문에 시장에 대한 정부개입의 확산을 달가워하지 않는 경향이 있다. 정부보다는 공익단체 스스로가 정치적 힘을 키우고 그 힘을 자율적으로 행사함으로써 공익을 실현할 수 있게 되기를 바라는 편이다(Vogel, 1996b: 142-155).

6) 여기서 공익단체의 사익이란 정부에 대한 막강한 영향력의 확보 및 행사와 이에 수반되는 여러 가지의 부수적 이익을 말한다.

7) 정부규제가 불가피한 특성으로 갖고 있는 획일성과 경직성, 그리고 그 폐해에 대한 자세한 논의는 김영평 · 최병선 · 신도철(2006) 참조.

속하지만, 최근 일어나고 있는 소비자보호규제와 정책의 변화를 이 모델로 이해하고 해석하기는 어렵다는 점을 보겔(David Vogel)의 최근 연구를 빌려 밝힌다.

보겔의 연구가 강조하고 있듯이, 오늘날 소비자보호규제와 정책은 크게 변모하고 있다. 무엇보다도 정책과정 속에서 주요행위자의 역할과 상호작용, 기대와 유인이 바뀌고 있다. 이런 현상의 이면에는 정부의 가부장주의적 간섭과 개입에 반대하며 더 넓은 선택의 권리와 자유의 보장을 요구하는 소비자들의 변화된 욕구가 있다. 이제 소비자는 단순한 소비자보호의 차원을 넘어서 소비자 선택의 권리와 자유의 보장을 강력하게 요구하고 있다. 이렇게 크게 변화하고 있는 소비자의 욕구가 강력한 정치적 압력으로 작용하면서 소비자보호규제와 정책은 이제 기업가적 정치 유형으로는 설명할 수 없는 새로운 정치경제 상황을 연출하고 있다. 이런 새로운 상황의 전개는 소비자문제 자체에 대한 새로운 이해를 요구하고 있다. 이런 문제의식에서 이 글은 소비자문제는 불량한 제품이나 서비스 그 자체에 있기보다는 그런 제품이 활개를 치게 만드는 시장조건에서 찾는 것이 더 논리적이며, 앞으로의 소비자보호규제와 정책이 전통적인 가부장주의에서 벗어나 시장기능을 우선하고 시장기능이 더 잘 작동할 수 있게 만드는 일에 더 큰 노력을 집중하는 방향으로 일대전환을 이루어야 한다고 주장한다.

제2절 윌슨의 규제정치 모형

1. 윌슨모형의 개관

소비자정책 또는 규제와 관련하여 우리가 갖게 되는 기본적인 의문은 왜 숫자로 보면 기업(또는 기업종사자)보다 월등히 우세한 소비자(즉 국민)들이 원하는 바대로 소비자정책이 만들어지고 시행되지 않는가? 또는 왜 정부는 소비자를 기만하는 악덕 기업주나 판매자에 대한 규제를 소비자가 원하는 수준만큼 강화하지 않는가? 등이다. 민주국가에서 정치는 다수의 지배 원리에 따라야 한다고 알고 있기 때문에 이런 의문을 갖는 것은 당

표 1. 정책(규제)의 네 가지 유형(윌슨모형)

		감지된 편익	
		넓게 분산	좁게 집중
감지된 비용	넓게 분산	대중적 정치(majoritarian politics)	고객 정치(client politics)
	좁게 집중	기업가적 정치(entrepreneurial politics)	이익집단 정치(interest-group politics)

자료: 최병선(1992: 126).

연해 보이지만, 여느 정책분야에서와 마찬가지로 민주정치의 현실은 이렇게 간단한 논리에 따라 단순하게 돌아가는 게 아니다.

민주주의, 다원주의 국가에서 국가정책(과 규제)이 만들어지고 변화되는 원인과 과정에 대한 정치경제학 체계를 제시한 학자가 윌슨(Wilson, 1974, 1980b)이다.[8] 윌슨은 다원주의 사회에서 정책은 기본적으로 이익집단, 정치인, 관료 간의 복잡한 정치경제적 상호작용 과정의 산물이라고 보고, 어떤 정책(규제)으로 인해 이익을 보게 될 집단과 손해를 보게 될 집단의 조직적 특성에 기초하여 크게 다음 네 가지 유형으로 분류한 다음, 각 유형에서 주요 행위자 간의 상호작용, 동원되는 논리, 상징 및 설득 전술, 정치가와 관료의 행태 등이 어떻게 다른지를 비교·설명하고 있다.

표 1에서 비용과 편익의 집중 또는 분산이란 표현은 어디까지나 상대적인 구분이다. 먼저 비용이 '넓게 분산(widely diffused)'되어 있다는 것은 비용부담집단이 불특정 다수로서, 예를 들면 어떤 소비자보호 규제로 인해 규제대상 상품과 서비스의 가격이 약간 상승하는 정도로서 개별 소비자의 추가 부담은 미미한 상황을 말한다. 한편 비용이 '좁게 집중(narrowly concentrated)'되어 있다는 것은 비용부담자가 상대적으로 소수이나 각각의 입장에서 부담의 크기가 매우 큰 상황을 말한다. 다음으로 편익이 '넓게 분산'되어 있다는 것은 어떤 정책으로 인한 편익이 불특정 다수에게 미치나 개개인이 얻게 될 편익의 크기는 작은 상황을 말하고, 편익이 '좁게 집중'되어 있다는 것은 매우 큰 편익이 소수에게 집중적으로 돌아가는 상황을 말한다.

8) 윌슨의 정부규제 이론은 Wilson(1974: 135-68)에 처음 등장하였다. 이 논문의 개작이 Wilson (1980a, 1980b)에 실려 있다. 특히 마지막 책에서 윌슨은 이 이론을 정부규제뿐만이 아니라 기타 모든 경제정책을 대상으로 확대 적용하고 있다. 여기서 간략하게 소개되고 있는 윌슨모형은 최병선 (1992: 125-139)을 개필(수정, 보완)한 것이다.

윌슨모형에서 중요변수는 집단의 크기, 집단 구성원의 동질성(이질성) 수준이다. 먼저 집단의 규모가 작을수록 집단의 조직력 혹은 결속력은 강하다. 집단의 규모가 작을수록 집단 구성원 개개인의 기여 여부나 정도에 대한 정확한 판별이 쉬워 보상이나 처벌이 그만큼 더 효과적으로 작용하기 때문이다(Olson, 1965: 48-50, 126-28). 반면에 집단의 규모가 커질수록 구성원 개개인의 기여도 평가는 어렵고, 더구나 개개인의 입장에서 이해관계의 크기가 작으면 무임승차(free ride) 현상이 극심해져 집단행동의 딜레마(collective action dilemma)에 봉착하고 그 결과 집단은 크기에 상응하는 정치적 힘과 영향력을 규합하거나 발휘하지 못하게 된다는 것이다.

다음으로 집단 구성원의 동질성이 강할수록, 더 정확히 말해 집단 구성원의 이해관계와 신념의 동질성(homogeneity of interest and belief)이 높을수록 집단의 조직력과 결속력, 정치적 행동의 힘도 강해진다. 흔히 집단이 동일 산업, 직종, 지역을 기초로 구성되는 것은 이 때문이다. 예를 들면 어떤 부품의 수입관세를 인하하려고 할 때 동종 부품을 생산하는 국내기업들로 조직된 (동업자)조합은 일치단결하여 강력한 저지 행동을 전개하지만, 여러 산업으로 구성되는 경제단체(umbrella associations) 등은 소속 산업의 이해관계의 차이로 말미암아 어떤 단결된 입장이나 행동도 보여 주지 못하게 된다.

이제 이상의 논의를 바탕으로 네 가지 정치상황을 차례로 고찰해 보기로 한다. 여기서 우리가 관심을 가지는 사항은 (1) 각각의 정치상황 하에서 서로 이해를 달리하는 이익집단 간에 어떤 정치적 상호작용이 전개되는가? (2) 이들은 각기 어떤 조직적 대응, 전략적 행동을 취하게 되는가? (3) 정치가와 관료는 왜 어떤 입장을 취하고, 그 결과 어떤 정책적 결과가 나타나게 되는가? 등이다.[9]

(1) 고객 정치 유형

고객 정치 상황은 정책으로 인해 발생될 비용은 상대적으로 작고 이질적인 불특정 다수인에게 돌아가나 편익은 대단히 크며 동질적인 소수인(또는 소수의 기업)에 귀속되는

9) 참고로 Gormley(1986)은 윌슨모형에 보완적이면서 윌슨모형에서 충분히 다루지 못하고 있는 주요행위자의 상호작용과 행동전략, 동기와 유인을 규제정책 이슈의 현저성(salience)과 복잡성(complexity)에 입각해 더 깊이 있게 분석하고 있다.

상황이다. 대표적인 정책 예로서는 수입규제, 직업면허(의사, 약사, 변호사 등), 산업인허가 등 각종의 경제규제(economic regulation) 그리고 장애자 고용지원 정책 등 대부분의 지원정책을 들 수 있다. 이런 정책의 경우 정책의 도입과 시행으로 큰 편익을 얻을 수 있는 소수집단은 대단히 빠르게 쉽게 정치조직화하며 상당히 강력한 정치적 영향력을 발휘하면서 정책화를 요구하거나 압력을 가한다. 한편 비용을 지불해야 할 입장에 있는 사람과 집단은 많지만 이들은 무임승차 경향으로 조직화되기 어렵고 집단행동의 딜레마에 빠져 반대세력으로서 효과적인 정치적 힘을 발휘하지 못한다.

가장 전형적인 예로서 수입규제를 살펴보면 어떤 제품의 수입을 규제함으로써 이득을 보는 집단은 수입품과 경쟁관계에 있는 국내생산자 및 수입업자 등 소수라고 할 수 있고, 수입규제로부터 얻을 것으로 기대하는 이득도 대단히 크다. 수입이 규제된 제품의 시장에서 경쟁은 없거나 약해지고, 따라서 수입이 자유화된 시장에서보다 높은 가격을 받을 수 있게 되기 때문이다. 이런 이유로 수입규제를 요구하는 집단은 빠르게 조직화되어 효과적인 로비활동을 전개한다. 반면에 수입규제로 인해 소비자, 그 제품을 중간재로 또는 자본재로 사용하는 전방연관산업(forward linkage industries) 등은 손해를 보게 될 입장에 서 있지만, 이들 각각의 입장에서 손해의 크기는 그리 대단치 않고, 따라서 집단행동의 딜레마에 빠져 효과적인 저지활동을 전개하지 못한다.

여기서 주목해야 할 것은 양 집단이 어떤 입장을 취하고 어떤 주장을 전개하느냐 하는 것이다. 먼저 정책의 도입과 시행으로 상당한 편익을 누리게 될 집단은 사익을 감추고 공익을 빙자한다. 예를 들면 국내산업의 육성을 위해서는 경쟁력이 강한 수입품의 수입을 상당기간 금지 또는 제한해야 한다거나, 자격을 갖추지 못한 사업자의 양산으로 인해 과당경쟁이 이루어지면 소비자가 피해를 보게 되므로 공익적 견지에서 진입을 제한해야 한다는 등이다. 한편 이런 정책의 시행에 따른 비용을 부담해야 할 입장에 있는 집단은 이런 논리에 쉽게 공감하고 휘말리거나, 그런 목적의 달성을 위해 자신이 상당한 비용을 부담해야 한다는 사실을 무시하거나 아예 인식조차 하지 못해 강력한 반대 목소리를 내거나 행동을 전개하지 못한다.

이런 입장에 서는 것은 정치가나 관료도 마찬가지다. 이들은 해당 정책의 도입과 시행으로 편익을 얻게 될 집단의 주장이나 이들이 제공하는 논리만을 쉽게 받아들이고 마는 경향이 있다. 이들의 사익적 주장이 마치 공익인 양 교묘하게 포장되어 있어서기도 하지만, 이들과 반대되는 목소리를 낼 것으로 예상되는 집단의 목소리는 아예 들리지 않거나 매우 약하기 때문이다. 한편 편익을 얻게 될 집단은 흔히 정치자금 지원이나 정치적 지지를 약속하며 조용한 막후교섭이나 로비활동을 벌이기도 한다. 또한 이런 이익집단과 행정기관 간에 존재하는 공생관계가 힘을 더할 수도 있다. 여기에 더하여 언론이 이익집단에 포섭되어서 혹은 이익집단이 펼치는 일방적 주장에 편승하여 일방적인 논리를 옹호하고 나서면 정책결정은 끝난 것이나 마찬가지다. 정치가와 관료는 기본적으로 여론의 향방을 주시하는 존재이기 때문이다.

고객 정치 유형과 관련하여 특히 주목되는 것은 규제기관의 포획(regulatory capture) 현상이다. 다시 말하면 행정(규제)기관이 피규제산업의 감독기관, 감시기관이 되는 것이 아니라 피규제산업의 뜻이나 요구를 우선적으로 고려하고 반영하는 방향으로 행동하는 현상이 나타나게 된다는 것이다.[10] 이런 현상은 규제기관과 관료가 접하게 되는 정보의 대부분이 피규제산업이 자신의 일방적 입장을 변호하는 입장에서 마련한 정보가 될 수밖에 없는 현실, 피규제산업에 비하여 빈약할 수밖에 없는 규제기관의 예산과 정보 등의 자원, 피규제산업의 요구를 무시하거나 이들의 이익에 반하는 정책을 펼 경우 발생하게 될 갈등을 회피하고자 하는 규제기관과 관료의 유인 등에 의해 피할 수 없는 문제가 되는 경우가 많다.

요컨대 고객 정치 유형의 정책에서 고객은 정책의 도입과 시행으로 큰 편익을 누리게 될 소수의 집단이다. 이들에게 이런 이득을 제공하는 데 따른 부담(높은 가격 혹은 세금 증가)을 지는 집단은 그 부담을 당연한 것으로, 또는 별 거 아닌 것으로 여기거나, 그런 부담을 지게 된다는 사실 자체를 아예 인식하지 못하는 경우도 많다. "세상에 공짜 점심은 없다(There's no free lunch.)."라는 엄연한 사실에 무지하기 때문이다(최병선, 2007b). 국가정책의 매우 큰 부분을 차지하는 정책들이 이런 고객정치 유형에 속한다는 사실은 민주국가의 정책의 본질과 성격에 대하여 다시금 생각하지 않을 수 없게 한다.

(2) 기업가적 정치 유형

고객 정치 유형과는 정반대인 정책유형이 기업가적 정치유형이다. 대표적인 예가 환경

10) Wilson(1989: 79-80) 참조. 규제기관과 관료의 포획현상에 대한 설명은 최병선(1992), 제6장 참조.

오염규제, 자동차안전규제, 산업안전 규제, 보건위생규제, 소비자안전 규제 등 각종의 사회규제(social regulation)다. 이런 분야의 규제에서 비용은 주로 기업 등 소수의 동질적 집단에 집중되지만 편익은 국민이나 근로자, 소비자 모두에게 넓게 돌아간다. 따라서 비용부담자인 기업들은 쉽게 조직화되며 이런 규제의 저지나 약화를 위해 막강한 정치적 영향력을 동원하거나 행사하려고 하는 반면에 잠재적인 수혜자인 편익집단은 쉽게 조직화되지 못하고 집단행동의 딜레마에 빠지기 쉽다. 이런 정치적 상황을 감안한다면 이런 규제가 만들어지는 것 자체가 신기한 일이다. 이런 정책의 도입과 시행을 반대하는 세력이 소수이기는 하나 정치적 힘은 훨씬 강하기 때문이다.

실제로 이런 사회규제 프로그램들은 특수한 상황이나 경우를 제외하고는 규제가 비교적 느슨하게 집행되는 경향을 보이는 것이 일반적이다. 여기서 특수한 상황이나 경우는 크게 두 가지다. 하나는 재난이나 위기의 발생이다. 예를 들면 수질오염 사고, 자동차나 비행기의 안전사고, 집단 식중독 사고, 의약품 사고, 대형 사기사건, 산업재해 등이 터진 경우다. 이 경우 사회부조리를 파헤치는 언론보도가 집중되고, 이것이 무관심하게 지내던 국민들의 충격과 분노를 불러일으키게 되면 평소 규제의 도입이나 강화에 반대하던 기업 등은 개별적으로나 집단적으로 반대의 목소리를 내기 어렵고 크게 움츠러들 수밖에 없다. 이런 정치적 상황에서 책임을 느낀 정부와 국회는 유사사건의 재발방지를 목적으로 관련 정책과 규제를 강화하는 법과 제도를 만들게 된다. 다른 하나는 이런 사건의 직후가 아니더라도 잠재된 국민의 불만을 인식하여 혹은 정치적 정통성의 제고를 위하여 정치인이나 정부가 새로운 입법이나 기존제도의 강화를 추진할 수도 있다. 이런 현상은 주로 민주화 과정에서, 혹은 정권의 변동기에 흔히 나타난다.

위 두 경우에서 일반적으로 발견되는 현상은 시민단체(공익단체)와 지도자의 활발한 활동이다. 시민단체는 말 그대로 조직화되지 않은 그래서 정치적 힘이 미약한 시민의 목소리를 결집하고 대변하기 위해 활동한다. 말하자면 이들은 일반국민 혹은 소비자가 빠지기 쉬운 집단행동의 딜레마에서 벗어나 국민이 정치적 힘을 지닌 주권자로서 제 역할을 할 수 있도록 국민의 관심을 유도하고 국민의 정치적 힘을 동원해 여론을 형성해 나가는 사회적 역할을 수행하는 것이다. 이들의 주요관심사항 가운데 하나가 바로 기업의 사회적 책임을 묻는 일이다. 기업의 사회적 무책임을 방관하는 정부에 압력을 가하는 일이다. 언제나 새로운 뉴스거리를 찾아나서는 언론에게 시민단체는 중요한 뉴스원이다. 흔히 시민단체와 언론이 밀접한 관계를 유지하는 것은 이 때문이다. 시민단체는 또한 대중정치가로서 성장을 꿈꾸는 정치인과 긴밀한 관계를 맺는 경우도 흔하다.

기업가적 정치 유형에서 기업가적 정치가(political entrepreneur)는 바로 이런 집단과 사람, 즉 시민단체와 지도자, 대중정치인 등을 지칭하며, 이런 집단과 사람의 주도적인 노력에 힘입어 정치적 의제(political agenda)가 만들어지고 기업의 반발보다 일반국민의 요구와 이익을 우선하는 방향으로 정치상황의 반전이 이루어지게 된다는 의미에서 붙여진 이름이다. 기업가적 정치 유형의 정책이나 규제는 이 밖에도 다음과 같은 특성을 보인다. 우선 기업가적 정치는 재난이나 위기가 발생한 경우, 정권의 변동기에 활발하며, 결집된 국민의 관심과 강력한 정치적 요구를 반영하여 초기에는 매우 강력한 내용을 가진 입법이나 제도가 수립되게 된다. 국민을 경악케 한 일들의 재발을 막는다는 명분, 국민을 안심시킬 수 있는 수준이 되지 않으면 정치적 설득력을 갖기 어렵기 때문이다.

그러나 바로 이런 속성으로 인해 기업가적 정치 유형의 정책이나 규제는 전형적으로 생명주기(life cycle) 현상을 보이게 된다. 사건, 재난과 위기가 발생했을 때 한껏 달구어졌던 국민의 관심이 다른 일들이 속속 발생하면서 약화되고 그에 따라 감시의 눈이 부드러워지면 그런 정책이나 규제의 집행은 다시 느슨한 상태로 되돌아가게 된다. 여기에는 크게 두 가지 이유가 있다. 하나는 시간이 지나면서 초기의 강력한 정책과 규제의 비현실성이 드러나기 때문이다. 예를 들면 강력한 환경규제가 기업활동을 크게 위축시키고 실업의 증가 등을 유발하게 되면 환경규제의 수준을 다소 완화하거나 집행을 느슨하게 하지 않을 수 없게 되는 것과 같다. 당초의 정책목적을 충분히 달성할 수 있는 정부조직이나 예산 등이 확보되지 않는다거나 입법이 지연되면서 기업의 로비에 기인하여 법안의 물타기가 진행될 수도 있다. 국민의 정치적 관심이 뒷받침되지 않는 한 시민단체의 활동도 처음과 같은 위력을 발휘하기는 어렵다. 그러면 필경 다시 유사한 사고와 재난이 발생하고 위에서 설명한 정치과정은 반복되게 된다.

(3) 이익집단 정치 유형

이 유형의 정치상황은 정부의 정책이나 규제로부터 예상되는 비용과 편익이 모두 소수의 동질적 집단에 국한되고 그것의 각각의 크기도 개개인(개별기업)의 입장에서 볼 때 대단히 크기 때문에 쌍방이 모두 조직화와 정치행동의 유인을 강하게 갖고 있고 조직의 힘을 동원해 서로의 이익확보를 위해 첨예하게 대립하는 경우다. 대표적인 예로서 노사관계를 규정하는 법제도와 정책, 대기업과 중소기업의 관계를 규정하는 법제도와 정책(예를 들면 중소기업 고유업종지정, 대기업에 대한 여신규제 등), 도매업자와 소매업자, 대형 백화점 및 연쇄점과 재래상인의 관계를 규정하는 법제도와 정책, 의사와 한의사 혹은 의사와 약사의 업무영역을 규정하는 법제도와 정책 등, 주로 대체적이거나 경쟁적인 관계에 있는 산업 간의 관계를 규정하는 법제도와 정책들을 들 수 있다.

윌슨모형 자체가 기본적으로 이익집단 혹은 압력집단 정치(interest or pressure group politics) 모형에 입각해 있는 것이 사실이지만 굳이 이런 이름을 붙인 것은 관련 법제도나 정책의 고객이 오직 관련 산업과 이익집단뿐인 듯 처리되고 마는 특성을 보이는 경우가 많기 때문이다. 다시 말하면 이런 유형의 정치에서 국회나 행정부는 이익집단 간의 극단적인 대립과 갈등을 수습하고 조정하는 데 급급한 나머지 그 과정에서 희생될 일반국민의 이익 혹은 부담에 대해서는 특별한 주의를 기울이지 않는 경향을 보인다는 것이다.

따라서 이익집단 정치 유형의 정책과 규제에서 관계된 이익집단은 정치적 힘겨루기의 양상을 보이는 것이 일반적이다. 아이러니컬하게도 각 이익집단은 사익을 위해서가 아니라 공익을 위해서, 국익, 국민의 이익과 편의를 위해서 정부가 자기편을 들어주어야 한다고 주장한다. 이익집단 쌍방이 강력한 조직력과 결속력을 과시하기 때문에 이 과정에서 문제의 가시성은 높아진다. 서로가 국민을 위한다고 하지만 국민의 눈으로 보면 대개의 경우 "밥그릇 싸움"으로 보이고, 정부는 이러지도 저러지도 못해 우왕좌왕하는 것으로 비치는 경우가 많다. 고객정치 유형의 정책과 규제의 성격상 행정기관이 어떤 이익집단에 유리한 정책을 펴는 등의 포획현상은 나타나기가 매우 어렵지만 간혹 그런 경우도 있다. 한의약분쟁에서 보건복지부가 한의학과 한의사에 대하여 편견을 갖고 있다는 등의 공격이 나온 것 등이 대표적이다.

(4) 대중적 정치 유형

대중적 정치 유형은 이익집단의 정치 상황과는 정반대 상황의 유형이다. 해당 정책이나 규제의 감지된 비용과 편익 모두가 이질적인 불특정 다수에 미치나 개개인(개별기업)의 입장에서 보면 그 크기는 일반적으로 작다고 말할 수 있는 경우다. 이 유형에 속하는 정책이나 규제는 과거에는 비교적 찾아보기 어려웠으나, 근래에 급증하는 현상을 보이고 있다.[11] 전형적으로 개인의 자유와 권리, 그에 수반되는 윤리문제에 집중되는 경향을 보인다. 대표적인 예로 낙태, 간음, 성매매, 가정폭력, 인권유린, 사회적 차별, 문화예술분야에서의 음란성 시비, 신기술분야에서의 인간윤리, 종교단체의 비리 등을 들 수 있다.

이런 유형의 정책이나 규제는 심각한 그리고 매우 해결하기 어려운 가치의 대립과 갈등을 수반한다. 예를 들면 낙태의 경우 원하지 않는 임신을 한 여성의 입장을 고려한다면 낙태를 허용하는 것이 바람직하다. 그러나 생명의 존엄성 측면에서 보면 이는 무한정 허용할 수 없는 일이다. 인간의 장기나 인간의 성을 사고파는 행위를 허용하기 곤란하다. 그러나 현실적으로 이런 일은 많이 일어나고 있으며, 나라마다 이런 문제를 이해하고 접근하는 면에서 차이가 있다. 난치병 치료나 불구자를 돕기 위한 줄기세포의 생산을 위한 난자의 조작, 유전자의 조작에 대해서도 사람마다 의견이 다르다. 문화예술인의 경우 표현의 자유와 외설의 경계를 획정하기는 무척 어렵다.

이런 이슈들이 등장해 '사회'문제화될 경우 일반국민은 입장을 정하지 못하고 우왕좌왕하는 경향을 보인다. 물론 개개인의 철학과 소신에 따라 입장을 가질 수 있겠지만 자기의 생각만이 옳다고 말할 수가 없다. 당사자들에게는 삶과 죽음의 문제가 될 수도 있지만 이런 입장에 선 사람이나 집단은 소수이고 대부분의 국민은 중간자적 입장에서 벗어나기 어렵다. 자신의 주장을 관철하기 위해 집단적인 행동을 전개할 동기나 유인도 부족하다. 따라서 대중적 정치 유형에 속하는 정책이나 규제의 경우 이슈를 제기하고 사회문제화하며 국민의 관심을 집중시켜 필요하다고 생각되는 정책이나 규제를 제정하고자 하는 주도세력은 역시 시민단체(공익단체)들이다.

바로 이런 면에서 대중적 정치 유형의 정책과 규제는 기업가적 정치 유형의 정책이나 규제와 유사한 정치적 과정을 보이는 경우가 많다. 예를 들면 유전자조작식품(GMO)의 경우 그것이 어떤 문제를 내포하고 있는지는 아무도 알 수 없다. 과학적 불확실성으로 가득 차 있다. 그러나 유전자조작식품의 폐단을 보여 주는 증거가 제시되면 상황은 크게 달라진다. 전혀 새로운 사실이 아닐지라도 증거가 제시되게 되면 사람들은 일시적으로 그

11) 사실 윌슨은 그의 1974년 논문에서 이것을 별도의 정치적 상황으로 논의하지 않고 있다.

것의 영향을 강하게 받는 법이기 때문이다. 이런 계기가 마련되면 공익단체들은 여론을 움직이기 시작한다. 경우에 따라 이들의 정책화 노력이 성공을 거둘 수도 있지만 반대의 목소리를 잠재울 수는 없다. 따라서 이런 유형의 정책과 규제는 기업가적 정치 유형의 정책과 규제와 비슷한 생명주기 현상을 보이는 경우가 많다. 본질적으로 가치의 대립과 갈등을 내포하고 있는 정책과 규제이므로 시대상황의 변화에 따라, 새로운 사실의 발견에 따른 사람들의 이해도와 인식의 변화에 따라 이전과는 전혀 다른 게임이 또 다시 전개되는 것이다. 이런 이유로 이런 유형의 정책과 규제는 날이 갈수록 매우 복잡하고 해결하기 어려운 논란에 휩싸이게 되며 따라서 불안정한 모습을 보이는 경우가 많다.

제3절 보겔 연구의 의의와 시사점

1. 보겔 연구의 배경

앞에서도 언급한 바와 같이 소비자보호규제는 사회규제의 일종으로서 윌슨모형에서 예외 없이 기업가적 정치 유형에 속하는 것으로 분류된다. 이 유형에서 규제로 인한 비용을 부담하는 측은 주로 기업이므로 사회규제의 도입이나 강화에 대한 반대는 으레 피규제산업일 것으로 추정할 수 있다. 그러나 최근 연구들은 기업의 사회적 책임을 강제하는 사회규제에 반대하는 집단은 피규제산업만이 아니라고 지적하고 있다. 예를 들면 노동조합이나 지방정부 등은 때때로 연방정부의 규제에 반대하는 공동노선을 취한다는 것이다. 이것은 연방규제가 지역의 산업에 부정적인 경제적 영향을 미치는 경우에 특히 현저하다. 대표적인 예가 연방정부의 환경규제다(Vogel, 1984).

보겔의 연구는 이런 연구들과 맥을 같이하고 있다. 보겔은 먼저 윌슨모형에서 업계와 소비자집단은 규제에 대하여 동질적인 선호와 이해관계를 갖는 집단으로 가정되고 있으나 이 가정은 문제가 있다고 지적한다. 소비자보호규제나 환경규제 등 보호규제(protective regulations)[12]의 경우 서로 다른 산업, 혹은 동일산업에 속해 있는 각각의 기업은 동일한 규제에 대하여 각기 다른 선호와 이해관계에 따라 서로 다른 정책적 입장을 취하기도 한다는 것이다.[13] 더욱 놀라운 사실은 소비자보호규제의 경우 이 규제에 대한 주된 반대가 규제로 인해 편익을 누리고 따라서 환영해야 할 입장에 있을 것으로 추정되는 소비자집단 내부에서 제기되는 경우들이 있다는 것이다. 이런 현상은 윌슨모형에 입각해서는 이해하기 어렵다. 아래에서는 이런 현상을 보여 주는 사례들을 간략하게 소개한 다음, 이것이 오늘의 복잡하고 다양한 사회에서 지니고 있는 의미와 정책적 시사점을 살펴보기로 한다.

2. 사례의 고찰

(1) 안전벨트 사례

1967년 미국의 고속도로교통안전청(NHTSA)은 모든 신규차량에 안전벨트의 장착을 의무화하였다. 그럼에도 불구하고 사람들의 안전벨트 착용에 대한 호응도가 낮은 데 불만을 가진 위 안전청은 운전자가 운전석에 앉으면 안전벨트가 자동적으로 착용되도록 하는 시스템(passive-restraint system)의 장착을 검토하기 시작하였고, 1971년에는 1973년 이후 모든 신차에 에어백 장착을 의무화하겠다고 발표하였다. 자동차업계가 준비시간의

12) 본장에서 소비자보호규제와 함께 환경규제, 산업안전규제, 사회적 차별규제 등 사회규제를 보호규제로 포괄해 다루고 있는 점에 유의할 필요가 있다. 오늘날 소비자문제로 취급되는 사회문제의 범위는 크게 확대되었다. 과거에 소비자문제라고 하면 식품이나 공산품의 가격이나 안전성 문제가 주종을 이루었지만, 오늘날에는 이에 더하여 모든 종류의 서비스의 이용자로서 소비자가 겪게 되는 불편과 불만족은 물론이고, 소비자가 인간으로서 영위하는 개인생활, 가족생활의 영역에까지 확대되고 있다. 소비자문제와는 별개로 취급되어 온 환경문제, 근로자안전문제, 사회적 차별과 관련된 모든 사회문제들이 궁극적으로 소비자에게 영향을 미친다는 이유로 광의의 소비자문제 범주에 편입되고 있는 추세다.

13) 이런 차이를 유발하는 요인으로서 가장 널리 지적되는 것이 경쟁적 지위(competitive position)다. 보호규제에 대하여 모든 산업과 기업이 일치된 반대 입장을 취하는 것이 아니라, 각자의 경쟁적 지위에 따라 다른 입장을 보인다는 것이다. 즉 경쟁적 우위(competitive advantage)의 확보나 유지에 유리하다고 판단하는 산업이나 기업은 규제에 반대하는 것이 아니라 오히려 적극 옹호하고 지지하는 입장을 취한다는 것이다(Leone, 1989; McCormick, 1989).

부족을 이유로 반발한 것은 물론이다. 이에 위 안전청은 임시조치로서 1974년부터 모든 신차에 안전벨트가 착용되지 않은 경우 시동이 걸리지 않도록 하는 안전벨트시스템(interlock system)을 제안하였다. 의견이 갈리기는 했지만 업계는 대체로 에어백의 의무화보다는 이 방법이 낫다고 보았다. 랄프 네이더의 자동차안전센터는 이런 임시규칙에 반대하였다. 에어백 장착 의무화보다 열등한 방법이라고 본 것이다. 그러나 대부분의 소비자단체는 임시규칙의 시행이 안전벨트의 사용과 사고의 감소에 기여할 것이라면서 찬성하였다.

1974년 임시규칙의 적용을 받아 생산된 신차가 시장에 출시되자 소비자들은 반발하였다. 딜러들도 소비자들의 거부반응이 심하다고 보고하였다. 신차의 구매자들 가운데 1/3 이상이 차 구입과 동시에 이 시스템이 작동되지 않도록 만들거나 제거해 버렸다. 임시규칙은 생산자나 딜러에게 적용되게 되어 있으므로 이런 행동이 불법은 아니었다. 이 무렵 미의회 의원들은 신규제에 화가 난 수많은 소비자들의 항의서한을 받게 되었다. 한 조사에 의하면 조사대상 운전자의 76%가 신규제에 반대하는 것으로 나타났다. 이런 분위기 속에서 미하원의 주간상업위원회는 자동차 생산자들이 경고시스템을 부착하되 안전벨트를 착용하지 않아도 시동은 걸리도록 하는 대안을 마련하였다. 그러나 이것만으로는 부족하였다. 하원 전체위원회에서는 경고시스템을 달거나, 안전벨트를 해야 시동이 걸리도록 하는 방안 중 하나를 선택할 수 있게 하되, 교통부가 그 어떤 대안을 법적으로 의무화하는 것은 금지하는 수정안을 채택하였다. 상원에서도 유사한 법안이 통과되었다. 결국 포드 대통령은 고속도로교통안전청이 운전자 스스로의 안전벨트 착용 여부 결정에 대한 간섭을 금지하는 내용의 법안에 서명하였다.

(2) 오토바이 헬멧 사례

이 역시 미국의 고속도로교통안전청의 규제사례로서 동 안전청은 1967년 오토바이 운전자와 동승자에게 안전헬멧과 눈보호대의 착용을 의무화하는 규제를 시행하였다. 동시에 이 규제를 시행하지 않는 주에 대해서는 연방고속도로보조금을 삭감하기로 하였다. 이에 따라 1975년까지 3개주를 제외한 모든 주에서 이 규제에 따랐다. 이 과정에서 반대자들에 의해 제기된 소송에서 법원은 "헬멧을 쓰지 않고 오토바이를 탈 권리를 시민의 자유로 인정할 수 없다."라고 판결하였다. 그러나 이 규제는 오토바이 운전자들에게 인기가 없었다. 이들은 대도시에서 항의시위를 벌이곤 하였다. 그러나 보조금 삭감을 우려해 단지 두 개의 주정부만이 이 규제법을 폐지하였다. 이에 따라 반대자들은 연방정부를 상대로 반대행동을 개시하였다. 이들은 단체를 조직하고 의회를 상대로 동 규제의 폐지운동을 전개하였다. 1975년 9월 헬름즈 의원은 이 규제의 폐지법안을 상정하면서 "단지 개인의 안전이 걸려 있을 뿐인 이 사안에서 개인에게 이래라 저래라 명령하는 것은 정부가 할 일이 아니다."라고 주장하였다. 11월에는 성난 일단의 오토바이 운전자들이 수도 워싱턴의 거리를 질주하면서 이 규제의 폐지를 촉구하였다.

반면에 다수의 보험회사가 이 규제를 옹호하였고, 대다수의 운전자들이 이 규제에 찬성하고 있다는 조사결과가 있었음에도 불구하고, 이 규제를 지지하는 적극적인 로비는 보이지 않았다. 이런 가운데 1976년 5월 포드 대통령은 이 규제를 시행하지 않는 주에 대한 보조금 삭감규정을 폐지하는 법안에 서명하였다. 1977년과 1980년 사이에 오토바이 운전자들은 여러 주정부의 수도에서 이 규제법 폐지를 촉구하는 항의시위를 계속하였다. 이런 가운데서도 1980년까지 21개주가 헬멧 착용 규제를 존속시키고 있었다. 한 조사에 의하면 이 규제를 시행하는 주에서는 95% 이상의 운전자가 헬멧을 착용하고 있었던 반면에 그렇지 않은 주에서는 55-60%의 운전자가 아직도 헬멧을 착용하고 있었다. 이 규제 시행 이후 오토바이 사고로 인한 사망자수는 40% 정도 감소한 반면에, 1976-79년간에 사고율은 46%나 증가하였다. 또한 오토바이 운전자들이 보험을 들지 않는 경향이 있어서 이들의 사고율 증가로 인한 의료비의 상승, 납세자의 부담 증가도 매우 컸다.

(3) 사카린 사례

1977년 미국의 식품의약품안전청(FDA)은 미국 내에서 판매되는 모든 식품, 음료수, 화장품에 사카린 사용을 금지하는 규제안을 발표하였다. 이 규제안은 식의약화장품법의 수정법안인 소위 델라니 조항(Delaney clause), 즉 사람이나 동물이 섭취하였을 때 암을 유발할 가능성이 있는 식품첨가물은 안전하지 않은 것으로 본다는 규정에 근거를 두고 있었다. 20세기에 들어선 이후 미국에서 사카린은 설탕의 값싼 대용품으로서 널리 사용되고 있었지만 47개주가 이것에 대해 각종의 제한을 가하고 있는 중이었다. 설탕을 사용해 음료수나 가공식품을 제조하는 생산자들이 압력을 가한 결과였다. 그러나 1960년대에 다이어트 음료 및 가공식품이 인기를 모으면서 사카린의 사용은 연간 25% 수준의 급속한 증가 추세를 보이고 있었다.

이런 가운데 사카린 사용 증가에 경종을 울리는 연구조사결과들이 발표되었다. 그러나 1974년에 FDA의 의뢰로 연구결과를 종합한 국립과학원(National Academy of Sciences)의 결론은 과학적 증거가 불확정적이라는 것이었다. 한편 1977년 캐나다의 식의약품안전규제기관은 생쥐의 실험을 통해 사카린의 과다사용은 방광암 유발가능성을 높인다는 결과를 확인하면서 사카린의 사용을 금지하는 조치를 취하였다. 이에 고무된 FDA는 곧 이어 사카린의 사용을 금지하기로 한 것이다. 사실 FDA는 1969에 인공감미료인 사이클라메이트(cyclamates)의 사용을 금지한 바 있었는데, 여기에 사카린을 추가하자 다이어트 식품 생산자들은 이제 어떤 인공감미료도 사용할 수 없게 되었다.[14)]

이런 속에서 비만이나 당뇨병 등으로 고생하는 소비자의 불만이 미의회에 쇄도하였다. FDA 역시 하루에 1,500통 이상의 항의서한을 받았다. 이 규제의 폐지를 청구하는 소송도 제기되었다. 당뇨병협회, 청소년당뇨병협회도 강력한 반대를 선언하였다. 많은 의사들이 이 대열에 동참하였다. 소프트음료 업계는 이 규제안이 과학적 증거를 무시하고 소비자의 필요를 고려하지 않은 과규제(over-regulation)의 표본이라면서 맹공격을 퍼부으면서 언론을 이용한 반대운동도 대대적으로 전개하였다. 80여 년 간 사람들이 사카린을 사용해 왔지만 부작용 보고는 한 건도 없었다고 주장하였다. FDA가 동 규제안을 발표한지 일주일도 지나지 않아 10여 개의 법안이 의회에 상정되었다. 델라니 조항의 폐지를 주장하기도 하고, 이 델라니 조항의 예외로서 사카린의 사용을 허용하자는 내용이 주를 이루었다. 상하원은 결국 FDA의 사카린 사용금지를 정지시키는 법안을 통과시켰다. 이후에도 의회는 이 입장을 견지하고 있다.

(4) 의약품 승인과 AIDS 사례

1962년 식의약화장품법의 수정법안(Kefauver amendment) 통과 이후 신규처방약의

14) 캐나다는 사이클라메이트 사용을 금지한 바 없었기 때문에 이런 문제가 발생하지 않았다. 그리고 이후의 연구결과 사이틀라메이트의 안전성은 확인되어 있었다.

승인절차가 대폭 강화됨에 따라 신규약품의 개발비용은 1960년 평균 130만 달러에서 1979년 5,000만 달러로 급증하였고 승인기간도 4배나 길어져 평균 10년이 소요되었다. 이처럼 미국의 의약품 승인절차는 영국, 독일, 스위스 등 경쟁국보다 매우 엄격하였다. 그 결과 신규의약품 승인건수 면에서 영국은 미국의 4배에 달하였고, 미국에서 승인절차를 밟고 있는 신규의약품 14개 가운데 유럽에서 이미 시판되고 있는 것이 13개에 달할 정도로 시판승인에 이르기까지 걸리는 기간이 길었다.

이에 따라 소비자불만이 높아져 가자 미의회는 청문회를 개최해 FDA의 승인절차가 불필요하게 길고 복잡해 신규의약품의 도움을 기다리는 많은 환자의 희생을 초래하고 있다고 비판하였다. 그러나 FDA는 요지부동이었다. FDA로서는 안전하지 못하거나 효과가 없는 것으로 판명될 신약을 승인하는 데 따른 정치적 비용이 안전성을 확인하기 위해 신약의 승인을 지체시키는 데 따른 정치적 비용보다 높기 때문이었다. 미국의 신약승인절차의 지체로 인해 고통을 받을 사람들은 정치적으로 조직화되어 있지도 않았다. 실은 그런 사실을 알고 있는 환자 수는 적고 예외에 속했다.

그런데 1980년 중반에 이런 정치적 상황이 극적으로 바뀌는 사건이 일어났다. AIDS 확산이었다. 신약승인절차의 장기화는 거의 모든 환자에게 고통스러운 일이었지만 AIDS 환자에게는 치명적이었다. AIDS는 새로운 병이어서 치료약이 전혀 없었다. 가장 중요하게 AIDS 환자들은 정치적으로 분명한 입장을 취했다. 이들은 자신이 어떤 무서운 병을 지니고 있는지 알고 있을 뿐만 아니라 게이(gay) 단체와 지지자라는 정치적으로 조직된 집단의 일부분으로서 정치적 힘을 발휘할 수 있었다. 이들의 강력한 요구에 직면하여 FDA는 AIDS 치료약 중 하나에 대하여 기존의 신약승인절차를 수정하기로 하였다. 그 결과 1987년 AZT라는 신약이 역사상 최단기간인 18개월 만에 승인되었다. 그러나 AIDS 단체는 이것으로 만족하지 않았다. FDA가 AIDS 환자의 생명을 빼앗아가고 있다고 비판하였다. 비인간적이라고 비난하였다. "FDA가 우리를 죽이고 있다."라는 피켓을 들고 거리에서 항의시위를 계속하였다.

1987년 6월 FDA는 중병환자에 대한 실험약 제공을 신속하게 하기 위한 목적의 새로운 규칙을 시행하였다. 기존의 제도 하에서는 중환자에게 실험약을 제공할 경우 무료로 하도록 의무화하였었으나, 신규칙에서는 신약이 효과적일 것이라는 것, 그리고 그로 인하여 환자가 중대한 위험에 처하는 일은 없을 것이라고 결론지을 수 있을 정도의 합리적 기초가 있으면 제약회사가 실험약품을 사용할 수 있도록 하고, FDA의 승인 하에 동 제품을 판매할 수 있도록 한 것이다. 7월에는 AIDS 환자가 미국에서 아직 시판허가를 받지 못한 외국의 약품을 수입해 사용할 수 있도록 허용하였다. 이 무렵 생명에 위협이 가해지고 있는 환자에게 신속하게 신약이 공급될 수 있도록 관련절차를 대폭 간소화하라는 규제완화 관련 대통령 특별위원회(Presidential Task Force on Regulatory Relief)의 강력한 권고에 따라 신약승인 단계를 간소화하였다. FDA 사상 처음으로 위험편익분석(risk-benefit analysis) 개념을 도입・사용한 결과였다.[15)]

3. 사례의 의미와 시사점

위 4개의 사례는 소비자 스스로가 소비자보호규제에 반대했던 더 많은 사례의 일단에 지나지 않는다(Vogel, 1996b: 226). 이 사례들은 공통점이 있다. 첫째, 다른 보호규제의 경우 규제로 인한 부담이 경미한 데 비해,[16)] 이런 규제들은 특정 소비자집단에게 매우 큰 부담으로 작용하였다. 예컨대 안전벨트나 안전헬멧의 착용 규제는 운전자의 행태를 교정하려고 드는 것이고, 사카린 규제는 당뇨병환자나 다이어트를 원하는 사람들에게는 건강에 위협을 가하는 규제였으며, 신약의 시판규제는 AIDS 환자에게는 생사가 걸린 문제였다.

둘째, 이런 규제는 소비자의 선택의 자유를 제약하는 정도가 매우 심했다. 규제로 인해 경제적 부담의 증가하는 선이 아니라, 소비자가 원하는 행동을 하지 못하도록 만드는 수준으로서 문제를 해결할 다른 방법이 없는 소비자로서는 강력하게 항의할 수밖에는 없는 성격의 규제들이었다. 이런 규제가 강력한 항의에 부닥칠 수밖에 없었던 또 다른 이유는 정부(관료)보다 소비자가 무엇이 진정으로 자신에게 이익이 되는지를 더 잘 알 수 있는 성격의 규제였다는 것이다. 예컨대 안전벨트나 헬멧을 착용하는 데 따른 불편을 감수함

15) 위험편익분석은 어떤 의약품도 위험이 없을 수는 없는 일이고 보면 의약품이 치료하고자 하는 병이 무엇인지에 따라 안전성 평가는 달라져야 한다는 인식에 기초하고 있다. 참고로 당시 FDA 청장이었던 Young 박사는 이런 분석기법 도입의 주창자였다고 한다.

16) 예를 들면 다른 규제들은 소비자의 선택범위를 좁힌다든가, 공개된 제품 정보를 읽고 구매여부를 판단하게 한다거나, 위험한 제품의 용기를 열기 어렵게 만드는 정도에 불과하다.

으로써 사고발생 시 사망위험을 줄이는 것이 나은지 아니면 모험에 따르는 쾌락을 누리는 것이 더 나은지는 정부가 규정할 일이 아니라 소비자 각자의 가치판단에 맡겨두어야 할 사항이라는 인식이 공감을 불러일으킬 만하였다는 것이다.

셋째, 국민(소비자)들에게 충격적인 규제의 제정은 피하려고 하는 정책담당자의 일반적 속성을 보여 주고 있다는 것이다. 예컨대 보건 및 환경규제에 있어서 정책담당자들은 국민의 생활방식에 간섭하거나 개개 소비자의 선택의 자유에 간섭하기를 꺼리는 반면, 생산자나 공급자에게 대부분의 규제부담을 지우려는 성향을 보인다. 이 경우 소비자는 이들에 대한 규제로 인해 인상된 가격을 부담하면 그뿐이다.[17] 소비자의 입장에서 가격인상분은 분명히 규제로 인해 추가된 비용이건만, 일반적으로 소비자는 이런 사실을 인식조차 하지 못하거나 인식할지라도 크게 문제 삼지 않는 경향이 있다.[18] 물론 가격인상효과가 매우 큰 경우는 예외로서 타격을 받게 된 특정 소비자집단은 규제의 도입에 강력하게 저항할 수 있다. 위 사례들은 이런 규제정치의 속성을 잘 보여 주고 있다.

중요한 것은 소비자들의 반응이다. 소비자들은 일반적으로 보호규제에 대하여 호의적이다. 특히 규제기관이 규제의 비용을 생산자나 공급자에게 전적으로 부담시키는 것으로 보이는 규제에 대하여 찬성하며, 그런 규제로 인한 가격상승은 쉽게 받아들이는 경향이 있다. 그러나 정부가 사람들의 행태를 바꾸도록 요구할 경우는 다르다. 이들은 규제에 반대한다. 예컨대 안전벨트와 헬멧 착용 규제의 경우 일단의 소비자들은 운전자의 선택의 자유에 대한 간섭을 문제시하면서 강력히 저항하였다. 한편 사카린 사례나 AIDS 치료약 승인 사례는 소비자의 이익을 대변하는 소비자단체와 일부 소비자집단의 선호가 서로 매우 다를 수 있음을 보여 주고 있다.[19]

이처럼 서로 다른 특성을 지닌 소비자집단마다의 선호의 차이가 지닌 시사점은 매우

17) 이런 경향성을 잘 보여 주는 사례가 소방규제다. 불은 대체로 가정에서 많이 일어난다. 그러나 가정의 소방상태에 초점을 맞추어 규제하는 일은 없다. 주된 규제대상은 공장이나 사무실이고 이로 인한 비용은 결국 모든 소비자에게 전가되고 귀착된다. 마찬가지로 암반등반이나 행글라이딩처럼 매우 위험한 개인의 취미활동도 소비자보호기관의 규제대상이 아니다.

18) 바로 이런 의미에서 규제는 '숨겨진 세금(hidden tax)' 또는 '간접세(indirect tax)'에 해당한다. 규제와 조세의 관계에 대해서는 최병선(2007b) 참조.

19) 식품과 의약품의 안전성에 대한 철저한 확인을 요구해 온 과거의 소비자단체나 의회의 요구에 충실해 온 FDA의 입장에서 이런 일단의 소비자들의 FDA 비판은 매우 당혹스러웠겠지만, 사실은 이런 상황이 더 일반적인지도 모른다.

크다. 미의회 의원들이 소비자단체의 요구와 압력에 따라 도입한 규제를 일부의 소비자들의 불평을 받아들여 폐지하거나 제한하는 내용의 대응행동을 취할 수 있었던 것은 해당 규제의 폐지나 완화가 다른 소비자집단의 보건이나 안전을 해치지 않는다고 보았기 때문이다. 위 사례에서 보았듯이, 규제반대자들은 단지 자기들에게 직접적으로 영향을 미치는 규제의 폐지나 수정을 요구할 뿐이었고, 이런 선에서의 양보는 다른 소비자집단에게는 불리한 영향을 미치는 것이 아니었다. 소비자단체가 규제반대자에 강력하게 맞서 규제를 존속시키려는 노력을 경주하지 않는 이유 역시 규제의 폐지로 인한 부정적 외부효과(negative externalities)가 제한적이었기 때문이다.[20]

4. 윌슨모형에 대한 시사점

위 사례가 보여 주는 정치현상은 윌슨모형으로는 이해할 수 없다(Vogel, 1996: 232). 윌슨모형의 암묵적인 전제 중 하나는 규제(혹은 규제완화)에 따르는 비용과 편익이 각기 다른 집단에 귀속된다는 것이다. 그런데 위 사례에서는 규제로 인한 비용과 편익, 그리고 규제의 폐지(완화)로 인한 비용과 편익이 모두 소비자라는 동일집단에 귀속되고 있다는 점에서 큰 차이가 있다. 이것은 소비자보호규제(나 규제완화)의 독특한 특성에 기인한다.[21] 규제로 인한 비용 부담의 회피 혹은 편익의 수혜의 포기를 소비자 각자의 가치판단에 맡기는 것이 소비자의 선택의 자유를 보장하는 길일 뿐만 아니라 총체적인 소비자 후생을 증가시킬 수 있는 길이기 때문이다.[22] 이런 여지는 소비자집단 내부에 존재하는

20) 실제로 소비자단체는 규제에 직접적으로 반대하지 않는 제3의 소비자들이 해당 규제의 폐지나 완화로 인하여 추가적 위험에 처하게 될지도 모른다는 사실이나 증거를 제시하지 못하였다(Vogel, 1996b: 232).

21) 이런 면에서 이런 정책을 과연 '규제정책'으로 분류하는 것이 옳은지에 대한 의문도 제기된다. Lowi(1964)의 고전적인 정책유형 분류방식에 따른다면 이런 사례들은 분배정책(distributive policy)에 속하는 것으로 봄이 더 정확하다(Vogel, 1996b: 233). 이 사례들에서 의원들은 어떤 집단의 처지를 악화시키지 않으면서도 다른 집단에게 이익이 되는 행동을 취할 수 있었다. Moe(1989: 278)의 표현을 빌린다면, 일반적으로 의원들은 특정 사안에서 특정 고객의 이익을 보호하거나 증진하는 데 있어서 신속하게, 낮은 비용으로, 그리고 특별한 방법으로 개입할 수 있기를 원하는데 바로 이 사례들에서 의원들은 그런 접근을 할 수 있었다는 것이다. 이런 정치적 상황은 규제정치에서는 잘 나타나지 않는다.

큰 폭의 이질성에서 비롯되는 것으로서 환경규제나 근로자안전규제 등 다른 사회규제의 경우와 크게 대비된다.

예컨대 환경규제의 경우 주민의 선택에 따라 어떤 주민은 환경규제에 따르는 편익을 누리게 하고, 그 편익을 누리지 않기를 바라는 주민에게는 편익의 수혜를 거부할 수 있도록 규제를 집행하기는 불가능하다. 근로자안전규제의 경우도 이와 비슷하다. 다만 근로자안전규제가 작업장이 아니라 예를 들면 안전모착용과 같이 근로자의 행태변화를 유도하는 규제의 성격을 지닐 경우 규제에 대한 순응 여부를 근로자의 자유선택에 맡길 수 있는 여지가 있다.[23] 그러나 일반적인 근로자안전규제의 경우 더 모험회피적인 근로자에게 위험을 증가시키지 않으면서 어떤 근로자들은 더 큰 위험에 노출되도록 만들 수는 없다.[24] 이 점은 또 다른 유형의 사회규제인 사회적 차별에 대한 규제의 경우에 더 명확하게 드러난다. 사회적 차별규제에 반대하는 소수가 있을 수 있고, 이들에게는 적용이 되지 않도록 규제를 집행하는 것이 불가능하지는 않다. 그러나 이를 허용한다면 차별의 철폐를 요구하는 경제사회적 집단이나 계층의 권익보호 자체가 어렵게 되고 규제목적 자체가 크게 손상되는 결과를 초래하게 된다.

이런 다른 유형의 사회규제와의 비교에서 우리는 소비자보호규제의 또 다른 중요한 특성을 발견하게 된다. 그것은 소비자보호규제의 경우 환경규제나 근로자보호규제, 그리고 사회적 차별에 대한 규제에서 보게 되는 규제로 인한 편익의 불가분성(indivisibility)이 약하다는 것이다. 다시 말하면 소비자보호규제의 편익은 얼마든지 각 개인의 자유선택에 따라 크게 혹은 작게 돌아가게 만들 수 있다는 것이다. 이와 더불어 소비자보호규제로 인

22) 여기서 한 가지 구별해야 할 점이 있다. 일반적으로 사회규제 영역에서 시장유인적 규제(regulation by market incentives) 방식이 사용되고 있는데, 시장유인적 규제에서는 피규제자에게 경제적 유인을 부여함으로써 규제정책 목표를 더 비용효과적으로(cost-effectively) 달성하거나, 시장행위자가 안고 있는 시장실패 현상(예: 정보의 불완전성)을 교정하여 시장이 잘 작동하도록 만듦으로써 규제정책 목표의 달성을 추구하는 규제방식이라는 점에서 여기서 말하는 것과는 차이가 있다(최병선, 1992).

23) 그러나 이것의 현실성은 거의 없다. 왜냐하면 안전모착용을 거부한 근로자가 사고를 당한 경우 사업자는 여전히 법적 책임을 면할 수 없어 근로자에게 이런 선택의 자유를 부여하는 데 부정적일 것이기 때문이다.

24) 이것은 오늘날 공중장소에서 흡연을 금지하는 논리와 유사하다. 언제 어디서든 흡연할 수 있는 개인의 자유를 제약하는 것의 정당성은 간접흡연이 비흡연자에게 피해를 입힌다는 데 있다.

한 편익의 차별적 수혜는 다른 사회규제의 경우와 달리 타인에게 부정적 외부효과(negative externality)를 일으키지 않는다는 것이다.

다시 정리한다면 소비자보호규제에는 소비자의 자유선택권 행사를 허용하는 것이 소비자보호를 이유로 획일적으로 규제하는 것보다 소비자후생의 증가 차원에서 더 바람직한 경우가 꽤 많이 존재할 수 있다는 것이다. 만일 개개 소비자의 선택의 자유를 인정하는 것은 해당 소비자 개인의 후생이 증가하고, 그로 인해 다른 소비자의 권익이 침해되는 등의 부정적 외부효과가 거의 발생하지 않는 동시에 소비자집단 전체의 후생의 증가에 기여할 수 있다고 한다면 소비자보호규제는 과연 필요한가라는 질문이 제기될 수 있다. 이제 이 질문에 대해 살펴보기로 한다.

제4절 소비자보호정책의 초점 이동: 소비자보호에서 소비자선택의 자유 보장으로

일반적으로 소비자보호규제는 소비자 제품(이나 서비스)의 안전, 보건, 위생의 확보를 목적으로 삼는다. 이 점을 부인할 사람은 없다.[25] 그러나 반대로 소비자의 안전, 보건, 위생의 확보를 위해 소비자보호규제가 반드시 필요한가?라고 묻는다면 의견은 갈릴 수밖에 없다. 소비자보호를 위해서는 소비자보호규제가 필수적이라고 보는 사람들이 있는가 하면, 규제보다는 시장경쟁을 창달하고 소비자에게 더 넓은 선택여지를 부여하는 것이 소비자이익을 증진하는 길이라고 보는 사람들이 있다. 전자를 가부장주의적(소비자보호적) 관점이라고 부른다면, 후자는 시장주의적(소비자주권적) 관점이라고 부를 수 있다.[26] 아래에서는 Reich(1979)의 논문을 주로 참고하면서 두 관점을 비교하고, 오늘날의

25) 여기서는 예컨대 표면적으로는 소비자보호 목적을 내세우고 있지만 사실은 생산자 간의 경쟁력 지위에 변화를 꾀하는 것이 규제를 도입하고 시행하는 더 주된 목적인 경우 등은 논외로 삼기로 한다.

26) Reich(1979)는 가부장주의적 관점에서의 소비자보호를 위한 접근을 정부가 소비자의 구매대리인의 지위에서 제품과 서비스의 결함을 극복을 목적으로 삼다는 의미에서 "구매대리인 모형('purchasing agent' model)"이라고 명명하고 있다.

세계에서 후자의 논리적 우월성과 정책적 유효성이 점점 더 커지고 있음을 밝히고자 한다.[27]

1. 가부장주의 관점과 접근: 가정과 결과

가부장주의란 마치 부모가 판단이 미숙한 어린 자식의 모든 일에 간섭하고 어린 자식의 판단과 선택을 대신해 주듯이 정부가 약자인 소비자(국민)의 보호자를 자임하고 나서서 생산자나 판매자의 기만적인 행위로 인해 소비자가 피해를 입지 않도록 하기 위해 필요한 모든 예방적 조치를 강구해야 한다고 보는 것을 말한다. 이런 관점을 취하는 사람들은 당연히 시장의 불완전성을 소비자보호규제와 정책의 대전제로 삼는다.

이들이 제기하는 시장의 불완전성은 여러 가지다. 우선 현실시장은 소비자가 합리적인 구매의사결정을 내리는 데 필요한 정보의 공급이 부족하고 공급된 정보도 그릇된 경우가 대부분이며, 따라서 소비자가 합리적인 구매의사결정을 내리기가 매우 어렵다고 본다. 예컨대 소비자가 자신의 필요에 정확하게 부합하는 제품과 서비스가 있는지 여부를 알기 어렵고, 그런 제품과 서비스가 존재할지라도 이것을 찾아내기가 어려우며, 그런 제품과 서비스를 찾았을지라도 가격을 비롯해 모든 거래조건이 적정한지 여부를 정확하게 판단할 길이 없다고 본다. 또는 시장구조가 독과점적이어서 지극히 다양한 소비자 욕구를 충족시킬 수 있는 제품과 서비스가 아예 시장에 존재하지 않을 수도 있다고 본다.[28] 또는 허위광고, 과장광고 등 기만적인 광고에 속아 소비자들이 비합리적인 판단이나 구매결정을 할 수 있다고 본다.

이 가운데 어떤 이유에서든 시장이 이렇게 불완전하다면 결론은 뻔하다. 불완전한 시

27) Reich의 논문은 보겔이 다룬 사례의 일부를 포함해 미국에서 1960년대에 융성했던 소비자보호입법이 퇴조현상을 보이던 시기에 발표되었다. 그는 이런 현상의 이면에는 당시의 경제침체와 업계의 고도화된 반대전술도 한몫 하고 있지만, 무엇보다도 그간에 가부장주의에 입각해 우후죽순으로 늘어난 소비자보호입법과 규제에 대한 소비자의 실망과 반발, 정부에 대한 불신, 이에 자극을 받은 미의회 의원들의 적극적인 정치적 대응이 크게 작용하고 있다고 분석하고 있다(Reich, 1979: 1-5).

28) 예를 들면 어떤 소비자는 매우 위험회피적(risk-averse)이어서 가격은 고하간에 매우 안전한 자동차를 사고 싶어 하지만 그가 만족할 만한 수준의 안전성을 보장하는 자동차 자체가 시장에 존재하지 않을 수 있다는 것이다.

장에서 발생하는 온갖 유형의 소비자문제를 해결하기 위해서는 정부가 직접 나서지 않으면 안 된다는 것이다. 정부가 나서서 충분하고 적절한 소비자정보가 시장에 제공되도록 하고, 제품의 최저 안전기준을 설정하며, 허위·과장광고를 규제해야만 한다고 본다. 더구나 소비자의 생명과 보건·안전에 심각한 위협을 가하는 상품으로 인한 경악할 만한 사고의 발생 소식 등은 생산자와 판매자의 비인도적·비윤리적 상행위에 대한 사회적 비난을 야기하면서 제품과 서비스의 생산 및 판매과정 전반에 걸친 광범위한 정부의 개입과 규제를 정당화하게 된다.

가부장주의에 입각한 소비자보호규제의 이면에는 두 가지 가정이 있다. 하나는 시장의 불완전성, 정보의 불완전성으로 인해 소비자는 합리적인 선택이나 구매의사결정을 하기가 매우 어렵다는 것이다. 다른 하나는 생산자와 판매자는 소비자의 무지를 기화로 삼아 비인도적이고 비윤리적인 상행위에 몰입한다는 것이다. 이 두 가지 가정이 합쳐지면 소비자는 비인도적이고 비윤리적인 생산자와 소비자의 횡포 앞에서 완전한 무방비상태, 속수무책의 상태에 놓여 있는 나머지 정부의 적절한 개입과 규제가 없으면 언제라도 꼼짝없이 속아 넘어가 피해를 보고 마는 무력한 소비자가 되고 만다. 가부장주의적 관점에 입각한 소비자보호규제의 심각한 문제점은 바로 여기서 비롯된다.

가부장주의 관점에 입각한 소비자보호규제의 첫 번째 문제점은 정부가 이런 관점에서 소비자문제를 보고 시장에 개입하기 시작하면 정부간섭과 규제는 무한히 증가할 수밖에 없다는 점이다. 논리는 이렇다. 가부장의 입장과 시각에서 정부가 시장에 개입할 때 정부는 일반적으로 평균적인 소비자, 즉 소득수준, 교육수준 등 소비자특성을 좌우하는 여러 가지 측면에서 평균적인 소비자를 상정하게 된다. 그리고 이들을 기준으로 삼아, 이들이 피해를 입지 않을 수준으로 규제기준과 방법을 정하게 된다. 그러나 이렇게 할지라도 각종의 예기치 못한 소비자 사고와 피해는 여전히 발생하기 마련이다. 그러면 정부는 이런 사고와 피해를 예방할 수 있는 수준으로 규제기준을 더 강화하게 되며, 이런 과정은 소비자피해가 사라지지 않는 한 계속된다.

이 결과 정부는 점차 평균적인 소비자라면 불필요할 규제를 가하는 상황에 빠져들게 될 가능성이 매우 높다. 결국 "어떤 경우, 어떤 상황에서도 안전"을 보장할 수 있는 수준으로 상품과 서비스의 규제기준을 높여야 하는 상황에 도달하기 쉽다는 것이다.[29] 이런

29) 예를 들면 Ralph Nader가 자동차의 안전문제를 제기하면서 주창한 "어떤 속도에서든 불안전한

상태에 귀착하는 것이 바람직하지 않음은 두말할 필요가 없다.

우선 소비자마다 지식과 경험이 다르고 판단능력이 다른데도 불구하고 지식과 경험, 판단능력이 전혀 없는 소비자를 기준으로 삼아 정부가 규제의 강도를 높이게 되면 무엇보다도 먼저 규제 상품과 서비스의 가격(생산원가)은 불가피하게 상승할 수밖에 없다. 실제로 시장에 소비자피해를 야기할 가능성이 있는 상품과 서비스가 제공되고 있는 이유는 생산자나 판매자가 악해서라기보다는 "어떤 경우, 상황에서도 안전"한 제품과 서비스를 생산하고 판매할 수 있지만 그런 고급 수요는 매우 적어 채산이 맞지 않기 때문이라고 보는 게 옳다. 다시 말하면 생산자나 판매자가 품질이 우수한 제품이나 서비스를 생산하고 판매할 수 있는 기술이나 방법을 몰라서가 아니라 그런 기술이나 방법을 사용할 경우 비용의 상승이 불가피하고 그러면 판매가 줄고 수입이 줄어들 것이기 때문에 기피하는 것이라고 보아야 한다는 것이다.

따라서 가부장주의 관점에 입각한 소비자보호규제가 증가하면 증가할수록 규제의 불합리성은 높아진다(Bardach and Kagan, 2002). 우선 소비자 중에는 과도한 규제가 오히려 불편을 야기하거나 불필요한 가격상승을 초래해 경제적 부담만 늘게 되는 소비자들이 있다. 이들은 평균적 소비자들에 비해 위험한 제품의 사용에 능숙하거나 더 주의를 기울이는 소비자, 혹은 규제로 인한 제품가격의 인상분보다 낮은 비용으로 제품의 결함을 고칠 수 있는 소비자, 혹은 신체적·경제적 피해에 덜 민감한 소비자들이다. 이들의 입장에서 볼 때 이런 규제의 필요성은 낮고, 경우에 따라서는 불공평한 규제라고 생각할 수도 있다. 예를 들면 동일한 규제에 대하여 위험회피적인 소비자들은 그 필요성을 인정하고 환영하겠지만 위험선택적인 소비자는 위험회피적인 소비자들을 보호하는 비용을 자신들에게 강제로 부담시키는 것은 부당하다고 생각할 수 있다.[30)]

바로 이런 문제점을 의식하여 제품의 안전성 규제기준과 방법의 결정에 규제로 인한 편익과 동시에 비용을 고려하도록 해 보지만 이것으로 이런 문제점이 저지되지는 않는다. 규제로 인한 편익의 계산자는 소비자 본인이 아니라 규제관료 또는 정책담당자로서 이들은 행정책임의 회피를 위해 가장 판단능력이 낮고 취약한 소비자의 입장을 고려해 편익

(unsafe at any speed) 자동차"라는 구호가 좋은 예다.

30) 안전벨트를 착용해야만 시동이 걸리도록 하는 규제, AIDS 치료약 규제 등 앞에서 설명한 소비자보호규제 저항 사례들이 모두 이런 경우에 속한다고 볼 수 있다.

을 계산하므로 규제로 인한 편익은 더 과대평가되는 경향이 있고, 따라서 비용이 편익에 미달하는 한 그 선까지는 계속 규제의 강화가 이루어질 것이기 때문이다.

가부장주의에 입각한 소비자보호규제의 두 번째 문제점은 위와 관련이 있는 동시에 어떤 면에서 더 근본적이다. 가부장주의에 입각한 소비자보호규제는 단지 소비자가 합리적 구매의사결정을 하지 못하게끔 만드는 시장의 불완전성, 정보의 불완전성을 교정하는 것이 아니라, 말하자면 시장에서 소비자의 몫이 되어야 할 선택을 규제관료나 정책담당자의 선택, 즉 정부규정(government edicts)으로 대체(substitution)하는 셈이다. 이는 명백히 자신의 필요에 대하여 가장 잘 알고 정확하게 판단하는 사람이 바로 자신(Each person is the best judge of his or her own needs.)이라는 자유시장경제의 기본가정에 배치된다(Reich, 1979: 14). 소비자의 선택사항이어야 할 것을 관료와 정책담당자의 선택사항으로 대체한다는 것은 소비자가 스스로의 이익을 챙기지 못하는 존재, 무능하지는 않을지라도 기업의 엄청난 힘 앞에서 상대적으로 무력한 존재라는 함의를 갖는 것이다.

2. 시장주의 관점과 접근

지금까지 검토한 바와 같이 가부장주의 관점과 접근에서는 소비자 제품위험의 배제나 품질의 제고에 주안점을 두고, 규제로 인한 편익과 비용의 균형만을 문제 삼을 뿐이다. 경쟁의 존재 여부가 논리적으로 아무런 상관이 없다(*Id.*, pp. 14-15). 다시 말하면 어떤 경우, 어떤 상황에서 생산자 간 그리고 판매자 간의 경쟁이 또는 경쟁제한이 소비자보호에 이로울지 해로울지에 대한 아무런 고려가 들어가 있지 않다. 반면에 경쟁정책에서는 시장지배력의 통제에 치중한 나머지 소비자보호 측면에 대한 고려가 매우 미흡하다. 그 결과 어떤 상황에서는 불완전경쟁시장이 완전경쟁시장보다 소비자이익을 더 잘 보호할 수도 있다는 사실을 외면하고 있다.

이처럼 소비자보호규제와 경쟁정책 간에 논리적 연계가 결여된 채 이루어지는 가부장주의 관점에서의 소비자보호규제는 소비자에게 이로운 기업(영업)활동을 금지 또는 규제하는 모순된 결과에 이르기도 한다. 대표적인 예가 시장분리협정(market division agreements), 끼워팔기(tying arrangement), 전문직종에 대한 규제(occupational restrictions),

상표권보호(trademark protection) 등이다(*Id.*, pp. 15-19).

바로 여기에 시장주의 관점과 접근에 눈을 돌려야 할 필요성이 있다. 시장주의 관점에서는 제품의 불량이나 소비자 판단의 비합리성 그 자체를 문제로 보고 대책을 강구하려고 하기보다는, 왜 불량한 제품이 시장에 등장하고 무엇이 소비자의 합리적인 판단과 선택을 오도하고 있는지 그 원인을 찾아 대책을 모색하는 접근방식을 취한다. 이런 면에서 가부장주의 관점과 접근에 비해 시장주의 관점과 접근은 논리적으로 우월하다. 시장에서 판매자는 이윤극대화를 위해 소비자가 원하는 가격에 질적으로 양호하고 다양한 상품과 서비스를 공급하기 위해 모든 노력을 기울이기 마련인데, 실제 시장이 이런 방향으로 작동하지 않고 있다면 이는 시장의 작동메커니즘 어딘가에 어떤 결함이 있기 때문이라는 문제인식을 갖고 대응책을 마련하고자 하기 때문이다.

다시 말하면 시장주의 관점은 (1) 시장에서 판매자는 합리적인 소비자가 그릇된 선택을 하지 않도록(혹은 합리적인 선택을 할 수 있도록) 도우려고 하는 충분한 유인을 갖게 마련인데,[31] 판매자는 어떤 상황에서 왜 그런 유인을 갖지 못하게 되는가? (2) 그들이 이런 유인과 동기를 갖지 않을 수 없도록 만드는(유도하는) 시장조건은 무엇인가?에 주목한다(*Id.*, p. 20). 이런 시장주의 관점에서 접근할 때 소비자보호를 위해 정부가 해야 할 일은 직접적으로 불량품을 시장에서 배제하는 일이 아니다. 불량품의 질을 높이도록 강제하는 일도 아니다. 소비자가 불량품과 불량서비스를 사지 못하게끔 만드는 일도 아니다. 소비자보호를 위해 정부가 해야 할 일은 소비자가 제품과 서비스의 구매에 수반되는 물리적 또는 경제적 비용과 위험을 오산(misestimation)할 가능성을 최소화하는 일이다. 이를 위해 소비자가 오산하여 뜻하지 않은 피해를 입지 않도록 소비자의 판단과 선택을 도와줄 책임과 의무를 판매자에게 부과하는 일이다(*Id.*, p. 20, pp. 24-26).

여기서 "제품과 서비스의 구매에 수반되는 물리적 또는 경제적 비용과 위험"은 간단히 말한다면 거래비용(transactions costs)이다.[32] 흔히 거래비용이라고 하면 상식적으로

31) "합리적인 소비자" 개념은 물론 하나의 픽션이다. 누구도 소비자가 실제로 가상적 개인처럼 합리적이라고 주장하지 않는다. 그럼에도 이 개념은 인간행동의 일반적 패턴을 예측하는 데 있어서 유익하다. 여기서는 이런 개념으로 사용되고 있다(*Id.*, p. 20).

32) Reich(1979)는 이를 '숨은 비용(hidden costs)'이라고 부르고 있다. 일반적으로 시장거래와 교환에 수반되는 불확실성으로 인해 불가피하게 야기되는 비용이 거래비용인데, 거래비용의 존재를 처음으로 인식하고 거래비용이론을 개척한 학자인 로날드 코우즈(Ronald Coase)는 이를 "시장비용

운송료, 교통비, 통신료 등을 연상하는 경향이 있다. 그러나 거래비용 개념은 더 추상적이다. 주로 적절하고 정확한 정보의 획득과 처리에 드는, 또는 이런 과정에서 정신력의 소모를 유발하는, 정보비용(information costs)이다. 소비자의 입장에서 간단히 설명한다면, 가격이 너무 높은 것은 아닌지, 가격대비 성능과 품질이 과연 보장되고 있는지, 해당 제품이 바로 내가 찾는 그런 성능과 효과를 지닌 제품인지, 안전하다고 되어 있지만 실제로 제품을 사용하다가 신체적 피해를 입게 되지나 않을지, 유지비용은 얼마나 들지, 고장이 날 경우 수리비용은 얼마나 들고 또 쉽게 수리를 받을 수 있을지, 반품이나 환불이 보장되는지 등 소비자가 구매의사결정을 내려야 할 때 검토하고 심사숙고해야 할 사항들은 많다. 바로 이런 사항들에 대하여 올바른 판단에 이르고 어느 정도의 확신을 가지기까지에 들여야 하는 시간, 노력, 금전적 비용이 모두 거래비용에 포함된다.

적절하고 유익한 소비자정보의 제공 등 시장조건이 완전하고 소비자가 완전히 합리적이라고 한다면, 다시 말해 거래비용이 영(zero)이라면, 소비자보호를 위한 정부의 개입은 불필요하다. 소비자들이 각자 필요로 하는 만큼의 소비자정보를 가지고 각자가 원하는 상품과 서비스의 가격, 품질, 정보가 적절하게 조합된 제품과 서비스를 구매하면 된다. 그러나 현실에서 거래비용은 영이 아니다. 상당히 높다. 정보가 불충분하게 공급되고 있을 뿐만 아니라, 공급된 정보조차 정확하지 않거나 정확하게 해석되지 못하는 경우가 많다. 허위·과장광고처럼 주어진 정보를 과신하는 경우도 있다. 이 경우 소비자는 어떤 정보를 더 얻어야 하고, 어떤 측면에 더 주의를 기울여야 할지 알지 못한다.

이렇게 볼 때 소비자문제는 불충분하고 하자가 있는, 비위생적이고 안전하지 않은, 효율성이 낮은 특정 제품이나 서비스 그 자체에 있는 것이다. 소비자마다 원하고 기대하는 내용이 다르고 또 그 수준에 차이가 있기 때문에 이런 형용사들은 사실상 의미가 없는 상대적 개념에 불과하다. 어느 정도면 충분히 안전하고 위생적인지, 그런대로 괜찮은지

(marketing costs)", "가격메커니즘을 이용하는 비용(the costs of using the price mechanism)", 혹은 "열린 시장에서 하나하나 교환의 방식으로 이루어지는 거래의 수행비용(the costs of carrying out transactions by means of an exchange in the open market)"이라고 불렀다. 한편 Dahlman(1979)은 "탐색 및 정보비용, 협상 및 결정비용, 확인 및 집행비용(policing and enforcement costs)"으로 유형화하였고, North(1990: 27-35)는 더 간략하게 측정비용(measurement costs)과 집행비용(enforcement costs)으로 분류하고 있다. 거래비용(과 제도경제학)에 대한 자세한 논의는 최병선(2006a, 2006b, 2006c) 등 참조.

아닌지는 전적으로 개별 소비자의 특성에 좌우되고 그만이 판단할 수 있는 일이다. 어떤 제품, 서비스든 객관적으로 누구에게나 안전하고 위생적이고 결함이 없는 그런 것은 있을 수 없다. 예컨대 보통의 어른에게는 충분히 안전한 약품이 어린이와 노약자, 임산부에게는 그렇지 않을 수 있는 것과 같다.

물론 소비자문제는 제품과 서비스의 특성에 따라 성격이 달라지고, 정부개입의 정당성도 달라진다. 예컨대 어떤 소비자가 배기량이 큰 자동차를 사고서 휘발유 값이 너무 든다고 불평할 수 있겠지만 이런 문제에 정부가 개입할 소지는 거의 없다. 그런 사실 정도는 이미 구매시점에서 소비자가 알 수 있었다고 보기 때문이다. 반면에 의약품이나 식품첨가물의 경우는 정부개입의 여지가 크다. 소비자들이 이런 물질의 위험성이나 비용을 과소평가했을 가능성이 있기 때문이다. 나아가 잠재적 위험의 크기와 심각성도 정부개입의 적정성에 영향을 미치는 중요한 고려요인이다. 예컨대 소비자가 잠재적 위험을 저평가할 가능성이 낮을지라도 그 위험으로 인한 피해가 크고 중대하다면 정부개입이 필요하다.

그러나 우리가 분명하게 이해해야 할 사실은 시장에서 판매자는 소비자의 각기 다른 구매욕구와 의사에 최대한 부응할 수 있도록 가격-품질-정보를 조합한다는 것이다. 예를 들면 소득수준이 낮은 소비자에게는 품질이 다소 떨어지는 제품과 다소 불충분한 제품정보를 제시하고 가격은 싸게 하는 반면, 소득수준과 교육수준이 높은 소비자에게는 품질이 좋은 제품과 충분한 제품정보를 제공하지만가 가격은 비싸게 매기는 것과 같다. 또 고급품을 찾는 소비자에게는 높은 값을 받되 최고, 최신의 제품을 소개하고 자세한 정보를 주면서 만족도를 높이는 반면에, 그저 최소한의 기능을 하는 제품을 찾는 소비자에게는 재고품을 파는 대신에 가격을 대폭 할인해 파는 것과 같다.

이와 같이 판매자는 소비자의 욕구와 필요에 맞추어 각각의 소비자에게 각기 다른 가격-품질-정보 수준이 조합된 제품과 서비스를 제시하고 거래를 성사시켜 이윤을 얻으려고 한다. 시장에서는 이런 일이 일상적으로 이루어지고, 지속적으로 반복된다. 이렇게 보면 시장에서 발생하는 소비자문제란 소비자가 제품마다 가격-품질-정보 간의 대체(substitutions)가 서로 다르다는 사실을 잘 알지 못하고 오판해서 발생하는 문제라고 말할 수 있다. 예컨대 보통의 소비자라면 가격이 싸면 품질은 떨어질 것을, 품질이 좋고 제품정보가 잘 제공되고 있다면 가격은 비쌀 수밖에 없음을 안다. 그런데 이 소비자가 '값이 싸면서도 품질은 좋다.'라는 선전에 속아 넘어갈 만한 충분한 이유가 있어 제품을 구매해 사고를 당하거나 피해를 입었다고 한다면 이는 소비자문제에 속한다고 보는 것이 시장주의 관점이다.

3. 정부개입의 적정성 판단기준

이상에서 고찰한 바와 같이 시장주의 관점의 핵심은 정부개입의 필요성 여부를 제품의 내재적 위험(intrinsic risks)이 아니라 소비자의 무지(ignorance of consumers)에서 찾는 것이다(Reich, 1979: 25). 소비자들이 '불량'제품을 사지 않도록 만드는 게 아니라, 소비자들이 무지해서 제품위험이나 숨은 비용(hidden costs)을 오판할 가능성을 최소화해 주는 것이 소비자보호정책의 목표가 되어야 한다고 본다. 이런 관점에서 접근할 때 제기되는 핵심적인 질문이, 시장에서 소비자가 오판할 가능성을 최소화해 줄 책임은 누가 져야 하는가이다.

우선 이론적으로 말한다면 만일 거래비용이 영이라고 한다면 이 책임배분의 문제는 전적으로 시장자율에 맡겨두는 것이 최선이다. 이런 시장에서는 판매자와 소비자 중 소비자의 오판 가능성을 더 쉽게 줄여 줄 수 있는 입장에 서 있는 측이 책임을 지도록 하는 방식이 채택될 것이다. 그것이 서로에게 최선이기 때문이다. 실제로 대규모 거래에 있어서는 거래당사자간에 책임의 배분과 귀속에 관한 구체적 사항을 계약에 명시하는 것이 일반적이다. 쌍방이 높은 수준의 전문성이 있고 따라서 거래비용이 낮기 때문이다.

그러나 실제 시장에서 대부분의 거래는 이런 방식으로 이루어지지 않는다. 거래비용이 매우 높아 자발적 합의에 도달하기도 어렵고, 비록 합의가 이루어지더라도 그것이 최선이라고 보기도 어렵다. 그러므로 시장의 자율에 일임할 수 있는 경우는 극히 제한될 수밖에 없다. 판매자와 구매자 간에 존재하는 협상력의 불균등을 고려해 볼 때 시장자율에 맡기는 것이 불합리한 경우가 많다. 이런 상황에서 소비자문제의 해결에 일반적으로 사용되는 제도가 손해배상책임제도이지만, 이 제도는 막대한 소송비용을 초래하므로 보편적인 문제해결 방법이 될 수 없다.

일반적 원칙은 소비자의 무지와 그로 인한 오판가능성을 최소화하는 책임을 판매자(혹은 제조자)에게 부담시키는 것이다. 다만 이 책임은 언제 어느 경우에나 당연히 판매자에게 부과하는 것이 아니라, 판매자(와 제조자)가 소비자보다 이 가능성을 줄이는 데 더 유리하고 쉬운 입장에 있을 때로 국한해야 한다는 것이다. 바로 이 점에서 시장주의 관점은 가부장주의 관점과 극적인 대조를 보인다. 가부장주의 관점에서는 정부가 특정 제품의 비용이 편익보다 크다고 판단될 때면 언제나 개입하게 되지만, 시장주의 관점에서는 판매자가 자발적으로 소비자의 오판을 예방하려는 노력을 기울일 것으로 추정할 수 없는 경우에만 정부개입은 적절한 것으로 인정된다(*Id.*, 25-26).

일반적으로 판매자가 평판과 신용(goodwill)의 유지에 관심이 크고 소비자가 상품구매 후 숨은 비용을 쉽게 발견할 수 있기만 하다면 소비자의 오판을 막을 책임의 배분은 시장에서 자동적으로 이루어질 가능성이 높고, 따라서 정부개입의 필요성은 없다. 이런 시장조건이 갖추어지지 않는다면, 다시 말해 판매자가 소비자를 오도하려고 하고, 숨은 비용의 공개를 꺼리는 반면, 소비자는 속수무책의 처지에 있을 수밖에 없다면 정부개입이 불가피하다. 이런 경우로는 대개 다음 네 가지가 있다.

(1) 소비자가 숨은 비용의 존재를 알지 못할 때이다. 예를 들면 주택의 방한설비의 불량 설치로 소비자의 에너지비용 부담이 증가되는 경우, 자동차 점검 시 교체나 수리가 필요한 부품에 대해 소비자가 잘 알 수 없고 정비공에게 전적으로 의존해야 하는 등 소비자가 꼼짝없이 우롱당할 가능성이 큰 경우다.

(2) 소비자가 숨은 비용의 존재는 알고 있으나, 누구에게 책임을 물어야 할지 알기 어려운 경우다. 예컨대 식품첨가물, 의약품, 화장품의 발암성은 사용 후 몇 년이 지나서도 확인하기 어렵다. 암이 발병한 경우에도 그동안 사용했던 제품 중 어떤 제품 혹은 어떤 회사의 제품이 원인이 되었는지 지목하기 어렵다. 그러므로 이런 경우 신용에 신경을 쓰는 제조자나 소매판매자라 할지라도 제품의 발암성을 검사할 유인이 없다. 사실 제조자조차 더 나은 제품을 만들 유인이 적을 수도 있다. 높은 R&D 비용을 들여서 발암성이 낮은 제품을 개발하고 광고할지라도 소비자들이 이를 전폭적으로 신뢰해 줄 것으로 기대하지는 않을 것이다. 따라서 이런 경우 소비자의 무지 극복을 위한 정부개입의 필요성이 높다.

소비자들이 숨은 비용의 존재를 알지 못하거나, 책임의 소재를 규명할 수 없는 경우 소비자들은 불만이 있지만, 이 불만을 어떻게 해결해야 할지 알지 못한다. 불만의 해결방법을 모르기 때문에 자신, 가족, 이웃의 기왕의 구매행태를 바꿀 수 없고. 따라서 판매자의 신용도 위협에 처하지 않고 기존의 문제를 해결할 유인이 없다. 여기에서 아이러니가 나타나게 되는데, 그것은 소비자가 숨은 비용에 대해 알고 있고 불만을 제기하는 사안에 대해서는 굳이 정부가 개입할 필요성이 없다는 것이다. 소비자불만 자체가 소비자가 불만의 원인을 발견할 수 있는 능력을 갖추고 있음을 의미하는 것이고, 시장이 이에 우선적으로 반응할 것이기 때문이다(*Id.*, p. 28).

(3) 판매자가 반복구매(repeat sales), 기타 구전에 의한 평판에 의존하지 않는 경우다. 야반도주(flight-by-night) 판매자, 이동판매자, 우편판매, 전화판매, 방문판매 등은 반복적인 거래관계에 있지 않으므로 판매자가 평판이나 신용을 무시하기 쉽다. 대신에 가격을 대폭 할인해 주거나 판매원에게 높은 수당을 약속해 공격적으로 세일즈를 할 것이므로 소비자 피해의 가능성이 높다. 따라서 이런 유형의 판매형태에 대해서는 정부개입의 필요성이 인정된다.

(4) 시장구조의 특성상 경쟁수준이 낮은 경우다. 판매자가 느끼는 평판과 신용의 가치는 시장구조와 밀접한 연관이 있다. 만일 평판과 신용도를 높게 유지하고 높이려는 노력을 기울인 결과 증가된 수입이 소비자에게 위험을 알리고 피해를 최소화할 수 있도록 하는 데 드는 비용보다 작다면 이런 노력을 기울일 판매자는 없다. 특히 동종 제품 판매자의 제품이 유사한 결함을 지니고 있다면 개별 판매자가 이런 노력을 기울이려 하지 않을 것이다. 또 단기적으로 이런 노력의 가치를 인정할지라도 장기적으로 그런 노력이 과점적 시장에서 경쟁을 가열시키고 신규사업자의 진입이나 기존사업사의 확상을 야기할 것으로 염려되는 경우에도 이런 노력을 기울이려 하지 않을 것이다. 더 근본적으로 판매자간에 묵시적・명시적 담합이 이루어져 있는 경우에도 평판과 신용은 가치가 떨어진다. 이런 상황에서 판매자는 소비자이익을 돌볼 동기가 약화된다.

이상에서 적시한 네 가지 경우, 혹은 이것들이 상호작용하거나 조합된 경우, 소비자보호를 위해 정부가 시장에 개입할 필요성이 있다. 그러나 이런 경우에서조차 정부개입의 비용과 편익을 견주어 보아야 한다는 점이 중요하다. 요컨대 시장에서 판매자와 소비자 간에 책임배분이 자동적으로 일어나도록 유도하는 것이 최선이다. 위의 시장조건이 존재하지 않거나 그런 성향이 강하지 않다고 해서 불쑥 정부개입을 앞세울 일이 아니다. 시장에서 판매자와 소비자 간에 책임배분이 비교적으로 효율적으로 이루어지고 있거나, 이루어질 것으로 보아 정부개입을 최대한 삼가는 것이 바람직하다(*Id.*, p. 31).

결론적으로 시장이 소비자욕구에 민감하게 대응하도록 만드는 것, 다시 말해 판매자가 무엇보다도 소비자의 평판과 신용을 중시하게끔 만드는 것이 시장주의 관점에서의 정부

개입의 요체이다.[33] 이런 차원의 정부개입은 소비자문제에 대한 최적의 현실적 대응책일 뿐만 아니라 규제비용을 최소화한다는 면에서도 강점이 있다.

정부개입의 비용은 행정기관의 규제집행비용(enforcement costs)과 판매자의 규제순응비용(compliance costs)으로 구성된다. 우선 제품품질에 대한 규제, 판매자 행태(seller conduct)에 대한 직접통제(규제)는 높은 집행비용을 유발한다. 또 신제품, 신모델, 신광고가 홍수를 이루는 오늘날의 시장을 정부가 일일이 감시하는 것은 사실상 불가능하다. 이런 면에서 보면 판매자의 평판과 신용도 제고에 초점을 맞추는 전략은 기본적으로 시장기능에 의존하기 때문에 행정비용을 크게 줄이고 장기적 효과도 높일 수 있는 장점이 있다.

다음으로 규제순응비용 측면에서도 평판과 신용도 제고에 초점을 맞추는 전략은 장점이 있다. 먼저 인식해야 할 사항은 판매자의 규제순응비용은 결국 소비자에게 전가된다는 점이다(최병선, 2007b). 이런 면에서 제품의 품질이나 판매자 행태를 직접적으로 통제(규제)하려는 접근방법은 시장유인을 활용하는 방법보다 높은 규제순응비용을 유발한다. 더구나 이 방식의 규제는 제품의 품질을 높이기는 하겠지만 소비자가 지불할 용의가 있는 수준 이상으로 가격상승을 초래할 가능성이 높다. 반면에 새로운 접근방법을 취한다면 판매자는 소비자가 추가적인 지불의사가 있는 한도 내에서만 자신의 평판과 신용도 향상을 위해 투자할 것이므로, 규제순응비용이 낮아지게 된다.[34]

제5절 맺는 말: 신제도경제학적 접근의 필요성

이상에서 고찰한 Reich(1979)의 논문의 요지는 놀랍게도 오늘날 국가정책의 구상과 설계의 새로운 패러다임으로 등장한 신제도경제학(new institutional economics: NIE)의

33) 절절한 개입방식과 유형에 대한 구체적 논의는 Reich(1979: 32-39)를 참조.

34) 위험한 의약품, 어린이 장난감 등 소비자의 판단과 시장의 자율기능에만 맡겨둘 수 없는 경우도 있다. 이에 대해서는 당연히 생산 및 판매금지 조치를 취하는 것이 옳을 것이다. 그러나 반드시 금지조치를 내려야만 할 경우는 매우 드물다(Reich, 1979: 32).

관점이나 접근과 크게 다르지 않다. 기존의 규제이론의 기초는 신고전경제학(neoclassical economics)의 완전경쟁시장 및 시장실패 이론이다.[35] 신고전경제학에서 규제의 논거는 시장실패이고, 시장실패를 교정할 목적으로 행해지는 것이 규제라고 본다(최병선, 1992). 그러나 시장실패 요인이 존재한다고 해서 그것이 곧바로 그리고 당연히 시장에 대한 정부개입을 정당화시켜 주는가?

이 질문에 대한 답에서 신고전경제학과 신제도경제학의 입장이 크게 갈린다. 신고전경제학이 그렇다고 보는 편이라면, 신제도경제학은 당연히 그런 것은 아니라고, 그렇게 단순하게 보는 것은 곤란하다고 말한다. 오히려 이 면에서 신고전경제학은 시장기능을 너무 정태적이고 단기적으로 보고 잘못된 처방을 내리기 일쑤라고 비판한다. 많은 경우에 시장은 스스로 시장실패를 극복할 수 있는 힘, 또는 문제를 스스로 해결해 나갈 수 있는 자기치유능력(self-regulating and self-curing capability)을 갖고 있음에도 불구하고 많은 경제학자와 정책담당자들이 시장실패를 이유로 시장개입과 규제를 앞세우고 있는바, 이는 시장기능, 혹은 시장에서 이루어지는 일들에 대한 깊이 있는 이해가 부족하기 때문이라고 지적한다(Coase, 1994).

세상의 수많은 일들이 오로지 신제도경제학적 분석과 설명에 의존해야만 이해할 수 있는 것은 아니다. 그러나 신제도경제학은 세상에 분명히 존재하나 우리가 충분한 주의를 기울여 오지 못한 탓에 보지 못하거나 이해하지 못한 세상일들의 여러 측면과 국면에 우리의 관심을 집중시킨다. 그 속에 숨어 있는 이치와 인과관계를 논리적으로 밝힐 수 있는 분석틀을 제공한다. 신제도경제학의 눈으로 시장과 세상을 보면 그 안에서 이루어지는 일들은 하나같이 기이하고 경이롭다. 아름답기조차 하다. 신제도경제학은 우리에게 세상일은 결코 어떤 인간의 의지대로 혹은 억지로 되지 않는다고 말한다. 얼핏 불합리해 보이는 일들 속에도 합리성이 있다고 말한다. 다만 우리가 그것을 이해하지 못하고 있을 뿐이라고 꼬집는다.

신제도경제학에서 핵심적인 분석개념은 거래비용이다. 거래비용은 주관적이고 따라서 객관적으로 측정할 수 없지만, 각기 다른 자신의 거래비용의 크기에 따라 사람들은 규제된 시장에서 자신의 의사결정과 행동을 조정한다. 이전과는 다른 전략적 선택과 행동을 하게 된다. 규제된 시장에서 어떤 사람들은 자신의 거래비용을 낮출 수 있게 되고, 어떤

35) 이하의 결론부분은 최병선(2007a)의 주된 내용과 주장을 재편성한 것이다.

사람들은 더 높은 거래비용을 지불해야 한다. 따라서 규제된 시장은 규제 이전의 시장과 비교할 때 전자에게는 유리하고 후자에게는 불리해지게 된다. 이렇게 본다면 규제가 후자의 사람들이 아니라 전자의 사람들의 정치적 요구에서 비롯되었을 것이라는 정치경제학적 가정은 설득력이 있다. 이것은 규제가 중립적인 효율성 증가 수단이 아니라, 분배 혹은 재분배 정책 수단으로서의 성격을 동시에 지니고 있음을 말해 준다. 주지하다시피 어떤 소득재분배 상태가 바람직한지에 대한 정답은 없다. 이것은 기본적으로 도덕적 윤리적 판단의 문제이고, 따라서 정치적 판단과 선택의 대상이다.

더 나아가 규제가 요구하는 일, 규제에 수반되는 일의 규모(scale of task)는 엄청나다. 규제의 비용과 편익을 추정해 규제가 사회적으로 유익한 결과를 낳도록, 다시 말하면 시장의 불완전성을 교정하여 더 높은 효율성을 달성할 수 있도록 규제를 시행하기는 엄청나게 어렵고 또 엄청난 비용을 초래하는 일이다. 여기에 더하여 규제로 나타나게 될 정치경제적 효과를 정확히 계산하고 그것에 대하여 가치판단을 내리는 일은 더욱 어려운 일이다. 이것이 피할 수 없는 현실이라고 한다면 시장에 대한 규제는 신중에 신중을 기해야 한다. 기존의 시장이 불완전하다는 이유로 규제를 앞세울 일이 아니다.

완전경쟁시장 이론에 입각해 규제의 필요성과 정당성을 찾아내는 것은 매우 그럴싸해 보인다. 과학적이라고 생각하기 쉽다. 그러나 이것은 일반적으로 세상(시장)의 이치보다 사회규범을 앞세우는 사회주의적 사고의 변형에 불과할 뿐이다. 규제된 사회와 사회주의 간의 사상적 거리는 그리 멀지 않다(Mises, 1964). 표면적으로 많은 규제가 경제사회적 약자의 보호를 내세우지만 앞에서도 보았듯이 이런 목적의 규제로 인해 경제사회적 약자가 오히려 가장 큰 피해자가 되고 마는 예는 무수히 많다. 규범적 가치나 윤리가 세상(시장)의 이치를 이기기는 어렵다. 사람들이 내세우고 이룩하고자 하는 규범적 가치와 윤리가 세상(시장)의 이치에서 멀면 멀수록 그런 목적을 담고 있는 규제의 실패가능성은 높아진다(김영평・최병선・신도철, 2006).

여기서 우리는 매우 어려운 문제에 봉착하게 된다. 규제된 시장의 성과가 규제 이전의 시장성과(market performance)보다 나은지, 국민후생의 증가가 이루어지고 있는지를 정확히 알기 어렵다는 것이다. 바로 여기에 우리가 현실의 시장, 시장경쟁의 불완전성에 대하여 좀 더 높은 수준의 관용(tolerance)을 보일 필요성이 등장한다. 우리가 명확히 인식해야 할 사실은 세상은 어차피 불완전하다는 것이다. 우리의 선택이, 제도의 선택이 불완전한 것 가운데서의 선택이라고 한다면, 그리고 인간의 이성적 능력이 무한하지 않다고 한다면, 다짜고짜 현실을 부정하면서 뜯어고치려고 덤비는 것은 현명하지 못하다. 경우에 따라서는 위험하기조차 하다.

현실의 시장이 불완전하고 그래서 많은 문제가 있는 것을 무시하거나 부정하자는 말이 아니다. 시장에서 이루어지고 있는 일들을 너무 간단하게 보고 성급하게 판단해서는 곤란하다는 점을 말하려는 것이다. 우리가 최소한 현실에서 일어나고 있는 일들이 왜 일어나고 있는지, 왜 그런 현실이 지배하고 있는지를 소상히 파악할 수 없다면 신중을 기하는 것이 상책이라는 것이다. 만일 시장에서 나타나는 어떤 현상이 불합리하다고 생각되거나 판단된다면 우선적으로 사람들이 왜 그런 불합리성을 참아내고 있는지를 생각해 보아야 할 필요가 있다. 사람들이 이런 상황에서 어떤 최선의 대응책을 강구하고 있는지, 그것이 문제의 불합리성을 어떻게 극복해 나가고 있는지를 볼 수 있어야 한다는 것이다.

신제도경제학의 또 다른 핵심개념이 재산권(property rights)이다. 시장에서 생산자와 소비자는 서로가 거래비용을 낮추기 위해 부단히 노력한다. 그래야 자신의 재산권을 최대한 잘 사용하고 원하는 결과를 얻을 수 있기 때문이다. 따라서 어떤 경우에는 생산자가, 어떤 경우에는 소비자가 거래비용을 떠맡고 그 거래비용을 줄이기 위한 노력을 자발적으로 기울인다. 한편 이런 일들은 거래비용의 감소 그 자체를 사업으로 삼는 업종들에 의해 담당되는 경우도 아주 많다.[36] 중고차 매매상, 부동산중개인, 고용정보회사, 결혼정보회사, 브로커 등이 대표적이다. 이들은 단순하게 상품과 서비스를 파고 사는 사람들이 아니라 상품과 서비스, 잠재적 판매자와 구매자 등에 대한 정보의 원천이고 효율적인 수집자이다.

시장에서 거래비용의 감소 유인과 자발적 노력은 시장에서 경쟁이 강하면 강할수록 더 강화된다. 사유재산권이 보장되고 시장경쟁이 있는 한 시장에서, 아니 세상에서 이런 일들은 일상적으로 그리고 쉴 새 없이 일어난다. 이런 일들은 재산권 소유자들이 벌이는 거래비용을 줄이기 위한 탐색, 실험, 투자, 혁신의 산물이다. 시장경쟁 과정은 지식의 창출과정(knowledge-creating process)이라거나(Pejovich, 1998: 97, 107), 경쟁은 지식의 발

36) Wallis and North(1986)는 시장을 통하는 거래비용의 크기를 은행, 보험, 투신, 도소매 등의 산업과 변호사, 회계사, 부동산중개인 등의 직업을 대상으로 측정한 결과, 미국의 경우 이 비용이 국민소득의 45%에 달하며, 사회가 발전하면서 계속 빠르게 증가함을 밝히고 있다.

견절차(competition as a discovery procedure)라는 Hayek(1978: 179)의 말은 바로 이를 두고 하는 말이다. 시장에서 생산적 자원이 지속적으로 낮은 가치의 용도에서 높은 가치의 용도로 계속 이동해 가는 것 역시 경쟁과정이 만들어 내는, 의도하지 않은, 효율성 증진의 결과다.[37)]

재산권이 보장된 자본주의 사회의 시장에서는 재산(활용)가치의 극대화를 꾀하려는 행동유인이 존재한다. 이것은 대부분 시장에서 교환 및 거래의 기회와 가능성을 제약하는 거래비용을 줄이려는 다각적인 노력으로 나타난다. 이 결과로 사회의 총소득이 증가하고 생활수준이 향상된다. 자본주의가 효율적인 경제시스템이라고 말하는 것은 바로 이런 의미에서다. 시장의 자기규율적, 자기치유적 기능에 대한 깊이 있는 이해와 분석이 없이, 규범을 앞세워 현실을 교정하려고 할 때 현실은 교정자의 뜻대로 움직여 주지 않는다.

우리는 시장의 불완전성을 시정한다는 규제가 오히려 시장의 작동방향에 그릇된 영향을 미쳐 더 불완전하게 작동하게 만들고 그 결과 무수한 부작용과 역효과를 낳는 무수한 경우를 보고 있다(김영평 · 최병선 · 신도철, 2006). 세상의 불완전성을 말하기 이전에 인간의 이성적 사고의 한계, 지식의 한계를 겸손하게 인정하는 것이 긴요하다. 인위적인 규제를 통해서 시장의 불완전성을 규제하려고 하기보다는 시장이 갖고 있는 자기규율 및 자기치유 기능을 존중하고 앞세우는 것이 현명하다. "가만히 있으면 중간은 간다."라는 말은 진리다. 세상(시장)이 돌아가는 것과 미래의 일을 인간의 이성적 능력으로 정확히 알 수 없고 예측할 수 없다면 이상을 추구해 최악의 결과에 봉착하기보다는 현실을 존중해 최악의 결과를 피하는 것이 현명하지 않을까.

참 ▪ 고 ▪ 문 ▪ 헌

김영평 · 최병선 · 신도철(2006), 『규제의 역설』, 서울: 삼성경제연구소.

37) 하이에크는 "경쟁은 새로운 사실, 경쟁에 의존하지 않는 한 누구에게도 알려져 있지 않고, 더구나 활용되지 못했을 그런 새로운 사실을 발견하게 해 주는 절차(procedure for discovery)"라고 정의하였다.

최병선(1992), 『정부규제론: 규제와 규제완화의 정치경제』, 서울: 법문사.

_____(1999), 『무역정치경제론』, 서울: 박영사.

_____(2000), 「하이에크의 자유주의 사상과 정치경제학 이론」, 안청시 외(편), 『현대 정치경제학의 주요 이론가들』, 서울: 아카넷.

_____(2006a), 「로널드 코오스: 시장의 진실과 세상의 이치」, 김한원 · 정진영(편), 『자유주의: 시장과 정치』, 서울: 부키.

_____(2006b), 「신제도경제학과 규제이론」, 한국정책학회 추계학술대회 발표논문.

_____(2006c), 「신제도경제학에서 본 규제이론과 정책: 이견과 확장」, 『행정논총』, 44(2), 서울대학교 행정대학원.

_____(2007a), 「경쟁과 규제에 관한 새로운 패러다임의 모색」, 아주대학교 법학연구소 창립기념 세미나 발표논문.

_____(2007b), 「규제도 세금이다」, 최광 · 곽태원(공편저), 『세금경제학』, 자유기업원.

Bardach, Eugene and Robert Kagan, A. (2002), *Going by the Book: The Problems of Regulatory Unreasonableness*, New Brunswick: Transactions Publisher.

Coase, Ronald H. (1994), "Economists and Public Policy," in *Coase, Essays on Economics and Economists*, Chicago: The University of Chicago Press.

Dahlman, Carl J. (1979), "The Problem of Externality," *The Journal of Law and Economics*, 22 (1).

Gormley, William T. (1986), "Regulatory Issue Networks in a Federal System," *Polity*, 18 (4).

Hayek, Friedrich A. (1978), "Competition as a Discovery Procedure," *New Studies in Philosophy, Politics, Economics and the History of Ideas*, Chicago: The University of Chicago Press.

Leone, Robert A. (1989), *Who Profits?: Winners, Losers, and Government Regulation*, New York: Basic Books.

Lowi, Theodore (1964), "American Business and Public Policy: The Politics of Foreign Trade," *World Politics*, 16 (July).

McCormick, Robert (1989), "A Review of the Economics of Regulation: The Political Process," in Roger Meiners and Bruce Yandle (eds.), *Regulation and the Reagan Era*, New York: Holmes & Meier.

Mises, Ludwig (1964), *Economic Freedom and Interventionism: An Anthology of Articles and Essays by Ludwig von Mises*, edited by Bettina Bien Greaves, New York: Foundation for Economic Education, Inc.

Moe, Terry M. (1989), "The Politics of Bureaucratic Structure," in John E. Chubb & Paul E. Peterson (eds.), *Can the Government Govern?*, Washington, DC: Brookings Institution.

North, Douglass C. (1990), *Institutions, Institutional Change, and Economic Performance*, Cambridge: Cambridge University Press.

Olson, Mancur (1965), *The Logic of Collective Action*, Cambridge, Mass.: Harvard University Press.

Pejovich, Svetozar (1998), *Economic Analysis of Institutions and Systems*, revised 2nd edition, London: Kluwer Academic Publishers,

Reich, Robert B. (1979), "Toward a New Consumer Protection," *University of Pennsylvania Law Review*, 128 (1).

Vogel, David (1984), "A Case Study of Clean Air Legislation, 1967-81," in Betty Bock et al. (eds.), *The Impact of Modern Corporation*, New York: Columbia University Press.

_____ (1996a), "The Public-Interest Movement and the American Reform Tradition," in David Vogel, 1996b.

_____ (1996b), "When Consumers Oppose Consumer Protection: the Politics of Regulatory Backlash," in David Vogel, *Kindred Strangers: The Uneasy Relationship Between Politics and Business in America*, Princeton: Princeton University Press.

Wilson, James Q. (1974), "The Politics of Regulation," in James W. McKie (ed.), *Social Responsibility and the Business Predicament*, Washington, D.C.: Brookings Institution.

_____ (1980a), *American Government: Institutions and Politics*, Lexington, Mass.: D.C. Heath and Co.

_____ (1980b), *The Politics of Regulation*, New York: Basic Books, Inc.

_____ (1989), *Bureaucracy: What Government Agencies Do and Why They Do It*, New York: Basic Books.

제7장

소비자주권 강화에 따른 거버넌스파트너로서의 소비자단체의 역할

박 명 희

동국대학교 교수

제1절 문제의 제기

소비자는 국민경제의 중추적인 경제주체로서 시장에서의 화폐투표권을 가격기제를 통하여 적극 행사함으로써 민주사회에서의 정치적 주권에 이어 시장경제에서의 경제적 주권을 행사할 수 있다. 소비자가 생산자와 동등한 정보를 보유하고 선호표출 등의 방식으로 생산과정에 직접 참여하는 소비자생산(prosumer)이 확산되면서 소비자중심의 시대가 열리고 있다고 보기도 한다. 디지털경제에서는 기업의 진입장벽이 낮고, 정보의 자유로운 공유가 가능하기 때문에 시장을 완전경쟁 상황에 가깝도록 함으로써 불완전경쟁 상황에서 기업들이 누릴 수 있었던 이윤을 없애 소비자의 몫으로 돌릴 수 있는 가능성이 커지고 있다(박명희, 2005). 즉 생산자가 홈페이지를 통해 제품에 대한 다양한 정보를 제공하고 검색 및 비교사이트들이 제품의 평가를 도와줌으로써 유통업체들이 가격할인 압력에 직면하게 된 경우나, 인터넷경매 및 역경매 방식의 확산으로 개별 소비자가 제품가격 결정에 직접적으로 참여할 수 있게 된 경우를 예로 들 수 있다(오정훈, 1999). 이처럼 소비자주권과 권익보호와 관련한 경제부문에서의 활동이 급속히 증가함에 따라 일부에서는 시장의 주도권이 소비자에게로 넘어가고 있는 듯이 보이기도 한다. 즉 인터넷이 초래한 소비환경의 가장 큰 변화는 시장의 정보화이며, 시장의 정보화라는 소비환경의 변화에서 주목해야 할 점은 시장정보의 투명화다. 인터넷이 발달하면서 시장정보가 실시간으로 소비자에게 전달되면서 상품의 공급자와 소비자 간에 시장지식의 공유현상이 나타난다. 이러한 시장공유현상은 시장 정보를 더욱 공개적이고 투명하게 만들어 궁극적으로 완전정보시장으로 나아가게 만든다. 즉, 소비자의 주권이 더욱 잘 실현되는 시장체제로 변모될 수 있다.

이와 같은 시장 환경의 변화는 소비자주권 강화와 거버넌스 체제로의 변화를 야기하고 있다. 즉 세계화와 정보화에 따라 정부정책결정에 있어서도 기존의 정부독점에서 기업과 시민사회 NGO가 동참하는 거버넌스 체제로의 변모가 자연스럽게 일어나고 있어 새로운 거버넌스의 파트너로서 NGO의 역할이 커지고 있다.

한편 21세기는 소비자주권의 시대로 합리적인 소비자층의 형성은 국가정책적인 차원에서도 중요한 위치를 차지한다. 시장구조가 소비자중심의 시장구조로 재편되고 있는 상황에서 소비자의 역량을 최대한 활용하는 소비자중심의 적극적 소비자정책의 필요성이 요구된다. 이러한 시장의 여건변화와 함께 최근 우리사회는 정부와 기업, 시민사회 간의 바람직한 관계모형에 대한 관심과 연구가 촉발되고 있는데 소비자정책분야에 있어서도 소비자주권과 거버넌스에 대한 논의들이 시민단체들의 토론과 정책포럼 등(녹색소비자연대, 2004; 월간소비자, 2004)에서 자주 논의되고 있으며 소비자정책에 있어 NGO와 소비자의 역할에 관한 연구(황정선, 2004; 민홍기, 2004; 박명희, 2005) 등이 이루어지고 있다.

따라서 본 연구에서는 최근 다양한 소비자정책 결정과 소비자 관련법의 제정, 집행, 평가과정에서 정책 거버넌스의 한 주체로 참여하고 있는 소비자단체들의 역할이 거버넌스 체제의 정책결정과정에 있어서 어느 정도의 영향력을 발휘하고 있으며 일반소비자의 주권을 대표하는 역할을 하고 있는지에 대한 논의가 필요한 시점이라고 본다. 즉 거버넌스 체제에서의 정부, 기업, 소비자를 대표하는 공무원, 기업단체, 소비자단체들의 역할이 어떤 것이어야 하며 다양한 정책 결정과정에서 각 주체들이 이러한 역할을 적절히 하고 있는지에 대한 평가와 점검이 필요하다. 본고에서는 소비자단체가 거버넌스 파트너로서 어떤 역할과 참여를 하고 있는지를 중심으로 고찰해 보고자 한다.

제2절 정책 거버넌스의 변화와 소비자단체

1. 소비자정책의 형성, 결정 집행의 주체자는 누구인가?

(1) 소비자정책의 정의

소비자정책을 정의함에 있어 정책의 정의는 "바람직한 사회 상태를 이룩하려는 목표와 이를 달성하기 위해 필요한 수단에 대하여 정부기관이 공식적으로 결정한 기본방침"을 의미하며 구체적으로 "정부 행위자가 작성한 권위적 내지 강제적 결정"으로 정의하고 있다. 이러한 정책에 대한 개념규정은 정책의 주체가 정부이며 정책의 기능에 있어 하위결정에 대한 지침성을 강조하고 있다. 따라서 "소비자정책은 소비자후생 또는 복지를 개선하기 위한 목표를 달성하기 위해 정부행위자가 공식적으로 결정한 권위적 내지 강제적인 기본방침"으로 정의된다. 그러나 소비자 주권시대의 소비자정책의 주체는 정부행위자 홀로 결정하기 어려운 소비자문제를 가지고 있으므로 이러한 결정의 과정에 많은 주체자들이 참여하여 결정하여야 할 것이다.

(2) 소비자정책 추진 시 고려해야 할 소비자문제 특성

소비자정책 추진과정에 있어서 소비자문제 특성으로 인한 영향은 크게 다섯 가지로 대별될 수 있는데, 그 첫째로는 정책 목표의 광범위성과 보다 많은 계층으로부터의 정당성이 확보되어야 한다는 것이다. 소비자정책은 보다 많은 계층으로부터 정당성을 확보하기 위해 소비자 계층의 다양한 수요를 포괄할 수 있는 추상적인 수준에서 목표에 대한 동의를 구하여야 하며 이를 실현하기 위한 관련 규정을 설정하고 있다. 만약 제정하려는 법안이 일부 대상에게만 구체적인 수혜를 부여한다면, 서로 다른 이익을 가진 참여자들 간의 동의를 얻기는 사실상 불가능하기 때문이다.

둘째, 소비자정책의 규제 대상은 시장실패의 영역에 존재하는 인간의 생명, 안전, 건강

등의 가치와 주로 관련이 되어 있다. 이는 시장실패영역에 대한 정부개입의 근거를 충분히 마련해 주기도 하지만, 구체적인 정부개입수단을 쉽게 선택할 수 없는 단점 또한 노출하고 있다. 소비자정책에 영향을 받는 행위자들의 수가 매우 많고, 이로 인해 누구의 선택 혹은 주장을 따를 것인가에 대한 합의 도출이 쉽지 않기 때문이다. 이에 따라 참여자들 간에 상호 설득, 토론과 비판을 통해 합의를 도출하도록 노력해야 한다. 인간의 안전, 생명, 건강 등은 경제적 가치로 나타내기 어려운 것들로, 비용과 혜택의 계산에서 행위자들 간에 필연적으로 불일치와 갈등이 발생한다. 따라서 최선의 방안을 선택하지는 못한다 하더라도, 최악의 선택을 배제할 수 있는 의사결정 및 집행체계가 필요하다.

셋째, 소비자문제는 시장에 맡기면 가장 효율적으로 자원이 배분되기 때문에, 경제적 효율성만을 따져서 규제를 행한다면 정부규제 자체가 이미 비효율적일 수 있으나 현실에서는 시장이 제대로 작동하지 않는 영역이 존재하므로, 이러한 시장실패에 정부가 개입하게 되는데, 정부개입만으로 시장의 효율적 운영을 보장하는 것은 상당한 무리가 따르게 된다. 사업자와 소비자 간의 정보 불균형을 해소하기 위해 정부가 충분한 정보를 소비자에게 제공할 필요가 있지만, 정부도 완전정보를 소유할 수 없고 잘못된 정보를 제공하기도 한다. 뿐만 아니라 정부의 단기적 시장실패에 대한 성급한 개입은 장기적인 시장균형에 왜곡효과를 초래하여 자원의 효율적인 배분에 장애를 초래할 수도 있다.

넷째, 시장 전체적인 형평성의 확보, 특정계층의 보호를 위한 정치적, 철학적 난제는 정부개입의 여부의 결정에서부터 해결될 수 없는 문제점을 노출한다. 이러한 특성은 한 번 선택된 대안이나 설정된 기준이 정치적, 사회적 맥락에 따라 변화됨을 의미한다. 정치적, 철학적, 기술적 해결과정은 참여자들이 동의와 협상에 도달하기가 쉽지 않기 때문이다. 이러한 특성은 소비자정책의 결정 및 집행에 참여하는 행위자들의 문제해결능력을 제약하게 된다.

다섯째, 정책목표를 추구하는 수단으로 일부 대상(예를 들어 소비자법상 사업자)에 대한 의도적인 규제를 수반하게 되며 이 경우 피규제자의 강력한 저항에 부딪히게 되는 경향이 있다. 때로는 본래 의도한 규제범위가 사업자의 강력한 저항이나 로비로 인해 점차 축소되어 본래의 목적을 달성하지 못하는 수준으로 변질되기도 한다. 결국, 규제의 필요성에 대해 어느 정도 합의가 이루어진다고 해도, 그 실현을 위한 구체적인 방법에 대해서는 합의도출이 극히 제약되게 된다. 이러한 특징은 '왜'보다는 '어떻게'라는 절차적 과정이 실제로 중요한 선택의 문제로 대두됨을 의미하며, 절차적 과정이 중요시 된다는 것은 소비자정책에 대한 소비자 참여 및 집단들 간 조정의 중요성을 시사한다(한국소비자보호원, 2003).

(3) 소비자보호론적 시각과 소비자주권론적 시각

전통적으로 소비자문제를 바라보는 시각은 소비자보호론적 시각과 주권론적 시각으로 구분해 볼 수 있다. 현실적으로 소비자는 시장에 있어서 정보의 비대칭성과 합리적 선택 능력의 부족으로 정보의 비대칭적 위치에 있게 되므로 정부는 소비자가 스스로 해결하지 못하는 공동문제의 해결을 위임받은 대리인으로 소비자보호를 위한 제반활동을 해야 한다는 시각이다. 따라서 정부 또는 정부의 위임을 받은 대리인이 소비자보호를 위한 다양한 업무를 공익적 차원에서 하는 것인데 이러할 경우 소비자와 대리자의 요구가 일치한다는 보장이 없다는 점과 또 개별 소비자는 대리인에 비해 전문적 지식이 부족하기 때문에 대리인이 과연 소비자를 위해 최선을 다하고 있는지를 올바로 식별하거나 감시할 수 없다는 문제가 발생하게 된다.

두 번째는 소비자주권론적 시각으로서 상품에 대한 소비자 선호가 시장을 통해 생산량을 조절하고 나아가 경제 전체의 자원배분을 결정하는, 자유경쟁을 원칙으로 하는 자본주의 경제에 있어서 경제유형, 산업구조 및 생산을 결정하는 최종적인 권리는 소비자에게 있다는 것이다. 그러나 현실에 있어서는 각종 시장실패의 원인(정보의 비대칭성, 정보의 부재 등) 때문에 소비자주권을 행사하기 어렵게 된다. 따라서 소비자문제를 해결하기 위한 최선의 방법은 소비자에게 최대한의 정보를 제공함으로써 소비자가 스스로 합리적인 행동을 유도할 수 있도록 소비자 정보를 제공하고 교육을 받도록 하는 것이다.

소비자를 바라보는 시각이 보호론적 시각이냐 주권론적 시각인가에 따라서 정책의 방향과 공익적 소비자단체의 역할이 변화하게 되는 것이다.

(4) 소비자정책의 형성, 결정, 집행의 주체는 누구인가?

소비자정책은 정당, 언론, 방송, 민간소비자단체, 사업자단체 및 한국소비자원 등을 통해 조사, 연구 및 사전인지를 통해 소비자문제 의제가 형성되며, 국가 및 지자체에 의해 정책이 결정, 집행되는 체계로 구성된다. 소비자정책의 형성, 집행, 평가 과정에서 각종의 공공단체 및 이익집단은 공식적, 비공식적으로 상당한 영향력을 행사하며, 정책결정의 주무부서는 정보공개를 통해 정책결정의 투명성을 확보한다.

경제의 성장 발전단계에서는 경제성장을 위한 정책에 정부가 주력하였기 때문에 소비자정책은 당연히 보호론적 관점에서 접근할 수밖에 없었다. 기업과 소비자 사이의 정보의 비대칭성 문제와 함께 정부의 성장정책을 위해 소비자정책은 항상 차선의 정책으로 위치지어졌기 때문에 경제발전정책의 한 부분으로만 이해되어 왔다. 따라서 소비자정책은 정책의 형성에서 국가경제의 정책을 주도하는 정부(재정경제부)가 주도적으로 정책을 형성, 결정, 집행해 왔고 또 정부의 의지가 정책에 반영되어 왔다. 그러나 정부의 행정패턴이 변화하면서 이러한 전통적 정책결정은 변화를 겪고 있다. 특히 경제정책의 일부로만 다루어졌던 소비자정책은 보호론적 입장에서 주권론적 입장으로 전환하게 되었다(박명희 외, 2005; 황정선, 2004).

이처럼 소비자정책의 관점이 보호론적 입장에서 주권론적 입장으로의 변화는 정부, 소비자단체, 시민의 역할에 변화와 전환을 가져오게 된다.

2. 정책 거버넌스의 변화

세계화와 더불어 국민국가의 성격이 약화되고 사이버 공간의 역할이 증가하면서 전통적 행정은 기능과 구조가 축소, 변화되고 있다. 세계화의 심화로 국가의 경계가 약화되고 글로벌 거버넌스가 확대하면서 선진국을 중심으로 '더 작은 정부, 더 많은 거버넌스(less government, more governance)'라는 구호가 확산되고 있다(Frederickson, 2000; Peters, 1988; Cleveland, 1972).

OECD(2000)는 「미래의 정부」라는 보고서에서 새로운 시대의 변화로 정부역할이 급변하고 있다면서 정부는 많은 행위자들 가운데 하나에 지나지 않으며 정부는 다른 주요 행위자들과 정책결정 조정을 해야 한다는 정책제안을 하고 있다. 이 보고서에서는 '자주적인 시민들'의 등장과 새로운 거버넌스의 파트너로서의 NGO의 부상을 주요 변화로 꼽는다. 시민들은 이제 사적 이해만을 챙기는 시민이 아니라 소비자보호, 환경보호, 소외층 옹호 등 사회문제 해결과 공익 추구를 바라고 있으며 NGO가 정부의 새로운 정책결정 파트너로서 부상함으로써 새로운 '거버넌스'체제의 구축이 정부개혁의 과제로 부각되고 있다.

거버넌스의 가장 중요한 특성은 중앙/지방정부, 정치적/사회적, 단체, NGO, 민간조직 등의 다양한 구성원들로 이루어진 네트워크를 강조한다는 사실이다(Kirkert, 1997; Rhodes, 1997). 이때 사회-정치적 환경과의 상호작용이 중요하게 다루어지며, 이러한 상호작용을 활발히 이루기 위해서는 파트너 간의 관계가 중요하다.

거버넌스가 지향해야 할 기초적 역할로 '각 주체 간의 신뢰형성'이 매우 중요하다고 Putnam(1993)은 강조하고 있다. 따라서 좋은 사회를 건설하기 위해서는 총론적 동의뿐만 아니라 각론에서도 양보와 타협을 이룰 수 있도록 각 주체 간 사회신뢰를 회복하는 것이 필요하다(박영주, 2000). 따라서 거버넌스에 있어서는 정책 네트워크 내 주체들의 파트너십 형성이 절대적으로 중요한 요소이나 파트너십이 단순히 형식적으로 이루어지게 되면 성공으로 이끌 수 없게 된다(Cloke 외, 2000).

선진국의 경우 이미 신뢰사회가 구축되어 거버넌스 이론의 핵심인 파트너십, 네트워킹, 아웃소싱, 시장 메커니즘이 원활하게 작동하고 있으나 우리는 행정이나 정책실천의 역사상 신뢰자체를 구축하는 것이 거버넌스의 전제조건이면서 그 핵심을 이루어야 한다고 행정학자들은 주장하고 있다(김보흠, 2006; 최영출, 2002).

3. 소비자정책과 거버넌스의 도입

기존의 소비자정책에 있어서 소비자 거버넌스가 존재하지 않았던 것은 아니다. 우리나라의 경우 소비자정책의 시작은 1960년대 경제개발5개년계획의 실시를 통해 소비의 규모가 커지면서부터 부정경쟁 방지법의 제정에서부터 시작되었다고 본다. 1970년대 이후 소비자보호운동이 여성단체들로부터 시작되면서 소비자문제의 중요성을 인식하고 1979년 경제단체, 관련 행정 부처의 의견을 반영하고 공청회를 열어 일반소비자의 의견을 수렴하는 절차를 거쳐 소비자보호법이 의원입법으로 제정되기에 이르렀다. 1980년 초 소비자보호법이 제정되고 독점규제 및 공정거래에 관한 법률이 제정되어 소비자문제가 입법정책에 반영되었으나 이 시기 법의 집행에 있어서 상징적인 의미 외에 소비자를 보호하는 실효성 있는 법과 행정이 되지는 못하였다.

우리나라의 경우 1980년대 초반부터 소비자보호법을 마련하고 소비자보호정책을 구체적으로 입안했던 초기부터 소비자단체를 중심으로 한 소비자 거버넌스가 이미 존재하고 있었던 셈이다. 당시 소비자보호를 위한 다양한 소비자운동이 일부 부인단체를 중심으로 시작되었고(한국여성단체협의회, 대한YWCA연합회, 대한 주부클럽연합회, 전국주부교실중앙회, 한국부인회총본부, 한국YWCA총본부) 전문적 소비자운동단체들도 생겨났으며(한국소비자연맹, 소비자문제를 연구하는 시민의 모임, 한국소비생활교육원, 한국 공익문제연구원 등) 이를 계기로 소비자보호단체연합회가 결성되어 행정부의 파트너로서 거버넌스 행정을 시작하는 계기가 되었다(소비자단체협의회, 1995). 이 시기 소비자단체의 형성은 어떤 의미에서 거버넌스파트너로서 자생적 NGO와 네트워크를 형성하기보다는 정부가 다양한 경제 정책을 수행하는 과정에서 필요한 파트너로서 단체육성의 필요성을 느꼈고 경제성장의 과정에서 발생하는 소비자문제의 해결을 일부 해소하기 위한 방안으로 소비자단체를 육성하여 정부가 필요로 하는 물가조사나 개인소비자 불만해결 등의 문제를 해결하는 차원에서 소비자단체가 파트너로서 필요하였다(전정환, 1995).

그런데 파트너십은 양측의 이해가 합치되고 사회적 필요성이 높아질 때 극대화될 수 있다. 즉 사회적 시너지라는 목표를 지향하는 전략적 접근이 곧 파트너십이라고 볼 수 있다. 비정부 영역과 협력체제 즉 파트너십 개념은 참여한 당사자들이 대등한 권력관계를 전제로 하는 상호 공조 체제의 형성을 의미한다(김미리, 2000). 파트너십은 상대방의 존재를 인정하는 것으로부터 시작한다. 그러나 그 인정은 상대방에 대한 신뢰와 긍정적인 평가로 이어져야 한다. 즉 상대방과의 교류로부터 무언가 가치 있는 것을 얻을 수 있다는 판단이 있어야 파트너십의 형성이 가능하다. 그러나 그 결과를 미리 예상하는 것은 쉬운 일이 아니기 때문에 이러한 상황에서는 신뢰가 바탕이 될 수밖에 없을 것이기 때문이다. 파트너들 간의 관계에서는 파트너들 간의 신뢰, 존경, 갈등 및 권한 차별 등이 포함된다. 이질성 있는 파트너들이 서로 밀접하게 협력하기 위해서는 관련된 사람들과 조직들이 각자 책임과 의무를 다하고 동시에 그들만의 이익을 추구하지 않는다는 데에 대한 믿음을 가지고 있어야 한다는 것이다. 파트너들 사이의 존경문제는 각자의 파트너들이 공동의 목표에 기여하고 있다는 점 및 그들이 가지고 있는 접근 방법에 대하여 인정하는 것이 필수적이다(최영출, 2002). 소비자정책은 한국소비자단체협의회라는 민간 소비자단체의 연합체를 통해 파트너 관계를 20년 이상 맺어온 것이 사실이며 행정 부서가 다른 어떤 분야보다 거버넌스 정책을 지속해 왔다고 볼 수 있는 증거도 적지 않다(박명희 · 박미혜, 2005).

소비자정책 거버넌스는 그 체제에 있어서는 다른 어떤 부서보다 먼저 거버넌스 체제를 갖추었고 많은 이슈들이 제시되었음에도 불구하고 정책의 형성과 집행과정에서 각 파트너 사이의 신뢰감 형성에 실패하게 되었다.

그 이유는 일부 단체에 대한 정부의 불신, 그리고 정부의 의도에 대한 소비자단체의 불신 등 양자 간의 진정한 파트너십을 어렵게 만드는 문제들이 발생되곤 하였다. 행정체계에 있어서 거버넌스에 대한 이해가 없는 정부관료 중심의 행정체계에서는 민간 섹터와의 파트너십에 대한 경험부족으로 오히려 신뢰가 부족하게 되고 커뮤니케이션 부족으로 갈등유발요인이 작동하였으며, 1986년 소비자정책시행기관으로 한국소비자보호원이 설립된 이후 민간기구인 소비자단체협의회와 역할분담문제로 지속적인 갈등을 초래하게 되었다(전정환, 1995).

그러나 이제까지 한국의 소비자정책은 소비자 개인이나 소비자단체들의 제안보다는 정부 주도적인 입법과 이 입법을 다루는 주무부서 공무원들의 의지로 입법화되어 왔다. 대개의 경우 주무 행정부서에서 외국의 입법사례를 참고하여 입법발의 하고 국회에 상정된 법안이 기업집단들의 전술적 반대와 소비자단체들의 의견 고찰 등을 거쳐 진행되어 온 것이 현실이다.

4. 소비자단체의 정책형성과정에서의 역할

소비자주권은 자유경쟁을 원칙으로 하는 시장경제에서 소비자의 영향력을 강조한 개념이고 소비자권리란 시장에서 실질적으로 소비자의 이익을 지키려는 주장이라고 볼 수 있다. 자유경쟁시장에서 소비자의 선택에 의해 소비자가 경제적인 힘을 행사하는 것을 소비자주권이라고 한다면 이에 비해 소비자권리란 소비자의 이익을 주장하고 그것을 누릴 수 있는 수단을 요구하는 것이다(송보경 · 김재옥, 1997).

소비자주권을 지키기 위한 집단행동이 소비자운동으로 표현되고 이 소비자운동 역시 시장에 민감하게 반응하게 된다. 소비자운동의 목표를 성취하기 위해서는 자발적 소비자 단체가 등장하게 되고 이것은 정부의 행정서비스를 강화하기 위한 소비자 기관과는 분명히 구분된다(송보경, 1998).

1980년 정부가 소비자보호법을 입법화한 이후 정부가 소비자문제 해결을 위해 해온 정책의 대부분은 민간 소비자단체연합에 대한 일부 재정적 지원과 정부주도의 소비자문제해결기관인 한국소비자보호원의 설립이다. 정부는 한국소비자보호원을 설립하여 소비자정책의 대부분을 소비자보호원이 해결하도록 위임하였으며 소비자보호 관련 예산의 대부분을 소비자보호원의 운영과 활동에 투입하였다.

공익단체의 정책적 참여활동은 참여와 개방성을 바탕으로 운영되는 민주정치의 보완자로서 조직화되지 못한 일반 시민과 정부를 연결하는 공익의 중개자로서 특수이익의 역기능을 극복할 수 있는 지향성을 지닌다는 점에서 다원적 민주정치의 결함을 치유하는 강력하고 효과적인 한 수단으로 기능할 수 있다(전정환, 1995).

공익단체 조직의 회원이나 활동가들은 조직이나 활동가들을 위한 선택적이거나 물질적인 편익을 추구하는 것이 아니고, 집합적 선(善)(collective good)을 추구한다는 점에서 타 이익집단과는 차별화된다(Berry, 1977, 1989). 따라서 소비자단체 등은 타 이익집단과는 달리 단체의 조직원이나 활동가들에게 유리한 결정을 유도하는 것이 아니라 일반 소비자들의 공통적 이익을 추구하기 위하여 정책 과정에서 유리한 결정이 내려지도록 정치행정 체계에 여러 가지 영향을 행사한다. 소비자단체의 목표는 자신들이 주장하는 바를 정부의 정책 의제로 채택되게 하는 데 있다. 일반적으로 이익집단은 구성원의 이익을 대표하여 정부에 그들의 요구와 주장을 표명하지만, 공익단체는 우선적으로 회원들의 정책 선호를 대표하기도 하지만 잠재 집단인 일반국민의 입장을 대표하는 경우가 많다. 즉 공익단체는 국민의 정치적 참여의 한 대표적 통로로 기능함으로써 정당체제와 정치체제의 공식적 수단들을 보완하는 역할을 하는 것이다(전정환, 1995).

따라서 소비자단체는 타 이익집단(경제단체, 또는 기업연합회 등)과는 달리 조직 구성원으로부터 회비를 징수하기 어려우며 일반 소비자들로부터도 회비를 받아 단체를 운영하기가 쉽지 않다. 그러므로 소비자단체는 정부의 일부 보조금을 받게 되는데 보조금을 받게 됨으로 인해 정부의 정책참여에 있어서 일반소비자들의 공익적 의제를 자유롭게 주장하는 일반 NGO와는 일부 성격을 달리한다고 볼 수 있다. 특히 소비자단체가 생성하는 소비자를 위한 정확한 정보를 위해서는 상당한 전문성을 요구하게 되고 정보생성에 많은 비용이 발생하지만 이러한 정보생성을 위한 비용을 누가 부담할 것인가에 대해서 책임이 명확하지 않다. 또한 소비자 불만처리를 위해서는 사무적인 절차와 서비스비용이 발생하는데 이러한 서비스를 자원봉사로만으로 충당하기에는 무리가 있다. 따라서 이러한 소비자 불만처리비용을 정부로부터 보조금을 받아 충당하게 된다.

이러한 여건에서 일부 소비자단체들의 경우 소비자 불만처리, 소비자 정보 수집 등에 활동을 치중하게 되면 소비자정책 형성을 위한 의제개발과 정책참여 부분에 있어 전문성 확보가 쉽지 않다.

소비자정책과 관련하여 소비자단체가 정책형성과정에서 참여하지 않은 것은 아니다. 그러나 정책형성과정에서의 역할이 어느 정도인지에 대해서는 다양한 의견이 존재한다.

정책형성의 과정에서는 정책참여단계에서부터 정책참여 분야, 참여범위, 참여방법, 책임 소재와 거버넌스의 운영주체 등이 중요한 요소로 작용한다(주재현 · 김태진, 2001). 따라서 소비자정책의 형성과정에서부터 참여범위와 참여방법, 책임소재와 거버넌스의 운영주체를 어떻게 조직하는가는 조직네트워크의 활성화 또는 효율성을 결정하는 데 중요한 역할을 한다.

시민단체의 정책 참여에 대한 한 실증 조사에 의하면 시민단체의 정책결정 단계에 있어서는 정책 제안 단계부터 참여하는 것이 바람직하다고 응답하였으며, 참여 방법에 있어서도 구속력 있는 수준까지가 요구된다고 하였다(김보흠, 2006). 그러나 소비자단체가 소비자정책결정에 참여하는 수준에 대한 한 연구에서는 이러한 단계의 정책결정 참여가 기대한 바대로 이루어지지 못하고 있다고 지적하고 있다.

이혜연 · 여정성(2002)은 제조물책임법 입법과정에서의 소비자단체의 정책결정 참여과정을 연구하였는데 운동의제 형성이나 소비자문제를 정책 의제화하는 데는 역할을 하고 있으나 활동 전략상 적극적이고 계획적인 활동이 부족하고 소비자 관점의 주장을 정책결정에 반영시키는 데에는 조직의 역량을 충분히 반영시키지 못하였고 정책의 종결, 평가단계도 평가활동이 공식적이거나 가시적으로 이루어지지 못함으로써 문제제기와 대안제시 등은 긍정적이나 영향력 행사 면에서는 미숙하다고 하였다.

제3절 법제정, 개정에서의 소비자단체의 참여현황과 역할

1. 소비자 주권변화에 따른 소비자단체의 참여 실태

소비자단체의 소비자관련 법제정과 개정에의 참여 실태를 파악하려면 초창기 소비자보호법 제정의 역사로 거슬러 올라갈 수 있다. 이 시절의 법 제정의 방식은 정책적 차원에서 필요성을 느낀 공무원의 제안으로 법의 초안이 만들어지고 최종적으로 법안을 국회에 상정시키기 전에 관련단체에 법안에 대한 의견수렴을 하는 형식이 거의 대부분이었다.

그러나 최근 들어 법안의 개정에 실무 작업반 T.F.팀의 구성원으로 개정 초안의 작성에서부터 참여하여 해당 이익단체들의 갈등을 소비자 입장에서 조율하고 갈등을 조정하는 역할까지 담당하는 경우도 있으며(의료법 개정), 의제개발부터 초안구성, 외국의 법안 사례조사, 법안 구성에서 의원입법까지 정부와 소비자단체가 함께하는 경우도 있어 소비자단체의 참여 필요성은 확대되고 있다(녹색 구매법). 그러나 많은 소비자 관련법의 제정, 개정 등에 초기부터 참여하기보다는 정부가 마련하는 초안의 공청회나 검토 작업 등에 추후 형식적으로 참여하는 경우도 적지 않다.

법 제정, 개정에서의 소비자단체의 참여와 역할	
소비자 기본법	의제개발, 공청회 참여, 공청회 개최, 세미나 개최
의료 소비자 관련 법	의료법 개정, T.F.팀 구성, 실무작업, 포럼 개최 등 주도
정보 통신관련 법	공청회 참여, 의견제시
제조물책임법	공청회 참여, 의견제시
식품의약품 안전 관련법	공청회 참가, 의견제시
녹색 구매법	의제개발 법안 마련부터 소비자단체가 주도하고 정부가 이를 받아들인 경우

2. 법제정, 개정에서의 참여와 역할의 현실

(1) 정보통신관련 법을 통해 본 소비자단체의 형식적 참여 사례

▸정보통신 관련된 입법과정에 선생님이 제일 많이 관여하셨던 사례 하나를 말씀해 주시고 어떻게 진행됐었고 어느 정도 참여하셨는지?

▸전○○: 지금까지 소비자문제 중 소비자 행정이라고 하는 게 농산품 또는 제조물품에 맞추어져 있어요. 최근에는 그보다는 서비스 쪽으로 이동하고 있는데 예를 들면 의료서비스, 정보통신 관련은 전부 다 서비스에 관련된 것들입니다. 상대적으로 농산품 관련 사건이 벌어지고 반응을 하면서 환불을 만들어 내거나 사후에 문제가 생기고 나면 그 문제를 어떻게 해결하는지 이런 문제였다면, 서비스 관련 문제들은, 서비스를 보면 단순히 크리에이티브하게 가야 합니다. 형성된 정책이 소비형태의 대부분을 결정하기 때문에 정책이 결정된 이후에 반응을 하게 되면 이미 다 늦고, 소비자들은 소비자대로 피해를 다 보기 때문에 법제정 이전에 훨씬 더 초기부터 파악해야 합니다.

▸박○○: 그러면 법 제정 초기에 예측되는 문제나 이슈들을 함께 논의하면서 시작해야 하는 것 아닌가요?

▸전○○: 우리나라의 소비자운동들이 대부분 다 그렇지만 선도하는 것들은 별로 없거든요. 세계적으로 봤을 때도. 소비자시민모임이 국제적 이슈 트렌드를 좀 파악해서 일부 이슈화시키는 경우도 있기는 있지만……. 우리만의 특수성이라는 게 있죠. 정보통신서비스와 관련된 것들은 세계적으로 사례도 별로 없어요. 실질적인 소비자운동들도 우리한테 이런 것들은 배워야 해요. 어떤 나라는 이슈들도 잘 몰라요. 이슈들에 대한 케이스 레퍼런스들이 적지 않나? 그리고 한국적인 소비자운동은 민간섹터는 정부가 민간 소비자운동이라고 하지만 그건 사실 정부주도적인 경우가 많다고 봅니다. 즉 정부가 어느 정도 세팅을 하고 정부가 소비자운동의 맞춤을 제공하고 민간 소비자운동도 정부에 어느 정도 맞추어서 하지 않았나 하는 생각이 좀 들구요.

▸예전에는 EU나 외국의 사례를 보고 정부가 벤치마킹을 하고 이슈 등을 알려 주는 경우도 있었죠.

▸전○○: 서비스 관련해서 아직도 시장이라는 개념이 약해요. 규제에 의한 경쟁력이라고 봐야 되는 건가요? 어떻게 보면 시장이 따로 없는 거네요. 시장을 만들어야 된다 이런 말인가요? 경쟁업체를 만들어야 되는 거죠. 그런데 상황이 어려운 게 시장을 만들어야

된다 해서 정부가 주도적으로 독점기업을 없애기 위해 2위, 3위 기업을 키워 주고 규제를 하면서 시장을 만들어 간다고 봐야 하나요? 즉 정부가 일을 벌이는 것은 시장이 자율적으로 못하니깐 한다고 하는 거죠. 사업자들 입장에서 볼 때도 차라리 정부규제가 편한 점이 많아요. 정부규제 한편으로는 독과점을 만들어 주기가 쉽거든요. 정부가 독과점 하는 경우에는 공정위가 개입하는 경우가 없으니깐, 사업자들이 시장이 자율화되어야 한다고 얘기하는 것은 자기네 이익이 될 경우이고, 사실은 정부의 규제를 즐기는 것이라고 봐도…….

▸이○○: 문제는 소비자단체는 뭐냐? 소비자단체는 많은 경우에 조심스러운 말이지만, 정부의 편을 드는 경우가 많습니다. 왜냐하면 소비자운동이라는 것이 사업자와 소비자의 대결구도에서 이해하는 측면이 많고, 정부가 최소한 일을 하는 경우 소비자 입장에서 한다는 명분이 있기 때문에, 그런데 반대로 시민사회의 이야기를 들어야 한다 등 과거처럼 정부주도로 가는 게 아니라 사업자의 자율에 맡기고, 소비자단체와 협의해야 되고…… 그래서 소비자 주권시대에 소비자단체의 역할이 커져야 한다고 하는데 실제로는 많은 경우에 특히 정통부는 시민사회나 소비자단체와 협의할 생각이 없습니다. 처음부터 사업자와 정부 간에서 정책이 결정됩니다. 그렇게 결정된 이후에 소비자단체가 관여되는 경우가 많습니다. 이런 경우에 정부만 나쁘다고 할 수 없는 것은 정부가 사업자만 가지고 이야기할 수밖에 없는 것은 사업자들이 그 업무에 대하여 잘 알고 있기 때문에 그런 것이고 단체나 시민사회 같은 경우는 잘 알지 못하기 때문에…… 정부 입장에서 소비자의 문제를 먼저 파악하기가 어렵죠. 또 공청회나 입법과정에서 스크린 할 단체를 선정하는 작업을 할 경우 정부의 의견을 대변해 줄 단체를 선호하는 경우가 많습니다. 따라서 소비자의 이익에 준해서 논의하는 단체나 개인에 대한 선호가 배제되기 때문에 정보부족, 참여배제 등의 경우가 발생하는 거죠.

▸결국은 소비자이익의 차원에서 접근할 단체나 공익적 차원에서 접근할 단체가 많지 않다고 봐야겠네요?

▸전○○: 공익을 생각하지 않는다기보다는 정보부족이나 전문성 부족으로 인해 상대적으로 기업보다 약한 입장이 되구요. 민간소비자의 자율성을 키워야 한다는 것은 결국 아시아경제위기 이후에 경쟁정책의 변화로 인해 소비자를 보호의 차원에서 자율적이고 자주적 소비자로 키워야 한다는 큰 흐름의 변화로 이어졌지만 소비자단체들은 여전히 보호적 차원에서 머물러 있다고나 할까?

▸남○○: 이러한 문제는 소비자단체만의 문제가 아니라 지식사회 전체가 그런 것 같습니다. 이 말은 지식사회가 별로 독립적이지 못하다는 것을 의미합니다.

▶그 이유가?

▶전○○: 리소스하고 관련이 되겠죠. Funding 리소스는 기업과 관련되어 있고 information 리소스는 정부와 관련되어 있어서요. 이 부분이 취약하기 때문에 feedback을 주기가 쉽지 않죠. 소비자단체가 이 부분에서 독립적으로 되면 좋겠지만 현실적으로는 이 부분의 취약으로 소비자단체는 유지되기가 어렵죠.

▶실제로 정통부가 정보 통신 관련법을 제정할 경우 어느 과정에서 소비자단체 전문가들이 개입이 되나요?

▶남○○: 평소 이 부분에 날카로운 지적을 한다고 인식하면 안 부르죠. 배제하죠.

▶공청회를 하거나 할 경우에는 불러야 하지 않나요?

▶남○○: 소비자보호단체협의회를 통해 정부가 원하는 방향의 단체전문가를 선호한다고 보면 되나? 좋게 말하면 소비자보호단체협의회의 주도에 의해(나쁘게 말하면 조종하는) 참여 배분이 이루어지죠. 그 리더십의 성향이 정부와 친화적이 될 수밖에 없기 때문에, 그런 요청이 오면 정부의 에이전트의 역할을 하는 쪽을 불러요. 예를 들면 그 정책을 전혀 알지 못하거나 정부 입장도 잘 모르면서 요청에 의해 규제위원회에 그대로 발표하는 단체의 경우도 종종 보아 왔으니까요.

남○○: 예를 들면 모바일 뱅킹을 휴대폰에 장착을 하는 정책을 시행할 경우 소비자에게 어떤 문제가 발생할지에 대해 아무 아이디어가 없는 소비자단체를 불러 공청회나 의견수렴을 할 경우 사업자들은 그 부분에 대해 상세히 알고 있지만 소비자에게 문제될 부분에 대해서는 어디에서도 언급이 되지 않죠. 이럴 때 모바일 뱅킹서비스에 대한 소비자문제에 정통한 단체가 참여해야 하지만 다른 소비자단체에게 요청할 경우 내용을 모르고 참석하게 되고 그렇기 때문에 발언을 할 수가 없고 하면 사업자들에게는 형식은 거쳤지만 그냥 넘어가는 거죠. 그러면 사업자에게는 이익이 되는 거죠. 나중에 소비자에게 심각한 문제가 발생하더라도 그것은 사후의 문제이니까요.

▶그러면 이러한 문제를 해결하기 위한 방안은 없을까요?

▶전○○: 민주적인 의사결정을 위한 프로세스가 어떤 의미에서 형식적 민주주의 프로세스로 변질되어 가고 있다고 봐야죠. 보통은 상당히 폐쇄적으로 형식적 과정을 거친다는 인상이 많이 듭니다. 어떤 의미에서 소비자보호단체협의회가 지원금 문제로 인해 자유

로울 수 없기 때문이기도 하고…… 다른 이슈와 관련해서는 NGO들이 활성화되고 전문가도 많이 참여하고 하는데, 어떤 의미에서는 소비자단체가 매너리즘에 빠져 있다고나 할까? 아니면 소비자단체가 모두 수용하기에는 너무나 전문적인 이슈들이 다양하게 발생하고 있기 때문에…… 외부전문가와 함께하지 않으면 소비자단체가 모두 소화하기가 어렵죠.

▸이○○: 그 부분에 관해서는 평소 정책 모니터링이 되어야 하는데, 정부는 중요한 정보는 공개를 안 합니다. 그래서 소비자단체는 정보를 오히려 국회의원을 통해서 얻게 되죠. 정부의 경우 형식적 공청회를 거치고 국회로 가고 국회도 해당 이슈에 대해 의견수렴을 하는데 국회도 워낙 법안이 많기 때문에 형식적으로 넘어가기도 합니다. 요점은 의원 개인이 관심이 있는 이슈라야 하는데요. 대부분의 경우 국회에 로비를 하는 그룹들은 자신들의 이익과 관련된 그룹입니다. 공익을 대변하는 집단이 의회에 영향을 미쳐야 하나 이익단체만큼 적극적인 로비를 하기는 쉽지 않죠.

▸전○○: 이러한 정책들이 정당 간 경쟁으로 해결되어야 하나 정당 간 경쟁은 별로 없습니다. 국회에서 설득을 하기보다는 오히려 보도 자료를 통해 언론에 띄우고……. 언론에 띄우고 나야 국회의원들도 관심을 가지고 구체적으로 들여다보게 되죠. 때로는 시민사회단체도 마찬가지인데 충분한 정보 없이 이슈화하여 언론에 띄운 후에 정확한 정보는, 이슈화된 내용에 내한 정보소스를 국회위원을 통해 획득하는 경우도 생기죠.

▸이○○: 하지만 소비자단체가 정확한 입장만 가지고 있다면 국회의원 사이의 협력관계를 통해 목표를 달성할 수 있다고 봅니다. 그래서 소비자들의 피해사례를 찾아 피해자를 모아 소비자문제 변호사들의 활동을 통해 소송대리인으로 소송을 시도하기도 하죠.

(2) 의료법 전면개정사례를 통해 본 소비자단체의 실질적 참여 사례

▸의료법 전면개정은 소비자의 역할이 실질적으로 참여하는 모델을 보여 준 경우라고 하던데요.

▸조○○: 일반적으로 법개정의 경우 의원입법이나 정부부처가 단독으로 법안을 마련하고 이후 공청회 등을 통해 관련단체나 전문가 의견을 수렴하는 절차를 밟아 왔으나, 이번 의료법 전면 개정작업에서는 보건복지부 주도하에 관련단체와 이해관계자들이 참여하는 "실무작업반"에서 법개정 초안을 만드는 작업에서부터 함께하는 새로운 시도를

하게 되었어요. 이는 시민단체와 함께하는 새로운 거버넌스 정치에서의 "정책형성과정"을 보여 주는 사례로 볼 수 있을 것 같습니다.

▸의료법의 개정과정을 간단히 소개해 주시죠.

▸조 ○○: 우리나라 의료법은 1951년 "국민의료법"으로 제정된 후, 1962년 의료법으로 전면개정되어 총 25회에 걸쳐 개정이 이루어졌으며 의료법 시행령과 시행규칙 이외에 「선택진료에 관한 규칙」, 「안마사에 관한 규칙」 등 8개의 별도 규칙을 제정・운영하고 있고 아주 복잡한 편이죠. 그런데 이 의료법은 의료인의 행위규범을 규정하는 법적 성격과 의료기관을 규제하는 규제법적인 성격을 같이 포함하고 있으며 필요시 개정이 반복적으로 이루어짐으로써 일관성이 부족하고 변화하는 현재 상황에 맞는 법적용을 하기 어려운 문제를 안고 있어 개정의 필요성이 제기되어 왔죠.

▸의료법 전면개정 실무작업반은 어떻게 구성되었나요?

▸조○○: 실무작업반에는 이해관련단체로 "대한의사협회", "대한치과의사협회", "대한한의사협회", "대한간호협회", "대한조산사협회", "대한병원협회"가 참여하였으며, 4명의 민간위원으로 의료전문변호사 1인, 법의학 교수 1인, 시민단체로 경실련의 전문위원, 소비자단체 실무자로 녹색소비자연대 실무자인 제가 참여하였죠.

▸실무작업반 운영 과정은 어떻게 진행되었나요?

* 2006년 8월28일 첫 모임 이후 의료법개정 실무 작업반은 총 10차에 걸친 회의를 진행하였으며 이 중 1회는 1박2일의 워크숍을 했구요. 매 회의는 두 시간씩 진행되었으며, 각 단체 간의 신뢰형성을 위해 회의를 참여기관이 서로 돌아가면서 주최했어요.
* 실무작업반 회의는 먼저 보건복지부에서 개정안 초안을 준비하여 발표를 먼저 한 후 각 이해관계단체의 입장을 들은 후 한 시간 이상의 충분한 토론을 통해 일정한 관점이나 입장을 조율하는 노력을 했는데 이런 과정에서 충분하게 자신들의 주장이 받아들여지지 않았다고 생각되는 관련협회에서는 다음번 실무작업반 회의 시에 문건으로 보완된 의견서를 제출하고 재논의를 진행하고 하는 식으로 했구요. 논의가 길어지거나 쟁점이 되는 사안은 워크숍을 통해 보다 충분한 토론을 추가하여 일정한 암묵적 합의(협회의견을 총합한 공식적 합의는 아님)에 도달할 때까지 지속적인 토론을 진행하는 방식을 택하였죠.
* 또한 소비자단체의 경우 실무작업 이외에 총 4차에 걸친 "소비자를 위한 의료법개정

준비포럼"을 개최하였는데, 이는 실무작업반에 참여한 소비자단체(녹색소비자연대)가 주도하여 다른 소비자단체 5곳과 실무작업반에 참여하는 민간위원이 함께하는 포럼을 따로 진행했습니다. 이 포럼에서는 소비자입장에서 중요한 법개정안에 대한 의견을 수렴하고 실무작업반 회의에서 수렴된 의견을 표명하였으며 한번은 서면으로 된 의견서를 실무작업반 회의에 제시하기도 했습니다. 사실 정부가 법개정안을 준비하는 단계에서부터 별도의 실무작업반을 구성, 운영하면서 관계자와 시민사회의 논의과정을 통해 개정안을 만드는 시도를 한 것은 이번 의료법 개정작업이 첫 사례로 보이는데요.

▶거버넌스 정치의 모델이 될 만도 한데 이 작업이 그러면 성공적이었나요?

▶조 ○○: 아뇨. 사실 몇 가지 오류가 있다고 봅니다. 현재 의료법 전면개정안은 국회에 계류 중이며, 의사집단과 재야운동그룹(노동조합 등) 양측에서 모두 비판을 받고 있는데 이렇게 된 데에는 몇 가지 거버넌스 구축에 있어서의 오류 때문이라고 생각합니다.

첫째, 시민사회 내 존재하는 서로 다른 사회철학적 관점을 포괄할 수 있는 실무작업반 위원 구성에 실패한 점으로, 노동조합이나 민중운동진영에 뿌리를 둔 시민단체(건강세상네트워크)가 의료법개정을 반대하면서 실무작업반에 참여를 거부하였고 이를 설득하지 못한 점과 둘째, 관련협회의 내부논의를 활발하게 진행시키지 못한 점으로, 특히 의사협회의 경우 지도부의 신임문제 때문에 이사협회를 대표해서 실무직업반에 참여한 위원이 내부적인 논의가 필요한 사안에 대해서도 전혀 보고 또는 공개된 토론을 이끌지 못했으며, 개인적으로도 이를 성공적으로 리드해 나갈 리더십이 부족한 측면이 있었다는 점, 셋째, 시간적인 촉박함으로, 총 4개월여의 시간 안에 일정한 수준의 초안이 완성되어야 한다는 전제로 논의를 매우 급속하게 진전시켰으며 충분한 검토와 연구를 할 수 없는 상황을 초래한 점이라고 보구요. 넷째, 보건복지부의 사전준비 부족으로, 의료법전면개정을 위해 "의료선진화위원회" 등에서 논의된 것은 있었으나 의료법 전반에 걸쳐 보다 체계화된 조사, 연구사업이나 연구결과물은 매우 부족한 상태에서 실무작업반 위원들의 개인적 경험이나 관점을 중심으로 토론할 수밖에 없었다는 한계를 들 수 있었습니다. 결과적으로 정책형성과정의 새로운 거버넌스로서 박수받아야 할 의료법 전면개정 실무작업반의 노력이 정부부처의 사전준비와 충분한 시간을 가진 토론의 부족으로 인해 또 다른 형태의 "들러리"로 평가 절하된 부분은 참으로 아쉬운 점이라 할 수 있습니다.

(3) 녹색구매법의 입법을 통해 본 소비자단체의 적극적 참여사례

▸녹색구매법의 입법참여 사례에 대해 말씀해 주시죠.

▸이○○: 이 법은 환경문제의 시장적 접근이라고 할 수 있는데요. 기업의 오염규제, 공해규제, ISO 14000 기술·인증 등을 시도하다가 구매를 통해 이 문제를 해결하는 것이 좋겠다는 생각으로 소비자단체가 제안한 사례입니다. 애초에 정부는 이 제안에 소극적이었는데 민간단체가 정부와 지방 자치단체를 설득하여 파트너십을 개발한 경우입니다. 이 아이디어를 환경부 담당과장이 채택하여 추진하다가 부처 간 갈등으로 어려움을 겪기도 했구요. 그래서 시민단체가 주체가 되어 국회의원들을 설득하여 의원입법으로 올린 것입니다. 정부의 공공구매 관련 부분(환경부, 조달청 등) 그리고 환경부상위(국무조정실)의 여론수렴과정을 단체가 주도하여 정부(환경부)입법으로 올리도록 영향을 미친 경우라고나 할까? 외국의 경우 조달청이 담당하므로 법의 관할을 환경부처에서 정부공공구매를 조정하도록 하고 있습니다. 문제는 환경상품의 품질, 시장적응력이 높아져야 하는데 아직도 구매량이 적고, 환경마크 인증만으로 구매유도가 쉽지 않습니다. 구매자의 반응을 이끌어 내기가 어려웠죠. 왜냐하면 구매 시는 가격, 디자인 등 환경외적 요소도 고려해야 하니까요. 하지만 녹색 구매법 제정 이후 환경상품 구매는 8배 이상 증가하였으니 소기의 성과는 거뒀다고 봐야 합니다. 정책적 목표로는 기업이 환경상품을 개발해 내야 하는데, 시장이 작아서 아직 투자가 미비합니다. 환경부 입법과정에서 시장의 규모를 키울 만큼의 영향력은 되지 못한 게 아쉽죠. 덴마크의 경우 조달경쟁 시 환경이 하나의 기준으로 들어가 있고, 조달 시 환경요인을 중요 평가기준으로 삼는데 반해 우리는 조달부서인 조달청에서 이 법을 관할하지 않고 환경부가 관리하기 때문에 이 법이 자발적, 시장지향적은 되지 못한다는 점이 아쉽습니다. 하지만 일본은 Guideline만 만들어 놓았는데 우리나라는 법으로 정해져 있어 일본보다 진일보한 점으로 생각됩니다. 녹색구매법을 제정하고 입법과정에서 녹색구매를 진흥시킬 수 있는 진흥원이 만들어져서 국제관계 network와 정부와의 협력관계, 그리고 교육, 홍보 등 시민단체인 GPN이 맡아서 해 왔던 일들을 진흥원이 맡아서 하도록 되어 시민단체가 할 때보다 실행능력과 집행력이 배가되었다고 봅니다. 내년에는 GPN이 녹색구매세계대회를 유치하게 되었는데 진흥원과 함께 정보와 실행력이 배가되어 좋은 대회를 치러낼 수 있을 것으로 기대합니다.

▸그러면 진흥원의 예산은 모두 정부에서 지원하나요?

▸이○○: 1년 예산이 30-40억 정도 하는데 전에 환경마크인증원이 진흥원으로 명칭을 바꾸고 사업을 발전시킨 셈이니까요. 마크 인증 수수료와 용역들의 사업을 통해 예산을 조달하고 정부 지원도 받고 있습니다.

▸환경부 산하 특수법인으로 보면 되겠네요. 그러면 NGO 단체인 GPN과 진흥원과의 관계는 어떤가요?

▸이○○: 현재는 단체의 활동가가 진흥원을 맡아서 운영하고 있기 때문에 NGO와 정부, 그리고 진흥원과의 관계는 신뢰를 바탕으로 함께 작업하는 성공적인 사례라고 말하고 싶습니다.

제4절 소비자단체의 공익적 소비자운동과 공익소송참여

1. 공익소송에 대한 활동가들의 의견

소비자단체들은 소비자피해자를 모아 이슈를 찾아내고, 변호인단을 구성하여 공익소송을 하기도 한다. 공익소송활동에 대한 심층면접을 한 결과는 다음과 같다.

▸공익소송활동에 대해 말씀해 주시죠.

▸김○○: 저희 소비자단체에서는 소비자피해 문제 중 공익소송이 가능한 이슈들을 가지고 정보를 수집하여 소비자피해자들을 권유하여 공익소송을 하는 활동을 전개하여 몇 가지 건에 대해서는 승소하기도 하고, 또 보상을 받기도 하였습니다.

▸실제로 소송을 할 경우 비용이 만만치 않을 텐데요.

▸김○○: 변호사의 입장에서 볼 때 소비자소송은 큰 보상이 없습니다. 징벌적 보상이 없으므로 과정비용은 소비자가 부담하기로 하고(예를 들면 인지대 같은 것도 상당히 들거든요) 변호사 인건비는 거의 없습니다. 그냥 관심을 가진 변호사들이 자원봉사를 통해

소송을 하게 되는 거니까요. 이때 원고가 개인인 경우와 다수의 소송인일 경우 서류 구비도 만만치 않습니다. 징벌적 보상이나 집단소송제가 없는 경우 소비자도, 변호사도 실익이 별로 없죠. 하지만 소비자단체들은 이슈가 되는 내용들을 가지고 공익적 차원에서 이러한 활동들을 합니다. 소비자단체가 소송관련해서 하는 일은 주로 이슈정보를 수집하고, 소송인단을 모집하고, 소송행정절차에 필요한 업무 보조들을 하는 것입니다. 변호사들은 법원과 관련된 업무를 하게 됩니다. 따라서 소비자주권의 확보차원에서 정부가 소송비용이라도 지원해 준다면 좀 더 활성화될 수 있을 것 같긴 한데……. 소비자단체는 자원봉사를 할 변호사를 섭외하고, 소송하고자 하는 소비자를 모으는 것처럼 coordinator 역할을 통해 소비자문제의 사법적 해결을 시도하고 있습니다. 이러한 공익소송을 하는 단체는 주로 YMCA와 녹색소비자연대가 많이 하고 있습니다. 교복 담합에 대한 공익소송, 인터넷 대란, 멜론 서비스, 정유사 담합으로 인한 소비자피해보상 등의 소송이 대표적인 사례이죠.

2. 공익소송의 내용과 결과

(1) 교복담합사건

2001년 5월 공정거래위원회가 SK네트웍스, 제일모직, 주식회사 새한에 대해 원고는 1998년 11월부터 2000년 11월 13일까지 공동으로 중앙협의회의 임원 등과의 회의를 거쳐 자사의 학생복을 재판매하는 총판 및 대리점들로 하여금 학생복의 가격을 결정하거나 유지하도록 합의하는 등의 행위를 한바, 이는 공정거래 및 독점규제에 관한법률 제 19조 제1항 제1호의 '가격을 결정, 유지 또는 변경하는 행위'(이하 '가격공동행위'라 한다)에 해당되고 입찰을 통한 학생복의 공동구매의 저지 내지는 중소업체의 입찰 참여 방해 등을 위한 공동대응행위는 공정거래법 제19조 제1항 제8호의 '다른 사업자의 사업 활동 등을 방해하거나 제한하는 행위'(이하 '사업 활동 방해 공동행위'라 한다)에 해당하는 것으로 판단하여 공정거래법 제21조 제22조를 적용하여 시정조치 및 과징금 납부 명령 등을 처분하였다.

이에 (주) SK네트웍스를 중심으로 공정거래위원회를 상대로 "업체들끼리 학생복 가격을 공동으로 결정하거나 판매대리점에 지시한 적이 없다."라는 취지의 '시정조치 및 과징금 납부명령 취소 청구 소송'이 제기되었다.

2004년 8월 22일 서울 고법 특별 6부(재판장 이동흡)는 "SK네트웍스와 제일모직(아이비), 새한(스마트) 등 3사가 담합해 학생복 판매가격을 결정하거나 일정수준으로 유지하도록 합의한 사실이 인정된다. 또 이러한 가격공동행위는 수요 공급의 원칙은 물론이고 독자적인 영업 판매전략을 수립해 가격을 결정해야 하는 공정한 자유경쟁을 부당하게 제한하는 것에 해당한다."라고 밝혔으며 이어 "공정거래위원회의 인가를 받지 않은데다, 업체들의 주장처럼 거래의 원활화 및 소비자의 편익증진에 기여하는 경우라고 보기도 어렵다."라며 원고 패소 판결하였다.

하지만 서울 기독청년회를 주축으로 2001년 7월부터 9월까지 3개월간 전국적으로 원고를 모집, 대형 교복사들의 담합으로 피해를 본 3,525명의 소위 유명 브랜드 교복 구입 학부모들이 자발적으로 소송에 참여피해 당사자인 학부모들의 손해배상 청구 소송은 과징금 처분 취소 청구 소송의 판결이 될 때가지 수년 지체될 수밖에 없었으며, 사실상 행정소송 판결 이후 재개되었다. 그래서 2005년 6월 17일에 비로소 일부 승소 판결(손해액수는 지급하고 정신적 피해위자료는 인정하지 않음)이 내려졌다. 아울러 가격공동행위 합의와 실행에 대한 공소시효기간이 각각 2002년 11월과 2003년 11월에 끝남에 따라 더 이상의 추가 피해자들의 재산상의 손해배상 소를 제기하기 힘들게 되었다.

이 소송은 공정위의 담합 조치에 대해 해당업체에 소비자단체가 집단적으로 공익소송을 제기한 첫 번째 소송이라 할 수 있으며 또한 몇 년에 걸쳐 결국 승소판결이 내려진 첫 번째 소송이다. 하지만 집단소송제도가 없는 우리나라의 소비자주권을 여실히 드러낸 소송이기도 하다.

(2) 1.15. 인터넷 대란 사건

2003년 1월 15일 웜바이러스 침투로 국내 ISP업체들이 24시간 내지 72시간 동안 인터넷 서비스를 제공하지 못한 초유의 사태가 발생하였다. 이에 ISP 업체들은 불가항력적인 사건이라 변명하였으나 소비자단체에서는 피해자 23명을 대리해 법무법인 한결에서 KT, 하나로통신, 두루넷, 온세통신 등 4개 통신업체를 대상으로 통신위원회에서 약관에 정한 대로 손해배상을 요구하는 재정신청을 했다. 통신위원회에서는 신청사건 결정에서 ISP들은 인터넷대란이 불가항력적이라는 것을 입증하지 못했다 하여 2003년 10월 신청인들에게 인터넷을 이용하지 못한 시간만큼 배상하라는 결정을 내렸다. ISP의 약관에 고객의 책임이 없는 사유로 통신장애가 일어날 경우 손해배상을 하도록 규정하고 있기 때문이다.

하지만 곧 ISP업체들은 23명의 피해자 각각에 대해 채무부존재소송을 제기하였다. 당시 통신위원회가 정한 배상액수는 대부분이 5,000원 미만금액인데 KT, 하나로, 두루넷, 온세통신 등 4개의 회사가 자사 서비스를 받은 각각의 원고들에게 채무부존재 소송을 제기하였다.

결국 재정신청을 한 원고 소비자들이 반대로 피고가 되어 개인이 직접 법원에 출두하게 되었다. 게다가 소비자단체가 소송을 위임받아도 피고와 원고, 사건내용이 각기 다른 개별소송을 처리되어 소송비용이나 시간 모든 면에서 불리할 수밖에 없었다. 결국 23명 중 단지 6명만이 채무부존재 소송에 항변하였고 2006년 패소판결 받았다.

이 소송은 정보통신 기술의 발달과 보편적 서비스가 되면서 생길 수 있는 기술적인 문제점에 대해 소비자들이 소송을 제기한 경우다. 하지만 기술적인 문제의 원인이 과연 불가항력적인 것인지 아니면 업체의 해태에 의한 것인지 소비자가 증명하는 것은 상당히 어려운 것이다. 더군다나 행정기관의 재정신청 결과를 사법부가 받아들이지 않음으로 소송에서 소비자에게 상당히 불리하게 작용했다 할 것이다. 또한 무엇보다 소송이라는 것이 시간과 재정적인 지원 없이 단지 공익소송만으로 기업과의 소송을 진행하는 것이 얼마나 힘든지를 보여 준 소송이기도 하다.

(3) 멜론 부당가입에 대한 건

SK텔레콤이 운영하는 멜론(음원제공서비스)사이트를 운영하면서 소비자로 하여금 주로 메신저의 배너광고에서 무료로 도토리를 준다거나, 무료체험 쿠폰 등을 통하여 인터넷 상 멜론 사이트에 접속하여서 가입토록 하였다. 하지만 가입 당시에 정확하게 유료인지 무료인지 밝히지 않은 상태에서 일정 기간이 지나면 자동적으로 유료로 전환되어, 이동통신 요금에 부가되어 요금이 빠져나가도록 하였다. 대부분의 피해소비자들은 당시 유료서비스인지는 몰랐고 자신이 유료로 전환되었는지도 몰랐기 때문에, 빠져나가는 금액도 어느 정도 되는지조차 알지 못한 상태로 멜론을 한 번도 사용하지 않고 방치한 케이스가 많은 것으로 보이고 이를 통하여 에스케이텔레콤은 부당이득을 취하고 있는바, 이에 대해 소비자연대에서 2006년 4월부터 피해자를 모집하여 총 249명이 모집되었다

"자동유료서비스전환" 계약에서의 문제점은 첫째, 유료서비스 내용의 명시·설명의무를 불이행했으며 심지어는 가입 시 유료서비스의 가격조차도 고지되지 않았고, 그 서비스의 내용이 무엇인지조차도 밝히지 않고 "무료체험"만을 강조하여 광고를 하는 방법으로 가입을 받았다. 둘째, 사전 고지의 부재로 설혹 사전에 미리 유료서비스라는 점에 대한 상세한 설명이 존재하였다 하더라도(유료서비스내용에 대한 상세한 설명이 부재한 것이 사실이나) 무료서비스였던 부분이 유료로 전환되는 것은 계약 내용의 중대한 변경이므로 이에 대하여 사전에 미리 고지했어야 했다.

하지만 이 소송 건은 실제 소송이 진행되기 전에 SK텔레콤에서 소송에 참여한 피해자들에 대해서는 10만 원의 피해위자료와 기납부된 금액 전액을 환불과 아울러 무료 체험 이벤트를 중지하고 홈페이지를 수정하는 것을 조건으로 합의를 요청하였다. 이는 집단적으로 발생한 피해에 대해서 아직까지 무료체험 마케팅의 허구성에 대해 명확하게 법원의 판례가 없음에 불구하고 기업이 소비자피해를 합의한 첫 번째 사건이 될 것이다.

아울러 소비자단체가 제안한 것이 소송에 참가의사를 밝히지 않은 대다수의 피해자들에 대해서도 일정 기간 동안 피해구제를 요청할 경우 SK텔레콤에서 피해금액을 전액 환불해 주도록 요청하였는데, 이 내용도 합의하여 1달 동안 약 3,000여 명의 소비자의 피해구제를 하였다.[1)]

(4) 정유사 가격 담합

2006년부터 시작하여 약 2년 동안 공정거래위원회가 정유회사의 가격담합을 조사한 결과, 2006년 4월-6월, 약 3달 동안 가격담합 혐의 증거를 포착하여 정유회사에 총 526

1) 기업이 소송에 들어가기 전에 과실을 인정하고 합의하여 적극적으로 피해구제를 한 첫 사례로 본다. 특히 소송참가자 외에 피해자들에 대해 일정기간 동안 제한적이지만 피해구제를 하고자 했던 노력은 집단소송이 도입될 경우 소비자들의 피해구제가 손쉽게 또한 효과적으로 진행될 수 있음을 보여 준 사례라 할 수 있다.

억 원의 과징금과 함께 4개 법인을 검찰에 고발했다.

공정위 조사를 통해 밝혀진 것처럼 공장도 고시가격과 판매가격의 이원화된 가격결정 구조를 통해 소매유류가격을 카르텔을 통해 인상하고 주유소에서 소비자에게 그대로 전가시켜, 최종 소비자가격을 상승시키는 결과를 초래했다. 공정위가 담합이 이루어졌다고 확인한 71일 동안의 기간 안에서도 피해금액은 무려 2,400억 원에 달하는 것으로 밝혀졌다. 게다가 가격담합시기에 각 정유회사의 영업이익이 적게는 30%에서 많게는 400%까지 영업이익을 실현했다는 공정위의 발표에 대해 소비자단체에서 공익소송을 진행하게 되었다. 하지만 가격담합에 대한 소비자피해액수를 감정하는 것이 필요한데 이 감정 비용을 공익소송을 진행하는 소비자단체나 자원봉사로 활동하는 변호사가 담당하기에는 무리가 있다.

결국 이 소송은 과연 정유사의 가격담합에 대한 소비자의 실질적인 피해액수가 얼마인지를 감정하는 것이 최대 관건이라 할 수 있다.

제5절 논의 및 결론

소비자단체의 주된 사회적 역할은 수없이 다양하고 산적해 있는 소비자문제를 사회문제화 또는 정책문제화하는 것이며, 공론화된 소비자문제를 해결하기 위한 힘을 시민사회 내에서 발굴하고 결집하는 것이다. 이러한 목표를 위해 소비자단체는 언론보도를 통한 여론형성, 연대활동, 성명서 발표 등을 통해 관련부서에 건의안을 내거나 소비자정책 결정과정에 압력을 행사한다. 이러한 작업은 정부부처가 일방적으로 실행하는 정책의 오차를 수정하도록 압력을 가하는 역할로 인식되고 있다. 하지만 현실의 소비자단체는 소비자 상담 및 피해구제, 소비자 교육 등 실무적인 일에 더 주력하는 반면 소비자행정 관계기관의 정책결정과정에 대한 적극적이고 능동적인 참여가 상대적으로 낮은 비중을 차지하고 있는 것으로 평가되고 있다(한국소비자보호원, 2003).

일반적으로 정책결정체계는 정책의제의 선택에서부터 정책의 형성, 집행, 평가 그리고 정책의 수정과 개선 등을 모두 포함하는 광범위한 활동 체계로 구성되며 이 모든 요인들이 서로 긴밀하게 그물 모습으로 연계되기 때문에 그 복잡성을 하나의 과정으로 단순화하는 것이 필요하다. 민생과 깊이 관련된 소비자정책은 정당, 언론, 방송, 민간소비자단체, 사업자단체 및 소비자 전문 연구기관 등을 통해 조사연구 및 사전인지를 통해 소비자 문제 의제가 형성되며, 국가 및 지자체에 의해 정책이 결정, 집행되는 체계로 구성된다.

소비자정책의 형성과 집행에 있어서는 실제로 소비자문제를 다양하게 인지할 수 있는 소비자피해 상담의 과정에서 현실적인 의제개발이 가능하기 때문에 민간섹터의 역할이 강조되어야 하며 특히 소비자정책 결정과정에서 조직화된 각종 이익집단의 방어역할과 공익을 추구하는 소비자 집단 간의 첨예한 대립과 갈등이 발생할 수 있기 때문에 정책결정자는 증대되는 소비자운동의 경제적, 정치적 중요성을 반영하여 소비자의사를 정책형성과정에 반영시키고 소비자거래규정과 이러한 법령의 시행을 통하여 소비자이익의 보호를 촉진할 필요가 있다. 따라서 법령의 제정과 시행과정에 소비자단체의 실질적인 참여가 필수적이다.

그러나 앞에서 지적한 바대로 많은 법 제정이나 시행령 제정에서 소비자단체가 전문적인 견해를 가지고 참여하고 있지 못하는 현실로 미루어 앞으로의 소비자단체가 추구해야 할 역할에 대해 몇 가지 제안을 하고자 한다.

1. 소비자단체에 대한 지원

Vogel(1980)은 정부가 공익단체를 지원하는 세 가지 방안을 제시하였는데 첫째는 절차적 수단을 마련해 주는 것이다. 즉 소비자나 환경단체들이 공익에 위배되는 것으로 여겨지는 행정기관과 기업의 결정에 대해 사법적 절차를 통해 이의를 제기할 수 있는 방법과 정부와 기업에 대해 공익단체들이 필요로 하는 정보를 요구할 수 있도록 하는 정보청구권을 부여해 주는 방법이다. 둘째는 국가의 보조금 지원이다. 기업과 공익단체 간의 외형적인 평등 보장만으로는 불충분한 지원을 하고 있는 공익단체의 효과적인 참여를 기대할 수 없기 때문에 직접적인 국가의 보조금 지원 외에도 간접적인 보조의 형태로서 소송비용에 대한 보상을 하는 방법 등이다. 셋째는 국가가 직접 새로운 행정단위를 설립해 그 기관으로 하여금 공익단체를 지원하도록 하는 방법을 제시하고 있다. Paglin(1977)도 Vogel과 유사한 세 가지 방법을 제시하는데 첫째, 소비자단체에게 직접적인 재정적 지원을 제공하는 것이며, 둘째 소비자단체에 접근이 용이하도록 각종 편의를 제공하고, 참여에 따른 비용이나 절차적인 부담을 경감시켜 주는 방법이다. 즉 소비자단체가 정부 내부 자료와 정보에의 접근을 보다 용이하게 지원하고, 전문적이고 기술적인 문제에 대한 지원을 제공하는 것이다. 셋째는 정부 내에 공식적인 기관을 설립하여 소비자단체에 대한 정부 내적 대표와 접근 통로를 제공하는 방법 등이다.

현재 우리나라의 경우 이 세 가지 지원방안을 모두 시도하고는 있으나 실제로 소비자단체가 활성화된 활동을 할 수 있는 수준으로 지원하고 있지 못할 뿐만 아니라 소비자단체의 지원기관이라 할 수 있는 정부의 공익법인에 해당하는 한국소비자원과 소비자단체협의회와의 업무 중복성으로 인한 갈등구조는 이러한 지원과 네트워크가 원활하게 이루어지지 못하는 원인이 되고 있다.

2. 민간부분의 소비자 법전문가 양성과 정책연구

소비자정책의 범위가 워낙 다양하고 동시에 광범위하기 때문에 소비자정책결정이 각각의 부처에 산재하여, 특정한 소비자정책 추진에 있어 확연한 책임부서 또는 주무 부서를 찾기 어려운 문제가 발생한다. 이와 마찬가지로 소비자단체의 경우도 각 단체의 특성적인 전문성이 없는 일반화된 의제를 가지고 접근하는 데는 한계를 가지게 된다. 따라서 소비자단체 간에도 특정 분야의 전문성을 강화하여 특성화를 추구할 필요가 발생한다. 현재의 소비자단체협의회에 소속된 소비자단체 외에도 소비자정책과 관련하여 언론보도를 통한 여론형성, 연대활동, 성명서 발표 등을 추구하는 단체가 다양하게 활동을 하는 만큼 현재 소비자단체협의회에 소속되어 있는 소비자단체만이 소비자정책에 참여하는 형태의 관행은 앞으로 유지되기 어려울 것이다. 따라서 각 소비자단체별로 전문성을 추구하는 분야의 설정과 함께 각 분야의 소비자 관련법을 전문적으로 연구하고 전문성을 키워줄 민간 전문가의 육성이 시급하다.

현재 대부분의 소비자단체의 경우 운영예산의 상당부분을 정부가 지원하는 소비자피해 상담 보조금과 각 부처별 소비자정책 관련 프로젝트, 그리고 일부 소비자단체 회원의 기부금 등으로 운영하고 있기 때문에 소비자 상담 및 피해구제업무와 프로젝트 수행에 인력이 투입되어 업무의 중심이 정책 참여보다는 실무에 치중되어 있기 때문에 소비자단체의 간사나 중간관리자가 소비자정책참여를 위한 전문성 확보를 위한 연구 및 조사활동에 시간을 투입하기가 쉽지 않으므로 이들에 대한 전문성 향상을 위해 정부는 워크숍이나 리더십 세미나, 연수 등과 같은 직접적, 간접적 지원을 통해 전문성 향상에 노력해야 할 것이다.

이제까지 민간 소비자운동은 다양한 분야의 인적 자원과 물적 자원을 동원하는 것이며 특히 자원봉사자로서 다양한 계층과 집단을 참여시켜 컨텐츠를 구성해 왔다. 일반적으로 시민단체는 일반회원의 참여가 취약하고 대학교수, 변호사 등 전문가 집단의 기여도가 높았던 반면 소비자단체의 경우 이러한 전문가 집단보다 실무자나 모니터의 기여가 더 많았다고 한다(박인례, 2004). 따라서 앞으로의 방향은 각 분야의 전문가집단을 투입하는 소비자정책연구의 활성화를 유도할 수 있도록 소비자정책 관련 연구자들의 참여를 높이는 방안에 대해 심도 있는 동기 유발이 뒤따라야 할 것이다.

3. 정부와의 파트너십

소비자단체는 탄생 배경부터 정부와의 파트너십을 전제로 탄생되어 30여 년 간 관계를 지속하여 왔으나 현재의 소비자단체협의회와 정부와의 파트너십 부분도 재정립되어야 할 것이다. 현재 재정경제부와 공정거래위원회는 소비자정책심의위원회를 공동간사제로 운영하기로 합의하고 소비자정책을 활성화하고자 하는 의지를 보이고 있으며, 공정거래위원회가 소비자단체와 한국소비자원의 관할을 이관하여 맡게 됨에 따라 소비자단체와 정부기관 그리고 소비자정책 집행기관으로서의 소비자원과의 새로운 파트너십이 요구되고 있다.

향후 우리 사회는 공적 영역이 더욱 확대되고 시민의 요구가 다양해질 것이므로 소비, 환경, 교육, 안전, 보건 등의 소비자문제 영역은 더욱 확대될 것이나 정부의 힘만으로 소비자문제를 해결하기에는 비용이 많이 들고 비효율적이다. 따라서 정부가 기능을 확대하지 않으면서 소비자문제를 해결하기 위해서는 정부와 소비자단체와의 파트너십이 필수적이다.

소비자단체는 조직에 있어서 유연성이 있기 때문에 정부보다 다양한 서비스 제공이 가능하고, 거래비용이 정부에 비해 적기 때문에 효율적이며, 신속하게 문제해결을 위한 행동이 가능한 강점이 있는 반면, 정부는 조직의 능력, 정보력, 제재수단의 강점이 있으므로 민・관 협력의 모델을 통해 파트너십을 키워 가야 할 것이다.

기업의 입장에서도 소비자주권이 강화되어 소비자 정보의 요구가 커지게 되므로 기업의 올바른 정보를 소비자에게 알리는 작업이 매우 중요하고 시장 환경에서 소비자와 공정한 파트너가 되지 않으면 존재하기 어렵게 되어 가고 있다. 따라서 소비자단체와 함께 파트너십을 가지고 다양한 활동을 통해 소비자 정보제공과 교육에 투자하는 것만이 기업과 정부, 소비자단체가 상생할 수 있을 것이다.

참 ■ 고 ■ 문 ■ 헌

김미리(2000),「사회복지 정책과정에서 정부와 NGO간의 파트너십에 관한 연구」, 이화여자대학교 박사학위논문.

김석준(2000),「한국 국가 재창조와 뉴 가버넌스: 새로운 패러다임 모색」,『한국행정학보』, 34(2).

녹색소비자연대(2004),「소비자주권실현을 위한 가버넌스 체계 구축방안」, 2004년 제1차 소비자정책포럼.

민홍기(2004),「미래 소비자운동을 전망한다」,『제9회 소비자의 날 기념토론회 자료집』.

박명희(2005),「소비자 교육의 실효성을 위한 정책적 제안: 학교 소비자 교육을 중심으로」,『소비자 교육지원센터 심포지엄 자료집』, 소비자 교육지원센터.

박명희・박미혜(2005),「소비자 주권강화에 따른 새로운 가버넌스 형성을 위한 소비자 역할 및 소비자정책」,『소비자학연구』, 16(4).

박명희 외(2005),「경제 성장 발전에 있어서 소비자 및 소비자정책의 역할」, 공정거래위원회 연구용역 보고서.

박영주(2000),「뉴거버넌스와 사회계약」,『한국행정학보』, 34(4), 19-39.

박인례(2004), 「소비자운동 성과의 영향요인: 소비자단체를 중심으로」, 숙명여자대학교 박사논문.

소비자단체협의회(2004), 「소비자주권시대 변화하는 소비자운동」, 『월간소비자』 12월호.

송보경(1998), 「21세기의 소비자주권」, 한국소비자학회 기조강연.

송보경 · 김재옥(1997), 『소비사회학』, 집현전.

송희준 · 박기식(2000), 「지식정보사회의 정부역할: 시장과 정부, 그리고 네트워크 가버넌스」, 『한국행정학회 2000년도 기획세미나 발표논문집』.

엄태식 · 김보흠(2004), 「로컬가버넌스 형성을 위한 파트너십 조건의 실증적 분석」, 한국행정학회, 『2004년하계학술대회 발표논문집』.

오정훈(1999), 「소비자주권시대가 열리고 있다」, 『LG주간경제』, 11.17.

이미홍(2003), 「우리나라 녹색구매운동의 활동유형 및 전망」, 『한국사회와 행정연구』, 14(1), 301-322.

이혜연 · 여정성(2002), 「제조물 책임법 입법과정에서의 소비자단체의 정책 결정 참여분석」, 『소비자학연구』, 13(1), 75-98.

전정환(1995), 「소비자단체의 참여 활성화에 관한 연구」, 『한국사회와 행정연구』, 6, 47-66.

정규호(2003), 『녹색가버넌스와 지역자치』, 맑고 푸른 시흥21 실천협의회, 거버넌스 심포지엄자료집.

주성수(2000), 「세계화와 글로벌 가버넌스: 세계질서와 민주주의의 미래」, (사)한국사회과학연구협의회학술 심포지엄.

주성수 · 남정일(1999), 『정부와 제3섹터 파트너십』, 한양대학교 출판부.

주재현 · 김태진(2001), 「정부-기업간 파트너십과 환경정책」, 『한국행정연구』, 10(4), 237-267.

최영출(2002), 「특집: 지역발전과 거버넌스 1: 거버넌스 이론과 지역발전 전략」, 『국토』, 252, 5-19, 국토연구원.

한국산업조직학회(2002), 『경쟁정책의 중장기 비전: 경쟁 2010』.

한국소비자보호원(2003), 『소비자정책에서의 소비자참여 확대방안』.

홍준형(2003), 「정보시대의 가버넌스와 가상국가」, 『정보화정책』, 10(2), 50-70.

황정선(2004), 「소비자정책에서의 소비자참여 확대방안」, 『소비자정책동향』, 1(4).

Barry, Jeffrey M. (1977), *Lobbing for the People: The Political Behavior of Public Interest Groups*,

Princeton, N.J.: Princeton University Press.

Berry, Jefney M. (1989), *The Interest Grow Society*, Tufis University: Harper Collins Publisher.

Cleveland, Harlan (1972), *The Future Executive*, New York: Harper & Row.

Cloke, Paul, Milbourne, Paul and Widdowfield, Rebekah (2000), *Partnership and Policy Networks in Rural Local Governance*, Public Administration, 78 (1), 111-134.

Frederickson, H. George (2000), The Repositioning of American Public Administration(mimeo).

Goulielmou, Helen (1996), *European and Greek Comsumers Awareness on Environmental Issues*, Korea-EU Consumers' Association Forum.

Kickert, W. (1997), "Public Governance in the Netherlands: An Alternative to Anglo-American 'Managerialism'," *Public Administration*, 75, 731-752.

Marlowe Julia and Santibãñez Raúl Rivadeneyra (2000), *Consumer Education for Global Marketplace: The Need for an Issue and Policy Focus.*

OECD (2000), *Government of the Future*, Paris.

Paglin, Max D. (1977), "Regulatory Agency Responses to the Development of Public Participation," *Public Administration Review*, 37 (2), 140-148. --전정환(1995) 논문에서 재인용.

Peters, B. Guy (1988), "Governance without Government? Rethinking Public Administration," *Journal of Public Administration Research and Theory*, 8, 223-243.

Putnam, Robert D. (1993), "The Prosperous Community: Social Capital and Public Life," *The American Prospect*, 13, 35-42.

Rhodes, R. (1997), *Understanding Governance: Policy Networks, Teflexivity and Accountability*, Buckingham: Open University Press.

Salamon, L. (1994), "The Rise of Nonprofit Sector," *Foreign Affairs*, 73 (4).

Vogel, David (1980-81), "Promoting Pluralism: The Public-Interest Movement and the American Reform Tradition," *Political Science Quarterly*, 95 (4).

제8장

소비자정책과 소비자단체의 역할:
소비자문제를 연구하는 시민의 모임 활동을 중심으로

송 보 경

서울여자대학교 바롬교육부 교수

제1절 한국의 소비자단체

1. 소비자단체의 역사와 배경

소비자단체는 소비자의 권익을 증진하기 위하여 소비자가 조직한 단체이다. 소비자보호법에 의해 등록된 소비자단체는 12개다(표 1 참조). 이 12개 단체는 9개 소비자단체로 구성된 한국소비자단체협의회 그리고 한국여성단체협의회와 한국부인회총본부다. 한국여성단체협의회와 한국부인회총본부는 한국소비자단체협의회의 회원이었으나 탈퇴하였다.

현재 소비자단체는 공정거래위원회 또는 시, 도에 등록할 수 있다. 공정거래위원회에 등록할 수 있는 소비자단체는 전국적 규모의 소비자단체로 구성된 협의체와 3개 이상의 시, 도에 지부를 설치하고 있는 소비자단체다.

표 1에 의하면 12개 단체의 특성은 매우 다양하다. 모체가 기독교 청소년 단체인 한국YMCA 전국연맹, 대한YWCA연합회는 각각 1903년과 1922년에 설립되었고, 1959년에는 한국여성단체협의회, 1960-1970년대는 한국부인회총본부, 대한주부클럽연합회, 전국주부교실중앙회가 조직되었다. 이들 여성단체와는 달리 소비자단체는 1970년 한국소비자연맹이 설립되었고, 그 후 1981년 한국소비자교육원, 1983년 소비자문제를 연구하는 시민의모임, 1984년 한국소비생활연구원, 1986년 녹색소비자연대가 활동을 시작하였다.

표 1. 공정거래위원회 등록 소비자단체 현황

단체명	설립연도	형태	지부수
한국소비자단체협의회	1978	사단법인	9개 소비자단체
대한 YWCA연합회	1922	사회단체	53개 지부
대한주부클럽연합회	1966	사단법인	13개 지회, 51개 지부
전국주부교실중앙회	1971	사단법인	16개 지부
한국YMCA전국연맹	1903	재단법인	51개 지부
소비자문제를 연구하는 시민의 모임	1983	사단법인	7개 지부
한국소비자연맹	1970	사단법인	7개 지부
한국소비자교육원	1981	사회단체	3개 지부
녹색소비자연대	1996	사회단체	6개 지부
한국소비생활연구원	1994	사단법인	4개 지부, 8개 지회
한국여성단체협의회	1959	사단법인	42개 여성단체
한국부인회총본부	1963	사단법인	41개 지부

이처럼 한국의 소비자단체는 기독교청소년단체, 여성단체 그리고 단일 목적의 소비자단체로 구성되었다. 역사적으로도 민간단체의 역사가 100년이 넘는 한국에서 오랜 역사를 가진 단체와 10년 정도인 짧은 역사를 가진 단체가 함께하고 있다. 이들 단체가 소비자 관련 활동을 시작한 것은 한국부인회가 1967년 소비자 불만 창구를 개설하였고, 1968년 서울 YWCA는 사회문제부 내에 소비자보호위원회를 구성하여 활동하였고 소비자고발센터를 운영한 것이다. 위와 같은 국민 계몽을 목적으로 설립한 단체와 소비자주권 확립을 목표로 조직된 단체의 배경이 한국소비자운동 방향에 직·간접적으로 영향을 주고 있다.

1978년 YWCA, 주부교실, 주부클럽 여성단체협의회, 4개 여성단체가 소비자보호단체협의회를 구성하였다. 현재 한국소비자단체협의회(이하 소협으로 표기함)는 5개 단일 목적 소비자단체와 4개 다목적의 소비자단체로 구성되어 있다. 단일 목적 소비자단체라 함은 소비자주권 확립을 주 활동 목표로 조직된 단체이고, 다목적 소비자단체라 함은 여성, 기독교 단체가 소비자 활동을 그들 단체 활동의 하나로 첨가하여 활동하고 있는 단체이다. 민간단체 활동의 목표는 정부 기관과 달리 소비자주권 강화이므로 단체 명칭에 수동적인 의미의 보호는 적절하지 못하다는 지적에 따라 2001년 '보호'를 빼고 소비자단체협

표 2. 지방자치단체 등록 소비자단체 현황

단체명	등록일자	등록시도	주소
한국소비자파워센터	1998.6.25.	서울시	서울시 강동구 암사동 460-15 상원빌딩
소비자단체생명운동연대	2001.5.3.	경기도	경기도 평택시 서탄면 수월암리 451-11

출처: 박희주(2007), 「개정소비자기본법 해설」, 『한국소비자원 정책연구』, 07-01.

의회로 명칭을 변경하였다. 이 협의회는 설립 당시부터 경제기획원에서 재정지원을 받아 활동을 하고 있다. 그 후 협의회는 대 정부 민간 기구로서의 역할을 하고 있다.

소비자단체가 다목적 여성, 사회단체와 함께 활동하는 것은 활동 초창기 전국 규모의 소비자단체를 탄생시키는 데는 성공하였지만, 소비자운동의 정체성을 분명히 하는 데는 약점으로 작용하기도 한다. 또한 여성단체로서는 소비자활동이 그 단체 활동의 한 분야로서 그들의 활동을 확장하는 데는 기여하였지만, 전적으로 소비자주권 옹호가 우선순위로 되는 데에는 제한이 있다. 그러나 YWCA, 한국부인회, YMCA 같은 단체들은 초창기 소비자운동의 지도력을 배출하는 데 기여하였다. 다목적의 여성사회단체가 소비자단체로 분화, 전문화하기보다는 초창기 소비자운동의 지도력을 제공하는 역할을 하였다.

2. 소비자단체의 활동

조사 연구, 정보, 서비스, 교육, 주권 옹호 등 프로그램 유형에 따라 한국의 소비자단체를 살펴보면, 소비자 상담을 받는 서비스 단체와 교육 단체로서의 활동이 다른 활동보다 두드러진다. 물론 각 단체들이 상품검사를 하는 정보단체로서의 역할을 하지 않는 것은 아니지만, 고발 업무나 교육 활동에 비해서는 미약한 편이다(송보경 · 김재옥, 1987). 이것은 1980년대 한국 소비자단체에 대한 관찰이었는데 2007년도 커다란 흐름의 변화는 없다.

소비자단체의 활동은 일반적으로 소비자 불만 처리 및 피해구제, 조사 연구, 상품 검사, 정보제공, 그리고 소비자 교육 등이다. 단체마다 활동의 특성이 있기는 하지만 소협 소속단체는 전국 174개 고발 센터에서 2005년 약 40만 건의 소비자 불만처리 및 피해구제를 하고 있다. 소비자단체의 활동 중 피해구제활동을 가장 활발하게 하고 있다.

한국의 소비자단체는 전통적인 미국, 유럽의 소비자단체 활동인 상품 검사에 기초한 정보제공 활동은 저조한 편이다. 소비자단체 중 정보지를 발간하고 있는 단체는 『월간 소비자』의 소협, 『소비자 리포트』의 소시모 정도다. 다만, 변화가 있다면 현재 각 단체들이 정부의 연구 과제 프로젝트에 참여하여 깊이 있는 정책연구보고서를 발간하기도 하며, 소시모는 소규모이기는 하지만 정기적으로 검사(Test)를 바탕으로 소비자정보지를 발간하고, 매년 에너지 고효율제품을 선정하는 작업을 하고 있어 정보단체의 역할을 강화하고 있다.

또한 단체에 따라 다르기는 하지만 특히 몇몇 소비자단체는 정부의 각종 위원회에 참여하여 소비자 대표권 행사를 비교적 활발하게 수행하고 있다. 소비자단체는 보도자료, 기자회견, 공청회 등의 활동을 통하여 문제 해결 방안 제시, 관계 당국에 건의 또는 압력 등 소비자주권 옹호 단체로서의 역할을 하고 있다. 즉 소비자단체는 소비자기본법에 의한 업무인 건의, 조사연구, 교육, 피해구제 활동을 하고 있다.

3. 소비자단체의 특성

한국 소비자단체의 역사와 배경, 지도력 등이 한국 소비자단체의 특성과 밀접히 관련이 있다.

첫째, 여성단체들이 주도권을 가지고 시작하였다. 여성단체들에 의해 1960년대 소비자 고발로 활동을 시작하였고, 1978년 한국소비자보호단체 협의회가 4개 여성단체로 구성하여 출발하였다. 소비자단체가 여성단체를 넘기보다는 소비자 프로그램이 여성단체 활동 영역의 확대로 이어졌다. 애국부녀회로 통칭되는 여성단체들의 국산품 애용 장려 운동에 익숙한 활동경향 때문에 경쟁 시장에서의 소비자 정보에 기초한 소비자의 현명한 선택보다는 애국심에 호소하는 경향이 소비자운동에 면밀히 흐르고 있다. 특히, 여성단체들은 국산 화장품, 국산 가전제품, 국산 자동차 등의 사용을 장려하였다. 1970년대 그 당시에 세력 있는 여성단체들이 주도권을 가지고 소비자운동을 시작하였다.

소비자단체가 여성 지도력의 중심이 되었지만, 소비자단체와 여성단체는 구분됨에도 불구하고 소비자단체를 여성단체로 동일시하기도 한다. 심지어 한 소비자단체는 스스로 여성가족부 소속 여성단체에 등록하기도 하였다. 여성단체협의회를 포함한 전국 규모의 여성단체로 소협을 구성하여 출발하였기 때문에 일반 사회에 대해서 소협이 크게 보인 것은 장점이지만, 정보제공에 기초한 소비자 선택을 도와 시장을 변화시킨다는 소비자단체의 고유 영역을 발전시키는 데는 오히려 약점으로 작용하였다.

둘째, 소비자피해구제 활동이 활발하다. 민간 소비자단체의 기능을 크게 나누면 소비자주권을 주창하는 소비자주권 강화(Advocacy)와 서비스기능이다. 그러나 여성단체에 의해서 시작된 한국의 소비자단체는 국가 권력과 시장 횡포에 대한 견제와 비판의 기능보다는 사회 문제를 해결하는 서비스 기능 즉 소비자 고발 혹은 소비자 상담이라는 소비자피해구제에 중점을 두고 있다. 이처럼 한국의 소비자단체는 정보제공형 소비자단체라기보다는 피해구제형 소비자단체가 지배적이다. 소비자단체로 등록을 하였지만 다목적 소비자단체의 일부는 각종 도우미 소개, 스포츠 센터, 예식장 같은 서비스사업을 하고 있는 경우도 있다.

셋째, 정부 정책 결정에 영향력이 있다. 한국의 NGO는 2만 5,000여 개이고 이 중 비영리민간단체지원법에 의거 등록된 NGO는 2003년 4,123개 — 중앙 438개, 시·도 3,685개 — 다(한국시민단체 총람, 2003). 이 중 10개 소비자단체의 영향력은 다른 NGO 군에 비해 크다고 할 수 있다. 정부의 각종 위원회에 참여하여 활동하고 있다. 한 소비자단체의 임직원이 행정위원회를 포함하여 50여 개 정부 위원회에 참여하고 있다. 최근 그 단체는 2005년과 2006년 11건의 정부 기준을 제정하였다.

4. 소비자단체의 문제점

재정의 취약성, 지도력의 정체, 정보제공 기능 취약, 소비자단체의 정체감 결여, 정부기관인 한국소비자원과의 활동 중복 등이 소비자단체의 문제점으로 지적된다.

첫 번째 문제점은 재정의 취약성이다. 민간 소비자단체는 원칙적으로 회원들의 회비가 기초 재원이 된다. 그러나 정규적으로 회비를 납부하는 회원의 수는 제한되어 있으며 특히 단일 목적의 소비자단체는 기업의 후원금을 받을 수 없으므로, 수입원이 회비, 기부금,

정부 혹은 공익 기관의 프로젝트로 한정되어 있다.

경제적으로 자립하고 있는 미국, 유럽의 전통적인 정보제공형 소비자단체들의 주 수입원은 소비자정보판매다. 소비자에게 필요한 정보를 제공하고 회비(membership fee)라기보다는 구독료를 지불하는 정기 구독자(subscriber)가 회원이다. 이에 비하여 한국뿐 아니라 특히 아시아의 순수 민간 소비자단체들은 거의 재정적으로 취약한 구조를 가지고 있다.

두 번째 문제점은 지도력의 정체다. 한국소비자단체협의회 회원 단체를 중심으로 보면 1980년대 이후 지도력의 변화가 거의 없다. 이것은 안정적인 지도력이라는 장점도 있지만 운동의 활력을 약화시킬 수 있는 약점도 동시에 가지고 있다. 이것은 소비자운동 초에 너무 카리스마가 강한 지도력 이후에 오는 후유증일 수도 있다. 명망가 중심의 소비자운동이라는 지적을 극복하여야 할 과제로 남는다.

세 번째 문제점은 정부 기관과의 활동 중복이다. 정부 기관인 한국소비자원과 활동이 중복되고 있어, 민관 양측 모두 부담으로 작용한다. 특히, 소비자피해구제에 있어서 그러하다. 이것이 바로 한국소비자원과의 갈등의 한 원인이며, 이것은 한국소비자원이 민간 소비자단체와의 프로그램을 차별화하지 못하는 데서 비롯된다. 대표적인 중복 활동으로 피해구제에 있어서 소보원이 2005년 29만 4,574건인데 비하여 민간 소비자단체는 39만 3,083건을 다루었다(한국소비자보호원, 2005; 한국소비자단체협의회, 2005).

네 번째로 소비자정보 제공 기능이 부족하다는 문제다. 전통적인 소비자단체는 상품검사, 조사연구, 서비스 평가 등으로 정보를 생산하여 소비자정보를 제공하고 있다. 이것이 고전적인 소비자단체의 모습이며 미국과 유럽의 주요 소비자단체의 기본 활동이다. 다만 정보제공 수단이 달라지고 정보 생산 방법이 다양해지고 있다. 한국소비자단체 중 월간 정보지를 발간하는 소비자 정보지의 정기 구독자는 1만 명을 넘지 못하는 수준이다. 참고로 정부 기관인 한국소비자원의 월간지 『소비자시대』도 2만 5,000부 정도다. 이에 비해, 미국의 『소비자 리포트』는 739만 2,588부다(Consumers Union Annual Report Fiscal Year, 2006). 이것은 소비자단체의 소비자정보 제공 기능이 대단히 취약하다는 것을 반증하고 있다.

마지막으로, 소비자단체의 정체감이 결여되었다는 문제가 있다. 소비자단체가 다른 단체와 다른 점은 무엇인가? 민간 소비자단체가 정부 기관인 한국소비자원과 다른 점은 무엇인가? 소비자는 이를 구별하기 어렵다.

제2절 소비자단체의 소비자 관련법 제정 개정 참여 사례

소비자단체의 정책 참여 과정 특히 법제정에 있어서 한국의 소비자단체의 활동을 일반화하기는 무리가 있다. 앞서 살핀 것처럼 법적으로 등록된 소비자단체이지만 각각의 배경이 다양하며 또 단체의 활동 우선순위가 다르기 때문이다.

1983년 단일 목적의 소비자단체로 출발한 소비자문제를 연구하는 시민의 모임(이하 소시모로 표기함)의 법제정, 개정, 그리고 기준제정 사례들을 살펴보기로 하겠다. 1993년 8월 1일 이 단체는 3년 7개월간 진행되었던 백화점 사기세일을 소비자 승리로 이끌어 냈다. 소시모는 법제정, 개정에서부터 유엔소비자보호지침 개정까지(UN Guideline for Consumer Protection on Sustainable Production and Consumption) 기준 마련 등 광범위하게 참여하고 있다.

소시모의 직접적인 법제정 사례, 간접적인 참여, 법제정 실패 사례를 비교하고 또한 기준 제정 사례를 살펴보기로 하겠다.

1. 약관규제법

약관규제법은 1986년 12월 31일 제정 공포되어 1987년 7월부터 시행되고 있다. 이 법은 소비자문제를 연구하는 시민의 모임이 입안하여 제정된 법으로서 한국소비자운동 성과의 하나로 평가되고 있다. 이 법 시행 이후 유통되는 약관 중 소비자에게 불리한 조항은 무효화시킬 수 있게 되었다.

입법 배경

소시모는 소비자법률 상담을 통해 할부 판매에 대한 문제점을 인지하고 월부 판매로 인한 소비자피해를 줄일 수 있는 방안을 찾으려고 노력하였다. 소시모는 현황을 파악하기위해 1983년 6월부터 10월까지 할부 판매에 대한 실태 조사를 질문지와 사례 조사를 병행하였으며, 다음과 같은 9종의 약관의 실례를 수집하여 내용을 검토 분석하였다.

- 화물자동차 운송약관(서울특별시 화물자동차 운송사업 조합)
- 할부계약증서(삼성전자 영동중앙 대리점)
- 자동차 매매계약서(현대자동차 주식회사)
- 은행거래약정서, 차용금증서(농업협동조합)
- J단체여행첨부 계약서
- 회원규약(태화, 미화당백화점)
- 국민신용카드 회원규약, 신세계 크레디트카드 가맹점 규약

그 결과 예를 들면 다음과 같은 형태의 규약들이 소비자에게 불리하다는 것을 발견하였다.

- 5일 이상 할부금이 연체되었을 경우 임의로 회수 보관
- 일단 계약된 물품은 교환치 않기로 함(할부계약증시)
- 너무 일방적인 할부계약증서, 판매처 주소도 없는 계약서
- 계약체결에 의하여 추가 신청 및 반품 절대 불가 등

소비자에게 불리한 약정서로 인해 소비자피해는 불가피하며, 특히 여행 숙박 등의 서비스 제공에 있어서도 새로운 형태의 소비자피해가 나타나게 되었다. 조사 결과 소비자들은 다양한 상품들을 월부 구매하고 있으며, 소비자들이 약관을 소홀히 함으로써 계약조건을 알지 못해 분쟁 시 피해를 입을 수 있다는 것을 발견하였다. 월부 구매를 해지하고 싶어도 판매자 측의 불응과 불리한 계약조건 때문에 해제를 못하고 있다는 것이 나타났다.

이와 같은 문제점을 해결하기 위해 그 당시 소비자보호의 주무부서인 경제기획원에 해결을 요청하였다. 또한 소시모는 1983년 11월 12일 「월부판매와 소비자」라는 주제로 실태조사 결과 나타난 월부제품의 문제점을 제시하고, 판매자 측에만 유리한 약관 때문에 소비자가 피해를 보지 않도록 할부구매법이 제정되어야 한다고 주장하였다.

그 당시 월부판매의 문제점은 언론에 비교적 상세히 보도되었다. 예를 들어 한 신문은 「월부 판매의 계약 내용이 [판매자에게만 일방적으로 유리하게 되어 있다] 월부금이 현금 판매 가격보다 심지어 두 배나 비싸」(『동아일보』 1983.11.11.)라는 내용의 기사를 다루었다. 사업자가 미리 마련한 계약 조건, 즉 약관이 계약 내용이 되면서 소비자에게 불리한 약관 내용이 구성되었기 때문이다. 이것이 약관규제법 제정의 직접적인 배경이다.

그 후 1985년 10월경 소시모는 경제기획원 당국으로부터 보통 약관의 이용에 따른 소비자의 피해를 방지하고 공정한 거래를 확보할 수 있는 법률 안의 기초를 위촉받았다. 1985년 11월 약관법 제정위원회를 구성하고 손주찬 연세대 교수를 위원장으로 추대하였다. 위원회는 다음과 같이 구성되었다.

손주찬(연세대학교 법과대학 학장, 위원장)
김동환(변호사)
황적인(서울대학교 법과대학 교수, 민법)
김홍규(연세대학교 법과대학 교수, 민사소송법)
박길준(연세대학교 법과대학 교수, 상법)
이은영(외국어대학교 법과대학 교수, 민법)
김재옥(소비자문제를 연구하는 시민의 모임, 사무처장)

1985년 12월 7일부터 1986년 5월 31일까지 연구모임을 11회 가지고 두 차례 걸친 약관의 규제에 관한 법률(안) 토론회를 가졌다. 또한 1986년 2-3월 전문가의 의견조사를 참조하였다. 조사결과 98%의 전문가가 약관법 제정이 필요하다고 하였으며, 소비자보호(54%)와 약관제정자의 일방적 유리함을 방지(17%)하기 위하여 약관법이 필요하다고 하였다. 11회에 걸친 연구회의에서 다음과 같은 사항을 고심하여 결정하였다고 회고하고 있다(김동환, 2007).

(가) 법안의 명칭

약관이라는 단어가 일반 국민에게 생소하여 여러 차례 논의하였으나 약관이라는 단어를 그대로 사용하기로 하였다.

(나) 일반법 형태

특별 약관별로 법률에 반영하여야 할 것이냐 아니면 모든 약관에 공통적으로 사용되는 일반법으로 할 것이냐에 대해 일반법 형태로 결정하였다.

(다) 약관의 효력을 실사하는 형태

사법부와 행정부 중 행정부가 관장하는 것이 보다 적절하다.

(라) 약관 심사 청구권자에 관한 것

소비자단체도 심사 청구된 자로 포함하였다(김동환, 『약관규제법 제정 20주년 기념식 및 세미나 자료집』, 소시모 1-2).

2. 전자상거래 등에서의 소비자보호에 관한 법률

전자상거래소비자보호법은 전자상거래 및 통신판매법 등에 의한 재화 또는 용역의 공정거래를 통하여 소비자의 권익을 보호하고자 하는 법이다. 이 법은 의원발의의 방식으로 행해졌다. 2001년 4월 17일 발의되어 4월 18일 국회 정무위원회에 회부되었고, 2002년 3월 30일 제정 공포되어 2002년 7월부터 시행되었다. 전자상거래소비자보호법의 개정은 2004년 12월 24일 정부로부터 개정안이 제출되어 2005년 3월 31일 통과되었다.

개정안의 주요내용은 소비자의 결제 대금을 제3자에게 예치하는 에스크로 제도 도입과 통신판매업자의 무차별적 구매권유 광고 수신을 거부할 수 있는 시스템 운영이다. 소비자가 구매권유 광고의 수신을 거부하는 의사를 인터넷을 통하여 등록할 수 있는 시스템을 운영함으로써 전자상거래상의 소비자보호를 강화하는 것이다. 특히, 개정안의 주요 내용인 에스크로 제도의 도입은 소시모가 적극적으로 주장한 제도다.

(1) 입법배경

한국에서는 1996년부터 인터넷을 이용한 전자상거래가 시작되었다. 1999년부터 소시모에는 전자상거래와 관련된 소비자피해 상담이 접수되기 시작하였으며 2000년부터는 소비자 불만피해 상담이 증가하였다. 또한 소시모는 전자상거래 실태 조사를 통하여 인터넷 쇼핑몰업체들이 OECD전자상거래 소비자보호지침, 공정거래위원회 전자상거래 소비자보호지침, 인터넷사이버몰 이용표준약관과 전자거래기본법 등 전자상거래 관련 법규와 지침 준수가 미비하다는 것을 발견하였고, 이에 대한 대책을 요구하였다.

(2) 입법과정

2000년 12월 전자상거래 소비자보호지침, 방문판매 등에 관한 법률 등으로 관할되고 있던 전자상거래 소비자보호를 직접적으로 관할할 수 있는 법제정을 위해 소시모를 비롯해 녹색소비자연대, 한국소비자보호원 등이 국회와 공정거래위원회, 정보통신부 등에 새로운 법의 필요성을 주장하고 새로운 법령의 도입을 요청하였다.

2001년부터 2002년에 걸쳐 법제정을 위한 자료를 이종걸, 김민석 의원실에 제출하였고, 2002년 3월 전자상거래소비자보호법을 이종걸 의원이 대표발의하였다.

실증자료에 기초한 요청이라는 소시모의 활동지침으로 전자상거래소비자보호법 제정과 개정을 위하여 소시모는 조사연구, 토론회, 기자회견 혹은 언론보도자료 그리고 관련당국과 국회 접촉 등의 활동을 하였다.

전자상거래보호법 제정과 개정에 관련하여 소시모는 7건의 연구과제를 수행하였고 5회의 토론회와 세미나를 개최하고 한 차례의 기자간담회와 4번의 보도자료 배포와 두 차례의 성명서를 발표하였다.

(가) 연구

전자상거래소비자보호법 제정과 개정에 관련하여 다음과 같은 연구과제를 수행하였다.

- 전자상거래 실태조사를 통한 소비자문제연구(2000년)
- 농산물 전자상거래: 소비자측면에서의 문제점에 관한 연구(2000년)
- 국내외적 전자상거래에서의 소비자문제에 대한 연구(2001년)
- 전자상거래 약관실태조사 및 개선방안 연구(2002년)
- 국내전자상거래 인증제도 현황과 인증업체 실태에 관한 조사(2002년)
- 사용자 관점에서 고찰한 전자지급결제 실태와 개선방안에 관한 연구(2003년)
- 공인인증서의 사용과 소비자 반응에 대한 연구(2005년)

연구단계를 보면, 초기에는 일반적인 전자거래 실태와 이와 관련된 소비자문제를 연구하였다면, 다음 단계로는 여기서 나타난 문제 해결을 위한 방안으로서 약관 인증 전자지급, 공인인증서 등을 구체적으로 연구하였다.

소시모가 수행한 기존 조사 결과를 종합요약하면, 전자상거래에서 발생하는 소비자문제의 유형이 「상품 자체의 문제(불량상품의 배달, 구매한 상품과 다른 상품이 배달, 상품가격, 구매한 상품 자체에 대한 불만, 부품 누락)」, 「배송의 문제(배송 지연, 배송 조회, 서비스와 실제 배송이 다름 등)」, 「반품 환불(반품/환불 지연 등)」, 「정보 부족(상품 재고 파악 안 됨, 입금 확인 안 됨 등)」의 문제가 빈번한 것으로 나타났다.

따라서 인터넷 쇼핑몰 사업자들의 의식변화와 관련 법규의 재정비, 행정적인 규제의 필요성을 제기하였다.

(나) 토론회와 세미나

토론회와 세미나의 목적은 전문인과 이해관계인들이 모여 발견된 문제점을 확인하고 이에 대한 해결방안을 찾는 데 있었다. 전자상거래보호법 관련 토론회에는 거래당사자뿐만 아니라 관련 기관 단체들도 참여하였다. 예를 들면, 한국전산원, 한국전자거래진흥원, 한국전자상거래 및 통신판매협회 등이 참여하여 개선방안을 제시하고 합의하는 작업을 하였다.

- 전자상거래소비자보호 토론회(2001년 7월)
- 사이버 소비자운동세미나(2002년 11월)
- 사이버상의 부정부패 일소와 소비자문제 해결을 위한 토론회(2003년 11월)

- 전자결재 소비자보호 세미나(2004년 3월)
- 공인인증서비스에 대한 토론회(2004년 12월)

(다) 여론 조성

연구 조사결과를 기초로 보도자료를 4회 발표하였다.

- 주문을 받고도 확인해 주지 않는 인터넷 쇼핑몰(2000년 9월)
- 반품, 환불 어려운 인터넷 쇼핑몰(2000년 10월)
- 해약이 어려운 인터넷 학습지(2001년 3월)
- 휴대폰 소액 결제의 문제점(2004년 8월)
- 에스크로 제도 도입요청(2003년 3월)
- 공인인증서 의무화 및 유료화에 대한 의견(2004년 5월)

3. 젖먹이 건강증진에 관한 법률(안)과 분유 등 영유아식품 제조 판매 등에 관한 법률(안)

입법배경과 입법과정

소시모는 1985년 12월 12일에 모유헌장위원회가 작성한 분유 등 영유아 식품의 제조 판매 등에 관한 법률(안)의 제정을 국회와 보건사회부에 1985년 12월12일에 요청하였다. 규약을 토대로 한 이 법률안의 주요 내용은 유아식품 판매업체들에게 그들의 상품 판매 촉진을 위해 과대광고와 무료 견본 제공 그리고 보건 전문인과 전문기관에 대한 판촉 활동을 금하는 것이었다.

이 규약은 1981년 5월 21일 세계보건기구총회(WHA)에서 영유아식품 판매 규제에 관한 규약(International Code of Marketing of Breastmilk Substitutes)으로 118표 지지로 통과되었다(한국, 일본, 아르헨티나 3개국이 기권하였고 미국이 반대하였다).

이 법률안을 기초로 2005년 소시모 모유전문위원회가 모자보건기관으로 하여금 모유 먹이기를 적극 권장하는 내용 등을 첨가하여 다시 수정보완작업을 하여 이은영 국회의원에게 법률 제정(안)을 전달하였다.

이것은 소시모가 모유권장을 위하여 20여 년 동안 모유권장을 위한 법 제정을 위해 노력하였으나 법을 제정하지 못한 사례다. 다만, 부분적으로 1991년 7월 조제분유의 광고 금지를 내용으로 하는 식품위생법 시행 규칙을 개정하는 데 성공하였고, 1994년 8월 국내 3개 분유회사는 보건사회부 장관 입회하에 모유 대체품을 병원에 무료 또는 저가로 공급하는 것을 금지하는 데 합의하였다.

4. 유엔 소비자보호지침 개정에 참여(UN Guideline for Consumer Protection)

1996년 김재옥 사무총장은 국제소비자기구의 대표로서 유엔 지속가능한 발전위원회(UNCSD) 본 회의에 참석하여 성명서를 발표하는 등 소시모는 이 지침을 개정하는 핵심 역할을 하였다. "세계 소비자들이 지속가능한 소비, 생산으로 생활 패턴을 바꾸도록 하기 위해서는 1985년 채택된 유엔 소비자보호지침에 지속가능한 소비, 생산 유형을 첨가 개정하여야 한다."라는 것이 주 내용이다.

이 성명서는 본 회의에서 채택되었다. 이 개정안은 국제소비자기구(CI)가 광범위한 자문과정을 거쳐 준비하였고 소시모는 CI로부터 활동 자격을 위임받아 활동하였다. 소비자모임은 국제소비자기구와 함께 지지 국가 명단을 작성하여 이 지침 개정에 지지를 요청하였고, 몇몇 정부 등에는 적극적인 지지 발언을 요청하기도 하였다.

1999년 9월 이 개정안이 유엔 총회에서 통과, 지속가능한 소비생산 유형이 포함된 새로운 유엔 소비자보호 지침이 만들어지게 되었다.

5. 소시모가 기여한 기준

표 3에 의하면 소시모는 2006년에 새로 기준을 제정하거나 제품을 리콜하는 데 기여하였다. 소시모가 사용한 검증 방법은 시험(Test)이다. 시험 결과를 근거로 해당 기업과

표 3. 2006년 소시모가 만들어 낸 성과

성과 구분	소비자리포트 제안 내용	성과 내용	검증 방법
리콜 요청	수입산 분유 '엔파밀 리필' 제품에서 금속성 이물질이 소비자에 의해 발견. 시험기관 검사 결과 '자력 있는 금속성 물질'로 판명되어 리콜 요청.	이물질이 포함된 조제분유 엔파밀 리필 제품의 유해성 여부 조사. 소송 변호인단을 구성하여 손해배상 및 위자료 청구소송을 진행 중.	실험
제도 개선 / 업체 시정	꿀의 국내 규격 기준에 항생물질 관련 기준이 마련되어 있지 않아 식약청에 요청. 소비자리포트 시험 결과에서 클로람페니콜이 검출된 제품에 대해서 자진회수 조치를 취함.	식약청은 벌꿀에 대한 동물용의약품 잔류허용 기준 설정. 클로람페니콜 시험방법을 개정, 고시하여 유통·수입벌꿀에 대한 클로람페니콜 검시를 실시하고, 그 결과에 따라 행정처벌키로 함. 양봉협회도 양봉 농가에서 일반적으로 사용하는 항생제에 대한 검출 시험을 실시하기로 함.	실험
	농림부에 조제분유와 이유식의 이물 안전 관리 대책을 만들도록 요청.	농림부는 분유제품의 이물질 관리기준 제정을 약속. 제조업체들은 이물질 관리 자체 기준을 강화 및 관리 중임. 최근 확인한 사실에 따르면 이물질 검출 정도가 개선됨.	실험
제도 개선	아이스크림, 가공유, 발효유 등 어린이 식품에 총당 함량 표시를 의무화하도록 식약청에 요청.	식약청은 과자류, 면류, 음료, 레토르트 식품 등 제품에 당 함량 표시를 의무화하겠다고 발표.	실험
	어린이들의 향기 나는 학용품에서 유해물질 검출로, 향기를 내기 위해 사용되는 화학물질에 대한 안전 기준 마련을 제안.	기술표준원은 어린이 학용품의 향료 안전 사용 기준을 마련해 2007년 3월부터 시행 예정.	실험
	음료의 당 함량 검사 결과 어린이가 탄산음료를 하루 한 캔만 마셔도 당 과잉 섭취가 될 가능성 제기. 당 함량 표시 요청.	식약청이 식품 당 함량 표시를 의무화하고 국가청소년위원회의 청소년 당 섭취 줄이기 사업 추진의 계기를 마련.	실험
	샐러드 및 반찬류 미생물에 대한 일반세균의 법적 기준, 규격 마련을 식약청에 요청.	백화점협회는 샐러드 제품의 위생 관리를 강화하겠다는 문서를 소비자리포트에 제출, 식약청 샐러드 제품의 미생물 기준 마련.	실험
	국내 분유제조업체에 생산 공정상 사카자키균 오염을 줄이기 위한 방안을 요청. 소비자들에게는 모유 권유. 사카자키균의 위험을 줄이기 위한 안전수칙 정보와 분유 보관법 등의 정보제공.	식약청은 이유식 제품에 대한 사카자키균 권고기준을, 농림부는 분유제품에 대한 의무관리기준을 각각 마련.	

성과 구분	소비자리포트 제안 내용	성과 내용	검증 방법
	심해성 어류에 해당하는 참치류에서 기준치 초과한 수은 검출. 어린이, 임산부들에게 수은 오염이 높은 생선류 섭취 제한을 권고. 정부에 독성 강한 메틸수은의 잔류허용기준 제정 촉구. 농림부에 축산물보관 냉장실 출입문 옆에 온도계 부착과 차량 운행 중 온도 기록 설치 의무화. 도축장, 가공공장 출입차량의 내부 및 외부 소독을 철저히 관리하도록 요청.	식약청은 심해성 어류, 다랑어류 및 새치류에 대한 메틸수은 기준을 제정: 메틸수은 1.0mg/kg이하(심해성 어류 및 새치류에 한함).	실험

출처: 소시모, 『소비자리포트』, 2006년 12월.

관련 기관에 제품 리콜을 요청하였고, 관련 기관에 기준 제정을 요청하여 이것이 수용되어 기준이 만들어졌다.

6. 요약

입법 제정 배경과 과정을 보면 약관규제법과 전자상거래 등에서의 소비자보호에 관한 법률제정의 공통점과 차이점이 있다. 약관규제법과 전자상거래보호법은 변화하는 시장에 대한 반응이라는 공통점이다. 소시모는 문제 인지 후 조사 연구결과 실증자료에 기초하여 토론회 교육 등 여론 조성과 행정부와 국회의 다각적인 접촉을 통해 입법에 성공하였다.

(1) 추진주체

법 제정 과정의 추진주체는 약간 다르다. 약관규제법은 소시모가 주도권을 가지고 법안을 마련하여 재경원이 발의하여 제정되었다. 그러나 전자상거래보호법은 여러 소비자단체가 연대하여 의원발의로 제정되었다. 약관규제법은 행정부와, 전자상거래보호법은 국회와의 협조로 이루어져 입법에 성공한 사례라면, 젖먹이 건강증진에 관한 법률은 소시모 스스로 마련하여 입법부에 요청하였으나 입법제정에 성공하지 못한 사례다. 약관규제법 제정이 소비자단체와 행정부의 거버넌스 성공사례라 한다면, 전자상거래보호법은 복수의 소비자단체와 정부기관들이 연대하여 입법제정에 적극적으로 참여하여 성공한 사례다.

(2) 외국기관과의 관계

전자상거래보호법과 젖먹이 건강증진법은 OECD와 WHO와 UNICEF 지침을 참고하여 마련하였다. 전자상거래보호법은 외국기관의 권유가 있었으며 이 지침에 크게 의존하여 마련하였다. 그러나 약관계약법은 전적으로 약관규제위원회 전문성에 의존하여 준비되었다. 전자상거래보호법은 1998년 4월 OECD 소비자정책위원회에서 제정된 「OECD 전자상거래 소비자보호 지침」을 참고하였고, 젖먹이 증진법은 영유아 모유대체품 판매 국제 규약을 참고하였다. 모유대체식품 판매 국제규약은 1981년 제정 이래 2006년까지 계속 수정, 보완되고 있다.

유엔 소비자보호지침(UN Guideline for Consumer Protection)개정은 소시모가 국제소비자기구(Consumers International)의 회원으로 국제소비자기구의 위임을 받아 활동한 사례다. 유엔기관과 OECD 지침은 소비자정책에 커다란 영향을 준다. 정부가 안전성 관련 기준을 설정할 때도 우선 WHO나 다른 나라의 기준을 참고로 한다. 중금속, 항생제 등이 그러하다.

(3) 재원

관련 쟁점과 관련하여 전자상거래보호법 제정을 위한 연구는 정부기관의 연구과제를 수행하는 형식으로 주로 정보통신부와 공정거래위원회의 과제였으며, 약관규제법은 재정경제원의 연구과제였다.

제3절 과제와 전망

소비자정책을 위한 소비자단체의 역할은 소비자주권 확립을 위한 정책의 변화, 시장의 변화, 소비자 행위의 변화다. 즉, 친소비자적인 정책, 투명한 시장으로의 변화다. 이 변화는 서로 밀접한 관계가 있다. 정부 정책의 변화는 법률과 규정에서 마무리되고 정책 수행 정도는 정부 예산으로 평가할 수 있는 것이다. 소비자 행위의 변화는 소비자 선택으로 시장에 영향을 줄 때 비로소 의미 있는 변화가 될 것이다.

소비자단체의 당면 과제는 활동의 방향과 필요한 자원의 확보 측면에서 다음 6가지로 정리할 수 있다.

첫째, 정부의 소비자정책에 적응하느냐 하는 것과 정부가 어떻게 친소비자정책을 만들어 내도록 하느냐 하는 것이다.

둘째, 활동을 위한 인적 물적 자원을 어떻게 확보할 것이냐 하는 것이다. 특히 재원 확보에 있어서 재원 조달의 비율이 소비자와 정부 어느 쪽이 더 높으냐에 따라서 단체 활동의 방향이 달라질 수 있다.

셋째, 어떻게 소비자단체의 정체성을 유지하느냐 하는 것이다. 우선 정부기관인 소비자원과 민간 소비자단체가 무엇이 다른가 하는 점을 프로그램을 통해서 차별화할 수 있어야 한다. 그리고 한국적 소비자단체에서 여성단체와 소비자단체의 활동을 과연 차별화할 수 있을까 하는 점이다.

넷째, 소비자 선택을 위한 정보제공을 소비자단체가 얼마만큼 할 수 있을까 하는 것이다. 소비자단체가 소비자 행위의 변화를 위한 주요 노력은 소비자 교육과 소비자정보 제공이 될 것이다.

다섯째, 소비자단체의 활성화, 전문화 그리고 국내외 소비자단체와 단체, 소비자단체와 다른 시민단체와의 연대강화 방안은 새로운 과제로 남는다.

여섯째, 소비자단체의 전문화와 재정 자립이 미흡하다면 진정한 의미에서 시장 감시 기능을 하는 주체가 미약하다는 의미다. 정부기관만 존재하는 시장을 방지하기 위해서라도 행정 서비스 강화의 측면에서 정부기관과 소비자주권 확립을 위한 소비자단체 활성화

방안은 정부의 과제가 될 것이다.

참 ▪ 고 ▪ 문 ▪ 헌

김동환(2006), 『축사 약관규제법 제정 20주년 세미나 자료집』, 소시모.

김은기(2007), 「전자상거래에서 소비자보호 받도록 최초의 법 제정」, 『소비자리포트』, 제27호, 20-21.

박희주(2007), 「개정 소비자기본법 해설」, 『한국소비자원 정책연구』, 07-01.

소비자문제를 연구하는 시민의 모임(1986a), 「분유등 영유아식품 제조판매 등에 관한 법률안」, 소시모.

______(1986b), 『약관규제의 입법』, 소시모.

______(2000), 「농산물 전자상거래: 소비자 측면에서의 문제점에 관한 연구」, 농림부 연구용역보고서.

______(2002), 「전자상거래 약관 실태 조사 및 개선 방안 연구」, 공정거래위원회 연구용역보고서.

______(2004), 『사이버상에서의 부정/부패 추방을 위한 소비자 감시활동』.

______(2007), 「모유수유를 권장하는 젖먹이 건강증진 법률(안) 꼭 제정되어야 한다」, 『소비자리포트』, 2007.5.

______, 2000년, 2001년, 2002년 사업활동보고서.

송보경(2001), 「전자상거래 실태조사를 통한 소비자문제 연구」, 『정보통신부 정보통신학술연구과제 자유조사』, 00-21.

______(2002), 「국내외적 전자상거래에서의 소비자문제에 대한 연구: B2C 전자상거래를 중심으로」, 정보통신부, 『정보통신학술 연구과제 지정조사』, 01-04.

______(2004), 「사용자 관점에서 고찰한 전자지급결제 실태와 개선 방안에 관한 연구」, 정보통신부, 『정보통신학술연구과제 자유조사』, 03-07.

______(2005), 「공인인증서의 사용과 소비자의 반응에 대한 연구: 효과적인 공인인증서 사용 정착을 위한 소비자 관점에서의 접근」, 『정보통신부 학술 연구보고서』, 04-학술-068.

송보경 · 김재옥(1997), 『소비 사회학』, 집현전.

______(2003), 『한국소비자운동』, 석탑.

시민사회발전위원회(2004), 『한국시민사회 발전을 위한 청사진』, 시민사회발전위원회.

한국소비자단체협의회(2005), 『2005년 사업활동보고서』.

한국소비자보호원(2005), 『2005년 사업활동보고서』.

ICDC (2007), "International Code of Marketing of Breastmilk Substitutes and Relevant WHA Resolutions," Penang.

제9장

소비자정책 집행에서의 문제점과 개선과제

여 정 성

서울대학교 소비자학과 교수

제1절 들어가는 말

1. 소비자정책 추진성과

그동안 우리나라는 소비자문제를 해결하기 위해 이미 많은 소비자정책기제를 도입하였다. 1980년 '소비자보호법' 제정을 시작으로, 1980년대에는 약관규제법, 방문판매법, 통신판매법 등의 거래 관련 법령들이 우선적으로 도입되었으며, 1987년에는 정부출연기관인 한국소비자보호원이 설립됨으로써 소비자보호활동을 보다 효과적으로 수행할 수 있는 계기를 마련하였다.

1990년대에 들어서는 소비자보호 관련 법령 및 제도를 확충함으로써 소비자정책의 선진화 노력을 추진하기 시작했다. 1995년에는 소비자보호법을 개정하여 소비자단체에 공표권한을 부여하였으며, 위해정보보고기관을 지정·운영하는 등 소비자피해 방지를 위한 안전망을 구축하였고, 범정부적 차원에서의 소비자보호 분위기 확산을 위하여 1996년부터 '소비자보호의 날'(12월 3일)을 법정기념일로 지정·운영하고 있다. 또한 식품과 의약품에서의 안전성을 제고하기 위해서 식품의약품안전청이 설치되었으며, 공정거래위원회의 소비자보호 기능을 강조한 소비자보호국이 신설되었다.

뒤이어 1999년에는 바람직하지 않은 정보의 유통을 방지하고 적절한 정보의 제공을 촉진시키기 위해 '표시광고 공정화에 관한 법률'이 발효되었으며, 오랫동안 도입이 지연되어 오던 제조물책임법도 드디어 2000년에 제정되어 2002년부터 시행됨으로써, 소위 국제적인 수준의 소비자보호기제를 모두 다 완비한 바람직한 법체계를 갖추게 되었다. 그밖에 공정거래위원회에서 관장하는 거래관련 법안도 '방문판매 등에 관한 법률', '전자상거래 등에서의 소비자보호에 관한 법률' 등으로 다원화되었다.

그리고 최근에는 소비자보호법을 소비자기본법으로 개정(2006년)하면서 소비자정책에 있어 상당한 변화를 도모하였다. 특히 소비자안전이 강조되면서 소비자안전센터의 설립 등이 제안되었으며, 집단분쟁조정 등의 새로운 제도를 채택하였다. 또한 '소비자정책심의위원회'를 '소비자정책위원회'로 명칭과 운영방식을 변경하였으며, 한국소비자원으로 명칭을 변경한 한국소비자보호원의 관할이 재정경제부에서 공정거래위원회로 바뀌었다.

이러한 정부의 노력을 바탕으로 소비자중심적인 기업 운영이 활성화되고 있으며, 이제는 상품의 품질이나 소비자불만해결체계에 있어 국제적 수준의 경쟁력을 갖춘 기업이 날로 늘어가고 있다. 그러나 현실적으로는 여전히 과거와 같은 양태의 소비자문제가 지속되고 있는 실정이다. 하루가 멀다 하고 먹을 수 없는 식품, 안전하지 않은 상품, 무허가 서비스, 허위・기만광고에 의한 소비자피해 등과 관련된 사고가 보도되며 소비자를 불안하게 한다.

예를 들면, 식품의 경우, 매우 오래전부터 나타나 이제는 익숙해지기까지 한 횟가루가 들어간 두부, 유해한 색소로 물들인 각종 식품의 문제부터 '최신식' 기술과 관련된 유전자변형식품, 그리고 환경호르몬의 문제까지 매우 다양하다. 2004년과 2006년에 한국소비자보호원에서 선정한 소비자 10대 뉴스를 보면, 반 수 이상이 불안전한 상품과 관련된 사안임을 쉽게 알 수 있다. 현재 우리나라의 소비자들은 가장 기본적인 소비자 권리인 '안전할 권리'와 '알 권리' 그리고 '선택할 권리'조차 보장받지 못하고 있는 형편이라 할 수 있다. 즉, 달리 표현하면, 제도의 변화에 따른 시장의 변화를 적극 수용한 공급자가 있는 반면에, 여전히 새로이 채택된 소비자보호기제를 갖추지 않은 채 과거와 같은 공급자 중심적 사고방식을 가진 공급자들이 상존하고 있는 것이다.

또한 소비자의 구매선택에 영향을 주는 안전과 거래관련 규제들은 각종 개별법령, 소비자기본법, 공정거래법 등에 의거하여 상이한 목적, 논거 및 기준에 따라 규율되고 있어, 책임 있는 기관이 합리적인 정책목표를 설정하고 이를 일관성 있게 추구하기 곤란할 뿐

표 1. 한국소비자보호원 선정 소비자 10대 뉴스

2004년	2006년
1. 불량만두소 파동	1. 바다이야기 후폭풍: 게임장 경품제 폐지
2. PPA 감기약 유통 파문	2. 학교급식 집단식중독: CJ푸드시스템
3. 새집증후군 논란	3. 일본산 SK-Ⅱ화장품 중금속 검출(중국)
4. 전기압력밥솥 폭발 & 자발적 리콜	4. 과자 식품첨가물 아토피 피부염 논란
5. 조류독감(음성 닭 사육장) 발생	5. 한・미 FTA와 소비자문제
6. 미니컵 젤리 유통・판매 금지	6. 조류독감(익산 닭 사유장) 발생
7. 이동통신 번호이동성 제도	7. 플라스틱 용기 환경호르몬 논란
8. 할인점과 카드사간 수수료 분쟁	8. 조제분유에서 사카자키균 검출
9. 아파트 분양가 공개 논란	9. 인터넷쇼핑몰 에스크로제도 도입
10. 휴대폰 배터리 폭발	10. 소비자기본법 국회통과

만 아니라, 규제기관들 간의 체계적인 정책조정, 협조체계가 미비하여 규제의 중복 및 이에 따른 정책의 혼란과 정책자원의 낭비를 초래할 우려가 크다.

2. 소비자정책에 있어 정책변화의 필요성

최근 국내 시장이 급격한 속도로 개방되어 상품선택의 폭이 확대되는 가운데, 소비자들의 합리적 구매선택에 필요한 상품과 시장정보의 양이 대폭 증가되고 있다. 또한 독과점 시장구조 하에서 제한적으로 제공되던 상표와 상품만을 선택하던 소비자들은 다양한 상표와 상품 속에서 구매의사결정의 어려움에 직면하게 되었고, 과거에 비해 소득수준이 상승함에 따라, 품질과 안전에 대한 기대와 요구가 높아지고 있다.

더욱이 국내 시장의 경쟁 강화로 사업자들의 광고 등 판촉활동이 강화되고, 새로운 정보전달기술과 다양한 유통・판매기법이 도입되고, 최근에는 신용상품에서의 무차별적 판매촉진과 초고속정보통신망의 구축을 통해 정보화가 급격히 진행됨에 따라, 전자상거래 등 정보화 관련 소비자문제들이 새롭게 제기되고 있다. 이와 같은 전자상거래의 급속한 확산은 무분별하게 유통되는 정보의 홍수 등 낯선 거래환경에서 새로운 소비자문제를 야기시키고 있음에도 불구하고, 현재의 정책은 인터넷 상거래에서의 소비자피해에만 초점이 맞추어져 있을 뿐 상대적으로 새로운 문제인 개인정보보호와 관련된 부분은 그 잠재적인 피해의 규모에 비해 충분히 문제시되지 않고 있는 실정이다.

이에 따라 정보의 불완전성과 비대칭성에 기인하는 시장실패를 교정함으로써 시장기구의 원활한 작동을 도모하고 소비자후생을 극대화하려는 소비자정책의 필요성이 증대되고 있다. 또한 민주적 시장경제의 활성화를 위해서는 소비자들이 효율적으로 선택할 수 있는 시장 환경을 조성하고, 소비자들의 선택능력을 배양할 수 있는 소비자정책의 수립・시행이 필요하다. 더불어 우리 경제가 세계경제 속에 보다 더 공고하게 통합됨에 따라 여러 종류의 예측가능하지 않은 일들이 일어날 수 있는 가능성이 보다 더 커지게 됨으로써, 이에 유연하게 대응할 수 있는 정책적 능력이 요구되고 있다.

시장개방은 두 가지 측면에서 소비자문제를 증폭시킨다. 우선, 소비자들이 선택할 수 있는 상품의 종류가 다양해지면서, 특히 예전 우리나라 소비자들이 가지고 있던 '외국상품=고품질'이라는 인식과는 달리 새로운 문제를 안고 있는 외국산 상품들의 수입이 급증하면서, 과거 독과점 시장구조 하에서 제한적으로 제공되던 상표와 상품만을 선택하던 우리나라의 소비자들은 구매의사결정의 어려움에 직면하게 되었다. 가격은 상대적으로 저렴한데 반해 국산품에 비해 품질이 떨어지거나 안전성이 확보되지 않은 상품, 품실에 비해 가격이 너무나 높게 책정된 상품, 또한 구매 후 하자가 발생하거나 피해가 생긴 상품에 대한 피해구제를 요청할 수 없는 상품 등 여러 가지 문제가 발생하고 있다. 더불어 합리적 구매선택에 필요한 시장정보가 충분히 주어지지는 않은 채, 치열한 경쟁 속에서 소비자를 현혹하는 기만적이고 일방적인 광고만이 넘쳐날 뿐이다.

다음으로 지구촌 어딘가에서 생산된 상품에 의해 멀리 떨어진 우리나라의 소비자들도 영향을 받을 수 있게 되었으며, 여러 종류의 예측치 못한 일들이 일어날 수 있는 가능성 또한 보다 더 커지게 되었다. 즉, 과거 선진국에서 발생한 소비자문제가 일정한 시차를 둔 후에 후발산업국가에서 전개되었던 것과 달리, 최근에는 전 세계적으로 동시에 비슷한 종류의 소비자문제가 확대되고 있다. 예를 들면, 유전자조작식품 문제의 경우, 유럽과 미국뿐만 아니라 일본과 한국에서도 동시에 발생하였다. 물론 나라마다 그 사안에 대처하는 정도는 참으로 상이하였지만, 일련의 해결책을 필요로 하는 상황이었다는 것만은 동일하였다.

이에 본고에서는 현재 우리나라의 소비자정책집행에 있어 문제점을 분석하고 그 현안이 무엇인지 파악함으로써 소비자정책집행에 투입되는 인적・물적 자원의 효율성을 높이고, 최종수혜자인 소비자의 만족도를 제고할 수 있는 소비자정책의 개선과제를 제시하고자 한다. 특히 모두가 신뢰할 수 있는 바람직한 시장의 모습을 구축하기 위해서는 소비자정책이 어떠한 모습으로 구현되어야 할 것인가에 초점을 맞춘다.

제2절 우리나라 소비자정책의 집행현황과 평가[1)]

1. 관련법제와 행정기구

우리나라의 소비자정책 관련 법제로는 기본법인 “소비자기본법”(舊 소비자보호법: 1980년 제정) 등 소비자보호를 일차적 목적으로 제정된 법률들과, 기존의 품목별, 기능별 법안에 소비자보호와 관련된 내용이 포함되어 있는 개별법들이 있으며, 이를 간략하게 표 2에 제시하였다.

소비자보호를 1차적 목적으로 제정된 법률에는 소비자기본법과 제조물책임법을 비롯하여, 공정거래위원회 소관의 거래관련 법안들이 해당된다.

불공정한 거래행위를 규제하기 위한 ‘독점규제 및 공정거래에 관한 법률’에서는 “공정하고 자유로운 경쟁의 촉진”과 더불어 “소비자를 보호함과 아울러 국민경제의 균형 있는 발전을 도모한다.”라고 명시적으로 소비자보호를 언급하고 있다. 또한 ‘표시광고 공정화에 관한 법률’, ‘약관의 규제에 관한 법률’, ‘할부거래에 관한 법률’, ‘방문판매 등에 관한 법률’ 그리고 ‘전자상거래 등에서의 소비자보호에 관한 법률’에서는 각종 소비자피해로부터 소비자를 보호하기 위해 해당 법률이 제정되었음을 명시적으로 언급하고 있다.

1980년대에 ‘방문판매 등에 관한 법률’과 ‘통신판매 등에 관한 법률’로 시작한 특수거래 관련 법안은 1990년대 말에 유통산업관련 부처에서 공정거래위원회로 그 소관이 바

1) 본고는 2007년 12월 이전에 작성된 내용이다. 그 결과 2008년 3월 정부행정기구개편이 수행됨에 따라 부처의 명칭이 매우 상이해졌다. 그러나 조직개편 작업이 여전히 진행되고 있기 때문에 새로운 명칭으로 모두 변경하지는 않았으며, 소비자정책과 관련하여 특별히 중요하다고 생각되는 부분은 각주를 이용해서 내용을 보완하였다.

표 2. 우리나라 소관부처별 소비자보호 관련 법(2007년 10월 현재)

소관 부처	관련 법률
재정경제부 (소비자정책과)	소비자기본법, 제조물책임법, 소비자생활협동조합법, 물가안정에관한법률 은행법, 보험업법, 대부업의 등록 및 금융이용자 보호에 관한 법률 담배사업법, 주세법시행령, 여신전문금융업법
공정거래위원회 소비자본부	독점규제 및 공정거래에 관한 법률, 표시광고의 공정화에 관한 법률 약관의 규제에 관한 법률, 방문판매 등에 관한 법률 전자상거래 등에서의 소비자보호에 관한 법률, 할부거래에 관한 법률
보건복지부 식품의약품안전청	식품위생법, 건강기능식품에 관한 법률 의료법, 약사법, 의료기기법, 공중위생관리법
산업자원부 국립기술표준원 전기위원회	품질경영 및 공산품안전관리법, 전기용품안전관리법, 디자인보호법, 산업표준화법, 특허법, 상표법, 실용신안법, 계량에 관한 법률 에너지이용합리화법, 전자거래기본법 중소기업진흥 및 제품구매촉진에 관한 법률, 중소기업협동조합법 대외무역법, 유전자변형생물체의 국가간이동 등에 관한 법률
정보통신부 통신위원회	정보통신망 이용 촉진 등에 관한 법률, 전자서명법
농림부	농산물품질관리법, 양곡관리법, 인삼산업법, 농산물가공산업육성법, 친환경농업육성법, 축산물가공처리법, 임업 및 산촌 진흥 촉진에 관한 법률
건설교통부	건축물의 분양에 관한 법률, 주택공급에 관한 규칙 자동차관리법, 시행령, 시행규칙
문화관광부	문화산업진흥기본법, 관광진흥법, 출판 및 인쇄진흥법 영화 및 비디오물의 진흥에 관한 법률, 음반・비디오물및게임물에 관한 법률 소프트웨어진흥법, 온라인디지털콘텐츠산업발전법, 이러닝산업발전법
해양수산부	수산물품질관리법
환경부	먹는물 관리법, 제품의 포장재질・포장방법에 관한 기준 등에 관한 규칙
법무부	변호사법, 주택임대차보호법, 임차권 등기명령 절차에 관한 규칙

*2008년 3월 새 정부의 출범과 함께 재정경제부의 소비자정책과는 공정거래위원회로 이관되었으며, 공정거래위원회의 소비자본부는 소비자정책국으로 명칭으로 변경하여, 소비자기본법을 관장하고, 소비자정책위원회를 보좌하게 되었다. 재정경제부는 기획재정부로, 산업자원부는 지식경제부로, 정보통신부 통신위원회는 방송통신위원회로, 농림부는 농림수산식품부로, 산업자원부는 지식경제부로 각각 명칭이 변경되었다.

뀌었으며, 2000년대에 들어서면서 방문판매, 다단계판매 그리고 전화권유판매를 관장하는 '방문판매 등에 관한 법률'과 통신판매, 우편판매 그리고 전자상거래를 관장하는 '전자상거래 등에서의 소비자보호에 관한 법률'로 재편성되었다.

한편, '독점규제 및 공정거래에 관한 법률' 내에 불공정거래행위의 하나로 규제되어 왔던 불공정한 표시와 광고행위에 대해 규제를 강화하고 더불어 정보제공의무를 강조하기 위해 '표시광고 공정화에 관한 법률'이 독립법안으로 제정되었다.

그 밖에 소비자들이 사용하는 상품과 용역과 관련해서 각 품목별로 관련법에 소비자보호관련 조항이 포함되어 있다. 이들 개별법은 해당 품목별로 기존의 산업관리와 산업촉진 조항에 덧붙여서 상품안전, 거래, 표시광고, 피해구제 등과 관련된 조항이 추가되어 있다.

우리나라의 소비자정책 관련 집행기구를 그림 1에 적시하였다. 특별히 소비자기본법에

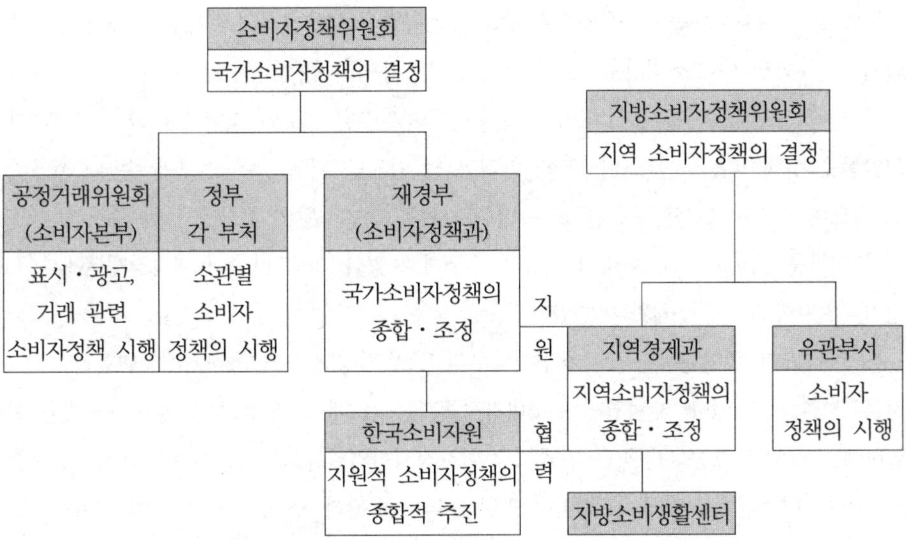

*2008년 3월 새 정부의 출범과 함께, 국가소비자정책의 종합조정 업무를 공정거래위원회가 담당하게 되었으며, 공정거래위원회의 소비자본부는 소비자정책국으로 명칭으로 변경하여, 소비자기본법을 관장하고, 단독으로 소비자정책위원회를 보좌하게 되었다.

그림 1. 우리나라 소비자정책의 추진체계

적시된 기구로 소비자정책위원회(舊 소비자정책심의위원회)와 한국소비자원(舊 한국소비자보호원)이 있으며, 소비자정책위원회를 보좌하는 재정경제부의 소비자정책과와 공정거래위원회의 소비자본부를 들 수 있으며, 이외에도 소비생활용품과 관련되는 해당 부처들이 상품의 안전성과 관련된 정책을 담당하고 있다.

소비자정책위원회는 소비자보호 및 국민소비생활의 향상에 관한 기본적인 정책심의(법 21조)에 그 목적을 두고 있으며, 2007년 3월, 명칭도 바뀌고 운영체제도 일부 바뀌었다. 재정경제부장관과 민간위원의 공동위원장 체제로 변경되었으며, 재정경제부 소비자정책과와 공정거래위원회 소비자본부가 위원회를 보좌하는 간사의 역할을 공동으로 수행하게 되었다.[2)] 주요 심의사항으로는 소비자보호종합시책의 수립과 위해의 방지, 표시, 광고, 피해보상 등에 관한 기준의 제정 및 변경 그리고 기타 소비자보호 및 소비생활에 관한 기존 정책으로서 위원장이 부의(附議)하는 사항이 있다.

한편, 한국소비자원은 정부 부처를 대신해서 소비자지원행정을 제공하기 위해 소비자기본법(舊 소비자보호법)에 의거하여 설립된 독립법인이다. 한국소비자원은 소비자의 불만처리 및 피해구제, 소비자보호를 위한 물품 및 용역의 규격·품질·안전성 등에 관한 시험·검사 또는 조사를 실시하고, 소비자보호와 관련된 제도와 정책에 대한 연구 및 건의활동을 수행한다. 또한 소비생활의 합리화 및 안전을 위해 각종 정보를 수집·제공하고 있으며 소비자보호와 관련된 교육 및 홍보활동과 민생활의 향상을 위한 종합적인 조사와 연구를 실시하는 등 다양한 기능을 수행하고 있다. 2007년 3월 재정경제부에서 공정거래위원회로 소관부처가 바뀌었다.

가장 중요한 중앙행정기구로 재정경제부의 '소비자정책과'와 공정거래위원회의 '소비자본부'를 들 수 있다. 재정경제부 소비자정책과는 각 개별 부처로부터 소비자정책을 수합하여 '소비자보호종합시책'을 만들고 소비자정책심의위원회를 보좌하는 역할을 수행함으로써, 소비자정책을 총괄, 조정하는 역할을 담당해 왔다. 공정거래위원회의 소비자본부는 1997년에 소비자보호국으로 시작하였으며, 처음에는 약관규제, 표시광고 규제, 특수거래 규제 등만을 다루었으나, 2006년 소비자본부로 개편되면서, 소비자와 관련된 시장

2) 2007년 이전까지 재정경제부 소비자정책과가 수행해 오던 소비자정책위원회의 간사 역할은, 2007년 1년간 재경부와 공정위의 공동간사제로 운영되었으며, 2008년에는 공정거래위원회가 단독으로 보좌하는 형태로 변경되었다.

거래 규제뿐만 아니라 소비자 정보제공, 소비자와 사업자 교육, 그리고 소비자분쟁조정시스템 활성화 등 그 외연을 확대하고 있다.

2. 소비자정책체계에 대한 평가

우리나라 소비자정책 내지는 소비자행정의 문제점을 총괄조정기능의 부재, 부처 내 소비자이익 대변 기능의 부족, 관련 부처 간 업무공조체계 부실, 그리고 미흡한 소비자정책 집행 등 네 가지 측면에서 논의하였다.

(1) 정책총괄조정기능의 부재

소비자정책위원회는 우리나라 소비자정책의 최고 심의의결기구로 법에 명시되어 있었지만, 사실상 그동안 그 역할을 제대로 수행해 오지 못하였다. 단지 그동안 연 1회 내지 2회 개최될 뿐이었으며, 전년도의 소비자보호종합시책의 실적을 확인하고, 해당 연도 시책을 심의·의결하는 매우 제한된 역할을 수행해 왔다. 특히 전년도의 추진실적보고와 해당년도의 계획안을 통과시키는 작업을 동시에 한 번의 회의에서 수행해 옴으로써, 정책평가와 정책환류(feedback) 또한 제대로 이루어지지 않았다. 그러므로 이는 최고심의의결기구로서의 역할을 적절히 수행하지 못한 채 일종의 요식행위만을 하고 있는 조직에 불과하다고 할 수 있으며, 비록 소비자대표성을 위해 위원회에 민간소비자단체의 대표 두세 명을 포함하고 있을지라도 정책수립 과정에서는 소비자의 의견이 반영되는 통로가 전혀 마련되어 있지 않다고 할 수 있다.

또한 매년 소비자정책 추진계획을 공표하기로 되어 있는 「소비자보호종합시책」은 그 명칭에 걸맞게 범정부적 차원에서 일정한 틀을 가지고 종합적으로 수립되었기보다는 각 부처가 개별적으로 작성한 것을 재정경제부 소비자정책과가 수합, 발표하는 형식을 취해 왔기 때문에, 사실상 소비자정책의 방향이나 틀의 일관성이 결여되어 있었다. 그 결과 그동안 우리나라의 「소비자보호종합시책」에는 중 국제적인 규범에 적합하지 않은 내용이 다수 포함되어 있어, 엄밀한 의미의 소비자정책이 추진되었다고 할 수 없다. 소비자정책의 국제적 표준(global standard)은 시장에서 소비자들이 합리적으로 구매의사결정을 진행할 수 있도록 도와주는 역할을 수행하는 것으로서, 이는 OECD 소비자정책의 목표로도 채택되어 있다. 그러나 우리나라의 「소비자보호종합시책」에는 건전한 시민의식의 함양, 건전소비운동, 또는 계몽주의적 차원의 생활인을 만드는 것 등 시민의식을 강조하거나 물가안정을 목표로 한 시책들이 주로 포함되어 있었으며, 이는 진정한 의미의 소비자정책이라 할 수 없다.

그 결과, 유사한 목표를 달성하기 위한 과제가 여러 부처에서 분산·수행되면서 소비자정책 추진과정에서의 효율성 또한 확보되지 못하였다. 예를 들어, 국민다소비 식품의 안전성검사는 식품의약품안전청, 각 지방자치단체, 그리고 한국소비자원 등에서 수행했으며, 공산품에 대한 실태조사 역시 국립기술품질원, 지방자치단체, 그리고 한국소비자원이 각각 수행하고 있다. 또한 공정거래위원회가 부당표시·광고의 감시 및 규제를 수행하고 있는 상황에서, 공보처는 「한국광고자율심의기구」의 자율규제 기능 활성화를 강조하기도 하고, 소비자피해구제사례집은 각 지자체별로 준비해서 발간하고 있다. 또한 정책추진과정에서 같은 과제가 중복적으로 수행된 경우도 있다. 예를 들면, 1996년에는 농림부, 식품의약품안전청, 한국소비자원에서 수입농산물에 대한 잔류농약 검사를 동시에 수행한 바 있고, 이외에도 한국소비자원과 공정거래위원회가 대형 유통업체의 불공정거래행위에 대한 조사나 분야별 표시·광고 기준의 제정 등에 대한 연구를 각각 수행하기도 했으며, 한국소비자원과 국립기술품질원에서 각각 공산품 품질비교와 정보지를 발간하고 있다.

(2) 부처 내 소비자이익 대변 기능 부족

총괄법안인 소비자기본법에는 국가의 의무로서 소비자보호활동을 추진하도록 명시하고 있을 뿐 기능별로 구체적인 시행기관을 명시하지 않고 있어, 각 기관은 개별법에 근거하여 해당분야의 소비자 관련 정책을 수립 집행하고 있다. 하지만 현 정부조직체계는 국내 산업의 보호, 육성을 위한 산업별 조직체계이기 때문에, 소비자보호정책도 관련 부처의 산업지원업무 부문에서 부수적으로 수행되고 있는 실정이다. 이에 따라 '소비자주권의 확보'라는 소비자정책 목표가 해당 부처의 목표와 상반되는 경우가 종종 발생한다.

또한 각 부처가 산업관리의 부수적인 또는 반사적인 효과로서 소비자복지 향상을 기대하고 있어, '소비자보호'보다 '생산자보호'에 치중하는 경우가 빈번하다. 예를 들면, 유통과 공산품(전기용품 포함)의 안전관리를 집행하는 산업자원부의 분장사항에는 '산업경쟁력의 향상, 유통산업 육성시책의 수립'(산업정책국), '기업의 생산성 향상을 위한 지원시책 수립'(산업기술국), '전자전기산업 육성정책의 수립'(생활산업국) 등 산업보호부분은 명시되어 있으나, 관장하는 상품군에서의 소비자보호는 어느 부서의 업무분장에도 명시되어 있지 않다. 다만 2001년 신설된 전기위원회에는 전기소비자보호과와 경쟁기획과 소비자보호의 업무가 추가되어 있을 뿐이다. 그 결과, 각 부처 내에서 소비자보호기제의 우선순위는 매우 낮은 상태이며, 결과적으로 그 실효성이 떨어지고 있다.

한편, 해당 산업을 주관하는 부서에서 소비자보호정책을 분산처리하게 됨에 따라 정책의 일관성 유지가 어렵고, 각 기능별로 연계성 없이 시행되고 있는 실정이다. 예를 들어 식품안전업무의 경우, 식품의약품안전청, 농림부(농산물, 축산물), 해양수산부(수산물), 국세청(술), 환경부(물) 등이 관련 상품별로 분산 수행하고 있으며, 리콜제도도 이미 소비자보호법에 명시되어 있음에도 불구하고, 식품, 의약품, 공산품 등 제품별로 해당 주관 부처가 시행안을 별도로 마련하고 있다.

(3) 관련 부처 간 업무공조체계 부실: 업무 중복 vs. 규제 공백

급변하는 시장상황은 정부 내의 다양한 부처가 관련되게 되는 소비자문제의 근본적인 성격상 해당부처 간의 공조를 더욱 요구하게 되었으나, 그동안 부처 간 종적 업무분장을 통해 철저히 분업화된 우리나라의 정책체계에서는 이러한 요구를 충족시킬 수가 없었다. 예를 들어, 우유의 경우 현 체재로는, 원유는 농림부, 첨가물이 있는 우유는 식품의약품안전청, 수입우유일 경우 농산물검역소로 업무가 분장된다. 만약, 공업용 폐기물에서 유출된 환경호르몬으로 오염된 땅에서 생산된 채소를 원료로 만들어진 식품이 TV홈쇼핑을 통해 불법적으로 유통되었다고 가정할 경우, 이 문제에 관련되는 해당 부처의 수는 엄청나다.

이와 같이 여러 부처가 얽혀 있는 사안이 발생할 경우, 그와 관련된 규제기관의 어느 부서가 주도적으로 이 문제를 처리해 갈 것이며, 또 어느 부서에서 어떤 부분에 대해 해결책을 내야한다는 것에 대해 신속하게 합의하지 못할 경우, 시장에서는 규제공백의 상태가 발생하게 된다. 이는 시장에 대한 소비자들의 신뢰를 저해할 것이며, 궁극적으로 경제발전을 위축시킨다. 2007년에 발생한 '조제분유 사카자키균 검출' 사태에서도 이 문제가 여실히 드러난다.

> 아기들이 먹는 분유에서 사카자키균이 검출되면서 농림부, 보건복지부, 지방자치단체 사이에선 문제 제품의 책임부서와 관할이 어디냐를 넣고 한동안 헷갈렸다. 사카자키균을 확인한 것은 지난달 29일 대구의 한 할인점. 대구 식품의약품안전청이 매일유업의 '유기농 산양분유 1단계 400g'에서 사카자키균을 발견하고, 이틀 뒤인 31일 해당 제품의 제조공장이 있는 경기도청에 이 내용을 통보했다. 하지만 막상 관할 부처는 농림부였다. 농림부 관계자는 "제품의 관할은 농림부인데 식의약청 공무원이 잘 몰랐는지 경기도청에만 보고를 했다"며 "경기도청을 통해 사카자키균 검출 사실을 알았다"고 말했다. 경기도청은 자신의 관할이 아닌데도 착오로 엉뚱한 지시를 내렸다. 매일유업에 대해 9월 1일자 2개의 일간신문에 이 사실을 공표하도록 조치한 것이다. 최종 관할 부처인 농림부는 그 후에야 사건의 전말을 파악했다. 농림부는 3일에야 '유해 미생물인 사카자키균이 검출돼 경기도청이 해당 제품의 판매금지 및 회수조치를 시행했다'는 내용의 설명 자료를 냈다.
>
> 이런 난맥상을 놓고 관계 공무원들도 그럴 만하다는 반응이다. 다 같은 조제분유지만 월령이나 장소에 따라 관할 부서가 제각각이기 때문이다. 현재 생후 0-6개월 아기가 먹는 조제분유에는 농림부의 '축산물가공처리법'이 적용된다. 생후 7개월 이상의 아기들이 먹는 분유는 복지부의 '식품위생법'에 따른다. 또 이 분유가 할인점에 진열돼 있으면 식의약청이 검사수거할 수 있다. 하지만 제조공장에 놓여 있다면 농림부 관할이라 식의약청 조사 직원이라도 농림부 직원을 동행해야 공장에 들어갈 수 있다.
>
> 농림부 측은 "1998년 제정된 축산물가공법에 따라 우유, 아이스크림, 육류 등에 대한 관할 부처가 둘로 나뉘었다"고 말했다. 이 법에 따르면 백화점 매장에서 판매 중인 쇠고기는 식의약청이 관리하고, 백화점 매장 안쪽 창고에 있는 쇠고기는 농림부가 관할한다. 또 같은 공장이라도 아이스크림 생산라인은 농림부가, 빙과류 생산라인은 복지부가 관할한다(『중앙일보』 2007년 9월 5일 12면).

또한 같은 목표를 달성하기 위한 과제가 여러 부처에서 중복적으로 수행되면서 정보는 공유되지 않는 비효율이 발생하고 있다. 예를 들어 국민다소비 식품의 안전성검사는 식품의약품안전청, 각 지방자치단체, 그리고 소비자원 등에서 수행하고 있으며, 공산품에 대한 실태조사 역시 국립기술품질원, 지방자치단체, 그리고 한국소비자원이 각각 수행하고 있고, 생필품 가격동향 점검은 산자부, 공정위, 재경부가 각각 수행하고 있다.

(4) 미흡한 소비자정책집행

현재 소비자정책 추진의 성과로 일부 제도와 법령은 일정 수준에 이르고 있고, 각 관련기관과 지방자치단체에서 개별법에 의거하여 각 품목들을 규제하고 있으나, 일선 행정기관의 집행의지 부족과 인력 부족 등으로 안전 확보와 거래의 적정화를 위한 규제행정이 충분히 집행되지 못하고 있다. 즉 행정기관들은 각 상품군에 있어 진입을 위한 허가업무를 주로 수행하고 있을 뿐, 사후평가를 위한 검사업무를 중점적으로 담당하는 기관은 없다. 특히 안전강화를 위해 기도입된 위해정보관리제도와 리콜제도는 제대로 운영되지 못한 채 방치되어 있다고 해도 과언이 아니다.

그리고 지방행정에서의 소비자보호 수준은 더욱더 미약하다. 법 개정을 통해 대부분의 소비자관련 규제업무가 지방자치단체로 이관되었음에도 불구하고, 지방자치단체 소비자행정상에는 과거에 비해 큰 변화가 나타나지 않은 채 규제행정이 충분히 집행되지 못하고 있다(여정성, 1998: 59-74). 특히 선출직인 의사결정권자의 관심 정도에 따라 지방자치단체마다 그 집행에 있어 매우 큰 차이가 나타나는 경향이 있어 이에 대한 보완이 시급하다.

3. 주요 소비자문제 영역별 평가

(1) 안전성 확보

(가) 상품의 안전관리체계의 미확립

현행 소비자안전행정은 품질관리행정의 부수적인 차원에서 시행되고 있어 효과적인 소비자안전대책으로서는 다음과 같은 한계가 존재하고 있다. 각 제품군별로 소비자안전을 담당할 행정기관의 역할이 미약하고, 각 제품군별 안전기준 운영이 품질기준과 병행하여 사용되고 있으며, 또한 안전기준 수립을 위한 임상시험과 외국 기준과의 비교 연구 등이 미흡한 실정이다.

2005년에 들어서야 재정경제부에서 소비자정책위원회 아래 '소비자안전전문위원회'를 구성하여 개최하기 시작하였으며, 소비자안전강화 시책, 어린이용품 주의 · 경고 표시제도 개선방안 및 기타 향후 소비자안전전문위의 운영방향에 대하여 논의하고 있다.

(나) 안전관련 단속업무의 실효성 미흡

지방자치제도의 확대에 따라 안전성 확보업무의 많은 부분이 지자체로 이관되었으며, 이에 따라 다양한 차원의 인력이 안전관련 단속에 투입되고 있으나 단속업무 집행의 효과성이 의문시된다. 즉, 식품의약품안전청 등 중앙행정부처뿐만 아니라 지자체의 해당과 등이 단속을 하고 있고, '품질경영 및 공산품안전관리법'에서는 '사후검사기관'으로 국립기술품질원장 또는 시 · 도지사를 지정하고 있으나, 여전히 많은 불법 · 불량 상품들이 유통되고 있다.

이렇듯 안전문제가 심각함에도 불구하고 식의약품의 안전관리에 동원되어야 할 규제행정인력이 심야영업이나 퇴폐업소 규제, 가격규제 등에 동원되고 있는 등 안전관련 단속업무가 효율적으로 이루어지지 않고 있다. 예를 들면, 식의약품의 안전관리를 위한 식품의약품안전청의 직원은 심야영업이나 퇴폐업소 규제에도 동원되고 있고, 위촉된 민간인 명예식품위생감시원도 식품접객업소 불법영업, 미성년자 고용 및 출입허용 행위 등의 합동단속에 동원되었다.

또한 많은 자원이 배분되는 수입식품 검사에서도 확보된 기초 자료가 없이 최종 수입단계에서의 검사에만 의존하기 때문에 안전검사체제의 효율성이 문제시되고 있다. 수입식품 검사의 경우, 미국은 정밀검사 수행률이 5-8%에 불과한 반면, 우리나라는 23%이면서도 안전점검이 충분히 이루어지지 못한 채 수입아이스크림의 리스테리아균, 수입쇠고기의 O-157균 사건 등에서 볼 수 있듯이 불안전한 상품이 유통되고 있다.

(다) 안전관련제도의 실효성 미흡

'품질경영 및 공산품안전관리법'에 의거한 안전검사의 면제대상에는 사업자조합에 의해 인증이 부여되는 상품이 포함된다. 그러한 제도는 사업자 자율규제에 해당되며 규제완화의 차원에서 바람직하지만, 체계적인 검사가 없이 검사필증만 발부되고 있다는 비판이 제기되고 있으며, 사후점검체계 미비로 상품의 안전성 확보가 미흡한 실정이다.

현재 일반 공산품 중 시장에 유통되기 전에 사전검사를 받아야 하는 품목은 자동차 부동액등 18개 품목이며, 사후검사 품목은 안경테 등 인체 위해 우려가 비교적 적은 32개 품목이다. 이러한 사후 검사 품목에 대해서는 시중유통제품 중에서 안전검사를 실시하도록 되어 있으나 실제 사후검사실적은 저조한 실정이다. 현재 산업자원부 산하의 안전전문기관에는 한국광학공업협동조합(안경테), 한국양산공업협동조합(우산), 한국유리공업협동조합(유리 부엌용품, 판유리), 한국금속가구공업협동조합(금속제 가구류), 한국라이타공업협동조합(라이터), 전기전자시험연구원(할로겐 전구), 그리고 생활용품시험연구원(롤러스케이트) 등이 있다. 그러나 각 기관들이 안전마크를 부여하고 있음에도 불구하고, 한국소비자원과 소비자단체에는 지속적으로 소비자피해가 접수되고 있다.

대부분의 국가들에서도 공산품의 품질관리는 자율규제의 차원에서 많이 수행되는 것이 사실이며 또한 규제자원의 한계로 그럴 수밖에 없다. 하지만, 우리나라와 비교할 때 가장 큰 차이점은 안전을 모니터링하는 독립적인 규제기관이 있고, 또한 같은 업무를 충실히 수행함으로써 시장을 감시하는 민간소비자단체들의 활동이 활발하다는 점이다. 반면, 우리나라에는 상품의 시장진입을 위한 허가기관이 아닌, 사후평가를 통해 안전규제 업무를 수행하는 독립기구가 없으며, 상품의 안전성이 의문시될 때 소비자보호법에 의거하여 소비자단체가 안전성검사를 요구할 수 있는 기관 또한 매우 한정되어 있다. 일례로 과거 한 소비자단체가 환경호르몬 실험의뢰를 요청한 결과 한국식품연구소, 한국과학기술연구소, 식품의약품안전청, 한국소비자원 등이 모두 실험을 거절하였다. 그러므로 모니터링제도가 따르지 않는 '자율'은 특히 안전성과 관련해서는 매우 위험한 발상이라고 할 수 있다.

(라) 리콜제도의 실효성 한계

소비자에게 위해한 상품의 수거, 폐기 등을 주요 내용으로 하는 리콜제도는 1996년 소비자보호법 개정(제17조의 3)을 통하여 도입(식품, 자동차, 공산품의 경우에는 개별법에 명시)되었으나, 지금까지 구체적인 수행실적은 매우 미미한 편이다. 이는 리콜을 명시한 소비자기본법에 결함제품에 대한 교환, 수리, 환불 등 리콜제도 집행에 대한 내용이 명시적으로 언급되지 않고, 리콜제도의 실시에 있어 중요한 내용인 결함을 인지한 사업자에게 자발적으로 결함을 시정하도록 유도하는 자발적 리콜 개념의 도입에 대한 규정이 미비한 데서 오는 당연한 결과라고도 할 수 있다. 또한 결함제품이 시중에 유통·판매되고 있을 경우 위해예방 및 위해의 확대방지를 위하여 결함사실을 소비자에게 신속히 알리는 결함사실의 통지에 관한 규정도 미비한 실정이다.

그리고 리콜제도의 활성화를 위해 위해정보수집 활용체계의 정비가 필수불가결함에도 불구하고, 리콜을 위해 상품결함여부를 지속적으로 감시하는 체계(미국 FDA, CPSC 등)가 확립되어 있지 않아 관련정보가 충분히 수합되어 활용되지 못하고 있다.

(2) 거래의 적정성

(가) 약관규제 및 불공정거래행위 규제 등의 실효성 미흡

공정한 거래질서를 확립하기 위하여 불공정거래행위 감시, 해당 약관 심의 및 규제, 기준 지정 고시 등이 사용되고 있는데, 이는 주로 대부분의 상품에 대해 공정거래위원회가 담당하고 있다.

각종 약관에 대한 규제를 강화하고 있으나, 규제받은 약관이 시장 내에서 그대로 사용되는 등 약관규제의 실효성이 미흡하다. 약관의 인허가를 위한 사전심사는 해당 행정기관이, 사후심사는 공정거래위원회가 맡고 있어 효율적인 규제가 어려울 뿐만 아니라, 불공정한 조항으로 시정조치를 받아도 별다른 후속 제재가 없다. 그렇기 때문에 계속 그 조항을 존속시키기도 하고, 유사한 내용을 가진 다른 업체의 약관은 별도의 규제 없이 시장 내에 통용되고 있다.

더불어 현재 공정거래위원회가 가지고 있는 불공정거래행위에 관한 전속고발권은 소비자의 고소 및 고발권을 제한하고 있다. 그동안 경제에 미치는 영향을 감안하여 경제사범에 대해서는 공정거래위원회에서 전적으로 규제를 담당하여 왔는데, 이는 거래행위 규제에 있어서 공정위가 일종의 독점권을 행사하고 있는 것이라 할 수 있다. 우리나라와 달리 미국의 경우에는, 독과점 등 시장규제에 대해 연방거래위원회뿐만 아니라 법무성에 'Antitrust Division'이 설치되어 있어 유사한 사안에 대해 함께 대처하고 있으며, 지방자치단체에는 법무 관련부서에 'Consumer Fraud Unit'이 있어 불법적인 상품의 생산과 유통에 대해 규제하고 있다.

(나) 유통부문에 대한 소비자정책 미비

그동안 유통부문에서는 가격지도 이외에 직접적인 소비자보호 정책안이 없었으며, 소비자보호 차원의 유통구조를 개선하기 위한 노력이 미흡하였다. 유통산업을 관장하는 산업자원부에서는 유통업체의 판로개척을 중점적으로 추진함으로써 유통산업발전을 통한 반사적인 이익으로서 소비자복지를 달성하고자 할 뿐이었으며, 생산물직거래 등 유통과정을 단순화할 수 있는 대안도 농림부 등에 의해서만 제시되고 있다. 즉, 유통업계 지원과 경쟁촉진 관련 정책들이 주로 제시되어 왔으며, 과거에는 오히려 가격하락을 역행하는 주유소의 동일가격 유지 방침, 약국의 표준가격 이하 판매 금지 등의 규제도 채택되었었다.

현재 농수축산물의 유통에 있어 '생산자→수집상→중매인→도매인→유통업체→최종소비자'로 이어지는 구조는 너무나 많은 단계를 거치게 될 뿐만 아니라, 각 단계의 공고한 이해관계가 있으므로 반드시 개선되어야 한다.

(3) 정보제공과 소비자교육

(가) 정보제공 미흡

소비자정보는 상품의 표시(product labelling), 품질비교검사(comparative product testing), 그리고 비교가격 제시 등을 통해 소비자들에게 제공되는데, 1996년에 중점과제인 '소비자정보의 확산'에 소비자정보생산의 확대와 함께 소비자정보 전달체계의 확충이 제기되었으나 실현되지 않았다.

소비자정보의 효용은 얼마나 많이 그리고 제대로 적시에 소비자에게 전달될 수 있는가에 따라 정해지는데, 제대로 소비자에게 전달될 수 있는 경로가 마련되어 있지 않다. 우리나라에서는 정보제공을 위한 품질비교평가는 주로 한국소비자원과 국립기술품질원이 수행하고 있으나, 일반 소비자가 즉각적으로 사용가능하도록 일반정보로서 제공되지 않고 있는 상태이고, 국립기술품질원에서 공산품 품질정보지를 발간하고 있으나 소비자들에게는 제대로 홍보되지 않고 있으며, 한국소비자원이 발간하는 소비자정보지인 '소비자시대'도 그 보급률이 매우 저조하다.

(나) 품질인증제도에 대한 감독 및 홍보부족에 따른 실효성 부족

품질이 인정되는 상품에 대해 인증을 부여하는 품질인증제도가 확대되고 있으며, 이는 표준화된 측정방법을 이용한 평가를 통해 상품의 일정 속성에 대해 소비자들에게 정보를 제공하는 효율적인 장치다. 하지만, 그에 대한 사후 감독이 철저히 이루어지지 않고 있기 때문에 불법인증을 부착한 상품이 유통되고 있다. 또한 인증제도에 대한 홍보부족으로 현재 농림부 및 산자부에서 부여하는 여러 가지 품질인증제도에 대해 일반 소비자들의 인지도가 매우 낮다. 결국 인증제도가 도입되었음에도 불구하고 소비자들의 구매결정시 대안평가요인으로 이용되지 않고, 이에 따라 사업자들이 이를 취득하고자 하는 유인도 부족하게 됨으로써, 비교정보 제공 장치로서의 기능이 적절히 발휘되지 못하고 있는 실정이다.

(다) 소비자교육방안 부족

소비자교육에서는 교과서를 통한 학교소비자교육 이외에는 새롭게 강조되는 것이 없고, 정보화시대에 알맞은 교육 대안이 부족하며, 결국 소비자정보와 교육부문은 거의 모든 부처에서 등한시되고 있는 실정이라고 할 수 있다. 이는 기타 규제행정에는 익숙한 반면, 사전예방을 통한 정책합의가 부족하기 때문이다.

한편 교과서의 교육내용을 살펴보면, 소비자능력의 향상보다는 주로 생활교육의 차원에서 '절약저축의 생활화', '쓰레기처리3운동' 등이 강조됨으로써 소비자보호종합시책과 마찬가지로 모범생활인을 양성하는 것에 주안점을 두고 있다. 다만, 1997년 공보처에서는 새로운 대안으로서 공공채널(K-TV)을 통한 소비자주권시대, 건전한 소비문화, 식품안전예보제, 합리적인 소비생활문화, 유해식품 회수제 등의 주제로 소비자교육프로그램을 다섯 차례 방영한 적이 있다.

(4) 소비자불만처리 및 피해구제

(가) 개별적 보상방식에 따른 문제점

그동안 소비자피해구제는 개별적으로 구제를 청구하는 경우에 한정하여 처리되고 있어 동일한 상품으로 인해 피해를 입은 경우라도 피해구제를 받을 수 없는 문제점이 있으며, 특정제품으로 인해 피해가 발생하였을 때, 당해제품을 사용하는 다른 소비자들도 같은 피해를 입을 우려가 있는 경우에는 이에 대한 예방조치가 연계되어야 하나 이러한 체계가 갖추어져 있지 않다.

또한 소비자피해보상규정의 제정을 통해 개별 피해구제를 강화해 왔으나 근본적으로 사업자에 의한 구제를 활성화할 수 있는 유인(incentive)이 필요하다. 소비자불만처리와 피해구제는 원칙적으로 사업자의 바람직하지 않은 사업활동에서 파생되는 것이므로 원칙적으로 사업자가 책임을 져야함에도 불구하고, 그동안 많은 행정력과 민간소비자단체의 자원이 피해구제에 동원되어 왔다.

(나) 복잡한 피해구제체계

소비자불만처리와 피해구제는 상품별로 다양한 부서에서 각각 처리되고 있으므로, 소비자들이 이를 쉽게 사용할 수 없다는 문제가 근본적으로 제기되고 있다. 다행히 1999년부터 그동안 소비자보호법의 적용이 제외되었던 의료, 법률, 금융, 보험, 증권 등의 전문서비스업에 대해서도 한국소비자원에서 상담 및 피해구제 업무를 함께 관장하게 되었으나, 공공서비스와 관련된 부분은 여전히 배제되어 있다. 그리고 사업자단체나 사업자감독기구가 일차적인 피해구제기구로 되어 있음에 따라 피해구제과정에서 공정성, 객관성 확보가 약화될 우려가 있으며, 처리실적도 활성화되어 있지 않다. 각 분쟁조정위원회가 소비자분쟁처리를 활성화하고자 할 경우에도 주로 해당사업자의 소비자상담기구의 설치 등만 강조하고 있을 뿐, 구체적인 활성화 방안에 대해서는 적절한 대책이 없는 실정이다.

제3절 소비자정책의 해결과제와 해결방안

바람직한 소비자정책의 집행을 위해서 '발상의 전환'과 '제도적 보완'이라는 두 가지 제목 하에 몇 가지 개선방안을 제시하였다. '발상의 전환'이라는 부분에서는 과연 지금까지 우리가 소비자문제를 해결하기 위해 기울였던 많은 정책적 노력들이 바람직한 것이었는가에 대해 고민을 바탕으로, 우리가 가지고 있는 생각을 바꿀 필요가 있다는 판단에 몇 가지 제안을 하였다. 그리고 '제도적 보완'이라는 부분에서는 현재 도입되어 있는 제도이지만 실질적으로 그 시장효과를 발휘하지 못하고 있는 제도들을 어떻게 보완할 수 있는가에 대해 논의를 시도하였다.

1. 발상의 전환

(1) 소비자문제 해결을 위해 협력체계를 구축하여야 한다.

소비자문제는 단순히 소비자가 알아서 하거나, 또는 정부가 혼자 나서서 해결해 주어야 하는 문제가 아니다. 아니 해결할 수 있는 문제가 아니다. 또한 앞으로 소비자문제는 그 외연이 확대될 수밖에 없다. 횡적으로는 시장개방에 따라 상품의 폭이 커지면서 소비자문제가 발생할 수 있는 가능성이 커질 것이며, 종적으로는 과거에 비해 소득수준이 상승함에 따라 품질과 안전에 대한 소비자의 기대와 요구는 높아지게 되면서, 소비자문제 해결에 대한 기대 수준 또한 점점 높아지게 된다. 이렇듯 커질 소비자문제를 한 경제주체가 감당한다는 것을 불가능하다. 특히 정부의 기능을 확대하지 않으면서 소비자문제를 해결하기 위해 다른 경제주체의 도움이 필요하다. 그러므로 세 경제주체가 소비자문제를 해결하기 위해 가지고 있는 자원을 바탕으로 힘을 모을 수 있는 방향으로 정책이 수행되어야 한다.

그렇다면 어떻게 바람직한 협력체계를 구축할 수 있을 것인가? 바로 세 경제주체의 장점과 가지고 있는 자원을 활용함으로써 가능할 것이다.

우선, 소비자단체와 힘을 모아야 한다. 소비자를 대표하는 소비자단체는 현장에서, 즉, 소비자와 가장 밀접한 거리에서, 소비자들이 현재 실제로 경험하고 있는 소비자문제를 가장 먼저 인지할 수 있는 보다 실질적인 자원을 가지고 있다. 그러므로 발생한 문제에 대해 가장 먼저 사회적 의제화할 수 있는 주체인 것이다. 특히 지금과 같이 정부 내에 소비자 이익 대변 기능이 부족한 상태에서는, 소비자단체의 소비자옹호자(consumer advocacy)로서의 역할이 매우 중요하다. 이혜연 · 여정성(2002: 75-98)의 연구에서는 소비자단체는 제조물책임법 입법과정에서 비록 적극적이고 계획적인 활동은 부족하였으나 소비자문제를 정책의제화하는 역할을 충분히 수행하였다고 평하였다.

또한 소비자단체는 현장성을 바탕으로 소비자교육을 실시하고 시장을 감시할 수 있는 중요한 역할을 수행할 수 있다. 특히 학교를 졸업한 일반 소비자들이 변화하는 시장환경에 합리적으로 대처할 수 있는 소비자능력을 갖춘 소비자들이 될 수 있도록 교육시키는 사회소비자교육의 주체는 소비자단체가 맡는 것이 바람직하다.

다음으로, 기업의 역할을 강조하여야 한다. 기업은 해당 상품에 대해 가장 많은 정보를 가지고 있으며 시장에서 소비자문제가 유발되지 않도록 가장 원천적으로 힘을 기울일 수 있는 상품에 대한 전문성과 기술력을 가지고 있다. 그러므로 기업은 보다 안전한 상품을 생산하고, 정확하게 정보를 제공하며, 문제가 발생했을 때 즉각 처리함으로써 소비자문제의 해결을 주도적으로 이끌어 내는 주체가 되어야 한다. 쏟아져 나오는 다양한 상품과 판매전략에 따라 발생하는 모든 소비자문제를 정부가 나서서 대처할 수는 없으므로, 결국 자율규제로 갈 수밖에 없다. 기업 스스로가 그들의 이윤극대화를 위해 움직이다 보니 자연스럽게 시장의 문제가 스스로 해결될 수 있었다는 측면으로 접근할 필요가 있다. 더 이상 정부가 시장에 직접 개입하여 상품의 가격이나 품질을 규제하는 방식으로 접근하는 경우, 단기적으로는 소비자이익을 보호할 수 있지만 장기적으로는 시장경쟁을 제한하게 되므로 궁극적으로 소비자이익을 저해하는 결과를 초래할 수 있다.

마지막으로 바람직하지 않은 시장 활동에 대한 제재수단을 가지고 있는 정부는 이를 적절히 행사함으로써 바람직한 시장으로 유도해 갈 수 있어야 한다. 또한 필요한 경우, 시장에서 자연스럽게 제기되지 못하는 소비자보호를 위한 사회적 의제를 직접 시장에 제시할 수도 있다. 즉, 모든 소비자문제를 정부가 나서서 직접 해결해야 하는 것도 아니고,

또 해결할 수도 없으나, 정부가 제시한 소비자보호를 위한 사회적 의제(agenda)는 시장에서 중요한 역할을 수행할 수 있다. 특히 최근 개정된 소비자기본법의 목적을 소비자보호에서 '시장경제주체로서의 소비자의 권익증진'으로 기본법의 목적을 근본적으로 바꾸었으므로, 이에 대한 정책적 후속조치가 필요하다. 예를 들면, 소비자들에게는 합리적인 선택에 반드시 필요한 정보를 제공함으로써 소비자문제에 미리 대처할 수 있도록 만들어주는 조치가 필요하다.

요약하면, 지금과 같은 복잡한 시장상황에서는 법적 토대 위에서 지속가능한 미래를 만들어 가기 위하여 소비자와 각 이해당사자(Stakeholder)들이 합리적으로 기능할 수 있도록 지원을 하는 것이 소비자정책의 역할이어야 한다.

(2) 소비자정책에서의 쟁점을 확실히 하여야 한다.

우선적으로 정부가 규제안을 가지고 시장에 개입할 때 어떤 문제에 개입할 것인가 규제의 원칙을 명확히 할 필요가 있다. 특히 이때 정부는 개입해야 할 사안과 사회적 공론화와 사법적 판단이 필요한 사안을 명확히 구분할 수 있어야 한다. 더불어 법의 제정뿐만 아니라 제정된 법안이 과연 얼마나 효과적으로 집행될 것인가도 매우 중요한 문제다. 법의 집행이 지속적으로 이루어지지 않을 경우 바로 규정을 준수하려는 의지가 약화되므로, 정부에 대한, 그리고 법에 대한 신뢰와 이에 대한 이행이 필요하다. 그러므로 개입이 필요할 경우에도 과연 시장 내에서 정부의 개입이 효과적으로 집행될 수 있는 사안인가에 대한 검토가 필수적이다.

두 번째로 소비자정책기제를 통해 어떤 소비자를 보호할 것인가에 대해 명확히 하여야 한다. 부주의한 소비자들 때문에 대부분의 신중한 소비자들이 비용을 지불할 필요는 없다. 특히 선의의 소비가 아닌 그릇된 가치관 등에 의해 개인의 욕심이 앞서 문제가 발생할 경우, 이를 소비자의 입장만 내세워 무조건 피해자라 할 수는 없다. 예를 들면, 금융사기나 피라미드판매의 경우, 판매자의 악의와 소비자의 욕심이 결합되어서 문제가 발생함을 볼 수 있다. 즉, 선의의 소비자임에도 불구하고 어쩔 수 없이 당하는 경우에 대해서만 보호가 필요하므로 소비자의 책임을 강조해야 한다. '소비자는 약자다.'라는 식의 정책으로는 오히려 사업자나 규제당국보다 더 철저히 무장한 일부 소비자에 의한 도덕적 해이

문제가 나타날 소지가 있다. 예를 들면, 개인정보보호의 문제 역시 개개인이 자신의 개인 정보에 대한 결정권을 자각하고 책임 있게 행사하려는 노력이 필요하다. 즉, 무형의 개인 정보를 재산으로 인정할 경우 개인정보유출은 개인의 재산권 침해가 되지만, 자신의 개인정보를 팔면서 어떤 보상을 받을 것인가는 결국 개인의 선택이 될 수 있다.

특히 소비자정책이 강화되어야 한다는 사회적 분위기에 편승해 재량권 남용이라는 과잉규제가 발생하지 않도록 유의해야 한다. 정부는 소비자들의 권익을 보호하기 위해 직접 개입할 것인가 아니면 소비자들의 능력에 맡길 것인가 확실하게 결정해야 한다. 시장개입은 경쟁 강화, 정보제공적인 광고, 그리고 기술혁신에 대한 투자 등 소비자에게 혜택을 주는 활동들조차 과도하게 금지할 수 있으므로 유의해야 한다. 즉, 보호자(protector)냐 아니면 보모(nanny)인가를 구분하기가 매우 힘들 때가 많기 때문이다.

한편, 이때 분명히 해야 할 것은 적절한 의견 수렴을 통해 합의점을 찾아야 한다는 것이다. 소비자정책기제가 기대하는 시장효과를 거두기 위해서는 제도의 목표에 대한 모든 국민의 합의가 이루어져야 한다는 것이다. '최종소비의 주체인 소비자의 권익을 보호하기 위해 꼭 필요한 조치이며, 그 수행에 필요한 비용을 누구나 기꺼이 지불한다.'라는 사실에 모두가 동의하지 않게 되면, 아무리 좋은 제도라도 단지 일종의 행정규제로만 받아들여질 것이며, 가능한 한 무시해 버리고 또 피할 수 있는 한 피하는 것이 마치 현명한 처사인 것처럼 받아들여질 수 있기 때문이다.

예를 들면, 1980년대 초반 처음 안전벨트제도가 도입되었을 때, 자동차 소유주들은 할 수 없이 제대로 묶이지도 않는 모양만 벨트인 것을 일반 자동차수리소에서 부착해서 좌석 옆에 형식적으로 달고 다닌 적이 있다. 물론 아무도 벨트를 기꺼이 매지 않았었다. 하지만 이제는 누가 강요하지 않아도, 생산되는 모든 자동차에는 당연히 안전벨트가 부착되어 있고, 모든 소비자들은 안전벨트를 하고 있다. 작년까지 우리가 많은 공산품에서 채택해 왔던 '권장소비자가격 표시제도'에서도 그 예를 찾을 수 있다. 물가안정을 목표로 채택되었던 권장소비자가격은 초기에는 소비자들에게 구매의사결정에 있어 참고가격(reference price)의 바람직한 역할을 수행해 왔고, 가격경쟁이 상대적으로 미약한 지방 중소지역의 시장에서는 상한가로서의 색다른 역할 또한 수행해 왔다. 그럼에도 불구하고 생산자들이 원래 의미의 권장소비자가격이 아닌 다른 값을(대부분 과장된 가격을) 인쇄한 후 마치 대단한 할인이나 하는 것처럼 소비자들을 오도하게 되자, 오히려 시장의 경쟁을 저해하는 역기능을 수행하게 되었다. 이런 부작용 때문에 권장소비자가격표시제도가 폐지되자, 그나마 제공되던 가격정보조차 이제는 소비자들이 가질 수 없게 된 것이다. 그 대안으로 판매가격을 표시하도록 명시하였지만, 소비자들의 상점 간 정보탐색활동이 부가적으로 취해지지 않는 한 이 대안은 효과적으로 기능할 수 없다.

2. 제도적 보완

(1) 소비자정책추진체계의 개선

가장 시급한 것으로 소비자정책추진체계의 종적, 그리고 횡적 보완이 필요하다. 우선, 종적보완으로 소비자정책의 최고 결정기관인 소비자정책위원회의 역할을 강화하여야 한다. 소비자가 직면한 소비자문제가 다양한 만큼 그와 관련된 부처들 역시 매우 다양하여, 정부 내 거의 모든 부처가 소비자정책에 관여하게 된다. 이러한 근원적 특성 때문에 이 모든 문제를 한꺼번에 총괄할 수 있는 통합된 한 부처, 즉 big brother style의 부처를 요구하는 건의도 있지만, 어떤 한 부처를 통해 모든 소비자문제를 해결한다는 것은 원천적으로 불가능하다. 이는 지난 몇 년간 추진해 오던 식품행정의 통합에서도 그 예를 찾을 수 있다. 식품안전 행정과 관련된 부처는 8개에 이르며, 관련 법령도 26개라 이를 총괄한 '식품안전처 설립에 관한 정부조직법 개정안'을 2006년 10월 국회에 제출했지만 아직까지 계류상태이며, 각 부처의 이해관계가 충돌하기 때문에 그 통과가 매우 불확실하다.

그러므로 정책수립과 추진실적 feedback 등을 수행하기 위한 종합적 모니터링이 가능한 기구가 필요하며, 이 기구가 정부조직 내 진정한 소비자옹호자(consumer advocacy)로서의 기능을 발휘하기 위해서는 현재 소비자정책위원회 수준의 위상을 넘어선 제도적 보완이 요구된다. 소비자정책위원회는 단순히 「소비자보호종합시책」을 수합하는 것을 넘어서, 각 부처의 소비자보호활동을 감시하고 소비자보호기제의 활성화를 위한 외부압력으로 위원회가 기능할 수 있어야 하기 때문이다. 그러나 최근의 개편에서 이루어진 것과 같은 민간 공동위원장 임명 노력만으로는 이러한 효과를 기대할 수 없다. 변화된 소비자정책추진체계의 활성화를 위해 필요한 조치들을 적극적으로 수용하여야 하며, 관계 부처

간 유기적 업무협력 및 조정 노력이 필요하다. 그때 등장하는 단어가 종합조정이건 총괄조정인가를 떠나, 어떻게 조정해 나갈 것인가는 현재 가장 중요한 과제다.

다음으로, 소비자들이 구매・사용하게 되는 상품별로 해당 부처가 관련되어 있으므로, 여러 부처가 동시에 개별적으로 각각 해당 사안에 대처할 경우 통합하는 체계가 이를 엮어 주는 횡적보완이 절실히 필요하다. 이는 각 부처에 소비자관련 업무를 담당하는 '소비자정책심의관' 제도를 신설하고, 이들 간의 공조체계를 구축함으로써 가능하다. 그리고 이때 사안별로 주관부서를 적시함으로써 책임성을 강조할 수 있다.

특히 비교적 최근에 설치되어 소비자보호 업무를 관장하고 있는 독립기구들 간에 공조체계의 확보가 시급하다. 일선기관의 인력부족으로 인한 규제행정의 미비는 독립기구를 활성화함으로써 제대로 대처할 수 있으나, 이들 간의 공조체계가 제대로 작동하지 않을 경우 그 효율성을 극대화할 수 없기 때문이다. 예를 들면, 거래 규제에 있어서는 공정거래위원회를 주관부서로 하고, 상품의 전문성이 강조될 경우 통신위원회와 전기위원회의 협조를 받는 체제를 구축하여야 한다.

더불어 중앙행정기관과 시험검사기관, 그리고 지방자치단체 간에 중복적으로 단속이 수행되지 않도록 이를 명시적으로 조정해야 한다. 이를 위해 현재 정책위원회에 모든 부처의 대표가 모이듯이 사안별로 부서의 소비자담당자들이 함께할 수 있는 체제를 마련하여야 한다. 과거 미국의 경우 부서 내에 소비자보호업무를 조정하는 관계자 회의인 Consumer Council이 있고, 각 부처의 대표가 모이는 백악관소비자문제협의회(the White House Consumer Affairs Council)가 있었다(이기춘・여정성・송인숙, 1997: 103-117).

(2) 안전관련 정책의 강화

지금까지 우리는 소비자 안전문제를 해결하기 위해 많은 소비자정책기제를 도입하였으나, 그럼에도 불구하고, 우리나라에 상품의 안전성이 충분히 확보되었느냐는 질문에는 흔쾌히 답을 할 수가 없는 실정이다. 특히 경제수준이 향상됨에 따라 생활에서의 안전성은 최근 우리나라 소비자들의 가장 중요한 소비자문제로 부각되고 있으나, 정부규제는 이에 대한 소비자들의 기대에 부응하지 못한 채, 현행 소비자안전관리는 품질관리의 일부분으로 실시되고 있는 실정이다.

안전문제는 소비자 개인의 합리적인 선택이나 자주적인 권리행사를 통해 해결될 수 있는 문제가 아니고, 국가차원의 제도적인 노력과 사업자의 적극적인 참여를 통해서만이 해결할 수 있으므로, 안전문제에 대한 정부의 지속적인 관심이 필요하다. 특별히 개정 소비자기본법에서는 특별히 안전관련규정의 중요성을 인식하고 이를 강화하였으므로, 이러한 조항들이 실행력을 가질 수 있도록 적극적인 지원을 강구하여야 한다.

또한 안전기준 제도를 실효성 있게 운용하여야 한다. 과거 우리나라의 식품행정은 공급자 관리행정의 부수적인 차원에서 시행되고 있어 효과적인 소비자안전대책으로서는 한계가 있었다. 정부가 뒤늦게(1996년) 미국 FDA와 같은 기능을 수행할 식품의약품안전청을 설치한 것은 식의약품에 대한 안전관리체계를 일원화하고 전문성을 보강할 수 있는 획기적인 조치였지만, 불충분한 인력, 장비, 기술 등의 문제로 사실상 소비자단체의 수입식품 검사의뢰에도 충분히 응하지 못하는 실정이다. 미국의 경우 보건후생성(Department of Health and Human Services) 산하의 식품의약국(Food and Drug Administration, FDA)과 농무성(U.S. Department of Agriculture) 산하의 식품안전성검사소(Food Safety and Inspection Service: FSIS)가 상호 공조체제를 유지하면서 식품의 안전성 확보를 위해 많은 자원을 동원하고 있다. 반면, 우리나라에서는 수입급증, 인력 부족, 그리고 수입마찰 등을 이유로 수입 절차를 더욱 간소화하고 완화하려는 현상이 나타나고 있다는 것은 매우 바람직하지 못하다.

그러므로 식품의 안전성 규제는 식품의약품안전청에서 총괄함으로써 일관성 있는 식품안전정책을 추진할 수 있도록 해야 한다. 단, 이때 식의약청은 반드시 부여받은 의무를 책임감 있게 수행하여야 한다. 또한 이미 도입한 HACCP(Hazard Analysis and Critical Control Point)제도를 확대함으로써 식품의 안전성 확보도 중요하다. 최종 제품에 대한 품질 및 위생검사 중심에서, 식품 원재료의 생산단계에서부터 제조·가공·유통 및 최종 소비단계까지 모든 단계별로 체계적이고 일관되게 관리하는 체계를 확립시켜야 한다. 더불어 수입식품의 경우에도 국립동물검역소 등에서의 최종수입단계 검사를 강화하는 것으로는 한계가 있으므로, 그동안 주로 이용해 온 수거검사에서 벗어나, 구조조정을 통해 인력을 재배치함으로써 구축된 데이터베이스를 활용할 수 있도록 하는 작업이 필요하다.

그 밖에 상품의 거래량이 급증하면서 사전검사제도의 효율성에 한계가 나타남에 따라 다른 나라에서도 사후관리에 초점을 맞추는 추세이므로, 위해정보수집체계 강화를 위해 리콜제도와 제조물책임법의 실효성 확보방안이 강구되어야 한다. 리콜제도를 활성화하기 위해 결함사실의 통지, 결함제품에 대한 교환이나 수리, 환불, 그리고 리콜절차 등에 대해서 구체적인 운영방안이 마련되어야 한다. 현재 1-2주 이상 소요되는 위해발생인정 여부의 사전심의기간을 최대한으로 단축하는 등 회수명령 절차를 간소화하고, 폐기대상 위반사항과 회수평가위원회 심의대상 명확화가 요구된다. 위해정보수집을 활성화할 뿐만 아니라 수집된 정보가 품질개선에 반영될 수 있도록 channel을 마련해야 한다.

또한 미국의 CPSC(Consumer Product Safety Commission)와 같이 공산품의 안전관리에서 품질평가, 위해정보 수집, 리콜까지 연계하여 수행할 수 있는 체계가 구축될 수 있도록 공산품의 안전관리 대책을 강화하기 위한 뒷받침이 요구된다.

(3) 거래관련 정책의 실효성 제고

거래의 적정성을 제고하기 위해서, 그동안 다른 분야에 비해 상대적으로 소비자정책의 채택이 미흡했던 유통부분에 있어 유통구조개혁과 유통정보 제공 등 소비자지향적 정책을 확대하여야 한다. 즉 직거래 등 유통단계를 축소할 수 있는 방안을 강구하여, 너무나 많은 중간 판매자가 개입되는 현재의 다단계 유통구조를 개선하여야 한다. 그리고 제조업자가 유통시장을 지배하고 있는 유통계열화 현상의 심화에 따라 최종소비자가격에 대한 제조업체의 재판매가격유지행위 등에 대해 공정거래법을 통해 강력하게 제재하여야 한다. 현재 유통분야의 불공정거래행위의 유형 및 기준 지정고시 또는 지침을 강화함으로써 기존업체의 할인점에 대한 납품중단요구, 재판매가격 지정행위 등 가격파괴형 신업태의 확산을 저해하는 행위에 대처하고 있다. 하지만 유통의 투명성을 확보할 수 있도록 유통단계별 가격결정에 관련된 정보나 가격상승요인에 대한 정보를 소비자나 소비자단체가 요구할 수 있도록 정보요구권을 부여하고, 유통업에서 진입장벽적인 성격을 가진 규제들은 완화시킴으로써 소비자의 선택권을 제한하지 않도록 해야 한다.

또한 불공정약관의 유통을 근절하기 위해 기존제도의 보완이 요구된다. 약관의 인허가를 맡고 있는 해당 행정기관의 사전심사에서부터 약관의 불공정성 여부를 반드시 확인한 후 통과시키도록 제도화하여, 추후에 공정위의 사후심사에서 일정 조항이 문제시되었을 때는 인허가 업무를 담당한 해당 행정기관에 반드시 책임을 추궁할 수 있는 제도를 구축하여야 한다(여정성 외, 2002: 101-114). 특히 소액피해가 발생하는 불공정 약관조항이나 기만광고에 대해서는 집단소송법의 도입 전까지 우선적으로 절차상에 집단소송제도를 도입함으로써, 불공정한 약관에 의한 소비자피해를 효율적으로 해결하고, 더불어 불공정약관이 시장에 등장하는 것을 원천적으로 봉쇄할 수 있어야 한다(여정성 외, 2006). 그리고 행정기관의 규제를 받고 있지 않은 일반약관들에 대한 공정거래위원회의 직권심사를 활성화하고 약관심사결과에 대한 홍보를 강화함으로써 유사 약관의 유통을 예방하는 것이 필요하다.

(4) 소비자피해구제의 실효성 제고

아무리 완벽한 상품을 생산하고자 하여도 생산・유통・판매되는 과정에서 소비자들의 피해는 발생할 수밖에 없으므로, 이를 어떻게 해결할 것인가 또한 반드시 고려하여야 하는 소비자정책의 중요한 과제다. 이를 위해 집단소송제도의 도입과 분쟁조정의 실효성 강화를 제안한다.

우선, 소액의 피해를 받은 소비자가 고액의 소송비용을 감당하면서 사업자를 대상으로 소송을 제기할 수 없는 경우가 빈번함으로, 이 문제를 해결하기 위해 소비자소송지원제도를 확대하고 집단소송제도를 도입하여 피해구제를 활성화시켜야 한다. 하지만 분쟁조정에 실패한 소비자들의 소송 제기율은 평균 14% 정도에 불과한 실정이다. 그러므로 집단소송법 도입으로 피해를 입은 일반 소비자들의 사법적 접근을 용이하게 함으로써 소비자 및 시민의 사법적 권리실현을 도모해야 한다. 비록 개별소비자에게는 대부분 소액피해이지만 이를 모두 합칠 경우 소비자들이 입게 되는 피해의 액수는 엄청나게 커지게 되므로, 기업이 막대한 책임을 보상도 없이 회피하게 되는 것을 방지할 수 있으며, 더불어 기업에 의한 사전의 피해예방 대책을 기대할 수 있다. 또한 동일한 사건으로 피해를 입은 소비자들을 동시에 구제함으로써 소송에 있어 규모의 경제를 꾀할 수 있으며, 사후적인 행정규제에 비해 보다 효과적인 사법적 소비자보호 방식이 된다.

또한 소비자피해구제 창구를 다원화하여 소비자피해구제의 선택기회를 넓혀 줌으로써 그동안 소비자피해구제활동을 통해 역량을 축적한 사업자단체, 분쟁조정전문기관 등의 민간기구들의 소비자분쟁조정활동에 참여할 수 있는 통로를 마련해야 하고, 현재 각종 특별법에 의해 국가 예산으로 설치·운영되고 있는 10여 개에 이르는 각종 소비자분쟁 조정기구들도 대폭적으로 정비되어야 한다. 해당 상품별로 다양한 장소에서 분산, 처리되고 있으므로, 이를 전체적으로 수합할 수 있는 정보수집체계를 마련하여야 한다. 정부는 이를 통해 다양한 자료들을 수합하여 소비자불만처리업무를 담당하고 있는 곳에 제공해 줄 수 있으며, 지방자치단체, 관련 사업자, 민간소비자단체는 소비자상담이나 피해구제 시 이를 유용하게 활용할 수 있다. 사실상 불만처리와 피해구제는 사실상 거래의 당사자인 사업자에 의해 전적으로 처리되어야 함에도 불구하고, 그동안 민간소비자단체와 한국소비자원이 도맡아 해결해 왔다.

제4절 맺는 말

지난 20년간의 노력을 통해 이미 우리나라에는 충분한 양의 소비자보호기제가 도입되었다. 이제는 도입된 법안을 가지고, 새롭게 부각될 수 있는 새로운 형태의 소비자문제에 대해 신속하면서도 유연하게 대처할 수 있도록 책임의 주체를 명확히 함으로써, 정책집행에서의 효율성을 강화하는 작업이 필요하다. 또한 비록 사안별 횡적 업무분장이 도저히 불가능하여 개별 부서별로 해당사안에 대처할 경우에라도, 최소한 이를 통합하고 종합적으로 모니터링할 수 있는 체제를 구축하여야 한다. 건전한 법적 제도와 윤리적 가치관을 갖춘 사회에서만이 아담 스미스의 '보이지 않는 손'이 그 역할을 다하는 것이지, 시장을 그대로 방치한다고 해서 자유로운 시장 활동이 지속되는 것은 아니기 때문이다.

소비자정책기제의 목표는 바로 소비자의 합리적인 선택을 통해 시장경제의 기능을 활성화하고자 하는 것이다. 그러므로 소비자정책의 목표와 내용에 있어 '소비자의 선택권 보장'을 위한 대안에 초점을 맞추어야 한다. 선택의 대상이 다양하게 존재하는 경쟁적 시장에서 소비자가 시장정보를 활용하여 합리적으로 선택할 수 있도록, 시장의 자유경쟁, 거래질서의 공정성, 품질의 적정성을 확보하고, 적절한 정보가 충분하게 제공되도록 노력하여야 한다.

참 ■ 고 ■ 문 ■ 헌

권오승(2005), 『소비자보호법』, 제5판, 법문사.

송태회(1997), 「우리나라 소비자정책의 기본방향」, 『소비자문제연구』, 19, 134-148.

신광식(1995), 「경제선진화를 위한 소비자정책의 확립」, 『KDI 정책포럼』, 73, 101-108.

여정성(1997), 「21세기 소비자정책의 방향과 그 수행에 관한 연구」, 공정거래위원회.

_____(1998), 「지방자치단체의 소비자보호 현황과 활성화 방안」, 『소비자학연구』, 9(3).

_____(2000), 「우리나라 소비자정책 연구의 현황과 전망」, 『소비자학연구』, 11(2), 201-215.

여정성 외(2002), 「통신서비스 이용자보호제도 개선방안 연구」, 『대한가정학회지』, 40(2), 101- 114.

_____(2006), 「표시규제 선진화 방안」, 『공정거래위원회 정책연구보고서』.

이기춘 · 여정성 · 송인숙(1997), 「한국소비자정책의 현황과 발전방안」, 『소비자학연구』, 8(2), 103-117.

이혜연 · 여정성(2002), 「제조물책임법 입법과정에서의 소비자단체의 정책결정 참여 분석」, 『소비자학연구』, 13(1), 75-98.

최병선(1993), 「경제적 규제의 완화와 소비자보호」, 『소비생활연구』, 12, 16-33.

한국소비자보호원(1996), 『21세기를 대비한 소비자정책의 방향과 과제』.

Averitt, N.W. & Lande, R. H. (1997), "Consumer Sovereignty: A Unified Theory of Antitrust and Consumer Protection Law," *Antitrust Law Journal*, 65 (3), 713-756.

Beals, H., Craswell, R., and Salop, S. C. (1981), "The Efficient Regulation of Consumer Information," *Journal of Law and Economics*, 24, 491-539.

Federal Trade Commission (1996), *Anticipating the 21st Century*.

Harvey, B. W. & Parry, D. L. (1996), *The Law of Consumer Protection and Fair Trading*, 5th ed., London: Butterworths.

Ippolito, P. M. & Mathios, A. D. (1996), "Information and Advertising Policy: A Study of Fat and Cholesterol Consumption in the United States, 1977-1990," Bureau of Economics Staff Report, Federal Trade Commission.

Mayer, R. N. (1989), *Consumer Movement: Guardians of the Marketplace*, Twayne Publishers: 이기춘

외 역(1996), 『소비자주의』, 하우.

Meier, K. and Garman, E. T. (1995), *Regulation and Consumer Protection*, 2nd ed., Houston: Dame Publications, Inc.

Ramsay, I., edited (1992), *Consumer Law*, New York: New York University Press.

_____ (1985), "Framework for Regulation of the Consumer Marketplace," *Journal of Consumer Policy*, 8, 353-372.

제 III 부

소비자의 권리구제

제10장

전통적 구제절차

조 성 국
중앙대학교 법학과 교수

제1절 들어가는 말

1. 연구의 목적

불공정거래행위와 부당한 표시광고의 규제 및 방문판매를 비롯한 특수거래와 전자상거래 등 소비자보호업무를 사실상 주관해 온 공정거래위원회는 비교적 짧은 기간 동안 괄목한 만한 성장을 이룬 중앙부처로 평가를 받고 있다. 실제로 선진국 모임인 OECD에서 상당한 발언권을 행사하고 있으며 독점규제법에서는 G7이라는 다소 과장된 평가를 하기도 한다.[1] 이러한 긍정적인 평가에 대해 무리한 법집행으로 인해 법원에서 패소율이 높다거나 피심인의 방어권 보장이 실질적으로 이루어지고 있지 않다는 비판이 없는 것은 아니며 그러한 비판은 상당부분 일리가 있다. 하지만 과거와 비교할 때 의결서에 나타난 분석수준이 눈에 띄게 정교해지고 있으며 사건처리절차에서 피심인의 반론권보장도 크게 향상이 되었고 불복하는 경우 법원에서 치열한 법리공방을 하는 것이 일상사가 되었다.[2]

1) 공정거래위원회 이병주 상임위원은 2007.6.6. 제100차 OECD 경쟁위원회(Competition Committee)에서 6인의 선출직 부의장(vice chairman) 중 한 명으로 당선되었다. 허선 전 공정거래위원회 사무처장과 강대형 전 공정거래위원회 부위원장도 선출직 부의장으로 당선된 바 있다.

2) 공정거래위원회와 유사한 기능을 하는 다른 규제위원회의 의결서에는 의결의 이유조차 제대로 설명

하지만 그동안 경제적 분석 및 법률적 분석의 제고를 위한 노력 및 피심인의 방어권 보장을 위한 노력에 비해 소비자구제를 위한 노력은 상대적으로 부족하지 않았나 생각된다. 소비자의 입장에서는 정교한 분석을 통해 법위반으로 인한 시정명령을 받았다는 사실을 신문에 공표하도록 하고 거액의 과징금을 부과하며 심지어 형사처벌을 한다 하더라도 정작 자신들에게 피해보상이 제대로 이루어지지 않는다면 만족할 수 없다. 이러한 현상은 그동안 소비자보호업무가 재경부와 공정거래위원회에 이원적으로 나누어져 있었고 유기적인 협조체제가 부족하여 소비자보호업무가 일관성 있게 추진되지 못하였다는 점도 한 가지 이유라고 생각된다. 이제 소비자기본법의 제정으로 소비자보호업무가 보다 체계적으로 이루어질 수 있는 기반이 마련되었고 그 바탕 위에서 전통적 구제절차의 개선을 통해 보다 효과적인 소비자보호방안을 마련해 볼 필요가 있다.

2. 연구의 범위

본고에서는 소비자보호를 위한 전통적인 구제절차를 개관하되 주로 공정거래법(이하 '법'이라 한다)을 중심으로 살펴보고, 필요한 부분에서는 약관법, 표시광고법, 방문판매 등에 관한 법률 및 전자상거래소비자보호법에 대해서도 살펴본다. 행정적 구제절차에서는 시정명령과 과징금부과, 민사적 구제절차로는 손해배상과 금지청구를 중심으로 살펴보고, 추가로 형사적 구제절차에 대하여 행정형벌부과 문제와 전속고발권 문제에 대해 살펴본다.

되지 않은 것이 많으며 그 의결에 대해 소송을 제기하는 것도 쉽지 않은 것이 우리나라의 현실이다.

제2절 행정적 구제절차

1. 시정명령

(1) 우리나라 시정명령제도의 개요

공정거래위원회는 법위반에 대한 제재조치로서 시정명령을 내릴 수 있다. 예컨대, 시장지배적 사업자에 대하여는 가격의 인하, 당해 행위의 중지, 시정명령을 받은 사실의 공표 기타 시정을 위해 필요한 조치를 명할 수 있다(법 제5조). 그 이외에도 계약조항의 삭제(법 제24조), 계약의 취소 및 계약내용의 수정·변경(법 제34조)을 명할 수 있다.[3] 이러한 시정명령은 법위반사업자로 하여금 일정한 작위나 부작위를 명하거나 보조적 명령을 통하여 사업자에 대한 제재와 더불어 소비자보호를 도모하기 위한 수단이다.

소비자에게 피해를 입히는 가격남용행위에 대하여 가격인하명령 또는 가격담합행위에 대하여 독자적 가격재결정명령을 내리거나(작위명령) 불공정한 행위의 중지명령(부작위명령)을 내리게 되면 소비자는 법위반행위로부터 직접적으로 보호를 받게 된다. 이외에도 시정조치를 받은 사실을 언론에 공표하게 하는 명령(보조적 명령)은 소비자로 하여금 법위반사실을 인지할 수 있게 하여 또 다른 법위반행위에 대해서 경각심을 일깨워 주고 손해배상 등의 권리구제수단을 강구할 수 있게 해 주는 방법으로 소비자보호에 기여하게 된다.

(2) 소비자 구제의 측면에서 우리나라 시정명령제도의 문제점

우리나라의 시정명령제도는 직접적으로는 일본 공정취인법[4]의 영향을 받은 것이고 간

3) 경제력집중 억제 관련 시정명령으로는 주식처분·임원사임·영업의 양도·채무보증의 취소 등이 있다(법 제16조).

4) 정확한 명칭은 "私的独占の禁止及び公正取引の確保に関する法律"이다.

접적으로는 미국의 연방거래위원회법[5]의 영향을 받은 것이다. 연방거래위원회법에 의하면 연방거래위원회(Federal Trade Commission, FTC)는 불공정한 경쟁수단 또는 불공정하거나 기만적인 행위를 하는 자에 대하여 그러한 행위를 중지("cease and desist")할 것을 명할 수 있다.[6] 그런데 연방거래위원회는 시정명령 속에 담을 수 있는 조치로 당해 행위의 중지이외에도 다양한 내용을 포함할 수 있다.

미국 연방대법원은 초기에는 연방거래위원회가 취할 수 있는 시정명령의 범위를 좁게 해석하여 특정 법위반행위만 금지할 수 있는 조치명령이 가능하다고 보았다.[7] 그러나 이후에는 독립규제위원회에 의한 시정명령의 범위를 점차 넓혀 왔는데 지금은 연방거래위원회의 시정명령 권한은 형평법원(court of equity)[8]의 권한과 유사하다고 보고 있다. Jacob Siegal Co. v. FTC 사건에서 대법원은, 기본적으로 연방거래위원회는 불법행위에 대처하기 위해 적절하다고 판단하는 시정조치의 선택에 있어서 광범위한 재량(wide discretion)을 갖고 있으며 선택한 시정조치가 불법행위와 합리적인 관련성을 결하지 않는 한 법원은 관여하지 않는다고 판시하였다.[9] L.G. Balfour Co. v. FTC 사건에서 제7순회법원은 연방거래위원회의 시정명령의 범위는 기업분할(divestiture)을 명하는 것도 포함한다고 판결하였다.[10] 이처럼 연방거래위원회는 중지명령(cease and desist order)의 권한을 활용해 당해 불법행위를 시정하고 소비자보호를 위해 대단히 광범위한 유형의 시정명령을 발할 수 있다.

지금까지 우리나라 공정거래위원회의 시정명령은 대체로 "……를 하여서는 아니 된다"는 식의 다분히 추상적인 단순 부작위명령에 의존하여 왔고 추가로 법위반사실 신문

5) 정확한 명칭은 "Federal Trade Commission Act"이며『연방법률집』제15편에 나와 있다.

6) 15. U.S.C. §45(b).

7) FTC v. Beech-Nut Packing Co., 257 U.S. 441(1922).

8) 형평법원은 보통법상의 법원(court of law)과 비교할 때, 후자는 금전적인 손해배상(damage)을 구제수단으로 삼지만 전자는 작위나 부작위명령을 구제수단으로 삼는다. 지금은 미국 대부분의 주에서 양 법원이 통합되어 있으나 역사적인 의미에서 형평법원에 의한 구제수단은 지금도 의미가 있다. 연방거래위원회가 형평법원으로 유추된다는 의미는 당해 불법행위를 시정할 수 있는 다양한 조치를 행할 재량권이 있다는 의미다.

9) 327 U.S. 608, at 611-613(1946).

10) 442 F.2d 1, at 23(7th Cir. 1971).

The Commission has the power to order divestiture to restore competition."

공표명령과 더불어 과징금에 의존하여 왔다. 그 결과 복잡다기한 법위반행위로부터 소비자를 보호하는 데 신축성 있게 대응하지 못하고 과징금은 국고로 귀속됨으로써 소비자는 만족을 느끼기 어려운 측면이 있었다.

(3) 소비자구제를 위한 시정명령제도 개선방안

(가) 다양한 적극적 작위명령

불문법 국가인 미국과 달리 성문법계 국가인 우리나라에서는 미국 연방거래위원회와 같이 소비자보호를 위한 다양한 시정조치를 명할 수 있는지가 문제된다. 우리 법은 시정명령을 규정하고 있는 각 조항에서 "기타 시정을 위하여 필요한 조치"를 명할 수 있도록 규정하고 있다. 이 조항에 근거해 당해 법위반행위를 시정하고 소비자보호를 위한 포괄적인 시정조치를 명하는 방안을 생각해 볼 수 있다. 하지만, 우리나라의 법체계상 "기타 시정을 위하여 필요한 조치"에 의거해 동 조항에서 열거된 시정조치 외에 별도의 독립된 시정조치를 명할 수 있긴 하지만[11] 그 범위가 무한정 확대될 수는 없고 앞에서 열거된 조치와 동일시될 수 있을 정도의 시정조치를 의미하는 것으로 해석될 수밖에 없다. 따라서 미국 연방거래위원회처럼 기업분할과 같은 구조적인 시정조치나 당해 행위의 재발을 위한 포괄적인 시정조치를 명할 수는 없고 다만 위반행위유형별로 비례의 원칙 등 행정법의 원칙에서 벗어나지 않는 범위 내에서 열거된 행위에 준하는 탄력적인 시정명령은 내릴 수 있을 것으로 생각된다.

공정거래위원회도 비교적 최근에 제정된 내부지침에서 "공정거래위원회는 작위명령 또는 보조적 명령이 위반행위의 시정을 위해 가장 합리적이고 적절한 수단으로 인정된다면 비록 공정거래법의 각 시정조치 규정에 시정조치의 유형으로 명시되어 있지 않더라도 위반행위에 비례하여 합리적으로 필요한 범위 내에서 '기타 시정을 위한 필요한 조치'를 근거로 작위명령 또는 보조적 명령을 명할 수 있다."라고 규정하고 있다.[12] 물론 우리나

---

11) 서울고법 2003.6.5. 선고 2002아115 사건에서, 원고는 "기타 시정을 위한 필요한 조치"는 앞에서 열거된 시정조치의 이행을 위한 절차적 조치를 규정한 것일 뿐 별개의 독립된 시정조치를 취할 수 있는 근거규정은 아니라는 취지의 취소소송 계속 중 위헌심판을 제청을 신청하였으나 서울고법은 "기타 시정을 위한 필요한 조치"는 앞에서 열거된 시정조치의 이행을 위한 절차적인 조치를 규정한 것이 아니라 별개의 독립한 시정조치를 행할 수 있는 재량권을 부여한 것이라고 판시하였다.

라 법체계에서 내재적인 한계가 있긴 하지만 공정거래위원회의 노력 여하에 따라서는 소비자보호를 위해 좀 더 다양한 시정조치를 강구할 수 있으리라 생각된다.

(나) 합의해결제도

독점규제법 위반혐의 사건에 대한 해결방안은 각국의 법체계 및 사회적 환경에 따라 상이할 수밖에 없다. 그러나 최근 미국 독점규제법에서 많이 활용된 것으로 알려져 왔던 합의해결(settlement)[13] 방식이 법체계와 상관없이 EU나 유럽, 호주 등 전 세계로 확산되는 경향을 보이고 있고 우리나라에서도 이와 관련한 구체적인 논의들이 진행되고 있다.

선진외국의 사례를 살펴보면, 미국에서는 연방행정절차법(Administrative Procedure Act, APA) 제554조(C)[14]에서 동의명령에 대한 법적 근거가 주어진 것으로 보는 것이 일반적이다. 미국 연방항소법원(U.S. Court of Appeals)은 Safety and Health v. FTC 사건에서 연방거래위원회의 동의명령제도에 대한 의회의 의도 및 선례사건을 분석하면서 동 제도는 연방행정절차법(APA)에 의해 도입된 것임을 분명히 한 바 있다.[15] 동 규정에 따르면 행정청(Agency)은 시간과 절차의 성격 및 공익이 허용하면 이해당사자에게 합의해결의 제안(offers of settlement)에 대한 기회를 제공해야 한다. 그리고 연방거래위원회의 동의명령제도에 대한 세부내용은 연방규정집(*U.S. Code of Federal Regulations: CFR*) §2.31-2.35 및 §3.25에 자세히 규정되어 있다. 사업자의 동의명령안이 수락되어 연방거래위원회가 발부한 동의명령은 기본적으로 심판절차를 거친 명령(order)과 동일한 구속력을 지니게 된다(McCall, 1977: 156). 그래서 만약 사업자가 동의명령을 불이행하게 되면 통상의 시정명령 불이행과 동일한 절차에 따라 처벌받게 된다.[16] 즉, 민사벌칙(civil

12) 공정거래위원회의 시정조치 운영지침(제정 2005. 11. 1) V.2.나.

13) 정부와 조사상대방과의 합의에 의한 독점규제법 사건처리에 대한 제도는 국가에 따라 명칭이 상이하다. 미국은 동의명령(consent order), 일본은 同意審決, EU는 서약(commitments), 독일은 의무부담부 서약(Verpflichtungszusagen), 호주는 서약(undertaking)으로 불리는데, 공통점은 피조사인 또는 피심인과 정부와의 합의를 통해 해결하는 것이므로 여기서는 이들을 통칭하여 '합의해결'이라 한다.

14) 5 U.S.C. § 554(C)

The agency shall give all interested parties opportunity for -

(1) the submission and consideration of facts, arguments, offers of settlement, or proposals of adjustment when time, the nature of the proceeding, and the public interest : and(이하 생략)

15) Safety and Health v. FTC, 498 F.2d 757, 763(1974).

penalty)을 부과받을 수 있다.

일본은 원래 합의해결과 유사한 제도로서 권고심결(勸告審決)제도와 동의심결(同意審決)제도를 활용하고 있었다. 권고심결제도는 사건 조사 후 정식심판을 하기 전에 조사 상대방에게 시정방안을 권고하여 상대방이 수락하면 그 내용대로 처분이 확정되는 제도였다.[17] 그런데 일본은 2005년 공정취인법(公正取引法)을 대폭 개정하여 2006년부터 개정법을 시행하였는데, 종래의 권고심결제도를 폐지하였다. 유지가 되고 있는 동의심결제도는 심판절차가 개시된 이후 미국의 동의명령과 유사하게 조사 상대방이 시정명령안을 만들어 공정취인위원회에 제출하면 공정취인위원회는 그 내용을 검토한 후 타당하다고 인정되면 승낙하여 그대로 처분을 하는 제도다.[18] 이러한 동의심결은 개정된 「사적독점금지(私的獨占禁止) 및 공정거래(公正去來)의 확보(確保)에 관한 법률(法律)」 제65조에서 규정하고 있는데 동 법 제8조의4(독점적 상태) 제1항의 경우에만 활용이 가능하도록 하고 있다.[19]

> 공정취인위원회는 제8조의4 제1항에 관한 사건에 있어서 제53조 제1항의 규정에 따라 심판개시결정을 한 후 피심인이 심판개시결정서에 기재된 사실 및 법률의 적용을 인정하고 공정취인위원회에 대하여 그 후의 심판절차를 경유하지 않고 심결을 수용하겠다는 취지를 문서로써 신청하고 독점적 상태에 관한 상품 또는 역무에 있어서 경쟁을 회복시키기 위하여 자발적으로 구체적 조치에 관한 계획서를 제출한 경우에 적절하다고 인정되면 후속 심판절차를 경유하지 않고 당해 계획서에 기재된 구체적 조치와 동일한 취지의 심결을 할 수 있다.[20]

원래 일본의 동의심결제도는 미국 연방거래위원회의 동의명령제도를 참고하여 1959년 개정 시에 도입된 것인데, 개정법은 제도 그 자체는 유지하되 적용범위를 대폭 축소한 것으로 볼 수 있다. 종래는 동의심결을 할 수 있는 행위의 유형을 제한하지 않았으나 법 개정으로 인해 제8조의4 제1항이 적용되는 독점적 상태에 대한 사건으로 그 범위를 제한한

16) 15 U.S.C 45(k)(1).

17) 舊 私的獨占の禁止及び公正取引の確保に關する法律第四十八條第四項.

18) 舊 私的獨占の禁止及び公正取引の確保に關する法律第五十三の三.

19) 우리나라의 독점규제 및 공정거래에 관한 법률에는 일본의 독점적 상태에 관한 규정이 없다. 이 규정은 일본과 우리나라의 독점규제법 성격에 대한 큰 차이를 나타내어 준다.

20) 私的獨占の禁止及び公正取引の確保に關する法律第六十五条.

것이다. 그 이유는 개정법에서 배제조치 명령을 우선적으로 하도록 하고 있고 이를 수용하는 경우는 심결이 확정이 되고, 수용하지 않아 심판절차가 개시된 후 심리 도중에 사실 변경의 적용 등에 대하여 피심인이 이를 인정한 경우, 피심인은 심판청구를 취하하는 것이 되므로 동의심결제도 그 자체가 불필요하다는 생각에 따른 것이 아닌가 한다. 일본에서는 정식의 심판절차를 거친 심판심결과 상대방의 수락 내지 동의를 전제로 하는 권고심결 및 동의심결 모두 정식의 행정처분이라는 점에서는 종래부터 동일하다고 보아 왔다. 권고심결이 폐지된 개정법에서도 심판심결과 동의심결이 행정처분이라는 점에서는 동일하다고 보아야 할 것이다. 그리고 이의 불이행에 대하여도 동일하게 취급하고 있다.[21)]

독일은 2005년 제7차 법 개정 때 합의해결에 관한 제도가 도입되었다. 근거규정은 경쟁제한방지법(Gesetz gegen Wettbewerbsbechschränkungen, GWB) 제32조b다. 이 규정은 EU의 서약제도(commitments)를 거의 그대로 받아들인 것이다. 동 조항에 따르면, 연방카르텔청은 잠정적인 판단에 따라 사업자의 특정 행위가 법위반의 우려가 있다고 통지를 하면 사업자는 이를 제거하는 데 적합한 의무부담부 행위를 신청할 수 있다. 이 경우 연방카르텔청은 사업자가 신청한 행위의 내용 즉 시정조치안을 검토한 후 타당하다고 판단하면 사업자에게 당해 의무부담부 서약(Verpflichtungszusagen)이 구속력이 있다고 결정하여 이를 선언할 수 있다. 이 경우 연방카르텔청은 제2항의 유보 하에 제32조와 제32조a에 근거한 권한을 행사하지 않겠다는 내용을 포함한다.[22)] 즉 사업자로부터의 약속을 수락하게 되면 연방카르텔청은 더 이상의 시정명령을 하지 않게 된다. 그리고 기한을 정할 수도 있다.

물론 합의해결의 성격상 사업자가 의무부담부 서약을 하는 경우라 하더라도 연방카르텔청이 승낙할 의무는 없으며 당해 사안을 합의해결에 따라 해결하는 것이 타당한지 재량에 의해 판단하게 된다. 만약 사업자가 의무부담부 서약을 이행하지 아니하는 경우에는 EU와 마찬가지로 금전적인 제재(Geldbuße)를 가하는 방법으로 간접적인 강제력을 부여하고 있다.[23)] 이 경우 문제가 된 실체법을 위반했는지 않았는지는 문제가 되지 아니한다. 구속력 있는 약속을 이행하지 않았다는 것으로 족하다. 일정한 경우 전항의 결

21) 私的獨占の禁止及び公正取引の確保に關する法律第九十条.

22) §32b GWB.

23) §81(4) GWB.

정을 취소하고 절차를 재개할 수 있음은 EU와 동일하다.[24] 이러한 사건종결방법이 종래의 처분과 다른 점은 연방카르텔청이 일정한 작위나 부작위 의무를 부과하는 것이 아니라 사업자가 제안한 약속을 구속력이 있다고 선언함으로써 절차가 종료된다는 점이다. 또한 연방카르텔청은 사업자가 법을 위반했다고 결정하는 것도 아니고 사업자도 자신이 법을 위반했다고 인정하는 것이 아니다. 단지 사업자는 연방카르텔청이 잠정적으로 판단하여 법을 위반했을 우려가 있다고 통지를 받고서 그러한 우려를 불식시킬 수 있는 조치를 제안할 뿐이고 연방카르텔청은 사업자가 제시한 약속이 구속력이 있다고 선언할 뿐이다(Klees, 2006: 410).

독점규제법 위반혐의가 있는 사건을 당사자 간의 합의에 의해 해결하게 되면 무엇보다도 최종결정까지 이르는 시간적, 경제적 비용을 절감하여 사업자와 정부 모두에게 유리하고 특히 정부는 절감된 인적, 물적 자원을 더 의미 있는 사건에 집중하게 됨으로써 사건처리 효율화에 기여하게 된다는 장점이 있다(American Bar Association, 1981: 39). 또한 위에서 언급한 다양한 시정조치를 가능하게 하는 수단이 될 수도 있으리라 생각한다. 예컨대 미국의 사례를 본다면 소액다수의 피해가 발생한 법위반의 경우 사업자가 연방거래위원회와 합의하여 손해배상을 하겠다는 취지의 합의서를 작성하고 연방거래위원회는 이를 명령으로 발하는 방식으로 동의명령제를 운용하고 있는데 우리나라도 이러한 방안을 적극적으로 검토해 볼 필요가 있다고 생각된다. 공정거래위원회가 손해배상금액을 산정하여 피해를 배상하라고 명하는 것은 법체계상 문제가 있지만 사업자가 배상하기로 공정거래위원회에 약속하는 경우 이를 명령의 형식으로 발하는 것은 법체계상 수용이 가능한 방안이 아닌가 한다. 한편 독일이나 일본은 우리나라와 법제가 유사하기 때문에 그들의 법집행경험은 우리나라가 합의해결제도를 도입하고 운영하는 데 많은 시사점을 줄 것이다.

2007년 한미 FTA에서 동의명령제를 도입하기로 합의한 바 있고 2007년 8월에 동의명령제의 도입을 위한 공정거래법 개정안이 입법예고되어 있는 상태다.

24) §32 b(2) GWB.

2. 과징금

(1) 과징금제도의 법적 성질

공정거래법상 과징금은 법위반행위에 대하여 공정거래위원회가 행정권에 기초하여 부과하는 금전적 부담을 의미하는데 과징금은 우리나라에서 공정거래법에 최초로 도입한 것이다. 이러한 과징금제도는 미국 연방거래위원회에서는 찾아보기 어렵고 일본에서 유래한 것이다. 과징금의 법적 성격에 대하여는 종래부터 부당이득의 환수로 보는 견해, 행정제재벌로 보는 견해, 양자의 성격을 겸비한 것으로 보는 견해 등이 있었는데, 현행 공정거래법은 과징금 산정에 있어서 위반행위로 취득한 이익뿐만 아니라 위반행위의 내용, 정도, 기간, 횟수 등을 고려할 것을 요구하고 있다.[25] 따라서 현행법의 해석상 공정거래법상 과징금은 부당이득환수와 행정제재 이 두 가지의 성격을 겸비한 것으로 볼 수 있다(권오승, 2005: 463).

한편 헌법재판소는 공정거래법상 부당지원행위관련 과징금에 대하여는 "부당내부거래 억지라는 행정목적을 실현하기 위하여 그 위반행위에 대하여 제재를 가하는 행정상의 제재금으로서의 기본적 성격에 부당이득환수적 요소도 부가되어 있는 것이라 할 것이고"라고 판시한 바 있는데,[26] 이 결정은 과징금의 성격에 대해 행정목적 달성을 위한 합목적적인 수단이라는 공정거래위원회의 기능주의적 접근을 수용한 것으로 볼 수 있다.

(2) 소비자구제의 측면에서 과징금제도의 한계

공정거래위원회가 부과하는 과징금은 피해를 입은 소비자가 배상을 받기 위해 활용되는 것이 아니라 한국은행을 거쳐 국고로 편입된다. 따라서 과징금제도가 법위반억제와 부당이득환수의 목적을 달성할 수 있을지언정 정작 피해를 입은 소비자는 이로 인해 아무런 혜택을 받지도 못한다. 그래서 과징금을 별도의 재원으로 관리하여 소비자피해를 배상하는 데 활용하자는 주장도 있는 것 같다. 하지만 이러한 방식은 기본적으로 특정 세

25) 법 제55조의3 제1항.

26) 헌재 2003.7.24.결정 2001헌가25사건.

입과 특정 세출을 직결시켜서는 안 된다는 예산통일(non-affection)의 원칙에 반하는 것으로서 수용하기 쉽지 않은 대안이다.

(3) 소비자구제를 위한 과징금제도 개선방안

과징금제도를 소비자구제와 연계하기 위해서는 목적세와 같은 접근보다는 위에서 언급한 동의명령 등의 합의해결 방식과 연계하거나 소비자배상이나 기타 피해자와 만족할 만한 합의를 이룬 경우 과징금을 면제 내지 감경하는 방식으로 접근하는 것이 바람직하다고 생각된다. 참고로 미국 연방거래위원회는 규칙이나 기존 심결례를 위반한 경우 법원에 소비자배상(consumer redress)을 위한 소송을 제기할 수 있는데[27] 실제로 연방거래위원회가 이 권한에 의해 배상판결을 받아낸 것은 거의 없지만 이러한 권한이 있기 때문에 앞에서 언급한 동의명령(consent order)의 형태로 소비자배상을 명한 경우는 다수 있다(ABA Section of Antitrust Law, 1997: 603).

3. 기타

(1) 시정권고 및 경고

공정거래법상 시정권고제도는 법위반행위가 있는 경우 당해 사업자나 사업자단체에 대하여 공정거래위원회가 시정방안을 정하여 권고하고 사업자등이 이를 수락하는 경우 시정조치가 명하여진 것으로 보는 제도다.[28] 원래 시정권고 그 자체는 당사자를 구속하는 효력이 없고 당사자가 수락하는 경우에만 법에 정한 일정한 효력이 발생하는 제도로 이해할 수 있다(권오승, 2005: 469).

시정권고제도는 실제로는 근래에 들어 공정거래법 집행에서는 거의 활용이 되지 않아왔다. 왜냐하면 2005.10.26자로 개정되기 전 구(舊) 사건절차규칙 제51조 제1항에서 그

27) 15 U.S.C §57b(b).

28) 법 제51조.

요건으로서 "심의 및 결정 · 의결을 거쳐서…… 위반행위를 시정할 시간적 여유가 없다고 인정하는 경우"로 제한하고 또한 상대방도 피심인으로 제한하고 있었다. 다만, 약관법 위반사건의 경우에는 이러한 제한이 없는데 시정조치의 거의 대부분이 시정권고에 의해 이루어지고 있다.[29] 약관법 위반사건은 시정조치의 내용이 불공정약관을 수정 · 삭제하라는 것이 대부분인데 사업자로서도 비교적 부담이 적고 시정권고를 수락하지 않는 경우 시정명령이 가능하기 때문에[30] 사업자들이 대부분 시정권고를 수락하게 된다. 물론 항공사의 마일리지 조항 변경건[31]은 당해 약관조항을 수정하는 경우 커다란 경제적 비용이 수반되기 때문에 항공사는 시정권고를 거부하고 정식심판을 받았지만 약관사건에서는 대단히 예외적인 경우라 할 수 있다.

2005년 10월 26일에 사건절차규칙[32]을 규칙을 개정하여 제51조에서는 네 가지 유형을 정하여 시정권고의 사유를 대폭 확대한 후 지금에 이르고 있다.[33] 그리고 시정권고의 상대방도 피심인에서 '위반행위를 한 사업자'로 확대하였다. 바람직한 방향의 개정이라 할 것이다.

---

29) 2005년에는 약관법 시정조치의 100%가 시정권고에 의하여 이루어졌다.

30) 약관의 규제에 관한 법률 제17조의2

② 공정거래위원회는 제17조의 규정을 위반한 사업자가 다음 각호의 1에 해당하는 경우에는 사업자에게 당해 약관조항의 삭제 · 수정 등 시정에 필요한 조치를 명할 수 있다.

6. 사업자가 제1항의 규정에 의한 권고를 정당한 사유 없이 따르지 아니하여 다수 고객의 피해가 발생하거나 발생할 우려가 현저한 경우

31) 공정거래위원회 의결 제2003-114호, 2003.7.18., 공정거래위원회는 이 사건에서 항공사의 약관 중 보너스제도(마일리지제도)를 변경하는 경우 총 유예기간이 9개월에 불과하도록 한 것은 고객에게 부당하게 불리한 조항이라고 판단하여 시정명령하였고 항공사는 총 24개월의 유예기간을 두는 것으로 약관을 수정하였다.

32) 공정거래위원회 고시 제2005-16호(2005.10.26.).

33) 사건절차규칙 제51조(시정권고)

① 각 회의는 다음 각호의 1에 해당하는 경우에 공정거래법, 표시광고법, 하도급법, 방문판매법, 전자상거래소비자보호법 위반행위를 한 사업자에게 시정방안을 정하여 이에 따를 것을 권고할 수 있다.

1. 위원회의 심결을 거쳐 위반행위를 시정하기에는 시간적 여유가 없거나 시간이 경과되어 위반행위로 인한 피해가 크게 될 우려가 있는 경우
2. 위반행위자가 위반사실을 인정하고 당해 위반행위를 즉시 시정할 의사를 명백히 밝힌 경우
3. 위반행위의 내용이 경미하거나 일정한 거래분야에서 경쟁을 제한하는 효과가 크지 않은 경우
4. 공정거래 자율준수 프로그램(CP)을 실질적으로 도입 · 운용하고 있는 사업자가 동 제도 도입이후 최초 법위반행위를 한 경우

(2) 입찰참가자격 정지신청

입찰담합 등 일정한 법위반사업자에 대하여 공정거래위원회는 조달청에 입찰참가자격 제한 요청을 한다.[34] 사업자의 입장에서는 현실적으로 거액의 과징금부다 더 부담스럽게 느껴지는 조치다.

제3절 민사적 구제절차

1. 손해배상제도

(1) 공정거래법 및 표시광고법상 손해배상제도의 개요[35]

소비자의 입장에서는 법위반사업자가 위반행위를 중지할 뿐만 아니라 피해를 보전해 주어야 온전한 구제를 받을 수 있다. 공정거래법에서는 사업자와 사업자단체로 하여금 고의나 과실이 없음을 입증하도록 하여 소비자의 손해배상청구를 유리하게 규정하고 있다.[36] 그리고 종래와 달리 공정거래위원회의 시정조치가 확정되지 않더라도 이러한 혜택을 입을 수 있게 하고 있다. 한편 표시광고의 공정화에 관한 법률(이하 "표시광고법"이라

34) 「국가를 당사자로 하는 계약에 관한 법률 시행령」 제76조
① 각 중앙관서의 장은 다음 각호의 1에 해당하는 계약상대자 또는 입찰자(계약상대자 또는 입찰자의 대리인·지배인 기타 사용인을 포함한다)에 대하여 법 제27조의 규정에 의하여 당해 사실이 있은 후 지체없이 1월 이상 2년 이하의 범위내에서 입찰참가자격을 제한하여야 한다.
3. 독점규제 및 공정거래에 관한 법률 또는 하도급거래공정화에 관한 법률의 규정에 위반하여 공정거래위원회로부터 입찰참가자격제한 요청이 있는 자

35) 현행 공정거래법상 손해배상제도는 다음의 연구용역보고서의 제안에 따른 것이다. 장승화(2000).

36) 법 제56조(손해배상책임) ① 사업자 또는 사업자단체는 이 법의 규정을 위반함으로써 피해를 입은 자가 있는 경우에는 피해자에 대하여 손해배상의 책임을 진다. 다만, 사업자 또는 사업자단체가 고의 또는 과실이 없음을 입증한 경우에는 그러하지 아니하다.

한다)은 무과실책임을 규정하고 있는데 소비자가 이러한 혜택을 받기 위해서는 사전에 공정거래위원회의 시정조치가 있어야 한다.[37] 이러한 표시광고법상의 규정은 종래 공정거래법의 규정과 동일한 것으로서 향후 개정될 전망이다.

그리고 법위반사실은 공정거래위원회의 조사결과를 활용한다 하더라도 구체적인 손해액을 입증하는 것이 쉽지 않다. 그래서 2004.12.31.개정을 통해, 손해액의 인정에 대하여는 법원이 변론전체의 취지와 증거조사의 결과에 기초하여 상당한 손해액을 인정할 수 있게 개정이 되었다.[38]

(2) 비교법적 검토: 미국, 일본을 중심으로[39]

우리나라의 공정거래법 집행이 주로 공정거래위원회에 의한 공적 집행으로 이루어지는 것에 비해 미국은 주로 손해배상소송이나 금지명령청구소송과 같은 사소(private action)를 통해 이루어진다. 미국의 Clayton 법 제4조에서는 독점규제법 위반으로 인해 사업이나 재산에 피해를 입은 자는 3배의 손해(threefold the damages)를 배상받을 수 있다고 규정하고 있다.[40] 통상 3배 손해배상소송(treble damages action)이라고 부른다. 여

37) 표시광고법

제10조(손해배상책임) ① 사업자등은 제3조 제1항의 규정에 위반하여 부당한 표시・광고행위를 함으로써 피해를 입은 자가 있는 경우에는 당해 피해자에 대하여 손해배상의 책임을 진다. ② 제1항의 규정에 의하여 손해배상의 책임을 지는 사업자등은 그 피해자에 대하여 고의 또는 과실이 없음을 들어 그 책임을 면할 수 없다.

제11조(손해배상청구권의 재판상의 주장제한 등) ① 제3조 제1항의 규정에 의한 위반사항에 대하여 제7조의 규정에 의한 시정조치를 받은 경우 그 위반사항과 관련된 제10조의 규정에 의한 손해배상청구권은 제7조의 규정에 의한 시정조치가 확정된 후가 아니면 이를 재판상 주장할 수 없다. 다만, 이는 민법 제750조의 규정에 의한 손해배상청구의 소를 제한하지 아니한다.

38) 법 제57조(손해액의 인정) 이 법의 규정을 위반한 행위로 인하여 손해가 발생된 것은 인정되나 그 손해액을 입증하기 위하여 필요한 사실을 입증하는 것이 해당사실의 성질상 극히 곤란한 경우에는 법원은 변론 전체의 취지와 증거조사의 결과에 기초하여 상당한 손해액을 인정할 수 있다.

39) Clayton 법상의 3배 손해배상제도(treble damages)만 언급하고 class action, punitive damages는 생략한다.

40) 15 U.S.C. §15(a).

"any person...injured in his business or property by reason of anything forbidden in the antitrust laws... recover threefold the damages...including a reasonable attorney's fee..."

기서 말하는 독점규제법(antitrust laws)에 Sheraman 법, Clayton 법은 포함되지만 연방거래위원회법 제5조는 포함되지 않는다.[41),42)] 3배 손해배상소송에서 중요한 것은 모든 피해에 대하여 손해배상을 인정하는 것이 아니라 독점규제법 위반행위로 인한 손해(antitrust injury)에 대해서만 3배 손해배상을 인정한다는 것이다. Brunswick Corp. v. Pueblo Bowl-O-Mat, Inc 사건[43)]에서 연방대법원은 비록 손해를 입었다 하더라도 경쟁의 촉진으로 인해 발생한 것이라면 손해배상을 인정받지 못한다고 판시한 바 있다.

이러한 미국의 3배 손해배상소송이 폭발적으로 증가한 것은 1960년대 이후다. 그것은 경제법에서 당연위법 원칙의 적용을 주장한 하버드학파의 등장과 미국특유의 소송제도인 discovery제도, 손해배상 원고에게 우호적인 경향이 있는 배심원제도, 대표자가 소송에서 승소하면 손해를 입은 집단구성원 모두가 승소하게 되는 집단소송제도 등에 힘입은 바 크다고 한다.

일본의 공정취인법은 기존 우리나라 공정거래법의 손해배상제도의 모형이 되었다. 즉 공정취인법을 위반하여 피해를 입힌 경우 사업자 또는 사업자단체는 손해배상의 책임을 지게 되며 고의 또는 과실이 없었던 것을 증명하여 전항에 규정한 책임을 면할 수 없다고 규정하고 있다.[44)] 이것은 무과실책임원칙을 규정하고 있는 것으로 해석된다(日本辯護士聯合會 編, 2004: 221). 또한, 시정조치가 선확정이 되어야 이러한 혜택을 받을 수 있도록 하고 있다.[45)] 물론 민법상 손해배상청구도 가능하다. 일본에서는 공정취인법상 손해배상제도의 활용도가 그다지 높은 것은 아니라고 한다(*Id*., 주 51).

(3) 손해배상제도의 개선방안

공정거래법상의 손해배상제도는 기존의 규정에 비해 많이 개선되었다. 공정거래위원회에 의한 선시정조치 없이도 원고는 입증책임에서 유리한 위치에 서게 되고 정확한 손해

41) 15 U.S.C. §12.

42) 연방거래위원회법 위반을 이유한 사적인 소송제기가 안 된다는 대표적인 판결로는 Holloway v. Bristol-Myers Corp., 485 F.2d 986(D.C.Cir.1973)을 들 수 있다.

43) 429 U.S. 477.

44) 私的獨占の禁止及び公正取引の確保に關する法律 第二十五条.

45) 私的獨占の禁止及び公正取引の確保に關する法律 第二十六条.

배상액을 산정하기 어려운 경우에도 법원이 그 금액을 인정할 수 있는 여지를 열어 둔 것은 바람직한 개선이라 할 수 있다. 법이 개정된 이후 2년여 경과되었으나 아직까지 홍보도 제대로 되어 있지 않은 실정임을 감안한다면 이 법의 성과에 대하여는 좀 더 시간을 갖고 살펴볼 필요가 있다고 생각된다. 표시광고법상의 손해배상제도도 공정거래법과 일관성을 유지할 수 있도록 신속히 개정되어야 한다.

다만, 이러한 개선에도 불구하고 소액다수 소비자의 피해를 효과적으로 구제하기 위한 방안이 마련될 필요가 있으며 소송 후 변호사 비용 등의 소송비용을 제하고도 실질적으로 손해배상을 받을 수 있는 방안의 마련 등이 보완되지 않는 한 한계가 있는 것은 사실이다. 개정 소비자기본법상의 단체소송은 손해배상을 받을 수 없다는 점에서 한계가 있어 궁극적으로는 미국식의 집단소송(class action) 도입이 필요한 것으로 판단되고, 우리의 법체계에서 3배 손해배상 등의 취지를 살릴 수 있는 방안을 심층적으로 강구해 볼 필요가 있다고 본다.

2. 금지명령 청구제도(Injunction)

(1) 국내에서의 논의동향

금지명령 청구제도란 사인(私人)이 공정거래법 위반행위에 대하여 법원에 당해 행위의 금지명령을 청구하는 제도다. 몇 년 전부터 소비자의 피해구제 확대를 위해 그 도입여부를 검토하여 왔다.[46] 이 제도가 도입된다면 피해를 입거나 입을 우려가 있는 소비자는 공정거래위원회뿐만 아니라 법원에도 금지명령 청구를 신청할 수 있게 된다. 반면 공정거래위원회와 법원 간 법집행의 이원화 및 이에 따른 일관성 결여의 문제와 법원의 전문성의 문제 등이 제기되기도 하였다. 하지만, 현재 제기되고 있는 문제들은 본질적인 것은 아니라고 생각되며 양 기관 간 협의채널의 구축을 통해 충분히 조정 가능한 것이라고 본다. 이 제도를 일찍부터 시행해 온 미국의 사례와 2000년 이 제도를 도입해 집행하고 있는 일본의 사례는 우리가 새 제도를 설계하는 데 많은 시사점을 줄 수 있을 것이다.

46) 이와 관련한 세부적인 검토는 장승화(2000: 주 43)에서 본격적으로 이루어졌다.

(2) 외국 제도의 검토: 미국, 일본을 중심으로

미국의 Clayton 법 제16조[47]에서는 독점규제법의 위반으로 인해 피해를 입을 우려가 있는 경우에는 법원에 금지명령의 청구를 신청할 수 있게 하고 있다.[48] Clayton 법 제4조에 의한 3배 손해배상제도와 16조에 의한 금지명령 청구제도는 기본적으로 청구의 주체가 어떤 자("any person")로 되어 있고 독점규제법("antitrust laws") 위반행위로 인한 것이라는 점에서 동일하다. 하지만, 미국 연방대법원은 Cargill, Inc. v. Monfort of Colorado, Inc. 사건[49]에서 양자의 차이점을 다음과 같이 지적하고 있다. 3배 손해배상제도는 원고가 실제의 손해(actual injury)를 입증하여야 하는 반면 금지명령 청구제도에서는 손해의 위험("threatened loss or damages")만을 입증하면 되고, 3배 손해배상제도에서는 피해가 사업이나 재산("business or property")으로 제한되지만 금지명령청구제도에서는 그러한 제한이 없다. 또한 3배 손해배상제도에서는 일반적으로 간접 구매자(indirect purchasers)는 손해배상을 제기할 수 없다고 보고 있으나 금지명령 청구제도에서는 그러한 제한이 없다.

법원이 행하는 금지명령은 단지 당해 법위반행위를 금지하는 차원을 넘어 당해 법위반행위로 인한 결과를 제거하고 그러한 행위가 재발되지 않도록 하는 조치를 포함할 정도로 광범위하다.[50] 그리고 회복할 수 없는 손해의 위험이 급박할 때에는(a showing that the danger of irreparable loss or damage is immediate) 예비금지명령(preliminary injunction)을 발할 수도 있다.

---

47) 15 U.S.C. §26

"any person...shall be entitled to sue for and have injunctive relief, in any court of the United States having jurisdiction over the parties...against threatened loss or damage by a violation of the antitrust laws..."

48) Federal Trade Commission Act 제13조서도 금지명령(injunction) 청구제도를 규정하고 있는데, 이것은 사인이 아니라 연방거래위원회가 자신의 최종결정 이전에 법원에 대해 불공정한 광고 등의 중지를 신청하는 것으로서 이 글에서 논하고 있는 사소(私訴: private action)와는 상이하므로 여기서는 논의를 생략한다.

49) 479 U.S. 104(1986).

50) 729 F.2d 1050(6th Cir. 1983)

"[P]urposes of an injunction are to put an end to illegal conduct, deprive the violators of the benefits thereof, and restore competition."

일본은 2000.5.12. 공정취인법 개정 시 금지명령 청구제도("差止請求權")를 도입하여 2001년 4월 1일부터 시행하고 있다. 공정취인법 제24조에서는 불공정한 거래에 의하여 그 이익이 침해되거나 또는 침해될 우려가 있는 사람은, 현저한 손해가 발생하거나 또는 발생할 우려가 있을 때에 사업자 또는 사업자 단체에 대하여 그 침해의 정지 또는 예방을 청구할 수 있다고 규정하고 있다.[51] 그런데 일본의 금지명령 청구권은 미국에 비해 그 범위가 대단히 협소하다. 미국은 독점규제법 위반행위 전반에 대해 금지명령 청구가 가능하도록 하고 있음에 비해 일본은 공정취인법 제8조제1항제5호의 사업자단체에 의한 불공정한 거래방법 또는 동법 제19조 불공정한 거래방법의 금지의 규정에 위반하는 행위로 범위를 좁히고 있다. 아마 불공정거래행위는 특정한 사인의 이익을 침해하는 경우가 많고 거래당사자들이 사실관계에 대해 잘 알고 있으므로 법집행이 용이하다는 점을 감안한 것으로 보인다. 하지만, 실제로 많은 피해들이 카르텔이나 시장지배력 남용행위들에서 발생하고 있다는 점을 감안한다면 일본의 입법방식은 문제가 있다고 판단된다.[52]

한편, 금지명령 청구를 판단하는 법원과 기존의 시정명령을 내리는 공정취인위원회 간 판단기준이 상이할 가능성이 있다. 이에 대해 일본에서는 법원에 금지청구소송이 제기된 경우 법원은 그 사실을 공정취인위원회(公正取引委員會)에 통지함과 아울러 당해 사건에 대한 법률의 적용 기타 필요한 사항에 대해 의견을 구할 수 있게 하는 방식 즉 구의견제도(救意見制度)를 택하고 있다.[53] 또한 공정취인위원회는 법원의 허가를 얻어 당해 사건에 대해 의견을 진술할 수 있게 하여 양 기관 간 의견을 조정하고자 하고 있다.[54]

(3) 소비자구제를 위한 금지명령청구제도의 도입방안 검토

우리나라에서도 소비자구제를 원활히 하기 위해 금지명령 청구제도를 도입할 필요가 있다. 물론 공정거래위원회의 조치가 소비자보호를 위해 일정한 기능을 수행하고 있는 것이 사실이지만, 공정거래위원회는 기본적으로 개인의 피해구제라는 사익보다는 시장의

51) 私的獨占の禁止及び公正取引の確保に關する法律 第二十四条.

52) 아마 이러한 입법방식은 일단 법집행성과를 보아가면서 점진적으로 개선하려는 일본인 특유의 신중함에서 기인한 것일 수도 있다.

53) 私的獨占の禁止及び公正取引の確保に關する法律 第八十三条の三.

54) 私的獨占の禁止及び公正取引の確保に關する法律 第八十三条の三 第3項.

경쟁질서 보호라는 공익의 보호에 치중할 수밖에 없다. 제한된 인원과 예산을 효율적으로 활용하기 위해서는 피해의 범위가 광범위하고 사회적 파급력이 큰 사건에 역량을 집결시킬 수밖에 없다. 만약 그렇게 하지 않고 사건의 경중에 상관없이 신고사건만을 선착순으로 처리하는 경우 악화가 양화를 구축한다는 그레샴의 법칙(Gresham's Law)에 순응하게 되는 결과를 빚을 수 있다. 그리고 공정거래법 집행을 공정거래위원회만 집행하기보다는 법원과 역할을 적절히 분담함으로써 더 효율적인 법집행이 가능할 수 있다.

일본의 금지명령청구제도 도입과 집행은 우리나라가 법제도를 설계하는 데 많은 도움이 되겠지만, 기본적으로 일본의 사례를 참조하되 그 범위를 일본처럼 제한적으로 하기보다는 미국처럼 넓게 인정하는 것이 타당하다고 생각된다. 일본에서 금지명령 청구제도를 도입할 당시 이 제도의 공익적 기능을 강조하는 공익설(公益說)과 사인의 피해구제 기능을 강조하는 사익설(私益說)의 논쟁이 있었고 결과적으로는 사익설이 채택된 것이다. 하지만, 개인의 피해구제와 공정한 경쟁질서 구축은 개념적으로는 구분될 수 있지만 실제의 사건에서는 양자가 융합되어 있는 경우가 많고 양자의 선후관계를 따지는 것도 쉽지가 않다. 따라서 일본식의 개념적인 논쟁을 벗어나서 개인의 피해구제와 경쟁질서 구축이라는 양자의 목적으로 종합적으로 고려하여 금지청구 인정의 범위를 공정거래법 위반 행위 전반으로 확대하는 것이 바람직하다고 생각되며 그 외에 법원과 공정거래위원회와의 관계나 남소방지 대책 등은 우리나라와 현실이 비슷한 일본의 사례를 대폭 원용하는 것도 가능하리라 생각한다.

제4절 형사적 구제절차

1. 우리나라 형사적 구제절차

공정거래법이나 표시광고법, 방문판매 등에 관한 법 등 소비자 관련 법률들의 위반에 대한 형사적 제재는 소비자에게 피해를 입히는 행위에 대한 사전억지효과를 발휘하고 사후에는 공정거래위원회 등 정부당국의 시정조치를 이행할 수 있게 하는 효과를 발휘하거나[55] 피해자와 원활한 합의를 촉구한다[56]는 점에서 소비자보호에 기여를 한다. 그러나 원래 형벌이란 민사적, 행정적 구제수단으로는 충분하지 않는 경우 최후로 동원하는 수단이 되어야 하고 단지 소비자보호만을 이유로 지나치게 확대하는 것은 바람직하지 않은 측면이 있다. 실제로 선진외국의 사례를 보더라도 우리나라는 형사벌이 과다하게 많은 게 사실이다. 물론 실제로 형사벌이 동원되는 경우는 그다지 많지 않은 반면 미국과 비교해 본다면 형사벌 규정은 우리보다 훨씬 적은데 소비자에게 악영향을 미치는 카르텔에 대해서는 강력한 형사적 제재를 하고 있어 결과적으로는 형사적 제재가 더 실효성 있게 이루어진다고 볼 수도 있다.

2. 외국 제도의 검토

미국의 Sherman 법 제1조는 거래를 제한하는 모든 계약, 결합 또는 공모를 경죄(輕罪, (misdemeanor)가 아닌 중죄(重罪, felony)로서 금지하고 있으며 법인은 1억 달러 이하의 벌금, 개인은 100만 달러 이하의 벌금이나 10년 이하의 징역형 또는 그 병과로 처벌할 수 있게 규정하고 있다.[57] 또한 벌금액은 위반행위에 의해 획득한 이익 또는 피해액의 2배까지 인상될 수 있다.[58] Sherman 법 제2조상의 독점력 남용 및 독점기도행위에 대해서도 동일한 제재를 할 수 있다. 또한 가격차별을 금지하는 Robinson-Patman Act 제3조

55) 예컨대, 공정거래위원회의 시정명령을 이행하지 않는 경우 형사처벌이 가능하다(법 제5조 등).

56) 예컨대, 사업자와 피해자가 합의를 하는 경우 형사고발을 하는 경우는 드물다.

57) 15 U.S.C. §1

"...Every person who shall make any contract or engage in any combination or conspiracy hereby declared to be illegal shall be deemed guilty of a felony..."

58) 18 U.S.C. §3571(d)

"Alternative Fine Based on Gain or Loss. - If any person derives pecuniary gain from the offense, or if the offense results in pecuniary loss to a person other than the defendant, the defendant may be fined not more than the greater of twice the gross gain or twice the gross loss, unless imposition of a fine under this subsection would unduly complicate or prolong the sentencing process."

에서도 형벌을 부과할 수 있게 하고 있다. 그러나 실제로 형벌이 부과되는 경우는 카르텔 밖에 없다고 볼 수 있다. 그 대신 처벌의 강도는 점점 높아지고 있는데, 심지어는 삼성전자 및 하이닉스의 반도체 담합건에서 볼 수 있듯이 외국 기업이나 임원에 대해서도 자국의 소비자보호를 위해 엄한 잣대를 들이대고 있다. 반면, 미국의 연방거래위원회가 소비자보호를 위해 형벌부과에 관여하지는 않는다. 우리나라 공정거래위원회가 형벌부과를 위해 종종 검찰에 고발하는 것과 비교되는 대목이다.

일본 공정취인법의 형사벌 조항은 직접적으로 우리나라 공정거래법상의 형사벌 조항에 많은 영향을 끼쳤다. 원래 일본의 공정취인위원회는 미국 법무부(DOJ)의 Sherman법 집행기능과 연방거래위원회의 FTC법 집행기능 및 법무부와 연방거래위원회에 의한 Clayton법 집행기능을 모두 집행할 수 있도록 설계되어 있기 때문에 고발을 통해 형사적 제재에도 관여를 한다. 그러나 우리나라와는 달리 불공정거래에 대해서는 형사벌 조항이 없고 행정적인 제재만 가능하다. 미국과 비교해 본다면 일본의 공정취인법은 형사벌 조항의 범위는 더 넓은 반면 실제 집행은 대단히 미미하다고 할 수 있다. 다양한 형사벌 조항이 있음에도 불구하고 실제 형사고발은 연간 1건 내외이고 입찰담합을 제외하면 사실상 형사고발은 이루어지고 있지 않다고 볼 수 있다.

3. 소비자구제를 위한 형사적 구제절차의 개선방안 검토

이상에서 살펴본 바와 같이 미국이나 일본의 경우 형사벌 조항에서는 많은 차이가 있지만 실제로 집행이 이루어지는 경우는 카르텔 이외에는 사례를 찾아보기 어렵다. 반면 우리나라는 공정거래법에 미국이나 일본보다 형사벌 조항이 더 많고 예식장 끼워팔기나 부당지원행위 등과 같은 불공정거래행위에 대해서조차도 형사고발이 이루어지고 있다. 그러나 행정형벌 조항이 많다는 것이 바람직한 것인지 그리고 형사고발이 많이 이루어진다고 해서 소비자보호에 더 많은 기여를 하는 것인지에 대해서는 다시 한 번 생각해 볼 필요가 있다. 실제로 공정거래위원회가 형사고발을 하더라도 실형이 내려지는 경우는 드물고 대부분 벌금으로 종료되고 있어 법위반억지를 위해서도 별다른 효력을 발휘하지 못하고 있다. 그렇다고 하여 처벌 수준을 강화하는 것도 바람직하지 않다. 왜냐하면 살인이나 강도와 같이 시대나 사회를 막론하고 반사회성이 강한 행위와 상황에 따라 평가가 다를 수 있는 경제관련 법률 위반행위는 동일한 잣대로 평가할 수 없기 때문이다. 그래서 소비자구제를 위해 가능한 한 민사적, 행정적 조치를 좀 더 보완하도록 하고 형사적인 제재는 반사회성이 높은 카르텔 위주로 운용하는 것이 바람직하다고 생각된다.

또한, 소비자보호를 위해 공정거래위원회의 전속고발권을 폐지하여야 한다는 주장도 문제의 본질에서 벗어난 주장일 수 있다고 생각된다. 공정거래법 제71조에서는 법 제66, 67조 위반행위에 대해서는 공정거래위원회의 고발이 있어야 공소를 제기할 수 있다고 규정하고 있는데, 효과적인 소비자보호를 위해서는 검사의 판단 하에 기소를 하거나 소비자단체나 피해자 모두가 검찰에 고발할 수 있도록 하여야 한다는 것이다. 그러나 위에서 언급한 바대로 공정거래법 등과 같은 경제관련 법률의 집행에 있어서 카르텔과 같이 반사회성이 명백하지 않은 행위에 대해서 형사적 제재에 신중을 기할 필요가 있고, 선진외국에서는 우리나라에서 문제가 되는 불공정거래 행위 등에서는 아예 형사벌 조항이 없어 전속고발권 문제가 생길 여지도 없다. 형사벌 조항이 소비자에게 주로 활용되는 경우는 민사사건의 해결을 위해 형사벌을 이용하는 것인데 흔히 말하는 민사사건의 형사화 현상이다. 이러한 법 왜곡현상은 우리나라 법집행전반에 많은 부작용을 낳고 있음은 주지의 사실이다.

한편 경제현상이 점점 더 복잡해지고 있는 최근에는 카르텔조차도 당연위법(per se illegal)로 수용할 수 없는 사례들이 다수 발생하고 있어 미국의 법무부와 같이 경제분석 조직이 없는 우리나라의 검찰에게 공정거래위원회 고발 없이도 카르텔에 대해 기소를 할 수 있게 하는 방안도 바람직해 보이지 않는다. 헌법재판소도 공정거래위원회로 하여금 상세한 시장분석을 통해 시장경제상황을 감안해 단순히 행정조치만 취할 것인지 아니면 더 나아가 형사적 조치까지 취할 것인지 여부를 결정하도록 한 것이 공정거래법의 목적 달성에 기여한다고 보아 전속고발권제도에 대해 합헌이라고 판단을 내린 바 있다.[59)]

59) 헌재 1995.7.21. 선고 94헌마136호.

제5절 맺는 말

위에서 소비자 구제를 위한 전통적인 절차에 대해 살펴본 바와 같이 행정적인 절차는 소비자에게 직접적인 혜택이 돌아갈 수 있는 조치수단을 다양하게 개발할 필요가 있고 민사적인 절차 중 손해배상은 기존 제도의 보완 및 대체적인 수단(예: 집단소송이나 징벌적 손해배상 등)의 전향적인 검토가 요망되며 금지명령청구제의 도입도 필요하다고 생각된다. 그리고 소비자보호를 위해 행정형벌에 지나치게 의존하는 것은 바람직하지 않다고 생각된다. 나아가 소비자보호를 위한 행정부의 역할을 강조함과 동시에 금지명령 등 사법부의 역할도 제고할 필요가 있으며 소비자들도 과도하게 정부에 의존하는 방식에서 탈피하여 소비자들이 사적인 소송을 통해 자율적으로 피해를 보전받을 수 있는 방안의 강구가 이루어져야 할 것이다.

참 ■ 고 ■ 문 ■ 헌

권오승(2005), 『경제법』, 법문사.

장승화(2000), 「공정거래법상 사소제도의 확충방안에 관한 연구」.

ABA Section of Antitrust Law (1997), *Antitrust Law Developments*, 4th ed.

Andreas M. Klees (2006), "Breaking the Habits: The German Competition Law after the 7th Amendment to the Act against restraints of Competition (GWB)," *German Law Journal* Vol. 10 No. 4 (1 April 2006).

American Bar Association (1981), *The FTC as an Antitrust Enforcement Agency: Its Structure, Powers and Procedures*, Vol. II.

McCall, James R. (1977), *Consumer Protection*, West Publishing Co.

日本辯護士聯合會 編(2004), 『消費者法講義』(제2판), 日本評論社.

제11장

소비자피해구제제도의 법체계적 이해: 예방적 구제와 사후적 구제

▌홍 명 수▐
명지대학교 법학과 교수

제1절 소비자피해의 의의와 피해구제제도의 개괄

1. 소비자피해의 의의

소비자는 개념적으로 소비의 주체를 의미하지만, 소비자의 특성은 일반적으로 거래상 대방의 위치에 있는 사업자와의 관계를 통하여 구체화된다. 소비자기본법상 소비자의 정의도 "사업자가 제공하는 물품 또는 용역을 소비생활을 위하여 사용하는 자"로 규정함으로써, 관계적 의미에서 소비자를 파악하고자 하는 입법태도를 보여 주고 있다.

사업자에 대비하여 소비자를 이해할 경우에, 기본적으로 드러나는 것은 소비자의 상대적으로 열등한 지위다. 이를 설명하기 위한 다양한 논의가 있다. 즉 거래의 동기의 측면에서 영리의 목적으로 거래에 임하는 사업자와 생활의 목적으로 거래를 하는 소비자를 대비시켜, 양자의 이해가 근본적으로 일치하지 않을 수 있다는 것에 대한 지적이 있으며, 또한 자본주의 경제 질서 하에서 시장구조적인 차이에 주목하기도 한다. 공급 측면에서 소수의 사업자들에 의한 집중화 경향이 나타나는 상황에서, 개별적으로 존재하는 소비자들은 시장에 미치는 영향력 측면에서 뚜렷한 차이를 갖게 되고, 이러한 상황에서 공급과 수요가 시장의 균형을 이루는 균등한 힘으로 작용한다는 시장경제의 이상적인 모습은 제한될 수밖에 없다.

이와 같은 시장구조적 특성은 소비자의 열등한 지위의 근본적인 원인으로 작용하며, 일반적이고 보편적인 현상으로서 사업자와 소비자의 비대칭적 지위를 낳고 있다(권오승, 1988: 183-184). 특히 거래에 있어서 사업자와 소비자 사이의 정보의 편재는 구조적 열등성에 대한 구체적인 이해를 제공한다. 소비자와 사업자 사이에 불균등한 정보의 문제는 거래 성립의 전후로 다양하게 나타난다. 우선 거래성립 이전에 소비자는 적절한 상품의 선택에 있어서 종속적인 지위에 처하게 되며, 특히 시장에서의 경쟁이 배제되거나 제한되는 경우라면, 그에 상응하여 소비자 선택의 범위는 더욱 축소될 것이고,[1] 소비자의 의존성도 그만큼 심화될 것이다. 그러나 소비자가 경쟁적인 시장에 있는 경우에도, 제공된 상품을 모두 검색하고 비교하는 것에는 현실적인 어려움이 있고,[2] 특히 주어진 가격과 상품의 질 사이의 상관성을 충분히 인식하는 것에는 한계가 있다(Kemper, 1994: 40-44). 이와 같은 정보의 비대칭적 분포는 거래 성립과정에서 교섭력의 차이로 나타나지만(後藤巻則・村千鶴子・齊藤雅弘, 2005: 295), 또한 거래의 성립 이후에도 지속적으로 문제가 된다. 상품의 소비에 있어서 기술적 이해도의 부족과 같은 사실상의 문제 외에도, 거래 자체나 상품의 안전성에 관련된 분쟁이 발생하였을 경우에 법리적 이해를 도모하고 적절한 법률적 서비스에 대한 접근하는 측면에서 보면, 소비자가 사업자와 균등한 상태에 있다고 보기는 어렵다(Kemper, 1994: 47-49). 나아가 이러한 상황은 소비자가 처하는 유통 단계에서의 최종 구매자로서의 위치에 의하여, 즉 거래를 통하여 발생하는 위험의 전가가 더 이상 불가능한 지위에 의하여 강화될 것이다(後藤巻則・村千鶴子・齊藤雅弘, 2005: 295-296).

소비자의 이러한 특성은 소비자피해 역시 보편적이고 구조적인 성격을 가질 수 있음을 시사한다. 일반적으로 소비자피해는 소비자가 사업자로부터 구입한 물품 또는 용역을 이용하는 과정에서 물품의 하자 또는 결함이나 사업자의 채무불이행 또는 불법행위 등으로 인하여 입은 생명・신체・재산・정신상의 손해를 총칭하는 것이며(한국소비자보호원, 2007: 15), 소비자의 구조적 제약은 이러한 피해로부터 벗어나거나 구제받는 것에 관한 한계로 작용할 것이다. 물론 이러한 피해는 거래가 이루어지는 상황에서 충분히 예상되

1) 경쟁을 선택가능성으로 이해하는 것에 관해서는 Rittner(1982: 30) 참조.

2) 예를 들어 Solomon은 상품의 탐색에 드는 노력의 증대가 일정한 정도에 이르면, 오히려 상품에 대한 정보의 감소를 결과한다는 것을 보여 주고 있다(Solomon, 1999: 279-281).

는 것이고 근대 계약법은 이러한 예상에 근거하여 이에 대응하는 권리구제제도를 두고 있다. 그러나 사적 자치에 따른 자율적 결정과 자기책임 원리에 기초한 근대 계약법상의 피해구제제도가, 소비자의 구조적 열등성이 드러나고 있는 상황에서 소비자피해에 대한 적절한 구제수단이 될 수 있는지에 대한 의문이 있으며, 개별적인 구제를 전제한 피해의 예방이나 사후 구제 방식에 근본적인 한계가 드러나고 있는 상황이다.

2. 소비자피해구제제도의 법체계

전술한 것처럼, 소비자피해의 보편적이고 구조적인 성격은 피해자 개인의 개별적인 구제방식을 전제한 일반적인 구제수단의 한계를 의미한다. 즉 엄격한 책임원칙을 통한 채무불이행 책임이나 불법행위 책임의 성립 그리고 전통적인 당사자주의에 기초한 분쟁해결방식은 여전히 사법상(私法上)의 기본원리를 구성하지만, 전술한 소비자피해의 특성에 비추어 기본원리의 구현만으로 소비자피해의 구제가 적절하게 이루어질 수 있는지는 의문이다. 이러한 문제를 해결하기 위하여 소비자피해구제가 실질적인 것이 될 수 있도록 하는 다양한 제도가 여러 법 영역에 도입되었으며, 또한 제도의 실효성 있는 운영방안이 지속적으로 논의되어 왔다.

특히 소비자기본법은 이와 관련하여 핵심적인 의미를 갖는다. 즉 동법 제4조 제6호는 "물품 등의 사용으로 인하여 입은 피해에 대하여 신속・공정한 절차에 따라 적절한 보상을 받을 권리"를 소비자의 기본 권리의 하나로 선언함으로써 소비자피해구제의 기본 방향을 제시하고 있으며, 이를 구체화하는 분쟁해결방식과 절차적 보완을 목적으로 하는 규정을 두고 있다. 그러나 이와 같은 절차적 개선방안이 소비자피해구제에 있어서 중요한 것은 분명하지만, 소비자피해의 구조적 특성에 따른 광범위한 발생가능성과 이러한 피해가 모두 구제되기를 기대할 수 없는 현실적 한계를 고려할 경우에, 사전적이고 예방적인 소비자피해구제제도의 실제적인 의미를 간과할 수 없다. 예를 들어 일정한 거래가 이루어지기 이전 또는 피해가 발생하기 이전에 소비자피해를 예방할 수 있는 다양한 방안이 강구될 필요가 있으며, 소비자피해 예방에 긍정적인 영향을 미칠 수 있는 사업자의 행동을 유인하기 위한 책임법제의 정비도 마찬가지로 중요한 의미가 있다.

결국 소비자피해의 구제를 위한 제도는 소비자피해가 발생하고 이에 따른 법적 분쟁이 제기된 이후 효율적이고 권리구제에 적합한 절차적 제도와 소비자피해의 발생 이전에 사전적・예방적인 차원에서 이를 방지하고 억제할 수 있는 법제도의 법체계적인 종합에 기초하여 이루어져야 한다.

제2절 소비자피해의 예방적 구제 수단

1. 정보제공의 확대

일반적으로 경제학에서 불완전한 정보는 시장실패의 유력한 원인이며, 시장경제질서의 유지를 목적으로 국가가 이를 보정하기 위하여 개입할 수 있는 근거가 된다(Samuelson & Nordhaus, 1995: 272). 다른 한편으로 계약법적 관점에서 거래에 임하는 당사자 사이에서 균등한 정보의 귀속은 무엇보다 자율적 의사 형성의 인식적 기초를 확보하는 의미를 가지며, 이러한 점에서 정보의 제공은 소비자 이익의 증대에 기여할 수 있다(Larenz & Wolf, 1997: 40). 또한 앞에서 논의한 것처럼, 거래에 관한 정보의 불균등이 소비자문제의 근본적인 원인의 하나라는 점에서, 적절한 정보의 제공은 소비자문제의 근본적이고 직접적인 해결방안이 될 것이다.[3)]

따라서 소비자기본법은 제4조 제2호에서 "물품 등을 선택함에 있어서 필요한 지식 및 정보를 제공받을 권리"를 소비자의 기본적 권리의 하나로 선언하고 있고, 동법 제10조의 표시의 기준, 제11조의 광고의 기준, 제13조의 소비자에의 정보제공 등을 통하여 소비자에 대한 정보제공이 실현될 수 있는 기준의 마련과 시책의 강구를 국가 및 지방자치단체의 의무로서 규정하고 있다. 한편 제19조 제3항은 사업자의 책무로서 소비자에게 물품

3) Dauner-Lieb는 소비자를 위한 특별사법을 제안하면서, 그 착안점으로서 소비자의 경제력 측면에서의 한계가 아니라, 경제적 그리고 법적인 측면에서 정보에 대한 인식의 부족을 들고 있다(Bäurle, 2000: 150-151).

등에 대한 정보를 성실하고 정확하게 제공할 의무를 규정하고 있다.

또한 정보의 제공과 관련한 다양한 규율이 개별 법률에서 시행되고 있다. 대표적으로 '표시·광고의 공정화에 관한 법률'(이하 표시·광고법) 제3조 제1항은 "소비자를 속이거나 소비자로 하여금 잘못 알게 할 우려가 있는 표시·광고 행위로서 공정한 거래질서를 저해할 우려가 있는" 행위를 부당한 표시·광고 행위로서 금지하고 있으며, '약관의 규제에 관한 법률'(이하 약관규제법) 제3조는 약관의 내용에 대한 명시·설명의무의 이행을 약관이 계약에 편입되는 요건으로 규정하고 있다. 또한 '할부거래에 관한 법률'(이하 할부거래법) 제4조는 서면계약주의를 요구하면서, 계약에 명시적으로 반영되어야 하는 내용을 법정하고 있다. 마찬가지로 '방문판매 등에 관한 법률'(이하 방문판매법) 제7조도 서면계약주의와 계약내용의 법정주의를 요구하는 동시에 일정한 사항에 대한 정보제공과 설명 의무를 규정하고 있다.

이상의 정보제공에 관한 규정 등은 계약자유에 대한 일정한 제한의 의미를 갖지만, 궁극적으로 계약의 공정성을 달성하려는 입법 목적에 따른 것이라 할 수 있다. 전술한 것처럼 정보의 제공은 소비자 거래에 있어서 고려하여야 될 요소들에 대한 인식을 강화하여 소비자 이익 증대에 기여할 수 있다는 것에 의의가 있으며, 거래나 계약 내용 또는 시장의 기능 등에 대한 직접적인 규제보다 계약법 내재의 원리에 보다 부합하고 또한 시장기능의 활성화에 기여할 수 있다는 점에서 긍정적인 평가를 받을 수 있다. 다만 이에 의하여 소비자문제의 모든 측면을 포괄할 수 있다고 보는 것은 성급할 수 있다. 즉 계약 당사자에게 거래 조건에 관한 모든 인식이 주어지고 있는 경우에도 여전히 소비자피해가 발생할 수 있다는 점에 주의를 요한다(Kind, 1997: 546-547). 또한 정보제공 방식에 대한 한계는, 주어지는 정보의 내용에 소비자의 구조적 특성에 대한 충분한 이해가 반영되지 않고 현실성이 결여되어 있을 경우에 특히 문제가 될 수 있으며, 따라서 제공되는 정보의 내용과 방식이 소비자의 현실적인 필요에 상응할 수 있도록 하는 개선의 논의는 여전히 필요하다(*Id.*, p. 544).

2. 소비자 선택권의 실질적 보장

소비자피해와 관련하여 소비자에게 거래에 있어서의 선택권을 실질적으로 보장하는 것도 예방적 기능을 갖는다. 소비자기본법은 제4조 제3호에서 "물품 등을 사용함에 있어서 거래상대방·구입장소·가격 및 거래조건 등을 자유로이 선택할 권리"를 소비자 권리의 하나로서 규정하고 있으며, 동법 제19조 제2항은 사업자에게 물품 등을 공급함에 있어서 소비자의 합리적인 선택이나 이익을 침해할 우려가 있는 거래조건이나 거래방법을 사용하여서는 아니 되는 의무를 부과하고 있다.

시장경제 하에서 소비자의 선택은 경쟁 메커니즘이 원활하게 작동하는 것을 의미한다. "소비자의 가장 좋은 벗은 경쟁"이라는 오랜 경구가 시사하듯이, 경쟁이 왜곡되거나 제한되고 있는 곳에서, 소비자가 자율적인 판단에 따라서 선택하는 것을 기대하기는 어렵다. 이러한 점에서 소비자 선택권의 보장은 경쟁질서 구축과 밀접히 관련된다. 시장의 경쟁적 구조가 소비자의 후생의 극대화를 실현한다는 경제학적 이해는 경쟁법의 기초가 되어 왔으며, 우리 헌법재판소가 정확하게 지적한 것처럼 "경쟁은 소비자보호의 포기할 수 없는 구성부분"에 해당한다.[4] '독점규제 및 공정거래에 관한 법률'(이하 독점규제법) 역시 제1조에서 명문으로 '소비자보호'를 동법의 목적으로 규정하고 있고,[5] 시장지배적 지위의 남용, 카르텔, 기업결합, 불공정거래행위 등에 대한 규제를 통하여 이를 실현하고 있다.

소비자 선택권의 실질적 보장과 관련하여 계약법적인 수정을 가하는 일련의 규정도 의미가 있다. 예를 들어 계약 후 일정 기간 동안 소비자에게 냉각기간을 부여하고 무조건적인 철회권을 보장하는 규정은 대량생산 체제 하에서 사업자의 적극적인 마케팅으로 인한 소비자 선택의 왜곡 또는 충동구매적인 거래 행태들을 적절히 보정할 수 있는 제도로서 이해되고 있다. 예를 들어 할부거래법 제5조, 방문판매법 제8조 및 제18조 등이 이에 해당한다.

4) 헌법재판소 1996.12.26. 선고, 96헌가18(주세법 제38조의7 등에 대한 위헌제청), 『판례집』 8-2, 692면.

5) 독일의 경쟁제한방지법(GWB)상 소비자보호에 관련된 논의는 Rittner(1999: 129) 참조.

3. 리콜제도

(1) 제도의 의의

리콜제도는 원칙적으로 소비자피해가 발생할 우려가 있는 상품을 사업자가 자발적으로 환수하는 제도를 의미하지만, 실제 제도의 구체화 과정에서 강제적 성격이 있는 정부의 일정한 개입이 결합하기도 한다. 일반적으로 리콜제도는 피해 발생 이전의 구제라는 점에서 사전적(事前的)이고, 피해의 개별적 구제가 아니라 상품 전체를 대상으로 한다는 점에서 일괄적(一括的)이며, 사업자의 자발적(自發的)인 조치를 전제한다는 점에서 그 특징을 찾을 수 있다. 따라서 리콜제도는 소비자피해구제의 관점에서 근본적인 대책의 하나로 이해할 수 있다.

일반적으로 리콜제도는 사업자에게 상당한 비용부담을 지우게 되며, 이러한 점은 리콜제도의 활성화에 커다란 장애가 되고 있다. 이러한 점은 후술하는 바와 같은 정부의 강제적인 환수조치가 불가피한 근거가 된다. 그러나 리콜제도는 상품이나 사업자에 대한 신뢰를 제고하는 데 기여할 수 있으며, 이른바 브랜드가치의 제고를 통하여 궁극적으로 사업자의 이익 증대에 도움이 될 수도 있다. 이러한 점에서 사업자 스스로 자발적인 리콜제도를 활용할 수 있도록 하는 환경의 조성이 중요할 것이다. 또한 소비자 입장에서도 상품은 그 자체로 완성된 것이 아니라, 사업자와 소비자 사이에 의견의 교환을 통하여 발전해 나아가는 과정에 있다는 인식을 함으로써 적극적으로 리콜제도에 부응할 필요가 있다.[6]

(2) 결합사실의 보고의무

소비자기본법상의 리콜제도는 사업자의 보고의무 등을 본래의 리콜제도에 결합하고 있다. 이러한 보고의무는 자발적 리콜에 대한 간접적인 강제로서의 의미가 있다. 사업자는 소비자에게 제공한 물품 등에 소비자의 생명·신체 또는 재산에 위해를 끼치거나 끼

6) 자발적 리콜실시의 대표적인 예로서 2004년에 실시된 LG전자의 전기압력밥솥 리콜사건을 들 수 있다. 또한 자동차의 경우는 1993년에 1개 차종에 8,000여 대에 그쳤던 리콜이 2003년 47개 차종에 108만 대를 넘어설 정도로 활성화됐다(『중앙일보』 2004.6.9.). 이와 같은 리콜의 증가에는 높아진 소비자의 권리의식, 브랜드가치에 대한 기업들의 높아진 인식 등이 큰 역할을 했다.

칠 우려가 있는 제조·설계 또는 표시 등의 중대한 결함이 있는 사실을 알게 된 때에는 그 결함의 내용을 소관 중앙행정기관의 장에게 보고(전자적 보고를 포함)하여야 한다(법 47조 1항).

(3) 자발적 리콜, 리콜의 권고, 리콜 명령

리콜제도의 원칙적 규정으로서, 사업자는 소비자에게 제공한 물품 등의 결함으로 인하여 소비자의 생명·신체 또는 재산에 위해를 끼치거나 끼칠 우려가 있는 경우에는 대통령령이 정하는 바에 따라 당해 물품 등의 수거·파기·수리·교환·환급 또는 제조·수입·판매·제공의 금지 그 밖의 필요한 조치를 취하여야 한다(법 48조). 동 규정은 자발적 리콜제도의 원칙적인 내용을 담고 있으며, 특히 수거 등 구체적으로 취하게 되는 조치를 열거하고 있다. 다만 이미 소비자가 물품 등의 수리를 위하여 지출한 비용 등에 대한 보상 등이 빠져 있고, 이는 사업자의 리콜 시기의 지연으로 이어질 수 있다는 지적이 가능할 것이다.

리콜의 권고제도로서, 중앙행정기관의 장은 사업자가 제공한 물품 등의 결함으로 인하여 소비자의 생명·신체 또는 재산에 위해를 끼치거나 끼칠 우려가 있다고 인정되는 경우에는 그 사업자에 대하여 당해 물품 등의 수거·파기·수리·교환·환급 또는 제조·수입·판매·제공의 금지 그 밖의 필요한 조치를 권고할 수 있다(법 49조 1항). 권고의 수락 여부는 사업자의 재량이지만(법 49조 2항), 정당한 이유 없이 권고를 따르지 않을 경우 중앙행정기관의 장은 공표 등을 통한 제한을 가할 수 있다(법 49조 4항).

끝으로 중앙행정기관의 장은 사업자가 제공한 물품 등의 결함으로 인하여 소비자의 생명·신체 또는 재산에 위해를 끼치거나 끼칠 우려가 있다고 인정되는 경우에는 대통령령이 정하는 절차에 따라 그 물품 등의 수거·파기·수리·교환·환급을 명하거나 제조·수입·판매 또는 제공의 금지를 명할 수 있고, 그 물품 등과 관련된 시설의 개수 그 밖의 필요한 조치를 명할 수 있다. 다만 소비자의 생명·신체 또는 재산에 긴급하고 현저한 위해를 끼치거나 끼칠 우려가 있다고 인정되는 경우로서 그 위해의 발생 또는 확산을 방지하기 위하여 불가피하다고 인정되는 경우에는 그 절차를 생략할 수 있다(법 50조 1항). 동항의 본문은 리콜 명령제도의 원칙을 규정하고 있는데, 동 규정의 절차적인 부분을 보충하고 있는 시행령은 동 명령이 사적 재산에 대한 중요한 제한이라는 점을 이유로 적법절차적인 요구를 반영하고 있다(영 38조). 한편 법 제50조 제1항 단서에 의한 긴급명령의 경우에는 절차적인 요건이 완화되고 있다.

4. 사업자 책임의 강화

(1) 제조물책임법의 제정

소비자피해에 대한 사업자의 책임을 강화하는 것은 사업자의 피해 방지노력을 이끌 수 있다는 점에서, 예방적 관점에서도 의의가 있다. 이와 관련하여 커다란 의미가 있는 것은 2000년 제정되어 2002년 7월 1일부터 시행되고 있는 제조물책임법이다.

동법은 법 제정 이전의 대법원 판례와 비교법적으로 많은 나라의 입법에서 채택되었던 불법행위적 관점에서 제조물책임을 구성하고 있다(임정평, 1988: 41). 동법 제1조의 목적조항에서 밝히고 있듯이, 동법은 "제조물의 결함으로 인하여 발생한 손해에 대한 제조업자 등의 손해배상책임을 규정함으로써 피해자의 보호를 도모하고 국민생활의 안전향상과 국민경제의 건전한 발전에 기여함을 목적으로 하고 있다." 특히 동법에서 규정하고 있는 제조물책임은 무과실책임에 입각함으로써, 손해배상을 청구하는 피해자 입장에서 보다 용이한 손해의 전보를 가능하게 하고 있다.

동법의 내용을 개략적으로 보면, 동법에서 제조물은 다른 동산이나 부동산의 일부를 구성하는 경우를 포함한 제조 또는 가공된 동산을 말한다(법 2조 1호). 결함은 제조물에 제조・설계 또는 표시상의 결함이나 기타 통상적으로 기대할 수 있는 안전성이 결여되어 있는 것을 의미한다.[7] 이때 제조상의 결함은 제조업자의 제조물에 대한 제조・가공 상의 주의의무의 이행여부에 불구하고 제조물이 원래 의도한 설계와 다르게 제조・가공됨으로써 안전하지 못하게 된 경우를, 설계상의 결함은 제조업자가 합리적인 대체설계를 채용하였더라면 피해나 위험을 줄이거나 피할 수 있었음에도 대체설계를 채용하지 아니하여

7) 제조물책임법상의 결함은 안전성에 있어서 흠으로 상품성에 있어서 흠인 민법상의 하자와 대비된다고 보는 견해가 있다(김상용, 1994: 31).

당해 제조물이 안전하지 못하게 된 경우를 그리고 표시상의 결함은 제조업자가 합리적인 설명·지시·경고 기타의 표시를 하였더라면 당해 제조물에 의하여 발생될 수 있는 피해나 위험을 줄이거나 피할 수 있었음에도 이를 하지 아니한 경우를 각각 의미한다(법 2조 2호). 한편 제조업자는 제조물의 제조·가공 또는 수입을 업으로 하는 자(법 2조 3호 가목) 그리고 제조물에 성명·상호·상표 기타 식별 가능한 기호 등을 사용하여 자신을 가목에 해당하는 표시를 하거나 오인시킬 수 있는 표시를 한 자를 말한다.

제조업자가 부담하는 제조물책임의 원칙적 내용은 동법 제3조 제1항에서 규정하고 있다. 이에 의하면, 제조업자는 제조물의 결함으로 인하여 생명·신체 또는 재산에 손해를 입은 자에게 그 손해를 배상하여야 하며, 이때 재산상 손해로서 당해 제조물에 대해서만 발생한 손해는 제외한다. 즉 결함과 손해 그리고 양자 사이에 인과관계의 존재를 책임요건으로 하고 있으며, 주관적 요건은 요구하지 않는다는 점에서 무과실책임에 기초하고 있다.

한편 제조물책임의 면책사유로서 동법 제4조 제1항은 다음의 네 가지 사유를 규정하고 있다. 즉 제조업자가 당해 제조물을 공급하지 아니한 사실(1호), 제조업자가 당해 제조물을 공급한 때의 과학·기술수준으로는 결함의 존재를 발견할 수 없었다는 사실(2호), 제조물의 결함이 제조업자가 당해 제조물을 공급할 당시의 법령이 정하는 기준을 준수함으로써 발생한 사실(3호), 원재료 또는 부품의 경우에는 당해 원재료 또는 부품을 사용한 제조물 제조업자의 설계 또는 제작에 관한 지시로 인하여 결함이 발생하였다는 사실(4호) 등이 이에 해당한다. 제3호의 법령준수 항변의 경우에는 이때의 법령의 범위에 관하여 논의의 여지가 있다.[8] 특히 제2호에서 규정하고 있는 이른바 '개발위험 항변'은 그 타당성이나 범위와 관련하여 치열한 논쟁의 대상이 되고 있다. 입법정책적으로는 이러한 항변을 인정하는 것이 엄격한 책임원리에 입각하고 있는 제조물책임법의 본지에 반하는 것이 아닌지에 의문이 제기되고 있고(Newdick, 1988: 455), 해석상으로는 과학·기술수준을 어떻게 설정할 것인지가 중요한 쟁점의 하나다(Hodges, 1993: 49ff). 구체적으로 보면, 과학·기술수준을 제조업자의 수준으로 볼 것인지, 산업계의 평균적인 수준으로 볼 것인지 아니면 당시 최고의 과학·기술수준으로 볼 것인지가 논의되고 있다.

8) 예를 들어 EC지침이나 독일의 제조물책임법은 강제력 있는 공적 기준의 준수만을 면책사유로 규정하고 있다.

(2) 소비자피해의 예방적 역할의 기대

제조물책임법이 제정됨에 따라서 사업자들의 안전의식이 제고될 수 있다는 점을 기대할 수 있다. 특히 제품 안전에 관한 노력이 궁극적으로는 기업의 경쟁력을 제고하는 데 기여할 수 있다는 인식이 확대될 수 있다. 구체적으로 결함이 없는 안전한 제품을 공급함으로써 결함으로 인하여 야기되는 손해배상을 포함한 제반 비용과 부담을 줄이는 동시에, 적극적으로 안전한 제품을 공급하는 기업이라는 이미지를 형성함으로써 소비자들로부터 보다 많은 선호를 받을 수 있다는 점이 예방적 활동을 유인하는 기능을 할 수 있다(北川俊光, 1995: 16).

이와 관련하여 제품안전추진부서를 두는 것과 같은 제품 안전성 확보를 위한 조직의 정비가 이루어질 수 있으며, 제품 안전에 관한 소비자 불만을 처리하는 부서의 설치도 고려될 수 있을 것이다(연기영, 1999; 北川俊光, 1995: 181). 또한 생산이나 유통을 담당하는 사원들에 대한 제조물책임 및 안전의식에 관한 사전 교육, 자율적인 기준, 즉 규칙이나 매뉴얼 등의 제작 등을 기대할 수 있다.

한편 산업화된 현대의 경제 구조 하에서 상품 생산은 많은 기업의 유기적인 결합에 의해서 이루어지고 있으며, 상품의 판매도 유통구조가 계층화됨에 따라서 점점 더 복잡해지고 있는 추세다(남일총 편, 1992: 12). 이러한 상황에서 하나의 제품을 제조하여 최종 판매에 이르기까지는 많은 기업들이 관련될 수밖에 없다. 따라서 어느 한 기업의 노력만으로 제조물책임의 발생을 전적으로 방지하는 것은 불가능하고, 이러한 점에서 제품의 결함을 방지하고 소비자의 안전을 확보하는 데에도 관련 사업자들의 협력이 요구된다. 또한 많은 경우에 하청업체들은 영세성을 면치 못하고 있으며, 이 경우에 제조물책임에 따른 책임의 강화가 실질적인 예방적 노력을 이끌어 내기 어려울 수도 있다. 또한 제품의 보관, 운반, 설치 등 유통의 전 과정에서 발생할 수 있는 제조물의 결함을 방지하기 위하여 종합적인 대책을 마련할 필요가 있다. 즉 소비자에게 제공하여야 하는 사용 정보나 안전에 대한 경고를 유통업자들에게 충분히 주지시키고 교육함으로써, 이들이 소비자에게 올바른 정보를 제공할 수 있도록 하며, 또한 이들이 소비자에게서 얻은 결함에 관한 정보를 바로 전달받을 수 있는 구조를 확립하여야 한다(하종선 · 최병록, 1997: 193). 이러한 인식이 사업자 간의 제조물책임의 부담을 감소시키기 위한 공동의 노력을 이끌 수 있으며, 이러한 점에서의 예방적 효과도 기대할 수 있다.

제3절 소비자피해구제를 위한 간이한 분쟁해결절차

1. 소비자분쟁 조정절차의 의의

전술한 것처럼 당사자주의에 입각한 전통적인 소송절차를 통한 분쟁 해결은 소비자피해의 특성에 비추어, 적절한 구제 수단으로 기능하는 데 일정한 한계를 갖고 있다. 물론 이에 대한 인식과 대응 방안의 모색은 기존의 사법절차 내에서도 나타나고 있으며, 이러한 노력은 소비자피해구제에 있어서도 상당한 기여를 하고 있다. 예를 들어 소액의 민사사건을 간이한 절차에 따라 신속히 처리하기 위하여 제정된 소액사건심판법은 소액다수의 피해가 일반적인 소비자피해구제에 있어서도 유용한 의미를 갖는다.

또한 기존의 소송제도를 대신하는 다양한 형태의 분쟁해결제도가 도입되고 있다. 즉 국가권력에 의한 강제적 해결방식에 기초한 기존의 소송제도가 판결의 공신력과 집행의 확실성을 갖는 반면에, 이용상의 불편, 비용의 과다, 분쟁해결의 지연 등이 중요한 문제로서 대두하고 있다. 이러한 문제들을 극복하기 위한 대안으로서 이른바 대체적 분쟁해결제도(ADR)가 화해, 조정, 중재 등의 형태로 나타나고 있다. 기본적으로 대체적 분쟁해결제도는 국가권력에 의한 강제는 배제되지만, 당사자의 자율적 합의에 기초하여 분쟁해결의 신속성과 공정성을 보장하려는 것을 목적으로 한다(전병서, 2002: 136ff).

소비자기본법에서 규정하고 있는 소비자분쟁 조정절차는 이와 같은 대체적 분쟁해결제도로서의 성격을 가지며, 소비자피해구제에 있어서 가장 일반적이고 또한 현실적인 대안으로 인식되고 있다. 표 1은 2004년부터 2006년까지 한국소비자원에서 다루어진 피해구제 사건의 실적을 보여 준다.

표 1에서 피해구제의 신청 건수 중 조정요청이 되지 않은 경우는, 당사자가 합의 권고에 따른 것을 의미하며, 조정 요청이 된 사건과 합의 권고된 사건의 합은 매년 약 2만 건

표 1. 피해구제 처리실적

	2004년	2005년	2006년
피해구제	19,649건	21,828건	23,482건
조정요청	1,014건	802건	879건

출처: 『소비자 피해구제 연보 사례집』, 2006, 77-78면.

에 이르고 있음을 보여 주고 있다. 한편 2006년 한국소비자원에 접수된 상담건수는 30만 9,545건이며, 이 중에서 피해구제가 신청된 비율은 7.6% 정도다(*Id.*, p. 77).

2. 소비자분쟁 조정절차의 내용

(1) 피해구제의 청구

소비자기본법상 소비자피해구제를 위한 분쟁해결절차는 한국소비자원을 중심으로 이루어진다. 한국소비자원의 기능 중에서 실제로 가장 중요한 것은 소비자피해의 구제다. 청구의 주체는 물품 등의 사용으로 인한 피해를 입은 소비자이지만(법 55조 1항), 소비자가 국가·지방자치단체·소비자단체 또는 사업자에게 청구하고 이들이 한국소비자원에 그 처리를 의뢰한 경우에도 절차는 개시된다(법 55조 2항). 특히 사업자의 경우에는 소비자로부터 피해구제의 신청을 받은 날부터 30일이 경과하여도 합의에 이르지 못한 경우, 한국소비자원에 피해구제의 처리를 의뢰하기로 소비자와 합의한 경우, 그 밖에 한국소비자원의 피해구제의 처리가 필요한 경우로서 대통령령이 정하는 사유에 해당하는 경우에 처리를 의뢰할 수 있다(법 55조 3항).

피해구제의 신청이나 의뢰는 서면에 의하는 것이 원칙이지만, 긴급하거나 부득이한 사유가 있는 경우에 구술 또는 전화로도 할 수 있다(영 43조 1항). 이와 같이 구술 또는 전화에 의한 피해구제 신청을 가능하게 함으로써, 피해구제 절차의 이용에 있어서 보다 용이한 접근가능성을 제공하고 있다.

(2) 처리의 중지와 처리대상에서의 제외

한국소비자원 원장은 사건이 한국소비자원에서 처리하기에 부적합하다고 판단할 경우에 사건 처리를 중지할 수 있다(법 55조 4항). 이는 사전적(事前的)인 의미를 갖는 것으로서, 당사자가 법원에 소를 제기하는 것에 의하여 절차의 진행이 중지되는 경우와는 구별된다(법 59조). 한편 후자의 경우에는 양 당사자 모두에게 임의적으로 피해구제 처리절차에서 탈퇴할 수 있도록 하는 것이 소비자보호의 법정책상 타당한지에 대한 의문이 있다.

한편 한국소비자원의 업무 범위에서 제외되는 것에 대하여, 피해구제절차 역시 진행될 수 없다. 우선 국가 또는 지방자치단체가 제공한 물품 등으로 인하여 발생한 피해구제는 제외된다(법 35조 2항 1호). 이 경우에는 국가배상법 등에 의한 손해배상청구가 문제가 될 수 있으며, 이를 한국소비자원에서 처리하는 것이 적절하지 않을 수 있다는 점 그리고 다른 형태의 피해구제 절차가 가능하다는 점에서 제외사유로 규정된 것으로 이해된다. 또한 다른 법률의 규정에 따라 설치된 전문성이 요구되는 분야의 분쟁조정기구에 신청된 피해구제 등으로서, 다른 법률에 따라 제45조 제1항의 소비자분쟁조정위원회에 준하는 분쟁조정기구가 설치되어 있는 경우 그 분쟁조정기구에 피해구제가 신청되어 있거나 이미 그 피해구제절차를 거친 사항과 동일한 내용의 피해구제(1호) 또는 소비자가 한국소비자원에 피해구제를 신청한 후 이와 동일한 내용으로 제1호에 따른 분쟁조정기구에 피해구제를 신청한 경우 그 피해구제(2호)는 제외된다(법 35조 2항 2호 및 영 28조). 이때 다른 법률에 의한 분쟁조정기구가 설치되어 있다는 것만으로 처리대상에서 제외되는 것은 아니며, 소비자가 다른 분쟁조정기구를 통한 분쟁해결을 시도한 경우에만 제외된다는 것에 주의를 요한다.

(3) 합의의 권고

피해구제의 신청이 처리 중지나 처리대상에서 제외되는 경우가 아니면, 조정절차에 들어가게 된다. 물론 합의가 이루어지면 절차는 종결된다. 이때 원장은 조정 이전에 합의의 권고를 할 수 있으나, 필요적인 것은 아니다. 그러나 실제 대부분 합의의 권고가 이루어지며, 앞의 표 1에서 보듯이 합의의 권고를 수락하는 것에 따른 절차 종결의 비중은 매우 높은 편이다.

(4) 조정

(가) 조정기관(소비자분쟁조정위원회)의 설치·구성 및 운영

소비자분쟁조정위원회는 한국소비자원에 두며, 조정위원회의 구성은 공정거래위원장이 임명 또는 위촉하는 위원장 1인을 포함한 50인 이내의 위원으로 한다. 위원장을 포함한 2인은 상임으로 하고, 나머지는 비상임으로 구성된다(법 60조 1항 및 61조 1항).

위원에 대해서는 동법 제62조에 의한 신분보장이 주어지고 있다. 또한 제64조는 조정절차의 공정성을 보장하기 위하여 위원의 제척·기피·회피제도를 규정하고 있다.

조정위원회의 회의는 위원장·상임위원 및 위원장이 회의마다 지명하는 5인 이상 9인 이하의 위원으로 구성하며, 위원 과반수의 출석과 출석위원 과반수의 찬성으로 의결한다(법 63조).

(나) 분쟁조정의 신청

분쟁조정의 신청은 당사자 간에 피해구제에 관한 합의가 이루어지지 않은 경우에 가능하다. 이때 합의가 이루어지지 않은 경우란 전술한 한국소비자원 원장에 의한 합의의 권고를 수락하지 않은 경우뿐만 아니라, 사적인 기구를 통한 합의의 불성립의 경우도 포함된다. 이에 관하여 동법 제65조 제1항이 규정하고 있는 것은, 동법 제16조 제1항의 규정에 따라 설치된 기구에서[9] 소비자분쟁이 해결되지 아니하거나 제28조 제1항 제5호의 규정에 따른 합의권고(소비자단체의 합의권고)에 따른 합의가 이루어지지 아니한 경우이고, 이때 당사자나 그 기구 또는 단체의 장은 조정위원회에 분쟁조정을 신청할 수 있다.

(다) 조정의 효력

분쟁조정은 당사자의 수락에 의해서 효력을 발생한다. 즉 분쟁조정을 마친 때에는 조정위원회의 위원장은 지체 없이 당사자에게 조정 내용을 통지하여야 한다(법 67조 1항).

9) 국가 및 지방자치단체는 소비자의 불만이나 피해가 신속·공정하게 처리될 수 있도록 관련기구의 설치 등 필요한 조치를 강구하여야 한다(소비자기본법 16조 1항).

통지를 받은 당사자는 그 통지를 받은 날부터 15일 이내에 분쟁조정의 내용에 대한 수락 여부를 조정위원회에 통보하여야 하며, 이 경우 15일 이내에 의사표시가 없는 때에는 수락한 것으로 본다(법 67조 2항).

당사자가 분쟁조정의 내용을 수락하거나 수락한 것으로 보는 경우 조정위원회는 조정조서를 작성하고, 조정위원회의 위원장 및 각 당사자가 기명·날인하여야 한다. 다만 수락한 것으로 보는 경우에는 각 당사자의 기명·날인을 생략할 수 있다(법 67조 3항).

당사자가 분쟁조정의 내용을 수락하거나 수락한 것으로 보는 때에는 그 분쟁조정의 내용은 재판상 화해와 동일한 효력을 갖는다(법 67조 4항). 재판상의 화해는 판결과 동일한 효력을 가지므로, 이때의 조정 역시 판결과 동일한 효력을 갖게 된다. 입법 취지는 당사자 사이의 분쟁을 확정적으로 처리함으로써, 더 이상의 분쟁의 소지를 남겨 놓지 않는 것에 있지만, 법정책적으로 이러한 태도가 바람직한지에 대한 논의의 여지가 있다. 즉 피해구제를 신청하는 소비자 입장에서는 신속하고 공정하게 피해구제를 받는 것에 목적이 있으며, 조정에 재판상 화해와 같은 효력을 부여하는 것은 다수의 소비자를 상대하는 사업자로 하여금 제도의 이용에 소극적이게 할 수 있다는 점도 고려할 필요가 있을 것이다.

3. 사적 분쟁해결절차

(1) 사적 분쟁해결절차의 필요성

앞에서 논의한 한국소비자원의 분쟁조정절차는 기존의 소송제도를 대체할 수 있는 간이 분쟁해결절차로서 기능하고 있음은 분명하다. 그러나 한국소비자원은 공익적 목적을 갖는 법인의 형식으로 존재하며, 공정거래위원회의 감독을 받고 있다. 따라서 여전히 공적인 성격을 갖고 있다고 볼 수 있으며, 분쟁조정절차 또한 재판상의 화해와 동일한 효력을 갖는 조정의 특성에 상응하여 상대적으로 절차적 공정성을 보장하기 위한 공적 제도로서의 특징을 갖고 있다. 이러한 점은 일반 소비자에게는 여전히 부담으로 작용할 수 있을 것이다.

따라서 소비자 관점에서 보다 접근이 용이하고 소비자의 이익이 적절하게 반영될 수 있는 분쟁해결절차의 필요성이 있으며, 소비자의 권익을 증진하기 위한 소비자단체는 이와 같은 분쟁해결절차의 주체로서 고려될 수 있을 것이다.

(2) 소비자단체에 의한 분쟁해결

소비자기본법은 제2조 제7호에서 "소비자 스스로의 권익을 증진하기 위하여 단체를 조직하고 이를 통하여 활동할 수 있는 권리"를 소비자의 기본적 권리로서 규정하고 있으며, 동법 제28조 제1항 제5호는 "소비자의 불만 및 피해를 처리하기 위한 상담・정보제공 및 당사자 사이의 합의의 권고"를 소비자단체의 업무로서 법정하고 있다. 한편 소비자단체가 공정거래위원회 또는 지방자치단체에 등록하기 위해서는 반드시 제5호에서 규정하는 업무를 수행하여야 한다.

한편 개별 소비자단체가 분쟁을 해결하는 데 한계가 있을 수 있다는 현실을 고려하여, 동법 제31조는 소비자단체협의체에 의한 자율적 분쟁조정에 관하여 규정하고 있다. 즉 공정거래위원회에 등록한 소비자단체의 협의체는 소비자의 불만 및 피해를 처리하기 위하여 자율적 분쟁조정을 할 수 있다(법 31조 1항 본문). 다만 다른 법률의 규정에 따라 설치된 전문성이 요구되는 분야의 분쟁조정기구로서 대통령령이 정하는 기구에서 관장하는 사항에 대하여는 적용되지 않는데(동항 단서), 시행령 제25조에 의하면, '금융감독기구의 설치 등에 관한 법률' 제51조에 따라 설치된 금융분쟁조정위원회, 의료법 제54조의2에 따라 설치된 의료심사조정위원회, 환경분쟁조정법 제4조에 따라 설치된 환경분쟁조정위원회, 저작권법 제81조에 따라 설치된 저작권심의조정위원회, '컴퓨터프로그램 보호법' 제35조에 따라 설치된 컴퓨터프로그램보호위원회, 전기통신기본법 제37조에 따라 설치된 통신위원회, '정보통신망 이용촉진 및 정보보호 등에 관한 법률' 제33조에 따라 설치된 개인정보분쟁조정위원회, 전기사업법 제53조에 따라 설치된 전기위원회, '우체국예금・보험에 관한 법률' 제48조의2에 따라 설치된 우체국보험분쟁조정위원회가 이에 해당한다.

한편 소비자단체 협의체에 의한 자율적 분쟁조정은 당사자가 이를 수락한 경우에는 당사자 사이에 자율적 분쟁조정의 내용과 동일한 합의가 성립된 것으로 본다. 따라서 한국소비자원의 분쟁조정위원회의 조정과 달리, 사후적으로 재판상 다툴 수 있다.

(3) 사업자의 자발적 피해구제절차의 필요성

사업자는 소비자피해의 원인 제공자에 해당하며, 소비자피해에 대한 가장 구체적인 정보를 가질 수 있는 위치에 있다. 따라서 소비자피해를 구제함에 있어서도, 사업자에 의한 구제는 1차적이고 직접적인 피해구제로서의 의미가 있다. 이러한 점에서 소비자와의 신뢰구축이 사업자에게 궁극적으로 이익이 될 수 있다는 의식의 변화를 통하여, 사업자 스스로 소비자피해구제에 자발적이고 적극적으로 임할 수 있도록 유도할 필요가 있다.

현행 소비자기본법은 사업자의 책무에 관한 제19조 제5항에서 "사업자는 물품등의 하자로 인한 소비자의 불만이나 피해를 해결하거나 보상하여야 하며, 채무불이행 등으로 인한 소비자의 손해를 배상하여야 한다."라는 규정을 두고 있다. 그러나 이와 같은 선언적 규정을 넘어서 구체적으로 사업자 내에 피해구제에 관한 부서를 설치하는 것과 같은 구체적인 의무를 부과함으로써, 사업자의 자발적이고 적극적인 피해구제의 노력을 제도화할 필요가 있다.

4. 소비자분쟁해결기준의 중요성

(1) 소비자분쟁해결기준의 의의

소비자기본법은 제16조 제2항에서 "국가는 소비자와 사업자 사이에 발생하는 분쟁을 원활하게 해결하기 위하여 대통령령이 정하는 바에 따라 소비자분쟁해결기준을 제정할 수 있다."라고 규정하고 있다. 동 규정을 보충하고 있는 시행령 제8조 제1항에 의하여 소비자분쟁해결기준은 일반적 소비자분쟁해결기준과 품목별 소비자분쟁해결기준으로 나뉜다(영 8조 1항). 일반적 소비자분쟁해결기준은 시행령과 규범적으로 일체인 시행령 별표 1에 규정되어 있으며(영 8조 2항), 품목별 소비자분쟁해결기준은 일반적 소비자분쟁해결기준에 따라서 재정경제부장관이 고시할 수 있다(영 8조 3항).

소비자분쟁해결기준은 법적 구속력이 있는 책임 기준으로서의 법적 성격을 갖는 것으로 보기는 어렵다. 동법 제16조 제3항이 예정하듯이, 소비자분쟁해결기준은 분쟁당사자 사이에 분쟁해결방법에 관한 별도의 의사표시가 없는 경우에 한하여 분쟁해결을 위한 합의 또는 권고의 기준이 되는 것으로서, 자율적 분쟁해결에 적용될 것을 전제한다. 따라서 소비자분쟁해결기준과 다른 당사자 사이의 합의는 당연히 가능하며, 또한 법원의 판단을 구속할 수 없다(김성천, 2001: 100-101).

이와 같이 법적 구속력이 없고 또한 비교법적으로 그 예를 찾아볼 수 없는 소비자분쟁해결기준을 마련하고 있는 것의 입법취지로서, 분쟁조정의 활성화를 기하기 위한 수단이라는 점에 중요한 의미를 부여할 수 있다(한국소비자보호원, 2007: 16-17). 즉 동 기준은 보상행정의 가이드라인으로서의 역할을 하며, 또한 소비자단체 등의 사적인 분쟁해결에 있어서 유력한 지침으로서 기능한다. 나아가 소비자분쟁해결기준은 사업자가 상품을 제조하고 거래함에 있어서 하나의 주의기준으로서 작용하여 동 기준의 예방적 효과를 기대할 수도 있다.

(2) 일반적 소비자분쟁해결기준

전술한 것처럼, 일반적 소비자분쟁해결기준은 동법 시행령 별표 1에 규정되어 있다. 동 기준은 모든 품목에서의 분쟁해결에 일반적으로 적용될 뿐만 아니라, 품목별 분쟁해결기준을 제정함에 있어서 그 기준이 된다. 구체적인 내용은 특히 현실 거래에서 빈번하게 발생하는 소비자분쟁을 대상으로 타당한 해결 기준을 제시하는 것을 위주로 하고 있다. 예를 들어 동 기준 제2호의 경품과 관련한 분쟁해결기준은 실제 많은 거래에서 대가없이 제공하는 경품에 대하여 결함이나 하자가 있는 물품을 제공하는 데 따른 문제점에 대한 해결기준으로서 제시된 것이다. 구체적인 내용은 다음과 같다.

1) 사업자는 물품 등의 하자 · 채무불이행 등으로 인한 소비자의 피해에 대하여 다음 각 목의 기준에 따라 수리 · 교환 · 환급 또는 배상을 하거나, 계약의 해제 · 해지 및 이행 등을 하여야 한다(1호).

가. 품질보증기간 동안의 수리 · 교환 · 환급에 드는 비용은 사업자가 부담한다. 다만, 소비자의 취급 잘못이나 천재지변으로 고장이나 손상이 발생한 경우와 제조자 및 제조자가 지정한 수리점 · 설치점이 아닌 자가 수리 · 설치하여 물품 등이 변경되거나 손상된 경

우에는 사업자가 비용을 부담하지 아니한다.

나. 수리는 지체 없이 하되, 수리가 지체되는 불가피한 사유가 있을 때는 소비자에게 알려야 한다. 소비자가 수리를 의뢰한 날부터 1개월이 지난 후에도 사업자가 수리된 물품 등을 소비자에게 인도하지 못할 경우 품질보증기간 이내일 때는 같은 종류의 물품 등으로 교환하되 같은 종류의 물품 등으로 교환이 불가능한 경우에는 환급하고, 품질보증기간이 지났을 때에는 구입가를 기준으로 정액 감가상각한 금액에 100분의 10을 더하여 환급한다.

다. 물품 등을 유상으로 수리한 경우 그 유상으로 수리한 날부터 2개월 이내에 소비자가 정상적으로 물품 등을 사용하는 과정에서 그 수리한 부분에 종전과 동일한 고장이 재발한 경우에는 무상으로 수리하되, 수리가 불가능한 때에는 종전에 받은 수리비를 환급하여야 한다.

라. 교환은 같은 종류의 물품 등으로 하되, 같은 종류의 물품 등으로 교환하는 것이 불가능한 경우에는 같은 종류의 유사물품 등으로 교환한다. 다만 같은 종류의 물품 등으로 교환하는 것이 불가능하고 소비자가 같은 종류의 유사물품 등으로 교환하는 것을 원하지 아니하는 경우에는 환급한다.

마. 할인판매된 물품 등을 교환하는 경우에는 그 정상가격과 할인가격의 차액에 관계없이 교환은 같은 종류의 물품 등으로 하되, 같은 종류의 물품 등으로 교환하는 것이 불가능한 경우에는 같은 종류의 유사물품 등으로 교환한다. 다만, 같은 종류의 물품 등으로 교환하는 것이 불가능하고 소비자가 같은 종류의 유사물품 등으로 교환하는 것을 원하지 아니하는 경우에는 환급한다.

바. 환급금액은 거래 시 교부된 영수증 등에 적힌 물품 등의 가격을 기준으로 한다. 다만, 영수증 등에 적힌 가격에 대하여 다툼이 있는 경우에는 영수증 등에 적힌 금액과 다른 금액을 기준으로 하려는 자가 그 다른 금액이 실제 거래가격임을 입증하여야 하며, 영수증이 없는 등의 사유로 실제 거래가격을 입증할 수 없는 경우에는 그 지역에서 거래되는 통상적인 가격을 기준으로 한다.

2) 사업자가 물품 등의 거래에 부수하여 소비자에게 제공하는 경제적 이익인 경품류의 하자 · 채무불이행 등으로 인한 소비자피해에 대한 분쟁해결기준은 제1호와 같다. 다만 소비자의 귀책사유로 계약이 해제되거나 해지되는 경우 사업자는 소비자로부터 그 경품류를 반환받거나 반환이 불가능한 경우에는 해당 지역에서 거래되는 같은 종류의 유사물품 등을 반환받거나 같은 종류의 유사물품 등의 통상적인 가격을 기준으로 환급받는다(2호).

3) 사업자는 물품 등의 판매 시 품질보증기간, 부품보유기간, 수리 · 교환 · 환급 등 보상방법,

그 밖의 품질보증에 관한 사항을 표시한 증서(이하 품질보증서)를 교부하거나 그 내용을 물품 등에 표시하여야 한다. 다만, 별도의 품질보증서를 교부하기가 적합하지 아니하거나 보상방법의 표시가 어려운 경우에는 소비자기본법에 따른 소비자분쟁해결기준에 따라 피해를 보상한다는 내용만을 표시할 수 있다(3호).

4) 품질보증기간과 부품보유기간은 다음 각 목의 기준에 따른다(4호).

가. 품질보증기간과 부품보유기간은 해당 사업자가 품질보증서에 표시한 기간으로 한다. 다만 사업자가 정한 품질보증기간과 부품보유기간이 제8조 제3항에 따른 품목별 소비자분쟁해결기준에서 정한 기간보다 짧을 경우에는 품목별 소비자분쟁해결기준에서 정한 기간으로 한다.

나. 사업자가 품질보증기간과 부품보유기간을 표시하지 아니한 경우에는 품목별 소비자분쟁해결기준에 따른다. 다만 품목별 소비자분쟁해결기준에 품질보증기간과 부품보유기간이 정하여져 있지 아니한 품목의 경우에는 유사품목의 품질보증기간과 부품보유기간에 따르며, 유사품목의 품질보증기간과 부품보유기간에 따를 수 없는 경우에는 품질보증기간은 1년, 부품보유기간은 해당 품목의 생산을 중단한 때부터 기산하여 내용연수에 해당하는 기간으로 한다.

다. 중고물품 등에 대한 품질보증기간은 품목별 분쟁해결기준에 따른다.

라. 품질보증기간은 소비자가 물품 등을 구입하거나 제공받은 날부터 기산한다. 다만 계약일과 인도일(용역의 경우에는 제공일)이 다른 경우에는 인도일을 기준으로 하고, 교환받은 물품 등의 품질보증기간은 교환받은 날부터 기산한다.

마. 품질보증서에 판매일자가 적혀 있지 아니한 경우, 품질보증서 또는 영수증을 받지 아니하거나 분실한 경우 또는 그 밖의 사유로 판매일자를 확인하기 곤란한 경우에는 해당 물품 등의 제조일이나 수입통관일부터 3월이 지난 날부터 품질보증기간을 기산하여야 한다. 다만 물품 등 또는 물품 등의 포장에 제조일이나 수입통관일이 표시되어 있지 아니한 물품 등은 사업자가 그 판매일자를 입증하여야 한다.

5) 물품 등에 대한 피해의 보상은 물품 등의 소재지나 제공지에서 한다. 다만 사회통념상 휴대가 간편하고 운반이 쉬운 물품 등은 사업자의 소재지에서 보상할 수 있다(5호).

6) 사업자의 귀책사유로 인한 소비자피해의 처리과정에서 발생되는 운반비용, 시험・검사비용 등의 경비는 사업자가 부담한다(6호).

(3) 품목별 소비자분쟁해결기준

품목별 소비자분쟁해결기준은 일반적 소비자분쟁해결기준에 따라서 재정경제부장관이 제정하여 고시한다. 소비자 거래의 대상이 되는 물품의 특성, 즉 물품 자체의 특성, 당해 물품의 거래에 있어서 전형적으로 나타나는 특성, 물품의 사용에 있어서의 특성 등을 구체적으로 고려하여, 물품의 고유한 품목별 분쟁해결기준이 고시로서 제정되고 있다.

전술한 것처럼, 소비자분쟁해결기준은 분쟁당사자 사이에 분쟁해결방법에 관한 별도의 의사표시가 없는 경우에 한하여 분쟁해결을 위한 합의 또는 권고의 기준이 되는 것이지만, 시행령 제9조 제1항은 "다른 법령에 근거한 별도의 분쟁해결기준이 제8조의 소비자분쟁해결기준보다 소비자에게 유리한 경우에는 그 분쟁해결기준을 제8조의 소비자분쟁해결기준에 우선하여 적용한다."라고 함으로써, 소비자분쟁해결기준의 보충성을 규정하고 있다. 또한 품목별 소비자분쟁해결기준에 대해서는 "품목별 소비자분쟁해결기준에서 해당 품목에 대한 분쟁해결기준을 정하고 있지 아니한 경우에는 같은 기준에서 정한 유사품목에 대한 분쟁해결기준을 준용할 수 있다."(영 9조 2항)라는 규정과 "품목별 소비자분쟁해결기준에서 동일한 피해에 대한 분쟁해결기준을 두 가지 이상 정하고 있는 경우에는 소비자가 선택하는 분쟁해결기준에 따른다."(영 9조 3항)라는 규정을 두어, 동 기준의 적용에 관한 구체적인 원칙을 제시하고 있다.

품목별 소비자분쟁해결기준은 1985년 12월 31일 처음 제정되어, 현재 125개 업종 561개 품목에 동 기준이 도입되었다. 가장 최근의 개정으로서 2006년 10월 1일의 개정 내용을 보면, 가스서비스업과 영화관람업이 추가되었으며, 초고속인터넷통신망서비스, 애완견판매업, 공연업, LCD 제품, 결혼정보업, 독서실운영업, 가구, 세탁업, 신용카드업, 철도(여객), 의약품 및 화학제품, 인터넷콘텐츠업 등의 개정이 있었다. 구체적으로 보면, 영화관람업의 경우 사업자의 귀책사유로 상영이 30분 이상 지연된 경우 입장료 전액환급 등의 보상 규정이 신설되었고, LCD 제품의 경우 제품의 기술수준이 안정됨에 따라서 품질보증기간을 1년에서 2년으로 연장하는 내용 등을 담고 있다. 지금까지 품목별 소비자분쟁해결기준은 총 13차례 개정되었으며, 주기적인 개정을 통하여 경제현실과 실제 거래에서 드러나는 변화를 지속적으로 반영하고 있다(*Id.*, pp. 22-24).

제4절 소비자단체소송의 도입

1. 제도 도입의 배경

전술한 것처럼 오늘날의 소비자피해는 소액다수의 피해라는 특성을 가지고 있으며, 따라서 개별 소비자가 기존의 민사소송제도를 통한 구제를 기대하는 것에는 한계가 있다. 그 원인에 대하여 두 가지 측면에서 이해가 가능하다. 우선 소제기의 측면에서 보면, 소액의 피해를 입은 개별 소비자 입장에서 상당한 소송비용을 감수하고 소를 제기할 가능성은 크지 않다 할 것이다. 또한 소송수행 과정의 측면에서도 문제가 있다. 현행 소송법제 하에서도 다수의 피해자를 동시에 구제할 수 있는 방법이 전혀 없는 것은 아니다. 예를 들어 민사소송법은 공동소송제도나 선정당사자제도를 마련해 놓고 있기 때문에, 다수의 피해자는 이러한 제도를 통하여 피해를 구제받을 수 있다. 그러나 이 경우에도 기판력을 받게 되는 범위는 공동당사자 또는 선정자에 한정되며, 결국 보상을 받게 되는 소비자의 범위는 제한될 수밖에 없다.

이와 같은 소비자피해에 대한 적절한 구제책의 미비는 기업의 침해행위를 사실상 방임함으로써 이를 더욱 증가시키는 결과를 초래할 가능성이 있으며, 사회적으로는 소비자집단 전체의 이익, 나아가서는 공익을 해칠 우려도 있다. 따라서 소액다수의 피해라는 특징을 가진 소비자피해를 효과적으로 구제할 수 있는 소송상의 제도를 마련할 필요가 있으며, 비교법적으로 독일의 단체소송과 미국의 집단소송이 유력한 논의 대상이 되었다.

미국의 집단소송(class action)은 집단의 다수 구성원 중에서 1인 또는 그 이상이 집단 전체를 대표해서 제소하거나(원고 class action), 제소를 당하는(피고 class action) 형태의 소송을 말한다. Class action은 대표당사자가 일단 개인자격으로 소를 제기한 후에, 법원에 class action을 신청하여 법원이 그 대표당사자가 그가 제시한 class를 대표할 자격이 있다고 인정하면 허가결정을 내리고, 이어서 본안의 심리에 들어가게 된다. 이때 본안의 심리결과 내려지는 종국판결은 대표당사자뿐만 아니라 class의 구성원 전원을 기속하게 된다. 이와 같이 본안 판결의 효력이 class의 구성원 전원에게 미친다는 데에 class action

제도의 본질이 있다.

반면에 독일의 단체소송은 하나의 단체를 매개로 하여 소송을 제기하고 수행한다. 즉 단체소송은 하나의 단체가 원고가 되어 개별적인 법률의 보호목적을 실현하거나 또는 다른 사람의 개별적인 청구권을 행사하는 소송을 말하며, 독일 부정경쟁방지법(UWG; Gesetz gegen den unlauteren Wettbewerb)상의 단체소송이 대표적인 예에 해당한다. 즉 UWG 제8조 제3항은 동법에 의한 중지청구의 주체로서, 경쟁사업자뿐만 아니라 사업자단체, 소비자보호를 위한 조직[10)]내지 상공회의소와 같은 단체를 규정하고 있다. 특히 독일의 단체소송은 개별적인 권리보호제도가 가지고 있는 한계를 피하고, 대량으로 발생하는 청구권을 집단적으로 처리함으로써 피해자 보호와 소송경제를 실현하는 기능을 갖는다(권오승, 1987: 285-287).

양 제도는 나름대로의 장단점을 갖고 있지만, 독일과 마찬가지로 개별적 권리구제원칙에 입각하고 있는 우리 법제도 하에서 단체소송이 보다 용이하게 결합될 수 있다는 점이 고려되어, 결국 독일의 단체소송에 유사한 제도가 2006년 개정을 통하여 소비자기본법에 도입되었으며, 동 제도는 2008년 1월 1일부터 시행되고 있다.[11)]

2. 소비자단체소송의 내용

(1) 단체소송의 대상과 주체

단체소송이 가능한 물적 범위는 사업자가 소비자기본법 제8조 제1항의 위해방지 기준에 위반되는 물품을 제조·수입·판매하거나 제공한 경우, 동법 제10조의 표시기준을 위반한 경우, 동법 제11조의 광고기준을 위반한 경우, 동법 제12조 제2항에 의하여 국가가 지정·고시한 소비자의 합리적인 선택을 방해하고 소비자에게 손해를 끼칠 우려가 있다고 인정되는 사업자의 부당한 행위를 한 경우, 동법 제15조 제2항의 개인정보 보호기

10) 이때의 소비자보호를 위한 조직은 중지청구법(Unterlassungsklagengesetz) 제4조에 의하여 자격이 부여되거나 EC지침 98/27에 의하여 EC위원회에 등록된 단체를 의미한다.

11) 한편 집단소송적 성격을 갖고 있는, 소액주주들의 소송활성화를 위한 '증권관련집단소송법'이 2004년 1월에 제정되어 2005년 1월 1일부터 시행되고 있다.

준을 위반한 경우에, 이로 인하여 소비자의 생명·신체 또는 재산에 대한 권익을 직접적으로 침해하고 그 침해가 계속되는 경우 소비자권익침해행위의 금지·중지를 구하는 소송이다(법 70조 본문).

단체소송을 제기할 수 있는 인적 범위는 동법 제70조 각 호에 규정되어 있다. 각각 소비자단체, 사업자단체 및 중립적 위치에 있는 공익 단체가 포함되어 있다. 구체적으로 보면, 1) 소비자기본법 제29조의 규정에 따라 공정거래위원회에 등록한 소비자단체로서, 정관에 따라 상시적으로 소비자의 권익증진을 주된 목적으로 하는 단체일 것, 단체의 정회원수가 1천명 이상일 것, 동법 제29조의 규정에 따른 등록 후 3년이 경과하였을 것 등의 요건을 모두 갖춘 단체(1호), 2) '상공회의소법'에 따른 대한상공회의소, 중소기업협동조합법에 따른 중소기업협동조합중앙회 및 전국 단위의 경제단체로서 대통령령이 정하는 단체(2호),[12] '비영리민간단체 지원법' 제2조의 규정에 따른 비영리민간단체로서, 법률상 또는 사실상 동일한 침해를 입은 50인 이상의 소비자로부터 단체소송의 제기를 요청받을 것, 정관에 소비자의 권익증진을 단체의 목적으로 명시한 후 최근 3년 이상 이를 위한 활동실적이 있을 것, 단체의 상시 구성원수가 5천명 이상일 것, 중앙행정기관에 등록되어 있을 것 등의 요건을 모두 갖춘 단체가 이에 해당한다(3호).

이상의 규정은, 단체소송의 주체를 소비자단체, 사업자단체, 공익단체로 유형화하여 인정함으로써, 독일의 부정경쟁방지법 제8조 제3항의 규정과 매우 유사한 태도를 보여 주고 있다. 그러나 독일의 부정경쟁방지법의 경우 동법의 보호 목적이 경쟁자 보호에서, 거래상대방인 소비자보호 나아가 경쟁질서의 보호로 확대되어 왔고, 이와 같은 보호목적상의 특성이 단체소송의 주체를 정함에 있어서 영향을 미친 것으로 볼 수 있다(Ekey u. a., 2005: 581ff 참조). 그러나 소비자기본법상의 단체소송은 명백히 소비자에게 피해가 발생한 경우를 대상으로 하며, 이와 같은 상황에서 사업자단체에게도 단체소송의 제소권을 부여하는 것이 타당한지에 대한 입법적 의문이 있다.

12) 동법 시행령 제63조에 의하면, 법 제70조제2호에서 대통령령이 정하는 단체란 전국 단위의 경제단체로서, 사업자 등을 회원으로 하여 「민법」에 따라 설립된 사단법인으로서 정관에 따라 기업경영의 합리화 또는 건전한 기업문화 조성에 관한 사업을 수행하는 법인 중 재정경제부장관이 정하여 고시하는 법인(1호) 및 사업자 등을 회원으로 하여 「민법」에 따라 설립된 사단법인으로서 정관에 따라 무역진흥업무를 수행하는 법인 중 재정경제부장관이 정하여 고시하는 법인(2호)의 어느 하나에 해당하는 단체를 말한다.

(2) 단체소송의 관할

단체소송의 소는 피고의 주된 사무소 또는 영업소가 있는 곳, 주된 사무소나 영업소가 없는 경우에는 주된 업무담당자의 주소가 있는 곳의 지방법원 본원 합의부의 관할에 전속한다(법 70조 1항). 한편 외국 사업자에 적용할 경우에는 대한민국에 있는 이들의 주된 사무소·영업소 또는 업무담당자의 주소에 따라 정한다(법 70조 2항).

(3) 단체소송의 허가

단체소송의 신청은 단체소송을 제기하는 단체가 소장과 함께 원고 및 그 소송대리인, 피고, 금지·중지를 구하는 사업자의 소비자권익 침해행위의 범위를 기재한 소송허가신청서를 법원에 제출하여야 한다(법 73조 1항). 이때 소송대리인은 변호사로서 선임되어야 한다(법 72조). 이때의 소송허가신청서에는 소제기단체가 제70조 각 호의 어느 하나에 해당하는 요건을 갖추고 있음을 소명하는 자료와 소제기단체가 제74조 제1항 제3호의 규정에 따라 요청한 서면 및 이에 대한 사업자의 의견서를 첨부하여야 한다(법 73조 2항). 한편 사업자의 의견서는 동호에서 정하는 기간(서면요청 후 14일) 내에 사업자의 응답이 없을 경우에 생략할 수 있다(법 73조 2항 2호 단서).

법원은 물품 등의 사용으로 인하여 소비자의 생명·신체 또는 재산에 피해가 발생하거나 발생할 우려가 있는 등 다수 소비자의 권익보호 및 피해예방을 위한 공익상의 필요가 있을 것, 제73조의 규정에 따른 소송허가신청서의 기재사항에 흠결이 없을 것, 소제기단체가 사업자에게 소비자권익 침해행위를 금지·중지할 것을 서면으로 요청한 후 14일이 경과하였을 것 등의 요건을 모두 갖춘 경우에 결정으로 단체소송을 허가할 수 있다(법 74조 1항). 한편 단체소송을 허가하거나 불허가하는 결정에 대하여는 즉시 항고할 수 있다(법 74조 2항).

(4) 단체소송 확정판결의 효력

원고의 청구를 기각하는 판결이 확정된 경우 이와 동일한 사안에 관하여는 제70조의 규정에 따른 다른 단체는 단체소송을 제기할 수 없다(법 75조 본문). 다만 판결이 확정된 후 그 사안과 관련하여 국가 또는 지방자치단체가 설립한 기관에 의하여 새로운 연구결과나 증거가 나타난 경우, 기각판결이 원고의 고의로 인한 것임이 밝혀진 경우의 어느 하나에 해당하는 경우에는 그러하지 아니하다(법 75조 단서).

이상의 규정은 결과적으로 일정한 단체에 의한 단체소송의 판결을 부분적으로 확대하는 의미를 갖는다. 그 취지는 제소의 빈발로 인한 법률관계의 불안정성을 해소하려는 것에서 찾을 수 있지만, 특히 청구기각의 판결 효력을 소비자단체, 사업자단체, 공익단체 등 서로 성격이 상이한 단체에게까지 확장하는 것이 타당한지에 대해서는 입법정책상 의문의 여지가 있다.

참 ■ 고 ■ 문 ■ 헌

권오승(1987), 「소비자문제와 다수당사자소송」, 『다수당사자소송연구』, 법무부, 법무자료 제90집.

______(1988), 「피해구제이론」, 『피해구제업무편람』, 한국소비자보호원.

김상용(1994), 「제조물책임법의 법리구성」, 『인권과 정의』, 제217호.

김성천(2001), 『소비자피해보상규정의 개선방안 연구』, 한국소비자보호원.

남일총 편(1992), 『한국의 유통산업』, 한국개발연구원.

연기영(1999), 「제조물책임의 제정과 기업의 대책」, 『비교사법』, 제6권 1호.

임정평(1988), 「제조물책임법리의 비교법적 고찰」, 『사법행정』, 1988.10.

전병서(2002), 「대체적 분쟁해결제도(ADR)의 방향」, 『서울지방변호사회』 제32집.

하종선 · 최병록(1997), 『PL법과 기업의 대응방안』, 한국경제신문사.

한국소비자보호원(2007), 『소비자 피해구제 연보 사례집: 2006』.

Bäurle, Michael (2000), *Vertragsfreiheit und Grundgesetz, Nomos*.

Ekey, Friedrich L., u. a. (2005), *Wettbewerbsrecht*, C. F. Müller (Astrid Meckel 집필부분).

Hodges, Christopher (1993), *Product Liability: European Laws and Practice*, Sweet & Maxwell.

Kemper, Rainer (1994), “Verbraucherschutzinstrumente,” *Nomos Verl.*

Kind, Sandra (1997), *Die Grenzen des Verbraucherschutzes durch Information: aufgezeigt am Teilzeitwohnrechtgesetz*, Duncker & Humblot.

Larenz, Karl & Wolf (1997), Manfred *Allgemeiner Teil des Bürgerlichen Rechts*, C. H. Beck.

Newdick, Christopher (1988), “The Development Risk Defence of the Consumer Protection Act 1987,” *Cambridge Law Journal*, vol. 47 no. 3.

Rittner, Fritz (1982), “Vertragsfreiheit und Wettbewerbs- politik,” Festschrift für A. Sölter.

______ (1999), *Wettbewerbs- und Kartellrecht*, C. F. Müller.

Samuelson, Paul A. & Nordhaus, William D. (1995), *Economics*, McGraw-Hill.

Solomon, Miachel R. (1999), *Consumer Behavior*, 4. ed., Prentice-Hall, Inc.

北川俊光(1995), 『企業のPL對策』, 日科技連.

後藤卷則・村千鶴子・齊藤雅弘(2005), 『アクセス消費者法』, 日本評論社.

제12장

소비자·분쟁조정의 현황 및 실효성 확보를 위한 제언

▌최 은 실▐
한국소비자원 경영지원본부 부장

제1절 들어가는 말

복잡해진 현대사회에서 갈등의 문제는 일반적인 사회현상이라고 할 수 있다. 반면에 이렇게 일반화된 사회 갈등의 해결을 오로지 법원에 의한 절차인 민사 소송만으로 해결하는 것은 경제적 · 시간적 · 사회적으로 많은 비용과 시간을 요구하며 그 한계가 있다. 특히 우리 사회의 다양한 분쟁 중에서도 소비자와 사업자간의 거래 등에서 발생하는 소비자분쟁은 시장정보의 불완전과 사업자와 소비자가 가지고 있는 정보의 불평등으로 인해 산업구조가 발전하고 시장 메커니즘이 개선된다 하더라도 필연적으로 발생할 수밖에 없다. 소비자분쟁은 현대 경제사회의 특징인 대량 생산 · 대량 판매 · 대량 소비에서 발생되는 구조적 피해로 다양한 소비생활 분야에서 광범위하고 일상적으로 일어나고 있어, 정형화된 법리를 적용하기 힘들어 양 당사자 간의 원만한 합의가 이루어지기 어려우며 소송으로 가는 경우에는 경제적 약자인 소비자의 부담이 너무 크기 때문에 제3의 조정기관의 도움이 매우 필요한 분야다.

또한, 소비자분쟁이 발생하면 사업자에 비하여 상품정보가 부족하고 열악한 위치에 있는 소비자가 민사소송을 통하여 분쟁을 해결하기에는 그 입은 손해에 비해 비용과 시간이 훨씬 많이 소요되며, 사업자의 입장에서도 비용과 시간이 많이 필요하고 무엇보다 기업의 이미지를 손상시킬 수 있는 소송을 통한 해결보다는 중립적인 기관에 의한 조정제도를 활용하는 것이 사회적으로 효용성이 크다고 보인다.

정부에서는 소비자분쟁을 포함한 다양한 분쟁의 효율적 해결을 위해서 소송외적인 절차인 소송대체적 분쟁해결 방법(Alternative Dispute Resolution: ADR)을 제도적으로 개발·시행하고 있다. 이러한 소송대체적 분쟁해결 방법은 민사적 분쟁에 있어서 양 당사자가 원만하게 합의하여 자주적으로 해결하지 못하는 수많은 사건들이 소송에 의해 해결되기 전에 국가기관 등이 제도적으로 개입하여 합리적인 해결방안을 이끌어 내어 국가 전체의 민사분쟁을 효율적으로 해결하는 데 크게 기여한다고 볼 수 있다.

12장에서는 분쟁의 해결에 있어서 소송대체적 분쟁해결 기관이 가장 효율적으로 이용되고 있는 소비자분쟁조정제도를 중심으로 비슷한 기능을 수행하고 있는 타 분쟁조정제도와 비교·분석하고, 이러한 소비자분쟁조정제도가 보다 실효성 있는 제도로 정착하기 위한 몇 가지 제언을 하고자 한다.

제2절 소비자분쟁조정제도와 타 분쟁조정제도와의 비교

사법(私法)상의 권리 또는 법률관계를 둘러싸고 발생하는 분쟁(민사 분쟁)을 해결하는 방법은 크게 당사자 간의 협상, 조정과 중재 등 대체적 분쟁해결, 그리고 소송에 의한 분쟁해결방법 등이 있다. 그러나 소송에 의한 분쟁해결은 상당한 시간과 비용이 소요되기 때문에 민사소송 외에 화해·조정·중재 등 자주적인 소송대체적 분쟁해결방법(ADR)이 이용되고 있다.

조정(調停)은 넓은 의미로는 제3자가 분쟁당사자를 중개하고 쌍방의 주장을 절충하여 화해에 이르도록 알선·협력하는 것을 말하지만, 통상 국가기관 등에서 제도적으로 행하는 경우를 지칭한다. 조정은 법원에 의한 조정(민사조정)과 개별법에 의해 설립된 각종 분쟁조정위원회에 의한 조정(행정조정), 민간조정으로 나눌 수 있는데, 민사조정은 조정담당판사 또는 조정위원회에 의하여 조정이 이루어지며, 개별법에 의한 조정(행정조정)에는 소비자분쟁조정위원회, 금융분쟁조정위원회, 전자거래분쟁조정위원회, 개인정보분쟁조정위원회, 환경분쟁조정위원회, 저작권위원회, 컴퓨터프로그램보호위원회, 인터넷주소분쟁조정위원회, 의료심사조정위원회 등에 의한 조정이 있다.

한편, 소비자분쟁과 관련된 민간형 조정으로는 2003년 소비자보호법의 개정에 따라 설립된 자율분쟁조정위원회(한국소비자단체협의회 내에 설치)가 있다. 법률상의 근거는 없지만 정부시책에 따라 민간단체에 설치되어 있는 것으로는 제조물책임분쟁조정위원회(중소기업협동중앙회 등)와 통신민원조정센터심의위원회(한국정보통신산업협회)가 있다.[1)]

1. 주요 분쟁조정위원회 현황

(1) 금융분쟁조정위원회

동위원회는 금융관련 분쟁의 해결을 위해 1999년 1월 「금융감독기구의 설립등에 관한 법률」(이하 '법'이라 함) 제51조에 근거하여 금융감독원 내에 설치되었다. 1998년까지는 은행감독원, 증권감독원, 보험감독원 내에 은행, 증권, 보험분쟁조정위원회가 각각 설치되어 있었다. 기능은 각종 금융거래에서 발생하는 금융소비자분쟁에 대한 조정요청사건을 심의하여 조정결정을 하는 준사법적 독립기구로서 금융감독원 검사대상기관과 예금자 등 금융수요자 기타 이해관계인 사이에서 발생하는 금융관련 분쟁조정 사건을 심의·의결하고 있다. 위원회는 위원장 1인을 포함한 30인 이내의 위원으로 구성되며(법 제52조 1항), 위원은 법 제52조 2항에서 규정한 자격요건을 구비한 법조계, 금융계, 학계, 의료계, 소비자단체 등 각계 대표자로 임명된다.

금융분쟁조정위원회 분쟁조정의 대상이 되는 기관은 은행, 농·수·축협, 종금, 금고, 신협, 여신전문, 증권, 투신, 선물, 보험회사 등 금융감독원의 검사대상기관(법 제38조)이며, 금융기관과 금융소비자는 금융과 관련하여 분쟁이 있는 때에는 금융감독원장(이하 '원장'이라 함)에게 분쟁의 조정을 신청할 수 있도록 하고 있다(법 제53조 1항).

1) 분쟁조정위원회가 행정관청 또는 그 산하기관에 설치되어 있으면 행정조정, 민간단체에 설치되어 있으며 민간조정이라고 부를 수 있으나, 관련 특별법에 의해서 규율되고 있는 한 기본적인 성격에서는 큰 차이가 없다(유병현, 2000).

원장은 분쟁조정의 신청을 받은 날부터 30일 이내에 당사자 간에 합의가 이루어지지 아니하는 때에는 지체 없이 이를 위원회에 회부하여야 하고(법 제53조 3항), 위원회는 조정의 회부를 받은 때에는 60일 이내에 이를 심의하여 조정안을 작성하고, 위원회가 조정안을 작성한 때에는 원장은 신청인과 관계당사자에게 이를 제시하고 수락을 권고할 수 있다(법 제53조 4항, 5항). 위원회의 조정안을 당사자가 수락한 경우 그 조정내용은 재판상의 화해와 동일한 효력이 있으며(법 제55조), 조정이 성립된 후 당사자 일방이 이를 이행하지 않는 경우에는 법원으로부터 집행문을 부여받아 강제집행을 할 수 있도록 되어 있다(「각종 분쟁조정위원회등의 조정조서 등에 대한 집행문부여에 관한 규칙」(대법원규칙 제1198호)).

2004년 기준으로 총 18회의 위원회를 개최하였으며, 은행·증권분야 42건, 보험 분야 41건 등 83건을 심의·의결하였고 41건에 대하여 신청인의 주장을 수용하여 수용률은 49.4%다.

(2) 전자거래분쟁조정위원회

전자거래분쟁조정위원회는 전자거래 분쟁을 신속하고 공정하게 해결하기 위하여 「전자거래기본법」 제32조 1항에 근거하여 2004년 4월 12일에 한국전자거래진흥원내에 설치되었다. 위원회의 기능은 전자거래에 관한 분쟁을 조정하여 피해를 구제하고 전자거래의 신뢰성을 확보하는 데에 있다. 이때의 전자거래는 사업자와 소비자뿐 아니라 사업자와 사업자 간의 분쟁도 포함된다. 동위원회는 위원장 1인을 포함한 15인 이상 50인 이하의 위원으로 구성(법 제32조 2항)되며, 현재 조정위원은 44명(학계, 연구기관의 전자거래 관련 전문가 및 변호사, 변리사 등 법률전문가. 전원 비상임)으로 구성되어 있다.

조정절차를 보면, 전자거래와 관련한 피해의 구제와 분쟁의 조정을 받고자 하는 사람이 위원회에 분쟁의 조정을 신청할 수 있으며(법 제33조 1항), 위원장은 조정신청을 받은 때에는 관계당사자에게 합의 또는 조정에 응할 것을 권고할 수 있도록 하고 있다(시행령 제20조 2항). 위원장은 관계당사자가 조정에 응하거나 당사자 간 합의가 신청일로부터 10일 이내에 이루어지지 않을 경우에는 담당조정부(3인 이내의 위원)를 구성하여 조정절차를 진행한다.

담당조정부는 구성 후 45일 이내에 조정안을 작성하여 당사자들에게 수락을 권고(법 제33조 2항)하고 권고안에 대하여 분쟁당사자가 동의하면 조정이 성립되며, 분쟁조정의 신청이 취하되거나 분쟁당사자 일방이 분쟁의 조정에 불응하는 경우 등에는 불성립된다. 조정이 성립되어 당사자가 기명·날인한 조정조서는 당사자 간 합의의 효력이 있다(법 제35조 3항). 즉, 그 조정내용은 재판상 화해와 같은 효력을 가지지 않고, 당사자 사이에 민법상 화해가 성립한 것으로 본다.

분쟁조정 방식은 신청인, 피신청인이 직접 위원회 회의실에 출석함으로써 조정절차가 진행되며, 2002년부터는 사이버조정시스템이 도입되어 온라인채팅조정시스템과 음성화상조정시스템으로 직접 출석 없이 조정이 이루어지고 있다.

조정실적을 보면 2004년 기준으로 1,032건이 조정신청 접수되었으며, 위원회 권고로 당사자 합의로 종료된 건이 409건이며, 조정안 수락 종료가 29건, 조정안 불수락 종료가 13건이었다. 위원회는 분쟁의 조정을 신청한 자에게 대통령령이 정하는 바에 따라 조정비용을 부담하게 할 수 있으나(법 제37조 1항), 현재 조정비용은 받지 않고 있다.

(3) 개인정보분쟁조정위원회

개인정보분쟁위원회는 「정보통신망 이용촉진 및 정보보호 등에 관한 법률」 제33조의 규정에 의하여 한국정보보호진흥원 내에 설치(2001.12.3.)되어 있다. 동 위원회의 기능은 정보통신자에 의한 개인정보와 관련된 분쟁의 조정이며, 생존하는 개인에 관한 정보로서 성명·주민등록번호 등에 의하여 개인을 알아볼 수 있는 부호·문자·음향 및 영상 등의 정보 침해로 인한 분쟁과 기타 법률의 규정에 의한 개인정보침해나 사생활 침해 등이 조정대상에 포함된다. 개인정보 분쟁이 공적 분야에 의해 야기된 경우에는 「공공기관의 정보보호에 관한 법률」에 의거하여 행정심판으로 처리하고 있어 개인정보분쟁조정위원회가 다루는 분쟁은 원칙적으로 통신망 상의 정보보호 분쟁에 한정된다.

동위원회의 조직은 위원장 1인을 포함한 15인 이내의 위원으로 구성되며 그중 1인은 상임(법 제33조)이며, 현재 교수, 법률가, 기술전문가, 사업자 및 소비자단체 추천인사, 관계공무원 등 각계의 전문가로 구성된다. 위원회 분쟁조정업무를 효율적으로 추진하기 위하여 5인 이하의 위원으로 구성되는 조정부를 둘 수 있으며, 조정에 들어가기 전에 당사자 간의 자율적인 노력에 의해 원만하게 분쟁이 해결될 수 있도록 합의를 권고할 수 있으며, 합의권고에 의해 당사자 간 합의가 성립하면 사건이 종결된다.

조정 전 합의가 이루어지지 않으면 위원회를 통해 조정절차가 개시되며 위원회는 신청을 받은 날로부터 60일 이내에 사건을 심사하여 조정안을 작성하여야 한다. 위원회는 위원장을 포함한 재적위원 과반수의 출석으로 개의하며 출석위원 과반수의 찬성으로 의결(시행령 제14조 3항)하고 있다.

조정안을 제시받은 당사자는 제시를 받은 날로부터 15일 이내에 위원회에 조정안의 수락여부를 통보하도록 하고 있다. 양 당사자가 수락하여 조정서에 기명날인하여 합의가 성립하면 이는 민법상 화해계약과 같은 효력을 가지게 된다. 그러나 당사자 중 일방이라도 조정안을 거부한 때에는 조정은 불성립으로 종결되며 피해자는 민사소송을 통해 피해를 구제받을 수 있다.

2004년 기준으로 개인정보 분쟁조정 처리건수는 1,210건이며, 조정 결정된 건은 531건(2003년 662건)으로 이 가운데 인용결정이 486건, 기각결정 17건, 각하결정 28건이며, 나머지는 법적 조치 의뢰 1건, 타 기관 이첩 1건, 신청철회 305건, 기타(사실확인 불가능 등) 12건, 상담·기타 360건으로 처리되었다.

(4) 환경분쟁조정위원회

환경분쟁조정위원회에는 「환경분쟁 조정법」 제4조에 의거 설치(1991년 중앙환경분쟁조정위원회 설립)되었으며, 환경오염으로 인한 건강상·신체상 피해 관련 분쟁을 간편한 절차와 적은 비용으로 신속하게 해결하여 주는 준사법적 기능을 가지고 있다(합의제 행정위원회).

환경분쟁조정위원회는 중앙환경분쟁조정위원회(환경부에 설치)와 지방환경분쟁조정위원회(특별시·광역시 또는 도에 설치)가 있다(법 제4조). 중앙환경분쟁조정위원회는 합의제 행정기관으로서 독립성을 갖고 준사법적인 업무를 수행하는 환경부 소속 기관으로 위원회는 위원장 1인을 포함한 9인으로 구성되어 있으며, 위원회에는 사무국을 설립하고 심사관을 두어 사실조사와 인과관계를 규명하도록 하고 있으며, 20인 이내에 전문위원을 위촉할 수 있다.

한편, 지방환경분쟁조정위원회는 16개 시・도에 설립되어 있으며, 20인 이내의 비상임위원으로 구성하여 관할구역에서 발생한 분쟁을 해결토록 하고 있다. 16개 시・도 중에서 서울특별시와 경기도를 제외하고는 별도의 사무국이 설립되어 있는 것은 없으며, 일부 시・도만이 위원회 업무를 전담하는 직원을 두고 있다.

환경조정은 환경피해(이미 발생하였거나 발생이 예상되는 대기오염, 수질오염, 해양오염, 소음, 진동, 자연생태계파괴 및 진동에 의한 지반침하 등 9개 분야의 피해를 말함)에 대한 다툼 및 환경시설의 설립・관리에 관한 다툼을 대상으로 하고 있다. 분쟁조정 신청은 분쟁내용을 기재한 신청서와 위원회의 산정 가액 수수료를 납부함으로써 이뤄진다. 분쟁조정의 종류로는 알선, 조정(調停), 재정(裁定)의 3종류가 있다.

알선은 비교적 간단한 분쟁사건으로 알선위원이 분쟁 당사자 간의 화해를 유도하며 합의를 이루어 해결을 도모하는 것으로 처리기간을 3개월이다. 조정은 알선으로 해결이 곤란한 분쟁사건에 대하여 조정위원회가 사실조사 후 조정안을 작성하여 양측에 일정기간을 정하여 수락을 권고함으로서 분쟁의 해결을 도모하는 것으로 처리기간은 9개월이다. 재정은 알선・조정으로 해결이 곤란한 손해배상 사건 등에 대하여 재정위원회가 인과관계의 유무 및 피해액을 판단하여 결정하는 재판에 준하는 절차이며 중앙환경분쟁조정위원회에서만 취급하고 처리기간은 역시 9개월이다.

중앙환경분쟁조정위원회는 조정의 절차 중에서 재정, 국가 또는 지방자치단체를 당사자로 하는 조정(調整), 2 이상의 시・도의 관할구역에 걸치는 조정(調整), 지방조정위원회가 조정이 곤란하여 이송한 분쟁조정, 다수인 관련 분쟁조정 등을 담당하며, 시・도환경분쟁조정위원회는 관할구역에서 발생한 분쟁의 알선과 조정만을 하고 있다.

조정(調停)은 당사자의 신청뿐만 아니라 중대한 피해가 발생하여 이를 방치하면 사회적으로 중대한 영향을 미칠 우려가 있다고 인정되는 경우의 분쟁으로서 대통령령이 정하는 분쟁의 경우에는 당사자의 신청이 없는 경우에도 중앙조정위원회는 직권으로 조정절차를 개시할 수 있는 점이 다른 분쟁조정위원회 업무와 다른 점이다(직권조정. 법 제30조). 즉, 환경피해로 인하여 사람이 사망하거나 인체에 중대한 장애가 발생한 경우, 조정가액이 50억 원 이상인 분쟁이 이에 해당된다(시행령 제23조 1항). 조정은 3인의 위원으로 구성되는 위원회에서 담당(법 제31조 1항)하나, 조정가액이 5천만 원 이하인 분쟁사건은 위원장이 지명하는 1인의 위원이 행할 수 있으며(시행령 제24조), 위원은 사건마다 각각 위원장이 지명하고, 회의는 위원장이 소집하며, 회의는 구성원 전원의 출석으로 개의하고 구성원 과반수의 찬성으로 의결하고 있다(법 제31조 2항, 3항, 4항).

위원회는 분쟁의 해결을 위하여 필요하다고 인정하는 때에는 조정안을 작성하고 이를 당사자에게 통보하고 있으며, 30일 이상의 기간을 정하여 당사자에게 그 수락을 권고할 수 있으며 조정안을 당사자가 수락하면 조정이 성립된다(법 제33조 1항). 한편 조정이 성립된 건은 당사자 간의 합의로 민법상의 화해의 효력을 가진다.

최근의 조정실적을 보면 2004년 372건이 접수되어 재정(裁定) 101건, 조정 1건, 합의 121건, 자진철회 49건으로 처리되었으며, 나머지 100건은 2005년으로 이월되었다. 2004년 처리된 223건(재정 101건, 조정 1건, 합의 121건)은 합의 191건, 미합의 32건으로 합의율은 85.7%로 나타났다.

2. 소비자분쟁조정제도 현황

(1) 소비자분쟁조정위원회

소비자분쟁조정위원회는 소비자기본법 제60조에 근거하여 한국소비자원 내에 설치되어 있으며, 소비자분쟁에 대한 조정결정, 소비자분쟁조정규칙의 제정, 개폐 기타 소비자분쟁조정위원장이 부의하는 사항을 심의·의결하는 소비자기본법상 독립적 분쟁조정기구다.

소비자분쟁조정위원회는 위원장 1인을 포함한 50인 이내의 위원으로 구성되고 위원장을 포함한 2인은 상임으로 하고 나머지는 비상임으로 위촉하며 위원은 한국소비자원장의 제청으로 공정거래위원장이 임명 또는 위촉하고 위원장은 상임위원 중에서 공정거래위원장이 임명하고 있다.

분쟁조정 신청절차는 소비자와 사업자 사이에 발생한 분쟁에 대하여 국가 및 지방자치단체에 설치된 기구에서 소비자분쟁이 해결되지 않거나 소비자단체, 소비자원의 합의권고에 의해서도 당사자 간에 원만한 합의에 이르지 못한 소비자피해사건의 경우, 당사자나 국가 및 지방자치단체, 소비자단체의 장, 한국소비자원장이 소비자분쟁조정위원회로 분쟁조정을 신청할 수 있다.

분쟁조정위원회는 분쟁조정 신청사건에 대해 분쟁조정을 위하여 필요한 경우 소비자분쟁조정위원회에서 구성한 분야별 전문위원회의 의견을 청취할 수 있고, 조정절차에 앞서 양 당사자 등 이해관계인, 소비자단체 또는 관계기관의 의견을 들을 수 있으며, 분쟁조정위원장은 분쟁조정업무의 효율적 수행을 위하여 소비자기본법에 따라 10일 이내의 기간을 정하여 분쟁당사자에게 보상방법에 대한 합의를 권고할 수 있다.

조정결정은 신청을 받은 날로부터 30일 이내에 마쳐야 하나, 부득이한 사정으로 30일 이내의 기간에 분쟁조정을 마칠 수 없는 경우에는 그 사유와 기한을 명시하여 당사자 및 그 대리인에게 통지하고 그 기한을 연장할 수 있도록 되어 있다. 조정결정이 내려진 뒤에는 즉시 당사자에게 그 분쟁조정내용을 통지해야 하며, 당사자는 통지를 받은 날로부터 15일 이내에 분쟁조정 내용에 대한 수락여부를 조정위원회에 통보하여야 하고, 15일 이내에 의사표시가 없는 경우에는 수락한 것으로 본다. 양 당사자가 분쟁조정의 내용을 수락하거나 수락한 것으로 보는 때에는 그 분쟁조정의 내용은 소비자기본법에 근거하여 재판상 화해와 동일한 효력을 가지고 있다.

분쟁조정이 성립한 후 일방 당사자가 이행을 거부하는 경우에는 타방 당사자는 소비자분쟁조정위원회의 조정조서 관할 법원(서울중앙지법)으로부터 대법원 규칙(각종 분쟁조정위원회등의 조정조서등에 대한 집행문부여에 관한 규칙) 제1768호(2002.6.28.)에 의거 집행문을 부여받아 일방당사자의 재산을 강제집행 할 수 있다. 집행문을 부여받기 위해서는 분쟁조정위원회에서 송달증명원을 발급받아 서울중앙지방법원에 조정결정서, 조정조서 정본을 첨부하여 조정조서에 대한 집행문 부여 신청을 하여 집행문을 부여받아 강제집행 할 수 있다.

소비자분쟁조정위원회의 조정결정에 대하여 양 당사자 중 일방이 이를 수락하지 않을 경우에는 조정은 불성립되며 이러한 경우에는 민사소송만으로 해결이 가능하다. 특히 사업자의 과실이 명백함에도 불구하고 조정을 거부하는 경우, 소비자는 시간과 비용의 부담 때문에 소제기를 꺼리게 되며 마찬가지로 변호사들도 소비자분쟁의 복잡성 및 소송가액의 적음을 이유로 소송수행을 꺼리고 있다. 이런 이유로 소비자분쟁조정위원회에서는 소비자들이 양질의 법률서비스를 제공받을 수 있는 방안의 일환으로 소비자를 위한 소송지원제도를 도입, 소비자문제에 관심을 가지고 있는 변호사를 중심으로 1994년 5월 '소송지원변호인단'을 구성하여 소송지원제도를 운영하고 있다. 소송지원제도는 피청구인(사업자)이 수락을 거부하여 불성립된 사건 중, 분쟁조정 결정가액이 1,000만 원 이상이면서 승소가능성이 높고 법률 전문가의 조력이 필요한 사건에 대하여 소송지원변호사단(30명)의 변호인으로 하여금 소송을 지원하는 제도다.

(2) 소비자단체의 자율분쟁조정위원회

자율분쟁조정위원회는 2003년 12월 「소비자보호법」 제19조의2(현재 소비자기본법 제31조 제1항)에 의하여 한국소비자단체협의회에 설치되었다. 자율분쟁조정위원회의 기능은 소비자피해 및 불만의 처리이며 주로 방문판매법과 전자상거래소비자보호법에 의거 공정거래위원회에 각 시·도에 접수된 방문판매, 전화권유판매, 다단계판매 등 특수판매와 전자거래 소비자피해 분쟁조정 역할을 수행하고 있다(조정 성립 시 공정거래위원회의 시정조치 면제 효과).

다른 법률의 규정에 의하여 설립된 전문성이 요구되는 분쟁조정기구로서 시행령에서 정하는 기구에서 관장하는 사항은 제외하고 있다(소비자기본법 제31조 제1항). 즉, 금융분쟁조정위원회, 의료심사조정위원회, 환경분쟁조정위원회, 저작권위원회, 컴퓨터프로그램보호위원회, 통신위원회, 개인정보분쟁조정위원회, 전기위원회, 우체국보험분쟁조정위원회(시행령 제25조) 등이 그것이다.

위원회는 위원장 1인과 부위원장 1인을 포함한 40인 이내의 비상임 위원으로 구성되어 있으며, 위원은 소비자문제에 대한 학식과 경험이 풍부하고 덕망을 갖춘 자로 각 단체에서 추천을 받아 소비자단체협의회장이 임명, 위촉하도록 하고 있다. 현재 35명으로 구성되어 있는바, 전문가대표 22명(법조계 6명, 학계 10명, 의료계 5명, 기타 1명), 사업자대표(특수판매분야 4명 포함), 소비자대표 5명이다.

위원회의 회의는 위원장이 필요하다고 인정하거나 재적위원 3분의 1 이상의 요구가 있을 때 위원장이 소집하도록 하고 있으며, 위원장은 조정업무를 효율적으로 수행하기 위하여 필요한 때에는 위원회의 의결을 거쳐 분쟁분야별 전문위원회를 구성할 수 있다.

조정은 각 소비자단체에 접수된 상담 내용 중 합의권고를 하였음에도 합의가 이루어지지 않을 경우 소비자단체가 소비자를 대리하여 신청하거나 소비자나 사업자가 신청할 수 있으며, 소비자관련법령에 의해 행정기관 또는 지방자치단체는 공문서를 통해 조정을 신청할 수 있다.

위원회는 사무국을 두고 있으며, 사건을 접수받은 사무국에서는 신청인과 피신청인 및 기타 이해관계인의 진술을 청취하며, 필요한 경우 시험검사 및 전문가자문 등의 과정을 통해 사실관계를 조사할 수 있으며, 사실조사과정에서 신청인과 피신청인 간에 합의가 이루어질 경우 '조정전 합의결과 보고서'가 작성된다.

위원회는 사건을 접수받은 날로부터 60일 이내에 위원회를 개최하여야 하고, 회의는 5-7명의 위원으로 구성하여 당사자의 의견청취 등의 과정을 통해 양 당사자에게 공정한 조정안을 제시하여 수락을 권고한다. 위원회가 제시한 조정안에 대하여 당사자가 15일 이내에 수락의 의사를 표시하고 조정서에 기명날인을 하면 조정이 성립하고, 조정이 성립한 경우 민법상 화해의 효력을 가지게 된다(법 제19조의2 제2항).

또한 「방문판매 등에 관한 법률」 제43조와 「전자상거래 등에서의 소비자보호에 관한 법률」 제33조에 따라 공정거래위원회나 시도지사가 의뢰한 사건에 대해서는 사업자가 위원회의 권고안 또는 조정안에 대하여 수락하고 이행하는 경우 시정조치를 하지 않도록 규정하고 있다.

설립 이후 2005년까지 자율분쟁조정위원회에 접수된 사건은 총 864건(공정위 574건 의뢰)으로 거래유형별로는 다단계판매가 251건, 사업권유거래 192건, 방문판매 167건, 전화권유판매 128건, 전자상거래 88건, 계속거래 및 기타가 38건으로 나타났다.

자율분쟁조정위원회는 현재 사건이 진행 중이거나 법원에 제소된 사건, 수사와 관련 있는 사건, 사업자의 폐업 등의 사유로 분쟁조정이 불가능한 사건을 제외한 693건에 대하여 소비자피해를 구제하여 이 중 523건(75.4%)이 조정 성립되거나 합의 처리되어 75.4%의 분쟁 해결률을 보이고 있다.

3. 소비자분쟁조정위원회와 타 위원회와의 비교

각 조정 기관들을 비교해 보면, 소비자분쟁조정위원회와 타 행정형 조정기관은 조정의 효력에서 차이가 나고 있다. 비교적 최근에 만들어진 분쟁조정위원회의 경우에는 당사자 사이의 합의와 동일한 효력을 인정하고 있고, 과거에 만들어진 위원회의 경우에는 재판

표 1. 각종 분쟁조정위원회 비교

구분	전자거래 분쟁조정위원회	개인정보 분쟁조정위원회	환경분쟁조정 위원회(중앙)
근거 법률	전자거래기본법	정보통신망이용촉진및정보보호등에관한법률	환경분쟁조정법
설치 기관 (설치일)	한국전자거래진흥원 (2000.4.12.)	한국정보보호진흥원 (2001.12.3.)	환경부(합의제 행정위원회)(1991)
기능	전자거래 관련 분쟁조정	개인정보 관련 분쟁 조정	환경오염으로 인한 분쟁조정
구성	위원장 1인을 포함한 15인 이상 50인 이하	위원장 1인을 포함한 15인 이내	위원장 1인을 함한 9인
위원 임명・위촉	산업자원부장관	정보통신부장관	환경부장관
위원임기	2년(연임 가능)	3년(연임 가능)	2년(연임 가능)
위원 구성(현재)	비상임 44인	상임 1인, 비상임 10인	상임 1인, 비상임 8인
조정의 성립	조정안 권고에 대해 당사자가 동의한 경우 조정성립	조정안을 제시받은 날로부터 15일 이내에 그 수락여부를 위원회에 통보	조정안을 당사자가 수락한 때에 조정 성립
효력	당사자 간 합의 (민법상 화해)	당사자 간 합의 (민법상 화해)	당사자 간 합의 (민법상 화해)
실무부서	사무국	사무국	사무국
운영규정	전자거래분쟁조정위원회운영규정(산자부고시)	개인정보분쟁조정위원회규칙	중앙환경분쟁조정위원회운영규정(환경부고시)
조정기한	45일	60일 (연장 가능)	조정(調整)절차에 따라 3-9개월이며, 조정(調停)은 9개월
기타	조정부제도(위원장이 지명하는 3인 이내의 위원으로 구성) 사이버조정제도(온라인채팅 및 화상조정제도) 신청인에게 비용 청구 근거 규정(현재 무료)	조정부제도(5인 이하의 위원으로 구성) 소위원회제도(5-7인 이하의 위원으로 구성) 독립 홈페이지 운영	중앙환경분쟁조정위원회 및 지방환경분쟁조정위원회 20인 이내의 전문위원 위촉 독립홈페이지 운영

표 1. 계속

구분	소비자 분쟁조정위원회	소협 자율 분쟁조정위원회	금융 분쟁조정위원회
근거 법률	소비자기본법	소비자기본법	금융감독기구의설립등에 관한법률
설치 기관 (설치일)	한국소비자원 (1987.7.1.)	한국소비자단체협의회 (2003.12.)	금융감독원 (1999.1.1.)
기능	소비자분쟁 사건 조정	소비자분쟁 조정 및 특수 판매분쟁	금융소비자분쟁 사건 조정
구성	위원장 1인을 포함한 50인 이내	위원장 1인, 부위원장 1인을 포함한 40인 이내	위원장 1인을 포함한 30인 이내
위원 임명·위촉	공정거래위원장	한국소비자단체협의회장	금융감독원장
위원임기	3년(연임 가능)	2년(연임 가능)	2년(연임가능)
위원 구성(현재)	상임 2인, 비상임 48인	비상임 35인	상임 2인, 비상임 25인 ※위원장은 금감원 부원장 중에서 임명
조정의 성립	조정결정 통보를 받은 날로부터 15일 이내에 수락거부 의사표시를 서면으로 하지 않으면 조정성립	조정안을 받은 날로부터 15일 이내에 수락의사 표시	조정안을 받은 날로부터 20일 이내에 조정안을 수락하지 아니한 때에는 조정안을 거부한 것으로 봄
효력	재판상 화해	당사자 간 합의 (민법상 화해)	재판상 화해
실무부서	분쟁조정사무국	사무국	분쟁조정실
운영규정	소비자분쟁조정규칙	자율분쟁조정위원회운영 규칙	금융분쟁조정세칙
조정기한	30일(연장 가능)	60일	60일
기타	소송지원제도 분야별 전문위원회 2004년 1,125건 처리 (성립률 83.8%)	분야별 전문 위원회 2004-2005년 2년간 693건 처리(대부분 특수판매 분쟁)(성립률 75.4%)	재조정신청제도 재의제도 소송지원제도 2004년 83건 처리 (신청인 수용률 49.8%)

출처: 각 분쟁조정기관의 홈페이지와 한국소비자원(2006) 내부분석 자료를 토대로 재구성.

상화해와 같은 효력을 인정하고 있는데, 소비자분쟁조정위원회와 금융분쟁조정위원회가 재판상 화해와 같은 효력이 있는 데 반하여, 전자거래분쟁조정위원회와 자율분쟁조정위원회 등의 조정은 민법상 화해와 같은 효력이 있다. 분쟁해결절차에 있어서도 소비자분쟁조정위원회의 경우에는 위원회가 제시한 조정안에 서면으로 수락거부의 의사표시를 하지 아니하면 조정에 동의한 것으로 보나, 전자거래분쟁조정위원회나 자율분쟁조정위원회의 경우에는 명시적으로 수락하지 아니하는 한 조정은 성립하지 아니한다. 소비자분쟁조정위원회나 자율분쟁조정위원회는 당사자 일방이 출석을 거부하여도 조정절차를 진행할 수 있으나(소비자원 정관 제42조, 자율분쟁조정위원회 운영세칙 제25조 제3항), 전자거래분쟁조정위원회는 상대방이 조정에 응하지 않을 의사를 밝힌 경우에는 조정절차를 진행할 수 없어(전자거래기본법 제36조), 그 절차가 다소 상이하다.

한편, 조정기간도 차이가 있어, 소비자분쟁조정위원회는 조정기간이 30일인 반면, 전자거래분쟁조정위원회는 45일, 자율분쟁조정위원회는 60일, 환경분쟁조정위원회는 90일로 다양하게 제한하고 있다. 조정수락기간에 있어서도 소비자분쟁조정위원회와 자율분쟁조정위원회가 15일로 가장 짧고, 금융분쟁조정위원회가 20일, 환경분쟁조정위원회의 조정이 30일로 다양하게 규정되어 있으며, 전자거래분쟁조정위원회처럼 해당 규정이 없는 경우도 있다.

각 분쟁조정기관 중에서 공통적으로 소비자분쟁을 다루고 있어 기능의 중복성이 지적되는 소비자분쟁을 다루고 있는 자율분쟁조정위원회와 소비자분쟁조정위원회를 비교해 보면, 우선 자율분쟁조정위원회는 소비자이익을 위해 조직된 소비자단체(소비자단체협의회) 내에 설립되어 있어 공정성 · 객관성 · 전문성을 전제로 제3자적인 역할을 수행해야 하는 분쟁조정의 특성상 그 역할에는 다소 한계가 있다는 차이점이 있다. 또한 소비자분쟁은 다양한 분야에서 발생되고 있음에도 자율분쟁조정위원회는 많은 영역이 제외(시행령: 금융, 의료 분야 등)되어 있고 방문판매, 특수거래 분야 등에서 발생하는 소비자분쟁을 주로 수행하고 있다.

한편, 소비자분쟁조정위원회는 전술한 바와 같이, 조정이 성립되면 재판상의 화해의 효력이 있으며 조정위원회의 조정에 사업자가 불응하여 소송으로 갈 경우, 소비자에 대한 소송지원제도까지 갖추고 있어 소비자분쟁에 적극적으로 대응할 수 있는 준사법적인 조직임에 반해 자율분쟁조정위원회는 민간의 자율기구로 조정의 효력은 민법상의 화해의 효력에 그친다.

그러나 자율분쟁조정위원회는 소비자분쟁조정위원회에서는 거의 다루고 있지 않는 다단계 판매, 사업권유 거래 등을 다루고 있어 소비자분쟁조정위원회와 업무 중복이 그리 크지 않으며, 「방문판매 등에 관한 법률」 등과 관련하여 공정거래위원회나 시도지사가 의뢰한 사건에 대해서 사업자가 권고안 또는 조정안에 대하여 수락하고 이행하는 경우 시정조치를 면제하는 인센티브를 부여하고 있어 나름대로 고유한 기능과 역할을 수행한다고 보인다.

제3절 소송외적 분쟁해결제도에 의한 소비자분쟁조정의 현황

1. 소비자분쟁조정위원회 현황 및 조정실적

(1) 소비자분쟁조정의 연간 추이 분석

분쟁조정은 재판외 대체적 분쟁해결방법(ADR)로서 합리적인 조정안을 도출하여 당사자의 분쟁을 종결하는 것을 목적으로 한다. 따라서 분쟁조정위원회의 조정안에 대한 수락여부를 결정하는 것은 당사자의 자유의사이며 강요할 수 없는 부분이다. 그러나 일단 양당사자가 본인의 자유의사에 의해 위원회의 조정안을 수락하는 경우에는 소비자기본법은 그것에 일정한 효력을 부여하고 있다. 즉, 소비자기본법은 양 당사자가 위원회의 조정안을 수락한 경우에 조정조서를 작성하게 하고 조정조서에 기명날인한 경우 조정조서상의 분쟁조정 내용에 대해 재판상 화해와 동일한 효력 즉, 확정판결과 동일한 효력을 부여하고 있다. 이로서 분쟁조정위원회의 조정은 단순한 당사자 간의 화해가 아니라 준사법적 효력을 가지는 조정으로서의 의미가 있는 것이다. 소비자분쟁조정위원회는 1987년부터 개원 당시 6회 개최를 이후로 해마다 개최횟수를 늘려 2006년에는 총 56회를 개최하였다. 위원회 발족 이래 지난 20년간 총 734회를 개최하였으며 그중 지방위원회는 1991

년 첫 1회를 시작으로 2006년까지 총 78회를 개최하였다.

한국소비자원, 민간 소비자단체 등에서 소비자분쟁조정위원회에 신청된 분쟁조정 건수는 1987년에 20건에서 시작하여 1989년부터는 매년 100건 이상 조정 신청되는 등 급격한 증가세를 보이고 있다. 소비자분쟁조정위원회가 설치된 1987년부터 2006년까지 20년간 총 분쟁조정신청 건수는 9,370건이며, 특히, 최근 5년간 접수된 건수가 4,663건으로 20년간 접수된 전체 건수의 절반 정도인 49.8%에 이르고 있다.

이를 분쟁조정 신청 품목별로 보면 일반서비스 분야가 2,444건(26.1%)으로 가장 많았으며, 자동차가 1,261건(13.5%), 생활・문화용품 분야가 1,046건(11.2%), 교육・도서 분야가 1,041건(11.1%) 등으로 순으로 나타나 전체적으로 보면 여가소비의 발달과 관련된 스포츠센터, 공연관람 등의 체육・문화시설 이용, 여행 등의 소비자분쟁이 많았던 것으로 분석되며, 소비자 안전과도 밀접한 관계가 있으며 상대적으로 고가의 내구재인 자동차 관련 소비자분쟁이 많았다는 것으로 분석된다.

그러나 2002년 이후 최근 5년간의 추세를 보면, 일반서비스가 38.6%로 압도적인 비중을 차지하고 있으며, 생활문화용품, 교육, 도서, 의료, 자동차 등의 순으로 나타났다. 이는 체육문화 시설이용이나 여행 등의 일반 서비스 분야의 소비자문제가 약관과 광고 등으로 계약내용이 복잡하고 관련 당사자가 여러 단계로 복잡하게 얽혀 있는 특성으로 인해 쉽게 합의에 이르지 못하고 조정을 요청하는 것으로 분석될 수 있겠다.

또한 최근 들어 의료서비스 관련 소비자분쟁조정이 증가하는 것은 소비자분쟁조정위원회에서 1999년부터 의료서비스, 법무서비스 관련 분쟁조정을 하게 된 것도 한 이유이며 중립적으로 의료서비스 분쟁을 해결해 주는 곳이 드물기 때문인 것이 지적될 수 있다.

분쟁조정위원회에 조정 신청된 9,370건 중, 조정결정이 이루어진 7,432건의 조정결과를 보면 배상이 3,078건(41.4%)으로 가장 많았으며, 환급이 1,399건(18.8%), 계약해제 1,313건(17.7%), 수리・보수 785건(10.6%), 제품교환 413건(5.6%), 계약이행 300건(4.0%), 기타 144건(1.9%)로 나타났다.

분쟁조정의 성립은 분쟁조정위원회의 분쟁조정결정에 대해 양 당사자가 공히 수락하였을 경우를 의미하는 것으로 분쟁조정결정이 양 당사자의 의견을 잘 반영하였다고 볼 수 있으며 이로서 양 당사자가 조정안대로 분쟁을 끝마치도록 합의하는 것을 의미한다.

표 2. 연도별 소비자분쟁조정 품목 추이

품목 \ 연도	1987	1988	1989	1990	1991	1992	1993	1994	1995	1996	1997	1998
자동차	4	4	13	24	21	38	38	75	41	75	134	127
도서, 교육			11	38	14	13	17	102	8	97	108	87
토지, 건물 (주택)	5	8	10	14	20	38	40	27	38	25	44	98
농업(농기계)	4	10	14	47	29	31	22	16	27	35	24	48
섬유, 의류, 세탁	2	2	56	37	10	40	36	42	-	29	86	77
일반서비스	4	7	17	20	13	26	13	15	33	60	89	64
생활용품	1	4	14	38	13	24	11	9	14	20	27	17
문화용품			9	3	1	5	6	10	8	17	18	24
식의약품	-		1	3	1	2	1	-	-	5	5	10
금융보험(신용카드 포함)		1	35	9	24	2	12	17	33	30	36	41
계	20	36	180	233	146	219	196	313	202	393	571	593

<table>
<tr><th>품목 \ 연도</th><th>1999</th><th>2000</th><th>2001</th><th>2002</th><th>2003</th><th>2004</th><th>2005</th><th>2006</th><th>총계(수, %)</th></tr>
<tr><td>자동차</td><td>49</td><td>133</td><td>102</td><td>80</td><td>68</td><td>69</td><td>58</td><td>108</td><td>1,261(13.5)</td></tr>
<tr><td>교육, 도서</td><td>22</td><td>6</td><td>32</td><td>48</td><td>111</td><td>139</td><td>101</td><td>87</td><td>1,041(11.1)</td></tr>
<tr><td>토지, 건물 (주택)</td><td>72</td><td>31</td><td>58</td><td>61</td><td>49</td><td>73</td><td>71</td><td>54</td><td>836 (8.9)</td></tr>
<tr><td>농업(농기계)</td><td>19</td><td>11</td><td>15</td><td>7</td><td>58</td><td>13</td><td>16</td><td>18</td><td>464 (4.9)</td></tr>
<tr><td>의류, 세탁</td><td>52</td><td>13</td><td>9</td><td>15</td><td>16</td><td>34</td><td>18</td><td>10</td><td>584 (6.3)</td></tr>
<tr><td>일반서비스</td><td>79</td><td>94</td><td>112</td><td>198</td><td>356</td><td>455</td><td>357</td><td>432</td><td>2,444(26.1)</td></tr>
<tr><td>생활용품</td><td>49</td><td>24</td><td>24</td><td>32</td><td rowspan="2">87</td><td rowspan="2">151</td><td rowspan="2">161</td><td rowspan="2">108</td><td rowspan="2">1,046(11.2)</td></tr>
<tr><td>문화용품</td><td>25</td><td>26</td><td>28</td><td>38</td></tr>
<tr><td>식의약품</td><td>16</td><td>19</td><td>4</td><td>14</td><td>32</td><td>44</td><td>23</td><td>30</td><td>210 (2.2)</td></tr>
<tr><td>금융보험(신용카드 포함)</td><td>114</td><td>105</td><td>165</td><td>70</td><td>51</td><td>60</td><td>67</td><td>59</td><td>931 (9.9)</td></tr>
<tr><td>의료</td><td>43</td><td>15</td><td>19</td><td>57</td><td>57</td><td>77</td><td>105</td><td>111</td><td>484 (5.2)</td></tr>
<tr><td>법무</td><td>6</td><td>8</td><td>6</td><td>12</td><td>8</td><td>10</td><td>10</td><td>9</td><td>69 (0.7)</td></tr>
<tr><td>계</td><td>546</td><td>485</td><td>574</td><td>632</td><td>893</td><td>1,125</td><td>987</td><td>1,026</td><td>9,370</td></tr>
</table>

출처: 한국소비자원(2007).

표 3. 연도별 분쟁조정 성립률 추이

성립률＼연도		1987	1988	1989	1990	1991	1992	1993	1994	1995	1996
조정요청		20	36	180	233	146	219	196	313	202	393
조정결정	성립	15	19	131	163	87	154	132	205	147	293
	불성립	3	12	30	42	51	42	46	63	46	60
	기각	2	4	11	16	5	4	6	31	4	13
	소계	20	35	172	221	143	200	184	299	197	366
기 타*			1	8	12	3	19	12	14	5	27
성립률(%)**		83.3	61.3	81.4	79.5	63.0	78.6	74.2	76.5	76.2	83.0

성립률＼연도		1997	1998	1999	2000	2001	2002	2003	2004	2005	2006	총계
조정요청		571	593	546	485	574	632	893	1,125	987	1,026	9,370
조정결정	성립	424	384	314	325	338	434	588	658	545	607	5,963
	불성립	54	98	77	71	86	108	124	127	121	125	1,386
	기각	13	20	19	24	33	40	94	214	183	185	921
	소계	491	502	410	420	457	582	806	999	849	917	8,270
기타		80	91	136	65	117	50	87	126	138	28	1,019
성립률(%)		88.7	79.7	80.3	82.1	79.7	80.1	82.5	83.8	81.8	83.0	81.1

*기타: 처리중지, 처리 불능, 청구취하 등

**성립률: {성립건수/(성립건수+불성립건수)}×100

출처: 한국소비자원(2007).

지난 20년간 분쟁조정 성립률 추이를 보면 거의 70%이상으로 80%를 상회하는 성립률도 수차례 기록된 바 있으며, 최근 5년간은 계속 80% 초중반으로 안정된 성립률을 보이고 있다. 지난 20년간 평균 성립률은 81.1%로 나타났다.

(2) 소비자분쟁조정 세부 현황 분석

최근 4년간(2003-2006년) 접수되어 조정된 소비자분쟁조정 건수를 세부적으로 분석하였다. 소비자분쟁조정 요청된 건수에 대한 성별 구성비는 4년간 접수된 건수 4,031건 중, 남성이 53.8%이며, 여성이 46.2%로 나타났다. 분쟁조정 요청 청구인의 거주지별로 분석해 보면, 서울 및 수도권이 4년간 평균 65.5%로 나타나 한국소비자원이 서울에만 위치하고 있는 특성상, 수도권 소비자의 비중이 과반수 이상을 차지하고 있다.

최근 4년간 소비자분쟁조정 요청된 4,031건을 처리의뢰한 기관별로 보면, 한국소비자원에서 3,496건(86.7%)을, 소비자단체에서 535건(13.3%)을 조정요청한 것으로 분석되었다. 특히, 소비자단체에서 조정을 의뢰한 비율은 증가추세를 보이다가 2006년에 다시 하락 추세를 보이고 있다.

표 4. 소비자분쟁조정 요청 기관별 현황 단위: 건, (%)

구분	2003년	2004년	2005년	2006년	계
한국소비자원[2]	800 (89.6)	990 (88.0)	820 (83.1)	886 (86.4)	3,496 (86.7)
소비자단체	93 (10.4)	135 (12.0)	167 (16.9)	140 (13.6)	535 (13.3)
계	893(100.0)	1,125(100.0)	987(100.0)	1,026(100.0)	4,031(100.0)

출처: 한국소비자보호원, 2003, 2004, 2005; 한국소비자원, 2006.

표 5. 소비자분쟁조정 요청 보상결정 금액 현황 단위: 천 원, (%)

구분	2003년	2004년	2005년	2006년	계
성립금액	635,110 (32.3)	547,676 (61.0)	413,584 (67.7)	572,222 (15.0)	2,169,592 (29.8)
불성립금액	1,332,976 (67.7)	349,990 (39.0)	197,068 (32.3)	3,230,658 (85.0)	5,110,692 (70.2)
계	1,968,086 (100.0)	897,666 (100.0)	610,652 (100.0)	3,802,880 (100.0)	7,279,284 (100.0)

출처: 한국소비자보호원, 2003, 2004, 2005; 한국소비자원, 2006.

2) 한국소비자원은 현재 소비자민원을 상담과 합의권고, 분쟁조정의 3단계로 소비자분쟁을 처리하고 있다. 먼저 소비자가 물품이나 용역의 사용과정에서 불만이 생길 경우 1차적으로 상담을 통해 필요한 지식과 정보를 제공받으며, 소비자와 사업자 간의 분쟁이 발생한 것으로 판단되는 사건은 합의권고 단계(한국소비자원에서는 업무 편의상 이를 피해구제 건으로 분류함)로 접수된다. 2차적으로 합의권고 단계의 사건은 처리 담당직원이 사실조사를 한 후 소비자와 사업자에게 피해보상에 대해 합의를 권고하는데 양 당사자가 이를 수용할 경우 종결 처리되며, 양 당사자가 합의에 30일 이내에 합의에 이르지 못하면 최종적으로 소비자분쟁조정위원회에서 조정을 받게 된다. 2003년에서 2006년까지 합의권고 접수된 8만 7,652건 중 3.96%인 3,469건이 합의권고로 해결되지 않아 분쟁조정위원회로 조정 신청되었다.

소비자분쟁조정위원회 조정요청 건 중에서 배상, 환급 등 금전적인 보상이 포함된 결정 건의 최근 4년간의 총 합계액은 72억 7,928만 4,000원이고, 그중에서 성립된 건의 합계액이 전체 금액의 29.8%인 21억 6,859만 2,000원으로 나타났으며, 불성립 건의 합계액이 70.2%에 해당하는 51억 1,069만 2,000원으로 나타났다. 불성립 금액 비율이 훨씬 높은 이유를 살펴보면, 2003년이나 2006년처럼 불성립 비율이 높게 나타난 해의 경우, 토지, 건축 및 설비와 농업, 금융·보험과 같인 조정요청 금액 단가 자체가 높고 청구인이 다수인(일종의 집단분쟁조정)이어서 전체 소송 금액이 높았던 건들이 다수 접수되었기 때문으로 분석된다.

2. 집단분쟁조정제도

앞서 살펴본 바와 같이 소비자분쟁은 환경이나 행정서비스 분야와 함께 집단적인 분쟁이 빈발하는 분야다. 소비자분야에서 집단적 피해가 많이 일어나는 것은 생활양식의 현대화가 진행될수록 대량생산, 대량소비, 주거공간의 공동화 등으로 소비자의 피해가 집단적으로 일어날 수밖에 없는 것이다. 그러나 현행의 법 제도 하에서는 집단적으로 소비자분쟁이 발생해도 소비자는 개별적인 구제절차를 진행할 수밖에 없어, 개개인의 소비자피해 정도는 작은 반면 소송비용의 부담과 입증은 큰 소비자분쟁의 특성과 맞물려 소비자의 권리를 적극적으로 실현하기 어려운 것이 현실이었다.

그러나 2007년 3월 28일 소비자기본법의 시행으로 집단분쟁조정제도가 도입되면서 동일한 소비자분쟁의 일괄적 처리로 분쟁해결이 보다 효율적으로 진행되며, 조정절차가 개시된 이후에도 동일한 피해를 입은 소비자는 별도의 공고절차에 따라 간편하게 조정에 참가할 수 있게 되었다. 소비자집단분쟁조정은 통신서비스, 자동차, 공동주택 하자 등 피해발생 시 다수에게 동시에 발생할 가능성이 큰 분야에서 피해 소비자가 50명 이상이고 사건의 중요한 쟁점이 사실상 또는 법률상 공통되는 경우에 국가, 지방자치단체, 한국소비자원 또는 소비자단체, 사업자가(소비자들이 바로 신청할 수는 없음) 한국소비자원 내에 설치된 소비자분쟁조정위원회에 분쟁조정을 신청할 수 있는 제도다.

집단분쟁조정을 의뢰 또는 신청 받은 소비자분쟁조정위원회는 위원회의 의결로 집단분쟁조정의 절차를 개시할 수 있고 이 경우 조정위원회는 14일 이상 그 절차의 개시를 한국소비자원 홈페이지 및 전국을 보급지역으로 하는 일간신문에 게재하는 방법으로 공고하여야 한다.

조정위원회는 집단분쟁조정의 당사자가 아닌 소비자 또는 사업자로부터 집단분쟁조정 개시 공고기간 내에 조정의 당사자에 추가로 포함될 수 있도록 하는 신청을 받을 수 있으며, 절차에 참가하려는 소비자 또는 사업자는 개시공고기간 내에 서면으로 참가신청을 하여야 한다. 조정위원회는 집단분쟁조정의 당사자 중에서 공동의 이익을 대표하기에 적합한 1인 또는 수인을 대표당사자로 선임할 수 있고, 조정위원회는 집단분쟁조정절차 개시 공고가 종료한 날로부터 30일 이내에 그 분쟁조정을 마쳐야 하며, 부득이한 사정이 있는 경우에는 조정기한을 연장할 수 있다(이하 소비자분쟁조정위원회 절차와 동일). 조정위원회는 사업자가 조정위원회의 집단분쟁조정의 내용을 수락한 경우에 집단분쟁조정의 당사자가 아닌 자로서 피해를 입은 소비자에 대한 보상계획서를 작성하여 조정위원회에 제출하도록 권고할 수 있다. 보상계획서 제출을 권고받은 사업자는 그 권고를 받은 날부터 15일 이내에 권고의 수락여부를 통지하여야 한다.

소비자기본법으로 개정으로 집단분쟁조정제도가 도입된 이후, 최초로 신청된 집단분쟁조정 건은 한국소비자원에서 2007년 7월 12일 조정요청한 "아파트 새시 보강빔 미시공에 따른 보상 요구"건으로, 조정요청 시 W아파트 62명이 주식회사 선우를 상대로 신청했으며, 14일간의 공고기간 중 추가 참가하여 신청인은 총 235명이었다.

소비자분쟁조정위원회는 2007년 9월 10일 개최된 제773차 심의에서 동건에 대하여 새시 시공방법을 위반하여 상·하부 보강빔을 일부 누락하여 시공한 것은 그 자체로 계약내용을 불완전하게 이행한 것에 해당하므로 공사대금의 8% 또는 10%(보완공사를 받은 일부 세대는 8%, 보완공사를 받지 않은 세대는 10%)에 해당하는 금액을 소비자에게 지급하도록 조정결정을 하였다. 위 조정결정은 사업자와 소비자가 모두 수락하여 성립되었다.

집단분쟁조정은 이와 같이 동일 또는 유사한 소비자피해를 간편하게 일괄적으로 구제하며, 조정위원회의 결정에 대해 소비자와 사업자가 조정결정을 수락한 경우 확정판결과 동일한 효과를 누리게 되므로 비용부담 없이 신속하게 집단 소비자피해를 구제할 수 있는 제도다.

제4절 소비자분쟁조정의 실효성 확보를 위한 제언

소송대체적 분쟁해결 방법(ADR)은 재판에 의하지 않는 분쟁해결로 1980년대 이래 시간과 비용을 절약하고 소송 없는 법률적 분쟁해결의 수단으로 미국에서 발전하여 왔다(옥무석, 2001). 따라서 소송가액이 적고 피해유형이 매우 다양하며 쌍방 당사자의 감정적인 문제까지 복잡하게 얽혀 있는 소비자분쟁의 경우, 소송물과 확실한 증거 조사 결과에 기속되어 엄격하게 진행되는 법원의 소송제도보다는 분쟁의 구체적인 내용에 맞추어 총체적으로 검토하고 적정한 결론을 도출하여 합의에 이르게 하는 이러한 소송대체적 분쟁해결방법(ADR)이 매우 적합한 분야라 하겠다.

ADR이 가지는 또 하나의 장점은 기술적·전문적인 능력을 갖춘 각계의 전문가가 분쟁조정 처리에 관여하여 직접적인 도움을 받을 수 있다는 것이다. 즉, 법원의 소송절차에서 전문지식을 갖춘 전문가가 감정인 등의 자격으로 간접적으로 관여하는 것과는 달리 관련분야의 전공자로서 오랜 기간 축적된 전문지식을 가진 전문가가 전문적인 조언이나 자문을 해 주는 것은 물론 직접 조정위원으로 참석하여 직접적인 분쟁해결에 참여한다는 것이다(*Id.*). 자동차, 가전제품 등의 생활용품은 물론 약관과 광고 등의 복잡한 계약관계의 서비스 이용, 금융 및 보험, 의료 및 법무서비스처럼 우리가 대가를 지불하고 구입한 소비생활에서의 모든 상품 및 서비스 분야가 조정대상인 소비자분쟁조정위원회야 말로 어떤 면에서는 법리해석만으로 이뤄지는 소송과 판결보다는 전문인들의 다양한 판단에 따라 가장 효율적이며 합리적으로 이뤄지는 소송전 조정제도라고 할 수 있겠다.

이러한 소비자 분쟁조정제도의 보다 효율적인 운용을 위하여 다음과 같이 제언하고자 한다.

먼저 다양한 소비생활 분야에서 발생하고 있는 소비자분쟁의 효율적 해결을 위해서는 이를 이용하는 소비자의 선택권을 보장할 수 있는 제도의 정비와 정보의 제공이 필요하다. 우선 지적되는 것은 소비자분쟁조정이라는 동일한 분야에 중복적으로 조정위원회가 있다는 점이다. 즉, 금융분쟁이 일어난 소비자가 선택할 수 있는 위원회는 금융분쟁조정위원회와 소비자분쟁조정위원회가 있을 수 있고, 전자상거래로 인한 소비자분쟁은 전자거래분쟁조정위원회와 소비자분쟁조정위원회를 이용할 수 있으며, 경우에 따라서는 자율분쟁조정위원회도 이용할 수 있다. 이때, 현실적으로 소비자가 어느 기관에 분쟁조정을 요청하는 가에 따라 구체적인 분쟁해결 처리과정(처리기일, 접근성 등)과 조정효력이 다를 수 있음에도 소비자 입장에서는 자신이 가지고 있는 소비자문제가 이들 기관 중 어디를 이용하면 가장 유리하고 적합한지 알기는 어렵다. 일례로 조정에 따른 효력만 보더라도 전자거래분쟁조정위원회와 자율분쟁조정위원회의 조정효력은 민법상 화해인 반면, 소비자분쟁조정위원회의 조정은 재판상 화해와 같은 효력이 있다는 것이다. 따라서 작년 사법제도개혁추진위원회에서 이미 논의된 바와 같이, 소비자분쟁을 처리하는 분쟁조정기관들 간의 업무영역이나 이용실태, 조정처리 건수, 조정성립률이나 조정결정의 효력 등을 분석하여 이용실적이 저조하거나 중복되는 조정기관들에 대한 정리와 역할 분담에 대한 논의가 조심스럽게 대두될 수 있다.

한편, 이러한 논의가 소비자의 분쟁을 해결하는 기관이 많으면 많을수록 좋다는 다다익선의 논리나 기관 간의 다양한 이해관계로 인해 여의치 않다면, 최소한 소비자분쟁을 요청하려는 소비자들에게 개별 분쟁조정 기관의 업무영역이나 처리절차, 조정효력, 조정결정 사례 등을 알아볼 수 있고, 이를 통해 바로 분쟁조정을 접수할 수 있는 통합된 분쟁조정 정보망의 운영과 같은 별도의 소비자정보 제도의 구축을 생각해 볼 수 있을 것이다.

다음으로 민간형 조정제도와 같은 다양한 소비자분쟁조정제도의 도입이 필요하다. 대부분의 소비자분쟁이 다른 민사분쟁과는 달리 일방 당사자(주로 사업자)에 의해 야기되는 만큼, 원인을 제공한 사업자 단체들의 적극적인 분쟁해결이 필요하다. 현재 사업자 단체 등에 설치되어 소비자안전과 관련된 분쟁을 다루는 제조물책임분쟁조정위원회(중소기업협동중앙회 등)와 이동통신 가입과 관련한 명의도용 분쟁을 취급하는 통신민원조정센터 심의위원회(한국정보통신산업협회)가 그 좋은 예라고 할 수 있으며, 향후 다양한 분야에서 사업자 단체들에 의한 분쟁해결제도의 도입이 필요하다 하겠다.

다음으로 집단분쟁조정제도의 도입에 따라 그 수요가 상당히 증가할 것으로 예측되는 소비자분쟁조정위원회의 오판율을 줄이기 위한 전문성 확보의 문제다. 일반적인 소비자분쟁과 비교하여 집단분쟁조정으로 접수되었거나 접수가 예견되는 품목들은 주택, 농업, 해외 패키지 여행서비스 등으로 단가가 높고 다수의 소비자가 신청하게 됨에 따라 조정요청 금액이 클 수밖에 없다. 소비자분쟁조정위원회의 보상결정 금액 현황을 보더라도 집단분쟁조정제도 도입 이전에도 주택 등 보상금액이 큰 사안들은 불성립이 많은 것을 볼 수 있다. 이는 조정금액이 크면 클수록 최종적으로 법원의 판결에 의지하고자 하는 특성 때문이다.

집단분쟁을 포함하여 보상금액이 크고 사회적 파장이 큰 소비자분쟁의 효율적인 해결을 위해서는 무엇보다도 소비자분쟁조정위원회가 전문성을 갖추고 법원판결의 모범답안에 가까운 조정결정들을 내림으로써 오판위험을 최소화하려는 노력이 필요하다 하겠다.

참 ■ 고 ■ 문 ■ 헌

강창경(2003), 「집단분쟁에 관한 입법정책과 쟁점 검토」, 『법과 정책연구』, 3(2), 87-111.

김경배(2005), 「한국 대체적 분쟁해결제도(ADR)의 제도화 및 발전방안에 관한 연구」, 『산업경제연구』, 18(1), 251-274.

백병성(2002), 「소비자분쟁조정의 활성화 방안 연구」, 한국소비자원.

사법제도개혁추진위원회(2006), 「재판외 분쟁해결제도 활성화 방안」, 사법부.

옥무석(2001), 「전자거래기본법상의 분쟁조정제도」, 『인터넷 법률』, 8(1), 3-32.

유병현(2004), 「법원외 분쟁조정위원회의 발전방향」, 『고려법학』, 43, 243-275.

_____(2006), 「우리나라 ADR의 발전방향」, 『안암법학』, 22, 293-314.

최병록(1993), 「소비자분쟁의 소송외적 해결제도」, 『소비자문제연구』, 한국소비자원.

한국소비자보호원(2003), 『소비자 피해구제 연보 및 사례집』.

_____(2004), 『소비자 피해구제 연보 및 사례집』.

_____(2005), 『소비자 피해구제 연보 및 사례집』.

한국소비자원(2006), 『소비자 피해구제 연보 및 사례집』.

_____(2007), 『한국소비자원 20년 실적집』.

제13장

소비자의 권리구제를 위한 새로운 사법절차

전 삼 현
숭실대학교 법학과 교수

제1절 문제의 제기

현대 사회의 대표적인 특징 중 하나로 소비자중심사회를 들 수 있다. 이미 오래전부터 소비자중심사회가 정착된 미국에서는 소비자보호 차원에서 소액의 다수피해자들을 구제하는 법제도들이 판례법을 중심으로 발전하여 왔다. 우리나라도 공급자중심의 사회에서 소비자중심의 사회로 전환되는 과정에서 이러한 미국식 소비자권리구제 제도를 도입하여야 한다는 주장들이 강력히 제기되고 있다. 그리고 그 방법으로는 집단소송제, 단체소송제, 징벌적 배상제의 도입 등이 논의되고 있다.

그리고 그중에서 단체소송제는 2006년 소비자기본법 내에 이미 도입이 되었고, 집단소송제 유형 중 증권집단소송제는 이미 2005년 시행되고 있다. 그러나 일부에서는 여전히 일반집단소송제와 징벌적 배상제도 추가로 입법을 통해 도입하여야 한다는 주장들이 끊임없이 제기되고 있다.

이러한 소비자권리구제를 위한 새로운 제도를 도입하고자 하는 근본취지는 공급자들의 악의적 이익추구를 위해 소비자들에게 불이익을 가하는 것을 근본적으로 차단하고자 하는 데 있다. 또한 실손해배상만 인정하는 현행법 규정만으로는 기업들의 과도한 영리추구를 위해 소비자들의 이익을 침해하는 악의적 불법행위를 사전에 예방하는 것이 사실상 어렵다는 지적들이 시민단체들을 중심으로 제기되고 있다. 그 밖에도 정부나 국가기관이 공권력을 남용하여 국민들의 신체적 자유나 프라이버시를 침해한 경우에도 실손해배상만 이뤄진다면 이 또한 공권력남용을 예방할 수 없다는 지적들 또한 제기되고 있다. 그러나 이러한 입법노력들이 과연 바람직한지 여부에 대하여는 보다 많은 논의를 필요로 한다고 본다.

이 중에서 단체소송제도는 소비자가 손해배상청구를 통해 적극적으로 구제받는 집단소송제나 징벌적 배상제와는 달리 판매를 중지하거나 금지할 것을 청구하는 소극적 권리구제수단이라는 점에서 차이가 있다.

이하에서는 소비자가 적극적으로 구제를 받는 법제도적 장치인 집단소송제와 징벌적 배상제를 중심으로 입법론적 시각에서 검토하여 보고 도입가능성과 문제점들을 제시하고 그에 대한 대안을 제시하여 보고자 한다.

제2절 소비자권리구제를 위한 집단소송제 도입 논의

1. 도입 필요성

집단소송제를 도입하여야 하는 필요성으로 언급되고 있는 것으로는 ① 소액·다수 피해자의 권리구제 강화, ② 소비자피해의 재발 예방, ③ 소송경제상의 이점, ④ 사회정의를 위한 공익의 확보, ⑤ 시민에 의한 문제해결 영역의 확대 등을 들 수 있다.

첫째, 앞에서도 언급한 바와 같이 소비자피해의 대부분은 소액이라는 점 때문에 소비자들이 직접적으로 소송 등의 방법을 통해 권리구제를 받고자 하는 경우 득보다 실이 클 수가 있다. 따라서 소비자들은 적극적으로 권리구제를 위하여 노력하기보다는 이를 포기하는 경향이 짙다. 따라서 분산된 소액의 피해자들을 하나의 집단으로 구성하여 소송을 제기할 수 있도록 하면 소송비용이나 변호인 조력 등의 문제를 효과적으로 극복할 수 있게 되어 제소의 포기나 체념으로부터 구제가 가능하므로, 은폐된 분쟁을 사법적 해결의 장으로 이끌어 내고, 나아가 소송과정에서도 실질적 당사자대등주의를 확보할 수 있기 때문에 집단소송제가 도입될 필요가 있다고 한다.

둘째, 집단소송제가 도입되면 권리구제의 다른 측면으로서 위법행위로 인한 비용이 사회로 이전되는 것을 방지하고 기업 자체에서 부담하도록 함으로써 단순한 사후 구제수단을 넘어 사업자의 자발적인 위법행위 중지・예방, 품질안정성 향상, 리콜 활성화 등 위법행위를 사전에 억제하는 효과가 있기 때문에 집단소송제의 도입이 필요하다고 한다.

셋째, 집단소송제가 도입되면 동일, 유사 소송의 반복을 회피할 수 있는 소송경제상 이점이 있고, 피고의 입장에서도 집단소송은 일괄하여 분쟁을 해결할 수 있으며 합법적 면책을 가능하게 하는 이점이 있다고 한다. 그리고 법원의 입장에서도 많은 소송을 다루지 않고, 다수의 동일, 유사사건을 한 번에 처리할 수 있어서 부담이 경감될 수 있다고 한다.

또한 다수 피해자가 발생한 사건의 사실 관계를 하나로 묶고 이와 관련된 사실상 법률상 주장을 하고 통일적 준비를 함으로써 증거방법의 수집에 따르는 비용의 절감, 또한 발생된 비용을 복수인에게 분산 가능하므로 소액 다수 피해자에 대한 실질적 구제 수단이 될 수 있고, 한 번에 분쟁을 해결할 수 있으므로 법적 경제적 정의 실현, 배분의 형평성을 제고할 수 있기 때문에 집단소송제의 도입이 필요하다고 한다.

넷째, 집단소송제가 도입되면 개인적 권리 실현의 차원을 넘어 불합리한 사회제도를 개선하고, 사회・경제적 강자가 그 힘을 남용하는 것을 방지함으로써 정의를 실현하는 기능을 수행할 수 있기 때문에 집단소송제의 도입이 필요하다고 한다.

다섯째, 집단소송제가 도입된다고 한다면, 기업이 사회와 그 구성원들에게 강요하는 부담 내지 비용의 극복을 국가(행정)권력에 의지하지 않고 자발적 소송의 형태로 해결함으로써 국가의 비대화를 막고 사회의 자발적 영역이 확대할 수 있기 때문에 집단소송제의 도입이 필요하다고 한다.

2. 도입방법론 논의 현황

집단소송제를 도입하는 경우 어떠한 형태로 입법을 할 것인가를 두고 많은 논란이 있었다. 크게 두 가지 방안을 고려하여 볼 수 있는데, 첫째는 현행 법률 내에 관련 규정을 신설하는 방안이며, 둘째로는 독립된 집단소송법률을 제정하는 방안이다.

우선, 현행 법률 내에 관련규정을 신설하는 방안으로는 민사소송법 내에 관련 규정을 신설하는 방안과 이미 시행되고 있는 증권관련집단소송법에 관련규정을 신설하는 방안이 고려될 수 있다.

다음으로 집단소송제의 특성상 현행 민사소송법에 신설하는 것은, 당사자주의라는 큰 원칙과의 큰 충돌이 있어 그 법체계상 난점이 제기된 바 있다. 그리고 집단소송 중 증권에 한하여만 인정이 되는 증권관련집단소송법과의 관계에서 볼 때, 증권관련집단소송법을 존속시키면서 별도의 일반집단소송법을 제정하는 것 또한 난점이 있다.

따라서 2005년 사업개혁추진위원회가 위탁한 연구보고서에서는 일반집단소송과, 증권관련집단소송, 단체소송을 모두 포함시키는 독립된 집단소송법률안을 마련한 바 있으나, 공청회에서 집단소송과 단체소송은 그 본질이 다른데, 이를 한 법률로 규율하는 것은 문제가 된다는 지적들이 많았다.

따라서 사법개혁추진위원회는 2006년 6월 증권관련집단소송법을 모델로 하여 그 적용범위만 변경하고, 단체소송은 제외한 독립된 집단소송법률시안을 마련한 바 있다. 그러나 증권관련집단소송법이 시행된 지 1여 년 만에 당해법률을 폐지하는 것에 대한 문제점이 지적되면서 동법안에 대한 입법추진이 중단된 바 있다.

다만, 2006년 9월 소비자보호법이 소비자기본법으로 변경되면서 동법 내에 단체소송에 관한 부분이 신설되고 올해 4월부터 발효되어, 단체소송제 도입에 관한 논란은 일단락되었다.

3. 외국의 사례

(1) 입법례

미국 집단소송의 근간은 연방민사소송규칙(Federal Rules of Civil Procedures, 이하 Rule) 제23조다. Rule 23은 모든 실정법 분야의 대표당사자소송을 관할하며, 우리나라처럼 증권관련소송에 관하여 별도의 절차를 두지는 않는다. 집단소송에서 발생할 수 있는 남소의 가능성은 이미 1970년대 초반부터 논쟁의 대상이 되어 왔다(Hensler et al.,

2000: 15-37). 특히 1990년대에 들어와 대규모불법행위집단소송(mass tort class actions)의 빈도가 급증하면서 Rule 23을 개정해야 한다는 목소리가 높아졌다. 이 비판론자들은 기본적으로 Rule 23의 1966년 개정 이후 남소 문제가 두드러졌다는 시각을 공유하고 있는 듯하다. 나아가 바로 이런 부정적 의견들이 1995년 미국 의회가 사적증권소송개혁법(Private Securities Litigation Reform Act) 및 1998년의 증권소송통일표준법(Securities Litigation Uniform Standard Act)을 제정한 주요배경이 되었다고 설명한다.

(2) 미국 판례

(가) 실리콘 소송

1992년 미국 연방식품의약국(FDA)은 실리콘 젤을 사용한 유방성형수술(Silicon Breast Implant)을 금지하였다.[1] 1992년 2월에 Chesley변호사는 신시내티연방지방법원의 Carl B. Rubin판사를 설득하여 2,500명의 피고들을 대표하는 약 75명의 변호사의 입장임을 전달하여 조건부로 대표당사자소송을 할 것을 인증받았다.

그 후 이 사건은 2년 동안에 1,000여 명의 변호사들이 1만 6,000여 건의 소송을 진행하기에 이르렀다. 이와 관련하여 1992년 『미즈(*Ms.*)』지 9-10월호는 유방성형수술에 관한 통지(notice)를 하고 있는데, 그 내용은 1992년 10월 15일까지 원고 측 대표변호사(lead counsel)에게 편지로 제외신청을 하지 않으면 자동적으로 집단구성원이 되고, 원고가 될 수 있는 사람은 유방성형수술(breast implant)은 받은 사람과 그의 배우자이며, 현재 부작용이 있는 사람은 물론이고 장래에 부작용이 있을 것으로 예상되는 사람도 포함된다는 것이었다.

협상은 계속[2]되어 1994년 4월 다우코닝은 42억 5,000만 달러로 화해를 하였는데 그 중 10억 달러는 변호사비용으로 들어갔다. 그런데 유방성형수술을 받고서 제외신고를 할 수 있는 여성 중 44만 명은 화해에 참가한다고 등록을 했으나 변호사의 설득을 받은 1만 5,000명[3]은 더 많은 손해배상을 받기 위하여 제외신고를 하였다. 1994년 9월 앨라배마

1) Tempest in a C-Cup: Are Brest Implants Actually OK?, A Matter of SilverPlatter, New-Republic, V.213 no.11 Sep 1995, pp. 17-18, 20-21(CD ROM 자료).
2) Reske(1993: 18). Dow Corning사가 최초로 제시한 화해금액은 47억 5,000만 달러였다.

주 연방지방법원의 포인터(Sam C. Pointer) 판사는 유방성형수술 사건에서 42억 5,000만 달러의 화해를 승인(approve)하였다.

법원은 외국인에 대해서는 각국의 의료센터에서 의료수가에 맞게 치료를 받을 것이므로 미국인들보다 배상금액이 적다고 밝혔다. 그리고 손해배상은 8가지[4]로 열거한 질병이 있는 경우에 한하여 배상하고 이후 30년 내에 발병을 하면 배상을 한다고 정하였다(Ramsay, 1994: 1153).

그러나 1992년 이후 집중적으로 제기되었던 실리콘 소송 중 외국인들은 미국 내 사람들과의 차별에 반발하여 제외신청을 하고 다우코닝이 다른 나라의 피해자를 위한 화해기금에서 나갔으므로 외국인들의 다우코닝에 대한 실리콘 소송은 화해가 되지 않고 계속되었다. 이들 외국인 피해자와 다우코닝사의 법정싸움은 2002년 12월 11일 미 연방법원에서 최종 확정될 때까지 거의 8년에 걸쳐 계속되었다.

(나) 고엽제 소송

1962년부터 1971년까지 미군이 월남전에서 약 1,900만 갤런에 이르는 고엽제(Agent Orange)[5]를 살포하면서 시작된 고엽제사건은 미국, 호주, 뉴질랜드의 참전군인을 포함하여 9년간 연인원 30여 만 명이 참전하였던 한국군에게 막대한 피해를 입혔다. 고엽제에는 다이옥신(Tetrachlorodibenzo Dioxin)이 다량 함유되어 있어 이에 노출되었던 병사들은 귀국 후 자녀들이 유산되거나 기형아로 출생하는 유전적 질병에 시달려야 했다.

최초의 소송은 1978년경에 미국의 월남전 참전군인이 고엽제 제조회사를 상대로 뉴욕주 지방법원에 제소를 하면서 시작되었으며, 이를 시작으로 600여 건의 고엽제 소송이 미국전역에 걸쳐 제기되었고 심지어는 호주 및 뉴질랜드의 월남전 참전군인들도 이 소송

3) 1994년 7월 20일까지 제외신청을 한 사람들 중에 미국인은 8,133명이었는데 이 중에 배심편결액이 높고 손해배상법이 개방적인 Texas주에 제소한 사람이 2/3이 달했다. 그리고 외국인으로 Dallas주에 제소한 호주인들 2,150명도 제외신청을 하였고, 후술하듯이 캐나다인 등 화해의 조건이 미국인보다 나쁜 외국인의 제외신청이 전체제외신청건수의 절반이 넘는다;

4) 여기에는 피부경화증(scleroderma), 전신낭창성홍진(systemic lupus erythematosus), Sjögren 증상, 결합조직이 엉긴 경우(mixed connective tissue disease), 기타 신경증(neurological syndrome) 등이 있다.

5) 고엽제가 든 용기의 띠의 색깔이 오렌지색인 데서 유래한 것이라고 한다. 띠의 색깔에 따라 모두 10여 종(Orange, White, Blue, Purple, Pink, Green)이 있었으나 그중 오렌지색의 것이 살포량의 60% 이상을 차지하였기 때문에 Agent Orange로 불리게 되었다.

에 참가하였다.

그 후 이 사건은 1983년 법원이 이를 대표당사자소송으로 허가(certification)[6]를 하였으며, 법원은 고엽제 피해자들에게 서면, 텔레비전, 라디오, 신문, 잡지, 및 뉴질랜드와 오스트레일리아 신문에 광고하는 방식으로 이를 통지(notice)한 바 있다. 그러나 법원은 이에 대해 종국판결을 내리지 않고 1984년 5월 첫배심원선정기일에 원고들과 제조회사인 다우케미컬(Dow Chemical Co.) 간에 1억 8,000만 달러에 화해하도록 한 바 있다.[7] 그리고 후속조치로 이 화해안에 대한 공청회(fairness hearing)를 11일간 6개의 주요 대도시에서 개최하였다.[8]

그 결과 참전군인들의 후유증에 대해서는 보상금이 지급되었으나 유전에 의한 기형자녀와 유아를 사산한 배우자에게는 배상금이 지급되지 않았다. 또한 60세 이후에 사망한 참전군인에 대해서도 기금을 지급하지 않았다.

그리고 1993년 국내에서 고엽제 후유증 환자 진료 등에 관한 법률이 제정된 후, 월남전한국참전군인 25명은 1994년에 미국법원에서 고엽제제조회사들을 상대로 소를 제기하였다. 그러나 이 소송은 제조회사들의 소송지연작전 등으로 5년여 동안 진행되다가 1999년 2월경 법원의 강제취하명령(mandatory dismissal)으로 사실상 종결되었다.

한편 우리나라에서는 고엽제의 후유증이 2세에게도 미친다는 것을 근거로 1996년이 되어서야 소송이 시작되었다.[9] 이 소송에서 법원은 고엽제가 2세들에게 일정한 영향을 미쳤음을 인정하면서도 유전에 대한 의학적인 증명이 아직도 진행단계에 불과하고 국가 예산상의 문제도 있다고 하여 원고들의 청구를 기각하였다. 또한 법원은 참전군인들에

6) 인가단계에서 미국법원은 "1961-1972년의 기간 중 미국, 뉴질랜드, 오스트레일리아 군으로 베트남 또는 인접지역에서 Agent Orange 등 고엽제에의 노출로 인하여 직접 질병에 걸린 자와 고엽제 노출에 의한 직접 또는 간접적인 이유로 질환을 앓고 있는 배우자, 부모, 1984년 1월 1일 이전에 태어난 자녀를 포함한다."라고 특정하였다.

7) 이 화해금액은 나중에 너무나 적은 액수로 판명되었는데 그 이유는 원고측 변호사들이 피해자들의 수를 애초에 3,000-4,000명으로 파악하였으나 그 후 확인된 숫자가 무려 24만 4,000명에 이르렀기 때문이다.

8) 이 화해안에 반발한 2,440명은 미국정부와 고엽제제조회사를 상대로 새로이 손해배상의 소를 제기하였으나 패소하였다(611 F. Supp. 1223 (E.D.N.Y 1985), aff'd, 818 F.2d 187(2nd Cir. 1987)).

9) 1996.5.28. 월남전고엽제의 피해자 자녀 30여 명은 국가를 상대로 소를 제기하였다; 서울 지방법원 1997.2.15., 96가합34943 판결.

대한 지휘관들의 안전배려의무위반에 대해서도 국가의 불법행위를 인정하지 않았고 법률이 제2세 환자들에 대한 보상규정을 두지 않은 데 대해서는 입법자의 자유재량에 해당되는 사항이라고 하여 위법행위에 해당하는 사항이라고 할 수 없다고 판시하였다. 이에 더하여 법원은 피고들의 주장이 국가배상법 제2조의 배상책임의 제한에 해당함은 물론 발병일을 기산점으로 한 소멸시효도 종료된 이후에 주장되었다고 하여 원고패소판결을 내렸다.[10)]

이처럼 우리 법원의 판결은 현재의 소송제도 하에서 집단분쟁에 대한 효율적이고 합리적인 해결이 매우 어렵다는 것을 실증적으로 보여 주는 사례로 많은 점을 시사해 준다.

4. 소결

산업기술이 고도화된 현대사회에서는 사업자의 악의가 있든 없든 간에 상품 및 용역의 제공을 받은 소비자들의 피해 또한 빈번히 발생할 수밖에 없다. 문제는 이러한 피해발생 시 소비자들이 어떻게 그 피해를 구제받는 것이 또한 중요한 과제로 떠오르고 있다.

그러나 특정 상품이나 서비스로 인하여 피해를 입은 소비자들의 수는 다수이지만, 소비자별 개인이 입은 피해는 소액인 경우가 대부분이다. 따라서 실제로 입은 손해만 배상토록 하고, 피해를 입은 자가 소송의 당사자가 되어 손해배상을 청구하도록 하는 것을 원칙으로 하는 현행법 하에서는 실질적으로 피해자가 스스로의 권리구제를 위하여 소송제도를 이용하는 경우 득보다는 실이 큰 것이 사실이다. 또한 사업자들도 이러한 현실을 악용하여 지속적으로 소비자들에게 불이익을 가함으로서 영업상 이익을 추구하는 사례들이 빈번히 발생하고 있다.

따라서 이러한 문제를 해결하기 위해서는 첫째로, 소액이지만 다수의 피해자들도 비용과 시간을 들이지 않고 손쉽게 그 피해를 배상을 받도록 하는 것이 필요하며, 둘째로 악의적으로 소액의 다수피해자를 발생시키는 사업자에 대하여는 다시는 그러한 악의적 행

10) 이보다 앞선 1996년 4월 18일에 소를 제기했던 134명의 고엽제피해자들도 1997년 2월 15일 패소판결을 받았다. 이에 항소를 하였으나 결국 항소취하간주로 소송은 종결되었다(서울고등법원 1997.11. 97나 10613).

위를 하지 못하도록 징벌적 의미를 갖는 고액을 배상을 하도록 제도적 장치가 필요하다는 주장들이 제기되고 있다. 전자의 경우를 집단소송이라 하고, 후자의 경우를 징벌적 배상이라고 한다.

그러나 집단소송의 경우에는 손해를 입지 않은 사람에게도 배상이 이루어질 수 있는 가능성이 존재하며, 징벌배상의 경우에는 소비자가 입은 손해보다 많은 배상을 받기 때문에 과도하게 소송이 증가함은 물론, 사업자는 과도한 배상으로 인하여 사업을 중단하여야 할 위기에 직면할 수도 있다. 따라서 소액의 다수피해자들이 지속적으로 발생하는 것을 예방하고, 소액의 다수자들도 비용과 노력을 줄이고 배상을 받도록 하는 필요성이 있는 만큼 이에 대한 도입여부에 대한 구체적이고 법리적인 논의들이 필요하다. 다만, 앞에서 언급한 폐해를 최소화하는 제도적 장치들도 병행하는 것 또한 필요하다.

제3절 소비자권리구제를 위한 징벌적 배상제 도입 논의

1. 도입 필요성

우리나라는 현행법상 손해배상의 범위를 민법 제393조에 의거하여 실손해액 배상주의를 원칙으로 하고 있다. 물론 소비자보호법에 의한 소비자피해보상규정에서도 일부 피해유형에 대해 별도로 손해배상의 구제기준을 정하고 있지만, 민법 제393조가 적용되고 있는 것이 일반적이다.

그러나 이러한 실손해배상만으로는 기업들의 과도한 영리추구를 위해 소비자들의 이익을 침해하는 악의적 불법행위를 사전에 예방하는 것이 사실상 어렵다는 지적들이 시민단체들을 중심으로 제기되고 있다. 그 밖에도 정부나 국가기관이 공권력을 남용하여 국민들의 신체적 자유나 프라이버시를 침해한 경우에도 실손해배상만 이뤄진다면 이 또한 공권력남용을 예방할 수 없다는 지적들 또한 제기되고 있다.

법시안 제1조에서는 “이 법은 고의 또는 악의로 인한 위법행위로 타인에게 손해를 가한 자 등의 징벌적 배상책임을 규정함으로써 불법행위자를 징벌하고 유사한 불법행위의 재발을 방지하며 징벌적 배상책임 및 징벌적 배상소송에 관하여 민법 및 민사소송법에 대한 특례를 정하는 것을 목적으로 한다."라고 규정하고 있다. 그리고 제2조에서는 "전보배상"의 개념을 정의하고 있는데(민법 제395조), 이에 따르면 징벌배상법의 적용을 받지 않는 배상이라고 정의하고 있다(제1호).

즉, 사개추위의 징벌적 배상법시안에서 정한 입법목적은 "고의 또는 악의에 의한 불법행위"를 응징하여 재발을 방지하는 예방적 기능에 근본 목적을 두고 있다. 이 규정은 징벌적 배상의 전보적 기능을 전적으로 부정했다고 보기는 어렵지만, 징벌적 배상법의 주 목적은 사후구제가 아닌 사전구제 및 예방에 목적을 두고 있는 것으로 해석된다. 따라서 위자료 등과 같은 정신적 고통에 대한 배상은 징벌적 배상제도를 통하여 사법적 구제를 받지 말고 민법상의 전보배상제도를 통하여 사법적 구제를 받도록 하고자 하는 데 목적을 두고 있다고 할 수 있다.

이와 관련하여 미국의 모델 징벌적 배상법 제1조에서는 징벌적 손해배상을 전보적 손해배상과 비교하여 정의하고 있는데, 이에 따르면 전보적 손해배상은 침해된 손해를 전보하기 위한 금전적 배상을 의미하며, 전보적 배상에는 징벌적 손해는 포함되지 않는다고 규정하고 있다. 동시에 징벌적 배상은 단지 처벌 또는 억제하기 위하여 원고에게 주어지는 금전적 배상이라고 규정하고 있다. 사개추위의 법시안 제1조는 이러한 미국의 모델법 제1조를 참조한 것으로 해석된다.

그러나 모델법 제1조에서는 "고의 또는 악의로 인한 위법행위"라는 용어를 사용하지 않고, 모델법 제5조(a)에서 ① 주에서 명시적으로 징벌적 배상을 인정하는 법적 침해를 피고가 범하였을 경우 ② 피고가 악질적으로 침해를 의도하였거나 또는 의식적으로 현저하게 타인의 권리 혹은 이익을 무시하였다는 명백하고 확고한 증거를 원고가 제시한 경우 ③ 피고를 처벌하고, 장래에 유사행위의 재발을 억제하기 위하여 필요한 경우에 징벌적 배상을 부과할 수 있다고만 규정하고 있다.

따라서 "고의 또는 악의로 인한 불법행위"의 개념에 대하여는 사개추위 법시안이나 미국의 모델법 어디에도 규정하고 있지 않다. 이에 대한 개념정의는 미국의 판례를 통하여 추론해 낼 수 있다고 본다. 미국의 판례를 종합적으로 검토해 보면 일반적으로 징벌적 배상은 별도의 실정법이 없더라도 악의적인 불법행위를 그 원인행위로 보고 있다. 물론,

"중대한 과실(gross negligence)"이 있는 경우에도 징벌적 배상이 인정되고 있지만, 일반적으로는 악의적인 불법행위를 징벌적 배상의 원인행위로 보는 것이 일반적이다. 그리고 "악의적 불법행위"란 "고의적 불법행위로서 극단적이고 예외적인 행위", 즉 고의보다 더 악성이 강한 불법행위라고 보고 있다.

미국에서는 일반적으로 가해자 측의 악의(malice), 사기적 또는 사악한 동기(fraudulent or evil motive), 의식적(conscious)이고 계획적(deliberate)인 타인의 권리 내지 이익의 무시라고 할 만한 객관적 상황이 존재할 때 이를 악의적 불법행위에 해당한다고 보고 있다. 또한 "중대한 과실(gross negligence)"의 경우에도 그 개념상 논란이 많으며, 판례상으로도 의도적 무시(conscious disregard)나 그로 인한 행위결과에 대한 분별없는 무관심(reckless indifference)을 나타내는 행위, 행위결과를 의식적으로 무시하였다고 추측할 정도의 악의적인 행위나 전적인 부주의가 있었다고 인정될 때에만 징벌적 배상책임을 논해야 한다고 판시하고 있다.

따라서 미국판례에서 나타난 원인행위로서 중대한 과실이란 다만 용어상의 표현에 불과하고 실질적으로는 "부작위에 의한 악의적 불법행위"에 해당한다고 할 수 있다.

사법제도개혁추진위원회도 이러한 미국의 판례경향을 고려하여 법시안 제1조에서 "고의 또는 악의에 의한 불법행위"가 있는 경우에 한하여 징벌적 배상을 인정하고자 하는 것으로 해석된다.

그러나 이 규정은 미국과는 달리 과실책임주의 원칙 하에서의 단순한 고의도 징벌적 배상의 대상이 되도록 하였다는 점에서 지나치게 징벌배상이 일반화될 수 있다는 우려를 낳고 있다. 즉, 단순한 고의에 대하여도 이 법시안의 적용을 받도록 하는 경우 미국판례에서 형성된 원인행위인 "악의적 불법행위"보다 그 범위가 확대된 것으로서 징벌적 배상청구소송이 남발되도록 원인을 제공하는 결과를 초래할 수 있다. 물론 미국판례에서는 중대한 과실이 있는 불법행위도 원인행위로 인정하고 징벌적 배상을 인정한다는 주장이 있을 수 있으나, 이는 용어적 표현에 불과하고 실질적으로는 "부작위에 의한 악의적 불법행위"로 해석되고 있는 점을 고려하여 볼 때, 법시안에서 "고의가 있는 불법행위"도 원인행위로 명시한 것은 악의적 소송을 유발하는 요인이 될 수 있다.

2. 도입방법 논의

우리나라에서는 이미 1990년대부터 징벌적 배상제도를 도입하자는 의견들이 제기되기 시작하였다. 그리고 그 도입방법에 대하여도 여러 가지 견해들이 제시되고 있다. 일부에서는 민법에 관련규정을 신설하자는 방안과 해석론을 통하여 해결하자는 방안이 제시되는가 하면, 별도의 독립된 법을 제정하거나, 특별법들 내에 관련 규정을 신설하자는 방안들이 제시되고 있다.

즉, 민법 제750조 제2항을 신설하여 징벌적 배상제를 도입하여 손해배상의 기본틀을 바꾸어야 한다는 의견과 징벌적 배상법을 독립법률로 제정하여 특별법 형태로 이를 도입하여야 한다는 의견이 제시되고 있다. 그 밖에도 관련특별법 내에 징벌적 배상규정을 신설하여 특정분야에 한정하여 징벌적 배상제도를 운영하여야 한다는 의견도 제시되고 있다. 그 대표적인 예로 "정기간행물의등록등에관한법률(이하 '신문법')," "정보통신망이용촉진 및 정보보호등에관한법률(이하 '정보통신망법')" 등을 들 수 있다.

우선, 열린우리당은 2004년 8월 신문법에 관련 규정을 두어 언론피해자의 적극적인 피해구제를 위해 미국에서 시행 중인 징벌적 배상제도를 도입키로 의견을 모은 바 있으나 이에 대한 반론이 커서 법개정을 단행하지 못한 바 있다.

또한 정보통신부는 2006년 정보통신망법을 개정하여 기업이 개인정보를 악용하는 경우 제한적인 징벌적 배상제도를 도입하고자 한 바 있다. 그리고 구체적으로는 개인정보의 수집, 이용 및 제공, 이용자의 권리 등 세 가지 측면에 있어서 개인정보보호의 제도개선이 이뤄져야 하며, 이용자의 권리 측면에서 정보의 열람·오류정정·손해배상 등이 효과적으로 실행될 수 있도록 고율의 배상이 가능한 징벌적 배상제를 도입하고자 추진한 바 있다.

그리고 사법제도개혁추진위원회는 2006년 5월 독립된 징벌적 손해배상법 시안을 마련한 바 있으나, 2006년 9월 18일 장관급회의에서 입법을 추진하지 않고 정부에 정책건의만 하기로 한 바 있다.

2006년 8월 25일에는 열린우리당이 2-5배의 징벌배상규정이 포함되어 있는 "장애인차별금지법안"을 발의한 바 있으나, 12월 8일 당정회의에서 징벌적 배상 규정을 제외하고 동 법안을 당론으로 발의해 입법을 추진하기로 합의한 바 있다.

3. 입법론적인 쟁점

(1) 형법과의 관계

민・형사책임 구분론에 입각하여 볼 때에 징벌적 배상제도는 근본적으로 보상적 기능을 수행하는 현행 손해배상제도와 그 근본취지를 달리하기 때문에 입법론적으로 부조화스러운지에 대한 논란들이 많다.

이와 관련하여 근대 민사법 체계는 불법행위의 효과로서 실손해에 대한 전보만을 그 목적으로 하는 반면, 형법은 형벌이나 위하를 그 목적으로 하고 있다. 그러나 징벌적 배상은 민사책임으로 징벌을 과하고 있다는 점에서 법치국가 원리의 하나인 비례의 원칙에도 합치하지 않는다는 주장들이 있다.

이에 따르면 종래의 통설은 민사책임과 형사책임을 엄격히 구별하고 있기 때문에 가해행위의 재발을 방지하도록 하는 것은 필요하지만, 징벌을 민사법의 임무로 인정하여서는 안 된다는 것이다. 또한 형사법이 해야 할 일을 민사법이 하도록 하는 것은 불법행위법의 발전에도 역행한다고 한다.

반면에 이러한 견해에 대하여 불법행위법 자체를 기업 활동에 대한 보장수단으로 이해하던 근대 시민법 시대의 과실책임주의적인 발상을 현대 법이론에도 그대로 적용하는 것은 전근대적인 사고라는 비판들도 있다.

이를 구체적으로 보면, 첫째, 손해전보기능이 불법행위법의 1차적인 목적임은 분명하지만, 이것이 유일한 목적일 수는 없다는 것이다.

둘째, 종래 통설이 근대법에서 민・형사 양 책임의 분화를 강조한 실질적인 이유는 피해자 보호차원에서 가해자의 고의・과실을 불문하고 배상책임을 지도록 민사책임의 성립범위를 확대하는 데에 근본목적을 두고 있었기 때문이라고 한다. 즉, 민・형사책임을 구분한 이유는 민사책임의 제재적 기능을 제한하자는 데 목적이 있었던 것이 아니라는 점을 간과한 것이라고 지적하고 있다. 그리고 현대 불법행위법은 이미 발생한 손해의 회복뿐만 아니라 손해발생 자체를 사전에 억제하거나 예방하는 것이 무엇보다 중요하다고 한다.

셋째, 피해자 보호라는 법의 목적을 고려하여 볼 때에 불법행위의 제재적 기능을 폭넓게 인정하는 것이 전통적 법원칙인 민·형사책임 구분론과 모순되는 것은 아니라는 입장을 보이고 있다.

넷째, 대량제조와 대량판매라는 생산구조를 갖는 현대사회에서 기업이 영리추구를 위하여 의도적으로 불법행위를 자행하는 경우가 증가하고 있으나, 형사법의 역할은 오히려 약화되고 있다고 지적하고 있다. 그리고 이어 형사상의 처벌보다 오히려 민사상의 손해배상이 가해행위 억제에 더 효과적일 수 있다는 견해들이 나타나고 있다.

다섯째, 부분적이기는 하나 민사책임과 형사책임의 통합현상을 지적하는 견해도 있다. 그리고 그 예로, 소송촉진에 관한 특례법 제25조에서 규정하고 있는 배상명령제도와 자동차교통사고의 경우 임의의 무한책임보험에 가입한 경우 공소권 없음 처리를 하고 있는 것을 들고 있다.

결론적으로, 징벌적 배상제 도입을 찬성하는 입장에서는 징벌적 배상제도를 현행 법제에 도입 시 민·형사책임 구별론에 따른 장애는 없으며, 이 문제는 법체계의 문제가 아니라 단지 입법정책의 문제이므로 입법자의 결단에 달려 있다고 한다.

일본에서도 징벌적 배상판결은 민사판결에 해당되지 않는다는 주장이 나오고 있다. 이에 따르면 위자료가 제재적 기능을 가지고 있기는 하지만 현재 민사배상은 손해전보로 한정되고 징벌의 효과를 기대할 수 있는 정도의 위자료액을 인정하고 있지 않고 있기 때문이라고 한다. 또한 형사적 성격이 농후한 징벌적 배상은 가해자의 제재를 목적으로 하는 이상 대륙법적인 의미에서의 민사사건에는 속하지 않는다는 견해도 있다.

그러나 이처럼 징벌적 배상이 형사법의 영역에 속하는 것이라는 식의 주장은 나름대로 문제점을 안고 있다.

우선 미국 연방대법원은 징벌적 배상이 그 형벌적 기능, 위하적 기능과는 관계없이 민법의 영역에 속하는 민사사건이라고 보고 있다. 그 이유는 미국 연방대법원이 징벌적 배상은 이중형벌금지의 원칙에 반하는 것은 아니라는 판결을 한 사실에서 찾을 수 있다.

또한 징벌적 배상소송은 원칙적으로 사인 간에 발생하는 것으로서 국가기관이 아닌 피해자에게 배상이 이뤄진다는 점에서 민사소송법상의 절차에 따른 민법상의 전보기능이 매우 중요한 의미를 갖는다고 할 수 있다.

따라서 징벌적 배상이 활발히 일어나고 있는 미국에서도 법목적을 달성하기 위하여 불가피하게 민사절차를 통하여 제재를 가하는 경우가 대부분이다. 또한 징벌적 배상과 유사한 성격을 갖는 독점금지법상의 수배 배상제도(multiple damages)도 사인이 소송을 제기하여야만 배상을 받는 민사제도로 이해하고 있다. 그리고 징벌적 배상은 사인이 소송을 제기하고 사인이 배상을 받는 반면에, 국가가 소송을 제기하여 그 청구금을 국고에 납부토록 하는 민사제재금(civil penalties)이나 민사몰수(forfeitures)등과 같은 제도도 민사소송절차를 통하여 이루어진다. 따라서 징벌적 배상제도나 민사제재금제도, 민사몰수 등과 같은 제도는 민사소송절차 중 특별히 제재에 목적을 두는 징벌적 민사제재(punitive civil sanctions)로 보는 견해들이 많다.

우리나라에서는 대법원의 입장은 명확하지 않으나 하급심 법원[11] 중 "징벌적 배상제도는 불법행위로 인한 손해의 전보만을 인정하는 우리 민사법 체계에서 인정되지 아니하는 형벌적 성질을 갖는 배상형태로서, 우리나라 공서양속(公序良俗)에 반할 수 있다."라고 판시함으로써 원칙상 이 제도를 인정하지 않고 있다(김정훈, 2007).

(2) 이중처벌에 따른 위헌성

악의적 불법행위는 고의성이 있는 타인의 이익침해행위로서 사회적 법익은 물론, 개인의 법익을 침해하는 경우가 대부분이다. 따라서 이러한 악의적 불법행위에 대하여는 대부분의 국가들은 형사처벌 규정을 두어 사회적 법익을 보호하고 있다. 또한 침해된 사적 법익의 보호를 위해 민사책임규정을 둠으로써 피해자가 가해자로부터 재산상의 손실을 보전받을 수 있도록 법제화하고 있다.

문제는 징벌적 배상이다. 즉, 징벌적 배상은 악의적 불법행위에 대한 처벌적 기능과 억제적 기능을 하는 형사법적 효력을 갖고 있다. 따라서 형사처벌이 이루어진 악의적 불법행위에 대하여 징벌적 배상까지 부과되는 경우 헌법 제13조 제1항에서 규정하고 있는 이중처벌에 해당하는 것으로서 위헌에 해당하는 것은 아닌가 하는 논란들이 많다(Mann, 1975/1992).

따라서 징벌적 배상제도가 활성화되어 있는 미국에서는 전통적으로 악의적 불법행위가 동시에 형사처벌의 대상이 되는 경우 징벌적 배상을 인정하면 이중처벌금지원칙에 반하는지 여부를 두고 많은 논란이 있었다.

11) 서울지법 동부지원 1995.2.10. 선고 93가합19069 판결.

이러한 위헌성 공방은 1960년대 중반부터 시작되었다. 즉, 1967년 미연방 제2항소법원은 Roginsy v. Richardson-Merrell 사건(378 F. 3rd. 832, 2d. Cir., 1967)에서 최초로 징벌적 배상과 관련하여 “기업에 대하여 과다하고 제한 없이 징벌적 배상을 인정하는 것은 기업을 소멸케 하는 행위”라고 판시함으로써 징벌적 배상의 위헌성 논쟁이 시작된 바 있다.

위헌성 논란의 쟁점은 이중처벌금지조항 위반여부와 과도한 벌금의 금지조항 위반여부, 적법절차 조항 위반여부였다.

우선, 이중처벌금지조항 위반 여부와 관련하여 징벌적 배상은 악의적인 불법행위에 대하여 부과되는 것으로 민사상 불법행위 책임 외에도 관련법에 따라 형사처벌도 함께 이루어지는 경우 미연방수정헌법 제5조에서 언급한 이중처벌금지조항에 위반한다는 주장들이 있다. 또한 Murphy v. United States 사건에서도 법원은 징벌적 배상을 부과하였음에도 다시 형사처벌을 가하였거나, 사후 징벌적 배상을 가할 때 형사처벌 사실을 고려하지 않는 것은 부당하다는 입장을 피력한 바 있다.

그러나 Ingraham v. Wright 사건(430 U.S. 651, 1977)과 In Palmer v. A. Robins 사건(684 P. 2d 187, Colo., 1984)에서 법원은 제5조를 형사적 제재에 있어서 잔인하고 비정상적인 처벌을 금지하기 위해 적용되어 왔으므로 이 조항은 오로지 형사처벌의 경우에만 적용되므로 징벌적 배상과 같은 민사처벌의 경우에 적용하는 것은 위헌이 아니라는 판결을 내린 바 있다.

이와 관련하여 우리나라 학자 중에도 형사처벌이 내려진 행위에 대하여 징벌적 배상도 부과되는 것이 법리상 이중처벌에 해당하지 않는다고 보고 있다. 즉, 징벌적 배상이란 불법행위자의 처벌 및 동종행위의 재발방지에 목적을 두고 있기 때문에 처벌 내지 억제라는 측면에서 형벌과 유사하다고 할 수 있지만, 다음과 같은 이유로 이중처벌이 아니라고 주장하고 있다.

첫째, 징벌적 배상의 경우 가해자가 손해배상금을 국가에 지급하는 것이 아니라 피해자 개인에게 지급한다는 점이다.

둘째, 징벌적 배상은 민사소송절차에 의하여 부과된다는 점을 들고 있다. 즉, 배상청구자와 효과의 귀속주체가 다르다는 점에서 형사상의 벌금과 성질이 다르다는 것을 이유로 들고 있다. 이에 따르면 징벌적 배상에는 형벌에 있어서 가장 본질적인 속성이라고 할 수 있는 자유형인 감금이 인정되지 않으므로 이 점에서 형벌과는 확연히 구별되기 때문에 법리상 문제가 없다는 입장을 피력하고 있다(Leshin, 1989).

이 견해는 미국에서 이중처벌 해당여부를 두고 법적 근거가 되고 있는 미 연방 수정헌법 제5조나 우리 헌법 제13조 후단의 규정내용도 그 취지로 볼 때 이중으로 형사처벌을 부과할 수 있는 위험이 없기 때문에 문제가 될 것이 없다는 해석을 내리고 있다(이재상, 1997: 613).

또한 이중처벌에 해당하지 않는다는 근거로 우리나라의 헌법재판소 판결을 들고 있다. 본 판결은 공무원의 범죄행위에 대하여 형벌을 과하는 외에 다시 연금급여를 제한하는 것이 헌법상 이중처벌금지 원칙에 반하는지 여부를 다룬 사건이었다.[12)]

헌법재판소는 본 사건에서 전원합의체 결정으로 "일정한 범죄를 범한 공무원에 대하여 형벌이나 공무원법상의 징계 외에 추가적인 경제적 불이익을 부과하는 것이기는 하지만 헌법 제13조 제1항 후단에 규정된 일사부재리 또는 이중처벌금지의 원칙에 있어서 처벌이라고 함은 원칙적으로 범죄에 대한 국가의 형벌권 실행으로서의 과벌을 의미하는 것이고 국가가 행하는 일체의 제재나 불이익 처분이 모두 그에 포함된다고 할 수 없으므로 이 사건 법률조항에 의하여 급여를 제한한다고 하더라도 그것이 헌법이 금하고 있는 이중적인 처벌에 해당하는 것은 아니라고 할 것이다."라고 판시한 바 있기 때문에, 이중처벌금지의 원칙은 형사처벌에 한정된 원칙이라는 견해를 주장하고 있다.

그러나 위 결정만으로 거액의 징벌적 배상과 형벌과의 관계가 완전히 해결되었다고 보는 것은 다소 무리라는 주장도 있다. 즉, 징벌적 배상제도는 단순한 손해전보를 목적으로 하는 민사책임의 성질만 갖는 것이 아니라, 형사법의 본질인 징벌적 성질과 예방적 성질을 모두 갖는 제도인 점을 고려하여 볼 때에 이중처벌에 해당하지 않는다는 주장은 여전히 논란의 소지를 안고 있다고 생각된다.

(3) 징벌적 배상과 부당이득과의 관계

징벌적 배상제도 도입여부를 두고 논란이 되고 있는 사항 중의 하나가 남소 및 이를 통한 원고의 부당이득 가능성 여부다.

12) 헌재 2002.7.18. 선고 2000 헌바 57(전원재판부 결정).

즉, 피해자가 현실적인 손해 이상으로 거액의 배상금을 받는 것은 부당이득에 해당하므로 이를 인정하는 것이 부당한지 여부다.

이에 대하여 징벌적 배상의 궁극적 목적이 피해자가 입은 손해의 전보에 있는 것이 아니라 악의적 불법행위에 대한 제재 및 억제에 있다고 한다면, 이는 형사법의 사상과 일치하는 법적 구속력이 주어져야 한다는 견해들이 있다. 이에 따르면 악의적 불법행위의 법률효과인 징벌배상액은 국가에 귀속되어야 하며, 현행 제도처럼 해당 금액이 피해자 사인에게 귀속되도록 하는 것은 법이 부당이득을 합법화시켜 주는 것이며, 동시에 남소를 조장하는 결과를 초래한다는 해석이 가능하다.

따라서 현실론적으로 징벌적 배상제도가 기업의 유지 자체를 위협하게 되어 우리 경제에 악영향을 미치는 것은 물론, 헌법상 과잉금지의 원칙에 반하여 위헌소지 및 남소가능성이 높기 때문에 이 제도의 도입에 신중해야 한다는 주장들이 설득력을 얻고 있다.

반면에 고의 범죄자에 대한 징벌이라는 점에서 금전적 귀속주체가 국가가 되는 형벌이나 과태료 등과 같은 공적인 제재나 사적 소송을 통한 제재 모두는 법의 실현수단이라는 점에서 공통적 성격을 가지고 있기 때문에 징발적 배상이 부당이득에 해당한다고 보기는 어렵다는 견해들도 있다. 따라서 이 견해에 따르면 양자는 기능적으로 연관성을 갖기 때문에 제재수단을 다양화해야 한다는 점에서 합리적이라는 해석 또한 가능하다.

또한 국가가 형사처벌의 방법으로 벌금을 징수하는 것이 부당이득이 아닌 것과 마찬가지로 사인이 소송을 제기하는 것은 법의 실현에 적극적으로 기여한 것을 의미하며, 그 대가로 주어지는 이익이라는 점에서 볼 때 징벌적 배상이 부당이득이라고 보기는 어렵다는 견해도 있다. 일부에서는 미국의 일부 주처럼 징벌적 배상금 중 일부를 주정부 등에 지급하게 한다면 이와 같은 문제는 상당부분 해소될 수 있다는 견해도 있다.

그리고 남소가능성 문제와 관련하여 피해자인 사인이 제기한 불법행위소송에서 징벌적 배상을 부과함으로써 불법행위의 재발을 방지하는 것이 중요하기 때문에, 남소를 우려하기보다는 적극적으로 소송을 유도할 필요가 있다는 주장도 있다.

(4) 외국의 사례

(가) 포드 사건

미국의 제조물책임소송에 있어서 유명한 포드(Ford)사의 핀토(Pinto)자동차 사건[13]의 경우는 신차를 개발하는 과정에서 시험주행을 한 결과, 설계 당시 가솔린 탱크의 위치를 잘못 선정하여 후미에서 추돌할 경우 비록 저속이라 하더라도 연료탱크가 차축에 부딪혀 화재를 일으킬 위험이 큰 것으로 판명되어 생산현장에서는 설계를 변경해서라도 연료탱크를 차축 위로 올리자는 제안까지 나왔다. 그럼에도 회사의 경영진은 설계변경에 비용이 많이 들 뿐만 아니라 발매를 지연시키고 신차의 스타일이 좋지 않게 된다는 이유로 그 제안을 받아들이지 않은 채, 설계변경 시의 비용과 설계변경을 하지 않아 사고가 발생했을 경우 손해배상액을 철저히 비교 분석한 뒤 후자가 유리하다고 판단하여 사고가 발생하면 배상금을 지불한다는 방침 하에 판매를 개시하였다. 그런데 발매 후 머지않아 위 자동차가 고속도로를 주행하던 중 엔진고장을 일으켜 정지하고 있는 사이에 뒤에서 달려오던 차에 추돌당하여 위 자동차에 화재가 발생하여 승객이 전신에 화상을 입었다. 이는 예상되는 손해배상액이 불법행위를 감행함으로써 얻을 수 있는 이익보다 적다면 가해행위를 조장할 가능성이 있음을 직접적으로 확인케 하고 있다. 이에 대해 미국 캘리포니아 주법원이 포드사에게 재산상의 손해에 대하여는 251만 6,000달러를, 징벌적 손해배상액으로는 1억 2,500만 달러를 배상하라는 판결을 내린 바 있다.

그런데 이 사건을 우리나라의 현행법 하에서 손해배상청구를 한다면 피해자인 원고는 현실적으로 입은 손해로서, 구체적으로는 (1) 적극적 손해로서 치료비 등 (2) 소극적 손해로서 일실수입 (3) 정액화된 저액의 위자료를 지급받게 될 것이다. 그러므로 이는 피고가 처음부터 예상했던 배상금을 지불하는 것이 되고, 이러한 손해배상금은 손익계산 시 이미 비용으로 계상되어 회사로서는 전체적으로 엄청난 이득을 얻는 결과가 될 것이다.

(나) 맥도날드 사건

미국에서의 징벌적 손해배상 사건과 관련하여 자주 회자되는 사건으로 맥도날드 커피 사건을 들 수 있다. 이 사건(Liebeck v. McDonald's Restaurants, P.T.S., Inc., 1995 WL

13) Grimshaw v. Ford Motor Co. 174 Cal, Rptr, 348.

360309(N.M. Dist. 1994))은 맥도날드에서 산 커피를 차 안에서 엎질러 화상을 입은 81세의 여성이 지나치게 뜨거운 커피는 결함상품이라며 맥도날드를 상대로 제조물책임소송을 제기한 사건이다. 이 사건에서는 맥도날드가 다른 패스트푸드 체인보다도 뜨거운 커피를 제공한 것이나, 과거에도 뜨거운 커피가 원인인 화상사고가 발생하였음에도 불구하고 이러한 방침을 변경하지 않은 것 등이 밝혀졌다. 이러한 사정으로 배심은 16만 달러의 보상적 배상 외에 270만 달러의 징벌적 배상의 지불을 명하였다. 이 평결에 대하여는 "부주의한 원고가 일확천금을 노려 소송을 제기하였고, 배심원의 감정에 호소하여 그 계획이 성공한 사례"로서 징벌적 배상제도 나아가서는 배심재판의 문제점을 상징하는 사건으로서 언급되고 있다.

(다) 뱅커즈사건[14)]

뱅커즈 생명보험회사 사건(이하, 뱅커즈 사건)은 미국의 산업계 및 피고측 변호사들에 의해 징벌적 손해배상을 제한하기 위한 커다란 희망으로서 널리 화제가 되었는데 동 사건의 사실관계는 다음과 같다.

원고인 크렌쇼는 자동차의 교류발전기가 작업대에서 떨어져 입은 발의 상처를 집과 병원에서 치료를 하였지만 끝내 다리를 절단했다. 그는 사고에 의한 다리의 상실에 대해서 동 보험회사의 보험증권의 규정을 근거로 2만 달러의 의료보험금을 청구했다. 그러나 원고의 위 청구에 대하여 동 보험회사의 의료부장은 이 사건은 상해사고에 의한 것이 아니라 기존의 건강상태가 악화된 결과였다는 이유로 보험금의 지급을 거절하였고, 원고는 치료를 담당했던 3인의 외과의사의 진술서까지 제출했다. 그럼에도 불구하고 동 보험회사는 계속해서 원고의 발 상실에 대한 의료보험금의 지급을 거부하였다. 이에 피보험자인 원고 크렌쇼는 미시시피주 지방법원에 제소했다.

재판과정에서 배심원들은 2만 달러의 전보적 손해배상액 및 160만 달러의 징벌적 배상액의 평결을 내렸다. 그 후 미시시피주 대법원은 그 평결을 확인하면서 징벌적 배상액은 동 보험회사의 자산 및 그 불법행위의 정도에 비추어 과대하지 않다고 결론지었다.[15)]

14) Bankers Life & Casualty Co. v. Cremshaw, 108 S. Ct.(1991).

15) Bankers Life & Casualty Co. v. Crenshaw, 483 So.2d 254, 279(Miss. 1985).

이에 동 보험회사는 재심사를 청구하면서 징벌적 손해배상으로 160만 달러를 인정한 것은 미 연방 수정헌법 제8조의 과다한 벌금조항 및 제14조의 적법절차 조항에 위반된다고 주장하였다. 미시시피주 대법원은 재심사청구를 실체적 의견을 붙이지 않고 각하했다. 그러자 피고보험사는 연방 대법원에 재량상소를 신청하였고, 연방 대법원은 이 사건에 대하여 심리를 위해 상고허가신청을 받아들였다.

연방 대법원은 판결이유에서 미시시피주 대법원 판결을 인용한 뒤 징벌적 손해배상액의 합헌성에 대하여는 기초가 되는 기록이 적절하지 않다는 이유로 의견을 표명하지 않았다. 동 법원은 판결이유 중에서 "미시시피주 의회는 보험금청구에 대한 불성실한 지급거부와 관련해서 징벌적 손해배상을 인정하는 내용의 법률을 제정하는 편이 좋을 것이다."라고 의견을 표시하였다. 다만, 오코너(O'Connor) 대법관은 "벌의 잔혹함을 결정하는 완전한 기준도 없이 배심원에게 광범한 재량을 인정하는 것은 적법절차와 일치하지 않는 것 같다. 미시시피주 법은 2만 달러의 현실적 손해배상액을 발생시킨 불법행위가 160만 달러의 징벌적 손해배상 판결을 받을 수 있다는 점을 상고인에게 경고하고 있지 않다."라고 결론지었다.

즉, 오코너 대법관은 적법절차를 문제 삼으면서도 뱅커즈 사건에서 직접 위헌으로 결정하지 않았으나, 배심원에게 징벌적 손해배상을 인정하기 위한 기준 없는 재량권을 부여하는 것은 명확한 헌법상의 결점이라고 주장하여 과대한 징벌적 손해배상에 대하여 위헌성을 시사하였다.[16)]

(라) 고어 사건[17)]

Ira Gore, Jr.(이하 원고라 한다)는 1990년 1월경 앨라배마주 버어밍햄 소재 BMW딜러로부터 검정색 BMW 스포츠 세단을 4만 750.88달러에 구입하였다. 원고는 차의 외관에 아무런 흠을 발견하지 못한 채 약 9개월간 차를 사용하다가 외관을 좀 더 멋있게 만들기 위해 수리업소에 의뢰하였는데, 그 수리업소에서 차의 도장이 새로 칠해진 것을 발견하였다. 이에 원고는 차의 구입과정에서 재도장 사실을 숨긴 것은 앨라배마주 법상 기망(fruad)에 해당한다고 주장하면서 BMW of North America, Inc.(이하 피고라 한다)를

16) *Ibid.*, 27, pp. 88-89; 108 S. Ct.(1991), p. 1656.

17) BMW of North America, Inc. v. Ira Gore, Jr., 896 S. Ct.(1996).

상대로 손해배상(전보배상, 징벌적 배상, 비용 등)을 청구하였다.

심리 중에 그 차는 독일 바바리아 소재 공장에서 제조되어 북미 딜러에게로 선적되는 과정에서 산성비에 의해 손상을 받아서 앨라배마주에 도착하여 재도장되었으며, 재도장 사실이 고지되지 아니한 채 신차로서 원고에게 판매되었고, 한편 수리비용이 전체가격의 3% 이내인 경우에는 수리사실을 매수인에게 고지하지 아니하고 신차로 판매하는 피고의 내부규정이 있음이 밝혀졌다. 재도장 비용은 601.37달러로서 전체 차량가격의 1.5%에 불과하였다.

앨라배마주 법원은 배심평결을 거쳐서 피고에게 4,000달러의 전보적 배상과 400만 달러의 징벌적 손해배상을 명하였다.

이에 피고는 징벌적 손해배상 부분에 관해 피고의 비공개 규정은 미국의 25개 주의 법에 저촉되지 아니한다고 주장하여 위법하다는 판정을 받은 바 없다고 주장하면서 항소하였으나, 항소심은 그 액수가 과다한 것이 아니라고 하여 항소를 기각하였다. 이에 대하여 피고는 앨라배마주 대법원에 상고하였다.

피고의 상고에 대하여 주 대법원은 징벌적 손해배상 부분이 헌법적으로 허용되는 범위를 초과하지 않았으므로 미 연방 수정헌법 제14조의 적법절차 조항을 위반하지 않았으나 배상액의 산정방법에 있어서 전보적 손해배상액수 산정에 있어 미국 전체 주에 있어서의 유사한 경우의 수를 곱한 것은 잘못된 것이고, 앨라배마주의 유사한 경우의 수를 곱해야 한다고 하면서 그 배상액수를 200만 달러로 감축하였다.

(마) 캠벨 사건[18]

위 고어(Gore) 사건 이후 2003년 4월 불법행위법 개혁론자들에게 힘을 실어 주는 판결이 캠벨(Campbell) 사건이다.

원고는 피고(보험회사)의 자동차배상책임보험의 피보험자이고, 교통사고의 피해자로부터 소송(선행소송)을 제기당하였다. 피고는 원고가 명백하게 유책이라는 것을 알면서 원고에게는 그것과 다른 취지를 고지하고, 피해자로부터의 부보한도액 내에서의 화해신청을 거절하고, 굳이 선행소송에 응소하였다. 원고는 부보한도액을 훨씬 넘는 패소판결을 받았으나 피고보험회사는 항소비용을 부담하는 것을 거절하였다. 원고는 자기의 비용으

18) State Farm Mutual Auto Ins. Co. v. Campbell, 123 S. Ct. 1513(2003).

로 항소하였지만, 항소는 기각되고 결국 피고보험회사는 원고의 패소 금액을 전액 지불하였다. 그리하여 원고는 배신(bad faith), 사기(fraud) 및 고의로 정신적 고통을 준 것(intentional infliction of emotional distress)을 이유로 하는 손해배상 소송을 유타 주의 지방법원에 제기하였다.

배심은 260만 달러의 보상적 배상과 1억 4,500만 달러의 징벌적 배상을 인정하였다. 이것은 지방법원 판사에 의해 각각 100만 달러와 2,500만 달러로 감액되었지만, 유타주 대법원은 고어 사건의 세 가지 기준을 적용하여 1억 4,500만 달러의 징벌적 배상을 부활시켰다.

본건에서 징벌적 배상액의 산정과 평가에 있어서 고려된 것은 피고회사의 PP&R(Performance, Planning and Review)라 불리는 정책(policy)이었다. 이것은 업적향상을 위하여 전국적이고 전 회사차원에서 보험금지불을 극소화하는 운동이고, 이를 위하여 합법적인 것은 물론 불법적인 수단을 포함하여 여러 가지 수법을 취하였다. 유타주 대법원은 이러한 정책은 대단히 악성이 강한 것이라고 판시하였다. 또한 통계상 피고의 위법행위가 민사적으로 추급될 가능성은 5만분의 1 미만인 점과, 피고가 부유한 기업인 점에 비추어 보상적 배상액의 145배의 징벌적 배상액은 정당화된다고 하였고, 나아가 피고의 행위에 대해서는 1회당 1만 달러의 민사벌이 있으며 나아가 주에서는 보험업 허가의 취소, 부정이익의 환불(disgorgement), 나아가 금고형까지 부과될 수 있도록 되어 있는 등 다른 벌칙과의 균형도 고려되었다고 판단하였다.

그러나 연방대법원은 배상액이 과다하므로 위헌이라는 전제하에 동 판결을 파기환송하였다.

(바) 필립모리스 사건

2007년 2월20일 미 연방대법원이 '필립모리스 대 마욜라 윌리암스 사건(Philip Morris USA v. Mayola Williams)'에서 징벌적 배상을 명하는 소송절차 및 그 금액과 관련하여 오레곤(Oregon)주 대법원 판결을 파기·환송한 바 있다.

이 사건의 상고인은 피고 필립모리스사이고, 피상고인은 원고 마욜라 윌리엄스로서 사망한 제시 윌리암스(Jesse Williams)의 미망인이었다. 원고는 남편이 필립모리스가 제조·판매하는 담배 '말보로(Marlboro)'를 1950년경부터 하루에 평균 두 갑 이상 피우다가 결국 1997년경 67세의 나이에 폐암으로 사망하자 오레곤주 지방법원에 손해배상청구 소송을 제기했다.

본 사건에서 지방법원의 배심원들은 흡연과 폐암 간에는 인과관계가 있고, 담배제조사가 담배의 유해성을 알리지 않고 동시에 유해성에 관한 정보를 은닉한 기망행위가 원인이 되었다고 판단하면서 실손해배상으로 82만 1,000달러(재산적 손해 2만 1,000달러와 정신적 손해 80만 달러의 합계)와 아울러 징벌적 배상으로 795만 달러의 지급을 명했다. 그러나 1심 판사는 배심원들이 정한 징벌적 배상금액이 지나치게 과다하다고 판단하고 이를 320만 달러로 감하였다.

이후 쌍방이 항소하였는데, 오레곤주 항소법원은 피고 회사의 항소를 기각하고 원고의 항소를 인용하면서, 1심 배심원들이 정한 징벌적 배상금액이 지나치게 과다하다 볼 수 없다는 이유로 원심을 파기하고 배심원들이 정한 배상금액인 795만 달러 금액의 회복을 명하였다. 이후 피고 회사는 오레곤주 대법원에 상고했지만 기각되자, 다시 미 연방대법원에 심리요청을 하였고, 연방대법원은 이를 받아들여 심리가 열리게 된 것이다.

피고 회사가 연방대법원에서 한 주장의 요지는 다음과 같다. 첫째, 1심 판사가 배심원들에게 징벌적 배상에 관하여 설명할 때 금액 산정 시 당해 소송의 당사자가 아닌 다른 흡연 피해자들의 피해를 고려해서는 안 된다는 점을 설명하지 않음으로써 헌법상 적법절차 위배의 하자가 존재한다는 것, 둘째, 항소심의 징벌적 배상금액이 실손해 배상금액의 거의 100배에 이르는 점을 지적하며 지금까지 실손해액의 2-4배 정도의 징벌적 배상액 지급을 명하는 것이 역사적 관례였으므로 아무리 가해자에 대한 비난가능성이 크다 하더라도 한 자리 숫자가 아닌 두 자리 숫자에 해당되는 10배 이상의 배상을 명하는 것은 지나치게 과다한 금액이라는 것이었다.

주심을 맡은 브레이어(Breyer) 대법관은 우선 첫째 상고이유에 대하여 ① 오레곤주 지방법원의 최종변론단계에서 원고의 소송대리인이 배심원들에게 징벌적 배상금액 산정 시 다른 피해자들의 피해 및 피고 회사의 시장점유율 등이 배상금액 결정 시 참작되어야 한다는 뉘앙스로 구두변론을 한 사실, ② 피고 회사의 소송대리인은 위와 같은 변론에 대하여 즉시 이의를 제기하면서 지방법원 판사에게 배심원들이 징벌적 배상금액 산정 시 아직 소송을 제기하지 않은 자들의 피해까지 고려되어서는 안 된다는 설명을 배심원들에게 해 줄 것을 요청한 사실, ③ 그러나 판사는 피고 회사의 요청을 기각하면서 배심원들에게 단지 징벌적 배상은 피고로 하여금 지금까지의 잘못된 행동을 징벌하고 향후 그와 같은 일이 재발되지 않게끔 방지하기 위해 명하여진다는 일반적 설명만 한 사실을 인정하면서 오레곤주 대법원 판결을 파기하고, 징벌적 배상금액을 다시 정하게 하도록 환송하는 판결을 했다.

(5) 소결

최근 앨라배마주가 발표한 통계자료에 따르면 2004-2005년 원고가 기업을 상대로 승소했던 31개의 손해배상 판결 중 27개가 대법원에서 번복되었다고 한다.

이처럼 하급심 판결이나 주대법원의 판결이 상급법원이나 연방대법원에서 파기환송되는 대부분의 이유는 배상액이 과다하다는 것이다. 즉, 미국에서 집단소송이나 징벌적 배상이 배심원들에 의하여 형평의 법리에 어긋나는 평결 때문이라는 지적들이 많다.

위에서 검토한 사건들도 이러한 문제점을 구체적으로 보여 준 판결들이라고 할 수 있다. 우리나라에서는 아직 민사소송에서 배심제가 도입되지 않았기 때문에 미국과 같은 현상이 발생하리라고 단정을 하기는 어렵다. 그러나 이러한 미국의 사례가 우리에게 시사하는 바가 무엇인지를 좀 더 신중하게 검토한 후 우리에게 적합한 소비자구제방법이 무엇인지를 입법론적으로 모색해 볼 필요가 있다고 본다.

제4절 맺는 말

산업기술이 고도화된 현대사회에서는 사업자의 악의가 있든 없든 간에 상품 및 용역의 제공을 받은 소비자들의 피해 또한 빈번히 발생할 수밖에 없다. 문제는 이러한 피해발생 시 소비자들이 피해를 구제받는 것이 또한 중요한 과제로 떠오르고 있다. 특정 상품이나 서비스로 인하여 피해를 입은 소비자들의 수는 다수이지만, 소비자별 개인이 입은 피해는 소액인 경우가 대부분이다. 따라서 실제로 입은 손해만 배상토록 하고, 피해를 입은 자가 소송의 당사자가 되어 손해배상을 청구하도록 하는 것을 원칙으로 하는 현행법 하에서는 실질적으로 피해자가 스스로의 권리구제를 위하여 소송제도를 이용하는 경우 득보다는 실이 큰 것이 사실이다. 또한 사업자들도 이러한 현실을 악용하여 지속적으로 소비자들에게 불이익을 가하고 영업상 이익을 추구하는 사례들이 빈번히 발생하고 있다.

따라서 이러한 문제를 해결하기 위해서는 첫째로, 소액이지만 다수의 피해자들도 비용과 시간을 들이지 않고 손쉽게 그 피해를 배상받도록 하는 것이 필요하며, 둘째로 악의적으로 소액의 다수피해자를 발생시키는 사업자에 대하여는 다시 그러한 악의적 행위를 하지 못하도록 징벌적 의미를 갖는 고액을 배상하도록 만드는 제도적 장치가 필요하다는 주장들이 제기되고 있다. 전자의 경우를 집단소송이라 하고, 후자의 경우를 징벌적 배상이라고 한다.

그러나 집단소송의 경우에는 손해를 입지 않은 사람에게도 배상이 이루어질 수 있는 가능성이 존재하며, 징벌배상의 경우에는 소비자가 입은 손해보다 많은 배상을 받기 때문에 과도하게 소송이 증가함은 물론, 사업자는 과도한 배상으로 인하여 사업을 중단하여야 할 위기에 직면할 수도 있다.

따라서 소액의 다수피해자들이 지속적으로 발생하는 것을 예방하고, 소액의 다수자들도 비용과 노력을 줄이고 배상을 받도록 하는 필요성이 있는 만큼 이에 대한 도입여부에 대한 구체적이고 법리적인 논의들이 필요하다. 다만, 앞에서 언급한 폐해를 최소화하는 제도적 장치들도 병행하는 것 또한 필요하다.

또한 징벌적 배상제도와 관련하여서는 배상의 대상행위를 정함에 있어서 신중할 필요가 있다. 특히, 환경소송은 물론, 식품관리, 보건, 증권집단소송, 제조물책임 등과 같이 광범위하게 정하거나, 증권집단소송의 대상행위와 제조물책임 대상행위에 대하여도 징벌적 배상을 인정하고자 하는 점에서 우려의 목소리가 높다.

미국에서는 증권집단소송으로 인한 손해배상을 부과함에 있어 징벌적 배상까지 부과한 판례를 찾아볼 수 없다. 그 이유는 미국의 경우 증권사기 행위에 대하여는 주가손실이라는 실손해 배상원칙을 집단소송을 통해 실현하고 있기 때문이라고 생각한다. 따라서 허위공시, 내부자거래, 시세조종 등의 행위를 징벌적 배상의 대상행위로 정하는 것은 바람직하지 않다.

또한 제조물책임에 대하여도 징벌적 배상을 인정하는 경우 제조물책임소송은 새로운 국면으로 전환될 가능성이 높다. 더욱이 제조업자 입장에서는 스스로 고의가 없었음을 입증하여야 한다는 점에서 면책의 가능성 또한 매우 낮다고 할 수 있다.

이러한 점을 고려하여 제조업자에 대하여 징벌적 손해배상책임을 부과하는 경우, 국가산업발전의 근간이 될 수 있는 산업에 대하여는 예외규정을 신설하는 것이 바람직하다.

참 ■ 고 ■ 문 ■ 헌

김정훈(2007), 「최신미국판례: 징벌적 배상의 범위와 한계」, 『법률신문』, 2007.2.12.

이재상(1997), 『형사소송법』(제5판), 박영사.

Leshin, Laurance M. (1989), "Constitutionall Challanges to Punitive Damages," *40 Federation of Insurance & Corp. Counsel Quarterly* 31 (Fall).

Mann, Kenneth (1975/1992), "Punitive Civil Sanction: The Middleground Between Criminal and Civil Law," 101 *Yale L. J.*

Ramsay, Sarah (1994), *Breast Implant Settlement, the LANCET*, vol. 343 May 7.

Reske, Henry J. (1993), "DEVELOPMENT Breast Implant Settlement Proposed," *ABA JOURNAL*, December.

Tempest in a C-Cup: Are Brest Implants Actually OK?, A Matter of SilverPlatter, New-Republic, V. 213 no. 11, September 1995, pp. 17-18, 20-21 (CD ROM 자료).

제 IV 부

티챙책속의소비치

제14장

통상정책에 있어서의 소비자이해 보호

▌안 덕 근▐
서울대학교 국제대학원 교수

제1절 통상정책에서의 이해관계 구조

여타의 경제정책에서와 마찬가지로 통상정책의 경우에도 많은 이해단체와 산업계들이 정책의 영향에 대해 대립과 마찰을 하게 된다. 통상정책의 경우에는 비단 국내 이해관계인들뿐만 아니라 외국 정부들과 통상협상을 통해 국가적 경제이해관계를 조율하게 된다는 점에서 더욱 복잡한 정책조율의 문제를 제기하게 된다. 이하에서는 간략하게 통상정책의 역학관계와 이해관계 대립구조를 살펴본다.

1. 통상정책의 역학관계

통상정책의 역학관계 구조는 그림 1에서 정리된 바와 같이 다면적인 구조를 가지고 있다. 통상관련 법규의 규정에 따라 행정부는 국내와 대외적인 측면에서의 통상정책을 시행하게 된다. 국내적인 통상정책은 국내산업 보호를 위한 수입제한조치인 무역구제조치를 비롯하여, 시장개방에 따른 제반 국내산업 구조조정조치, 기타 서비스 및 투자 관련 규제개선조치 등을 포함한다. 대외통상정책에는 WTO 협상 및 FTA 협상 등 대표적인 시장개방협상과 더불어 각종 양자협상이 포함될 수 있다. 국내에 시행되는 통상정책은

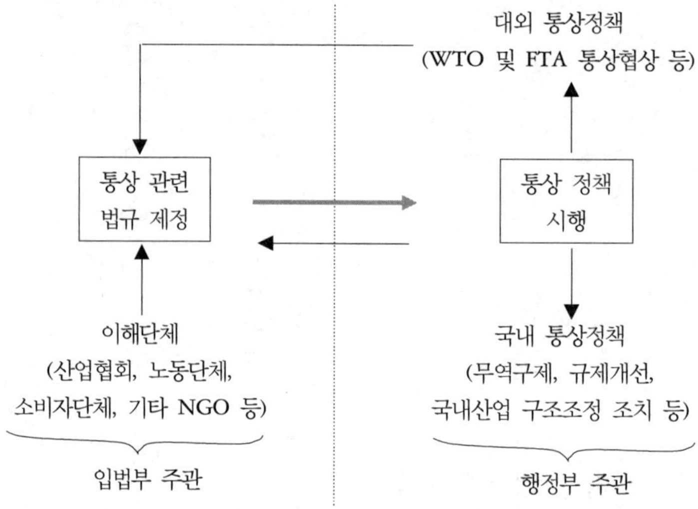

그림 1. 통상정책 역학관계 구조

산업계뿐만 아니라, 노동단체, 소비자단체, 기타 각종 NGO 등 이해단체들에게 다른 영향을 야기하게 되는데, 이에 따라 관련 이해단체들은 입법권한을 가진 국회에 법규 개정이나 필요한 입법을 통해 경제이해를 대변하고자 노력하게 된다. 또한, 외국 정부와 통상협상을 통해 합의한 통상협정, 조약 등도 비준과정을 거쳐 국내법규로 수용되는데 이러한 통상협상과 비준과정에서 마찬가지로 각종 이해단체들의 의견 개진이 이루어지게 된다. 이와 같은 국내외적인 요인들이 종합적으로 작용하여 통상 관련 법규가 신설되거나 개정되며, 이는 다시 새로운 통상정책 시행의 기초로 작용하게 되는 것이다.

2. 이해관계 대립구조

통상정책에 따라 시장개방이 이루어지는 경우, 우선 산업부문에서는 비교우위부문과 비교열위부문 간에 이해가 상충된다. 한-칠레 FTA가 체결될 때 국내 산업계와 농업계의 이해가 상충된 것이 대표적인 사례라 할 수 있다. 비교우위부문은 새로운 수출기회를 확보하게 됨에 따라 산업성장을 기할 수 있으나, 비교열위부문은 수입경쟁 강화에 따라 산업구조조정이 촉진되면서 심각한 경영상 위기에 처하게 된다. 궁극적으로 시장개방의 취지가 교역을 확대함으로써 비교우위산업 부문을 발전시켜 사회후생을 극대화하는 것이나, 반대로 비교열위산업 부문은 구조조정과정이 가속화됨으로써 단기적인 측면에서 비용이 크게 발생할 수 있다.

한편, 이러한 산업 내 이해상충은 비교우위부문과 비교열위부문 간뿐만 아니라 수입상품과 경쟁관계에 있는 경쟁산업부문과 수입품을 소비하는 후방산업인 소비산업부문 간에도 발생하게 된다. 하이닉스 반도체의 수입을 미국 상무부가 국내 생산업체인 MICRON사의 청원을 받아들여 상계관세 부과를 통해 제한하고자 하였을 때, HP, DELL 등을 비롯하여 각종 반도체 수요업체들이 이의를 제기한 것이 좋은 예다. 기업의 해외진출과 글로벌 소싱이 강화되면서 이러한 경쟁산업과 소비산업 간의 이해상충이 최근 더욱 크게 부각되고 있다.

다음으로 생산자 부문과 소비자 부문의 이해상충이다. 생산자 부문의 이익은 가급적 국내시장의 개방이 지연되어 국내시장에서의 독점적 또는 비경쟁적 상황이 연장될수록 유리하나, 그러할수록 가격인상 또는 소비자선택권 제한 등으로 인해 소비자 부문의 이익은 더욱 심각하게 침해된다. 반면, 소비자 이익을 극대화하기 위해서는 가급적 관세 또는 기타 수입에 제한요소로 작용하는 제반 장벽이나 조치를 철폐하여 수입경쟁을 촉진하는 것이 최선이나 이러한 경우 국내산업 기반에 심각한 피해가 야기될 수 있다. 이처럼 산업피해가 유발되는 경우 양산될 수 있는 실업 노동자들이 결국 소비자이므로 사실상 소비자보호의 명제에도 문제를 초래하게 된다.

마지막으로 관세수입에 기초한 정부의 이해가 추가될 수 있다. 일반적으로 경제발전 수준이 낮은 국가일수록 정부예산에서 관세수입이 차지하는 비중이 크게 나타난다. 이는 선진국일수록 관세 등 수입 장벽이 낮고 개발도상국일수록 정부예산 확보차원에서 수입관세를 높게 유지하는 경향이 있기 때문이다. 따라서 경제개발 수준에 따라 예산 확보를 위한 취지에서 관세를 유지하고자 하는 정부의 이해가 통상정책에 주요한 변수로 작용하게 되는 것이다.

이와 같은 복합적인 이해관계 구조 속에서 상충되는 경제이해의 적절한 균형을 어떻게 도출해 내느냐 하는 것이 통상정책의 관건이 된다.

제2절 통상정책과 소비자이해 보호의 구조적 문제점

1. 시장개방과 소비자이해 보호의 구조적 한계

시장개방을 위한 통상협상이 진행되는 경우, 협상상대국 간에는 일반적으로 상호호혜적인 방식으로 무역자유화를 하게 되는데 양국의 무역이익에 균형이 도출될 수 있도록 합의를 하게 된다. 이러한 경우, 무역이익의 균형을 어떠한 기준으로 판단하는지 여부가 관건인데 대개의 경우 무역규모 추정치에 기준을 두게 된다. 즉, 통상협상 시에 양국이 상대방 국가의 시장개방에 따른 자국의 수출증가 규모가 상대국의 그것과 유사하다고 판단되는 경우에 일반적으로 무역이익의 균형이 달성되었다고 간주하는 것이다.

그러나 동일한 규모의 무역증가인 경우에도 경제 전체의 규모와 시장상황에 따라 실질적인 사회후생에 대한 영향은 매우 다르게 나타날 수 있다. 따라서 경제학자들은 시장개방의 경제적 효과를 판단할 때 항상 사회후생에 대한 효과에 초점을 두게 되는 것이다. 그럼에도 불구하고, 실무적인 차원에서 통상협상 시에 사회후생의 관점에서 협상의 이익에 대해 균형이 설정되거나 시장개방에 관한 양허가 이루어지는 경우는 거의 없다. 다시 말하여, 통상협상에서 시장개방의 기준을 설정하는 단계에서부터 생산자의 이익만 평가하게 되고 소비자의 이해에 대한 고려는 제대로 반영되지 않게 된다.

또한, 시장개방에 있어 대표적인 문제점으로 지적되는 것이 시장개방에 따른 비용이 소수의 생산자들에게 집중되는 반면 시장개방의 혜택은 다수의 소비자들에게 분산되는 구조다. 시장개방으로 수입이 자유화되는 경우, 수입경쟁에 의해 피해를 보는 생산자들은 해당 산업부문의 소수에 해당하나 가격인하 효과와 선택권 확대로 혜택을 보는 소비자는 해당 국가의 전체 소비자들로 볼 수 있다. 그러므로 전체 경제의 측면에서 수입경쟁에 따른 피해와 혜택을 비교해 볼 때 일반적으로 후자가 훨씬 크게 나타나게 된다. 예를 들어, 미국의 경우 2002년 기준으로 설탕산업의 보호조치에 의해 발생하는 경제적 비용은 6억 6,200만 달러 정도로 추산되는데, 이는 약 3만 8,000명의 생산자를 고용하는 설탕산업에서 생산자 1인당 2만 달러에 해당하는 비용이나 소비자 입장에서는 1인당 연간 8달러에 불과한 규모다.[1] 이러한 비용집중과 혜택분산 구조는 통상정책 시행에 있어 일반적으로 소수 산업의 피해부문 이해가 과다하게 반영되는 문제를 야기하게 된다.

2. 무역구제제도와 소비자보호

WTO 체제하에서 합법적으로 허용되는 수입제한조치로서 무역구제조치로 통칭되는 조치들이 있다. 수출가격을 자국 국내시장에서의 정상가격보다 낮게 책정함으로써 중대한 산업피해를 발생하는 경우에 허용되는 반덤핑조치와 정부의 보조금에 의해 부당하게 낮은 가격을 책정함으로써 산업피해를 야기하는 경우에 허용되는 상계조치뿐만 아니라 수입 급증으로 인해 심각한 산업피해가 발생하는 경우에 허용되는 세이프가드조치가 이에 해당한다. 이러한 무역구제제도는 기본적으로 무역장벽을 최대한 축소하여 무역자유화로 인한 교역의 혜택을 극대화하고자 하는 WTO 체제하에서 예외적으로 수입경쟁으로부터 산업보호를 허용하는 제도다.

그림 2에서 나타나고 있는 바와 같이, 지금까지 WTO 회원국들은 무역구제조치를 통한 시장보호를 매우 적극적으로 추진하고 있는데 비단 미국, 유럽연합 등과 같은 선진국들뿐만 아니라 중국, 인도, 한국, 브라질 등 개발도상국들도 상당히 적극적으로 무역구제조치를 활용하고 있다. 실제로 반덤핑조치의 경우 WTO에서 제기되는 국가 간 통상분쟁의 최대 쟁점 중 하나로 부각되고 있다.[2]

그러나 이러한 무역구제조치는 그 취지상 국내산업 보호를 위한 것이며 이러한 과정에서 소비자이해는 많은 경우 희생되는 것이 일반적이다. 일부 국가들의 경우 "공익(public interest)" 보호 조항을 도입함으로써 다소간 소비자이해 보호를 반영하고자 하는 경우가

1) US International Trade Commission, *The Economic Effects of Significant US Import Restraints*, 11-22 (June 2004: Investigation No. 332-325).

2) 단순히 제소국에 의해 언급된 협정을 집계한 수에 따르면 GATT의 빈도수가 더 많으나, 대부분의 경우 여타 협정들과 중복 산정된 점을 감안하면 별도 협정으로서는 보조금협정과 반덤핑협정이 최대 분쟁대상 협정이다. 보조금협정의 경우 상계조치에 관한 것보다는 WTO 설립 이후 보조금의 합법성에 대한 직접제소가 증가된 점을 감안하면 반덤핑조치에 관한 분쟁이 현재 최대 분쟁대상 조치가 되고 있다. 보조금협정 관련 사항은 안덕근, 『WTO 보조금협정 연구』(법무부, 2003) 참조.

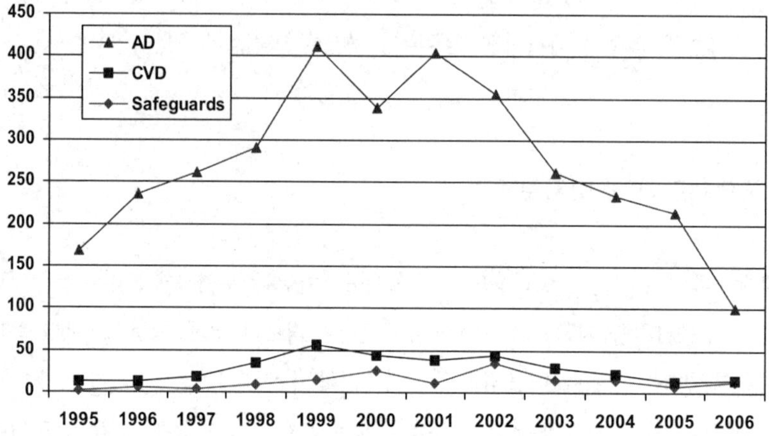

WTO 홈페이지에 게재된 통계자료를 기초로 작성. <www.wto.org>

그림 2. WTO 회원국들의 무역구제조치 사용 추이: 1995-2006.6.

있으나 이러한 경우에도 실제로는 소비기업들에 대한 피해가 보다 중요하게 검토되며 순수하게 소비자이해의 보호에 기초한 공익 보호는 드물게 이루어진다. 예를 들어, 반덤핑제도에 공익심사 조항을 가장 강력하게 도입하고 있는 국가가 캐나다인데 반덤핑조사에 있어 산업피해 판정과는 별도로 반드시 공익심사를 거치도록 하고 있다. 그러나 이러한 규범상의 발전에도 불구하고, 캐나다 무역구제기관인 Canadian International Trade Tribunal이 실제로 공익심사를 시행한 사례는 많지 않은 것으로 나타나고 있다. 보다 구체적으로, 1984년부터 2000년까지의 기간 동안 수행된 총 315건의 반덤핑조사 중 216건에서 최종 조치가 부과되었는데, 그중에서 단지 11건에서 공익심사가 이루어졌으며 4건에서만 공익성에 의한 반덤핑관세 경감이 이루어진 바 있다.[3)]

이와 같은 무역구제제도의 운영은 경제학자들을 비롯한 학계로부터 많은 비판을 받고 있는데, 가장 근본적인 이유가 소비자후생을 반영하는 데 야기되는 구조적인 문제점이다. 예를 들어, 동일한 형태의 차별적인 가격정책이 사용되는 경우 국내기업에 대해서는 시

3) Grain Corn(1987), Re Beer(1991), Iodinated Contrast Media(2000), Prepared Baby food(2000)의 4개 사건에서 공익성에 근거한 관세 인하가 권고되었다.

장에서의 경쟁조건과 소비자후생 등에 큰 비중을 두는 경쟁정책을 적용하게 되는데 반해, 외국기업에 대해서는 수입에 따른 국내산업 피해라는 생산자 보호 관점의 반덤핑제도를 적용하게 된다. 따라서 국내기업에 대해서는 경쟁을 촉진하고 소비자후생을 향상한다는 사유로 허용되는 가격조치가 외국기업이 사용하는 경우에는 국내 산업이 피해를 받거나 그러한 위협이 있다고 판단되는 경우에는 반덤핑관세를 부과하여 수입을 제한할 수 있도록 하고 있는 것이다. 이처럼 소비자이해의 보호가 비대칭적으로 이루어지는 것은 앞 절에서 설명한 바와 같이 시장개방 단계에서뿐만 아니라 시장개방이 이루어진 후에 시장보호를 위해 허용되는 무역구제제도에서도 마찬가지인 것이다.

3. 소비자단체 역할의 중요성

앞서 설명된 바와 같이 통상정책을 시행하는 데 있어 소비자이해를 보호하고 적절하게 반영하는 데는 구조적인 문제점이 있다. 따라서 통상정책을 사회후생의 관점에서 보다 합리적인 방향으로 추진하기 위해 소비자이해를 반영시킬 수 있는 중요한 장치가 소비자단체다.

통상정책을 통해 시장개방을 추진하는 궁극적인 목적은 비교열위 산업부문에 배분된 경제재화를 비교우위 산업부문으로 이전하는 산업구조조정을 활성화하여 경제전체의 효율성을 제고하는 것이다. 이러한 산업구조조정과정에서 제기되는 비교열위 산업부문의 경제적 비용과 정치적 반발은 사실 해당 부문에서의 수입증가에 의해 발생되는 소비자후생 증가에 의해 상쇄되어야 한다. 그러나 구조적으로 개별 소비자들이 제기하기 어려운 사회적 후생 증진문제가 소비자단체에 의해 다루어질 수 있는 경우 보다 균형 있는 통상정책 시행을 위한 정책 환경이 조성될 수 있다. 총량적으로 막대한 경제후생을 대변할 뿐만 아니라 수적으로도 다수를 차지하는 소비자 군을 대표할 수 있는 기능을 소비자단체가 수행하게 되는 경우 구조적으로 왜곡되기 쉬운 통상정책의 정당성과 객관성을 보다 용이하게 보장할 수 있게 되기 때문이다.

실제로 선진국의 경우에는 이미 소비자단체들이 통상정책을 수행하는 데 중요한 역할을 하고 있는 것으로 나타나고 있다. 예를 들어, EU에서 양육과정에서 호르몬이 사용된

우육판매를 금지하게 된 데에는 Union of French Consumers, Bureau of European Consumer's Unions을 비롯한 다양한 유럽의 소비자단체 역할이 핵심적이었던 것으로 알려지고 있다(Devereaux, Lawrence, and Watkins, 2006, II: 37-40). 그러나 이처럼 소비자단체의 주장이 강력하게 반영된 EU의 정책은 향후 미국에 의해 WTO 분쟁해결기구에 회부되었다. 동 분쟁사건에서 EU는 패소 판정 이후에도 유럽집행위원회가 WTO 권고사항을 불이행함으로써 결국 WTO의 승인 하에 미국으로부터 무역보복의 대상이 된 바 있다.[4)]

제3절 통상정책에서의 소비자이해의 다면성

1. 국제통상체제의 발전과 규범의 다각화

1948년 시작된 GATT 체제로 대변되는 국제통상체제는 1995년 WTO의 출범과 함께 커다란 변화를 겪게 된다. 약 50년간 국제통상체제에서 기본적으로 공산품 위주의 상품교역 문제만 다루어 온 데 반해, WTO 체제에서는 농산물교역과 서비스교역, 그리고 지적재산권보호까지 포함되고 있다. 또한 상품교역과 관련된 부분에서도 기술장벽에 관한 협정이 개정되고 식품위생 및 검역에 관한 협정이 신설되어 보다 엄격한 규율이 적용되고 있다. 그 외에도 무역과 환경 간의 연계 문제가 보다 첨예하게 제기됨에 따라 WTO 체제 내에서 환경보호와 무역자유화 간의 조화로운 규범 설정이 중요한 의제로 다루어지고 있다. 일례로, WTO 체제하에 "무역과 환경위원회(Committee on Trade and Environment)"가 상설위원회로 설립되어 있을 뿐만 아니라, "무역과 환경국(Trade and Environment Division)"이 WTO 사무국에 설치되어 있다(WTO, 2007).

4) WTO, EC-Measures Concerning Meat and Meat Products(WT/DS26, DS48/R, WT/DS26, DS48/AB/R). 호르몬쇠고기 분쟁에 대해서는 Pauwelyn(1999: 641-664), Quick and Blüthner (1999: 603-639) 참조.

WTO 체제로 대변되는 국제통상규범은 국제교역을 활성화함으로써 경쟁을 촉진하는 것을 주요한 명제로 삼고 있는데 이러한 경쟁촉진은 소비자이해의 증진에 직결되는 사안이다. 예를 들어, 한국 정부는 수입쇠고기로부터 국내시장을 보호한다는 취지로 수입쇠고기구분판매제도를 시행한 바 있다. 즉, 수입쇠고기를 판매하고자 하는 소매점은 별도로 전문수입쇠고기 판매점을 설립하여 이를 통해서만 판매할 수 있도록 하는 국내 제도를 도입하였다. 그러나 이러한 제도는 이후 미국과 호주가 WTO 규범상의 비차별대우원칙 위반을 근거로 한국 정부를 WTO에 제소하였고 해당 분쟁의 위법 판결에 의해 철폐되었다(WTO, 2001). 해당 사건에서 이미 미국과 호주의 쇠고기 수출은 당시 허용되고 있던 수입물량제한 수준을 충족하고 있었으므로 쇠고기구분판매제가 실질적으로 수출국에게 피해를 야기하지 않았다고 한국 정부는 반박하였다. 그럼에도 불구하고, WTO 분쟁해결기구는 비차별대우원칙 특히, 내국민대우원칙에 입각하여 위반판정을 하였고 이에 따라 조치의 시정이 이루어지게 되었다. 이 사건에서 쇠고기구분판매제가 철폐됨에 따라 중장기적으로는 쇠고기 수입이 확대될 수 있는 유통망 환경이 개선된 것으로 보이나 단기적인 측면에서는 수입물량제한에 의해 수출량이 추가적으로 증가할 수 없는 상황에서 사실상 판매망이 확대됨에 따라 수입쇠고기를 찾는 소비자들에 대한 편의가 대폭 개선된 것으로 볼 수 있다.

국제통상규범이 소비자후생 증진에 기여하는 또 다른 형태의 적용 사례는 기술장벽과 관련한 분쟁을 들 수 있다. 유럽연합은 자국 수산물을 보호하고자 하는 취지로 까다로운 라벨링제도를 운영하였는데, 정어리(Sardine) 제품에 대해 자국 연해에서 생산되는 특수한 정어리류에 한정해서만 정어리로 명기할 수 있도록 허용하였고, 여타 국가들에서 주로 생산되는 다른 종류의 정어리들에 대해서는 유럽으로 수출되는 제품에서 그러한 명칭을 사용하지 못하도록 금지하였다. 이러한 조치는 페루가 WTO 분쟁해결기구에 제소함으로써 WTO의 기술장벽협정에 위배되는 것으로 판정이 나게 되어 철폐된 바 있다(WTO, 2002). 동 사건에서도 WTO의 판결 자체가 수입증가로 직접 연결되는 것은 아니며, 기본적으로 유럽시장의 소비자들에게 보다 정확한 상품정보를 제공함으로써 결국은 소비자의 선택기회를 확대시켜 주는 역할을 하게 되는 것이다. 즉, 페루에서 수출되는 상품에 대해서는 페루산 정어리라는 명칭이 허용됨으로써 소비자들로 하여금 가격과 상품의 질에 기초한 선택의 기회를 가질 수 있도록 보장하는 것이다. 이처럼 국제통상규범이 고도

WTO협정 구조

WTO 설립협정

Annex 1A: 상품교역에 관한 다자간 협정
- 선적 전 검사에 관한 협정
- 원산지 규정에 관한 협정
- 섬유 및 의류에 관한 협정
- 농업에 관한 협정
- 반덤핑 협정(1994년 GATT 제VI조의 이행에 관한 협정)
- 관세평가협정(1994년 GATT 제VII조의 이행에 관한 협정)
- 수입 허가절차에 관한 협정
- 긴급수입제한 조치에 관한 협정
- 보조금 및 상계조치에 관한 협정
- 위생 및 식물위생 조치의 적용에 관한 협정
- 무역에 대한 기술장벽에 관한 협정
- 무역 관련 투자조치에 관한 협정

Annex 1B: GATS(서비스무역에 관한 일반협정)

Annex 1C: TRIPS(무역 관련 지적재산권에 관한 협정)

Annex 2: 분쟁해결양해

Annex 3: 무역정책검토체제

Annex 4: 복수국가협정
- 정부조달에 관한 협정
- 민간 항공기 무역에 관한 협정
- 국제낙농협정(1997년 말 종료)
- 국제우육협정(1997년 말 종료)

화됨으로써 다양한 분야에서 경쟁을 촉진하고 이에 기초한 소비자 선택의 기회를 확대시키는 체제가 더욱 공고해지고 있다.

이러한 다자주의체제의 발전과 함께 최근에는 양자 또는 지역 간의 "자유무역협정(Free Trade Agreement, 이하 'FTA')"이 광범위하게 확산되고 있다. FTA는 기본적으로

WTO보다 앞서는 수준으로 관세인하를 하여 무관세 교역을 목표로 추진되는 것이나, 최근에 우리나라를 포함한 일부 국가들은 WTO 협정에서 다루어지지 않는 영역들 예를 들어, 투자, 경쟁, 과학기술협력 등을 포함시킬 뿐만 아니라, 지적재산권보호, 자연인 이동과 자격인증, 무역구제제도, 정부조달 등의 영역에 대해서도 WTO 기준을 넘어서는 새로운 합의를 도출해 내고 있다. 최근 우리와 FTA를 체결한 미국의 경우에는 FTA에 환경과 노동 문제를 반드시 결부함으로써 통상의 영역에 대표적인 비경제적/사회적 분야를 수용하고 있다.

따라서 통상정책에 의해 다루어지는 영역이 전통적인 공산품교역 수준을 훨씬 넘어서 현재는 농산물교역 문제는 물론이거니와 상업적 주재와 자연인 이동을 내재하고 있는 서비스교역, 그리고 지적재산권보호, 경쟁, 투자, 환경보호, 노동 등의 문제까지 포괄하고 있다. 기본적으로 통상정책의 범주가 경제환경을 설정하는 거의 모든 변수를 포함하는 수준으로 확대된 것이다.

2. 소비자이해의 다면성

이러한 국제통상체제의 발전과 변화는 통상정책에 관련되는 소비자이해의 범주도 획기적으로 확대시키고 있다. 통상정책과 관련된 소비자이해가 단순히 수입경쟁에 의한 소비자가격 인하와 소비선택권 확대 차원을 넘어 현재는 소비자안전, 식품위생, 환경보호, 지적재산권보호, 노동기준 준수 등 다면화되고 있는 것이다.[5)]

한편, 이와 같은 통상정책 범주의 확대에 따른 소비자이해의 다각화는 특정 통상정책이나 조치에 관한 소비자이해를 판단하기가 매우 어렵게 하고 있다. 또 다른 측면에서는 소비자단체 입장에서도 어떠한 기준으로 소위 “소비자이해” 보호를 위한 입장을 수립해야 하는지에 관한 난제에 직면하고 있다고 볼 수 있다. 이러한 문제점은 사실 향후 우리의 통상정책과 관련한 소비자단체의 역할에서 불가피한 부분으로 판단된다.

5) 실제로 소비자단체들도 이러한 점을 인식하고 있다. 예를 들어, 국제소비자단체인 Consumers International은 최근 자료에서 소비자안전, 정보, 소비자선택, 소비자이해 대변, 환경 등 다양한 영역에서의 소비자이해 문제를 부각한 바 있다(Consumers International, 2005).

소비자이해의 다각화에 따른 소비자단체 역할 정립의 어려움은 한-미 FTA 체결과정에서 첨예한 논란의 대상이 된 쇠고기 수입문제와 관련한 일련의 과정이 여실히 보여 주고 있다. 국내 수입쇠고기시장의 최대 시장점유율을 차지하는 미국산 쇠고기의 수입이 광우병 감염위험으로 2003년 12월 국내수입이 전면 중단되었다. 이에 따라 대체상품으로 호주산 쇠고기의 수입이 급증하였으나, 국내시장에서의 쇠고기 가격은 전 세계에서 가장 높은 수준까지 치솟게 되었다. 이후 2006년 6월 한-미 FTA 협상 개시가 발표된 시점에 협상을 위한 선결조건으로 수입재개 합의가 이루어졌다는 의혹이 제기되면서 소비자단체를 포함한 대부분의 NGO들이 한-미 FTA 반대운동에 나서게 되었다.

여기서 소비자단체가 당시 쇠고기수입 문제 또는 보다 포괄적으로는 한-미 FTA에 대해 어떠한 입장을 취하는 것이 바람직한 것이었는지에 대해 평가하고자 하는 것은 아니다. 다만 당시의 상황을 재검토함으로써 다면화된 소비자이해 구조 속에서 우리 소비자단체가 직면하게 되는 문제의 난이성을 재조명해 볼 수 있다. 미국산 쇠고기수입금지조치 이후 소득양극화가 심각해지고 있는 상황에서 시장보호조치에 의해 과도한 국내가격 인상문제를 겪고 있는 쇠고기시장에 대해서 일반적으로는 개방을 통해 가격인하를 추구하는 것이 소비자이해에 부합하는 것으로 볼 수 있다. 그러나 과학적으로 검증된 바와 같은 광우병 감염 쇠고기의 위험성을 감안할 때 소비자 보건을 위해 감염된 쇠고기의 수입제한은 다른 측면의 소비자이해 보호를 위해 필수적인 조치이다. 따라서 상충되는 소비자이해를 조율해야 하는 문제가 야기되는데, 여기서 소비자단체가 찬성 또는 반대의 양극화된 입장 외에 다른 대안을 제시하는 것이 가능한지 생각해 볼 수 있을 것이다. 즉, 검역기준과 절차를 엄격하게 함으로써 수입되는 쇠고기의 식품안전성이 보장된 상황 하에서 오염되지 않은 쇠고기의 수입을 촉진하는 것이 소비자이해 보호를 위해 최선의 방안이라면, 그러한 대안을 우리의 소비자단체들이 제기하는 것이 우리 통상정책 역학구조 속에서 가능한지 혹은 가능하지 않다면 실무적으로 극복되어야 하는 제약이 무엇인지에 대해 검토가 되어야 할 것이다.

소비자이해의 다면성을 보여 주는 또 다른 예로서 지적재산권보호 문제를 들 수 있다. 지식기반 경제가 고도화되어 감에 따라 지적재산권보호와 관련되는 상업적 이해의 중요성은 갈수록 증가되고 있는데, 이에 따라 국제통상체제에서는 첨단기술을 확보하고 있는 선진국 기업들의 이해가 보다 강하게 반영되는 추세가 심화되고 있다. 현재 WTO 협정의 일부로 포함되어 있는 TRIPS 협정뿐만 아니라 급속도로 확산되어 가는 FTA 협정들을 통해서도 지적재산권 보호수준을 강화시키는 경향이 강화되고 있는 것이다. 그런데 이와 같은 선진국들 중심의 시도에 대해서 개발도상국들 정부는 대부분 통상협상 차원에서는 주요 수출시장 확보 또는 안정적인 수입선 유지 등의 사유로 적극적으로 반발하기가 어려운 상황이다.

반면, 과도한 지적재산권보호의 강화에 따른 사회적, 경제적 부작용을 근거로 그러한 강화 일변도의 지적재산권보호 움직임에 제동을 거는 것이 소비자단체들이다. 과도한 지적재산권보호에 따른 정보 및 지식 공유 저해 문제를 제기하고 주장함으로써 해당 사회 전체적으로뿐만 아니라 국제통상체제 차원에서 보다 균형 있는 체제를 마련하는 데 중요한 기여를 하고 있다.

즉, 오늘날 다면성을 가지는 소비자 이해 구조는 다원화되어 가는 국제통상체제에서 경쟁 및 효율성 일변도의 경제적 대안 마련에서 탈피하여 국제통상규범과 질서가 보다 폭넓은 사회 이해를 반영하고 보다 광범위한 회원국들의 이해를 반영할 수 있도록 하는 중요한 계기와 틀을 제공하고 있다.

제4절 통상정책과 소비자정책의 조화 가능성

1. 소비자이해 반영 증진과 문제점

소비자이해를 보다 광범위하고 적극적으로 통상정책에 반영함으로써 균형 있게 사회후생을 증진할 수 있는 통상정책을 시행하는 것은 향후 우리의 경제 선진화에 필수적인 부분이다. 그러나 통상정책에 소비자이해를 적절하게 반영하기 위해서는 몇 가지 신중한 검토가 필요한 사안이 있다.

우선, 앞서 논의된 바와 같이 통상정책이라는 범주 내에 포함되는 정책 영역이 기존의 관세문제에서 다양한 비관세조치를 포괄하는 형태로 대폭 확대됨으로써 정책 시행상 반영해야 할 일관된 소비자이해를 파악하는 것이 매우 어렵게 되어 있다. 그러므로 다면적인 구조를 가지는 통상정책에서 적절하게 소비자이해를 반영하기 위해서는 총괄적인 소비자의 입장을 설정하기보다는 보다 구체적으로 사안별 소비자 입장을 파악하고 정책과정에 이를 개진하는 것이 바람직할 것으로 보인다. 이를 위해서는 통상정책과 관련한 소비자단체 또한 보다 사안별로 구체성과 전문성 있는 활동이 이루어져야 할 것이다.

다음으로는 일반적인 비정부기관단체 활동에 대해 제기되는 대표성 확보 문제다. 소비자이해를 보다 적극적이고 정확하게 반영하기 위해 어느 소비자의 이해를 반영해야 하는지 결정하는 문제는 사실상 통상정책과 관련한 소비자정책의 핵심적인 쟁점 중 하나다. 이를 위해 일부 외국의 사례에서와 같이 정부 내 설치된 소비자국(Bureau of Consumers)의 결정을 따를 것인지, 또는 특정 소비자단체의 대표성을 인정할 것인지 등의 문제가 검토되어야 한다. 이와 같은 대표성 확정에 관한 실무적 문제점은 실제로 현재까지 소비자이해가 정책결정과정에서 소외되게 하는 중요한 현실적 장애로 작용하고 있는바, 사회구성원이 합의할 수 있는 대안의 마련이 시급한 것으로 판단된다.

이와 관련된 문제로서 소비자이해를 대변하는 기관이나 단체의 전문성을 제고함으로써 통상정책 결정 및 시행과정에의 참여기회를 확대해야 한다. 단순히 소비자이해를 반영해야 한다는 차원이 아니라 보다 효과적이고 효율적으로 소비자이해를 반영하기 위해서는 어떠한 방식이 채택되어야 하는 것이 바람직한지에 대한 대안을 제시할 수 있어야 할 것이다.

2. 통상정책과 소비자정책의 조화

전통적으로 외국의 생산자들과 경쟁관계에 있는 국내 생산자 중심의 통상정책은 많은 경우 국내시장을 수입경쟁으로부터 보호함으로써 국내 생산자 후생을 극대화하는 방향으로 전개되어 왔다. 특히, 우리나라의 경우 최근까지도 전체 국내수입에서 소비재가 차지하는 비중이 불과 10% 정도로 지난 20여 년 간 큰 차이를 보이지 않고 있다. 이처럼 지난 40여 년 간 우리의 경제발전에 통상정책이 핵심적인 기능을 수행하고 있는 동안 소비자들보다 정확하게 소비자이해는 거의 전적으로 통상정책의 정책변수에서 배제되고 있었던 것이다. 이러한 측면에서 통상정책과 소비자정책의 조화가 어떠한 차원에서 가능할 수 있는지는 향후 다각화된 국제통상체제에서 우리의 경제정책 시행에 중요한 문제를 제기하고 있다.

결론적으로 상기 문제에 대한 해답은 통상정책의 함수를 전향적으로 확대하는 데서 찾을 수 있을 것으로 보인다. 협의의 관점에서 정의되는 통상정책은 기본적으로 산업정책적 차원에서 시행되는 생산자중심의 통상정책으로서 중상주의적 고려가 중요하게 부각되는 것으로 이해할 수 있다. 반면, 광의의 통상정책은 생산자잉여뿐만 아니라 소비자후생이 종합적으로 고려되어 사회후생 증진을 목표로 하는 보다 선진적인 통상정책으로 정의될 수 있다. 이러한 측면에서 통상정책의 범주를 확대할 때 통상정책과 소비자정책은 조화롭게 상생할 중요한 당위성과 필요성이 보장된다. 즉, 전통적인 방식의 생산자중심 통상정책에서 탈피하여 소비자후생 변수를 함께 정책결정에 반영함으로써 보다 거시적인 관점의 사회후생 극대화를 표방하는 통상정책 추진이 요구되는 것이다.

특히, 앞서 설명한 바와 같이, WTO 규범의 강화에 따라 생산자들의 이해와는 별개로 소비자 편의나 선택의 기회를 제고하는 형태의 통상규범 적용이 확대되고 있다. 비차별대우 적용에 따른 시장경쟁 환경 개선과 기술장벽 등 비관세장벽 철폐 등을 통해 소비자들의 선택의 기회를 확대함으로써 보다 공정한 경쟁여건을 조성하여 궁극적으로 생산자와 소비자를 모두 포괄하는 사회후생의 극대화를 기할 수 있는 것이다.

물론, 이처럼 광의의 통상정책이 시행되기 위해서는 앞서 제기한 바와 같은 다소간 기술적인 측면들이 보완되어야 한다. 즉, 소비자이해를 통상정책 결정 및 시행과정에 보다 명확하고 적절하게 반영하기 위해서는 대표성, 투명성 등의 문제에 대한 사회합의가 도출되어야 하며, 이를 광범위한 정책영역에 수용함으로써 선진통상국가를 표방하는 우리 경제의 향후 정책환경 개선이 이루어져야 할 것이다.

참 ▪ 고 ▪ 문 ▪ 헌

안덕근(2003), 『WTO 보조금협정 연구』, 법무부.

Consumers International (2005), "Putting Consumers at the Heart of Trade."

Corden, W. Max (1996), *Trade Policy and Economic Welfare*, 2nd ed.

Devereaux, C., Lawrence, R., and Watkins, M. (2006), *Case Studies in US Trade Negotiation*, Vol. Ⅰ, Ⅱ.

Hadfield, G. Howse, R., and Trebilcock, M. (1998), "Information-based Principles for Rethinking Consumer Protection Policy," *Journal of Consumer Policy*, 21, 131-169.

Jackson, John H. (1997), *The World Trading System: Law and Policy of International Economic Relations*, 2nd ed.

______ (2000), *The Jurisprudence of GATT and the WTO: Insights on Treaty Law and Economic Relations*.

Krugman, P. and Obstfeld, M. (2006), *International Economics: Theory and Policy*, 7th ed.

Pauwelyn, Joost (1999), "The WTO Agreement on Sanitary and Phytosanitary (SPS) Measures as Applied in the First Three SPS Disputes: EC-Hormones, Australia -Salmon and Japan-Varietals," *Journal of International Economic Law*, 2 (4).

Quick, R. and Blüthner, A. (1999), "Has the Appellate Body Erred? An Appraisal and Criticism of the Ruling in the WTO Hormones Case," *Journal of International Economic Law*, 2 (4).

US International Trade Commission (2004), *The Economic Effects of Significant US Import Restraints* (June 2004: Investigation No. 332-325).

WTO, *EC-Measures Concerning Meat and Meat Products* (WT/DS26, 48/R, WT/DS26, 48/AB/R).

______ (2001), *Korea Measures Affecting Imports of Fresh, Chilled and Frozen Beef* (WT/DS161, 169/R)(2001.1.10. 채택).

______ (2002), *EC Trade Description of Sardines* (WT/DS231/R) (2002.10.23. 채택).

______ (2007), *Understanding the WTO*.

제15장

독점금지정책과 소비자후생

최 종 원
서울대학교 행정대학원 교수

제1절 문제의 제기: 독점금지정책분석 및 집행의 어려움

모든 정책은 이론에 근거하여야 한다. 불경기에 정부가 경기를 활성화시키기 위하여 시중은행의 이자율을 낮추도록 유도하거나 통화당국으로 하여금 통화량을 늘리도록 하는 정책을 펴는 이유는 다른 조건이 일정하다면 이자율을 낮추거나 통화공급을 늘리면 투자와 소득이 증가할 것이라는 경제학의 이론이 존재하기 때문이다. 만약 대다수 전문가들이 공감하는 이론이 확고히 존재한다면 정책결정은 그리 어려운 문제가 되지 않을 수도 있다. 그러나 그 경우에도 그 정책이 정책문제를 해결할 수 있을지는 또 다른 차원의 문제다. 현실을 반영하지 않은 이론을 다수의 학자들이 지지하는 경우도 너무나 많기 때문이다. 그러나 어려운 정책문제일수록 합의된 이론이 부재할 경우가 많고, 때로는 이론이 존재하지 않는 영역에서도 돌발적으로 발생하는 정책문제의 심각성으로 인하여 정부는 정책결정을 하여야 하는 어려운 사태에 직면할 경우가 많다.

독점금지정책은 매우 어려운 정책영역이다. 이 정책의 결정과 집행이 특히 어려운 근본적인 이유는 다른 경제정책과 달리 이 정책은 경제학과 법학의 지식이 제대로 접목되어야 의미 있는 정책결정과 집행을 할 수 있기 때문이다. 그러나 어려움은 여기서 그치지 않는다. 때때로 기억도 희미한 과거의 입법과정에서 입법자들의 입법의도가 무엇이었는지도 중요한 논쟁거리다. 독점금지법의 입법자들이 이 법을 어떠한 정책목표를 실현하기 위하여 만들었는지가 불분명하여 많은 논란이 제기되고 있다. 그러나 독점금지법의 법목적을 입법의도에만 초점을 맞추어 논의하는 입장이 반드시 옳은지도 의문이다. 미국의 경우 대부분의 법률들이 19세기 말 또는 20세기 초에 제정되었는데, 100년도 전에 제정된 법률의 당시의 입법의도가 현대의 법집행의 잣대가 되어서는 곤란할 것이다.

또한, 경제정책의 하나인 독점금지정책의 이론적 근거가 되는 경제학과 법학의 이론들이 시대에 따라 달라졌고, 특정 시점에서 어느 이론이 지배적인지도 학자에 따라 생각이 다르다. 심지어 같은 학파에 속한다고 간주되는 학자들 사이에서도 내면을 자세히 들여다보면 상이한 생각들이 공존하고 있음을 알 수 있다.[1)]

경제학의 이론에 대한 합의가 존재한다는 아주 큰 가정을 하더라도 결코 문제가 쉬워지지는 않는다. 추상적인 경제학 이론을 실질적인 법집행기준으로 담아내는 일도 매우 어려운 일이기 때문이다. 독점금지정책을 실제로 담당하는 공무원, 변호사, 그리고 판사들에게 경제학자들이 갖고 있는 분석적인 능력과 소양을 기대하기는 현실적으로 어려움이 따른다. 우리 사회의 분업구조가 그러한 소망을 충족시키지 않기 때문이다. 따라서 경제학의 이론들을 실제의 사례에 적용하기 위해서는 그 이론들을 비교적 단순한 판단기준과 집행가능한 절차로 바꾸어야 한다. 그러나 법학자들과 실무자들 사이에 이러한 문제에 대한 합의를 기대하기도 매우 어려운 일이다.

경제학자들이 법집행을 돕는다고 하여도 문제가 해결되는 것은 아니다. 특정 사례에 대한 법적인 판단과정에서 판사, 변호사 등 실무자들은 때때로 경제학자들에게 소위 '실증분석'을 요구하기도 한다. 그러나 경제이론에 대한 합의가 있더라도, 실제의 실증분석의 구체적인 방법이나 결과의 해석에 대하여 경제학자들 간에 합의가 존재하지 않을 경우가 많다. 경제분석을 중시하는 시카고학파의 대표적인 학자이자 연방고등법원 판사인 Easterbrook(1984: 153)은 "만약 여러분이 12명의 (계량)경제학자들에게 그들이 원하는 (사례와 관련된) 모든 통계자료를 주고, 무한대의 컴퓨터 사용예산을 주더라도 그 사례에서의 기업의 행태가 소비자후생이나 경제적 효율을 증진시켰는지 또는 저해하였는지에 대한 합의된 의견을 결코 얻을 수 없을 것이다."라고 하고 있다.

1) 독점금지정책의 대표적 학파인 시카고학파 내에서도 이러한 차이가 발견된다. 예를 들어, Predatory Pricing이 현실적으로 일어날 가능성이 있는가에 대하여 McGee(1958), Bork(1978)와 같은 학자들은 기업들이 현실적으로 그러한 행동을 할 가능성이 매우 낮다고 주장하나, Posner(1976, 1979)는 그 개연성을 인정하고 있다.

이러한 독점금지정책의 근본적인 어려움은 자연스럽게 동 분야를 바라보는 다양한 시각들을 양산시켰고, 이는 각국의 상이한 법집행기준과 절차를 초래하였다. 사회·경제적 발전단계의 차이나 문화적 차이 때문에 각국의 법집행에 차이가 나타나기도 하였을 것이다. 그러나 보다 근본적인 원인은 다양한 시각의 존재가 각국으로 하여금 자신의 처지에 부합하는 각기 상이한 법원칙과 기준을 채택하는 것을 가능하게 하였다고 생각된다. 이러한 독점금지정책의 국가별 상이성이 세계경제의 통합성을 가로막는 무역장벽으로 인식되어 OECD, UN 등 여러 국제기구를 중심으로 경쟁법의 국제적 조화가 중요한 정책이슈로 등장하고 있다.

독점금지정책에 관한 한 독보적으로 긴 법집행 역사와 많은 이론적 논의가 축적되어 온 미국에서의 경험을 비추어 보아도 독점금지정책에 관한 시공을 초월하는 법경제이론과 법집행기준을 기대하기는 매우 어려울 것으로 생각된다. 독점금지정책 분야는 생물체와 같이 진화하고 있고, 앞으로도 많은 변화가 있을 것으로 생각된다.

본 연구는 본래 독점금지정책의 다양한 시각들이 구체적으로 무엇이며, 어떠한 원인 때문에 그것들이 나타나게 되었는지를 살펴보기 위하여 시작되었다. 독점금지정책을 둘러싼 다양한 주장의 양태를 분류하여 보면 크게 세 가지로 요약된다. 첫째, 독점금지정책의 정책목표에 대한 다양한 견해, 둘째, 독점금지정책의 이론적 배경인 경제학과 법학의 이론적 다양성, 셋째, 실행 가능한 법적용기준과 절차를 둘러싼 다양한 논의들이 그것이다. 그런데 이러한 논의들은 실로 방대한 내용으로서 하나의 논문에 담길 만한 주제는 결코 아니다.

본고에서는 상기 세 가지 연구주제 중 첫 번째에 해당하는 독점금지정책의 정책목표에 대한 다양한 시각에 한정하여 논의를 전개하도록 하겠다. 특히, 독점금지정책의 가장 중요한 정책목표인 '소비자후생(consumer welfare)'의 개념에 초점을 두겠다. 이러한 연구주제 선정에는 다음과 같은 두 가지 이유가 있다. 첫째, 독점금지정책을 바라보는 다양한 이론적 시각을 연구하는 데 있어서 정책목표와 관련된 논의가 좋은 출발점이라고 생각한다. 독점금지정책의 이론과 법집행을 둘러싼 다양한 논의의 배후에는 각기 상이한 정책목표에 대한 주장이 있기 때문이다. 둘째, 책의 전체 주제가 소비자와 관련된 주제이므로 독점금지정책의 중요한 정책목표인 소비자후생의 개념이 일반적인 의미의 '소비자보호', '소비자주권' 등의 개념과 어떠한 차이를 갖는지를 살펴보는 것도 의미 있는 일이라 생각된다.

독점금지정책의 정책목표를 둘러싼 다양한 논쟁의 핵심은 크게 보아 다음과 같은 두 가지다. 첫째, 독점금지정책이 소비자후생(consumer welfare) 또는 경제적 효율(economic efficiency)을 핵심개념으로 하는 경제적 목표만을 추구하여야 하는가 아니면 다양한 유형의 비경제적 목표도 함께 추구하여야 하는가이고, 둘째, 경제적 목표만을 추구하여야 한다면 그 경제적 목표의 구체적인 내용이 무엇이고, 어떻게 조작적으로 정의되고 또 측정될 수 있는가의 문제다. 첫째 문제에 대해서는 그동안 많은 이론적 논쟁이 축적되었으나, 두 번째 문제에 대해서는 그동안 충분한 이론적 논의가 부족하였다고 생각한다.

다음 절에서는 우선 독점금지정책의 정책목표에 비경제적 정책목표도 포함되어야 한다는 주장의 논거를 살펴보겠다. 이러한 주장을 하는 학자들은 주로 입법과정에서의 입법의도를 중요시하므로 그에 대하여도 간략히 살펴보겠다. 제3절에서는 경제적 목표만이 독점금지정책의 유일한 목표라는 주장을 Bork(1978)의 논의를 중심으로 고찰하겠다. 특히, 소비자후생의 개념과 범위에 논의의 초점을 맞추도록 하겠다. 그리고 경제적 목표를 주장하는 학자들 사이에서 또 다시 나타나는 상이한 입장을 살펴보겠다. 여기에는 두 가지 쟁점이 있다. 독점금지정책이 부의 이전(wealth transfer) 등 소득재분배 문제에 대해서 어떠한 입장을 가져야 하는가의 문제와 독점금지분석에서 산출량제한이 중요한 판단근거가 되어야 하는가 아니면 가격의 변화에 주목하여야 하는가의 문제다. 제4절에서는 본고의 내용을 간략히 요약한 후, 향후 연구주제에 대하여 논의하겠다.

제2절 비경제적 목표를 중시하는 입장

독점금지정책의 정책목표가 경제적 목표에 국한되어서는 곤란하다는 주장을 펴는 학자들은 법학자(판사 포함), 정치학자, 입법과정을 주시하는 역사학자 등 다양한 인물들로 구성되어 있다.[2] 그들은 독점금지정책이 추구하여야 하는 비경제적 목표로 경제력집중

2) 비경제적 정책목표를 주장하는 대표적인 학자들로는 Blake & Jones(1965), Elzinga(1977), Pitofsky

억제, 중소기업 보호, 중소유통업자의 보호, 소득재분배,[3] 공정한 기업행태(justice or fairness in business behavior), 분산된 경제시스템의 유지 등을 들고 있다. 그러나 한 가지 주목할 점은 대부분의 학자들은 독점금지정책에서 가장 중요한 정책목표가 시장경쟁의 촉진을 통한 경제적 효율의 증진이라는 경제적 목표에 있다는 점을 반대하는 것은 아니라는 점이다. 그들은 독점금지정책이 오로지 경제적 목표만을 추구하여서는 아니 되며, 상기의 여러 비경제적인 목표에 대해서도 균형적인 관심을 가져야 하며, 비경제적 목표의 추구가 반드시 효율과 경쟁의 대폭적인 희생을 의미하는 것은 아니고 양자의 조화로운 추구가 가능하다고 주장한다.

그러나 그들 사이에도 약간씩의 논점의 차이는 존재한다. Federal Trade Commission (FTC) 위원장을 역임한 이 분야의 가장 대표적인 법학자인 Pitofsky(1979: 1051)는 다음과 같은 주장을 펴면서 그의 논문을 시작하고 있다. "독점금지법을 해석하는 데 있어서 특정한 정치적 가치(certain political values)를 배제시키는 것은 그릇된 역사해석(bad history)이고, 잘못된 정책(bad policy)이고, 나쁜 법적용(bad law)이다." 여기까지는 앞서의 논의들과 큰 차이가 없어 보인다. 그러나 Pitofsky가 주장하는 특정한 정치적 가치들은 앞서의 논의들에 비하여 훨씬 좁은 범주다. 독점금지정책이 과도한 경제력집중(excessive concentration of economic power)을 억제함으로써 개인과 기업의 경제적 활동의 자유를 보장(individual and business freedom)하고 국가의 경제부문에 대한 과도한 개입을 사전에 막아야 한다는 것이다. 뒤집어 말하면, 독점금지정책이 오로지 경제적 목표만을 추구한다면, 그 결과는 산업별 독과점의 심화이고, 결국 소수의 기업(기업집단)으로 과도한 경제력집중이 나타날 것이다. 그리고 그 소수의 기업(기업집단)들은 다수의 복리에 어긋나는 과도한 재량권을 행사하여 개인과 여타 기업들의 경제적 자유를 억압할 것이고, 국가는 이를 시정하기 위하여 또 다른 과도한 간섭을 하게 될 것이다. 이러한 비극적인 결과를 막기 위해서는 경제력집중 억제가 반드시 필요하다는 논리다. 그가 제시하는 비경제적 목표는 경제력집중 억제, 개인과 기업의 경제적 자유 보장, 그리고 과도한 정부개입의 배제 등이나 결국 경제력집중 억제가 가장 중요한 목표다.

(1979), Schwartz(1979), Fox(1981) 등을 들 수 있다.

3) 소득재분배의 구체적 의미가 무엇인지에 대하여 Lande(1982)는 소비자로부터 독과점사업자로의 부의 이전(wealth transfer)을 막는 것이라고 하고 있다.

그러나 Pitofsky(1979: 1058-1060)는 독점금지정책이 여타의 비경제적 목표를 추구하는 것에 대해서는 강한 반대를 하고 있다. 즉, 비효율적인 중소기업 또는 중소유통업자를 효율적인 경쟁사업자로부터 보호하려 하여서는 아니 되고, 소득재분배 등의 정책목표를 독점금지정책을 통하여 효과적으로 달성하기 어렵다는 주장이다. 독점금지정책을 이용하여 비효율적인 중소기업과 유통업자들을 보호하려고 한다면 또 다른 중요한 정치적 가치인 '모든 경제주체들에 대한 경제적 기회균등의 보장'이 훼손될 우려가 크고, 독점금지정책을 강력하게 시행하여 경쟁을 보호하는 것이 거대기업들의 담합과 경쟁제한적인 독과점적 폐해로부터 중소기업을 보호하는 궁극적인 방안이라는 점이다. 그는 중소기업 보호와 소득재분배시정과 같은 정책목표는 독점금지정책이 아닌 보조금 지급(산업정책), 조세정책, 그리고 다양한 사회복지프로그램을 통하여 보다 더 잘 달성될 수 있다는 주장을 펴고 있다.

독점금지정책의 비경제적 정책목표를 지지하는 학자들은 1890년도 당시의 입법과정에서 나타난 입법의도(legislative intent)를 중요한 논거로 들고 있다. 당시의 입법자들은 구체적인 산업에서의 독과점의 폐해(산출량 제한과 가격상승)보다는 Standard Oil, Carnegie Steel, 설탕 trust 등 당시의 거대기업(기업연합)의 규모 그 자체에 대한 우려에 기인하여 법을 제정하게 되었다는 점을 강조하고 있다. 거대기업들이 분권적 시장경제체제를 위태롭게 하여 정상적인 시장경쟁이 유지되기 어렵고, 중소기업들이 공정한 경쟁을 통하여 살아남을 수 없었기 때문에 의회가 법제정을 서두르게 되었다는 논리다. 또한 당시의 대다수의 경제학자들이 Sherman법 제정에 냉담하거나 또는 반대한 점도 그 법의 정책목표가 경제적인 목표를 가질 수 없는 중요한 이유라고 주장한다. 그리고 경제적 목표의 핵심개념인 파레토효율(Pareto-efficiency), 배분적 효율(allocative efficiency), 자중손실(deadweight loss) 등의 개념들을 담은 경제학 저술들은 당시에는 발간되지도 않다는 점도 중요한 논거다.[4)]

비경제적 정책목표를 지지하는 학자들은 1914년의 Federal Trade Act와 Clayton Act, 1936년도의 Robinson-Patman Act, 그리고 1950년도의 Celler-Kefauver Act가 대기업의

4) 사실 Pareto-efficiency 개념은 1909년도에 발간된 Pareto의 *Manuel D'Economie Politique*에서 처음 주장된 개념이고, 근대경제학의 시조라고 불리는 A. Marshall의 *Principles of Economics* (London: Macmillan)도 Sherman법 제정연도인 1890년도에 발간되었으므로 Sherman법 제정자들이 그 책의 주요개념을 이해하여 법제정에 활용하였다는 주장은 매우 신빙성이 낮은 이야기다.

차별적인(exclusionary) 행위로부터 중소기업과 지역 중소유통업자를 보호하기 위하여 제정되었다는 점을 특히 강조한다. 그리고 동법들이 공통적으로 갖고 있는 기업결합에 대한 알레르기적인 반감에 특히 주목하고 있다.[5)]

미국의 독점금지법들의 입법과정을 자세히 살펴보면 입법자들이 효율, 경쟁, 그리고 소비자후생 등의 경제적 목표만을 염두에 두고 법제정을 하였다는 주장을 펴기는 현실적으로 많은 어려움이 있다고 판단된다. 19세기 말의 미국의 사상적 조류가 대기업과 각종 카르텔(trusts)의 횡포에 대한 강한 우려에 기인한 반(反)대기업정서였음을 감안할 때, 경제력집중 억제도 하나의 중요한 입법동기였을 것이다. 또한 일반적으로 특정한 입법은 그 입법을 통하여 가장 이득을 얻게 될 조직화된 이익집단의 노력의 결과라는 입법과정의 정치경제학적 역학관계를 고려할 때, 당시에 가장 힘 있는 이익집단들이 주로 다양한 유형의 중소기업조합 또는 단체였으므로 독점금지법의 제정에서 그들의 영향력을 무시하기는 어렵다고 판단된다.[6)]

그러나 100년도 넘는 세월 전에 제정된 법률의 당시 입법의도를 토대로 현대의 법목적을 논의하는 데에는 문제가 있다고 판단된다. 당시의 입법과정에서 입법의도가 무엇이었던 간에 오늘날의 법목적은 현대적 상황과 논리에 맞게 재해석되어야 한다. 이러한 견지에서 다음과 같은 두 가지 이유에서 독점금지법의 법목적은 경제적 목표에 국한되어야 된다고 판단된다. 첫째, 독점금지법 집행의 일관성 문제다. 만약 독점금지법이 경제적 목적이외에 다양한 형태의 비경제적 목표를 동시에 추구한다면 비일관적인 법집행이 불가피 할 것이기 때문이다. 하나의 사례에서는 경제적 목표에 근거하여 법원이 판단을 내리고, 다른 사례에서는 중소기업보호 등 기타의 목표에 의거하여 판결이 이루어진다면 기업활동에 많은 불확실성이 나타날 것이다. 비경제적 목표를 주장하는 학자들은 법집행과정에서 경제적 목표와 비경제적 목표의 조화가 가능하고 하나, 그러한 주장의 현실적 근거는 매우 취약하다고 판단된다.

둘째, Pitofsky(1979)가 적절히 지적하였듯이 중소기업 보호, 중소유통업자 보호, 그리고 소득재분배 등의 비경제적인 정책목표는 산업정책, 조세정책, 복지정책 등 여타의 보

5) 기업결합규제에 있어서의 발단이론(incipiency)이 이에 해당한다.

6) 최근 시카고학파의 학자들에 의하여 독점금지법의 입법과정분석에 있어서 당시의 이익집단(소비자단체와 농민단체)의 역할을 강조하는 이론(public choice perspective)들이 다수 등장하고 있다. 그들의 논의는 McChesney & Shughart(1995)에 잘 정리되어 있다.

다 효과적인 정책수단에 의하여 달성이 가능하다. 다만 Pitofsky와 같이 경제력집중의 억제에 대해서는 독점금지법의 법목적 중 하나로 인정할 것인지가 문제시된다. 그리고 이러한 문제는 이론적인 차원이 아니라 현재 우리나라 공정거래법이 당면한 현실적인 문제이기도 하다. 지면의 제약상 자세한 논의를 하기 어려우나 필자의 개인적인 의견은 정부가 경제력집중의 억제를 매우 중요한 정책과제라고 판단하더라도 이 문제 역시 독점금지법의 테두리가 아닌 다른 법이나 정책에 의하여 다루어져야 한다. 만약 독점금지법에 의하여 이 문제를 다루고자 한다면 앞서 논의하였듯이 법집행의 일관성을 담보하기 어렵기 때문이다. 그리고 현재 우리나라 공정거래법에 제시된 경제력집중 억제조항들이 얼마나 효과적으로 경제력집중 문제를 해결하고 있는지를 자세히 살펴보면, 큰 정책효과를 발견하기 어렵다고 평가된다.

제3절 경제적 목표가 유일한 정책목표라는 입장: 소비자후생 개념을 중심으로

독점금지정책이 오로지 경쟁과 효율의 추구를 기본으로 하는 경제적 목표에 국한되어야 한다는 주장은 대부분의 경제학자들과 시카고학파에 속한 법학자들에 의하여 주도되고 있다. 가장 대표적인 법학자인 Bork(1978: 51)는 다음과 같이 그의 주장을 요약하고 있다. "미국 독점금지법의 유일하게 정당한 법목적은 소비자후생의 극대화이고, 독점금지 분석에서 '경쟁'이라는 개념 역시 (일상적인 의미로 이해되어서는 곤란하고) 소비자후생이 법원의 판결에 의하여 더 이상 증가될 수 없는 상태를 의미하는 학술적 용어로 이해되어야 한다." Bork는 이러한 그의 해석이 1890년도에 Sherman법을 제정한 의회의 입법의도에 부합할 뿐만 아니라 동법의 일체성(integrity of law)을 유지하고, 합리적인 법적용을 담당하여야 할 법원의 책무(responsibility)에 부합한다는 다소 강한 주장을 하고 있다.[7] 즉 Sherman법은 의회가 소비자들을 당시에 만연하였던 담합과 독과점적인 폐해

7) Bork(1978) ch.2-3 참조.

로부터 보호하기 위하여 제정된 법이며, 따라서 법원은 동법을 집행함에 있어서 그러한 입법자의 입법의도에 충실히 따라야 한다는 것이다.

독점금지정책의 정책목표를 경제적 목표로 국한시키기로 한다고 정책목표와 관련된 모든 문제가 해결되는 것은 아니다. 독점금지법의 경제적 목표가 구체적으로 무엇이고, 또 구체적인 사례에 대한 심결이나 판결에 어떻게 적용될 수 있을지가 의문시된다. 그러나 앞서도 언급하였듯이 이 문제에 대해서는 소수의 학자를 제외하고는 명시적인 언급을 피하고 있다.[8)] 독점금지정책의 경제적 목표가 경제적 효율(economic efficiency)의 제고, 시장경쟁의 보호(protection of market competition), 그리고 소비자후생(consumer welfare)의 극대화라는 추상적인 차원에서는 이견이 제시되지 않는다. 특히 많은 학자들은 소비자후생이라는 단어를 선호하고 있다. 아마 소비자후생이라는 용어가 갖는 정치적 상징성, 모호성, 대중적 수용성 등의 이유 때문이라고 생각된다. 그러면 소비자후생을 어떻게 학문적으로 정의할 수 있을까? 많은 학자들은 소비자후생을 경제학에서의 소비자잉여(consumers' surplus)로 이해한다. 즉 특정 재화나 서비스에 대하여 소비자가 지불할 용의가 있는 가격과 실제로 지불하는 시장가격의 차이로 소비자후생을 측정하고자 한다. 소비자후생을 소비자잉여로 정의하는 학자들은 이러한 소비자잉여와 생산자잉여(producers' surplus: 생산자가 자신이 받게 되는 재화와 서비스의 시장가격과 실제 생산에 소요되는 비용의 차이)의 합은 배분적 효율(allocative efficiency)이라는 용어로 정의한다.[9)] 그리고 학자에 따라서는 이러한 배분적 효율을 소비자후생의 구체적인 의미로 해석한다.

그러나 Chicago학파의 대표적인 학자인 Bork(1978: 90-91)는 소비자후생의 개념을 다음과 같이 보다 폭넓게 정의하고 있다.

> 사회적인 자원배분이 기술적인 제약이 허용하는 범위 내에서 소비자들의 욕구를 최대로 만족시킬 수 있도록 이루어졌을 때 소비자후생은 극대화된다. 이러한 의미에서 소비자후생은

---

8) 독점금지법의 경제적 정책목표에 대하여 명시적으로 논의하고 있는 대표적인 학자는 Bork(1978)이다. 그의 책 ch.4-6에서 독점금지법의 정책목표가 왜 소비자후생의 극대화이어야 하며, 이것이 구체적으로 무슨 의미이고, 이를 구체적인 독점금지분석에서 어떻게 구현할 것인지에 대하여 매우 상세히 논의하고 있다.

9) 이러한 입장을 가장 명시적으로 설명하고 있는 학자는 Hovenkamp(2005a: 77, 각주 17)이다.

국부를 지칭하는 또 다른 의미일 뿐이다……. 독점금지법의 임무는 기업들이 소비자들의 욕구에 민감하게 반응하게 만드는 강력한 경제적 매커니즘을 보전하고 아울러 개선・강화하는 것이다.

Bork(1978: 91-106)는 소비자후생의 극대화는 배분적 효율(allocative efficiency)과 생산적 효율(productive efficiency)이 극대화되었을 때 달성되며, 배분적 효율은 사회적 자원이 모든 산업영역에서 소비자들의 선호와 일치하도록 쓰일 때 최적화되고, 구체적인 조건으로서 개별 시장에서 한계수입과 한계생산비용이 일치할 경우에 달성된다고 본다. 배분적 효율의 개념과 결정요인은 이같이 비교적 쉽게 정의되나, 생산적 효율이 무엇인지는 정의하기도 측정하기도 매우 어렵다. 개념적으로는 한 산업 내에서 다양한 생산수단들이 최대의 산출량을 생산하는 조합으로 배합될 경우를 의미하며, 보다 구체적으로는 재화와 용역의 생산비용을 낮추거나 그 가치를 높임으로써 소비자에게 이득을 제공하는 모든 것을 의미한다.[10] 결국 생산적 효율은 투입과 산출 간의 비율을 의미하나, 모든 산출이 여기에 포함되는 것이 아니라 오직 소비자후생에 기여하는 유익한 산출이어야 한다.[11] 자유시장체제에서 소비자들은 자신의 선호(후생)를 스스로 결정할 수 있으므로 생산적 효율은 소비자들이 돈을 주고 사고자하는 어떤 재화나 서비스(물론 위법한 재화와 용역은 제외)를 효율적으로 제공하는 기업의 능력을 의미하고, 그런 의미에서 시장에서의 상대적인 성공능력에 의하여 구체적으로 우열이 결정된다.

그러면 무엇이 생산적 효율을 결정짓는 요인들인가? Bork(1978: 105)는 생산적 효율의 결정요인이 무엇인지 적극적으로 정의하기는 어렵다고 한다. 즉, 기업의 생산비용을 낮추고 재화와 용역의 가치를 높이는 요인은 기업 내에서 무수히 많고, 그 구체적인 목록은 시대에 따라, 또 산업의 성격에 따라 각기 다르기 때문이다. 굳이 몇 가지를 예시한다면 규모의 경제, 분업 및 전문화, 자본획득능력, 경영관리기술 등이 이에 해당한다.

10) 생산적 효율이 앞서 살펴본 생산자잉여와는 다른 개념임에 주목할 필요가 있다. 또한 생산적 효율이 미시경제학에서 논의하는 공장과 생산라인의 공학적 효율성을 의미하는 기업의 최소효율규모와도 구별되는 개념이다. 최소효율규모가 생산적 효율의 하나의 요인일 수 있으나 그것과 생산적 효율은 구분되는 개념이다.

11) Bork(1978: 104-105)는 "생산적 효율이란 부를 창출해 내는 모든 기업활동을 의미한다……. 배분적 효율과 마찬가지로 생산적 효율은 규범적인 개념이며, 소비자후생의 관점에서 정의되고 측정되어야 한다."라고 주장하고 있다.

결국 Bork 등 시카고학파는 독점금지정책의 임무는 배분적 효율과 생산적 효율의 합인 소비자후생의 극대화이며, 이를 달성하기 위해서는 소비자후생의 증가를 이루지 못하거나 그 감소를 초래할 정도로 생산적 효율을 손상하지 않으면서 배분적 효율을 증대시켜야 한다는 주장이다.

이상의 논의를 토대로 살펴볼 때, 독점금지정책의 정책목표를 소비자후생의 극대화라고 개념정의하더라도 구체적인 사례분석에서 특정 기업의 행위가 소비자후생을 감소시켰는지 또는 증가시켰는지를 판단하는 일에는 많은 논란이 있을 수 있다. 소비자후생을 좁게 소비자잉여로 한정시켜 볼 것이지, 소비자후생을 소비자잉여와 생산자잉여의 합으로 볼 것인지, 아니면 소비자후생을 배분적 효율과 생산적 효율의 합으로 개념화할 것인지에 따라 각기 상이한 판단이 가능하기 때문이다. 소비자후생을 좁게 해석할수록 특정 기업행위가 반경쟁적이라고 판단될 가능성이 높아질 것이다.

앞서 여러 번 언급하였듯이, 현재 학계와 실무계에서 독점금지분석에서의 소비자후생의 개념과 범위에 대한 뚜렷한 합의가 존재하고 있지는 않다. 미국에서도 이 문제가 시원하게 해결되지 않고 있다. 이와 관련된 여러 상이한 주장들이 학술논문들에 혼재되어 있고, 실무계에서도 FTC와 DOJ(Department of Justice)의 입장에 미묘한 차이가 발견된다. 소비자보호업무를 총괄하는 FTC는 소비자보호와 관련된 사례에서는 소비자후생의 범위를 다소 좁게 소비자잉여와 유사한 개념으로 보나, 사안에 따라서는 생산적 효율의 개념을 원용하기도 한다. 그러나 이러한 이론적 혼란은 시급히 정리가 되어야 한다. 독점금지분석을 하면서 그 잣대가 되는 정책목표의 범위와 측정방법에 대하여 합의된 의견이 존재하지 않는다면 일관된 법집행을 기대하기 어렵기 때문이다.

이 문제와 관련된 또 다른 어려운 문제는 독점금지정책이 소득재분배에 대하여 어떠한 입장을 취하여야 하는가이다. 보다 구체적인 사례를 들어 논쟁의 핵심을 파악해 보자. 그림 1은 독점금지분석에서 아마 가장 유명한 그림일 것이다. Williamson(1968)은 동 그림을 이용하여 수평적 기업결합의 허용여부에 대한 판단기준을 설명하고 있다. 수평적 기업결합을 통한 시장점유율의 증가는 시장가격을 P_0에서 P_1으로 상승시키며, 산출량을 Q_0에서 Q_1으로 감소시킨다. 따라서 자중손실인 B만큼의 배분적 효율성을 감소시키게 된다. 반면에 기업결합에 따른 생산의 시너지효과로 말미암아 평균비용곡선이 AC_0에서 AC_1으로 하락하여 A만큼의 생산적 효율성을 증가시킨다.

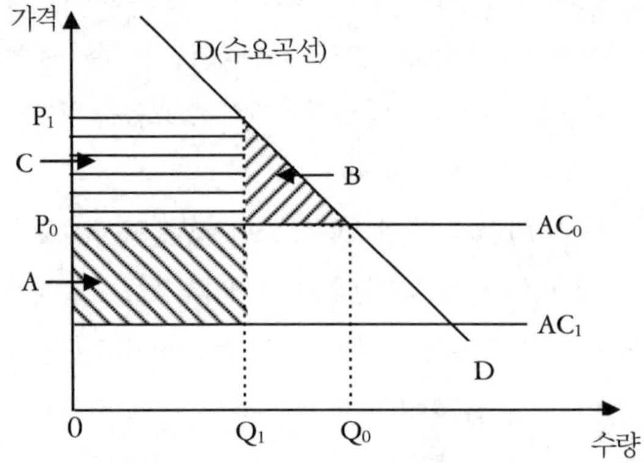

그림 1. 수평적 기업결합의 경제적 효과

그런데 문제는 C를 어떻게 볼 것인가이다. C는 수평적 기업결합 이후에 제품을 구매하는 소비자들이 지불하여야 하는 높은 가격 때문에 발생하는 소비자잉여의 감소(생산자 이윤의 증가)부분으로서 소비자부터 생산자로 부(富)가 이전된 부분이다. 만약 소비자후생을 소비자잉여로 개념화한다면 부의 이전 부분은 중요한 판단기준이 된다. 이러한 견해에 따르면 기업결합 이후에 가격이 상승하였다면($P_0 \rightarrow P_1$) B+C만큼의 소비자잉여의 감소가 나타나고, 이것은 경쟁제한적인 기업결합이라고 판단할 것이다.[12)]

결국 이러한 입장에서는 독점금지분석에서 위법성 판단기준이 산출량의 제한이 아닌 가격의 변동이 된다. 기업결합으로 나타나게 되는 시너지효과가 있더라도(생산적 효율의 증가) 그것이 소비자가격의 하락이라는 성과로 연계되어야 합법적인 기업결합으로 보게 된다. 현재 미국 FTC 기업결합심사 가이드라인이 기본적으로 이러한 입장이다. 기업결합에서 효율성 항변(efficiency defence)을 인정하고 있기는 하나, 기업결합으로 생기는 생산비용 하락이 충분히 커서 배분적 효율의 감소로 나타나는 가격인상 효과를 충분히 상쇄하여야 합법적인 기업결합으로 인정하고 있다. 즉 기업결합 이후에 가격인상이 예상되는 결합은 인정하지 않겠다는 태도다.

이러한 입장에 대하여 Bork(1978: 110-112) 등 시카고학파는 다른 견해를 제시한다.

12) 또한, 소비자후생을 소비자잉여와 생산자잉여의 합으로 보는 입장에서는 소비자잉여의 감소부분인 B+C와 생산자잉여의 증가부분인 A의 크기를 비교하여 위법성을 판단하고자 할 것이다.

C와 같이 생산자와 소비자 간의 소득(부)의 이전 부분은 독점금지분석에 포함되어서는 아니 되며, 오로지 A와 B의 상대적 크기에 따라 판단이 이루어져야 한다는 주장이다. 다음과 같은 이유를 그 근거로 제시하고 있다. 첫째, 시카고학파가 주장하는 소비자후생모형은 소비자를 하나의 집합(collectivity)으로 본다. 소비자와 생산자를 합한 사회전체 구성원이 소비자후생모형에서의 소비자가 되므로 구성원들 사이에서 나타나는 소득이전은 고려대상이 아니라는 입장이다.

둘째, 소득의 이전이 있더라도 사회적 총부(總富)의 크기는 변하지 않으므로 독점금지정책이 간여하지 말아야 하고, 소득배분의 문제는 독점금지분석을 담당하는 사법부가 아니라 사회적 가치의 배분을 담당하는 입법부의 판단대상이다.

셋째, 독점금지정책이 관심을 갖는 모든 기업행동은 나름대로 소득재분배효과를 갖는다. 배분적 효율을 감소시키지 않고 오로지 생산적 효율을 증가시키는 합법적인 기업행위들도 생산자들 사이에 소득을 재분배시킨다. 즉 비효율적인 기업으로부터 효율적인 기업으로 생산자들 사이에 부의 이전이 나타나기 마련이다. 만약 독점금지정책이 이 문제에 대해서 관심을 갖지 않는다면, 왜 소비자와 생산자 사이의 소득재분배에 대해서는 예외적으로 관심을 가져야 하는가?

넷째, 만약 우리가 생산자들 간의 소득이전에 대하여는 관심을 가지지 않으나 소비자와 생산자 간의 소득이전에는 관심을 가져야 한다면 그 이유는 소비자가 생산자보다 일반적으로 더 가난하기 때문에 특별한 보호가 필요하다는 주장일 것이다. 그러나 그러한 주장이 항상 옳은지 의문이다. 또한 만약 정책판단에서 소득재분배적인 고려를 반드시 하여야 한다면, 우리는 독점금지정책에서 당연위법의 영역에 해당하는 적나라한 담합행위에 대해서도 그것이 그 산업의 일반적인 소비자들보다 훨씬 가난한 생산자들 사이에 이루어진다면 그것에 대해서는 예외적으로 합법성을 인정하여야 한다는 불합리한 결론에 이르게 된다.

결국 시카고학파의 주장은 기업결합 이후에 가격인상이 있더라도 A가 B보다 충분히 크다고 예상되면 합법적인 기업결합이다. 이는 앞서 살펴본 FTC 기업결합 가이드라인과 다른 입장이다. 시카고학파는 독점금지분석에서 위법성 판단기준은 1차적으로 산출량 제한이 예상되는가이다. 만약 산출량 제한이 예상되지 않는다면 위법성이 없다고 판단한다. 합리적인 기업이라면 자신의 시장지배력에 변화가 없을 때 산출량제한(가격인상)을 하여서 손해 보는 행동을 하지 않을 것이다. 수직적, 혼합적 기업결합과 거의 모든 수직적 거래제한(재판매가격유지, 판매지역 제한, 배타적 거래, 끼워팔기 등)이 항상 합법적이라고 보아야 하는 이유는 이런 행동으로 그 기업의 시장점유율(시장지배력)에 변화를 가져오지 않고, 산출량 제한이 일어나지 않기 때문이다. 그러나 수평적 기업결합의 경우에는 시장지배력에 변화를 가져와 산출량 제한이 예상되므로 좀 더 따져 봐야 한다. 산출량 제한의 효과보다 생산적 효율이 더 큰지를 살펴보아야 한다.

이러한 시카고학파의 주장과 앞서 살펴본 소비자가격(소비자잉여)의 변동에 주목하는 입장은 여러 독점금지정책 영역에서 특정 기업행위의 경쟁제한성 판단에 있어서 상이한 결론을 나타나도록 한다. 가장 대표적인 영역이 바로 가격차별(price discrimination)이다. 만약 완전한 가격차별이 일어난다면 모든 소비자잉여가 독점이윤으로 이전되나, 산출량은 완전경쟁의 경우와 같아진다. 이 경우에 대하여 소비자가격을 중시하는 입장에서는 경쟁제한적인 행위로 판단하나, 시카고학파의 입장에서는 산출량 제한이 나타나지 않으므로 합법적인 기업행동이 된다.

이러한 입장 차이는 실제적인 독점금지분석의 수행방법에서도 차이를 야기시킨다. FTC 기업결합 가이드라인에서는 수평적 기업결합에서 예상되는 배분적 효율의 감소분과 가격상승 정도, 생산적 효율의 증가분, 생산적 효율의 증가로 예상되는 추가적인 가격하락 정도 등에 대한 자세한 추정이 가능하다고 보고, 그러한 추정이 엄밀히 이루어질 때 좋은 경제분석이 이루어졌다고 본다. 그러나 Bork(1978: 125-126)는 다음과 같이 논평함으로써 이러한 주장의 현실적 적용의 어려움을 시사하고 있다.

> 산출량의 전 범위에 걸친 수요곡선과 동일한 영역에서의 한계비용곡선이 어디에 위치하는지 아무도 모른다. 관련기업들조차 모른다……. 기업행위를 나타내는 그래프나 도표가 명료해서 많은 사람들이 오해를 하고 있다……. 이 경우에는 효율과 산출량 제한의 상대적 중요성을 반영하는 허용시장점유율에 관한 단순한 규칙을 만들어 trade-off를 고려할 수밖에 없다.

시카고학파에게 있어서 엄밀한 경제분석이라는 의미는 가격이론에 근거한 논리적 추론을 의미하며, 앞의 그림의 A와 B를 구체적으로 측정하는 것을 의미하지 않는다. 그런데 A, B의 크기를 직접 측정하지 않으면서 어떻게 경쟁제한성을 판정할 수 있을까가 의

문시된다. 그러나 독점금지정책의 여러 영역에서 A와 B가 동시에 나타나지 않으므로 문제가 되지 않는다는 것이 시카고학파의 견해다. 예를 들어, 적나라한 수평적 가격담합의 경우에는 배분적 효율성의 감소만이 나타날 뿐, 생산적 효율의 증가가 나타나지 않으므로 당연위법이 된다. 그리고 앞서 언급하였듯이 거의 모든 수직적 거래와 혼합적 기업결합에서는 배분적 효율의 감소 없이 생산적 효율의 증가만이 나타나므로 합법적이다.[13] 배분적 효율의 감소와 생산적 효율의 증가가 동시에 나타나는 대표적인 경우가 수평적 기업결합인데, 이 경우에도 실제적으로 이를 측정하고자 노력하는 일은 부질없는 일이며, 허용시장점유율(예를 들어, 결합 후 시장점유율 40%)을 정하여 그 기준에 따라 허용여부를 정하여야 한다고 주장한다.[14]

제4절 맺는 말

본 연구는 본래 독점금지정책의 다양한 시각들이 구체적으로 무엇이며, 어떠한 원인 때문에 그것들이 나타나게 되었는지를 살펴보기 위하여 시작되었다. 그러나 여러 가지

13) 시카고학파는 이 부분에 대하여 당연합법(perse legal)이 맞다고 보나, 다른 학파들에서는 이 부분에서도 경쟁제한적인 효과(차단효과 등)가 나타나게 되므로 합리의 원칙에 따른 경제분석이 필요하다고 본다.

14) 대체로 한 치의 논리적 흐트러짐도 발견하기 어려운 Bork(1978)의 논의에서 논리적으로 허술한 부분을 굳이 찾는다면 수평적 기업결합과 관련된 chapter 10이다. 여기서 그는 "내 개인적인 의견으로는 60-70%의 시장점유율을 가져오는 기업결합도 허용하여야 한다고 보지만, 현재의 과점공포증에 대한 전략적 양보로서 그리고 Sherman법 원칙을 강화하려는 Clayton법 7조의 기능을 인정하여 나의 결론을 약화시킬 용의가 있다. 비슷한 규모의 결합이 생길 수 있는 여지를 남기면서 세 개의 주요기업들이 있게 되는 점유율까지의 수평결합은 모두 합법으로 추정한다고 Clayton법 7조가 해석되면 소비자후생이 적절히 보호되고, 7조의 수임명령도 만족스럽게 이행될 것이다. 이는 단편적인 시장의 경우에 결합으로 달성할 수 있는 최대의 점유율이 약 40%라는 것을 나타낸다."(Bork, 1978: 221-222) 언뜻 보기에는 마치 시장에서의 흥정과 같은 방식으로 수평적 기업결합의 허용시장점유율을 정한 이 부분에 이의를 제기할 수도 있겠으나, 엄밀한 계량적 효과 측정이 현실적으로 불가능하다는 점을 인정한다면 어쩔 수 없는 결과라고 판단된다.

제약으로 인하여 독점금지정책의 정책목표에 대한 다양한 이론적 시각에 대해서만 논의를 하였다. 결론적으로 볼 때, 독점금지정책의 정책목표를 바라보는 다양한 의견을 종합하여 경제적 목표가 독점금지법의 유일한 정책목표이고, 그 경제적 목표의 구체적인 의미를 소비자후생이라고 하더라도 논쟁이 종식되는 것은 아니다. 오히려 더욱더 중요한 쟁점들은 여전히 남아 있으며, 현재 학자들이나 실무자들 사이에 이 '판도라의 상자'를 선뜻 열려는 의지는 다소 부족하다고 생각된다.

일관된 독점금지정책의 분석과 집행을 어렵게 만드는 요인으로서 정책목표와 관련된 입장의 다양성은 여러 요인들 중 하나에 불과하다. 그보다 더 중요한 요인들은 독점금지정책의 이론적 배경인 경제학과 법학의 이론적 다양성과 실행 가능한 법적용기준과 절차를 둘러싼 다양한 논의들이다. 그런데 이러한 논의들은 매우 어렵고 복잡하여 우리에게 많은 이론적, 현실적 고민을 요구한다.

우선 독점금지정책의 이론적 다양성을 논의하기 위해서는 시대적 흐름에 따라 지배적 시각이 어떠한 변화과정을 거쳤는지를 살펴보아야 한다. 독점금지정책은 사실 미국에서 기원된 정책이고, 그동안 제시된 다양한 이론적 논의 역시 미국의 경제학자와 법학자들에 의하여 주도되었기 때문에 미국에서의 지배적 시각의 변화가 중요한 논의사항이 될 것이다. 특히 하버드학파와 시카고학파의 주장의 차이에 주목하여야 한다. 그리고 본래의 하버드학파의 주장과 수십 년이 경과한 최근의 수정된 입장을 비교하는 연구도 중요한 주제다. 그리고 1980년대 중반 이후 Hovenkamp 등의 학자들에 의하여 제시된 소위 Post-Chicago학파의 주장의 내용과 한계에 대한 논의도 빠질 수 없는 이슈가 될 것이다.

독점금지정책의 법집행기준과 절차의 다양성을 논의하기 위해서는 우선 당연위법(per se illegal)과 합리의 원칙(rule of reason)의 적용영역과 그 논리적 근거에 대하여 살펴보아야 한다. 그리고 1977년도 Continental T.V. vs. GTE Sylvania, Inc.(433 U.S. 36) 이후부터 시작된 합리의 원칙 영역의 확대가 어떠한 이론적, 실제적 근거에 의하여 나타나게 되었는지, 그리고 1980년대에 이르러서는 FTC vs. Indiana Federation of Dentist (476 U.S. 447, 1986) 등의 연방대법원 판결을 토대로 과거 당연위법 범주의 일부 영역에 대하여 소위 'quick look'이라는 제한적 형태의 합리원칙(truncated rule of reason)이 적용된 배경이 무엇인지의 논의도 중요한 연구주제다.[15] 더 나아가 미국 연방대법원의 1999년도

15) 'quick look'의 개념에 대한 개괄적 논의는 Stanton(2000) 참조.

California Dental Association vs. FTC(526 U.S. 759) 판결에서 제시된 소위 'sliding scale' 원칙에 대한 현실적 적용방향에 대해서도 균형적인 관심을 보여야 한다.[16),17)]

이런 시각을 가지고 그동안의 우리 학계의 연구성향과 지난 36년간의 우리나라 공정거래법의 집행과정을 회고하여 보면 학계나 정책당국에서 독점금지정책과 관련된 상기의 다양한 이론적, 실무적 논의에 대하여 얼마나 활발한 토의가 이루어졌는지, 그리고 이러한 다양성이 야기시키는 경쟁정책 집행에서의 여러 제약점과 어려움에 대하여 얼마나 진지한 고민을 하였는지 다소 의문시된다. 독점금지정책의 결정과 집행을 너무 쉽게 생각하지는 않았는지? 경제적인 분석이 반드시 전제되어야 하는 법집행에 대하여 지나치게 법논리적인 적용만을 고집하지는 않았는지? 경제현실과 기업활동의 본질에 대한 이해 없이 너무나 기계적인 법집행만을 옹호하지는 않았는지? 공정거래위원회가 경쟁정책기관으로서 반드시 하여야 할 일은 도외시하고 불필요한 일에 귀중한 집행력을 낭비하지는 않았는지? 그래서 위원회가 기업들로부터 또 하나의 불필요한 규제기관으로 인식되고 있지는 않은지? 경쟁정책을 연구하는 학자로서 우려감을 감추기 어렵다.

참 ▪ 고 ▪ 문 ▪ 헌

Blake, Harlan M. & Jones, William K. (1965), "In Defence of Antitrust," *Columbia Law Review*, 65 (3), 377-400.

Bork, Robert H. (1978), *The Antitrust Paradox*, New York: Basic Books, Inc.

Easterbrook, Frank H. (1984), "The Limits of Antitrust," *Texas Law Review*, 63, 1-40.

Elzinga, Kenneth G. (1977), "The Goal of Antitrust: Other Than Competition and Efficiency,

16) 'sliding scale' 원칙이란 독점금지정책영역에 따라 각기 상이한 presumption(적법추정과 불법추정)과 보다 간편한 절차(burden of proof)가 필요하다는 주장이다. 이에 대한 자세한 논의는 Piraino (2007) 참조.

17) 또한 미국적 맥락에서는 독점금지소송 특유의 강제적인 3배소송(mandatory treble damages)을 지속할 것인지 또는 판사(judge)와 배심원(jury)의 역할배분을 어떻게 할 것인지 그리고 집단소송(class action)과 사적 소송(private suits)을 계속 인정할 것인지 등의 문제도 매우 중요한 주제다.

What Else Counts?," *University of Pennsylvania Law Review*, 125 (6), 1191-1213.

Fox, Elinor M. (1981), "The Modernization of Antitrust: A New Equilibrium," *Cornell Law Review*, 66, 1140-1185.

Hovenkamp, Herbert (2005a), *Federal Antitrust Policy: The Law of Competition and Its Practice*, 3rd ed., St. Paul, Minn: Thompson/West.

_____ (2005b), *The Antitrust Enterprise: Principle and Execution*, Cambridge, MA: Harvard University Press.

Lande, Robert H. (1982), "Wealth Transfer as the Original and Primary Concern of Antitrust: The Efficiency Interpretation Challenged," *Hastings Law Journal*, 34, 65-97.

McChesney Fred S. & Shughart, William F., Ⅱ, eds. (1995), *The Causes and Consequences of Antitrust: The Public-Choice Perspective*, Chicago: The University of Chicago Press.

McGee, John S. (1958), "Predatory Price Cutting: The Standard Oil (N.J.) Case," *Journal of Law and Economics*, 1, 137-169.

Piraino, Thomas, A. (2007), "Reconciling the Harvard and Chicago School: A New Antitrust Approach for the 21st Century," *Indiana Law Journal*, 82, 345-409.

Pitofsky, Robert (1979), "The Political Contents of Antitrust," *University of Pennsylvania Law Review*, 127 (4), 1051-1075.

Posner, Richard A. (1979), "The Chicago School of Antitrust," *University of Pennsylvania Law Review*, 127 (4), 925-948.

Posner, Richard A. (2001), *Antitrust Law*, 2nd ed., Chicago: The University of Chicago Press.

Schwartz, Louise B. (1979), "'Justice' and Other Non-Economic Goals of Antitrust," *University of Pennsylvania Law Review*, 127 (4), 1026-1081.

Stanton, Sam (2000), "Burden Shifting and Presumptions Under Section One of the Sherman Act After California Dental Association vs. FTC," *Rutgers Law Review*, 53, 247-275.

Williamson, Oliver E. (1968), "Economies as an Antitrust Defense: The Welfare Tradeoffs," *American Economic Review*, 58, 18-35.

제16장

산업정책과 소비자문제

이 성 구
국가경쟁력강화위원회 규제개혁추진단장

제1절 한국의 산업정책

1. 산업정책의 개념

산업정책에 대하여 엄밀한 정의를 내리기는 어렵다. 산업정책의 역사는 매우 오랜 것이지만 실제로 학문적 관심의 대상이 된 것은 비교적 최근의 일로 이론적으로 정의된 개념이 존재하는 것도 아니다. 아주 광의로는 산업 활동에 대한 공적 개입, 즉 산업 활동에 영향을 미치는 정부 기타 공공부문에 의한 규제, 조정, 지원 활동의 총칭이라 할 수 있으나 이 경우 소비자정책도 산업정책에 포함될 수 있다. 조금 좁은 의미에서는 시장실패를 시정하거나 동태적 비교우위 산업[1]을 확보하기 위하여 정부가 특정산업 활동이나 시장에 개입하여 자원배분의 효율화를 시도함으로써 목표하는 방향으로 자국의 산업구조를 유도하는 일련의 전략적 정책조합으로 정의할 수도 있다. 나아가 아주 협의로는 특정 산업을 육성, 보호하는 정책을 의미하기도 한다.

하지만 산업정책이란 용어는 상당히 다의적으로 사용되고 있고, 실제로는 시장실패를 시정하기 위한 산업정책이 오히려 시장실패를 확대하는 경우가 많으며, 경쟁정책이 최상

1) 19세기 중반 독일의 리스트에 의해 주창된 유치산업보호론이나 1980년대의 일본의 전략적 통상정책과 같이 자국의 교역조건을 개선하기 위한 정책을 말한다.

의 산업정책이라고도 말하는 경우도 있어, 현실적으로 정부의 경제정책에서 어떤 부분을 산업정책으로 보아야 하는지는 명확하지 않다.

따라서 이 글에서는 산업정책을 특별히 정의하기보다는 특정산업의 지원이나 육성 또는 규제를 담당하고 있는 정부의 부서가 해당 산업과 관련하여 지원 또는 규제하는 일련의 정책 체계로 보고 논의를 진행하기로 한다. 다만, 특정산업의 의미는 융통성 있게 해석하여 개별산업뿐만이 아니라 복수의 산업군 예컨대 수출산업이나 수입대체산업 또는 소비재 산업이나 생산재 산업 등을 의미할 수도 있다. 하지만 광의의 산업정책에 포함되어 논의되기도 하는 산업조직정책, 예컨대 우리나라의 경우 공정거래위원회가 담당하는 경쟁정책과 같이 특정 산업과 관련 없이 거의 모든 경제활동에 대해 행해지는 정부의 개입은 이 글의 논의 대상에서는 제외하기로 한다.

2. 한국 경제의 성장과 산업정책

산업정책의 역사는 16-17세기의 중상주의시대에까지 소급할 수 있는 것으로 매우 오랜 것이지만 하나의 공통점은 외국의 영향으로부터 자유로운 국민경제의 건설과 이를 통한 국권의 확립이라고 볼 수 있다. 그렇기 때문에 대부분의 국가에서 산업정책이 초기에는 보호무역주의의 양상을 띠게 되는 것도 공통적인 경험의 하나라고 한다(민경휘, 1996: 38).

최근에 산업정책이 학문적 관심의 대상이 된 것은 1980년대 후반에 일본의 경제적 성공을 일본 통산성의 산업정책의 성과로 보는 견해가 등장하면서부터이며, 그동안 일본과 유사한 경제성장 경험을 가져온 우리나라에서도 자연스럽게 산업정책에 대한 관심이 높아졌던 것으로 보인다.

한국 경제는 1960-70년대의 개발연대에 공급자중심의 경제정책을 전개하는 한편, 수출산업에 대한 지원을 통해 고도 경제성장을 이룩했고, 1970년 중반 이후의 중화학공업정책이나 최근의 정보통신산업 등 첨단기술 산업에 대한 지원정책은 때로는 부작용을 낳기도 했지만 미래의 성장산업에 자원배분이 이루어지도록 하여 한국 경제의 선진화에 기여하였다는 주장[2]이 있으며, 보통 이러한 공급자중심의 산업정책으로 인해 소비자의 권익이 침해되었다고 평가된다.

이러한 산업정책의 과정에서 때로는 빠른 시일 내에 선진국의 산업구조와 유사한 산업구조로 전환해야 한다는 목표 하에 아직 비교우위가 없는 산업에 자원 배분을 집중하고 경쟁 상품의 수입을 제한함으로써 소비자들이 국제가격보다 더 높은 가격으로 구입해야 하거나, 산업의 투자를 위한 대출에는 자금을 공급하면서 소비자들의 가계 대출에는 자금의 공급을 제한하고 내수 산업에 비하여 수출 산업에 대한 지원을 강화하는 등 이로 인해 소비자의 권익이 침해되는 일이 빈발했다는 것도 사실이다.

하지만, 이러한 공급자중심 정책의 주요 내용을 이루어 왔던 산업정책이 단기적으로 소비자의 권리를 침해하였다 하더라도, 장기적으로도 소비자의 이익에 반한 것이었다고 보는 것도 정당한 평가는 아니다. 왜냐하면 결과적으로 그러한 공급자중심의 산업정책이 산업의 공급능력을 확대시키게 되면 결국 그 이익은 소비자에게 돌아올 것이기 때문이다.

제2절 산업정책과 소비자정책의 비교

1. 산업정책과 소비자정책의 차이점

산업정책은 산업의 경쟁력 유지 내지 비교우위의 확보에, 소비자정책은 소비자의 합리적인 선택이나 권리의 확보에 주안점을 두고 있지만, 궁극적으로는 산업정책도 소비자정책도 모두 국민경제 내지 소비자후생의 제고에 기여하게 됨은 이미 기술한 바와 같다. 그리고 현실에 있어서 정부 경제정책의 패키지 속에는 산업정책적 내용과 소비자정책적 내용을 모두 포함하고 있는 것이 보통이고, 정부 부처가 산업정책을 수립·발표함에 있어서 그 내용을 산업정책과 소비자정책으로 분리하는 것도 아니므로 현실의 산업정책 속에

2) 하지만, 농업이나 중소기업에 대한 지원정책과 같이 미래의 성장산업에 대한 자원 배분의 측면보다는 퇴출을 방지하기 위한 산업정책적 지원도 있었으므로 한국의 산업정책의 성격이나 그 성과에 대하여 한마디로 평가하기는 어렵다.

는 소비자정책의 내용도 포괄하는 경우가 적지 않다.

따라서 산업정책과 소비자정책의 구분은 이론적인 것이고 실제에 있어서 어느 정책이 산업정책이고 소비자정책인지가 반드시 명백하게 구분되는 것은 아니다. 특히, 최근 들어 규제완화에 따라 종래의 산업 주무부서의 역할이 변화함에 따라 산업 주무부서에서도 소비자보호에 관심이 높아지고 법령의 개정 등을 통해 소비자보호 문제를 명시적으로 규정하고 관련 조직을 신설하는 사례도 늘고 있어 산업정책과 소비자정책의 결합현상은 더욱 늘어나고 있다.

다만, 이론적인 관점에서 산업정책과 소비자정책의 구분을 시도해 본다면, 산업정책은 기술 개발, 인력 양성, 인프라구축 등의 외부경제 효과를 갖는 투자활동 또는 규모의 경제 확보나 특정 산업에 대한 자원배분을 유도하기 위한 규제와 지원 문제가 주 내용을 이룬다면, 소비자정책은 전문성이 부족하고 흩어진 다수인 소비자 집단이 갖는 특성으로 인해 발생하는 경제적인 제 문제를 해결하기 위해 상품에 대한 정확한 정보의 제공이나 사업자의 지위 남용 기타 부당 행위에 대한 규제 그리고 안전문제에 대한 감시활동 등이 주 내용을 이룬다고 볼 수 있다.

그러나 어떤 정책은 산업정책적 측면과 소비자정책적 측면을 모두 갖고 있다. 예컨대 신용카드 모집 및 현금서비스 규제, 보험 상품의 판매채널 및 가격 규제, 에너지가격 규제, 이동통신 단말기 보조금 규제, 아파트 공급 관련 규제 등은 이론적인 기준에 의하더라도 산업정책인지 소비자정책인지를 구분하기 쉽지 않다.

2. 산업정책과 소비자정책의 관계

소비자정책은 소비자의 합리적 소비활동 능력을 제고하여 주어진 소득 내지 국민경제의 공급능력 범위 내에서 최대의 만족을 누릴 수 있도록 하는 것이라면 산업정책은 생산성을 향상시켜 소비자의 소득 내지 국민경제의 공급능력의 범위 자체를 확대하기 위한 것으로 이해할 수 있다. 따라서 산업정책과 소비자정책은 적어도 이론적으로 목표가 상충하는 것은 아니다.

그러나 현실의 세계에서는 종종 산업정책과 소비자정책 또는 소비자의 이해가 충돌할 수 있다. 그것은 우선 당장의 이익에 관해 서로의 이해관계가 다르거나 산업정책의 성과에 대한 기대의 차이로 인한 것일 수 있다. 예컨대, 산업정책의 입장에서는 현재 소비자의 선택가능한 범위를 제한하는 것이 장래에 소비자에게 보다 확대된 선택의 기회를 갖게 해 준다고 생각할 수 있고, 소비자의 입장에서는 장래에 소비자의 선택기회를 확대하기 위해서 현재의 소비자의 선택을 제한해야 한다는 산업정책의 주장을 인정하기 어려운 경우가 많은 것이다.

그리고 또 하나는 소비자의 합리적인 선택능력이나 시장의 효율성에 대한 기대의 차이에서 비롯될 수 있다. 즉, 소비자의 합리적인 선택능력을 제고시키면 시장에 맡기더라도 가장 좋은 상품을 생산하는 경쟁력 있는 기업이 선택될 것으로 믿는 집단이 있을 수 있고 반대로 소비자의 합리적인 선택을 기대하기보다는 정부가 사전에 비합리적 선택의 위험을 제거하는 것이 더 효율적일 것으로 기대하는 집단이 있을 수 있다. 전자의 생각이 소비자정책적 관점일 수 있고 후자의 입장이 산업정책의 관점에 가까울 수 있지만 현실에 있어서는 반드시 그러한 것만도 아니다.

그리고 한국의 경우 이러한 대립이 소비자정책을 담당하는 기관과 산업정책을 담당하는 기관 사이에 갈등으로 나타나는 경우는 많지 않다. 우선 대부분의 경우 한 기관이 어느 분야의 산업정책과 소비자정책을 동시에 담당하는 경우가 많고 형식상 소비자정책 주무기관인 재정경제부는 산업정책의 조정기관의 역할도 하기 때문에 소비자정책 주무기관으로서 독립된 목소리를 내는 일은 거의 없다. 그리고 소비자의 입장에서 생각하는 것으로 볼 수 있는 소비자단체들도 대체적으로 소비자의 합리적 선택능력이 매우 취약한 것으로 보는 경우가 많아 소비자에게 다양한 선택의 기회를 주기보다는 비합리적 선택의 위험이 있는 상품의 공급을 사전에 규제해 주는 것이 바람직하다는 입장을 취하는 경우가 많기 때문이다.

제3절 한국의 산업정책과 소비자문제: 산업정책에서의 소비자문제 발생원인 및 산업정책 수립과정에서의 소비자 참여 문제

1. 산업정책에서의 소비자문제

산업정책도 규범적으로는 산업의 경쟁력을 강화하여 궁극적으로는 국민경제 내지 소비자의 후생을 제고하는 데 기여하는 것으로 볼 수 있으므로 적어도 올바르게 설계된 산업정책이 필연적으로 소비자 이익을 침해하여 소비자문제를 발생시킨다고 볼 수는 없을 것이다.

다만 소비자 집단의 이해와 산업정책을 주도하는 집단의 이해가 충돌하는 사례는 많이 발생할 수 있을 것이다. 예를 들어 산업정책의 입장에서는 일정기간 수입을 규제함으로써 국산품을 사용하도록 하여 국내 산업의 경쟁력을 확보하는 것이 매우 중요하고 현재의 소비자 선택권을 침해하더라도 장래에 소비자가 선택가능한 상품의 집합을 확대하는 것으로 생각할 수 있지만, 소비자의 입장에서는 장래의 불확실한 성과를 위하여 현재의 소비자 이익을 침해하는 것은 부당하다고 주장할 수 있다.

그리고 중소기업의 보호를 위한 다양한 제도들도 소비자들은 기술력이 있는 대기업의 진입이 제한되는 경우 여러 가지 불편을 겪을 수 있지만, 산업정책의 입장에서는 중소기업이 고사하는 경우 시장이 독과점 상태가 되고 고용 등이 감소되어 장기적으로는 국민경제의 이익이 더 크게 침해된다고 주장할 수도 있다.

이러한 문제는 장기적으로도 서로 수렴하기 어려운 문제를 야기할 수 있다. 산업정책의 목표와 결과가 산업의 경쟁력이나 국민경제의 규모를 증대시키기는 하지만 그 이익이 특정 산업자본이나 그 종사자들에게 귀속되어 장기적으로도 소비자 집단이 그러한 이익을 향수하기 어려운 경우가 존재할 수 있다.

더욱 복잡한 문제는 산업정책이 사회정책 내지 소득재분배 정책의 성격을 갖는 경우에 발생한다. 이 경우에는 산업정책이 소비자 집단 내의 계층 간 이해관계의 충동을 야기할 수 있다. 즉, 산업정책이 약자 보호라는 관점에서 추진될 경우 장기적으로도 어떤 소비자

집단의 이해와는 충돌하게 될 것이다. 그리고 자칫 부적절하게 설계된 경우에는 정작 정책적으로 이익을 주려던 소비자 집단에게도 손해가 될 수 있다.

2. 개별 산업정책에서의 소비자문제(사례 연구)

(1) 금융산업정책과 소비자문제

과거 개발 연대에 금융은 산업지원을 위한 수단으로서 활용되었고 이를 위해 특정 산업의 지원을 위한 저금리 대출이 가능하도록 금리가 규제되었고 이 때문에 제도권 은행의 예금 금리는 시장 금리보다 상당히 낮은 수준이었다. 이러한 금융정책은 가계 금융 이용자들에게 엄청난 부담을 안겨 주었다. 왜냐하면 은행 저축 외에 다른 저축 수단을 갖기 어려운 가계의 경우 낮은 금리에 의한 이자소득은 물가 상승률에도 못 미치는 수준이었으므로, 당시의 저금리 정책은 가계의 저축에 세금을 부과하여 기업의 대출에 보조금을 지원하는 것과 같은 효과를 갖는 것이었기 때문이다.

1980년대 이후 은행의 이자율 결정이 자유화되면서 이러한 금리규제정책은 퇴조하였고, 1990년대 말의 금융외환위기 이후 금융자유화가 상당한 정도로 진전되었지만, 금융회사의 건전성 확보를 위한 규제는 도리어 강화된 측면도 있다. 금융회사에 대한 건전성 규제는 금융상품의 특성상 그 상품을 제공하는 회사가 부실화되는 경우 상품 자체도 부실화된다는 점(예컨대 예금을 한 은행이 도산하면 예금자의 예금통장도 휴지 쪽이 될 수 있다는 점)에서 소비자를 위한 규제인 것처럼 보이는 측면도 있지만 실제의 규제 수단은 건전성을 확보한다는 이유로 위험도에 따른 업종별 칸막이 규제가 금융산업정책의 주요한 내용이 되어 있어 다양한 금융상품 및 관련 서비스의 공급을 요구하는 소비자들을 불편하게 하고 있다.

예컨대 보험은 보험회사만이 판매할 수 있으며 주식은 증권회사에서만 거래할 수 있고 이들은 겸업을 해서는 안 된다. 또한 유가증권의 거래는 법적으로 증권거래소가 독점하도록 되어 있어 어떤 회사의 주식이나 채권이 증권거래소에 상장되어 거래될 수 있는지 여부도 독점화된 증권거래소가 판단하게 된다. 그뿐만이 아니라 보험상품의 경우 A회사가 만든 보험상품은 반드시 A회사가 판매해야 하며 판매를 담당하는 사람도 반드시 한 회사에만 전속되어 있어야 한다. 몇 년 전만 해도 보험상품을 판매함에 있어 타 보험상품과 비교하는 것마저도 법으로 금지되어 있었다. 부당한 비교를 통한 불공정 경쟁을 유발할 우려가 있다는 취지였다고 한다.

금융산업정책에서 많은 소비자문제가 존재하는 이유는 금융정책 또는 금융감독 당국이 개방이니 경쟁을 외치고는 있지만 아직도 금융회사는 망하지 않아야 하며 그러기 위해서는 과도한 경쟁과 새로운 회사의 진입을 제한해야 한다는 철학을 유지하고 있기 때문이다. 이러한 철학은 비록 금융회사의 도산으로 인해 소비자들이 피해를 받지 않도록 하려는 정책적인 배려인 것처럼 생각될 수도 있지만 결과적으로 소비자들이 금융회사 간의 경쟁의 제한으로 그 이상의 피해를 입고 있다는 점을 인식하지 않으면 안 된다. 그럼에도 불구하고 금융 분야는 전문성으로 위장되어 금융회사의 건전성 확보를 위해 필요하다는 명분 아래 이로 인해 발생하는 소비자들의 불편이나 피해는 무시되고 있는 것이 현실이다.

얼마 전 신용카드업계의 부실화가 문제되어 신용카드사의 영업활동에 대한 규제가 대폭 강화되었고 이러한 규제 강화에는 소비자단체들도 한몫을 거들었던 것으로 알려져 있다. 그러나 사실은 이러한 규제 강화로 인해 신용도가 높지 않은 소비자들의 금융서비스에 대한 접근을 어렵게 했다는 측면은 무시되고 있다. 보통 외국의 경우 수신 업무를 취급하지 않는 금융회사는 금융감독 당국의 규제대상에서 제외되는 것이 보통이다. 왜냐하면 신용카드회사와 같이 고객으로부터 예금을 받은 업무가 없는 경우 회사가 망하더라도 고객이 커다란 손실을 입게 되지는 않기 때문이다. 엄밀하게 말해서 신용카드의 남발로 인해 소비자들이 무분별한 소비활동을 하게 됐고 이로 인해 소비자피해가 발생했다면서 신용카드회사를 비판하고 소비자단체들까지 이에 동조하는 것은 극히 무책임한 발상이다. 회사들이 소비자들로 하여금 건전한 소비활동을 하도록 지도할 책임이 있지는 않다고 보여지기 때문이다. 만일 그렇다면 소비자들의 요구에 부응하는 새로운 제품을 만들어 소비자의 주머니를 위협하는 회사들은 모두 비난받고 규제되어야 할 것이다.

금융시장에서의 소비자문제가 매우 광범위하게 오랫동안 지속되는 데는 소비자문제 전문가들에게도 상당한 부분 책임이 있다. 즉 소비자들이 책임을 져야 할 부분에 대해서까지 금융회사나 금융감독 당국의 책임이라고 비난함으로써 금융감독 당국에게 비합리적인 규제의 빌미를 제공하고 금융회사로 하여금 경쟁을 회피하게 만드는 근거를 주게 된다. 어찌 보면 소수의 무책임한 소비자들을 위해 다수의 건전한 소비자들이 엄청난 부담을 하게 되고 이를 이용해 금융감독 당국은 권력을 얻고 금융회사들은 초과 이윤을 즐기는 구조가 정착되어 있는 것이다.

(2) 정보통신산업정책과 소비자문제

정보통신기술의 발달로 그동안 통신산업 규제의 근거가 되어 왔던 네트워크 자원의 희소성이나 기술적 표준의 강제적 통일의 필요성 등이 완화되었음에도 종래의 통신산업정책의 틀은 크게 변화하지 않고 있다. 아직도 자신이 직접 회선을 보유하고 통신서비스를 하려면 기간통신사업으로 허가를 받아야 하며, 통신사업자는 특정 고객이나 특정시기에 할인요금을 받아서는 안 된다. 그 이유는 기간통신서비스는 온 국민이 누리는 서비스인데 특정인만 우대를 받는 것은 부당하기 때문이다.

물론 통신산업의 특성상 소수의 사업자에 의해 통신시장이 과점화되는 것은 어쩔 수 없는 현실이다. 하지만 정부가 그렇게 되도록 제도적으로 규제하는 것은 다른 문제다. 최근 들어 케이블TV 사업자들도 인터넷 서비스가 가능해지고 인터넷 서비스는 기간통신서비스에 해당되지 않았던 관계로 다수의 사업자가 인터넷 서비스를 할 수 있게 되었다. 그리고 인터넷 서비스를 통해 음성통신(전화)도 가능하게 되어 정책당국의 의도와는 관계없이 인터넷이나 전화 서비스를 제공하는 사업자가 다수 등장하게 되었다. 그러자 다시 정책 당국은 인터넷을 기간통신서비스에 포함시켜 케이블TV 사업자가 인터넷 서비스를 하고자 하는 경우 별도의 허가를 받도록 규제하고 요금 등을 함부로 싸게 받을 수 없도록 규제하고 있다.

이미 통신서비스는 정부가 특별히 배려하지 않더라도 극히 예외적인 산간벽지나 도서지역을 제외한다면 누구나 이용할 수 있는 보편적인 서비스로 자리 잡았고 만일 어떤 사업자가 특정 고객만을 우대한다면 다른 고객들은 서비스 제공자를 바꾸게 될 것이므로 규제의 필요성이 없음에도 불구하고 오래된 관행을 빌미로 규제를 계속하며 경쟁을 제한하고 있는 것이 현실이다. 그럼에도 불구하고 소비자단체들은 이러한 문제에 아직 커다란 관심을 보이지 않고 있다. 평등주의적인 관점에서 볼 때 왠지 차별적인 가격은 좋지 않아 보이고 자칫 거대 통신사업자로부터 특정 소비자가 불이익을 받을 수도 있지 않을까하는 우려가 있기 때문일까?

얼마 전 많은 관심을 불러일으켰던 단말기 보조금 규제는 통신산업 정책당국과 업계의 이해의 타협이 가져온 산물로 볼 수 있다. 비록 과점이기는 하지만 업계의 경쟁으로 인해 통신정책 당국의 가격규제는 단말기 보조금이라는 형태로 무의미해지게 되고 이로 인해 통신산업 분야의 이익이 단말기 산업이라는 제조업 분야로 날아가 버리는 결과를 초래하고 통신정책당국은 정보통신산업의 발전을 위한 재원이 부족하게 될 것을 우려하게 되었을 것이다. 그리하여 종래의 한시적인 단말기 보조금에 대한 규제를 연장하는 한편, 대리점을 통한 탈법적인 단말기 보조금 지급에 대하여까지 규제를 할 수 있도록 규제를 강화하게 되었는데, 업계 내부에서는 서로 이해의 차이는 있지만 내심으로 그러한 규제가 싫지는 않았을 것이다.

문제는 소비자단체들까지도 그러한 규제의 연장 내지 강화에 대해 크게 반발하지 않았다는 점이다. 단말기 보조금으로 인해 소비자들이 쓸 만한 휴대전화기를 버리고 새 휴대전화기로 자주 단말기를 바꾸는 것은 건전한 소비활동이 아니고 따라서 단말기 보조금 규제는 어느 정도 필요성도 있다고 판단하고 있었기 때문일까? 그러나 이러한 생각은 보다 근본적인 문제에 대한 고민이 결여되어 있다고 볼 수 있다. 업계가 단말기 보조금으로 경쟁을 하게 된 이유는 근본적으로 가격경쟁이 어려운 통신시장의 현실에서 비롯된 것이기 때문이다. 현행 전기통신사업법에 따르면 시장점유율이 일정 비율 이상인 사업자는 통신요금을 허가받게 되어 있는데 이 사업자의 통신요금을 기준으로 다른 사업자들이 통신요금을 정하게 되고 이 통신요금은 정책당국에 신고하여야 하며 이미 언급한 바와 같이 신고된 통신요금에서 임의로 할인하는 행위는 부당한 고객차별행위로 규제된다. 따라서 통신사업자들은 요금으로 경쟁하는 것이 매우 곤란하다고 판단하고 고객을 유인하는 수단으로 통신요금의 인하가 아닌 단말기 보조금을 택했던 것이다. 엄밀하게는 단말기 보조금을 직접 지급하기보다 대리점이 새로운 고객을 가입시키면 일정액의 인센티브를 지급하는 방식을 택했는데 대리점은 이러한 인센티브를 고객에게 단말기를 싸게 공급하는 방법으로 환원하였다고 볼 수 있다.

따라서 소비자단체들이 진정으로 소비자문제에 대해 깊은 관심을 가졌다면 단말기 보조금 규제 연장 논의보다도 우선 통신요금에 대한 규제방식을 전환하여 통신시장에서 요금 경쟁이 일어날 수 있는 환경을 만들어 줄 것을 요구하는 것이 순서였을 것이다. 그렇게 되면 자연스럽게 장기적인 요금 할인을 원하는 소비자에게는 요금을 통한 경쟁이 이루어지고 우선적으로 새로운 단말기를 싸게 구입하고 싶은 고객에게는 단말기 보조금을 통한 경쟁이 이루어질 것이며 이러한 경쟁은 소비자의 선택의 결과로 무엇이 좋고 나쁘고를 정책당국이 판단할 사항은 아닐 것이다. 만일 그로 인해 불필요한 라이센스 비용의 지급 등 외화의 낭비가 일어나고 환경을 훼손하는 등 사회적 피해가 있다면 단말기를 수거하여 공해 없이 폐기 처분하도록 하고 단말기 생산에 대해 세금을 부과하는 것이 올바른 정책이지 보조금을 규제하는 것은 올바른 방법이 아니다.

(3) 유통산업정책과 소비자문제

대형 유통점포의 개점 및 영업활동 관련 규제는 재래시장이나 지역산업 및 소비자와 이해관계의 충돌을 낳고 있다. 거의 모든 가구가 자동차를 보유하게 되는 등 자동차 생활이 보편화되면서 소비자들의 소비행태에 변화가 일어나고 이에 부응하여 자동차로의 접근이 편한 장소에 대형 점포가 들어서면서 종래의 주택지 인근의 상가나 재래시장의 고객이 줄어드는 현상이 나타나게 되었다.

종래 유통산업정책 담당자들은 유통산업의 근대화에 역점을 두면서 이러한 대형점포의 발전을 반기는 측면도 있었지만, 최근에는 재래시장 상인 등의 반발이 커지면서 정치적인 이유 등으로 대형점포의 영업시간이나 전용버스를 이용한 고객편의 제공 등을 규제하는 방향으로 나아가고 있으며 지방자치단체는 각종 인허가를 통해 입점을 규제하기도 한다. 이때 소비자들은 대형점포의 입점으로 소비생활의 편의가 증진되는 측면에서 이익을 보지만 일부 소비자들은 자신이 지역에서 생산 활동에 종사하는 사람으로서 대형점포의 입점으로 지역 산업이 활기를 잃게 되는 경우 피해를 입기도 하는 이중적인 입장에 처하게 된다.

따라서 무엇이 그 지역의 소비자에게 유리한지를 한마디로 말하기는 어렵지만, 주택지 인근 상가나 재래시장의 퇴조의 원인이 비합리적인 도시계획이나 건축규제로 인한 경우까지 대형점포의 입점을 막거나 영업을 제한하는 방법으로 대책을 마련한다면, 지역상인 등은 현실에 안주할 것이고 그 부담은 지속적으로 소비자가 안게 될 것이다. 특히, 지역상인들은 단체 등을 결성하여 일관된 목소리를 내는 반면 다수의 소비자들은 그 의견을 반영하기 어려운 경우가 많아서 자칫 정책의 왜곡을 가져올 우려가 크다. 따라서 소비자 단체들은 이러한 문제에 대한 나름의 입장을 정리하여 감춰진 소비자들의 의견을 반영하기 위해 노력할 필요가 있다.

조금 다른 문제이기는 하지만 할인판매나 경품 등에 대한 경쟁정책상의 규제를 유통산업정책으로 볼 수 있는지에 대하여는 의문의 여지가 있지만 이 경우에도 할인판매나 경품 자체를 일률적으로 규제하기보다는 소비자에게 허위·과장된 정보를 제공하여 합리적인 소비활동을 저해했는지에 초점을 두고 규제하여야 할 것이다. 자칫하면 유통부문의 경쟁을 제한하여 소비자에게 피해를 주는 결과를 초래할 우려가 있기 때문이다.

(4) 건설산업 및 주택공급정책과 소비자문제

건설산업에 대한 산업정책적 규제 중 소비자와 관련을 갖는 이슈들은 부실공사를 방지하기 위한 공공부문의 저가 입찰 규제나 저가 하도급 규제 등 입찰 관련 규제나 각종 건축 규제들이 주요한 내용이라고 볼 수 있다.

공공부문의 입찰 관련 규제 문제는 어찌 보면 소비자와 직접 관련을 갖는 것은 아니지만, 공공부문의 토목공사에서 부실공사를 방지하는 것은 불안한 구조물이나 건축물로 인한 소비자들의 피해를 방지하려는 것으로 볼 수 있고, 이를 위한 제도적 장치들이 한편으로는 실제로 구조물이나 건축물의 안전에 기여하기보다는 예산의 낭비를 가져와 소비자의 납세부담을 증가시킨다는 측면에서 소비자와 관련을 갖는다고 볼 수도 있다.

한 예로 적격심사제에 의한 공공부문 공사 입찰의 경우 예정가(설계에 의해 계산된 공사비용)와의 차이로 감점을 하여 입찰자를 결정하기 때문에 예정가를 정확히 맞추는 게임으로 전락하고 있고, 최저가 입찰에서조차도 다른 입찰자들의 평균 입찰가격과의 차이가 일정한 정도 이상이면 자격을 상실하게 되어 다른 입찰자들의 입찰가격을 예측하는 것이 매우 중요하다. 그러나 공공부문의 입찰제도와 관련한 문제는 건설산업의 발전이나 국가적으로 매우 중요한 문제이지만 사실 소비자문제로 다루기에는 부적절한 면도 있으므로 이 글에서는 이 정도로 그치기로 한다.

다음으로 건축규제는 이것을 산업정책으로 볼 수 있는가 하는 것도 문제이지만 건축주의 입장에서 보면 규제의 강화가 불편을 야기하고 주변 사람들은 규제의 완화가 불편을 야기하기도 하므로 산업정책과 소비자문제라기보다는 관련 소비자 집단 간에 이해의 상충으로 일어나는 경우가 많다. 다만 한 가지 지적할 수 있는 것은 건축과 관련한 이해의 충돌로 많은 민원이 제기되고 있는데 비해 건축규제의 룰을 만드는 과정에서 관련 소비자들의 참여는 매우 제한되고 있다는 점을 지적할 수 있다.

최근 주택문제는 모든 사람들에게 매우 중요한 문제로 되어 있고 이에 따라 소비자단체들도 주택 공급과 관련한 문제에 목소리를 높이고 있다. 그런데 종래 공동 주택의 공급은 철저하게 정부의 규제 아래 있었다. 주택정책은 산업정책으로 이해하기보다는 복지정책으로 이해하는 것이 옳겠으나 우리의 경우 그 주무부서가 건설산업을 담당한 부서였기 때문에 건설산업정책의 관점에서 주택정책이 추진된 측면이 크다. 즉 주택의 수요자들을 직접 지원하기보다는 주택의 공급자들을 직접 규제하는 방식을 통해 수요자들을 차등하는 방식을 택하고 있다. 예컨대 무주택자들의 주택 구입을 지원하는 방식이 아니라 주택공급자들로 하여금 동일 지구 내에 일정한 가구 이상의 주택을 건설하여 공급하는 경우에는 주택공급규칙에 따르도록 하고 무주택자에게 우선 공급하는 방식을 취하거나 주택의 공급가격을 직접 제한하는 방식을 취한다. 임대주택을 공급하는 경우에도 저소득층에게 임차료를 지원하는 방식이 아니라 주택 건설업자가 임대주택을 공급하면 택지나 저금리 금융을 지원하는 방식을 택하게 된다. 즉, 주택정책이 국민들의 특히 무주택 서민계층의 주거복지향상에 중점이 두어지고 있음에도 불구하고 정책의 내용은 항상 주택건설산업정책이 가장 중요한 내용을 차지하고 있다.

이러한 규제로 인해 신규로 건설되는 주택시장은 초과수요가 일상화된 관계로 수요자가 원하는 주택이 공급되기보다는 공급자가 쉽게 공급할 수 있는 주택이 공급되는 측면이 컸고 이에 따라 도심의 재개발보다는 외곽의 개발이 우선적으로 진행되었다고도 볼 수 있다.

즉, 빈부격차 해소나 저소득층의 주거안정이라는 복지정책의 차원에서 설계된 주택정책을 건설산업정책의 수단을 이용해 달성하려는 시도는 결국 많은 문제를 야기하고 주택공급을 엄청난 규제의 늪에 빠뜨리는 결과를 가져왔고 장기적으로는 이로 인해 수요자가 원하는 주택의 공급에 차질이 생기게 되었다. 특히 최근에 서울의 강남 지역을 중심으로 고소득층이 수요로 하는 주택의 공급이 부족하게 되어 엄청난 가격 폭등으로 이어진 것도 이렇듯 복지정책의 차원에서 저소득층이 원하는 주택이 우선 공급되도록 각종 규제를 가한 결과(저소득층이 필요로 하는 주택의 공급에 어느 정도 기여했는지는 좀 더 면밀한 분석이 필요한 것이지만) 결국 고급 주택 가격의 폭등으로 인해 오히려 빈부격차를 증가시켰다는 비판을 면하기는 어려울 것이다.

더구나 주택가격 폭등 후의 대책을 보더라도 종래의 공급자 위주의 정책이 그대로 이어지고 있는데, 소비자가 원하는 곳에 주택의 공급이 이루어질 수 있도록 규제를 완화하는 정책으로 전환하기보다는 계속해서 공급자가 쉽게 공급할 수 있는 곳에 주택을 공급하면서 수요의 대체가 일어나기를 기대하고 있다. 일부 소비자단체가 분양 원가 공개 등을 요구하면서 주택가격의 폭등 원인을 사업자의 폭리에서 찾는 경향이 있지만 공급이 제한된 경우 분양가를 규제하면 비록 그 이익이 최초 분양자에게 일부 돌아가기는 하겠지만 자칫 프리미엄만을 높이거나 주택시장 기능을 왜곡할 우려가 있다.

(5) 에너지산업정책과 소비자문제

에너지 공급 관련 산업정책은 주로 에너지의 안정적 공급 또는 네트워크의 독점과 관련한 규제가 중심이 되어 있으며 이로 인해 에너지 관련 시장에서의 경쟁이 제한되고 소비자의 선택권도 제한되고 있다.

우리가 사용하는 대표적인 에너지의 하나인 전력의 경우, 전력의 생산은 한전의 분할 및 진입 제한의 완화로 경쟁체제가 도입되고 있으나 전국적으로 전력의 송배전이나 소매판매는 한국전력에 의해 독점되어 있다. 예외적으로 구역에너지사업자에 의해 열과 전력을 동시에 소비자에게 직접 공급하는 제도가 마련되어 있으나 한국전력이 배전망을 갖추지 않은 지역에 한정되어 실제적인 시장 진입은 미미한 편이다. 그나마 신규 아파트단지 등에서 공급이 이루어지는 것도 가정용 전기료 누진제라는 규제로 인한 차익을 누리는 형태로 시장 진입이 이루어지고 있다고 볼 수 있으며, 대부분 아파트 단지의 계획단계에서 사업자 등이 결정되므로 소비자들이 전력공급자에 대한 선택권을 갖는 것으로 보기는 어렵다. 사실 가정용 전기료 누진제라는 차별가격 자체가 한국전력에 의한 전기 소매 공급의 독점체제가 아니면 유지 불가능한 가격체계이기도 하다.

요즈음 많은 소비자들로부터 선호되고 있는 지역난방의 경우도 어느 지역을 지역난방으로 할 것인지 여부의 결정에 소비자들의 참여는 매우 제한적이며, 지역단위의 결정이나 사업자의 선정은 산업자원부나 지방자치단체에서 이루어지는데 심사의 기준을 보면 소비자들에 대한 편익 제공이나 공급가격 등에 대한 제안은 평가요소에 들어 있지 않다. 그리고 지역난방이 도시가스를 사용한 난방보다 저렴하게 되는 이유도 기술적 혹은 경제적인 효율성보다는 가스 유통 관련 규제로 인한 면이 크다. 즉 일반 가정은 가스를 소매가격으로 도시가스회사에서 공급받는데 비해 지역난방회사는 소매가격보다 20% 가량 저렴한 가격으로 가스공사에서 직접 공급받을 수 있도록 하고 있다. 그리고 지역난방사업자와 도시가스업자 간의 갈등을 해결하기 위해 난방전용 가스는 지역난방사업자도 도시가스업자로부터 공급받도록 하는 등 에너지정책 결정이 소비자 편익 증진의 관점보다는 사업자 간 이해의 타협으로 이루어진 경우가 많다.

가스 배관망의 독점이 꼭 필요한 것인지 혹은 배관망 사업과 가스 공급을 꼭 동일 사업자가 할 필요가 있는지 등도 소비자의 관점에서 재검토할 필요가 있으며, 한국전력에 의한 송배전망이나 전력 소매의 독점, 그리고 가스 공사에 의한 가스 도매 공급의 독점도 모두 재검토할 필요가 있다.

(6) 방송산업정책과 소비자문제

통신과 방송의 융합과 새로운 방송 기술의 도입 및 방송 수단의 다양화 등으로 방송산업 환경이 변화되고 있지만 방송산업정책은 전파자원 및 네트워크의 희소성을 전제로 한 방송의 공익성·다양성 확보 내지 지역별 프렌차이즈를 근간으로 규제의 틀이 마련되어 있어 변화된 환경에서는 도리어 소비자의 이익을 침해하는 결과를 낳고 있다.

방송과 관련한 규제는 대부분 소비자문제와 관련을 갖고 있고 그 종류나 내용이 매우 많고 다양하다. 광고시간, 중간광고, 간접광고 규제 및 광고 사전심의제, 방송광고공사에 의한 방송광고 창구 규제 등 영업과 관련한 규제, 프로그램 편성이나 지상파 재전송 등 방송 내용과 관련한 규제, 그리고 IPTV나 방송국의 허가 추천 등 방송사업의 진입과 관련한 규제 등 이루 헤아리기 어렵다.

방송은 본래 브로드캐스팅이라는 말이 의미하듯이 많은 사람들에게 제한 없이 전송하는데 그 특징이 있으며 이로 인해 보통 수입원을 광고에서 찾게 된다. 과거처럼 경쟁이 제한된 상황에서는 방송사업자들이 프로그램 질의 개선보다는 광고수입의 증대에만 관심을 가질 수도 있을 것이나 오늘날에는 방송도 경쟁이 격화되고 있으며 광고수입을 늘리기 위해서는 시청률을 높여야 하고 이를 위해서는 프로그램의 질을 높이는 데 노력을 기울이지 않을 수 없다. 많은 소비자들은 광고를 많이 하는 것은 시청자들을 괴롭히게 되고 따라서 광고를 규제하는 것이 소비자를 위한 것으로 생각하기 쉽다. 그리고 경쟁이 제한된 경우 그러한 생각은 상당한 정도로 옳을 수 있다. 하지만 방송사업자 간 경쟁이 충분히 이루어지고 있다면 프로그램의 시청을 불편하게 할 정도의 광고로 괴롭히는 경우 소비자들은 그러한 프로그램의 시청을 외면할 것이고 결국은 광고의 수입이 저하되어 방송사업자들도 손해를 보게 될 것이다. 한편으로 광고 수입은 프로그램의 제작에 사용될 것이므로 방송사업자들은 광고의 수입을 이용한 프로그램의 질 향상과 광고량의 증가로 인한 시청자의 불편을 형량하여 광고량을 결정할 것이므로 결국 시장에 맡기는 것이 소비자에게도 가장 적정한 광고량이 될 수 있다는 것이다.

간접광고와 관련한 문제도 동일한 차원에서 분석할 수 있는 것이지만 조금 다른 점은 적어도 소비자에게 그것이 광고인지 여부를 정확하게 알릴 의무를 부과할 필요가 있다는 점이다.

다음으로 지상파의 경우 다양성의 확보라는 차원에서 방송프로그램의 내용별로 그 편성비율을 엄격하게 규제하고 있다. 물론 지상파라는 자원은 방송통신기술이 발달한 오늘날에도 전파가 갖는 기술적 특성이 방송에 매우 적합하고 시청자들이 지상파 수신을 위해 투자한 금액이 엄청난 관계로 다른 전파나 네트워크 자원에 비해 방송사업에 매우 유리한 점은 인정된다. 하지만 이미 다양한 채널들이 케이블이나 위성을 통해 공급되고 있으므로 특별히 지상파에 대해 프로그램 편성 규제를 하지 않더라도 문화적 다양성은 확보될 것이다. 그리고 케이블의 경우 종합편성프로그램을 공급하는 채널을 불허하고 있는 것과는 상충된다고 볼 수도 있다.

케이블이나 위성의 경우 각 채널의 프로그램 공급 사업은 비교적 진입도 자유로운 편이지만 이미 언급한 것처럼 종합편성프로그램 채널을 불허하고 있고 뉴스전문채널의 공급도 제한되고 있다. 그리고 전체 케이블이나 위성의 채널 편성은 규제되고 있으며 홈쇼핑 전문채널도 허가대상이다. 케이블이나 위성의 채널 편성을 규제하는 현실에서 홈쇼핑의 채널이 전체 채널에서 차지하는 비율만을 규제하고 누가 홈쇼핑 사업을 하는 것이 좋을지는 시장에 맡기는 것이 옳다 그렇게 되면 결국은 소비자들에게 가장 환영받는 홈쇼핑 사업자가 가장 여러 지역의 케이블채널을 점유하게 될 것이다.

한편 지상파 프로그램에 대한 시청자의 선호도가 높은 관계로 위성이든 케이블이든 혹은 DMB 방송이든 간에 지상파 프로그램을 재전송하게 되는데 위성과 같이 지역개념이 없는 매체의 각 지역별로 해당 지역의 지상파를 재전송하도록 규제하는 것은 부적절하다. 다만 프로그램의 저작권 문제가 있다면 그 문제는 방송사업자 간에 저작권의 문제로 자율적으로 해결하도록 하는 것이 바람직할 것이다. 그리고 최근에는 IPTV의 허용과 관련하여 케이블사업자와 경합한다는 이유로 허가를 꺼리는 측면도 있는데, 이러한 점은 방송산업정책이 시청자의 이익이 아니라 방송사업자의 기득권을 보호에 연연하고 있다는 비난을 면하기 어려울 것이다.

방송산업이 이렇듯 시청자들을 위한다는 명목으로 시청자들의 선택을 제한하는 규제의 늪에 빠진 데는 사실 소비자단체나 소비자문제 전문가들의 책임도 크다. 방송의 공익성이나 다양성 확보 등을 빌미로 규제를 유지・확대해 온 방송정책 당국에 대해 상당한 정도로 동조하면서 힘을 실어 주는 데 소비자단체나 소비자문제 전문가들도 상당한 역할을 했음을 부인하기 어렵기 때문이다.

제4절 산업정책과 소비자정책의 조화 가능성

이미 언급한 바와 같이 규범적인 수준에서는 산업정책과 소비자정책의 목표는 서로 충돌하기보다는 수렴하게 된다. 물론 산업정책이나 소비자정책의 담당자와 그 수혜집단이 서로 다르므로 현실적으로 때로는 서로 갈등관계에 놓이는 경우도 적지 않다. 하지만 산업정책도 그 궁극적인 목표는 공급능력을 확대하여 소비자의 후생을 제고하는 것이기 때문에 이론적으로만 본다면 산업정책의 담당자와 소비자정책의 담당자가 갖는 정책의 결과에 대한 기대가 크게 다르지 않다면 실제로 갈등은 최소화될 수 있다.

도리어 산업정책의 수립・집행 과정에서 부딪히는 어려운 문제들은 소비자문제보다는 해당 산업정책에 의해 영향을 받는 업역 간 갈등의 문제인 경우가 많다. 특히 그동안의 한국의 산업정책은 업종별로 서로 다른 주무부서와 별도 법령에 의해 차별적인 지원과 규제를 시행해 왔기 때문에 산업정책의 변경은 해당 업종의 종사자들은 물론 주관 부서의 관리자들의 이해관계에도 커다란 영향을 미쳐 왔다.

이 때문에 산업정책 관련 규제의 개혁은 비록 그 결과가 국민경제에 이익이 되는 경우라 할지라도 특정 업계에는 회복할 수 없는 피해를 줄 수 있으며 이로 인해 관련 업계의 이해의 대립으로 매우 해결하기 어려운 과제로 되는 경우가 많다. 특히 각 업역의 사업자들의 이해관계는 소비자와 달리 개별 사업자 수준에서도 사업활동에 직접적이고 심대한 영향을 미치기 때문에 그 갈등은 매우 심각한 양상을 띠게 된다. 이로 인해 장기간 제도의 개선이 어려워지고 기득권을 보장하는 수준에서 타협하는 결과에 그치게 되는 경우가 많다.

실제로 다수의 산업정책이 표면적으로는 산업의 경쟁력 향상이라는 목적을 표방하지만 대개는 업역 간의 이해관계의 조정의 성격을 갖게 되며, 시장 환경이 변화하는 경우에도 제도의 변경이 매우 어렵게 된다. 특히 산업정책은 시장 환경이나 기술의 변화에 대응하여 지속적으로 변화하지 않으면 도리어 시장의 실패를 확대하거나 경제 발전의 장애물로 전락할 수도 있다. 하지만 이미 언급한 바와 같이 산업정책의 형성과정에서 이와 관련된 여러 이익집단들이 형성되고 시장환경의 변화에도 불구하고 기득권을 유지하려는 이익집단들의 요구는 계속되기 마련이다. 예컨대 유치산업이나 수입대체산업의 육성을 위해 취해진 수입제한조치나 관세부과조치는 해당산업이 국제경쟁력을 갖게 된 순간에도 폐지하기 쉽지 않으며, 자원이나 기술이 부족한 상태에서 규모의 경제를 확보하기 위해 취해진 진입제한조치가 경제의 발전으로 경쟁의 확보가 가능한 시기에도 계속 유지되는 일들이 빈번하다. 이러한 시장환경의 변화에 대한 산업정책의 대응 실패의 문제를 해결하는 하나의 방법이 소비자의 압력을 통해 사업자의 이해관계를 갈등의 문제를 완화해 가는 것이다.

그러한 측면에서 산업정책의 담당자와 소비자정책의 담당자가 서로 협력할 필요성은 매우 크다 하겠다. 하지만 아쉽게도 때로는 산업정책의 담당자들 자신이 업계 이익의 대변자가 되어 산업정책의 변화에 저항하는 경우도 존재한다. 이러한 상황 아래서 산업정책 담당자와 소비자정책 담당자의 갈등은 쉽게 해소되지 않는다.

그러나 산업정책의 변화 과정에서의 갈등이 주로 관련 업계의 이해관계의 대립의 문제라면 소비자정책이나 소비자문제 담당자들의 역할은 매우 중요할 수 있다. 산업정책도 궁극적 목표가 산업의 경쟁력 확보를 통한 국민경제의 후생 증대에 있는 것이라면 그 최종적 수혜자인 소비자 집단으로 하여금 산업정책의 판단자가 되도록 함으로써 산업 내지 업역 간의 갈등을 조정하는 것은 매우 유효한 방법이 될 수 있다. 어떤 기업도 수요자를 무시하고 자기의 이익을 실현할 수는 없기 때문이다.

그리고 산업정책과 소비자정책의 조화 내지 산업정책의 합리적 변화를 위한 소비자 그룹의 역할을 제대로 해내기 위해서는 소비자정책이나 소비자문제 담당자들이 산업과 시장에 대한 이해를 제고할 필요가 있으며 이러한 점은 한국의 소비자운동 그룹이 다시 한번 깊이 생각해 보아야 할 과제다.

참 ■ 고 ■ 문 ■ 헌

민경휘(1996), 『세계화시대의 산업정책』, 산업연구원.

제17장

금융정책과 소비자

▌전 성 인▐
홍익대학교 경제학과 교수

제1절 문제의 제기

금융소비자는 다른 산업에서의 소비자와는 완연하게 다른 상황에 처해 있다. 따라서 금융소비자에 대한 보호는 일반 소비자에 대한 보호 외에 추가적인 측면을 요구한다.

먼저 금융산업은 본질적으로 경쟁이 제한되어 있다.[1] 초과이윤이 존재한다고 누구나 금융산업에 진입할 수 있는 것은 아니기 때문이다. 정도의 차이는 존재할지언정 모든 제도권 금융기관은 어떤 형태로든 감독당국으로부터 인가, 허가, 승인, 등록 등의 형식적 절차를 밟아야 하고 이 과정은 거의 언제나 실질적인 심사를 수반한다.

진입이 제한된 산업은 기본적으로 경쟁제한적이다. 따라서 금융시장에서의 가격은 별도의 노력이 부가되지 않는 한 경쟁균형에서 성립할 가격이 아니라 과점 시장에서의 가격 수준으로 결정될 가능성이 크다. 이 경우 금융소비자의 후생은 저해되고 따라서 별도의 규제 감독에 의해 보호될 필요가 발생한다.[2]

경쟁제한성 이외에 금융산업의 또 다른 특징은 정보의 불완전성이다. 금융시장에는 누구도 정확히 예측하지 못하는 충격이 일상적으로 도래하고 그것이 끊임없이 시장의 성과

1) 금융산업에서 진입장벽을 폐지하고 진입을 자유화할 때의 문제에 관해서는 Freixas and Rochet (1997: 68-70) 참조.

2) 통상 금융규제의 논거로는 시장지배력(market power), 외부성(externalities), 정보의 비대칭성(asymmetric information)을 든다. Freixas and Rochet(1997: 257) 참조.

에 영향을 미친다.

뿐만 아니라 금융서비스의 공급자와 수요자 간에 정보의 비대칭성도 심각하다. 사적 정보(private information)를 가지고 있는 주체는 공급자가 될 수도 있고 수요자가 될 수도 있다. 예를 들어 대출거래를 생각해 보면 자금의 공급자인 금융기관은 자금의 수요자인 차입자의 신용도나 향후 투자사업 방향에 대해 당사자만큼 잘 알지 못한다. 즉 이 경우에는 수요자가 사적 정보를 가지고 있다. 그러나 복잡한 파생금융상품을 거래하는 경우에는 사정이 완전히 달라진다. 이때에는 금융기관이 보다 완전한 정보를 가지고 있고 일반 투자자는 상품의 속성에 대해 거의 전적으로 금융기관 직원의 설명에 의존할 수밖에 없다. 즉 이 경우에는 공급자가 사적 정보를 가지고 있는 것이다.

정보의 비대칭성이 존재하는 경우 정보가 상대적으로 부족한 사람은 정보가 우월한 사람의 기회주의적인 행동을 예상하고 이를 방지하기 위해 매우 소극적인 선택을 하게 된다. 그리고 그 결과 일반적으로 경제거래는 위축된다. 이를 방지하기 위해서는 필요한 정보를 수집, 유통하거나, 진실을 말할 의무를 부과하거나 적당한 보증을 첨부해야 한다.

이런 모든 상황은 물론 다른 산업에서도 부분적으로 발생한다. 그러나 금융산업의 특징은 이런 상황의 발생이 예외적이라기보다는 본질적이라는 데 있다. 바로 여기서 금융소비자에 대한 보호 필요성이 대두된다.

본 연구의 구성은 다음과 같다. 먼저 제2절에서는 금융소비자 보호의 여러 측면을 간단히 개관하여 제3절의 본격적인 논의의 기초를 다지고, 제3절에서는 보다 상세하게 금융소비자 보호와 관련된 여러 측면의 논의를 예금보험, 금융투자자 보호, 사생활 보호, 금융소비자 보호, 기타 제도개선 과제 등으로 구분하여 살펴보기로 한다. 마지막으로 제4절에서는 이제까지의 논의를 요약한다.

제2절 금융소비자 보호의 제 측면

금융소비자가 아마도 가장 처음에 접하는 금융거래는 은행거래일 것이다. 대부분의 사람들은 초등학교 시절부터 은행에 보통예금 계좌를 개설하고 용돈을 저축하는 것으로 금융거래의 첫발을 내딛게 된다. 은행은 이들에게 높은 금리를 약속해 주지는 않지만 수시 입출금과 송금의 편리성을 제공하고 무엇보다도 원본의 지급을 약속하는 원본보장 의무를 부담한다. 따라서 이 의무를 사회적으로 잘 관리하는 것이 금융소비자 보호의 가장 기본이다. 이에 대한 관리는 예금보험제도가 담당하고 있다.

은행 거래 다음으로 영위하는 거래에 대해서는 점점 공통점이 없어진다. 아마도 대부분의 소비자들은 은행과 대출거래를 시작하는 것으로 다음 금융거래를 영위하게 될 것 같다. 그러나 혹자는 목돈을 마련하여 주식이나 채권, 펀드 및 기타 파생상품에 투자하는 보다 본격적인 금융투자자로 활동하게 될지도 모른다. 이 두 가지 거래에 모두 금융소비자 보호의 논점이 존재한다.

먼저 금융투자의 경우부터 생각해 보자. 여기서 가장 중요한 것은 비대칭 정보의 문제다. 거의 언제나 주식이나 채권의 공급자는 이를 수요하는 금융수요자보다 발행회사의 상황에 대해 더 많은 지식을 가지고 있다. 펀드와 같은 간접투자의 경우에도 상황은 비슷하다. 펀드 매니저의 능력이나 펀드의 운용방향, 허용되는 위험수준 등에 대해 공급자는 수요자와는 비교가 되지 않을 정도의 정보를 가지고 있다. 이 경우 중요한 것은 공급자가 보유한 사적 정보를 가능한 한 적극적으로 수요자에게 전달되도록 하는 것이다. 여기에는 기본적으로 두 가지 방식이 있다. 하나는 주요 내용에 대해 불특정 다수에게 알리는 것(공시: disclosure)이고 다른 하나는 주요 내용에 대해 당해 거래 상대방에게 알리는 것(설명: explanation)이다.

다음으로 대출거래를 생각해 보자. 이 상황에는 전술한 정보의 비대칭성이 반대 방향으로 나타나게 된다. 차입자는 사적 정보를 가지고 있으나 금융기관은 별다른 정보가 없는 것이다. 따라서 금융기관은 다양한 방책을 동원한다. 담보를 요구하기도 하고 보증인을 요구하기도 한다. 때로는 위험을 반영하여 금리를 매우 높이기도 하고 때로는 고금리가 오히려 안전한 투자자를 내쫓고 위험한 투자자를 불러들인다는 점을 깨닫고 저금리하에서 대출을 할당하기도 한다.

이런 다양한 방책 중에서 금융소비자 보호와 관련하여 가장 중요한 부분은 개인신용정보의 수집 및 관리체계다. 금융기관은 사적 정보를 얻기 위해 거래의 개설시점부터 정보를 수집한다. 뿐만 아니라 여러 금융기관들은 여건이 적절하게 충족될 경우에는 스스로가 보유한 개인신용정보를 서로 공유할 유인도 가지게 된다. 문제는 이런 개인신용정보의 공유가 사생활의 침해 가능성과 직결된다는 점이다. 따라서 사회는 사생활의 보호와 금융기관의 정보판단 능력 확대라는 두 가지의 목표 속에서 적절한 타협을 찾을 수밖에 없다.

대출 거래는 한 번의 거래로 종결되지 않는다. 일단 대출이 개시되고 나면 미리 약정한 기일 또는 만기일에 약정된 금액 또는 원리금을 상환해야 한다. 투자사업이 성과가 좋아서 약정 금액의 상환에 아무런 문제가 없다면 그것으로 대출 거래는 종결된다. 그러나 부득이하게 성과가 좋지 않아서 약정 금액을 상환할 수 없게 된 때에는 상당히 복잡한 문제가 발생하게 된다. 채권을 변제받지 못한 채권자들은 빚 독촉을 하게 되고 이런 독촉에 시달리는 채무자는 더욱더 고리의 사채를 끌어다 쓰거나 때로는 법원의 개인파산 또는 개인회생 절차를 신청하게 된다. 그런데 이 과정은 금융거래의 거의 밑바닥에 해당하는 부분으로 자칫하면 인간성을 황폐화하는 부작용이 발생하기 십상이고, 경우에 따라서는 멀쩡한 경제활동인구를 경제활동의 테두리 밖으로 축출하기도 한다. 따라서 바로 여기에도 금융소비자 보호의 문제가 심각하게 대두된다.

그 밖에도 금융소비자의 문제는 여러 차원에서 발생할 수 있다. 금융산업의 본질적 특성중의 하나인 경쟁의 부족에서 연유하는 불공정 거래행위도 있을 수 있고 공급자의 불법행위를 보다 낮은 거래비용으로 추궁하기 위한 사법적 장치도 정비할 필요가 있다. 다음 절에서는 이런 문제에 관해 조금 더 상세하게 살펴보기로 한다.

제3절 분야별 금융소비자 보호제도와 문제점

1. 예금자 보호제도

(1) 예금자 보호제도의 출범

우리나라의 공식적인 예금자 보호제도는 은행권보다는 비은행권에서 먼저 시작되었다.[3] 1983년 5월에 영업을 개시한 신용관리기금이 그것이다. 신용관리기금법을 설립 근거법으로 한 신용관리기금은 상호신용금고(현재의 상호저축은행)에 대한 예금보험 기능을 제공하기 위해 탄생한 우리나라 최초의 공식적인 예금보험기구다.[4] 신용관리기금은 동업자 협회가 소속 금융기관에 대한 업무감독을 수행하는 과정에서 부수적으로 예금자에 대한 보호업무를 수임하게 된 것이 아니라, 당초 출범할 때부터 예금자 보호 업무를 주된 업무로 부여받았다는 점에서 매우 특기할 만하다.[5]

공식적인 의미에서 은행권에 대한 예금보험제도는 제2금융권에 대한 예금보험보다 훨씬 늦게 출범했다. 그러나 그 이유는 은행에 대해서는 예금자 보호가 불필요했기 때문이 아니라 암묵적으로 은행예금에 대해서는 정부가 사실상 100% 지급을 보장했기 때문이라고 보아야 한다.[6] 어떤 의미에서 1980년대까지 우리나라 은행은 민간기업이라기보다는 정부의 자원동원 및 배분체제의 한 축을 형성하는 사실상의 정부기구에 가까웠다. 따라서 명시적인 예금보험이 없는 경우에도 은행에 대해 고전적인 뱅크런이 발생한다거나 존립 여부를 의심할 정도의 중대한 신인도상의 위기감이 조성된 적은 없었다.[7]

그러나 1980년대 이후 관치금융의 영역이 축소되고 금융자율화가 커다란 추세로 정착되면서 금융감독의 구조를 현대화하려는 움직임이 가시화되었다. 특히 자율화된 금융환경에서 금융기관의 도덕적 해이를 통제하고 금융기관 부실 시 예금자를 적절하게 보호해야 할 필요성이 강조되면서 은행에 대해서도 신용관리기금과 유사한 명시적인 예금자 보

3) 예금보험제도와 예금자보호법에 관한 가장 좋은 개설서들은 예금보험공사의 간행물들이다. 예를 들어 예금보험공사(2004)는 매우 상세한 예금자보호법에 관한 개설서이다.

4) 신용관리기금은 상호신용금고 이외에 투자금융회사(소위 단자회사), 종합금융회사 등의 수신 부문에 대해서도 예금보험을 제공했다. 바로 이런 이유 때문에 신용관리기금은 1997년의 외환위기 와중에서 수많은 종합금융회사가 부실화되었을 때 예금자를 보호하는 역사적인 기능을 담당하기도 했다.

5) 예를 들어 상호신용금고와 유사한 기능을 수행하는 금융기관인 새마을금고나 신용협동조합의 경우 해당 설립근거법상의 동업자 협회인 새마을금고연합회나 신협중앙회가 예금보험 업무를 추가적으로 담당했다.

6) 이와 유사하게 우체국 예금에 대해서는 현행 예금자 보호기구인 예금보험공사의 예금보험이 제공되지 않지만 정보통신부가 전액을 지급보장하고 있다.

7) 이에 비해 상호신용금고는 명시적인 예금보험기구인 신용관리기금이 존재하는 상황에서도 수많은 고전적 뱅크런을 경험했다. 그 이유는 상호신용금고의 경우 실제로 경영상의 위기가 발생하면 당해 금융기관 자체가 정리되기도 했기 때문이다. 이에 비해 은행은 설사 일부 경영상의 어려움을 겪는다고 해도 정부가 절대로 은행을 망하게 하지 않을 것이었기 때문에 뱅크런은 발생하지 않았다.

호기구를 설립해야 한다는 주장이 빈번하게 제기되었다. 이에 1995년 12월 29일 예금자보호법이 제정되고 1996년 6월 1일 예금보험공사가 설립되고 1997년 1월 1일부터 예금보험 업무를 개시하였다.[8)]

(2) 우리나라의 예금보험제도 개관

예금보험공사는 외환위기를 거치면서 단순히 은행만을 그 대상으로 하지 않고 실적 배당상품을 취급하는 투자신탁을 제외한 사실상의 모든 금융권으로 그 보호막을 확장하였다.[9)] 2007년 말 현재 예금보험공사는 은행의 요구불 및 저축성 예금, 상호저축은행의 수신상품, 증권회사의 고객예탁금, 종합금융회사의 (원본보장형) CMA 등 매우 다양한 금융상품을 보호하고 있다. 이들 상품은 모두 원본의 지급을 금융기관이 보장한다는 공통점을 가지고 있다. 예금보험공사는 금융기관이 금융소비자에 대해 원본보장 약속을 지키지 못하는 경우 금융기관을 대신해 고객에게 일정한 한도 이내(현재 5,000만 원)에서 원본을 지급한다.[10)]

예금보험제도는 금융기관 차원에서는 손실이 발생했음에도 불구하고 금융기관의 고객인 예금자에게는 그 손실을 부담시키지 않는다는 점에서 대표적인 예금자 보호제도라고 할 수 있다. 그러나 이런 구조는 당연히 추가적인 재원을 필요로 한다. 누군가는 금융기관의 손실을 떠안아야 하기 때문이다. 물론 출자범위 내에서는 당해 금융기관의 주주가 책임을 지고, 이사의 불법행위나 임무해태에 의해 손실이 발생한 경우에는 이사가 손해

8) 수많은 금융기관이 문을 닫았던 위환위기 직전에 예금보험공사나 신용관리기금과 같은 예금자 보호기구가 존재하고 있었다는 점은 크나큰 다행이 아닐 수 없었다. 만일 이때 은행권에 예금자 보호기구가 존재하지 않았더라면 금융구조 조정의 비용은 매우 클 수밖에 없었고 제대로 된 금융구조 조정이 시행되지 못했을 가능성이 크다.

9) 이는 금융감독기구를 금융감독위원회로 통합하는 감독기구 개편의 큰 흐름을 반영한 것이기도 하지만 외환위기의 와중에서 금융소비자의 심리적인 불안을 일거에 해소하기 위한 고육지책의 성격도 띄고 있다. 이 때문에 현재의 보호범위가 적정한 것인가에 대해서는 여러 가지 논란이 있을 수 있다.

10) 예금보험공사가 금융기관을 대신해 예금자에게 원본을 직접 지급하는 것을 예금대지급이라 한다. 그러나 이런 방법은 대부분의 경우 예금보험공사의 재원을 불필요하게 낭비하기 쉽다. 따라서 현실에서는 예금보험기관이 가교 금융기관(bridge bank)을 만들어 부실 금융기관을 인수케 한 후 추후에 이를 다른 금융기관에게 계약이전 시키는 방법을 자주 사용한다.

배상 책임을 진다. 그러나 이런 책임추궁으로도 손실이 보전되지 않을 경우에는 다른 금융기관이나 국가가 남은 부분을 책임질 수밖에 없다. 예금보험공사는 이런 가능성에 대비하기 위해 사전에 금융기관으로부터 보험료를 징수하여 기금을 적립해 두는 한편 기금만으로도 모자랄 경우에 대비해 국가로부터 차입도 할 수 있도록 되어 있다.[11]

예금보험공사의 예금자 보호 업무를 규율하는 법은 크게 예금자보호법과 금융산업의 구조개선에 관한 법(소위 금산법)으로 대별할 수 있다. 이 중 예금자보호법은 예금보험공사의 설립근거법이기도 하다. 예금자보호법은 예금보험의 보호를 받는 금융기관(부보 금융기관; insured (depository) institution)의 범위와 각 금융기관별로 보호를 받는 금융상품(보호예금, insured deposit)과 보호한도를 규정하고 있다. 예금자보호법은 또한 금융기관이 고객의 인출요구에 응할 수 없는 경우를 보험사고로 규정하고 이 경우 예금대지급 등 예금자를 보호하기 위한 절차와 내용을 규정하고 있다.[12]

(3) 금산법상의 적기시정조치

예금자보호법은 예금자를 보호하는 가장 기본적인 법률이다. 그러나 예금보험공사의 권한과 관련한 중요한 부분은 예금자보호법이 아닌 금산법에 규정되어 있다. 이중 핵심은 적기시정조치(prompt corrective action)다. 원래 적기시정조치는 공적 자금의 투입을 최소화하기 위한 최소비용의 원칙(least cost principle)을 구현하기 위해 미국에서 1980년대에 도입된 제도다.[13] 적기시정조치의 당초 취지는 다음과 같다. 금융감독기구는 금융기관이 부실화할수록 자신의 감독실수가 기정사실화될 것을 우려하여 손실을 조기에 도려내는 교정 정책을 사용하는 대신 손실을 은폐하여 궁극적으로 손실의 규모를 더 증가시키는 잘못을 범하기 쉽다.[14] 적기시정조치는 이런 가능성을 방지하기 위해 '조기에'

11) 1998년 외환위기를 처리하는 과정에서는 기존 적립금으로 손실을 보전하는 것이 턱없이 부족했기 때문에 두 차례에 걸쳐 공적 자금을 조정하여 국민의 부담으로 예금자를 보호해 주었다.

12) 예금보험제도의 향후 과제와 관련한 가장 최근의 본격적인 연구는 윤석헌 외(2007)이다. 이 연구는 특히 목표기금제와 차등요율제의 도입방안을 다루고 있다.

13) 이 제도는 미국의 연방예금보험공사를 개혁하기 위한 FDICIA(Federal Deposit Insurance Corporation Improvement Act)의 가장 중요한 부분이었다.

14) 이를 규제유예(regulatory forbearance)라고 한다.

'의무적으로' 감독기구가 교정조치를 취하도록 하고, 만일 감독기구가 나서지 않는 경우에는 예금보험공사가 '독자적으로' 나서도록 강제하는 조치다.[15)]

적기시정조치는 금융소비자를 보호하는 직접적인 장치는 아니다. 그러나 적기시정조치는 예금보험제도의 실효성을 높이고 감독당국의 도덕적 해이를 방지함으로써 간접적으로 금융소비자의 후생증대와 공적 자금 투입가능성 최소화에 기여할 수 있다.

우리나라의 적기시정조치는 금산법의 전신인 금융기관의 합병 및 전환에 관한 법률(소위 합전법)에 매우 원시적인 형태로 규정되어 있다가 외환위기 이후 합전법이 금산법으로 전부 개정된 이후 수차례의 개정을 통해 정비되었다. 그러나 아직도 적기시정조치의 목적이 공적자금 투입비용의 최소화로 명기되어 있지 않고, 발동주체도 시종일관 금융감독당국으로 되어 있는 등 개선의 필요성이 남아 있다.[16)]

2. 금융투자자 보호제도

금융소비자는 은행과 같은 원금보장형 금융기관과 거래하는 데 그치지 않고 직접 주식시장에서 개별 회사의 주식을 매입하거나 펀드와 같은 간접투자상품에 투자하기도 한다.[17)] 이들 소비자를 통상 주식시장 참가자 혹은 증권투자자라고 부르기도 한다. 그런데 자본시장통합법에서는 금융투자상품과 금융투자업이라는 개념으로 광의의 증권시장을 통할하고 있으므로 본 연구에서도 이하에서는 자본시장에서 금융상품 혹은 금융서비스를 구매하는 소비자를 금융투자자라고 지칭하기로 한다. 금융투자자에 대한 법적인 보호는 현재 다양한 증권시장 관련법에 산재되어 있다. 그러나 2009년에 자본시장통합법이 시행될 경우 이들 현존하는 법규범은 대부분 자본시장통합법에 압축수용될 것이므로 이하에

15) 미국의 적기시정조치에 대한 이해와 우리나라 적기시정조치의 문제점에 대해서는 졸고(2001) 참조.

16) 이에 비해 미국의 경우 발동 목적은 공적 자금 투입비용의 최소화이고 발동 주체도 부실의 초기 단계에서는 해당 금융기관의 감독기구이지만 부실이 심화될 경우 오직 예금보험기구만이 적기시정조치의 발동의무를 부담하도록 되어 있다.

17) 펀드 상품은 과거에는 투자신탁의 형태를 띠었기 때문에 투신상품이라고 약칭하여 불렸으나 간접투자자산운용업법 제정 이후에는 간접투자상품으로 불리고 있다. 앞으로 자본시장통합법이 시행될 경우에는 이를 집합투자상품으로 부르게 될 것이다. 본고에서는 자본시장통합법의 내용을 설명할 것이므로 이하에서는 집합투자상품이라는 용어를 사용하기로 한다.

서는 자본시장통합법에 규정된 금융투자자 보호제도를 개관하고 문제점과 개선방향을 모색해 보기로 한다.[18)]

(1) 금융투자회사의 책임과 의무

자본시장통합법은 금융투자자를 보호하기 위해 금융투자회사(과거의 용어에 따른 증권회사 또는 투자신탁회사 등)에 고객보호 의무를 부담시키고 있다. 금융투자회사의 기본적인 의무는 신의성실의무이고, 그 외에 이해상충의 방지 의무와 설명의무가 추가되어 있다. 구체적으로 법 제37조에 "금융투자업자는 신의성실의 원칙하에 공정하게 금융투자업을 영위"할 의무가 규정되어 있고, 법 제44조에 "금융투자업자와 투자자간, 특정 투자자와 다른 투자자간 등의 이해상충을 방지"할 의무가 규정되어 있고, 법 제47조에 "일반투자자를 상대로 투자권유를 하는 경우에는 금융투자상품의 내용, 투자에 따르는 위험" 등을 "일반투자자가 이해할 수 있도록 설명"해야 할 의무가 규정되어 있다.[19)]

한편 집합투자업자는 이보다 조금 더 강한 선관주의 의무(또는 충실의무)가 요구된다. 구체적으로 법 제79조에 "집합투자업자는 선량한 관리자의 주의"로써 집합투자재산을 관리하고, 투자자의 이익 보호를 위해 업무를 "충실하게 수행"해야 할 의무가 있고,[20)] 법 제102조에서는 신탁업자에 대해서 신탁재산의 운용과 투자자 이익보호에 있어 제79조와 동일하게 선관주의 의무(또는 충실의무)를 요구하고 있다.

그런데 집합투자업자와 신탁업자의 의무를 규율하는 위의 두 규정은 모두 제1항에서는 집합투자재산(신탁재산)의 운용과 관련해서는 선관주의 의무를 규정하고 있고, 제2항에서는 투자자 혹은 수익자의 이익보호를 위해 충실의무를 부과하고 있는 것으로 보인다.

18) 이하에서는 졸고(2007b)를 많이 참조하였다.

19) 자본시장통합법에서 새롭게 조명된 의무는 설명의무다. 여기서의 설명의무는 공급자인 금융투자회사가 고객인 금융투자자에게 단순히 상품의 속성을 일정한 틀에 맞추어 설명하는 것에 그치지 않고 "일반투자자가 이해할 수 있도록 설명하는 것을 의미한다. 따라서 눈도 어둡고 귀도 잘 안 들리는 할아버지에게 설명하는 방식과 30대의 대졸자 회사원에게 설명하는 방식은 달라야 한다. 한편 이런 추가적인 보호는 일반투자자에게 적용되고 전문투자자의 경우에는 적용되지 않는다. 왜냐하면 전문투자자의 경우 공급자와 소비자 간의 힘의 균형은 서로 대등하다고 전제하기 때문이다.

20) 이사의 충실의무를 규정한 상법 제382조의3조에 의하면 이사는 법령과 정관의 규정에 따라 회사를 위하여 그 "직무를 충실하게 수행"해야 한다.

그러나 재산의 운용과 고객보호를 구분하여 이처럼 의무의 본질을 변경해야 할 구체적 논거가 있다고 보기는 어렵고, 과연 이 같은 문언의 차이가 의무의 본질적 차이를 규정하는 지도 불분명하다. 따라서 이 부분은 앞으로 그 의미를 분명히 하고 의무의 내용도 보다 명쾌하게 규정하는 방식으로 개정될 필요가 있다.

한편 이러한 의무위반에 대한 가장 전형적인 강제는 손해배상 책임이다. 예를 들어 법 제64조 제1항에 "금융투자업자는 법령 등에 위배되는 행위를 하거나 그 업무를 소홀히 하여 투자자에게 손해를 발생시킨 때에는 그 손해를 배상할 책임"이 규정되어 있고 동조 제2항의 규정에 의해 관련된 이사 또는 감사도 연대책임을 지게 되어 있다.

(2) 신의성실 의무, 선관주의 의무, 충실의무의 구분 적용

자본시장통합법상 금융투자업자에 대해 과연 신의성실 의무, 선관주의 의무 등의 의무 부과로 충분한지, 그리고 의무위반에 대해 손해배상 책임으로 다스리는 것이 적절한 지에 대해서는 논란의 소지가 있다. 신의성실 의무보다 강한 선관주의 의무는 통상 duty of care를 번역한 용어로 이해되는데, 이 의무에는 경영판단의 원칙(business judgment rule)이라는 항변이 성립하고, 그 제재수단은 손해배상(damages) 책임이다.

그러나 신탁이나 사실상의 신탁인 집합투자의 경우 선관주의 의무와는 구별되는 충실의무(또는 신인의무, fiduciary duty)를 적용해야 한다는 견해도 있다.[21] 충실의무는 대략 선관주의 의무(duty of care)에 충성의무(duty of loyalty)를 추가한 것으로 구성된다고 해석할 수 있는데, 이 중 충성의무(duty of loyalty)에 대해서는 경영판단의 원칙이라는 항변이 존재하지 않고 그 제재 수단에는 원칙적으로 부당이익의 반환(disgorgement)이 추가된다.

선관주의 의무와 충실의무를 구분하는 핵심 내용은 이해상충(conflict of interest)이다.

21) 이에 대해 부담 의무의 명목상 구분은 중요하지 않고, 그보다는 의무 위반 시 어떤 교정 장치가 허용되어 있는가가 중요하며 신탁업의 경우 명목상의 의무는 선관주의 의무로 보이지만 여러 가지 별도의 교정 장치가 추가로 규정되어 있으므로 이를 적극적으로 해석함으로써 사실상 충실의무의 효과를 거둘 수 있다고 볼 수도 있다. 그러나 우리나라 상법에 이미 불충분하지만 충실의무가 규정되어 있고, 상법개정안에도 충실의무의 내용을 보다 유효하게 하는 조항이 추가되어 있으므로 충실의무를 명시하는 것이 더욱 간편한 방법이다.

선관주의 의무에 전제되는 이해상충의 가능성은 존재하기는 하지만 크지 않다. 그런데 이해상충의 가능성이 클 때에는 충성의무를 추가한 충실의무를 부과하는 것이 통상의 경우이다.[22] 관습법을 따르는 영미의 경우 두 가지 의무는 구체적 사례에 대한 판단에서 자동적으로 연유하지만, 성문법 체계로 구성된 우리나라의 경우에는 두 가지 의무를 구분하여 규정하는 것이 보다 안전한 방법이다. 특히 우리 상법은 충실의무의 내용을 불충분하게 규정하고 있고 최근 입법 예고된 상법개정안에도 이런 내용이 교정되지 않아 개별법에서 그 의무를 규정하는 것에 더하여 의무의 내용을 정확하게 규정할 필요가 있다.

(3) 이해상충 가능성의 통제와 방화벽 설치

금융투자산업에서 이해상충의 가능성은 금융투자회사와 고객 간, 금융투자회사의 각 업무영역 간, 금융투자회사와 감독기구 간에 모두 존재한다. 예를 들어 금융투자회사(및 그 임직원)은 판매량 확대와 고객보호 사이에서 이해상충 관계에 직면할 수 있다.

이를 통제하기 위해 자본시장통합법 제44조는 회사와 투자자 그리고 투자자와 다른 투자자간의 이해상충을 관리해야 할 의무를 금융투자회사에 부담시키고 있다. 그러나 이해상충의 가능성에 직면한 금융투자업자가 부담하는 의무는 (집합투자업자나 신탁업자가 아닌 한) 기본적으로 법 제37조의 신의성실 의무이고, 교정수단 역시 일반적인 손해배상 책임이다. 즉 제44조는 이해상충 가능성에 직면한 금융투자업자에게 충실의무를 부과하는 것이 아니라, 의무의 내용은 신의성실 의무로 유지하되 다만 제44조의 세부내용을 구체적이고 개별적으로 추가하는 방식을 채택하고 있는 것이다.

한편 각 업무를 겸영하는 금융투자회사의 경우 업무영역 간 목표의 차이로 인해 이해상충이 발생할 수 있다. 이런 문제를 시정하는 고전적인 수단은 방화벽(Chinese wall)인데, 자본시장통합법은 제44조 및 제45조를 통해 일정한 수준의 방화벽 구축을 의무화하고 있다. 그러나 의무의 상향조정 없이 방화벽을 직접 규율하기보다는 의무를 엄격히 규정하고 그에 따라 그 의무를 이행하기 위해 불가피하게 자발적으로 방화벽을 구축(또는

22) 상법에서 통상 이사는 충실의무를 부담하는데, 그 이유는 이사가 그 직무를 수행함에 있어 회사와 이해상충의 관계에 직면할 수 있기 때문이다. 이해상충의 대표적인 사례로는 이사와 회사 간의 자기거래(self-dealing), 경업(rivalry), 회사기회 유용(usurpation of corporate opportunity)을 들 수 있다.

겸영 업무를 자발적으로 분리)하도록 하는 것이 보다 근본적인 해결책이다.

마지막으로 금융감독기구(및 그 임직원)는 금융투자회사를 감독함에 있어 원칙적으로 금융체제의 안정성 유지와 투자자보호 간의 상충관계를 경험할 수 있고, 개인적으로 퇴직후 유관기관 재취업과 투자자보호 간에 상충관계를 경험할 수 있다. 이런 이해상충을 시정하기 위한 원론적 방법은 위의 경우와 유사하다. 먼저 금융체제의 안정성 유지를 담당하는 부서/기구와 투자자보호 부서/기구를 분리하여 일종의 방화벽을 구축하고, 재직시 투자자보호 업무를 소홀히 한 경력이 있는 임직원의 유관기관 재취업을 사실상 영구히 금지하는 것이다.

(4) 평가 및 과제

자본시장통합법은 투자자보호를 위해 금융투자업자가 부담하는 의무를 보다 상세하게 규정한 점에서 진일보했으나 이 의무가 현실세계에 정착하도록 하기 위해서는 추가적 입법과 감독정책이 뒷받침되어야 한다. 먼저 이해상충이 발생할 가능성이 있는 경우, 이해상충 사실의 고지, 회피노력의 강도, 입증책임, 교정수단 등에 대한 법리개발이 필요하다. 또한 상법상 이사가 부담하는 충실의무의 내용에 대한 입법이 보강되어야 하고, 사법부가 증권분야의 이해상충과 관련하여 신의성실 의무에 더하여 충실의무를 사실상 준용하기 이전에는 자본시장통합법에 이해상충의 구체적 사례를 개별적으로 적시해야 한다. 마지막으로 감독기구는 형식적인 회피노력의 존재 유무만을 감독하는 대신 이해상충의 가능성이 실질적으로 제거/통제되고 있는가를 감독해야 한다.

3. 금융소비자의 사생활 보호

(1) 사생활 보호의 필요성

금융소비자는 금융거래 과정에서 사생활과 관련한 중요한 정보를 노출하게 된다. 이는 금융거래와 일반 매매거래를 구분 짓는 중요한 특징이기도 하다. 예를 들어 일반 소비자가 사과를 구매할 때는 그저 대금을 지불하고 사과를 수령하면 될 뿐이지 자신의 이름이나 주민등록번호 등 자신을 식별할 수 있는 그 어떤 정보도 제공할 필요가 없다. 그러나 금융거래는 그렇지 않다. 예금통장을 은행에서 새로 개설할 때에는 이름, 주민등록번호, 거주지 정보 등을 시시콜콜하게 제공해야 한다. 대출을 받을 때는 더하다. 자신의 근무지, 직위, 연락처, 자산과 부채 내역 등을 제공해야 한다. 건강보험을 가입할 경우에는 자신의 과거 병력을 상세하게 제공해야 한다. 만일 그렇지 않을 경우에는 장차 사고가 발생했을 때 어쩌면 보험금을 수령하지 못할 수도 있다.

이처럼 금융거래에서 사생활과 관련된 정보가 노출되는 이유는 금융거래가 다른 거래와 달리 맞춤형 거래의 특징을 가지고 있기 때문이다. 상당수의 금융거래는 고객의 특성에 따라 거래규모나 가격 등이 변화한다.[23] 예를 들어 개인대출의 경우 고객의 신용도에 따라 대출 한도가 결정되거나 대출 이자율이 변동하는 것이 그것이다. 따라서 금융기관은 금융소비자에 대해 가능한 한 상세한 정보를 가지기를 원하고 금융소비자 역시 거래조건의 개선을 위해 자발적으로 신상 정보를 제공하기도 한다.

그런데 개인의 신상정보는 그대로 유출될 경우 개인의 사생활을 중대하게 침해할 수 있다. 예를 들어 개인의 질병정보가 유출되어 다른 사람들이 특정인의 병력을 상세하게 파악하는 것을 생각해 보면 사생활 침해의 중대성을 쉽게 이해할 수 있다. 더욱 문제가 되는 것은 개인 신상정보를 수집, 보관하고 있는 금융기관은 이를 유출할 적극적인 유인을 가지고 있다는 점이다. 왜냐하면 개인의 신상정보는 다른 경제주체에게 매우 큰 경제적 가치를 가지기 때문에, 이 경제주체는 양의 가격을 지불하고 금융기관으로부터 이 정보를 구입하려는 동기를 가지기 때문이다. 따라서 금융기관은 별도의 제재가 없는 한 이런 거래를 마다할 이유가 없고, 바로 여기서 개인 신상정보의 보호에 대한 외부적 강제의 필요성이 대두하게 된다.

개인정보 또는 개인신용정보는 여러 법률에 의해 복잡하게 규제되고 있다. 먼저 국가나 공공기관이 보유한 정보는 공공기관의 개인정보보호에 관한 법률에 의해 규율되고, 인터넷과 같은 가상공간에서의 개인정보 유통은 정보통신망의 이용촉진 및 정보보호 등

23) 물론 유통시장에서 무기명 채권을 거래하는 것처럼 완전한 익명거래 형태가 전혀 없는 것은 아니다. 그러나 이런 거래는 불법 자금세탁에 동원될 가능성이 크기 때문에 오히려 적극적인 규제대상이 되기도 한다.

에 관한 법률과 전자서명법에 의해 보호되고, 금융기관의 개인신용정보는 신용정보의 이용 및 보호에 관한 법률 및 그 하위규범에 의해 보호된다. 이 중 금융소비자와 관련하여 가장 중요한 법률은 신용정보의 이용 및 보호에 관한 법률(이하 '신용정보법')인데 이하에서는 이 법의 내용을 간략하게 살펴보기로 한다.[24)]

(2) 신용정보법 제24조에 의한 동의

신용정보법은 "신용정보의 오용 · 남용으로부터 사생활의 비밀등을 적절히 보호"하는 것을 중요한 목적으로 삼고 있다.[25)] 이 목적을 구현하는 가장 기본적인 조항은 신용정보법 제23조(개인신용정보의 제공·활용에 대한 동의)와 제24조(개인신용정보의 제공·이용의 제한)이다. 그런데 이 두 조문의 참뜻을 정확히 이해하기란 매우 어렵다. 그 이유는 조문 자체가 매우 복잡하게 서술되어 있는 탓도 있지만 기본적으로 법률 전체가 하나의 수미일관한 체계를 갖추지 못하고 있기 때문이다. 이런 어려움을 전제한 후 이 두 조문의 뜻을 가장 쉽게 이해하는 방법은 먼저 제24조를 음미한 후 제23조로 되돌아가는 것이다.

제24조는 제1항이 가장 기본적인 것인데 제1항은 개인신용정보는 몇 가지 예외적인 경우를 제외하고는 당해 금융소비자(법률상의 용어로는 신용정보주체)와의 금융거래등 상거래관계(고용관계는 제외)의 설정 및 유지 여부에 대한 판단목적으로만 제공 · 이용되도록 제한하고 있다.[26)] 제1항에서 가장 먼저 유념해야 할 부분은 이러한 제약의 적용대상이 특정되어 있지 않다는 것이다. 이에 대해 이 제약은 신용정보법이 주된 규율대상으로 삼는 신용정보업자 혹은 신용정보 제공 · 이용자에 대해서만 적용된다고 볼 수도 있다. 그러나 제23조가 신용정보 제공 · 이용자에 대한 별도의 규정이라고 본다면 제24조를 신용정보 제공 · 이용자에게 또다시 적용되는 새로운 조항이라고 해석하기는 매우 어렵다. 따라서 제24조의 적용대상은 특정되지 않은 모든 개인 및 법인이라고 보는 것이

24) 신용정보법에 관한 가장 표준적인 연구성과는 정성구(2007)다. 고동원(2008)은 신용정보법의 향후 개정방향을 보다 폭넓은 시각에서 조망하고 있다.

25) 신용정보법 제1조(목적) 참조.

26) 제24조(개인신용정보의 제공 · 이용의 제한) ①개인신용정보는 당해 신용정보주체와의 금융거래등 상거래관계(고용관계를 제외한다)의 설정 및 유지여부등의 판단목적으로만 제공 · 이용되어야 한다. 다만 다음 각 호의 어느 하나에 해당하는 경우에는 그러하지 아니하다.

타당하다.

적용대상의 문제가 해결되고 난 후의 논점은 제24조 제1항의 규율내용이다. 동항은 개인신용정보가 상거래관계(고용제외)를 위한 판단 목적으로만 제공 또는 이용되어야 한다는 것이다. 예를 들어 은행이 특정 개인과 대출관계를 맺고자 할 때 개인신용정보를 이용하는 것은 아무런 문제가 없다. 그러나 은행이 당해 개인과의 거래 목적이 아니라 제3자가 활용할 수 있도록 하기 위해 개인의 신용정보를 제3자에 제공하는 것은 원칙적으로 금지되고 있다.

제24조 제1항 각 호는 이런 원칙적 금지를 회피할 수 있는 몇 가지 예외적인 경우를 열거하고 있다. 그중 가장 중요한 것은 제1호다. 제1호는 개인이 자신의 신용정보를 다른 목적으로 제공・이용하는 것에 서면 또는 공인전자서명이 있는 전자문서에 의하여 동의해 주었거나 개인이 직접 제공하는 경우다.[27)]

(3) 신용정보법 제23조의 동의

제23조는 위에서 언급한 제24조와는 다른 맥락에서 개인신용정보의 유통을 규제하고 있다.[28)] 우선 제23조의 적용대상이 되는 행위는 개인신용정보를 제공・이용하는 모든 행위가 아니라 신용정보 제공・이용자가 특정한 종류의 개인신용정보를 신용정보업자등에게 제공하는 경우다. 여기서 일단 유념해야 할 부분은 제23조는 제24조와 달리 제공의 목적을 문제 삼지 않고 제공 그 자체를 문제 삼는다는 점이다. 다음으로 유념해야 하는 부분은 제23조는 모든 경제주체의 행위를 통제하는 것이 아니라 신용정보 제공・이용자

27) 이를 통상 "제24조에 의한 동의"라고 한다. 제1호의 예외는 개인정보의 활용은 개인이 결정권을 가지고 있다는 이른바 '개인정보의 자기결정권' 이론에 근거한 것으로 보인다.

28) 제23조(개인신용정보의 제공·활용에 대한 동의) ①신용정보제공·이용자는 다음 각호에서 정하는 개인에 관한 신용정보(이하 "개인신용정보"라 한다)를 신용정보업자등에게 제공하고자 하는 경우에는 대통령령이 정하는 바에 의하여 당해 개인으로부터 서면 또는 공인전자서명(「전자서명법」 제2조 제3호의 공인전자서명을 말한다. 이하 같다)이 있는 전자문서(「전자거래기본법」 제2조 제1호의 전자문서를 말한다. 이하 같다)에 의한 동의를 얻어야 한다.

1. - 2. (생략)

3. 개인의 성명・주소・주민등록번호(외국인의 경우 외국인등록번호 또는 여권번호)・성별・국적 및 직업 등 개인을 식별할 수 있는 정보

4. 기타 대통령령이 정하는 개인신용정보

가 신용정보업자등에게 정보를 제공하는 행위를 통제한다는 점이다. 따라서 정보 제공자가 신용정보 제공·이용자가 아니거나 정보를 수령하는 사람이 신용정보업자 등이 아니라면 제23조는 적용되지 않는다.[29)]

그러나 이런 무엇보다도 중요한 제23조의 의미는 제공을 규제하는 정보의 성격을 규정한다는 점이다. 제23조는 제1항 각 호의 개인정보를 제공할 때 적용된다. 따라서 제1항 각 호의 범주에서 제외되는 개인정보는 제23조의 적용을 받지 않는다. 예를 들어 제3호에 제시된 개인식별정보는 제23조의 적용대상이다. 또 제4호에 규정된 기타 대통령령이 정하는 정보도 규제대상이다. 반대로 개인신용정보 중에서 대통령령에서 규정하지 않는 정보는 규제대상이 아니다.

이와 관련하여 시행령 제12조 제2항은 기타 대통령령이 정하는 정보는 시행령 제2조 제1항 제2호 및 제4호의 정보 중에서 개인에 관한 정보를 말한다고 규정하고 있다. 한편 시행령 제2조 제1항은 실질적으로 개인신용정보의 범주를 6가지로 규정하고 있다. 그런데 이 6가지 범주 중에서 제23조의 규제를 적용받는 정보는 2호와 4호뿐이다. 따라서 그 나머지 범주의 개인정보는 보호대상에서 제외되고 있다. 다만 제1호의 경우에는 개인식별정보인데 이것은 신용정보법 제23조가 보호하는 경우에 이미 포함되므로 최종적으로 보호의 범주에서 배제되는 것은 3호와 5호다. 이 중 3호는 기본적으로 연체·부도·대지급 및 기타 신용질서 문란행위에 관한 정보이고 5호는 법원의 심판·결정정보, 조세 또는 공공요금의 체납정보 등을 말한다.[30)] 제23조의 보호를 받지 않는 이런 정보를 통상 "불량정보"라고 하는데 불량정보의 경우에는 신용정보 제공·이용자는 설사 이를 신용정보업자등에게 제공하는 경우에도 본문의 규정에 의한 동의를 받지 않아도 된다.

(4) 소위 불량정보에 대한 규제

소위 불량정보의 유통에 대해 규제의 강도를 약화시킨 이유가 무엇인지에 대한 법률적인 논거를 찾기는 쉽지 않다. 다만 상식적으로 생각해 볼 때 불량거래(연체, 체납, 부도, 파산, 회생, 기타 신용질서 문란을 초래하는 행위)는 신용질서의 건전한 정착에 매우 큰

29) 물론 이때에도 전술한 제24조의 규제는 계속 적용된다.

30) 법원의 심판·결정정보 중 현실적으로 중요한 것은 개인파산 혹은 개인회생과 관련한 법원기록이다.

위험요소이므로 개인 사행활의 보호를 위해 그 유통을 통제해야 할 법적 이익보다는 이를 보다 쉽게 유통시켜 신용질서의 건전성을 유지함에 따른 법적 이익이 더 크다고 볼 수 있고, 따라서 불량정보의 유통에 대해서는 보다 느슨한 규제를 가하고 있다고 해석할 수 있다.

그러나 불량정보의 유통이 아무런 제약도 없이 이루어질 수 있는 것은 아니다. 왜냐하면 전술한 바와 같이 제24조의 제약이 여전히 유효하기 때문이다. 따라서 불량정보의 경우에도 상거래를 위한 판단목적이 아닐 경우에는 원칙적으로 개인의 동의가 필요하다. 물론 제24조 제1항 각 호의 예외조건은 여전히 유효하다. 여기서 한 가지 특기할 만한 것은 제6호의 규정이다. 제6호는 채권추심, 인·허가의 목적 등 대통령령이 정하는 목적으로 사용하기 위한 경우에는 제24조의 동의도 불필요하다고 규정하고 있다. 한편 시행령 제13조 제1항은 위의 경우를 구체화하여 채권자가 채권추심을 위해 신용정보업자에게 정보를 제공하는 경우(제1호)와 인허가와 관련하여 개인신용정보를 신용정보업자에게 제공하는 경우(제2호)를 제24조 동의의 면제 경우로 한정하고 있다. 이를 종합해 보면 연체정보와 같은 불량정보의 경우 제23조의 동의는 불필요하고 제24조 동의의 경우 채권추심 목적으로 채권자가 신용정보업자에게 관련 정보를 제공하는 경우에는 동의가 불필요하다.[31]

(5) 신용정보업자의 채권추심에 대한 규제

신용정보법은 비단 개인신용정보의 유통에 대해서만 규제하고 있는 것은 아니다. 신용정보법의 주요한 규율 대상에는 채권추심을 업으로 영위하는 채권추심회사가 포함되어 있기 때문이다. 그런데 채권추심회사는 채권을 회수하지 않는 한 수익을 낼 수 없기 때문에 매우 비인간적인 방식도 동원할 가능성이 있다. 이를 방지하기 위해 신용정보법은 제26조의2(채권추심업자의 금지사항)에서 네 가지 형태의 행위를 규제하고 있다. 구체적으로 채권추심업자는 폭력을 사용할 수 없고(제1호), 채무자 및 그 관계인에게 채무에 관한

31) 그러나 채권자가 채권추심을 목적으로 하더라도 신용정보업자가 아닌 일반의 제3자에게 관련정보를 제공하고 채권추심을 요청하는 경우에는 제23조 동의는 불필요해도 제24조 동의는 필요하다. 왜냐하면 제24조 동의를 면제할 수 있는 시행령 제13조 제1항 제1호의 요건을 충족하지 못하기 때문이다.

허위사실을 알릴 수 없고(제2호), 채무자 외의 자가 채무사실을 알 수 있게 채권을 추심할 수 없고(제3호), 채무자 또는 그 관계인에게 공포심이나 불안감을 유발하여 사생활 또는 업무의 평온을 심히 해칠 수 없다(제4호).

이 규제의 대상이 되는 행위는 굳이 신용정보법의 특별한 규율이 없다고 하더라도 모두 사회적 미풍양속에 반하고 형사적 측면에서도 문제가 많은 행위들이다. 따라서 신용정보법이 이들 행위를 규율하는 것은 지당하다. 문제는 이들 규제만으로 채무자 또는 관계인의 사생활이 충분하게 보호될 수 있는가 하는 점이다. 그렇지 않다. 채무자 및 그 관계인에게는 빚을 갚으라는 독촉문 자체가 엄청난 스트레스이고 대부분의 경우 인간성을 황폐화시키는 요인이기 때문이다. 물론 그렇다고 해서 채권자 혹은 채권추심업자에 의한 채권추심행위를 전면적으로 중단시킬 수는 없다. 그것은 채권자의 이익을 중대하게 침해할 뿐만 아니라 그럴 가능성이 예견될 경우 사전적으로 대차 거래 자체가 발생하지 않을 수 있기 때문이다.

그럼에도 불구하고 채권추심에 대해 보다 강한 형태의 규제 또는 채무자 보호가 필요하다는 점은 타당한 지적이다. 왜냐하면 많은 채무자들이 현재 제도화된 채권추심을 강도를 견디지 못하고 도저히 상환불가능한 고리대금의 늪에 빠져들거나 아니면 채권추심을 피해 가정을 버리고 도피하고 있기 때문이다. 이들을 지나친 채권추심의 질곡에서 구출하는 것은 비단 금융소비자의 인권을 지키는 데서 그치지 않고 그들을 경제활동인구에 복귀시킴으로써 사회적 생산력을 증가시키는 장점이 있다.[32]

4. 금융소외자에 대한 보호

(1) 금융소외자의 개념과 특징

금융소외자란 신용등급이 매우 낮아서 제도권 금융기관으로부터는 정상적인 조건으로

32) 이와 관련하여 우리나라에서도 미국의 공정채권추심법(The Fair Debt Collection Practices Act)과 유사한 법률의 제정 필요성이 여러 차례 대두된 바 있다. 가장 최근의 것으로는 한나라당 박계동 의원이 대표발의한 공정채권추심법안이 있다. 미국의 공정채권추심법에 관해서는 15 USC § 1601 이하를 참조. 박계동 의원안의 내용 및 함의에 관해서는 졸고(2007c) 참조.

금융거래를 영위하기 어려운 사람을 지칭한다.[33] 구체적으로는 개인신용등급이 9등급 내지 10등급인 사람을 지칭하고, 때로는 7등급과 8등급에 위치한 사람까지 포함하기도 한다.[34]

금융소외자는 매우 독특한 지위에 있는 금융소비자다. 왜냐하면 그들은 금융거래에 대한 수요는 매우 절박함에도 불구하고 불안정한 개인신용도 때문에 제도권 금융기관과 정상적인 금융거래를 수행할 수 없기 때문이다. 따라서 이들 대부분은 긴박한 금융거래 수요를 충족하기 위해 비제도권 금융기관을 이용하거나 심지어는 불법적인 사금융 시장을 찾지 않을 수 없게 된다. 금융소외자는 정상적인 금융규제법이 작동하지 않는 이들 영역에서 거래하기 때문에 여러 가지 불이익과 인권침해에 직면하게 된다. 따라서 이들에 대한 보호는 더욱 시급할 수밖에 없다. 이하에서는 이들에 대한 보호와 관련하여 이자제한법, 신용불량 기록의 일괄삭제 여부, 개인파산 및 개인회생 절차의 이용 등의 측면에서 살펴보기로 한다.

(2) 이자제한법의 부활과 적용

이자제한법은 과거 외환위기 시절 고금리 정책을 권고한 국제통화기금의 요구에 따라 1998년 1월 13일 "자금의 수급상황에 따라 금리가 자유롭게 정해질 수 있도록 함으로써 자원 배분의 효율성을 도모"한다는 이유로 폐지되었다. 그러나 계속되는 고금리의 폐해 속에서 금융소외자의 인권침해 문제가 심각해지자 경제적 효율성보다는 경제정의의 실현이라는 법적 이익이 더 중요하다는 공감대가 형성되어 2007년 3월 29일자로 다시 제정되었다. 이자제한법의 가장 큰 특징은 두말할 필요 없이 이자의 상한을 규제하는 것이다. 구체적으로 이자제한법 제2조(이자의 최고한도) 제1항은 "금전대차에 관한 계약상의 최

33) 금융소외자를 지칭하는 보다 보편적인 용어는 신용불량자다. 신용불량자란 과거 신용불량자에 대한 기록을 유지했던 때에 그 목록에 이름이 기재된 사람을 의미하는 용어로 주로 일정기간 이상 연체자, 부도자, 파산자 등을 지칭했다. 그러나 2005년 이후 신용불량 목록이 공식적으로 사라졌기 때문에 여기서는 신용불량자라는 용어 대신 금융소외자라는 표현을 사용하기로 한다.

34) 통상 "700만 신용불량자"라고 표현할 때에는 7등급 이하를 통칭한다. 이 글에서는 특별히 7등급 이하자인가 아니면 9등급 이하자인가를 구별하는 것이 실익이 없으므로 별도의 정의는 하지 않기로 한다.

고이자율은 연 40퍼센트를 초과하지 아니하는 범위 안에서 대통령령으로" 정하도록 하고 있고 시행령은 이 수준을 연 30퍼센트로 규정하고 있다. 한편 이자제한법 제2조 제3항은 제한 수준을 초과하는 이자율에 대해서는 그 초과분을 무효로 하고 있고, 이미 이자를 지급한 경우에는 제4항에서 반환청구권을 인정하고 있다.

이자제한법의 제정에는 많은 어려움이 있었다. 특히 이자제한법의 직접적인 적용대상인 사금융업자와 미등록 대부업자들의 반발이 심했다. 이들이 주로 사용한 반대 논거는 이자율의 상한을 규제할 경우 신용등급이 취약한 금융소비자의 경우 오히려 금융거래의 기회가 제약받을 수 있다는 점이었다. 그러나 이런 논거가 연율 100%를 초과하는 고금리를 정당화하는 데 사용될 수는 없다. 왜냐하면 연수익 기준으로 100%를 초과하는 투자사업 기회란 상상하기 어렵기 때문이다. 따라서 이런 고금리로 돈을 빌리는 금융소비자는 어떤 우량한 투자사업 기회를 추구하기 위해서가 아니라 기존 대출의 연체에서 비롯된 극심한 채권추심을 견디지 못했기 때문인 경우가 대부분이었다. 이런 경우 사회적인 최적 정책은 이들이 지속적으로 고금리의 늪에서 벗어나지 못하도록 방기하는 것이 아니라 하루빨리 법원의 공식적인 도산절차를 거쳐 새로운 경제인으로 다시 탄생하도록 만드는 것이다. 이런 맥락에서 볼 경우 고금리를 제한하는 이자제한법은 금융소비자들의 고금리 거래기회를 박탈함으로써 공식적인 도산절차로의 편입을 한층 더 가속화하는 장점이 있다고 볼 수 있다.

이러한 고려는 이자제한법의 적용 배제와 관련한 입법의도에서도 잘 나타나 있다. 이자제한법 제7조(적용범위)는 "다른 법률에 따라 인가·허가·등록을 마친 금융업 및 대부업에는 이 법을 적용하지 아니"하는 것으로 하여 공식적인 제도권 금융기관은 별도의 금융감독에 의해 이자율이 결정되도록 허용하였다. 이는 한편으로는 제도권 금융기관의 경우 이자율이 시장원리에 의해 결정되도록 허용한다는 의미도 있으나 보다 근본적으로는 상당수가 미등록 상태로 영업을 하고 있는 대부업체를 겨냥해 이들의 등록을 유인하려는 의도를 담고 있다.[35)]

이자제한이 금융소외자에게 실질적인 보호로 작용하기 위해서는 단순히 이자제한법상의 이자율 상한을 규정하는 것 이외에 대부업법상의 최고 이자율도 규율하는 것이 필요

35) 미등록 대부업체는 이자제한법 제7조의 혜택을 받지 못하므로 연율 30%로 이자율 상한이 규제되지만 등록 대부업체가 될 경우에는 대부업법의 적용을 받게 되기 때문이다.

하다. 이와 관련하여 2007년 12월 21일 대부업법의 개정이 이루어져서 대부업의 이자율 상한도 인하되었다. 구체적으로 대부업법 제8조(이자율의 제한)는 "대부업자가 개인 또는 대통령령이 정하는 소규모 법인에게 대부를 하는 경우 이자율은 연 100분의 60의 범위 이내에서 대통령령이 정하는 율을 초과할 수 없"도록 하고 있는데 시행령 제5조는 이를 49%로 규정하고 있다. 결과적으로 대부업체는 미등록 상태에서 등록 상태로 전환할 경우 19% 정도의 금리상승을 누릴 수 있고 이것은 등록 상태로 전환할 매우 큰 유인이라고 볼 수 있다.

(3) 신용불량 기록의 일괄 삭제 여부

금융소외자 보호와 관련하여 자주 거론되는 대책 중에 신용불량 기록의 일괄 삭제 정책이 있다. 이 정책은 언필칭 신용정보 데이터베이스에서 과거의 불량정보 중 전부 또는 일부를 일괄로 삭제하여 금융소외자를 하루아침에 정상신용자로 탈바꿈시켜 주겠다는 것이다. 이 정책은 그야말로 아무런 재원투입 없이 금융소외자를 정상신용자(혹은 정상신용자에 가까운 신용자)로 변모시킬 수 있다는 점에서 일견 매우 매력적인 정책이라고 볼 수도 있다. 그러나 신용사회에서 신용정보 그 자체를 왜곡시키는 것은 본질적으로 바람직한 정책이라고 보기 어렵고 또 은행이 바젤 II 협약의 준수와 관련하여 유지해야 할 중요한 계량 정보를 파기한다는 점에서 또 다른 실무적 문제점을 안고 있다.[36]

현재 파산 등 특수정보의 보관 및 활용상황은 다음과 같다. 우선 전술한 신용정보법은 제23조의 동의대상에서 소위 불량정보를 제외하고 있다. 또한 제24조는 제1항 제3호에서 신용정보업자 및 신용정보집중기관 상호간에 집중관리·활용되는 경우에는 제24조에 의한 동의의무도 면제해 주고 있다. 이에 따라 불량정보는 신용정보집중기관(은행연합회 및 기타 개인신용정보집중기관)에 집중되어 관리되고 있다.

한편 신용정보법 제18조(신용정보의 정확성 및 최신성 유지) 제2항은 "신용정보주체에 대한 불이익을 초래할 수 있는 오래된 신용정보는 대통령령이 정하는 바에 의하여

36) 은행 등 바젤 II 협약에 의한 신 BIS 비율을 산정해야 하는 기관은 신용과 관련하여 과거 5년 동안의 정보를 이용하도록 되어 있다. 금융소외자의 신용회복 대책과 관련한 정책과제에 대해서는 졸고(2008) 참조.

기록을 삭제"하도록 하고 있다. 문제는 얼마나 오래된 정보가 "오래된 신용정보"인가 하는 점인데 시행령 제10조(신용정보의 최신성 유지등) 제2항은 오래된 신용정보를 "금융위원회가 정하는 바에 따라 그 불이익을 초래하게 된 사유가 해소된 날로부터 5년이 내에 보유대상 혹은 집중관리대상에서 삭제"하도록 하고 있다.[37] 따라서 기본적으로 5년이 경과한 불리한 정보는 모두 삭제되어야 한다. 그러나 여기서 한 가지 유념할 부분은 5년의 기산점은 불이익한 사유가 발생한 날이 아니라 그것이 해소된 날을 의미한다는 점이다.

한편 금융위원회는 신용정보업감독규정 제11조(정보의 등록·변경·관리) 제4항에서 "약정한 기일이내에 채무를 변제하지 아니한 정보"는 변제하지 아니한 기간 동안 관리하도록 하고 있으나 최장 1년을 초과할 수 없도록 하고 있으며 다만 시행령 별표 2의 금융질서문란정보는 최장 5년까지 관리하도록 하고 있다.[38] 이 기간은 모두 해제사유의 발생일을 기산점으로 하는데 해제사유가 발생하지 않은 경우 오래된 정보의 관리기간이 지나치게 길어질 수 있다. 이를 방지하기 위해 등록일을 기산점으로 하는 별도의 조항이 존재하는 데 그것이 제5항이다. 제5항은 연체정보와 금융질서문란정보에 대해 등록사유발생일로부터 7년이 경과한 경우에는 7년이 경과한 날을 당해정보의 해제사유 발생일로 의제하도록 하고 있다.[39]

(4) 통합도산법상의 보호

통합도산법(채무자 회생 및 파산에 관한 법률)상의 개인파산과 개인회생 부분은 금융

37) 금융감독위원회는 2008년 2월의 금융위원회 설치등에 관한 법률에 의해 금융위원회로 확대개편되었다. 이하에서는 과거의 금융감독위원회를 특별히 지칭하지 않는 한 원칙적으로 금융위원회라는 새로운 명칭을 사용하기로 한다.

38) 금융질서문란정보란 대출금의 용도 외 유용사실과 부정한 방법으로 대출받는 등 금융거래질서를 문란하게 한 사실을 말한다.

39) 한편 우리나라 유일의 종합신용정보집중기관인 은행연합회의 신용정보관리규약에 의하면 파산으로 인한 법원의 면책결정을 받은 금융소비자의 경우 법원의 면책결정일을 해제사유발생일로 하며(제6조 제5항), 신용회복지원협약에 의해 신용회복지원이 확정된 경우에는 해제사유가 발생한 것으로 간주하여 해제처리하며(동조 제6항), 개인회생절차에 의해 변제계획이 인가된 경우에도 해제사유가 발생한 것으로 간주하여 해제처리하도록 하고 있다(동조 제7항).

소외자에 대한 가장 근본적인 보호막을 제공한다. 도산법상의 보호는 크게 절차적인 보호와 내용적인 보호로 나누어 생각해 볼 수 있다. 우선 절차적인 보호로는 일단 모든 채권자의 모든 채권추심 행위가 중지된다. 이것은 언뜻 생각하면 별 의미가 없는 듯하지만 채무자가 고금리의 늪에 빠지는 첫 번째 이유가 지나친 채권추심 압박이라는 점을 상기하면 변제를 독촉하는 모든 행위를 중지하는 것의 효과를 짐작할 수 있다.[40] 채권추심 행위의 중지는 도산절차 신청 시부터 파산선고 또는 회생계획 인가 시까지 계속된다.[41]

그러나 도산절차만이 줄 수 있는 혜택은 내용적인 보호 측면이다. 우선 가장 중요한 도산절차의 특징은 원금을 탕감할 수 있다는 점이다. 도산절차는 기본적으로 채권자의 채권합계와 채무자의 변제가능한 재산을 비교한 뒤 변제가능한 재산만으로 채권총액의 변제를 시도하는 절차다. 따라서 변제가능한 재산이 채권총액을 하회할 경우(이런 경우가 사실상 대부분이다), 도산절차에 의한 채권변제는 사실상 원금탕감의 효과를 가지게 된다.

도산절차의 원금탕감 효과는 그 다른 어떤 집합적 채권변제제도도 흉내내기 어려운 특징이다. 예를 들어 신용회복지원위원회가 주관하는 신용회복지원제도는 원칙적으로 이자만을 탕감하고 원금의 경우는 변제기간을 최대한(8년)으로 연장시켜 줄 수 있을 뿐이다. 신용회복지원위원회가 원금을 탕감하기 어려운 이유는 당해 금융기관의 반발 때문인데 금융기관들은 채무자의 재산이 비록 다른 사람들의 채권까지를 감안한 채권총액을 변제하기에는 부족하다고 하더라도 자신의 채권을 변제하기에는 충분하거나 관계인이 어느 정도의 재산이 있는 경우에 자발적으로 채권을 포기하는 것이 금융기관에 자금을 지원해 준 투자자에 대한 의무위반일 가능성이 있고, 또한 자발적으로 원금을 탕감해 준 경우에는 주채무가 감소한 것이 되어 보증채무 역시 감소하게 되고 따라서 보증인에 대한 청구권에까지 부정적인 영향을 미치기 때문이다.[42]

40) 채권변제 행위를 중지시키는 것은 일견 채무자만을 위한 제도로 생각할 수도 있으나 사실은 집합적인 의미에서의 채권자 일반을 보호하는 제도이기도 하다. 채권변제 행위를 중지시키지 않을 경우 채권자는 먼저 변제받는 것이 유리하므로 서로 채무자를 상대로 변제를 촉구하게 되고 이 과정에서 채무자의 재산이 유실되거나 하여 오히려 변제가능 재원이 줄어들 수도 있고 그렇지 않다고 하더라도 채권자간의 형평이 침해될 수 있기 때문이다.

41) 개인회생채권(기본적으로 무담보 채권)의 경우에는 회생계획 인가 후에도 변제가 회생계획에 의거하여 차질 없이 진행되고 있는 경우에는 채권의 변제 요구를 할 수 없다. 그러나 별제권(기본적으로 담보 채권)의 경우에는 그렇지 않다. 이에 대해서는 후술한다.

도산절차가 부여하는 내용적 혜택의 두 번째는 면책(discharge)이다. 면책이란 채무자가 채무를 전액 상환하지 않았음에도 불구하고 채권자가 이의 변제를 더 이상 요구하지 못하도록 하는 제도다.[43] 면책 결정에 의해 채무자는 도산절차 이후 새롭게 재산을 축적하더라도 이를 과거의 채무 변제에 충당하지 않고 새출발의 계기로 삼을 수 있는 것이다.

통합도산법은 지급불능에 빠진 금융소비자가 의지할 수 있는 최후의 그리고 최상의 피난처다. 왜냐하면 오직 이곳에서만 금융소비자는 채권추심의 중지, 원금 탕감, 잔존 채무에 대한 면책을 동시에 누릴 수 있기 때문이다. 또 설혹 개인회생절차를 따른다고 해도 신용회복지원위원회의 8년간 변제보다는 훨씬 우수한 5년간 변제혜택을 누릴 수 있다.

이처럼 도산제도가 일반 사적 화의제도보다 훨씬 우월함에도 불구하고 그 이용률이 아직도 상대적으로 저조함은 무엇 때문일까? 특히 개인파산제도의 이용률은 기하급수적으로 증가함에도 불구하고 개인회생제도의 이용률이 상대적으로 더딘 이유는 무엇일까? 그것은 개인회생제도가 아직도 매우 중요한 단점을 가지고 있기 때문이다. 따라서 이 부분을 수정하는 것이 향후 매우 중요한 정책과제다.[44]

개인회생제도가 가지고 있는 단점 중 가장 중요한 것은 개인회생계획의 변제기간 중에 담보권의 실행이 중지되지 않는다는 점이다. 이를 이해하기 위해서는 통합도산법 내의 세부 절차를 간단하게라도 이해해야 한다. 통합도산법에는 세 가지 세부절차(venue)가 있다. 주로 회사를 재건하는 데 사용되는 회생절차, 모든 도산절차의 기본이 되는 파산절차, 그리고 개인소득자의 회생에 사용되는 개인회생절차가 그것들이다. 이 중 개인회생절차는 기본적으로 그 원리는 일반적인 회생절차와 대단히 유사하지만 일부 특성에 관해서는 파산절차를 준용하고 있다. 담보권의 처리가 그 대표적 예다.

일반적인 회생절차 내에서 담보권(법률용어로는 회생담보권이라 한다)은 절차의 신청시부터 회생계획의 인가 및 변제기간까지 절차의 전 과정을 통해 사실상 개별적인 채권회수가 금지된다. 구체적으로 통합도산법 제58조(다른 절차의 중지 등) 제1항과 제2항은

42) 이에 비해 도산절차에 의한 원금탕감은 보증인에 대한 청구권에는 아무런 영향을 미치지 않는다. 이것은 때때로 도산절차의 유효성을 약화시키는 측면으로 지적되기도 한다.

43) 면책은 채무 그 자체를 면해 준다기보다는 채무에 대한 변제 요구를 금지하는 제도라고 이해할 수 있다. 왜냐 하면 보증인에 대해서는 당초의 채권액 전액을 청구할 수 있기 때문이다.

44) 개인회생제도의 일반적 특성에 대해서는 졸고(2006) 참조.

회생절차가 개시된 경우에는 회생채권 또는 회생담보권에 기한 강제집행을 할 수 없도록 하고 있고, 기존의 절차 역시 중지됨을 규정하고 있다. 또한 동법 제141조(회생담보권자의 권리) 제2항은 회생담보권자에 대해 제131조를 준용토록 하고 있어 회생담보권의 임의변제를 금지하고 있다.[45)]

그러나 담보권의 임의변제 금지와 관련하여 파산절차 및 개인회생절차는 회생절차와 다른 규정을 두고 있다. 먼저 파산절차를 보면 통합도산법 제411조는 파산절차에서의 담보권을 별제권으로 구분하고 있고, 제412조는 별제권은 파산절차와 상관없이 임의로 행사할 수 있도록 규정하고 있다.[46)] 결국 담보권에 근거한 채권회수는 파산절차 중 언제나 가능함을 알 수 있다. 이런 상황은 개인회생절차 내에서도 동일하다. 통합도산법 제586조는 별제권에 관한 파산절차의 규정을 개인회생절차에 대해서도 그대로 준용토록 하고 있다.[47)] 다만 동법 제600조(다른 절차의 중지 등) 제2항에서는 개인회생절차개시 이후 회생계획의 인가일까지는 담보권의 설정 및 실행을 중지시키고 있을 뿐이다.[48)]

담보권의 실행을 개인회생절차의 전 기간에 걸쳐 중지시키지 않은 것은 개인회생절차의 유효성을 중대하게 침해하는 결정적인 잘못이다. 왜냐하면 금융소비자들이 파산을 선택하지 않고 개인회생을 선택하는 가장 중요한 이유는 자신이 가지고 있는 재산(주로 주택)을 지키기 위해서이다. 그런데 개인회생절차 중에 이 주택을 임의로 경매처분할 수 있다면 개인회생절차를 신청할 유인이 사실상 사라지게 된다.[49)] 참고로 미국 연방 파산법

45) 제131조(회생채권의 변제금지) 회생채권에 관하여는 회생절차가 개시된 후에는 이법에 특별한 규정이 있는 경우를 제외하고는 회생계획에 규정된 바에 따르지 아니하고는 변제하거나 변제받는 등 이를 소멸하게 하는 행위(면제를 제외한다)를 하지 못한다. (중략)

46) 제411조(별제권자) 파산재단에 속하는 재산상에 존재하는 유치권・질권・저당권 또는 전세권을 가진 자는 그 목적인 재산에 관하여 별제권을 가진다.
제412조(별제권의 행사) 별제권은 파산절차에 의하지 아니하고 행사한다.

47) 제586조(별제권) 제411조 내지 제415조의 규정은 개인회생절차에 관하여 준용한다. 이 경우 "파산재단"은 "개인회생재단"으로, "파산선고"는 "개인회생절차개시결정"으로 본다.

48) 제600조(다른 절차의 중지 등) (중략) ②개인회생절차개시의 결정이 있는 때에는 변제계획의 인가결정일 또는 개인회생절차 폐지결정의 확정일 중 먼저 도래하는 날까지 개인회생재단에 속하는 재산에 대한 담보권의 설정 또는 담보권의 실행 등을 위한 경매는 중지 또는 금지된다.

49) 통합도산법보다 훨씬 저급한 수준의 보호막을 제공하는 신용회복지원위원회의 신용회복지원조차 협약 가맹 금융기관들의 자율규약에 의해 담보권의 행사를 유예하고 있는 점은 시사하는 바가 크다.

의 경우에는 개인회생절차 내의 담보권은 일반적인 회생절차 내의 담보권과 동일하게 전 과정을 통해 임의변제가 금지되고 있다.

5. 기타 제도도입이 필요한 과제

이제까지는 현존하는 제도를 개관하고 간략하게 그 문제점을 살펴보았다. 여기서는 새롭게 제도도입이 필요한 과제를 검토해 보기로 한다.

(1) 예외 없는 집단소송제도의 도입

집단소송제도(class action)는 유사한 상황에 처한(similarly situated) 원고들이 개별적으로 소송을 제기하는 대신 원고를 대표하는 일부가 소송을 제기하여 그 판결의 효력이 전체에게 미치도록 하는 민사소송제도의 일종이다. 집단소송제도는 개별적으로는 소송의 거래비용이 소송의 기대이익보다 커서 소송제기의 유인이 없지만 사회 전체적으로는 소송의 기대이익이 더 큰 경우 규모의 경제(economies of scale) 논리에 입각하여 소송의 거래비용을 대폭 절감시켜 사회적 효율성이 달성될 수 있도록 하는 제도다.

우리나라의 경우 민사소송법에 집단소송제도가 전면적으로 도입된 것은 아니고 소비자 소송과 관련해서는 독일식의 단체소송 제도가 일부 도입되어 있다. 한편 증권분야에 대해서는 매우 제한적인 형태의 집단소송제도가 도입되어 있기는 하지만 지나친 남소방지 조항의 존재 때문에 사실상 유명무실화하고 있다.

그런데 금융시장에서는 금융기관과 개별 금융소비자 간의 정보 비대칭성이 심하여 금융기관의 입장에서는 이런 정보의 우위를 악용하려는 유인이 상존한다. 이런 유인은 별도의 견제장치가 없는 한, 시장을 상대로 한 사기(fraud on the market)로 발전할 가능성이 크다. 예외 없는 집단소송제도의 도입은 이런 사기를 통제하는 가장 유효한 수단이다.

(2) 예금보험기구와 독립된 별도의 금융투자자 보호기구의 설립[50)]

자본시장통합법의 제정에 따라 보호위험의 종류와 내용을 보다 확장한 새로운 증권투자자 보호제도의 도입 필요성이 증가하고 있다. 특히 현재의 증권사가 금융투자기업으로 변신하면서 투자자보호의 핵심내용이 불가피하게 변화할 수밖에 없다. 우선 원본보장이 되지 않는 다양한 금융상품이 단일한 금융투자기업에서 취급가능하게 되고, 보호 대상 위험에 대한 투자자들의 수요도 단순한 원본보장이 아니라 불법행위 책임을 포함한 다양한 투자위험으로부터의 보호로 확장되고 있기 때문이다.

그런데 새로운 환경에서의 금융투자자 보호제도는 기존의 예금보험제도의 논리적 틀 안에서는 수용하기 어려워진다. 왜냐하면 금융투자업에 대해서만 예외적으로 예금보험의 혜택을 원본보장이 되지 않는 상품으로까지 확장할 수 있는 논리적 근거가 취약할 뿐만 아니라, 금융상품에 대한 보호 이외에 설명의무 위반 등에 따른 불법행위 손해배상 책임 등을 보호하는 것은 예금보험에서 보호하는 위험과는 매우 차별적인 것이기 때문이다. 이런 상황에서 만일 억지로 금융투자자 보호제도를 통합 예금보험제도 안에 배치할 경우 타 업권과의 형평성 문제가 심화되거나 또는 업권과의 형평성을 위해 불가피하게 보호범위를 축소해야 하는 등 그 부작용이 오히려 더 클 수 있다.

이런 점을 고려할 때 금융투자자 보호제도는 자본시장의 환경변화를 고려하고 외국의 사례를 참조하여 새롭게 설계하는 것이 바람직하다. 우리나라에서 향후 금융투자자 보호제도를 새롭게 설계할 경우 가장 바람직한 모범 사례는 영국의 증권투자자 보호제도로 판단된다.

그 이유로는 첫째, 우리나라의 자본시장통합법이 상당 부분 영국의 FSMA(Financial Service and Markets Act of 2000)을 모범 사례로 수용하여 제정되었을 뿐만 아니라, 둘째, 보호 손실의 측면에서 잘못된 투자자문이나 잘못된 투자관리로 인한 손실까지 보호하고 있어 보호의 범위가 광범위하고, 셋째, 종업원 50인 미만, 총매출액 560만 파운드 이하, 대차대조표상 자산 총액이 280만 파운드 이하의 세 가지 조건 중 두 가지 이상을 충족하는 소기업도 보호범위에 포함하고 있기 때문이다.

50) 이 부분은 필자가 연구진으로 참여하여 집필한 윤석헌 외(2007)의 증권분야 제도개선방향의 중간보고서 및 졸고(2007a)를 많이 참조하였다.

다만 영국의 경우와 달리 금융업권 간 완전 겸업이 허용되어 있지 않다는 점을 고려하여 금융투자자 보호제도는 현재의 통합예금보험기구에서 분리하는 것이 바람직하다. 이를 조금 더 부연하면 우리의 경우 은행업, 증권업, 보험업으로 업권이 분리되어 있고, 증권업 이외의 금융업권의 경우 투자자보호의 논리보다는 예금보험의 논리가 더 중요한 논거이므로, 운영상 위험까지 보호하는 증권투자자 보호기구를 예금보험기구에 통합하여 운영하는 것은 바람직하지 않기 때문이다.

영국의 제도를 수용할 경우에도 취사선택할 부분에 대해서는 신중한 정책적 판단이 필요하다. 현재 우리나라 자본시장의 투명성을 선진국 수준으로 끌어올리기 위해서는 거래상대방 위험 이외에 잘못된 투자조언으로 인한 손실 등 운영위험까지 보호 범위에 포함시키는 것이 바람직하다. 그러나 영국처럼 사전적인 기금 적립 없이 사후갹출(pay-as-you-go) 방식을 채택하는 것은 자칫 국가의 조세부담만을 가중시킬 위험이 크다. 따라서 충분한 기금을 사전 적립하여 증권업계 스스로가 위험을 분담하도록 하고, 국가 차원의 지급보장은 불허하는 쪽으로 제도를 설계하는 것이 바람직하다.

(3) 금융감독기구와 경쟁당국 간의 역할 조정

금융감독을 담당하는 금융위원회와 경쟁촉진을 지향하는 공정거래위원회는 여러 분야에서 그 권한이 중첩되고 있다. 예를 들어 금융기관 간의 인수 및 합병시 경쟁제한성의 존재 여부에 대한 최종 결정 권한의 귀속 문제가 그것이다.[51] 그런데 금융소비자의 보호와 관련해서도 이런 권한의 중첩이 존재한다.

금융위원회의 설치 등에 관한 법률 제1조(목적)는 "예금자 및 투자자등 금융수요자를 보호함으로써 국민경제의 발전에 기여"함을 금융위원회의 설립 목적으로 하여 금융소비자(금융수요자)에 대한 보호의무를 명시하고 있다. 그러나 금융수요자에 대한 보호를 조금 더 구체적으로 규정하는 조문을 찾기란 쉽지 않다. 예를 들어 금융위원회의 소관사무를 규정한 제17조에는 금융수요자의 보호라는 표현은 존재하지 않는다. 다만 증권선물위원회의 업무와 관련하여 제19조 제1호에 "자본시장의 불공정 거래 조사"라는 표현이 존

51) 예를 들어 금산법 제4조 및 제24조상의 경쟁제한성 여부와 관련한 금융위의 공정위에 대한 협의의무가 그것이다. 이에 관한 해외 사례 연구로는 이병윤・이석호(2007)를 들 수 있다.

재할 뿐이다. 마지막으로 제43조(영업정지등)에서는 금융기관이 "이 법 또는 이 법에 의한 규정·명령 또는 지시를 계속 위반하여 위법 또는 불건전한 방법으로 영업"할 경우 이에 대해 제재를 가할 수 있도록 되어 있다.[52]

한편 독점규제 및 공정거래에 관한 법률 제1조(목적)는 명시적으로 "불공정거래행위를 규제하여 (중략) 소비자를 보호함과 아울러"라는 표현을 통해 불공정거래행위를 규제하고 소비자를 보호하는 것이 공정거래법의 중요한 목적 중의 하나임을 천명하고 있다. 또한 제5장을 전부 불공정거래행위의 금지에 할애하여 제23조(불공정거래행위의 금지), 제24조(시정조치), 제24조의2(과징금) 등의 규정을 명문화하고 있다. 이 두 법을 비교해 볼 때 금융위원회의 금융소비자 보호 규정은 제1조의 목적 규정에 선언적으로만 규정되어 있을 뿐 법률 차원에서 명시적인 보호규정을 찾기는 쉽지 않다.[53] 그에 비해 공정거래법의 경우에는 제1조의 목적 조항뿐만 아니라 수 개의 구체적 법조문에 의해 금지행위의 유형, 시정조치 및 과징금이 체계적으로 기술되어 있다. 이런 상황을 감안할 때 금융소비자의 보호에 관해 비록 금융위원회가 일차적인 교정권한을 가진다고 해도 공정거래위원회가 소비자보호의 포괄적 주무부처로서 궁극적인 교정권한을 가지도록 하는 것이 바람직하다.

이와 관련하여 금융위(그 당시에는 금감위)와 공정위 간에 업무중복을 회피하기 위한 협의가 시작된 것은 그 의의가 크다. 2007년에 봄부터 비공식적으로 시작된 이 협의는 2007년 11월 28일「금융회사에 대한 규제 효율화 방안」이라는 이름의 양해각서로 결실을 맺었다. 이 양해각서의 제3항에는 불공정 거래행위에 대한 업무조정 방안이 제시되어 있는데 기본적으로 각자가 상대방의 입장을 존중하는 것으로 정리된 것으로 보인다.[54]

52) 제43조의 불건전한 영업이 과연 금융수요자를 해치는 행위와 일 대 일로 대응되는 것인가에 대해서는 의문의 여지가 있다. 제43조 제1호에는 위의 조문과 대응하는 표현으로 "위법행위 또는 비행의 중지"를 사용하고 있어 본문의 불건전한 영업은 "비행"으로 달리 표현되고 있다.

53) 물론 개별 금융기관의 설립근거법에는 특정한 유형별로 불공정 또는 불건전 거래행위가 규제되기도 한다. 그러나 적어도 전체 금융기관을 통할하는 금융소비자 보호 규정은 금융관련 법률 차원에서는 존재하지 않는 것으로 보인다.

54) 협의내용을 보면 첫째, 금감위(원)와 공정위는 각각 소관 법령에 따라 사업자-소비자 간 불공정 거래행위에 대해 조사 및 조치하고, 둘째, 중복조사·제재의 문제점은 개선하여 금융회사의 부담을 최소화하되 구체적으로 중복조사와 관련하여 특정 금융회사에 대해 타 기관의 조사(금감원의 검사 포함)가 진행 중이거나 기타 이에 준하는 사정이 있는 경우에는, 해당 사안에 대한 조사절차를 중지

제4절 맺는 말

금융소비자의 보호는 금융산업의 건전성 유지와 함께 금융감독이 필요한 가장 중요한 논거이다. 그런데 이 두 개의 가치는 언제나 그러한 것은 아니지만 종종 서로 상충되기도 한다. 예를 들어 금융산업의 건전성을 유지하기 위해서는 때때로 금융기관의 독과점 이윤을 묵과할 수도 있는 반면, 금융소비자의 후생증대를 위해서는 이를 적발하여 시정해야 하기 때문이다.

그런데 그동안 우리나라의 금융감독당국은 이 두 가지의 기본적 가치 중에서 거의 언제나 금융산업의 건전성 유지를 금융소비자의 보호보다 우선시해 온 것으로 보인다. 이런 관행은 최근 들어 공정거래위원회가 금융산업의 독과점적 행위에 대해 부쩍 심판의 잣대를 들이대면서 더욱 두드러지게 되었다.

이런 잘못된 관행은 이제 시정되어야 한다. 금융규제의 목적 중에 금융소비자의 보호가 금융기관의 건전성 유지 못지않게 중요하다는 발상의 전환이 필요한 것이다. 특히 금융규제가 사전적 규제에서 사후적 규제로, 포지티브 규제에서 네거티브 규제로 전환하면서 금융소비자의 보호 필요성은 그 어느 때보다도 시급한 과제로 등장하고 있다. 제도의 정비와 발상의 전환 그 모두가 필요한 때다.

참 ■ 고 ■ 문 ■ 헌

고동원(2008), 「개인신용정보 공유 활성화를 위한 제도 개선 방안」, *mimeo*, 2008.2.

예금보험공사(2004), 『예금자보호법 해설』.

하고 조사주체 등을 실무협의기구에서 협의하고, 중복제재와 관련해서는 타 기관의 조치가 완료된 사안은 원칙적으로 추가 제재하지 않되, 소관법령 목적달성에 미흡하다고 인정하는 경우에는 실무협의기구의 논의를 거친 후 추가적으로 조치 가능토록 하였다.

윤석헌 외(2007), 『예금보험제도 개선 연구』, 예금보험공사 용역보고서, 2007.4.18.

이병윤 · 이석호(2007), 『금융회사 불공정거래에 대한 규제체계: 해외사례를 중심으로』, 정책조사보고서, 한국금융연구원.

전성인(2001), 「예금보험과 금융감독: FDIC의 감독관련 제권한을 중심으로」, 『KDIC 금융연구』, 2(2), 예금보험공사.

_____(2006), 「인적자본의 처분불가능성과 개인회생절차」, 『한국경제의 분석』, 12(2), 111-161.

_____(2007a), 「독립된 증권투자자 보호제도의 도입과 해외 사례 검토」, *mimeo*, 2007.3.

_____(2007b), 「자본시장통합법상의 투자자보호제도와 향후 정책과제」, 『한국재무학회 및 금융감독원 공동 심포지엄 발표자료』, 2007.11.2.

_____(2007c), 『채권추심 공정화에 관한 법률(안)에 관한 국회 정무위원회 공청회 진술서』, 『국회 정무위원회 공청회 진술자료』, 2007.11.14.

_____(2008), 「금융소외와 신용회복제도의 필요성에 대한 토론」, 『금융소외심포지엄 토론자료』, 2008.2.12.

정성구(2007), 「현행 소비자금융관련 개인정보보호제도 고찰」, *BFL*, 제26호, 64-83.

Freixas, Xavier and Jean-Charles Rochet (1997), *Microeconomics of Banking*, Cambridge: MIT Press.

제18장

소비자보호정책과 환경보호정책

조 홍 식
서울대학교 법과대학 교수

제1절 들어가는 말

소비자보호와 환경보호는 여러 측면에서 공통점을 가지고 있다. 시장은 합리적 개인의 성취동기를 이용해 공익을 달성하는 '보이지 않는 손'을 가지고 있지만, 시장도 결코 완벽한 것은 아니다. 시장의 보이지 않는 손에 자유방임해 버리면, 교섭력과 정보가 부족한 일반 국민들은 자본의 힘에 의한 희생자로 전락할 위험에 처하게 될 것이다. 시장은 "일전일표(一錢一票)"의 원리에 의해 구성·운영되기 때문이다(조홍식, 2004: 324-393). 이런 까닭에, 소비자보호와 환경보호는 시장실패에 대한 응전의 성격을 가진다.

환경문제의 본질을 통찰한 논문인 「공유지의 비극」(the tragedy of commons)에서 Garret Hardin(1968: 1243)은, 목초지를 공유하는 마을 사람들의 경제적 유인체계에 착목해 환경문제를 설명하고 있다. 마을 사람들이 공유하는 목초지에 양을 키움으로써 얻은 편익은 거의 전부(≒ +1) 목동 개인에게 돌아가지만 그로 인한 목초지 손실이라는 비용은 마을 주민 전체(n명)에 귀속되므로 그 목동은 비용 중 일부(-1/n)만을 부담하게 된다. 이와 같은 유인체계(≒ +1만큼의 편익 > -1/n만큼의 비용)는 목동으로 하여금 가능한 많은 수의 양을 방목하도록 유도함으로써 결국 목초지는 가용능력 이상의 양으로 말미암아 파괴에 이르게 된다. 따라서 이에 대처할 사회적 장치가 필요하다는 것이 Hardin의 결론이었다.

이와 같이 공유자원을 공동으로 사용하는 경우에는 사용에 따른 비용과 편익의 귀속주체가 다르게 되는데, 환경문제는 "공유자원의 사용관계에서 발생하는 비용과 편익의 귀속주체의 괴리가 (인간의 이기심과 결합하여) 만들어 내는 문제"인 것이다(조홍식, 1999: 318, 321). 경제학적 용어로 환언하면, 환경문제는 다름 아닌 외부효과(externalities) 또는 사회적 비용(social costs)의 문제다.

이에 반해 소비자문제는 공유자원을 둘러싸고 발생하는 문제가 아니다. 하지만 소비자문제가 '소비자가 생산자로부터 받은 피해를 보상받는 것이 구조적으로 어렵기 때문에 발생하는 문제'로 파악한다면, 소비자문제를 외부효과의 문제로 파악하는 데 문제가 없다고 본다. 왜냐하면 외부효과는 어떤 경제주체가 자신의 편익을 위해 한 행동이 제3자 또는 공동체 전체에게 의도하지 않은 비용, 즉 사회적 비용을 야기함에도 불구하고 이에 대한 대가를 지불하지 않을 때 생기는 것(다시 말해 거래관계 안으로 포함되어 해결되어야 할 것이 거래관계 밖에 방치되기 때문에 생기는 것이고 그래서 외부효과의 문제로 명명된 것)인데, 소비자문제도 생산자가 소비자에게 의당 지불하여야 손해배상을 지불하지 않아 발생하는 것이고, 문제의 특성상 법과 정책이 개입하지 않는다면 시장의 거래관계에 의해 해결될 가능성이 별로 없기 때문이다. 요컨대 환경문제나 소비자문제 모두, 원인제공자가 지불하여야 할 비용이 거래관계 속으로 내부화되지 않고 거래관계 밖에 존재하는 것이므로 이를 외부효과의 문제로 파악할 수 있다고 하겠다.

제2절 소비자문제와 환경문제의 공공재적 성격

환경문제와 소비자문제에 대해 성공적으로 대처하기 위해서는 무엇보다 관련당사자 및 일반 국민의 자발적 호응이 필수적이다. 예컨대 환경소송이나 소비자소송은 소제기자 '개인의' 피해를 구제해 줄 뿐만 아니라 당해 문제를 정부 당국에 고발해 줌으로써 '사회적으로' 유익한 역할을 한다. 그러나 불행하게도 개인에게는 환경소송이나 소비자소송을 제기할 유인이 없거나 부족한 것이 현실이다.

Olson은 왜 개인에게 환경소송·소비자소송을 제기할 유인이 없거나 부족한지를 설명할 수 있는 유력한 통찰을 제공한다. 사회과학에 있어서의 인간관은, Olson의 *The Logic of Collective Action*이 출판되기 전까지만 해도, '개인의 사회적 역할'에 대해 낙관적이었다. D. B. Truman(1958)과 A. Bentley(1949) 등이 그러하듯이, 그 시대 학자들은, '개인들은 공익의 신장을 위해 자발적으로 노력하게 될 것'이라는 막연한 기대를 대전제로 의심 없이 받아들였다. 이러한 낙관적 견해는 한 집단에 돌아갈 수 있는 편익이 존재한다면 이러한 편익을 성취하기 위한 집합행위(collective action)는 자연스럽게 일어날 것이라는 기대로 요약할 수 있는데, Olson(1965)은 그 당시만 해도 당연시되던 이러한 낙관주의적 인간관을 부정하면서[1] 다음과 같이 갈파한 바 있다.

> 개별 구성원의 숫자가 아주 적지 않는 한, 혹은 개별 구성원들로 하여금 공익에 따라 행동하도록 강제할 수 있거나 그 밖에 다른 특별한 [유인]장치가 없는 한 합리적이며 자기이익을 추구하는 개인은 공익 혹은 집단이익을 성취하기 위한 행동을 하지 않을 것이다(*Id.*, p. 2).

Olson은 집합행위의 어려움을 한 권의 책으로 논증하였지만, 그 주장의 요체는 어느 한 공공재, 예컨대 깨끗한 물, 공기, 풍광의 편익을 어느 한 개인이 타인보다 더 많이 얻을 수 없다면 그는 이러한 집합적 이익(collective interest)의 생산에 자발적으로 기여할 아무런 유인을 갖지 않는다는 것이다. 화단조성이나 화장실 청소 등은 어떤 한 사회에 꼭 필요한 집합행위이지만, 이러한 집합행위는 항상 사회에서 필요한 최적수준 이하로 생산된다. 왜냐하면 집합행위에 따르는 비용은 행위자에게만 귀속되지만 그 편익은 사회의 구성원 모두에게 돌아가므로, 행위자는 특단의 사정이 없는 한 이를 행하려 하지 않을 것이고, 따라서 집합행위는 사회가 필요로 하는 만큼 일어나지 않게 되기 때문이다. 합리적인 구성원이라면 집합행위에 참여하기보다는 가능하면 다른 이들이 하는 집합행

1) Olson은 다음과 같이 주장하였다. 즉, "집단의 성원이 그들의 집단이익을 위해 행동하려 한다는 생각은 널리 받아들여지고 있는데, 이 생각은 각 성원들의 합리적이고 자기이익에 따라 행동한다는 전제로부터 논리적으로 유래한 것으로 추정된다. 달리 말하자면 어느 집단의 성원들이 공동의 목표나 공익을 가지고 또한 이러한 공동의 목표가 성취됨으로써 보다 유복해질 수 있다면, 논리적으로 합리적이고 자기이익에 따라 움직이는 개인은 이러한 목표를 성취하기 위해 행동한다고 생각해 왔던 것이다."

위에 무임승차(free-riding)하려고 할 것이다.

사실 오늘날 사회적으로 큰 의제가 되는 대형국책사업에서 시작하여 상린관계에 이르기까지 거의 모든 환경문제는 그 문제의 심각성을 제시한 사람뿐만 아니라 여타의 사람들에게도 피해를 끼치는데, 피해자 모두가 문제제기를 하는 것은 아니다. 또한 문제제기자, 가령 소제기자의 승소로 인하여 환경침해행위가 중지되면 소송비용은 소제기자가 지는 데 반하여, 그 혜택은 소제기자 이외의 사람들도 함께 누릴 수 있다. 말하자면 환경소송·소비자소송은 공공재의 성격을 가진다고 할 수 있을 것이고 공공재는 소비의 비경합성(non-rivalry)과 배제불가능성(non-excludability)으로 말미암아 사회적으로 적정한 수준 이하로 공급되게 마련이다. 따라서 환경문제나 소비자문제는 그 해결을 개인에게 맡길 수는 없다고 하겠다.

제3절 소비자보호와 환경보호의 구조적 문제점

정부는 사회의 여러 문제를 해결하기 위하여 여러 조치를 강구한다. 민주적 정부는 이런 조치에 국민들의 선호가 있는 그대로 반영되도록 하기 위하여 "일인일표"의 원리를 채택한다(조홍식, 2004: 324-393). 사회경제적 조건을 공유하는 사람들은 집단을 이루어 정부가 각기 자신들에게 유리한 정책을 채택하도록 하기 위해 경쟁적으로 노력한다. 정치과정은 이익집단들이 유리한 정책을 얻기 위해 다투는 경쟁의 장(場)인 것이다.

그런데 환경문제나 소비자문제는 정치의 장(場)에서 그 대책을 논하면서 더욱 악화되기도 한다. 환경문제나 소비자문제에 대한 심각성이 일반 국민에게 인식되기 시작한 이래로, 입법부는 각종 환경보호법률 및 소비자보호법률을 제정하고 행정부는 이를 시행하기 위한 각종 시행령·시행규칙을 만들어 이를 집행하고 있다. 그런데 이런 환경관련 및 소비자관련 정책의 입안·집행에 있어 정작 관련당사자들은 소외되는 경우가 적지 않게 발견되고, 심지어는 환경보호·소비자보호를 빙자해 국민의 세금으로 특정 이익집단이 특혜를 누리기도 한다.

이와 같이 시장실패를 치유하기 위해 정부가 개입하는 경우 생기는 부작용을 "정치적 외부효과(political externality)"라고 한다.[2] 경제적 외부효과가 경제적 활동에 따르는 편익을 누리는 사람이 그 비용을 부담하지 않음으로써 생기는 것처럼, 정치적 외부효과는 정치적 결정에 따르는 비용의 부담자와 그로 인한 편익의 향유자 사이에 괴리가 있을 때 발생한다. 정치적 결정은, 시장에서의 결정이 거래당사자에게만 미치는 것과 달리, 국민 모두에게 미친다. 다시 말해 정치의 장에서 이루어지는 정치행위자 사이의 정치적 교환의 결과는, 경제적 교환과 달리 그 교환당사자뿐만 아니라 교환에 참여하지 아니한 공동체 구성원 전부에게 미친다. 따라서 정치적 외부효과를 최소화하기 위해서는 가능한 한 구성원 전체의 의사가 반영되도록 하여야 하고 정책의 비용과 편익이 구성원 전체에 고루 공평하게 분배되도록 하여야 한다. 이것이 이루어지지 않는다면, 경제적 외부효과를 잡기 위한 정부 개입이 더 큰 정치적 외부효과를 불러올 수도 있는 것이다. 이와 같이 정치적 외부효과에 대한 대응, 즉 구성원 전체가 참여해 결정하는 것은, 국민이 스스로의 명운을 결정하는 자치·자기결정의 이념에도 부합하는 것은 두말할 필요도 없다.

그런데 정치과정은 환경문제나 소비자문제를 해결하기에 적절하지 않은 문제점을 가지고 있다. 이러한 문제점은 입법과정에서 볼 수 있는 '이익집단 정치(interest-group politics)'와 행정과정에서 볼 수 있는 '행정관료의 포획(capture)'에 기인한다. 입법과정은 — 낙관적 다원주의자들(optimistic pluralists)이 그래왔듯이 — 전통적으로 공익을 모색하는 것으로 인식되어 왔는데, 공공선택론자들(public choice theorists)은 이를 이익집단의 입법수요에 맞추어서 입법자들이 법률을 공급하는 "거래의 일종"으로 파악한다.[3] 이에 따르면 이익집단의 로비활동으로 말미암아, 국민전체에게 이익을 가져다주는 '공공재적 성격'의 입법은 과소공급되는 반면, 일부 이익집단에게 이익을 가져다주는 '지대추구적 성격'의 입법은 과다공급되는 경향을 가지게 된다. 정치적 다원주의자들은 충분히 많은 다양한 종류의 이익단체들이 생겨나서 각 계층과 분야의 이익을 위한 입법수요가 충분히 반영되면 전체적으로 공익에 부합하는 입법의 균형이 이루어질 수 있다고 본

2) "정치적 외부효과(political externality)"에 관해서는 Zywicki(1999: 845) 참조.

3) 대표적으로 Buchanan & Tullock(1962)을 들 수 있다. 이와 달리 거래의 당사자를 이익집단만으로 보는 학자들도 있다. 이들은 입법거래를 일군의 이익집단이 다른 이익집단 또는 전체 사회의 비용으로 편익을 누리는 것으로 파악하며 정부는 거래를 성사시키는 브로커 역할을 하는 것으로 파악한다. McCormick & Tollison(1981) 참조.

반면,[4] 공공선택론자들은 이익집단의 형성은 대단히 선별적으로 이루어지므로 그들에 의해 표출된 입법수요에 따른 입법의 과정은 왜곡될 수밖에 없다고 보는 것이다.

소비자보호와 환경보호는, 공히, 이와 같은 정치과정에서 비롯되는 구조적 문제점을 가지고 있다. 환경 속에 속하지 않은 사람은 없고, 소비를 하지 않는 사람도 없다. 따라서 소비자보호나 환경보호를 원하는 집단이 있다면, 그 구성원은 국민 모두가 될 것이다. 이에 반해 기업과 같은 이익집단은 동질적 이해관계를 가진 소수의 사람들로 구성된다. 일반국민에 분산되어 있는 분산이익(diffused interest)과 기업이라는 응집이익(collected and concerted interest)이 유리한 정책을 얻기 위해 경쟁하면 후자가 승리해 지대추구적 입법이 결과할 가능성이 크다. 환경보호정책이나 소비자보호정책의 내용이 기대에 미치지 못

표 1. 입법유형표[5]

	편익분산	편익집중
비용 분산	① 편익분산/비용분산: 공공재적 입법	② 편익집중/비용분산: 지대추구적 입법
비용 집중	③ 편익분산/비용집중: 공공재적 입법	④ 편익분산/비용분산: 입법 불능

4) Lowi(1979). 이를 "이익집단 자유주의(interest-group liberalism)"이라고 부른다. 또 다른 예로 Dahl (1956)과 Truman(1951)을 들 수 있다.

5) 이 표는 Menell & Stewart(1994: 80)을 변형해 만든 것이다. 한편 Menell과 Stewart에 따르면 입법의 결과는, 입법으로 인한 편익과 비용의 분담방식에 따라서 다음과 같이 분류할 수 있다. 우리는 여기서 이익집단의 활동과 그로 인한 입법의 결과 사이에 함수관계가 형성된다는 것을 알 수 있게 된다. 표 1의 입법유형에 대해 살펴보면, 먼저 ① 편익분산/비용분산형의 입법은, 일반적으로 이익집단의 형성이 쉽지 않기 때문에 입법이 이루어지지 않거나 이루어진다고 하더라도 상징적인 입법에 그치게 되고 법이 발효되는 경우에도 제대로 지켜지고 있는지 감시하거나 혹은 시대 및 상황의 변화에 따른 개정은 쉽게 이루어지지 않는다. ② 편익분산/비용집중형의 입법은, 입법을 지지하는 단체보다는 반대하는 집단이 강하게 의사를 표현하게 되므로, 이익집단의 반대에 의해 입법이 이루어지지 않거나 이루어진다고 하더라도 법률의 구체적인 시행내용에 대해서는 행정입법에 위임하는 경우가 많다. 이 경우 행정부는 시간이 갈수록 이익집단에 "포획(captured)"되는 경향이 있다. ③ 편익집중/비용분산형의 입법은, 적극적인 입법을 위한 이익집단의 강력한 로비가 있게 되기 때문에, 입법의 결과에 대해 전 국민이 정확한 정보를 알지 못하는 경우에는 전체적으로 찬성하는 여론이 형성될 수 있다. 그 결과, 강하게 조직된 이익집단에게 입법으로 인한 편익이 돌아가는, 전형적인 "지대추구적" 입법이 이루어지게 된다. ④ 편익집중/비용집중형의 입법에 있어서는, 이익집단이 찬반양론으로 강력하게 형성된다. 입법의 과정은 치열한 로비의 전쟁터가 되고, 입법이 이루어지지 않거나 이루어진다고 하더라도 구체적인 시행내용에 대해서는 행정입법에 위임된다. 행정입법의 내용을 정하는 과정에서 이익집단들은 다시 강하게 충돌하게 된다(*Id.*, pp. 76-80).

하는 것은 이런 과정 끝에 나온 결과라고 볼 수 있다. 정부가 시장을 과신하여 소비자·환경의 보호를 등한히 하면, 생산에 따르는 사회적 비용은 분산된 채로 일반국민(소비자)에게 돌아가고, 수익은 특정이익집단, 대표적으로는 기업이 향유하게 되지만, 정치과정에서 벌어지는 이익집단 사이에 벌어지는 경쟁의 구조적 특징을 간과하여 정치과정을 과신하게 되면 시장에서보다 더 나쁜 결과가 초래될 수도 있는 것이다. 한편 이와 같은 입법과정에 대한 비판적 시각은 관료들이 이익집단에 포획되어 그들의 이해관계에 부합하는 행정서비스를 펼치는 행정과정에도 그대로 적용될 수 있음을 유념하여야 한다.

제4절 소비자보호와 환경보호의 차이

이제까지 소비자보호와 환경보호가 공유하는 측면을 살펴보았다. 하지만 양자의 성격이 완벽히 일치한다고 할 수는 없다. 첫째, 환경피해자와 소비피해자가 완전히 일치하는 것은 아니다. 또한 각 문제의 원인제공자도 완전히 같지는 않다. 소비자문제의 비용부담자는 '소비자'라는 범주의 사람들에 국한되는데 반해, 환경문제의 비용부담자는 통상 '인근주민'으로 인식되고 있다. 양자는 개념적으로 엄연히 구분될 뿐만 아니라 각기 다른 특징을 가지고 있다. 즉 환경피해자가 지역적 색채를 띠고 있는 반면, 소비피해자는 소비재마다 다르게 나타나기 때문이다. (이런 까닭에 환경보호정책의 수익향유자와 소비자보호정책의 수익향유자가 다르게 나타난다.) 또한 소비자문제를 일으키는 주체는 상품 및 서비스를 생산하는 생산자일 수밖에 없는데, 환경문제를 야기하는 주체는 생산자뿐만 아니라 정부 혹은 일반 국민들도 될 수 있다.

둘째, 환경문제와 소비자문제에 대한 사회적 인식에 차이가 있다. 소비자문제는 시장에서 가격이란 꼬리표가 붙어 다니는 상품 및 서비스에서 비롯된 문제다. 따라서 소비자문제가 발생하면 대개의 경우 금전배상으로 해결할 수 있다. 이에 반해 환경문제는 화폐라는 '하나의 잣대(single metric)'로 순위를 매길 수 없는 통약 불가능한(incommensurable) 또는 비교 불가능한(incomparable) 가치들 사이의 상충문제다.[6] 가령 천성산 사건이나 새만금 사건에서 보호대상이 된 자연의 가치는, 적어도 환경주의자에게는, 시장가치로 환산할 수 없는 내재적 가치가 있는 것이다. 쉽게 말해서 돈으로 해결할 수 있는 문제가 아니라는 것이다. 따라서 환경문제는 분쟁 당사자 사이에 합의의 가능성이 매우 적다.

셋째, 이런 까닭에 소비자문제와 환경문제의 해결방식은 서로 다를 수밖에 없다. 환경문제는 시장이나 관료·전문가에 의한 해결보다는 민주주의에 의한 해결이 적합하다. 환경보호와 일자리 중 어느 것을 선택할 것인가의 문제는, 두 가치를 비교하게 해 주는 공통의 척도가 존재하지 않기 때문에, 국민들이 참여한 민주적 정치과정에서 집합적 선호를 도출해 낼 수밖에 없다. 반면, 소비자문제는, 화폐라는 척도에 의해 관련 당사자의 이익의 경중을 측정할 수 있는 까닭에, 시장기제의 미세조정이나 전문가를 통한 해결이 가능하다.

제5절 지속가능한 소비

마지막으로 언급하여야 할 것은, 양자의 충돌가능성이다. 소비자는 품질 좋은 제품을 '값싸게' 공급받기를 원한다. 제품을 '값싸게' 만들어야 한다는 소비자의 요구는, 기업으로 하여금 환경을 무료로 사용하려는 유혹에 빠지게 한다. 또한 정부의 소비자보호정책은 자칫 지속가능성에 대한 고려를 결여할 수 있다. 이렇듯 소비자 잉여의 극대화와 환경보호가 상충할 가능성은 시장과 정부의 영역 모두에서 발견할 수 있는 것이다. 1980년대 '관광의 대중화'와 '환경보호의 필요' 사이의 상충은 이를 잘 보여 주고 있다. 관광수요자들에 대한 여론조사는, 관광수요자들이 환경보호의 중요성을 높게 인식하고 있음을 보여 주었지만, 실제 관광상품의 매수에 있어서는 전혀 다른 모습을 보여 주었다고 한다. 말하자면 관광객들의 표리부동(表裏不同)인 셈이다. 그 결과 생태를 모토로 기획된 관광

6) 가치의 비교불능성(incomparability)과 통약불능성(incommensurability)에 관해서는 조홍식(2005: 160-203) 참조.

상품은 시장에서 사라졌다고 한다(Tonner, 1999: 721). 그들은 환경친화적 소비보다 현재의 화폐가치를 더 높게 평가한 것이다.

따라서 연구의 초점은 법과 정책이 어떻게 '지속가능한 소비', '환경친화적 소비'를 가능하게 할 것인가에 맞추어져야 한다. 한 연구에 의하면 환경보호와 소비자보호는 좁은 지역일수록 융화·상보할 수 있는 가능성이 커진다고 한다. 다시 말해 전 지구적 범위보다는 국가의 영역에서, 국가 전체보다는 지방의 영역에서 성공할 가능성이 커진다는 것이다(Goldring, 1998: 1). 환경보호와 소비자보호는 공통점도 있지만 차이점도 무시할 수 없어, 이를 극복하기 위해서는 환경보호운동과 소비자보호운동이, 각각의 주체 사이에서건 아니면 프로그램 사이에서건, 서로 긴밀히 의사소통할 필요성이 있다. 그런데 가령 지구적으로 진행되는 프로젝트의 경우는 양자의 의사소통이 원활하지 못하게 되고 따라서 각각이 각자의 체계에 따라 나름대로의 방식으로 운영될 수밖에 없을 것이기 때문이다.

가장 바람직한 것은, 앞서 본 관광객들과 달리, 소비자들이 시장에서 환경친화적인 제품을 선호함으로써 생산자들의 생산활동을 향도하는 것일 것이다. 이른바 "시장환경주의(market environmentalism)" 소비자들이 환경친화적 태도를 분명하게 보일 때, 생산자들은 역으로 소비자에게 '환경선량'으로서의 이미지를 심으려고 환경마케팅에 나서게 될 것이다(Peeler & Rusk, 1991: 985). 소비자들이 자발적으로 이런 움직임을 채택하지 않는다면, 정부가 환경친화적 제품 또는 공정에 대하여 보조금을 지급하는 것도 생각해 볼 수 있을 것이다.

시장을 통해서거나 정부에 의지해서나, 지속가능한 소비를 여타의 소비와 구별하게 하고 지속가능한 소비를 장려하기 위해서 반드시 필요한 제도적 장치가 하나 있다. 표시제도의 정비와 이에 대한 지속적 감시가 그것이다. '지속가능한 소비', '환경친화적 소비'를 가능하게 하기 위해서는 환경친화적 제품에 대한 표시·광고 제도를 정비할 필요가 있다. 그리고 이런 제도가 뿌리를 내리기 위해서는 허위표시·과대광고에 대한 엄격한 제재도 확고히 자리 잡아야 할 것이다.[7] 그래야만 환경마케팅이 활성화될 수 있는 환경이 조성될 수 있기 때문이다.

하지만 이런 노력들은 어쩔 수 없는 한계를 가지고 있음을 잊어서는 안 된다. 소비자

7) 표시·광고가 가져올 여러 효과와 이를 위한 제도적 조치에 관한 문헌으로는 조홍식(2007: 391-466) 참조.

보호는 결국 사람을 위한 것인데, 환경보호를 위해서는 이런 사람중심의 사고방식에서 탈피하여야 한다는 주장을 결코 가볍게 여길 수 없기 때문이다. 결국 허무주의에서 벗어나 환경보호와 소비자보호의 조화를 모색하고 알력으로 인한 비용을 최소화하고자 한다면, 적어도 당분간은, 발전된 과학과 기술의 발견에 의지할 수밖에 없을 것 같다. '지속가능한 소비'를 가능하게 할 수 있는 방법에 대한 학계와 실무계의 높은 주의를 촉구하는 바이다.

참 ▪ 고 ▪ 문 ▪ 헌

조홍식(1999), 「환경법 소묘」, 『서울대학교 법학』, 제40권 제2호.

_____(2004), 「民主主義와 市場主義」, 『서울대학교 법학』, 45권 4호(통권 133호).

_____(2005), 「法에 있어서의 價値와 價値判斷: 原告適格의 規範學 (I)」, 『서울대학교 법학』, 48권 1호(통권135호).

_____(2007), 「식품의 기능성 표시와 표현의 자유」, 『환경법연구』, 제29권 제2호, 391-466.

Bentley, A. (1949), *The Process of Government*.

Buchanan, James M. & Tullock, Gordon (1962), *The Calculus of Consent*.

Hardin, Garrett (1968), "The Tragedy of the Commons," 162 *Science* 1243.

Goldring, John (1998), "Consumer Protection, Globalization and Democracy," 6 *Cardozo J. Int'l & Comp. L.* 1.

Lowi, T. (1979), *The End of Liberalism*, 2d ed.

Klaus, Tonner (1999), "European Travel Law: Between Consumer Protection and Other Needs," 790 *PLI/Comm* 721.

McCormick, R. & Tollison, R. (1981), *Politicians, Legislation and the Economy*.

Menell, Peter S. & Stewart, Richard B. (1994), *Environmental Law & Policy* 80.

Olson, Mancur (1965), *The Logic of Collective Action: Public Goods and the Theory of Groups* 1.

Peeler, C. Lee & Rusk, Michelle K. (1991), "Commercial Speech and the FTC's Consumer Protection Program," 59 *Antitrust L. J.* 985.

Truman, D. B. (1958), *Governmental Process*.

Zywicki, Todd J. (1999), "Environmental Externalities and Political Externalities: The Political Economy of Environmental Regulation and Reform," 73 *Tul L. Rev.* 845.

I

SESSION

소비자와 법

◉ 토론: 소비자기본법의 체계와 의미

● 홍명수: 지금 소비자안전법 제정을 제안을 하신 거죠? 지금 현재 소비자기본법에 있는 내용이 사실은 안전법에 기반한 내용의 대강을 이루고 있는데, 별도로 입법을 생각하시나요, 아니면 소비자기본법 내에서 강화를 해야 한다는 것인지?

● 권대우: 그것은 정책적인 결정이라고 생각합니다. 제 입장은 꼭 개별법령을 만들어야 된다는 입장은 전혀 아닙니다. 제가 생각하기엔 이런 이런 역할을 하는 규범이 필요하다는 거고, 그 어떤 규범이 어느 정도 필요한가에 대한 것은 좀 더 제가 쓰겠습니다.

● 홍명수: 지금 말씀하신 것도……. 다시 질타를 해 볼께요.(웃음) 안전성 문제를 소비자기본법 안에 두게 되면 소비자기본법 소관부서가 공정위가 되면서 가장 큰 장점은 무엇이라 생각합니까?

● 김성천: 일괄적 분쟁조정제도에 대해서도 집단소송제도를 도입하는 문제에 대해서 한 단계 내렸다고 그러는데, 일괄적 분쟁조정제도 자체가 세계적으로 우리나라만이 도입한 제도 중의 하나입니다. 향후 소비자기본법이 제대로 정착하느냐에 대한 또 하나의 중요한 키워드가 되는데, 그것이 과연 집단소송제도를 취하거나 그만큼 효과를 맞추는 제도로의 성격이냐 하는 문제에 대해서도 고민해 보는 것이 어떤가 싶은 생각이 듭니다.

● 권대우: 집단소송제도부터 말씀드리면, 일괄적 분쟁조정제도가 집단소송제도를 대신하려면 집행력 있는 결정이 내려져야 되는데, 집행력이라는 것은 분쟁조정제도에서는 당사자의 동의가 있어야 되거든요. 그런데 당사자가 동의를 안 하면 완전히 휴지입니다. 집단적 분쟁, 일괄적 분쟁조정제도에 동의가 될 것이냐 하는 문제가 있고, 또 하나는 일괄적 분쟁조정제도에 상응하는 어떤 절차적인 규정이 만들어져야 하는데, 지금 한국소비자원의 소비자분쟁조정위원회는 그 정도까지 성숙되어 있지 않습니다. 그 다음에 소급물 관련해서 기준 위반인데, 김성천 박사님 말씀은 기준이라는, 예를 들면 우리의 기준에 대해서 소비자기본법 제8조 1항에 의한 기준, 이거여야 되느냐, 아니면 그러한 의미에 소비자법 제8조 1항의 위해방지, 국가가 위해의 방지를 위하여 기준을 정하기만 하면 제8조 1항의 기준에 포함되는가, 소위 말하는, 그 기준에 대한 최선의 문제이거든요. 저는 그 출발점이 후자 쪽으로 가야 된다고 보는 입장입니다. 또 그게 만약에 제8조 1항에 의한 기준으로서 발의가 되고 공포가 되어야만 하느냐 문제에서는 저는 넓게 해석해야 한다고 생각합니다.

● 송보경: 저는 우선 세 가지 면에서 동의하는데, 기본법 체계에서 각 조직체의 역할 중에서 결국은 사업자와 소비자단체의 역할이 대단히 중요하다는 것입니다. 결국은 시장에 생기는 문제를 해결하는 데서 그 당사자들이 어떻게 잘 해결할 수 있느냐는 문제에 있어서 다른 기관들은 사실 보조자 역할이거든요. 두 번째는, 우리가 이런 걸 다루는 것은 소비자 시각에서 보면 법률가의 시각에서 보는 것과 다를 텐데, 아까 말씀하셨던 공정거래위원회가 맡아야 되느냐 재경부에서 맡아야 되느냐 하는 것은 소비자 시각에서 보면 중요하지 않은 일이거든요. 중요한 것은 그것을 어떻게 하느냐, 소비자단체가 어떻게 전문화하느냐 하는 것입니다. 그것은 사실 소비자단체에서 일하고 있는 사람이 절실히 원하는 부분인 만큼 소비자단체의 당사자들뿐만 아니라 혹시 정부정책으로서 소비자단체가 전문화하는 데 무엇을 어떻게 협조할 수 있는가 하는 것이 더 논의되어져야 한다고 봅니다. 그 다음에 하나만 더 얘기하면, 피해구제는 사업자단체가 하도록 하는 시스템으로 가야 된다는 것입니다. 지금 한국소비자원이 잘못한다, 민간단체가 약화됐다 하는 것 중에서 핵심을 보면, 소비자원도 그렇고 소비자단체도 그렇고 피해구제에 많은 자원을 소비하고 있는 것이거든요. 그런데 그 원인제공자, 피해를 만들어 내는 당사자가 사업자잖아요. 그것을 어떻

게 할 것이냐 하는 것이 오늘은 아니더라도 장차 논의할 때 팁이 되지 않을까 합니다.

● 권대우: 사업자 입장에서는 A/S센터나 콜센터에 신고하면 자기들이 직접 당사자이기 때문에(내가 한 행위를 내가 한 행위에 대해서 긍정적으로 평가할 수밖에 없기 때문에) 일단은 거부하는 쪽이 훨씬 강하지만, 전자산업협회라면 삼성이든 LG이든 일단은 소비자가 문제를 제기했다는 데 비중을 두고 접근을 합니다. 예를 들어 보면 에너지워치라는 영국 소비자단체가 있는데, 이 단체의는 영국의 산업기금이라고 해서 우리나라로 치면 전경련에서 낸 돈에서 1년 운영비의 40%를 받습니다. 그런데 누구를 위해서 봉사를 하느냐 하면 전적으로 사업자단체를 위해서 봉사를 하는데 대상이 소비자라는 거죠. 그러니까 사업자단체가 소비자단체를 지원하는 셈인데, 사업자들이 얘기하면 안 믿지만 소비자단체가 소비자한테 말하면 믿는다는 거예요. 사업자인 전기회사로서는, 자기들의 민원부서가 하면 소비자하고 갈등만 생기는데 소비자단체가 소비자를 설득하니까 너무나 행복하다는 겁니다. 그 전기회사로부터 "우리는 에너지워치 활동에 대해서 굉장히 만족스럽다."라는 말을 직접 들었어요. 그러니까 제 얘기는 사업자단체의 민원부서에만 의존하는 것이 아니라 사업자단체와 소비자단체의 관계도 실제로는 그런 시스템으로 가면 굉장히 효율적이라는 거죠.

● 송보경: 아까 국제적인 시각이라 그랬는데, 우리 시장이라는 것이 글로벌 마켓이란 말예요. 그러면 우리나라의 지금 소비자정책도 국제화해야 되지 않을까 하는데, 국제화에 의한 것이 피해구제뿐만이 아니다 이거예요. 피해구제방식도 있고, 소비자보호도 있겠고, 결국 그것이 하나가 돼야 한다는 거죠. 그러니까 국제협력, 국제 소비자문제라 말할 때 문제의 범위도 넓어져야 되겠고 그것을 해결하는 방법도 무처럼 잘라지는 것이 아니라, 소위 로컬 문제냐, 내셔널 문제냐 글로벌 문제냐 하는 것이 다 연결되어 있다는 점에서 접근해야 할 필요가 있지 않느냐 이렇게 생각합니다.

◉ 토론: 경쟁법의 '소비자'로의 수렴

● 조성국: 저도 GE/Honeywell 사건을 보면서 EU와 미국의 시각 차가 어느 정도 있다는 것을 느꼈습니다. 우리나라에는 미국과 EU가 가진 것보다 많은 정치적 이해관계가 있는 것 같습니다. 공정거래위원회도 기본권을 도입한다는 생각을 굉장히 많이 하고 있습니다. 장 교수님께서는 한국에서만 독특한 용어라고 말씀하신 유효경쟁이라는 것에 대해 공정거래위원회에서는 아니다, 그게 무슨 말이냐, 그렇게 생각을 하고 있거든요. 그리고 또 불공정한 경쟁 수단이라고 하는 것이, 제가 생각하기로는 FTC법 5조에 나와 있는 용어를 번역한 것이라고 보는데, 장 교수님께서는 미국 FTC가 쓰는 용어와 한국 공정거래위원회가 실제 집행하는 용어의 차이점을 지적하신 것 같습니다.

● 장승화: 예를 들어서, FTC의 경우에 그 법이 추구하는 목적상 그런 것이고, 그렇지만 그 법이 최근에 집행되는 것을 보면 공정거래법의 가장 본질적인 목적, 그 목적에 있어서의 첨부되는 수단에 있어서 바뀌거나 하지는 않는 쪽으로 가고 있는 것으로 봤는데, 물론 견해 차이는 있을 수 있습니다. 공정거래법의 가장 본질적인 목적에 영향을 미치는 것에 관한 심층적인 분석이나 성찰 없이 그냥 그 용어에만 기대어서, 아까 말한 개인적인 철학이라든지 그런 퍼포먼스에 따라 결론이 가버리는 그런 일은 피해야 된다는 말씀입니다. 제가 어떤 정책적인 판단을 내리고, 우리나라의 공정위나 법원은 어떤 쪽으로 가야 될 것이냐, 무엇이 옳다 그르다라고 하는 그것에 대해서, 이쪽으로 가면 맞고, 이쪽으로 가면 틀리다라고 말씀드리는 것은 아니고, 갈려면 그것에 대해서 논리적이고 과학적인 근거를 제시하고 가야 하는데, 그것 없이 관련되는 사실을 쫙 나열하고, 그 다음에 이것은 유효경쟁에 좋으니까, 이것은 거래 수단의 불공정성이 있으니까, 하는 식으로 결론을 내 버리는, 그런 것이 문제가 있을 수 있다는 겁니다. 우리나라 법원 판례를 보면 사실상 그런 쪽이 많습니다.

● 이성구: 대규모도매종합고시, 경품고시, 그런 것들을 보면 적어도 제 생각에서는 이해하기 어려운 것들이 많아요. 그런데 법원이나 공정거래위원회의 집행자들도 그럴 수밖에 없을 거예요. 왜냐하면 그 고시라는 게 법률에 근거해서 되어 있는 것이기 때문에,

법규적 성격을 갖거든요. 공정거래위원회 내부 지침이라든지. 그러니까 그런 고시들을 보면 당초 제정을 할 때 생각을 했겠지만, 경쟁문제에 대해서는. 그런데 실제 집행과정이라든가 상황이 변했음에도 불구하고 고시가 그대로 유지되고 또 해석이 잘못되고, 그래서 합리성이 결여되는 경우가 생겨요.

● 장승화: 그렇게 하시는 것은 집행자의 입장에서는 어쩔 수 없지만, 입법적인 차원에서, 사실은 그게 다 국회에서 만든 게 아니고 공정위에서 만든 것이기 때문에, 큰 틀에 맞춰서 한 번 쫙 털어야 하는 필요가 있는 것이 아닌가 하는 생각이 듭니다.

● 최은실: 한국소비자원에서 근무하면서 여러 가지 정책적인 부분에 대해 실질적으로 소비자의 목소리를 내는 입장에서 몇 가지 말씀드리겠습니다. 한 가지는 조홍식 선생님의 주제와 관련이 되는데, 안전과 환경 문제는 뒤에 말씀드리겠습니다.

먼저, 통신에 있어서 이동전화 문제가 나오고 있는데요. 1999년도에 한국소비자원에서 제가 처음 조사를 수행했을 때, 녹소연, 소시모, YWCA 등과 같은 소비자단체들과 함께 관련 소비자문제를 제기했습니다. 당시에는 단말기보조금하고 의무사용기간이 연계가 되어서 굉장히 부작용이 많았습니다. 그 당시에는 소비자들이 값비싼 휴대폰을 구입하기 위해서 이동전화 회사에서 단말기보조금을 받는 대신 의무사용기간이란 계약조건에 응할 수밖에 없었는데, 정부, 즉, 정통부에서는 이를 장려하는 입장이었습니다.

사실 그 당시에 지적했던 의무사용기간은 단말기를 싸게 구입할 수 있어 소비자들에게 이득이 가는 부분이 있었습니다. 2-3년의 의무사용기간을 약속하면 핸드폰을 거의 무료로 얻을 수 있었는데, 당시에 이동전화 시장을 활성화시키려는 정부의 정책과 맞물려서 많은 소비자들이 이를 이용하면서 차츰 부작용이 생겼습니다. 더구나 전파사용료라고 하는 매우 특이한 비용부과 항목도 있어서 의무사용기간, 단말기보조금에 대한 제도개선과 전파수신료의 폐지를 소비자단체들과 함께 주장했던 것입니다. 그때 한국소비자원의 주장은 문제가 많은 의무사용기간과 연결된 단말기보조금은 폐지하되, 장기 가입자는 우대하는 방향으로 제도를 개선하자는 것이었습니다. 이렇게 제도를 개선한다면 장기적으로 성실하게 서비스를 이용하는 다수의 소비자잉여가 커지게 되어 여러 부작용을 막을 수 있다는 논리였습니다. 그리고 더불어 단말기보조금에 해당하는 부분을 이동전화서비스

비용 인하로 돌리라는 것이었습니다.

그러나 그 당시 5개의 이동전화서비스 업체가, 3개로 되면서 이런 주장들이 묻혀 버렸습니다. 소비자원과 단체들은 더 많은 업체들이 진입할 수 있어야 하지 않느냐 하는 식의 다양한 의견들을 내었음에도 그냥 묻혀 버리고, 일시적으로 의무사용기간과 연계된 단말기보조금제도를 폐지하는 방향으로 진행되었고 이에 대한 논란이 많았습니다. 단말기보조금을 없애고 가격인하를 요구했으나 가격인하는 없이 보조금만 없앤 것이지요.

최근 단말기보조금제도가 부활하였는데 역시 말이 많았습니다. 사실 한국소비자원과 소비자단체들의 일관된 목소리는 이동전화서비스 업체가 원가 분석을 통해서 가격을 공개하고 인하할 부분이 있으면 가격을 인하하라는 것이었어요. 그리고 가격에 대해서도 경쟁을 하라는 것인데요, SKT 요금이 인가요금이다 보니, 사실은 이걸 지침으로 어느 정도 다른 업체의 요금이 같이 가는 경향이 있습니다. 제가 알기로는 공정위에서 그런 부분을 가격담합으로 처벌하려고 3개사의 상무들이 몇 번 모였느냐, 그걸 근거로 해서 담합에 대한 걸 따지겠다고 하는데, 각 업체의 기본요금과 요금체계만 봐도 유사하고 인상시기도 비슷하게 가는 부분이거든요.

그동안 소비자원 등에 접수된 소비자들의 불만이나, 소비자피해 사례 중에서 1, 2위가 이동전화와 초고속인터넷서비스입니다. 모든 소비자가 이용하기 때문에 요금에 대한 정확한 분석을 통한 가격인하가 이뤄진다면 정말 큰 소비자잉여가 발생하는 것인데요. 공정위나 정통부, 산자부 등 관련정부기관에서 이에 대한 관심이 필요하구요. 저도 그동안의 사례와 연구들을 통해 연역적으로 풀어봐야 하지 않을까 하는 생각을 하고 있습니다.

● 송보경: 소비자단체, 특히 소시모 같은 경우에는 가격에 대한 것은 잘 다루지 않습니다. 왜냐면 우리는 기본적으로 가격 차이는 인정한다. 동네에서 사이다 한 병 사는 것과 설악산 꼭대기에 있는 사이다 가격이 차이가 나는 것은 너무 당연하다. 그럼에도 불구하고 가격을 가지고 하는 고민은 두 가지인데, 이것은 소시모의 고민일 뿐만 아니라 OECD도 고민을 하고 있는데, 소비자정책에서 가격이라는 것이 좋은 무기인데, Price Index가 작용하는 범위가 얼마나 될 것이냐 하는 것이 불명확하다는 거죠. 제가 지난번 회의에 갔을 때, Price Index를 어떻게 작동시켜야 되느냐 하는 것하고, 그 다음에 소비자행위로 보면, Willingness to pay하고 실제 선택하고 다른 것을 어떻게 분석해 내고,

이것을 어떻게 적용해야 하느냐는 것의 두 가지를 고민하고 있었습니다.

그리고 한국에서 가격에 대해서 말할 수 있는 것을 서너 가지 정도로 간단히 말씀드리겠습니다. 우선, 가격에 속임수가 들어 있는 건데, 그건 개별적인 것이 아니라 구조적인 속임수가 들어가 있다는 거지요. 적어도 제가 보기에는 주택가격, 이동통신가격, 에너지가격은 구조적인 속임수가 들어 있다고 생각하거든요. 그 구조적인 속임수라는 건, 담합을 찾아낼 수는 없지만, 담합할 수 있는 구조가 있다는 거에요. 석유회사들이 3개밖에 없다는 것은 안 된다고요. 적어도 소시모의 관심은 개별 상품의 가격이 오르냐 내리냐 하는 것이 아니라, 구조적인 가격의 왜곡이라는 것이 담합 때문에 생기는 것이라고 보거든요. 그 다음에는 아까 말씀드린 것처럼 주택도 그렇거든요. 아파트 원가 공개하라고 그러는 것이, 그걸 공개하라는 것은 시장을 모르는 거라고 하는데, 아파트 가격에 숨어 있는 것은 3분의 1 법칙이잖아요. 이게 무슨 얘기냐면 정부가 아파트 분양가격에서, 있지도 않는 가격을 있는 가격이라고 인정해 준다는 것입니다. 그러면 인정하는 순간에 가격이 3배로 올라요. 그러니까 법적으로는 합법적인지 모르지만, 우리가 생각할 때는 부당하다는 겁니다. 그런 문제 지적을 단체가 해야 되는데, 그런 주장을 뒷받침할 전문가들을 확보하기가 어렵더군요. 그러나 이런 것이 되는 것이 소비자가 보호를 받는 겁니다.

● 박명희: 실제로 소비자행동을 보면, 소비자선택이 가격만으로는 설명되지 않거든요. 비가격적인 요소들이 훨씬 더 선택에 영향을 미치는 것으로 나와요. 그런데 비가격적인 요소 중에서 실제로 계량이 안 되는 부분이 많이 있습니다. 그런 계량이 안 되는 부분들을 어떻게 측정해서 공정한 경쟁의 틀로 평가할 수가 있는가, 그것이 가능한가? 가능하다면 들어가도 문제가 없죠, 경쟁법에. 저는 이게 이상적인 얘기지만, 단체 입장이랑 상관없이 원론적으로는 들어가야 된다고 생각을 해요. 그런데 현실적으로는 그게 어렵다는 거죠.

● 장승화: 진화를 거치면서 거기까지 가능하다면 하자는 건데, '거기까지 가능하다고 한다면'이라는 것이 지금 논의하는 관점으로 말씀드리면, 경쟁 제한적이지만 이것이 효율성을 증진하는 것이라면 다른 것을 인정해 주겠다라는, 그 효율성을 인정하는 과정에서 사실은 비가격적인 요소가 반영이 됐다는 것이거든요. 지금 이 Lande의 입장은 제가 봤

을 때는, 그게 디펜스에서 효율성의 차원에서 그것을 인정해 주는 것이 아니고, 이게 경쟁 제한적이냐, 아니냐라고 얘기할 때 예를 들어서 가격은 약간 낮추더라도 어떤 소비자들의 비가격적인 혜택권의 제한을 가져오는 것이면, 이것은 규제를 할 수도 있다는 쪽으로, 만약에 규범적으로 결론이 난다면 그것은 반독점(antitrust)에 있어서 일대 변혁입니다. 소비자 측면에서 봤을 때는, 소비자학의 정책 측면에서 봤을 때는 퇴보라고 할지 모르지만, 반독점의 입장에서는 정말 생각을 해 봐야 될 일입니다. 그 다음에 다른 비가격적인 요소도 중요하지만, 그것은 예를 들어서 안전규제(Safety) 쪽에서 하라는 거죠. 이것을 다 경쟁정책 쪽에 넣어서 하다 보면 경쟁정책의 본류가 흐려질 수 있는 것이 아닌가 생각합니다.

◉ 토론: 소비자와 공정거래법

● 장승화: 아까 목적부분에서 이야기를 하면서 경쟁을 보호한다라는 것과 소비자 이익에 결국에 증진이 되서 보호를 한다는 것에 대해 저는 약간 의문을 가지고 있었는데, 정리를 잘 해 주셔서 도움이 많이 되었습니다. 그 두 개가 구분할 수 있는 것이냐, 그 두 개가 다른 것이냐 하는 것에 대해서 근본적인 의문이 있습니다. 경쟁법이라는 것이 결국은 소비자를 중심으로 이익이 되는 것이냐 아니냐라는 쪽으로 가는 것이 전 세계적으로 경쟁법을 주도하고 있는 나라나 법제에 있어서는 트렌드라고 하는 것이 제가 이야기하려고 하는 것입니다. 그것이 당위적으로 맞냐, 안 맞냐라는 것까지 이야기하기 시작하면 끝이 없는데, 여하튼 이봉의 교수님은 우리 공정거래법으로 이야기를 하고 있으니까 그 부분을 구체적으로 각 규제 유형마다 혹시 경쟁을 보호한다고 하면서 소비자의 이익에 침해가 되는 어떤 그런 결론을 공정위나 법원에서 내리고 있는 것은 없는지, 또는 경쟁을 보호한다는 것과 소비자이익을 보호한다고 하는 것이 너무나도 중요하다는 공통의식을 갖고 있는데 특히 불공정거래행위 같이 고시라든지 개별적으로 공정위나 법제로 유형화하고 있는 형식 중에서 바로 그 경쟁보호, 소비자보호 목적하고는 동떨어진 어떤 구체적인 지침 내지는 고시 고유의 목적이 거기 쑥 들어와 있는 것은 없는지, 만약에 그런 게

있다면 입법론적으로 그 부분을 좀 정리를 해 주시면 하는 욕심이 있고요. 그 다음에 입법정책방향으로 어느 방향으로 가닥을 잡고 나아가야 될지, 그거야 이 교수님의 경쟁법을 보시는 철학에 따라 달라질 수 있는 것이지만, 일단 우리나라의 법제정이나 해석이나 집행 자체가 제가 지금 말씀드린 여러 가지 개념 내지는 목적이 혼재되어 있습니다. 대법원의 판례에서만 보더라도 경쟁을 제한한다고 하려면 관련시장부터 획정이 되어야 할 것이고 가격을 낮추는 것이 결국은 다른 사업자들에게 어떤 영향을 주느냐 그래서 그것이 소비자에게 가격을 낮추는 것으로 가느냐, 높이는 것으로 가느냐, 또는 가격에 미치는 효과 이외의 편익 부분이 여러 가지로 소비자에게 이익을 주는 것이냐, 아니냐를 다 따져보고 그런 후에 경쟁을 제한한다, 안한다고 이야기할 수 있는 것인데, 대법원 판례에서 경쟁을 제한한다고 하는 것은, 예를 들면 관련 시장에서 경쟁자가 여러 명 있을 수 있는데 그중 둘이서 가격을 낮추자고 약속을 하고 둘 사이에 가격 담합이라고 얘기할 수도 없는 어떤 논의(arrangement)를 했다는 것만 가지고 경쟁이 제한된다고 하면, 그것은 공정거래법의 목적조항에 있는 경쟁이라는 것에 대한 몰이해에서부터 나온 것이 아니냐는 생각이 듭니다. 그런 것이 대법원의 판결뿐만 아니라 공정위의 심결례나 또는 여러 판결에서도 나타나는데, 어떤 경쟁의 개념 또는 소비자이익을 보호한다는 것에 대한 몰이해 때문에 법조문을 그냥 끌어와서 경쟁은 제한하지만 소비자이익에 도움이 되고 국민경제의 발전에 이바지한다고 말하면, 그것은 정말로 너무 피상적으로 판결하는 것이 아니냐는 생각이 듭니다.

● 최종원: 공정거래법이나 아니면 법학적인 의미에 있어서 소비자이익, 소비자보호라는 개념의 정의(definition)가 무엇인가? 무엇이 소비자이익이고 소비자보호인가? 경제학자들이 소비자후생이라는 개념을 얘기하는 것을 가만히 들여다보면 소비자후생이라고 하는 것도 왔다 갔다 한다 말이예요. 그러니깐 법학적인 차원에서 우리가 논의를 시작하려면 소비자보호와 소비자이익이라는 개념이 공정거래법, 법학적인 차원에서의 개념은 어떤가를 먼저 봐야 합니다. 소비자보호를 연구하시는 분들의 입장에서 예를 들어볼까요. 똑같은 현상을 보고도 두 가지로 다르게 해석할 수 있습니다. 어떤 비행기에 100명이 타는데 똑같은 가격으로 예약을 한 사람은 아무도 없어요. 어떤 사람은 1년 전에 예약을 했고, 어떤 사람은 운이 좋아서 등 모두 가격과 과정이 달라요. 그렇지만 똑같은 클래스에

있는 사람은 모두 똑같은 의자에 앉아 똑같은 음식을 먹고 뉴욕을 출발해서 한국으로 왔습니다. 이 현상을 놓고 한 사람은 이렇게 얘기해요. 그것은 굉장히 좋은 거다. 왜냐하면 만약에 가격이 높았다면 높은 가격을 지불할 사람들만 왔을 텐데 가격을 낮추었기 때문에 낮은 가격을 지불할 사람도 올 수 있었다는 겁니다. 또 어떤 사람은 다르게 이야기 합니다. 똑같은 클래스를 탔으면 가격이 같아야지 하지 않는가? 똑같은 클래스를 40만 원 내고 온 사람도 있고 80만 원을 내고 온 사람도 있다면, 80만 원 낸 사람 입장에서는 불공평한 것이라는 겁니다. 따라서 결과가 똑같은 현상을 놓고 과연 어느 쪽이 소비자이득이 되는지 생각하는 관점에 따라 분석이 다를 수 있다는 겁니다. 소비자운동을 하시는 분이나, 소비자이익을 주장하시는 분이나, 법학자나, 경제학자나 소비자보호 개념을 정리해야 합니다. 아까 언급한 제주도관광협회사건이나 그 다음에 나오는 기업결합도 재미있는 케이스입니다. 이것을 경제학적으로 해석하면 생산적 효율은 달성되는데 소비자보호에 있어서 반드시 생산적인 효율이 소비자에게 가야 되느냐? Price를 볼 것이냐, Quantity를 볼 것이냐에 따라 달라집니다. 한 사람은 경쟁가격 이상의 가격으로 결정하면 무조건 소비자후생에 있어서 제한된다고 생각하고,. 또 다른 쪽에서는 산출량이 제한되지 않고 경쟁적 수준만큼 되면 그 안에서 능력에 따라서 많이 낼 사람은 많이 내고, 적게 낼 사람은 적게 내어 가격차별 당해도 문제가 없다고 생각하는 입장입니다.

● 박명희: 제가 전기위원회에 참석하다 보니깐 전기요금이 굉장히 불평등하더군요. 현재는 경쟁시장으로 가기 위한 전환을 해야 한다고 제도를 바꾸는 과정 속에 있는데 경쟁제한과 관련해서 이런 생각을 했어요. 각자 개별적인 에너지의 가격으로 봤을 때는 교차지원이 과연 소비자이익에 부합하느냐 하는 문제입니다. 전기 같은 것은 재투자로 시설적인 보완을 이루면서 독점으로 가야 된다고 얘기를 하는데, 실제 장기적으로 봤을 때 환경을 얼마나 보호해 주느냐라든가, 지속적으로 우리가 전기를 공급받게 할 수 있는, 가격 외적인 요인을 경쟁과 어떻게 연결을 해서 이야기를 할 수 있는가, 그런 면에서 저는 굉장히 궁금해요. 경쟁제한과 관련되어서 상당히 독점적인 형태로 규제를 하고 있기 때문에 언젠가는 공정거래위원회와 부딪힐 거라고 생각을 하고 있거든요.

● 이성구: 사실 경쟁정책과 소비자문제와 산업정책을 정의하기는 굉장히 어려운데 금

융과 에너지 부분에서 보면 업자들 간의 이해관계 조정을 산업정책이라는 이름으로 포장을 해가지고 어떤 특정 산업의 경쟁력 향상이라고 설득하지요. 산업정책에서 소비자문제가 굉장히 많습니다.

● 송보경: 소비자이익, 소비자보호의 차이가 뭐냐, 그리고 거기서 Price냐, 혹은 Quantity냐 이렇게 얘기를 했는데, 사실 시장에서 소비자단체가 하려고 하는 것은 그것이 경쟁이건 아니건 Quality입니다. Quality 중에서도 Safety이거든요. 많은 경우 실제 요구를 했을 때 기업의 비밀이라는 명목 하에 진짜 중요한 것이 공개되지 않고 있습니다. 시장이라고 하니깐 그런 것도 염두에 두시면서 논의를 했으면 하는 얘기예요.

● 윤정혜(공정거래위원회 소비자본부장): 소비자기본법 개정에서의 소비자보호와 소비자주권실현의 개념은 좀 더 부언하자면, 거래관계라든가 이런 관계에 있어서 소비자를 보호해 주는 여러 가지 장치에서의 보호 기능과, 그 다음에 소비자가 스스로 자기의 이익을 실현한다는 새로운 개념입니다. 기본법에서는 보호보다는 스스로 보호한다는 개념으로 가기 때문에 그때의 보호와 경쟁법을 논할 때의 보호와는 개념 차원이 다르다고 할 수 있습니다.

● 최종원: 양자가 어떤 차이예요? 보호와…….

● 윤정혜: 제가 볼 때 보호라고 하면 거래의 대등한 지위를 상정하지 않는 거죠. 기업과 소비자의 관계에 있어서 소비자는 약하니깐 소비자를 많이 보호해 주어야 한다는 입장에서 출발을 하는 거지요. 그런데 이제는 소비자가 똑똑해졌기 때문에 스스로 교육이나 정보를 통하여 실현할 수 있다는 것이 주권실현의 개념입니다. 다수의 국민이 학력에 상관없이 사기를 많이 당하는 것을 볼 때, 정부는 그러한 사기피해를 방지하기 위해서 지속적인 노력을 하지만, 항상 그 시점만 보고해야 될 것인지도 생각해 보아야 합니다. 소비자도 자기의 의사결정에 대해서는 책임을 지는 부분으로 가야지만 단계적으로 소비자가 주권실현을 할 수 있다고 생각합니다. 이러한 부분에서 민사적 규제나 형사적 규제에 있어서도 고민을 해야 합니다. 현재 다단계피해 등에서 정부가 보호해 줘야 되는 측면

도 있지만, 앞으로의 장기적으로 소비자들이 스스로 할 수 있도록 자기 책임을 강화하는 방향으로 옮겨 가야 하지 않을까 합니다. 앞으로 논의할 때 참고해 주셨으면 합니다.

● 여정성: 보호와 주권을 대비시키면서, 윤본부장님 같은 경우에는 보호의 의미를 뭔가 수동적인 얘기로 보시지만, 저 같은 경우는 그렇게 보지 않습니다. 10년 전에는 소비자보호라고 하지 말자는 얘기도 많이 했지만 요즘은 오히려 그런 말을 안 하거든요. 보호의 대상으로만 본다는 의미만을 보호가 가지고 있는 것은 아닌 것 같아요. 약자라는 의미에서의 보호가 아니라 침해당하고 있는 소비자권익을 보호하자는 것이지요. 오히려 지금은 보호라는 말이 더 필요한 때가 아닌가라는 생각을 가지게 되었답니다.

● 송보경: 여 교수님이나 저나 보호(protection)를 소비자(consumer) 쪽으로 본 거예요. 사람중심으로. 우리나라에서 소비자운동의 역사를 보면 소비자주권(consumer right)이 어떻게 되었느냐, 최소한도로 그것은 보호해 주어야 되지 않겠느냐 합니다. 하나는 사회학적인 개념에서의 보호(protection)의 개념이고, 똑같은 말을 쓰면서 입장에 따라서 이쪽에서는 시장에서 가격(price)과 품질(quantity 혹은 quality)입니다. 지금 이러한 논의가 되는 것은 현재 시장과 공정위의 상황이 옛날 처음에 시작하던 것과는 다르기 때문이지 않느냐 저는 이렇게 보고 있습니다.

◉ 토론: 소비자거래법제: 과거, 현재 그리고 미래

● 이성구: 소비자신용법과 소비자품질보증법 등을 말씀해 주신 것은 정말 좋은 지적입니다. 할부거래법을 그런 쪽으로 빨리 고쳐야 된다고 생각하거든요. 품질보증법의 경우에 특히, 민사적 규제로 쭉 넘어가는 부분에 대해서는 약간 우려도 있습니다. 왜냐하면 전부 민사적 규제로 넘어가게 되면 문제가 뭐냐면 회피하는 사업자들, 법원까지 가는 데 비용이 많이 드는 사업자들이 있기 때문에 전부 형사적 규제로 되어 버리거든요. 민사적, 형사적 전반적인 형태로 소비자를 지원해 주는 형태로 가야 하는데 우리나라의 사법기능

에서 지금은 행정부의 일을 대체하는 제도는 거의 없는 것 같고. 외국의 경우에도 자꾸 연방법 수준으로 보기 때문에 그런 오류들이 일어나지 않나 봅니다. 지방자치제로 보면 분명히 미국 같은 경우 민사(적으로도) 소비자보호가 크거든요. 이게 잘못된 조치가 이루어지면 소비자보호 행정에 후퇴를 가져올 수 있다 해서 조금 조심스런 부분이 있습니다. 그리고 전자상거래법에 대해서는 말씀하신 부분은 제가 법을 빨리 만들다 보니 용어나 그런 부분에서 혼란을 주는 부분이 있는 것 같습니다. 특수한 거래에 대해서는 많은 사람들이 지적하는 것을 볼 때 그 법의 용어를 수정할 필요는 있다는 것은 인정합니다.

● 홍명수: 기본적으로 전자상거래에서 전자적 메시지라는 것이 현대 통신수단으로 일반적으로 우월할 수 있다는 생각이 들어서 조금 어색하기는 하지만 통신판매를 확대할 수도 있겠네요. 지금 이 국장님 말씀하신 취지가 통신판매가 어쨌든 전자상거래보다 상위개념이 아니냐는 개념적인 예를 들으셨는데…….

● 이성구: 그런 게 아니라는 거지요. 통신판매의 전자상거래적인 요소가 인터넷 쇼핑이라든가 ARS나 TV홈쇼핑을 할 때도 있을 수 있다는 거죠. 그리고 카탈로그 판매를 할 때에도 웹주소를 참고해라 이럴 때도 전자상거래적인 요소가 있을 수 있죠. 두 개를 만들어 왜 그렇게 혼란을 주냐 견해가 있는 것도 사실입니다.

● 홍명수: 제 생각에 당시 통신판매라는 제목이 전자상거래를 현실적으로 반영하지 못한다는 문제의식에서 이 법이 나오게 되었다고 생각합니다. 그러나 사실 저는 김 박사님의 입장에 조금 동감하는 부분이 있는데, 이런 개념문제가 아니라 비대면 거래라는 특성에 관한 인식이 어떻게 보면 전자상거래라는 것이 중요한 것이긴 하지만 이것을 규제할 수밖에 없었던 그런 어떤 이유라는 것이 간과된 것이 아닌지.

● 김성천: 전자상거래가 들어가는 게 아니라 소비자보호가 들어가기 때문에 전자상거래 법률의 자리매김이 애매하다는 거예요.

● 이성구: 그 상황이 어떤 거였냐 하면, 산자부도 이런 법을 만들려고 했고, 전기통신

부도 이런 법을 만들려고 하다 보니까 공정거래위원회 입장에서는 우리가 전자상거래에 관한 법률을 만들려면 결국 우리가 갖고 있던 통신판매가 바로 거기서 제일 중심적인 법률이라고 보았던 것입니다. 일반소비자들은 전자적 메시지를 중심으로 뭔가를 구성하려고 했을 때 전자상거래가 피부에 와 닿지 않거든요. 현실적으로는 인터넷쇼핑을 통해서 전자상거래를 처음 마주치게 되죠. 그 당시 상황으로 보더라도 공정거래위원회가 했던 것이 옳다고 생각하는데, 다른 부처와 충돌하는 법을 만들려다 보니까 통신판매를 중심으로 같이 넓히는 것이 그 당시로서는 좋은 전략이었다고 생각하는 거죠.

● 홍명수: 사실 소비자신용법이 없음에도 불구하고 그동안 우리가 버텨 왔던 것은 이자제한법이 존재하면서 역할을 어느 정도 해 주었기 때문입니다. 지금 제가 가르치는 학생이 얘기하길 게맛살 이후에 최고의 광고가 무이자 광고라고 하는데, 이런 어떠한 사업법에 관한 규제는 항상 한계가 있더라구요. 여기 계신 대부분이 다 공감하실 텐데 지금 소비자신용법으로 나가는 것은 사실은 금융산업계의 동의가 분명히 있어야 될 것입니다. 지금 예를 들어서 지방경제에서 대부업이 차지하는 비중이 많이 상당히 높잖아요. 한 2억만 가지고 있으면 사채놀이 하는 거 만들 수 있다잖아요. 그러한 산업 현실이 있기 때문에 이런 신용법과 같은 포괄적인 것보다는 옛날 이자제한법 같은 핵심만 들어가는 그런 어떤 특별 사법적인 규정은 필요 없을까요?

● 김성천: 금감위는 보험과 은행만 감독하고 싶을 겁니다.

● 이성구: 그것도 그렇지만 금융감독원의 목적이 소비자보호라는 것도 있지만 건전성 감독에 있는데, 대부업이나 이런 경우에는 사업체의 건전성 자체는 사실 소비자보호와는 상관이 별로 없습니다. 왜 그러냐면 돈을 꿔 주는 곳이기 때문에 대부업체가 망한다고 해도 소비자가 직접 손해 보는 것은 아니고, 일반 다른 금융업과 대부업이나 여신업은 현격한 차이가 있습니다. 그리고 저는 대부업체가 정말로 소비자한테 해롭냐는 것에는 약간 이견을 갖는데, 대부업체가 다 없어졌을 때 그럼 소비자가 다 이익을 보겠느냐 하는 문제입니다. 은행이 그 사람들에게 돈을 꿔 준다는 보장이 있는 것도 아니잖아요. 지금 현실은 우리나라에서 20% 정도가 은행에서 취급 거절되는 소비자라는 통계가 있습니다. 그

런 소비자들 사이에서 이익을 남기는 사람들을 골라내 경쟁을 하게 하는 것이 소비자들에게 실제로 이익이 되는 것은 아닌지 생각해 보아야 합니다.

● 이봉의: 대부업 자체를 규제하자는 것과 대부업을 악으로 봐서 금지하자고 하는 것은 다른 문제가 아닐까요. 은행거래가 안 되는 20% 정도도 현실적으로 존재하고, 은행은 이미 국내 이자율이 높아질 수밖에 없어, 그 적정선이 어디냐를 가지고 논하는데, 사업 자체에서는 누구도 문제가 되지 않을 것 같습니다.

● 이성구: 소비자들이 한꺼번에 손해를 보는 이유가 예를 들면 상위로 80% 계층의 소비자들에게 은행연합회의 신용정보가 집중이 되고 그러면서 밑의 20%는 전부 한꺼번에 신용불량 이런 정도로 관리가 되기 때문입니다. 은행이나 이런 데는 채권추심을 포기하고 받는 기술이 없으니까, 여러 가지 채권추심의 능력이 높은 사람들이 그쪽에 들어가서 하는 건데, 소비자보호를 하려고 대부업에 대한 규제로 그러한 받는 기술을 제한하려는 것이거든요. 지금 보면 채권추심을 할 때는 밤 12시 이후로는 가지 말라, 정보를 과다하게 이용하지 말라 이런 쪽으로 많이 나가려 하는데, 이자제한이라는 것도 오히려 결국은 또 활동을 제한하는 것이거든요. 하위 20%에 있는 사람들의 신용정보를 또 한 번 걸러줄 수 있는, 어떻게 보면 소비자의 신용정보 이용을 조금 활성화 해 주는 것이 오히려 더 도움이 되지 않나 생각해 봅니다.

● 최승재(MS사 변호사): 제가 보기에는, 은행에서 넘어가면 카드로 가고 거기에서 밀리면 등록대부업으로 가는데요. 밑으로 갈수록 회수율도 당연히 떨어집니다. 위에 있는 사람들은 회수율이 당연히 높으니깐 그만큼의 낮은 이자를 받는 거고. 줄어들면 밸런스를 맞추어야 하기 때문에 이자율을 높여야 하는 게 맞는데, 밑으로 떨어져 버리면 Bargain Power가 없거든요. 위에 있는 사람들은 Bargain도 할 수 있고 다른 곳으로 갈 수도 있지만 밑에 있는 사람들은 오히려 Bargain도 못한단 말이에요. 아까 말씀하셨던 것처럼 내려왔기 때문에 당연히 그렇지 않냐라고 얘기하는 것은 또 다른 하나의 관점인 Bargain Power를 놓치고 있는 거예요. 오히려 위에 있는 사람들에 대해서는 Information asymmetric 문제만 해결해 주면 문제해결이 되는데 아래에 있는 사람들은 Bargain Power가 여전히 해결이

안 된다는 것이지요. 그러면 거기에 정부가 들어가서 "야 이 문제 대해서 이 정도의 캡을 씌워야 된다."라고 얘기해야 하는데, 그때 캡에 있어서도 문제가 뭐냐면 지금과 같이 하는 것은 너무 높고 당연히 떨어져야 되는 것이 맞지만 그럼에도 불구하고 그 사람이 갖고 있던 것이 높았기 때문에 그만큼은 지켜 주어야 아까 말씀하셨던 사업으로서의 대부업이 돌아갈 수 있다는 전체적인 구조(Structure)에서 봐야 맞다는 것이죠.

◉ 토론: 약관의 규제와 소비자보호

● 박명희: 제가 운송관련 약관 프로젝트를 한 적이 있어요. 그때 보면 택배회사라든가 배송회사 같은 곳에서 약관을 보여 주게 되어 있는데 거의 안하거든요. 소비자도 관심 없고 운송회사도 관심 없고, 문제가 발생했을 때만 찾아보는 형태로 되고. 요즘 소비자 분쟁에 관련된 TV 프로그램이 나오고 있습니다. 마침 약관에 관련된 얘기가 나와서 약관 거의 활용 안하고 있다, 그러니까 오히려 표준약관을 의무화시켜 보게 하는 게 어떠냐, 이런 제안을 PD가 하는 것을 들었어요. 일반 소비자들이 사용할 때, 법리적인 것은 어떤지는 몰라도, 좀 편리하고 간편하게 써야 하는데 실제 안 그렇거든요. 소비자가 이용하기 좋게 하는 제도에 대한 언급이 있었으면 하는 마음입니다.

● 최은실: 제가 소비자원 정보통신팀에 있다 보니까, 작년에 제일 문제됐던 게 인터넷 유료사이트를 이용한 소비자문제였습니다. 인터넷 사이트, 특히 유료사이트에는 표준약관이 있다 하더라도 대다수가 영세하다 보니 웹상에서 제대로 게재를 하지 않고 있고, 소비자들도 이를 유심히 살피지 않아 결제가 됐는지조차도 모르는 부분이 있습니다. 인터넷상에 게시되어 있는 약관을 봐서는 최소한 소비자가 본인이 어떤 서비스에 가입되고 언제까지 사용하는 것인지 등 가장 기본적인 계약상의 조건을 알 수도 없습니다. 즉, 계약의 성립 여부를 알 수가 없게 되어 있다는 것입니다. 따라서 가장 중요한, 비용이 수반되는 계약내용은 중요하게 취급해서 소비자에게 별도로 결제되었다는 것을 팝업으로 알려 주거나 핸드폰 문자로 다시 알려주는 등의 제도적 보완이 필요할 것으로 생각됩니다.

● 이성구: 불공정 약관에 대한 규제를 문의하면 공정위 직원들조차도 실수하는 일이 많아요. 저번에 대한항공 약관문제 같은 경우에 저는 약관으로 규제할 필요 없이 표시광고법으로 규제를 하자고 주장했습니다. 약관에 바뀔 수 있다는 사실은 이미 있었어요. 마일리지, 그 정도 중요한 내용이면 회원을 모집할 때 몇만 마일에 왕복권을 준다고 한 다음에 그 밑에다가 거의 같은 크기로 이건 언제든 바뀔 수 있으니까 소비자들은 이 요금으로 사용하려면 빨리 사용하셔야 됩니다, 하는 사실을 소비자들한테 안 알려 주고 멋대로 바꾸는 것은 제가 보기에는 그냥 불공정약관 정도가 아니라 기만적인 표시광고행위라고 보거든요. 공정위가 어떠냐면요, 약관과에 어떤 사건이 가면 약관과 사람들은 다른 법을 적용할 생각을 안 해요. 불공정약관의 상당수는 우월적 지위 남용에 해당이 돼요. 공정거래위원회 조직 자체가 소비자국하고 경쟁국으로 나눠 가지고 우월적 지위 남용은 경쟁국 쪽에서 다루고 그러다 보니까, 약관법에 의해서 규제할 때 규제 강도와 공정거래법이라든가, 독점규제 및 공정거래에 관한 법률이나 표시광고법으로 규제할 때 규제 강도가 달라져요. 그리고 굉장히 약해요.

II SESSION

소비자와 정책과정

◉ 토론: 소비자정책과 소비자단체의 역할
소비자 주권강화에 따른 거버넌스파트너로서의 소비자단체의 역할

● 최종원: 과거 권위주의 정부 시대에도 단체가 그리 많지 않았던 시대인데도 소비자단체는 정당성을 인정받았던 단체입니다. 그렇지만 그동안 역할은 좀 미비하지 않았나 싶습니다. 그러다가 점점 더 거버넌스로서의 역할을 하고 있는 것 같아요. 과거의 회고적인 차원에서의 소비자단체가 했던 역할들…… 유신정부에서…… 그리고 새로운 시대…… 6.29선언 이후에 새로운 정치 환경(context) 하에서 소비자단체의 역할들을 놓고 쓰신 다음에…… 소비자단체 역할 제대로 하고 있나에서 우리는 소비자를 위한다고 했었는데 해놓고 보니까 소비자한테 별로 도움이 되지 않았다…… 오히려 이러이러한 활동이 진짜로 우리의 경험으로 봐서 도움이 되었다라든가…… 이러이러한 활동은 우리가 봤을 때 별로 그렇게 의미 없었다…… 미지막 부분에 가서는 정책과정에서의 소비자단체의 역할이 앞으로 어떻게 되어야 하는가를 언급함으로써 소비자단체들의 활동이 보다 소비자의 이익에 부합할 수 있는 방향으로 나갈 수 있는 계기가 되지 않겠느냐…… 저는 아까 그 거버넌스란 표현이 정말 딱 맞는 것 같아요.

● 장승화: FTA를 예로 들면, 이 FTA와 관련해서 소비자단체에서 과연 어떤 역할을 하였는지가 궁금합니다. 제가 판단할 수 있는 것은 이 FTA라는 것이 관세를 전부 낮추고 우리나라 최종 소비자들한테 싼 값으로 제품이 들어오고…… 객관적으로 보면 소비

자단체가 이걸 찬성을 하셔야 될 것 같은데 과연 실제로 그렇게 하셨는지…… 다음은 NGO에 대한 일반적인 질문 중에서 소비자단체에 해당하는 질문인데 예를 들어서 농민들을 보호하기 위한 여러 가지 단체들이 있고…… 이런 NGO 단체들이 소비자단체한테 FTA와 관련하여 찬조 내지는 지지 내지는 그런 어떤 요청을 실제로 하는지, 그런 요청이 있던 없던지 간에 다른 NGO의 어떤 활동에 대해서 소비자들한테 미치는 이익이 무엇인가에 대한 분석과 평가 없이 자기의 영역을 넘어서 연대하는 경우가 있는지…… 만약 있다면 이건 상당히 바람직하지 않지 않느냐는 거지요.

● 이성구: 소비자단체들이 FTA와 관련해서 소비자들의 입장에서만 생각하는 것이 아니라 국민경제적인 입장에서 보는 경향이 있습니다.

● 정재훈: 만약 소비자단체도 법의 규제를 받는다고 생각한다면 이런 질문을 드리고 싶어요. 소비자단체의 자정기능 또는 역기능에 대한 대비가 무엇인가…… 역기능을 방지하기 위한 대비…… 시장에 대한 악영향을 끼치지 않기 위한 노력…… 이런 것들이 어떻게 되는지 알고 싶습니다.

● 송보경: 소시모는 관련 활동지침이 정확하죠. '우리는 그것이 악법이라 할지라도 법을 준수한다.' 그래서 소위 운동권 단체들로부터 공격을 받죠…… 그렇게 중요한 이슈들을 다루면서 왜 여기까지 안 오느냐…… 예를 들면 소비자보호법에서 상품테스트를 하는데 대한민국 법이 인정하는 기관이 아니면 발표를 할 수가 없어요. 컨슈머 유니온에서 나온 테스트 결과가 있는데, 우리나라 법이 인정하지 않는 컨슈머 유니온이니까 그걸 발표하면 불법이라는 거예요. 그럼 그걸 어떻게 하느냐. 법은 지켜야 되겠고, 그러나 소비자에게 정보는 전달을 해야 되겠고…… 그래서 저희가 꾀를 내서 소비자에게 전달을 했습니다. 그런데 법을 어기면 의약품의 안전성을 논의하는 데 있어, 의약품 안전성 결과보다 법을 지켰느냐 말았느냐의 문제를 가지고 이슈가 커지기 때문에 법을 지키는 것이 소비자보호를 위해서 더 좋다…… 그래서 법을 철저히 지킵니다.

그리고 두 번째 아까 얘기했던 농민보호, FTA 이런 말씀을 하셨는데 소시모의 입장은 '안전성은 확보를 해야 되겠다. 그러면 FTA가 시장을 많이 열어 선택을 할 수 있기 때문에 우리는 환영이다. 단 정부는 항상 시장을 열 때 소비자를 보호하기 위해서 한다고는 했지만 여태까지 소비자가 가격으로부터, 그러니까 선택이 다양해지는 것은 확실하지만, 가격으로부터 보호를 받았다는 증거가 없다. 실제 소비자가 이론적으로는 이익을 받는다고 하지만 가격으로서는 이익을 받는 것이 별로 없다.'라는 거죠.

그 다음에 아까 세 번째, 소비자단체가 어떻게 자정기능을 하는냐 하는 것은 제가 소비자단체의 역사를 쓰면서 그 부분을 언급하려고 그러는데 제가 보기에는 이제는 경쟁의 원리가 소비자단체에도 도입이 되어야 한다는 거예요. 제가 아까 소비자의 이익이 무엇인지 읽을 수 있는 능력이 중요하다고 했는데 1960년대에 가장 활발했던 단체가 한국부인회죠. 60년대부터 80년대는 YWCA하고 한국부인회가 주도를 했어요. 그런데 제가 보기에는 변화하는 시장에 반응하지 못했기 때문에 한국부인회는 사라졌다고 보는 거죠. 이건 앞으로 다른 소비자단체도 마찬가지예요. 과거의 소비자운동은 국산품 중심의 소비자운동이었어요. 그러나 앞으로는 금융적(financial) 서비스와 대외적 부분입니다. 지금 소비자단체들이 거기에 제대로 반응하지 못하면 그 계통에 전문 소비자단체들이 끊임없이 생길 것이다 그렇게 보고 있어요. 그러니까 소비자단체들도 과거 권위주의 시대에는 잘하나 못하나 존재했지만, 이제 시장이 개방되고 경쟁하는 시대에는 시장에 반응 못하고 소비자의 욕구에 반응하지 못하면 소비자단체들도 퇴출될 것이다 이렇게 보는 거죠.

● 박명희: 소비자단체는 일반 NGO하고 다른 특성을 가지고 있습니다. 이것은 소비자단체가 재경부에서 받았던 지원금을 가지고 일정 역할을 해 왔기 때문에 외부에서 보기에는 그것이 어떤 정부에 어떤 시책에 동조하는 역할도 하고. 여러 가지로 보았을 때 다르다라고 얘기합니다. 그렇지만 앞으로의 정치에서는 이런 파트너십으로서의 소비자단체의 역할이 필요하다는 겁니다.

◉ 토론: 소비자정책집행에서의 문제점과 개선과제

● 송보경: 몇 가지만 얘기하고 싶어요. 첫 번째, 지금은 프로그램보다는 법적으로 보

장받은 소비자정책위원회라는 것이 활동이 제대로 되지 않기 때문에 생기는 문제들이잖아요. 그래서 저는 위원회라는 것이 있는데, 그것이 제대로 되지 않을 때 그것은 누구의 권한이고, 누구의 책임인 것인지, 그 책임과 권한을 명확하게 하고, 평가시스템은 어떻게 해야 될 것인지에 대한 언급이 좀 있었으면 좋겠고요. 그 다음에는 우리가 이제 모든 부처에서 소비자정책을 한다고 하는데, 어떻게 보면 중요한 시각은 국가가 소비자에게 어떻게 서비스를 효율적으로 할 수 있냐 하는 거거든요. 그러니까 소비자를 보는 시각이 중요한 거지, 행정 편의주의로 행정적으로는 효율적일지 모르지만, 소비자에게는 그 서비스가 전달되지 않는, 그러니까 행자부라든지, 재경부라든지 문제를 부처 입장에서 보는데, 소비자서비스(Consumer Service)의 입장에서 봐야 하겠다는 것이, 제 생각입니다.

● 김성천: 지난번에 FTC 세미나 중 '행동경제학 관점에서 본 소비자정책이라는 시각'이라는 부분에서 나온 논문을 보면, '비대칭론적 온정주의(paternalism)'이라고 해서 새롭게 제안을 했더라고요. 그런 부분들이 소비자정책에 있어서의 오히려 새로운 방향으로 제시되어야 하지 않을까 싶습니다. 이런 측면에서 보면 계약철회(Cooling off)와 정보공개(Information Disclosure)와 같은 것보다는 오히려 소비자 선택을 제한해야 하지 않나 하는 부분에 대해서 여러 가지 얘기가 나왔습니다.

● 여정성: 저희가 일반적으로 얘기할 때는 경제학적 측면에서 나온 시장실패 중에 정보실패에서 강조했던 것은 합리적인 인간상을 가정했던 이론인데, 그것도 사실은 60, 70년대 이론입니다. 최근에 정보실패를 얘기할 때는 거기에 제한적 합리성(Bounded Rationality)까지 다 포함하거든요. 합리적인 부분과 비합리적인 부분을 같이 보게 되는데, 그러면 보호론과 대비가 사실 잘 안 됩니다. 그래서 네 가지 접근방법이 다 혼동(mix-up)되지요. 거래상 지위의 불균등에서도 보호의 측면에서 접근할 수도 있지만 정보의 비대칭(Asymmetric Information)도 고려되니까, 사실은 두 가지가 굉장히 놀랄 정도로 같은 얘기를 하고 있었습니다.

● 조성국: 미국 FTC의 경쟁국과 소비자보호국의 양대 축에 대해서는 저도 그렇게 느끼고 있습니다. FTC 내에서 경쟁국과 소비자보호국으로 나누어져 있는 것이 적절한 것

인가에 대한 2004년도의 문제제기는 사실 1980년대부터 정기적으로 있어 왔습니다. 대통령 위원회라든지 하는 곳에서 계속해서 이런 문제들이 제기되는 것 같거든요. 한편으로 미국 FTC의 입장에서는 이것이 조직을 보호하는 굉장히 유용한 도구로 활용되고 있더라고요. 아무래도 미국 같은 경우에는 봉합하는 측면을 보면, 소비자보호를 강조하는 쪽으로 가지 않습니까. 극단적인 예를 들자면, 통신판매의 경우에는 원래 통신위원회에서 해야 하는데, FTC에서 규제법적으로 경쟁구조를 만들어야 하니까 그런 것도 하고, 그리고 또 어린이들 대상으로 패스트푸드 광고를 못하게 하는 규제를 하고, 또 TV에 담배광고 못하게 규제하기도 하는 등 과다규제를 하는데, 이것은 조직이 살아남기 위한 방편으로 소비자보호를 강조하지 않았나 하는 생각이 듭니다.

● 여정성: 소비자보호국(Bureau of Consumer Protection)의 입장이 소비자보호를 강조하고 있기 때문에 오히려 경제국(Bureau of Economics)에서 하는 권고에서는 주로 '시장을 규제하려고만 해서는 안 된다. 그게 결국 오히려 소비자의 선택권을 보장할 수 없을 수도 있다.'라는 것을 강조하고 있지요. 다시 말하면, 미국은 소비자보호국에서 나오는 규제안들이 너무나 강해서, 그것들의 경제적 효과가 시장을 왜곡시킬 수 있다는 게 경제국에서 강조하는 부분 중의 하나입니다. 그런데 저와 같이 공부했던 사람들이 경제국에 들어가서 변호사들이 너무나 강조하고 있는 보호(Protection)에 대해서 반대하는 논문들을 내고 있는데 반해, 같이 공부한 저는 한국에 와 보니까, 그렇게 보호를 주장하는 사람들이 없기 때문에 오히려 제가 소비자보호를 주장하는 사람들을 지원해야 하는 상황이 되었습니다.

● 조성국: 법률가들이 규제안을 만들 때 아무래도 경제국의 의견을 듣게 됩니다. 현실적으로는 아무래도 에너지가 대부분 M&A 쪽으로 가게 되고, 나머지를 양쪽이 나눠 갖는 것 같습니다. 그래서 정확한 비율이 4분의 1인지는 모르겠지만, 제가 듣기로는 거의 대부분이 M&A 쪽 부분이고, 나머지 분야는 사건 수가 워낙 적다 보니까, 자원이 적은 것 같습니다.

● 조홍식: 균형 잡힌 시각의 측면에서 몇 가지 말씀드리겠습니다. 앞서 공리적으로

받아들인 사실이 엄밀히 말하면 대부분 과잉집행(over-enforced)된다고 할까요. 엄밀히 말해서 그대로 집행이 되면 안 된다는 거예요. 과소집행(under-enforced)인 게 좋다는 겁니다. 예컨대, 고속도로에서 과속차량을 있는 그대로 다 적발하면 교통흐름이 제약됩니다. 그것은 잘못하는 겁니다. 법리를 만들 때, 여러 가지 이유로 최적지점(optimal point)에서 법리를 제정하지 못한다는 겁니다. 그렇기 때문에 정책집행에서 소비자보호(Consumer Protection) 얘기만 쭉 하셔서 이걸 끝 간 데 없이 다 집행이 되어야 한다고 그러면, 지금 말씀드린 거기에 걸리게 됩니다. 그것을 어떻게 해야 할지 생각해야 한다는 겁니다. 그리고 지금 우리나라 상황은 소비자문제가 많다고 하지만, 그건 우리가 실증적으로 따져 봐야지요. 실제로 저는 그렇지 않다고 생각하거든요. 어떤 부분에 있어서는 대한민국의 소비자들이 훨씬 더 깐깐해요. 만만치 않거든요. 그런 점에서는 그렇게 전제하고 들어가는 것이 적절치 않죠. 그것은 현실과 전혀 맞지 않는 얘기를 하는 것이고, 오히려 그런 것 때문에 정작 보호받아야 될 소비자보호영역에 있어서 오히려 부정적 효과(negative effect)가 발생한다고 봅니다. 그쪽에서 잘 보호되고 있는데, 그런 분들이 더 큰 소리를 내면 소비자보호운동 전체에 오점(stigma)이 붙지요. 저분들 다 저런가 보다 하고 생각하게 되거든요. 그것을 구분해서, 이것은 잘되고 있다, 이런 부분은 부족하다, 부족한 부분은 잘해야 하겠다 하는 얘기를 해야지, 소비자운동 전반에 대해서 논하다 보면 자칫 그르칠 수 있다고 봅니다. 두 번째는 소비자보호를 위한 시장개입의 근거에서, 요즘에 법 쪽에서 유행하는 게 조정(coordination)이라고 해서, 마치 교차로에서 영국 방식(British way)으로 갈 것인가, 아니면 미국 방식(American way)으로 갈 것인가를 일단 결정만 해 놓으면 좋다는 거예요. 법의 대부분의 기능이라고 하는 것은 매듭, 어떤 문제에 관한 매듭 그 자체가 의미가 있다는 거죠. 예컨대 소비자보호의 정도도 조정(coordination)에 기초해서 보게 되면, 다 다를 수 있겠죠. 그러니까 어느 정도 매듭만 지어 놓으면 시장에서 그것에 기초하여 움직여서 사회적 보장의 측면에서 그것이 적절히 만들어진다는 얘기거든요. 그것의 연장선상에서 보게 되면, 지금 예컨대 아까도 공정거래하고 시장보호 양쪽의 얘기를 하셨는데, 소비자보호는 권리 중심의 아이디어지요? 그렇죠? 그런데 공정거래는 권리 중심이 아니라 제가 말씀드린 매듭처럼 그 규칙만 정해 놓으면 시장에서 적절히 기능할 거라는 거죠. 더 쉽게 말씀드리면 우리 헌법에 보면 기본권이 나와 있고, 통치구조가 나와 있는데, 미국의 헌법은 처음에 통치구조만 언급되었고 기본권은 언급할 필요가 없다고 봤죠. 통치구조만, 즉 매듭만 잘 지어 놓으면 국가가 잘 굴러갈 것이라고 생각을 했던 것인데, 나중에 수정헌법을 다시 만들었잖아요. 그러니까 생각하는 사람에 따라서는 대부분의 사람들이 상식적인 재판관을 갖고 있으면 권리 명시가 필요 없고, 의사결정 메커니즘만 만들어 놓으면 잘 돌아갈 것이라고 생각했던 거죠. 그것이 조정(coordina- tion)에 기초해서 만들어진 여러 가지 것에 대한 얘기인데, 이 점이 논의에 추가되어야 할 것으로 생각됩니다.

● 윤정혜: 저도 거기에 덧붙여서 약간은 느낌인데요, 입법과정상에서 실제 상황보다 과도하게 법이 제정되더라고요. 약관규제법에 표시를 명확하게 하도록 하는 규정을 넣는데, 일반법에서의 표시는 선언적인 규정만 되면 충분하다는 것입니다. 거기에 과징금 부과까지 하도록 하자는 논의가 일반법임에도 있었는데, 이렇게까지 하는 위험성이 없어지게끔 논의가 됐지만요. 또 실제로 우리나라에 정책추진부서가 있고, NGO 부서가 있고, 개별 소비자가 있으면, 제대로 잘하고 있는 NGO도 있지만 그렇지 못한 NGO 때문에 소비자의 권익이 침해되는 부분에 대해서는 정부 역할이 굉장히 비대해지고, 지나치게 기대가 높아지는 측면이 있는 것 같습니다. 그러니까 NGO가 해서 사적 자치의 부분 즉, 자율적인 부분으로 넘어가야 할 부분도 실제 사회에서의 요구는 정부가 더 해 달라, 이렇게 되는 면이 있는 것 같아서, 실효성을 평가할 때 실은 실효성이 적정한데도 낮다고 평가가 되는 게 다른 경제주체들의 역할이 필요하다는 측면으로 나가면 좋겠습니다.

● 여정성: 조홍식 교수님께서 지적하신 과잉집행(over-enforced)된다는 부분은 특정 부처가 굉장히 강한 욕구를 가지고 있을 때 그런 식의 경향이 나타난다고 봅니다. 사실 전체적으로 보면 최근에만 그러는 것이지만, 일반적으로 소비자문제에 대해 부처들이 별로 관심이 없었습니다. 그래서 대부분 가능하면 최소화하려는 게 지금까지의 입장이었다고 생각을 하거든요. 그런데 최근에는 너무 심하게 수행되어서 관련법을 제정하고 또 새로운 조항을 만들고 싶어 하는 욕구가 강하게 표출되고 있다고 생각합니다.

● 윤정혜: 최근에 국회위원들이 소비자보호 관련해서 입법 제안들이 굉장히 많습니다. 그것도 굉장히 좋은 측면입니다. 방문판매라든가, 약관이라든가 여러 가지 부분에서,

출발은 소비자단체에서 제안하는 것들도 거기에 들어가 있고요. 그래서 이러한 정책연구나 필요성이 있으면서 금방 입법될 수 있는 것들의 경우에 많이 이루어지고 있는 것 같습니다.

● 송보경: NGO 얘기가 나와서 잠깐만 짧게 하겠는데, 실상은 이런 거죠. 예전의 공정거래위원회는 소비자가 피해를 당한다고 하면 이것은 우리 일 아니다, 우리는 경쟁정책을 하는 곳이지, 그런 건 왜 우리한테 얘기를 하느냐고 했던 역사가 있는 곳입니다.

● 여정성: 맞습니다. 제 경우에도 예전에 소비자정책에 대한 발표를 하러 갔더니 그러더군요. '나는 소비자정책이라는 게 필요하다고 생각하지 않는다. 경쟁정책이면 충분하다.' 발표하러 간 사람한테조차 그렇게 말을 하던 시절이 있었지요.

● 송보경: 그 다음에는 재경부라는 곳이 민간단체 예산 전체 해서 8억 정도 주면서 무슨 커다란 시혜라도 베푸는 것처럼 하고는 그 나머지는 그대로 방치하였었지요. 그리고 아까 소비자정책위원회에 대한 활동을 반드시 평가해야 한다고 주장했는데, 그 역시 법에 의해서 만들어 놓고 방치해 놨는데, 그게 여태까지 대한민국 소비자정책 집행부서의 역할이었었다고요.

● 조홍식: 균형 잡힌 시각을 위해서 그런 말씀을 드린 거고요. 조금 있다 말씀드리겠지만, 예컨대 경제와 환경을 통합하자고 그러거든요. 그러면 환경문제도 없고, 경제문제도 잘 될 것이라고 생각을 합니다. 근데 그것이 제 입장에서는 말이 안 되는 얘기인 것이, 역할이 다르다는 겁니다. 국가 전체적인 시스템에서 보면 역할이 다 필요해요. 개발하는 부서도 필요하고, 개발 못하게 하는 부서도 필요하거든요. 그것이 독자적인 시스템적으로 역할을 해서 균형점이 만들어지는 거거든요. 그때그때 상황에 맞춰서 말이지요. 그래서 그 말씀을 드린 거고요. 아까 말씀하신 공정거래위원회의 경우도 그와 같은 관점에서 보면 너무나 자연스럽고 당연한 말씀이라고 생각합니다. 공정위는 시장에서 경쟁질서에 관한 일을 하라고 위임받았죠. 그런데 소비자보호를 한다고 그러면 시장에서의 경쟁질서의 기본적인 원칙을 정립함에 있어서는 기울게 돼 버리는 것이고, 소비자보호를

할 수 있는 분들이 해야죠. 그 역할을 담당한 정부 부처가 해야지요.

● 박명희, 송보경: 그러나 이제는 공정거래위원회가 소비자보호를 담당해야 하는 정부 부처입니다.

● 전삼현: 소비자보호 문제가 법으로 해결될 수 있는 문제인가 하면 실은 법으로 해결될 수 있는 부분은 아까 조 교수님께서 말씀하신 대로 과도한 규제로 인한 어떠한 피해(damage)들이 일어날 수 있거든요. 항상 우리가 자율규제라고 하는 것이, 앞으로 현재 전반에서 경제 규제 자체를 보게 되면, 소비자보호든 사업자에 대한 규제든 간에 법적 규제라는 것은 계속 축소가 되거든요. 자율규제로 다들 가고 있거든요. 여정성 교수님께서 장기적으로는 자율규제로 가야 된다고 말씀하셨는데, 소비자보호에 대한 자율규제라는 게 잘 몰라서 그러는데 혹시…….

● 여정성: 예를 들면, '광고자율심의' 같은 거죠. 조홍식 교수님께서 지적하셨듯이 소비자문제에 대해서도 자꾸 특정 조직에 의해서 법제화하는 것을 지양하고, 오히려 당사자들 선에서 해결할 수 있도록 하는 분위기를 조성해 주어야 한다고 생가각합니다. 거기에 공정위가 나서기 시작하면서 바람직한 부분도 있지만, 그렇지 않은 부분도 있거든요. 자꾸 새로운 행정법을 만들 것이 아니라 자율규제를 하는 쪽에다 오히려 영향력을 실어주는 그런 식의 것이 더 바람직하지 않는가 생각합니다.

● 전삼현: 그러면 이렇게 정리가 될 것 같아요. 법적 규제의 기본적인 문제점에 대한 언급이 있어야지, 거기에 맞게 자율규제로 가야 된다는 정당성이 확보될 것 같습니다.

III

SESSION

소비자의 권리구제

◉ 토론: 전통적 구제절차

● 권대우: 금지명령청구제도를 조성국 교수님께서는 개인이 하는 걸로 해 놓으셨는데 우리는 소비자단체가 할 수 있는 것으로 되어 가니까 소비자단체가 하게 되면 조교수님께서 원하는 결과를 얻을 수도 있지 않을까 하는데 어떻게 생각하십니까?

● 조성국: 저도 당연히 그렇게 생각합니다. 여기에 적어 놓지는 않았지만 미국의 강제명령(Injunction)은 단체가 할 수 있는 것도 있고요. 심지어는 FTC에서도 할 수가 있고 검찰에서도 할 수 있는 경우도 있습니다. 여기서 저는 소비자개인의 역할을 강조한 것인데, 계획적인 범위로 좀 좁혀서 말했습니다. 권대우 교수님께서 지적하신 대로 이번에 소비자기본법에 단체소송이 도입된 것은 원하는 목표에는 미달되지만은 앞으로 확대할 필요가 있고…….

● 김성천: 저도 손해배상문제에 대해서는 3배 배상이 여기는 들어와야겠다는 생각이 들거든요. 징벌배상까지는 좀 문제가 있다하더라도. 실제 아까 얘기한 개인적인 소비자피해의 경우도 실질적인 손해배상이 별로 없어서. 손해배상 자체가 제한배상소송이고 제한배상주의를 취하기 때문에 징벌대상에 실손해를 받아 준다고 하더라도 그게 실제손해보다는 적은 게 되거든요. 실손해 민법의 적용원칙이기 때문에 그 부분에 대해서는 적극적으로 가야 될 것 같습니다.

● 송보경: 아까 전속고발권에 관한 얘기를 하셨는데 그 문제는 아마 소시모가 처음으로 강하게 제기했었는데 두 가지 의견이예요. 하나는 그 당시 전속고발권에 대한 행사를 공정거래위원회가 적절하게 해 주었으면 소비자들이 그 어려운 여건에서 소송까지 갈 필요가 없었을텐데, 위임을 맡은 공정거래위원회가 그 권한을 잘 행하지 못했다는 것이고. 지금 이렇게 하는 것보다는 민사소송으로 갔으면 좋겠다 하시는데 실제로 보면 아까 소송결과 1,000만 원을 받았는데 변호사비용을 빼고 나니깐 아무것도 없었습니다. 백화점 사기관련세일에서도 공정거래위원회가 잘 해 주었으면 간단하게 끝났을 텐데 이것이 4년 7개월 동안 걸려서 승소를 했습니다만 그 어떤 사례로 남기긴 했지만 소비자단체는 얻은 것도 없이 54명이 했고. 그 당시에 변호사들이 무료로 참여해 주셨기 때문에 그런 거지 만약에 그 비용까지 계산하면 전혀 남는 것이 아니라는 것입니다. 두 번째는 왜 공정거래위원회는 경쟁을 얘기하면서 경쟁을 두려워하느냐, 남발되어서 소비자를 신용하지 않는 그 태도 때문에 이도 저도 못하겠다 그러는데, 비용 면이나 공정거래위원회가 소비자를 보는 것이나 둘 다 적절하다고 판단되지는 않습니다. 그러나 전속고발권을 폐지하는 것은 소비자 쪽만 아니라 중소기업이나 중소기업청에서도 강하게 요청하더라구요. 그것은 소비자보호하고 관련 없이 또 다른 측면에서……. 그래서 전속고발권은 폐지되어야 되지 않을까 이렇게 생각이 됩니다.

● 이봉의: 주로 거래관계가 있고 그로 인해서 피해가 발생하고 그런데 그 피해자가 민사사건의 형사화가 원래 그렇지만 이미 어떤 이유로 피해구제수단의 하나로 고발권을 이용한다고 하는 이야기가 담겨 있단 말이에요. 그러나 사실 이것을 어떻게 보면 카르텔이 되었건 뭐가 되었건 소비자피해가 발생되지 않는 게 제일 좋습니다. 그것이 소비자를 보호하는 것이면 되겠죠. 제 관점을 보면 카르텔이 있었는데 과징금이라는 게 소비자피해추정액보다도 훨씬 못 미치더라 이렇게 되어 버리면 실제적으로 과징금이 주된 제재가 되는 것인데, 결국 소비자피해추정액에 비하면 기업이 부담하는 비용이 낮기 때문에 잘못되면 이런 카르텔이 계속해서 반복될 수밖에 없다는 것입니다. 그런 맥락에서 이제 전속고발권에 관한 얘기를 하게 될 때는 제재의 효과라는 것이죠. 비록 과징금은 얼마 안 될지 몰라도 형사처벌이 될 수 있기 때문에.

● 조성국: 저는 소비자 관점의 얘기도 충분히 이해는 합니다만 그 전속고발권의 의미가 공정위의 판단 없이도 검찰에 바로 고발할 수 있지 않습니까. 경제법 위반행위를 보면 전통적인 사기, 강도 이런 것과 많이 다르거든요. 이것은 나쁜 행위라는 것을 알 수가 있는데 경제관념에 따라 판단이 달라질 수 있고, 나라마다 달라질 수 있고 정말 신중하게 조심해서 판단을 해 가지고 그것도 장관이 아니고 위원들이 합의를 해서 신중하게 판단을 할 것이지 경제법 위법행위에 대해서 형벌을 부과한다는 것이 상당히 조심스런 입장입니다. 그리고 이게 사실은 일본에서도 전속고발권을 유지하고 있는 이유로 그렇게 경제적인 판단 없이 고발 기소가 이루어졌을 때 과연 기업들이 자유롭게 활동을 할 수 있겠느냐 하는 것입니다. 참고로 검찰에 대한 불신도 어느 정도 있죠. 그리고 백화점사기세일도 형법상의 사기로 처벌하는 것은 필요하면 당연히 해야 한다고 생각하는데 문제는 그런 행위에 있어서 세계의 어느 나라를 보더라도 과연 형사적으로 처벌할 수 있는 경제당국이 있느냐 하는 것입니다. 일본 같은 경우는 아예 그런 처벌 방법도 없죠. 미국도 없죠. 대부분이 없지 않습니까. 우리나라 같은 경우에 시민단체의 순수함은 충분히 이해되지만은 국제법적인 관점을 보더라도 그러한 한계가 있지 않을까 하는 생각이 듭니다. 백화점사기세일 같은 경우에는 사실 문제점이 많았지만 만약 이와 다른 경제법상의 사건들이 자꾸 나올 건데 거기에 대해서 경제전문가라든지 법률전문가들이 모인 위원회의 합의적 판단 없이 검사 개인이 기소를 했을 때 과연 기업들이 마음 편하게 사업을 할 수 있을 것인지 이런 고려를 종합적으로 본다면…….

● 홍명수: 글쎄 저는 이것은 문제의 본질에 약간 어긋나 있는 게 아닌가라는 생각을 했었는데 사실 개인이 피해를 입었을 때 자기의 피해를 다 보상받을 수 있는 모든 구제절차(remedy)를 취하거든요. 어느 나라나. 특히 우리나라에서 소비자거래를 통해 피해를 입은 사람들이 과연 사적인 수단에 의존할 수 있는가, 그 개인 피해를 입은 소비자라든지 중소기업까지도 포함한다, 어쨌든 영세사업자까지 포함한다면 그들이 가장 적절하게 피해를 구제받을 수 있는 방법이라고 생각하는 게 현재는 어쨌든 형사벌 쪽이다, 이렇게 인식을 하는 거거든요. 이것은 그 사람들의 인식이 잘못된 게 아니라 현실인 거죠. 그래서 결국은 조 교수님께서 생각하신 여러 가지 그런 방안들을 놓고 볼 때, 저는 사적인 문제해결에 대한 구제절차(remedy)의 수단을 갖추어 놓지 않는 한 형벌 쪽이라든지 또는 행

정 쪽에 의존하는 경향을 막을 수는 없지 않겠느냐 그렇게 생각이 들거든요. 그러한 상황에서 고발권을 자꾸 풀어 달라는 것은 사적 분쟁이 잘 안 되니깐 그쪽으로 가는 거 아니에요. 처음에 말씀하신 대체적인 취지에는 다 공감을 하면서도 우리 현실에서는 어쨌든 이런 차이 나는 문제해결 방식에 대한 어떤 보완이 있고 난 다음에 조치가 있어야 되지 않나 생각이 듭니다.

● 최승재: 경제법과 관련해서 형사법적 조항은 기본적으로 공익적 이익을 위한 법률이지 사적 이익을 위한 법률은 아닌 것 같거든요. 그러기 때문에 형사처벌이 어떤 개인의 피해구제를 위한 것이 아니고 그 자체는 기본적으로 공익적으로 가는 게 맞는데, 그럼에도 불구하고 기본적으로 왜 이런 법률이 있냐 하면 아까 말씀하신 것처럼 1,000만 원을 받았는데 변호사비용 500만 원을 제외하고 나니까 실제로 남는 것이 별로 없기 때문 아닙니까. 제가 이해하기에는 기본적으로 사적인 어떤 재무와 관련된 것이기 때문에 그 부분에 있어서 분쟁제도가 잘못되었다거나 하는 것은 기본적으로 다른 얘기가 아닌가 생각합니다.

● 홍명수: 법리적으로는 그렇죠. 그런데 현실에서 왜 자꾸 형벌 쪽에 과부하가 걸리느냐 초점이 가느냐 하면 사적인 어떤 분쟁에 관한 부분이 잘 갖추어져 있지 않기 때문이라고 생각합니다.

● 윤정혜: 그런 법리적인 측면이 현실이고 그런 입장도 있는데 사회발달 정도라든가 그러한 차원에서 이것을 볼 필요가 있을 것 같아요. 특히 우리나라의 경우 민사의 형사화 현상이 심화되는데 이를테면 같은 대부업의 문제에도 일본과 같은 경우에 지금 제도적으로 과도하게 돈을 차용해서 신용불량자가 되는 문제가 심하지 않은 사회에서 어려운 사람이라도 소액을 대출받을 수 있는 시스템이 있지요. 되도록 법적 분쟁이 아닌 부분에서 이를 바라볼 수 있는 부분이 분명히 있어야 될 것 같거든요. 그러니까 법은 법에서만 해결할 것이 아니라 법이 아닌 측면에서 해결해야. 두 번째로 또 이것이 형사화가 될 때 형사 쪽에서 안 맡으면 되잖아요. 제도적으로 형사로 가지만 사실은 민사적인 제도로서 과연 민사적인 사안에 해당하는 것을 형사에서 계속 맡아야 되느냐. 이러한 부분에서 한 번

생각해 볼 필요가 있지 않나 하는 생각이 듭니다.

● 최종원: 공정거래법상으로 당사자 성격으로서 소비자가 소를 제기할 수 있어요? 손해배상에만 가능한 거죠? 좋습니다. 그러면 저 사람이 끼워팔기를 해서 나에게 손해를 줬다라고 하는 문제에 대해서 소비자가 그걸로 해서 소를 제기할 수 있어요? 그건 아니잖아요.

● 조성국: 아닙니다. 바뀌었습니다. 2004년에 개정이 되었습니다. 일본이 지금 그렇게 되어 있습니다.

● 이성구: 그리고 인삼 정책을 보면 공정거래위원회가 하기도 전에 법원에서 모여가지고 인삼도 자율판매를 해야겠다는 판결을 했죠.

● 최종원: 공정거래법에 근거해서 판단을 한 거에요? 아니면 다른?

● 이성구: 부당한 공동행위이다, 이렇게 한 거죠.

● 최종원: 차라리 공정거래법을 개정해서 형사법 부분을 없애버리는 게 나을 것 같아요.

● 조성국: 저도 결론이 그렇습니다. 맞습니다.

● 이성구: 저도 조 교수님의 의견에 적극 동의하는 것은 현재 법체계 속에서 전속고발권을 없애자고 하면 모든 경찰서가 마비가 돼요. 예를 들어서 다단계판매, 방문판매와 관련되어서 산자부가 할 때 그렇게 만들어 놨는데. 회원수당을 많이 주는 것까지도 형사범입니다. 방문판매법에서 다단계판매에 대해서는 무차별적으로 공격하는데 사실 일부 다단계판매업체에서는 소비자에게 기여도 할 거예요. 그런데 현행 법칙 아래에서는 다단계판매업을 하는 사람들이 마치 매춘, 윤락행위업자처럼 감옥에 갈 각오를 하고 해야 돼요. 모든 게 다 형사벌로 묶여 있기 때문에. 그렇다고 그 업계가 정화가 되느냐 하면 그

것도 아니고, 결국 감옥에 갈 각오가 되어 있는 사람들만 그 업종에 종사하게 돼요. 그러니까 앞으로 공정거래법에 전속고발제를 풀어 놓으면 모든 기업들은 감옥에 갈 준비가 되어 있는 사람만이 해야 하는 현상이 될 수도 있어요. 그러면 법위반 우려가 높은 업종은 전부 사기꾼, 전과자들로 찰 거예요 그러면 소비자보호 되겠어요?

● 정재훈: 제가 지금 한 말씀만 드리겠습니다. 제 기억으로 지난번에 현재 공정거래법상 형사벌이 너무 많다는 얘기를 한 적이 있었어요. 검사측에서의 입장은 과연 공정거래위원회에 계신 분들이 전문적인 수사능력이 있느냐, 아니면 일반형사 범죄 조사에서 수사조직이 그 정도의 quality 있는 수사결과를 내놓을 수 있느냐고 이의를 제기하더라구요. 그건 어느 정도 일리가 있는 것 같거든요. 아까 말씀하신 대로 그쪽에는 경제전문가가 있느냐, 개개 검사들이 경제분석 능력이 있냐라고 말씀하시는데 그런 제도적인 문제들은 해결할 수 있을 것 같거든요. 이를테면 최근에 법원에서도 광역 강화에 관한 것을 만들었는데, 이를테면 특정사건은 모든 전국에 있는 모든 동일한 사건은 모두 한 쪽으로만 가는 거예요. 전문성을 키우자는 거지요. 이를테면 검찰 내에서도 경제전문가 고용하고 광역 강화 같은 것을 만들어서 공정거래 사건 같은 경우는 특정검사구에만 집중시킬 수 있을 것 같거든요. 아까 말씀하신 대로 결국 기관 간 싸움이 될 수도 있겠지만 얼마 가지 못할 것 같은 생각도 좀 들고 아울러서 공정거래법의 전체 형사법 체계를 정리하는 과정에서 그런 부분들이 해결되어야 하지 않을까 합니다.

● 홍명수: 제가 말씀드리는 것은 그런 부분에서 문제가 없다는 것이 아니라 그것만 갖고 가지 말고 사법체계하고 같이 가야 된다는 것이죠. 지금 그 부분만 남겨 놓으면 소비자가 취할 수 있는 수단만 줄여 놓는 거지, 현재 소비자입장에서는. 특히 소비자보호와 같은 것을 보면 사법체계 같은 것들이 같이 가야 한다는 거지요.

● 정재훈: 사법체계라는 것이 아시다시피 개선논의는 수십 년 동안 되고 있지만 변화가 체계와 맞물려 있는 문제이고 일반적인 민사소송절차 전체가 영향을 받는 것이기 때문에 (눈에 띌 정도의) 개선은 쉽지 않을 것입니다. 취지는 동의합니다.

● 여정성: 마치 일반균형과 부분균형이라고 볼 때, 이 문제처럼 일반균형적 시각이 필요한 것도 없을 것 같아요. 조 교수님이 마지막에 마무리 하실 때 그야말로 동시에 이 3개가 엮여져 가지 않으면 안 된다는 맥락에서 전개해 주시면 좋겠고, 전속고발권 부분도 사실은 어떤 상황에서 문제를 짚어 가느냐에 따라서 달라진다고 볼 수 있습니다. 굉장히 바람직하지 않다라고 보는데, 바람직하지 않지만 있어야 하는 이유는 다르다는 거지요.

● 홍명수: 전속고발권에 관해서는 참 할 얘기가 많습니다만 사실은 능력이 없는 것이 아니라 강력조건이 없는 거잖아요. 전속고발을 할 수 있을 만한 그런 어떤 제도적인 보장이 없지요. 전속고발권을 손본다면 그런 현재의 어떤 동향보다는 전체적으로 다 잘 봐야 되지요. 현재의 형벌에 부과되는 비용이 너무 많으면 그러한 것들도 사실 고려해 봐야 합니다.

◉ 토론: 소비자피해구제제도의 법체계적 이해

● 김성천: 분쟁조정을 해 보면, 소비자피해보상기준은 최저 기준의 성격으로서의 가이드라인을 정해 놓은 것을, 최고 기준으로 해서 그 이상은 안 해 주는 형태로 해가지고 오히려 사업자들이 이걸 이용하게 되지요. 내용을 들어가서 보면 또 합의의 산물이다 보니까 민사법적 기본원리보다는 좀 부족한 원칙을, 보상기준을 제시한 부분도 있기 때문에 당사자들 간의 분쟁해결의 기준으로 제시하는 것이 과연 적절한가라는 부분에 대해서도 한 번 검토를 해 보시고, 아까 제 발제에 얘기했지만 이렇게 두지 말고 품질보증 법제에다 넣어서 법에 근거해 가지고 기준으로 만드는 방법이 오히려 더 적합하지 않은가 싶습니다.

두 번째로는 피해구제제도의 제도 개선으로 미국에서도 얘기가 됐지만 소비자중재제도에 대해서도 한 번 검토해 보실 필요가 있을 것 같습니다. 그래서 소비자와 사업자 사이에 소비자중재위가 어떤 중재를 했을 때, 그 사람이 중재안을 낸 것에 대해서는 서로가 더 이상 논하지 않는 제도를 도입하는 겁니다. 미국 같은 경우는 그것을 미리 약관에다가 정해 놓고서 하는 거지요.

● 홍명수: 조정제도와의 어떤 차별되는…….

● 김성천: 그때는 둘 다 거부는 못하죠, 기본적으로. 기업에서 악용하는 경우가 있어요. 제조물책임법의 경우 활성화 안 됐다는 부분은 저도 관심이 있는 건데 아직 5년밖에 안됐기 때문에 그걸 너무 빨리 기대하는 것보다 최근에 하급심에서는 좋은 판결들이 나오고 있습니다. 순간온수기라든지 다리족욕기 같은 사건의 경우는 제조물책임법이 실질적으로 소비자보호기능을 하는 쪽의 판례들이 속속 나오고 있기 때문에 그 부분에 대해서는 기대치가 앞으로는 굉장히 클 거라고 생각을 하고 있구요.

그 다음에 국내소송의 효과에 있어서 재판상 화해가 오히려 기피 원인이 아닌가 하는 거에 대해서 얘기하셨는데 오히려 승률이 80퍼센트입니다. 그러니까 1심이 2심으로 올라가는 승률보다 높습니다. 그런 부분에 대해서는 걱정을 안 하는데, 제가 걱정하는 것은 내부적인 문제이긴 하지만, 승률을 높이기 위해서 소비자 쪽에서 양보를 받을 쪽이 있지 않나 하는, 내용적인 문제에 대해서 제가 검증은 안했지만, 혹시 그런 부분이 있지 않나 싶은 생각이 좀 있고, 그 부분에 대해서 다행히 조정제도란 자체가 비용(cost) 면에서는 유리한 점이 있기는 하지만은 그런 부분에서의 제도적인 발전방향에 있어서, 공정하게 갔으면 합니다.

단체소송 관련해서도 의원입법안에서는 단체소송의 금지청구 말고 손해배상 청구까지 넣어서 집단소송적인 요소를 포함하자, 순수하게 집단소송제도는 아니지만 단체소송의 내용에 포함하자라는 주장이 있었습니다. 그때 집행은 안됐지만.

● 송보경: 리콜 말씀하셨는데, 대체적으로 경험에 의하면 오히려 중소기업 같은 데는 자발적인 리콜에 응해요. 그 사람이 확실하다고 생각되면. 대기업 같은 경우는 갈 데까지 다 가고 마지못해 하는 경우거든요. 이번 주에 있었던 PDP 리콜문제를 보면, 소비자단체가 보기에는 아직까지 PDP 기술이 불완전하기 때문에 리콜을 해 달라고 요구했는데, 기업은 그런 리콜을 요청하는 소비자단체는 참 비상식적이라는 태도를 취했어요. 우리가 확실한 증거를 보여 주니까 그 다음에는, 그 리콜은 1년 보상하는 데서 2년으로 늘리는

것을 고려하겠다, 그렇게 태도가 변하거든요. 똑같은 것인데 귀뚜라미 보일러에서 하자 발생한 것이 있어요. 귀뚜라미 보일러는 수가가 있으니까 15만 원 정도 고치는 비용이 들어가는데 그것을 하자라고 지적하니까 이쪽에서 수용을 해서 인정하더군요. 그런데 놀라운 것은 여기는 리콜을 어떻게 하는 건지 모르는 거예요. 그러니까 겁만 먹는 거예요. 아무리 순하게 접근을 해도 겁만 먹는 거예요. 그래서 실제로 어떤 일이 있었냐면, 오시라 해서 15만 원을 물어주면 되고 앞으로 그걸 해 주면 된다고 했지요. 그러니까 전무라는 사람이 그렇게 간단히 하면 됩니까 이러는 거예요. 왜냐하면 리콜을 해라 하고, 한다 그러고 하니까 이 귀뚜라미 보일러 정도의 중소기업도 리콜을 하면 망한다고 생각하는 거예요. 그게 지금 리콜에 대한 중소기업과 대기업의 태도 차이를 보여 줍니다.

◉ 토론: 소비자의 권리구제를 위한 새로운 사법절차

● 권대우: 독일의 단체소송은 법률적으로는 모든 소비자단체에게 열려 있습니다. 우리나라보다 원고적격을 가진 단체는 훨씬 더 자유롭고 넓고요, 대신 남용을 방지하기 위해서 법원이 그것을 심사하는 절차를 거칩니다. 독일은 법원이 이제 소송물 자체를 약관이라든가 이런 것으로 확대해 가고 있는 추세라고 봅니다. 실제로는 소비자문제 소송제도에 대해서 논의가 시작된 이유 중에 하나는요 소비자기본법 제정할 때 초안으로는 단체소송안이 국회에 올라갔지만 추가안으로 이게 class action이 많이 제안이 됐거든요. 재경위 쪽에서는 그 논의가 굉장히 많았기 때문에, 그 자료들이 지금 국회 자료실에 다 있기 때문에 그 안도 좀 보시고 평가해 주시면 좋겠습니다.

● 김성천: 징벌배상 부분을 제가 읽어 봤는데 우리나라가 과연 이것을 징벌배상 법안이라고 해 가지고 특별법을 제정하여 일반화하여 받아들일 만한 성격인가 하는 것은 반대하고, 오히려 개별법에다가 3배배상 범위 안에서 징벌적 성격의 배상조문을 넣는 것이, 보호법이라든지 제조물책임법이라든지 공정거래법에다가 그것을 조문화하여 들여놓는 것이 현실적으로 타당하지 않나 싶은 생각이 듭니다. 일본에서는 분쟁위원회 관련해서는

ADR 기본법을 최근에 만들었습니다. 재판, 분쟁해결 문제를 이제 민영화를 해 가지고 열어 놓은 거죠. 지금 우리는 법으로만 하고 있는데 일반기업자가 이것으로 사업할 수 있는 여지를 두어서 인증을 받으면 사업화할 수 있는 그 부분도 있구요. 인도, 필리핀 같은 경우에는 분쟁조정위원회의 성격이 아니라 법에다가 소비자법원이라는 것을 만들어서 행정법원처럼 소비자 분쟁만 전담시키고 있고. 그런 부분에 대해서도 장기적으로 보면 제도적인 측면에서 꼭 도입은 안하더라도 어딘가 언급이 되서 우리 쪽에서도 한 번 고려해 볼 만한 것이라고 생각합니다.

● 조성국: 손해배상과 관련하여 아까도 말씀드렸습니다만, 이제 1,000만 원 배상명령 받아 가지고 변호사비용 500만 원 내고 나머지 인지대 내고 나면 남는 게 없다고 말씀드렸잖습니까. 저는 그런 생각을 해 봐요. 징벌적 손해배상 그것이 좀 어렵다는 분들도 많이 계신 것 같구요, 3배손해배상제도도 실손해배상 원칙상 어렵다는 분들도 계신 것 같고, 일본 대법원 판결도 그렇게 나 있는 것 같더라구요. 만약 그렇다면 저는 장기적으로는 우리가 긍정적으로 검토한다 하더라도 당장에 현실적으로 가능한 방안을 고려해 본다면 지금 우리 소송 시스템에서 변호사 비용으로 500만 원을 쓴다 하더라도 소송에 이기면 그걸 받을 수 있지 않습니까? 그런데 그걸 다 받는 게 아니고 실제로는 5,60만 원밖에 못 받거든요, 그렇다면 500만 원을 실제로 내가 썼는데 60만 원 받으면 400만 원 이상은 내가 돈을 쓴 거잖아요. 그래서 제 생각에는 소비자보호를 위해서 일정한 경우에는 우리도 실손해 배상을 받고 변호사 비용하고 인지대라든지 증인신청비라든지 간병비 그런 실 경비라도 만약 받을 수 있다면, 당장 3배소송을 도입하지 않더라고 상당히 소비자보호의 측면에서는 도움이 될 수 있지 않을까 그런 생각을 해 봤습니다. 다만 이제 그러면 문제는 왜 다른 사건들은 변호사 비용을 법이 정한 대로 적게 주면서 왜 소비자 분쟁에 있어서만 많이 주느냐. 그런 문제에 있어서는 얼마든지 논리의 개발을 통해서 방어가 가능하지 않을까 그런 생각을 합니다.

● 장승화: 중재라는 것이 소비자문제와 관련하여 조정이라는 말과 함께 많이 쓰는 건데, 중재는 이제 결정에 있어 법원과 똑같은 기판력을 보여 주는 것입니다. 즉, 중재라고 하는 것은 상당히 사법적인 절차 내지는 제도라는 것이죠. 사실 양쪽에서 법원에서 싸우

듯이 싸우는 것인데 다만 당사자들이 원하는 절차와 당사자들이 원하는 중재기관, 중재인들이 나서서 하는 것인데, 지금 조 교수님께서 걱정하신 다른 분야와의 어떤 형평성 이런 것을 생각했을 때는 중재가 어떤 아이디어가 될 수도 있다고 생각합니다. 중재는 원천적으로 어떤 형사적인 제재성이 포함되고 중재비용과 관련하서는 합리적인 범위 내에서 여러 가지 비용을 다 받아낼 수 있도록 되어 있습니다. 그러니까 특히 소비자와 관련된 사건이라는 조정을 거쳐서 분쟁조정위원회의 위원님들이 어떤 전문성을 가지고 있다는 것이 어떠한 장점이 되는 것처럼, 중재를 조금 더 이렇게 일반화시켜서 이쪽 분야에 만약에 투영을 시키게 된다면 마찬가지로 전문성을 가지고 있는 풀에서 중재원 선정을 하고 그 다음에 중재를 하는 중재기관이 소비자원이 되든지 하고, 그게 꼭 지금의 대한상사중재위원회가 될 필요가 없습니다. 대한상사중재위원회가 유일한 법정 기관이 아니기 때문에, 이렇게 중재를 활용하는 것도 괜찮은 방법이 아닐까 하는 생각을 하거든요. 소비자 측면에서도 중재는 적당하다고 생각하는 경우에 직접 처리가 되는 융통성이 있습니다. 그때 바로 소비자단체들이 관여를 하게 둔다면 효율적인 방안이 될 수 있지 않을까 하는 생각이 듭니다.

● 최승재: 지금 중재 조항에 대해서 너무 일반화하시는 게 아닌가 하는 생각이 드는데요.

● 장승화: 지금 우리가 상사중재를 일반적으로 알고 있는데, 그런 측면에서 생각하면 그럴 수도 있는데요. 중재라고 하는 것은 본질이 당사자들이 원하는 중재인을 가지고 중재기관을 쓰던 안 쓰든, 매력적인 중재규정을 선택하든가 아니면 자기네들이 만들든 한 번에 끝낸다는 데 있습니다. 자율적인 관심에 의한 법원의 확정판결과 같은 기판력을 가질 수 있는 어떤 분쟁해결 절차로서 생각을 한다면 특별히 문제가 될 것은 없을 것 같습니다.

● 최승재: 그 부분은 아마 대법원 규칙이 개정되어 가는 중에 있거든요, 그러니까 지금 현재 대법원도 문제가 있다는 인식을 하고 있다는 거죠.

● 조성국: 소비자 측면에서 변호사 비용을 받아내는 방법이 두 가지가 있는데 하나는 지금 우리의 소송시스템처럼 대법원이 정해 주는 것만 받는 방법도 있을 수 있고, 미국은 이걸 다 받을 수 있잖아요. 그래서 미국식으로 이걸 무한정 확대시켜 버리면 돈 없는 사람들은 소송을 제기하기가 굉장히 부담스러울 수 있거든요. 왜냐하면 지면 다 물어 줘야 되니까. 제가 드는 생각은 일단 기본적으로 우리나라 소송 시스템이 일단 돈 없는 사람이 소송을 하더라도 변호사 비용에 대해서만 지면 큰 부담이 없을 수도 있거든요. 그래서 저는 일단 현행시스템을 기본적으로 유지하고 다만 소비자 관련된 분야에 있어서는 대부분 소비자는 돈이 적고 기업들은 돈이 많잖아요. 그러니까 소비자가 소송을 제기할 때 혹시 지더라도 부담이 좀 적어야 한다는 거죠. 다만 아까 얘기했던 것처럼 왜 소비자문제에 대해서만 그렇게 하느냐 그런 부분에 있어서는 논리의 개발이 필요한 것이고, 다만 이제 과도한 비용에 대해서는 법원에서 인정하지 않는 그런 부분이 필요할 것 같습니다. 미국에서도 소비자도 너무 과도하게 하면 안 되기 때문에 이제 reasonable하게 하고 있는데, 우리나라 같은 경우에는 금액이 너무 적다는 거죠. 공정위 소송에서는 보통 변호사 비용 1,000만 원 지불해서 소송 이기면 보통 66만 원 돌려받거든요. 그렇게 해서는 사실 소송을 제기하기에 너무 적지 않나 이런 생각을 하거든요.

● 전삼현: 이제 그런 조 교수님과 비슷한 생각들 때문에 증권집단소송에서는 담보명령제도가 없어요. 이건 원래 원고가 패소한 경우에는 피고가 입은 손해에 대해 원고들이 보상을 해야 하는데, 원고가 약자인 경우에는 피고한테 보상할 능력이 없으니까 미국에서는 집단소송이 되든, 징벌적 배상이 되든 반드시 담보명령제도를 인정하고 있습니다. 물론 담보명령에 관한 부분은 법원에서 판단할 문제죠. 그렇지만 법조문에 어쨌거나 담보명령제도가 인정되어 있고 하지만 우리의 증권집단소송법은 안 들어갔어요. 만약에 증권집단소송법에서 담보명령을 요구할 경우에 소액주주들이 소가가 클 경우에 만약 담보명령을 요구할 때 아예 소송을 제기할 수 없잖아요. 이런 부분에서 소비자문제 관련하여 적용이 될 겁니다. 만약에 변호사 비용을 배상하라 이런 문제에 담보명령제도가 나오게 되면 소비자들이 소송을 제기하기가 불가능하거든요. 그러니까 그런 부분에 대해서는 좀 더 검토가 필요할 것 같습니다.

IV SESSION

타· 정책 속의 소비자·

◉ 토론: 독점금지정책과 소비자후생

● 조홍식: 원칙이 잘 안 보인다는 말씀을 하셨잖아요. 특히 미국의 판례를 보면 그런 것 같다고 말씀하셨는데, 거기에 대해서는 우리가 알고 있는 법에 대한 관념이 미국에서는 다르다는, 좀 더 구체적으로 얘기하면 미국의 법해석 방법론이 좀 다르다고 말씀드리고 싶습니다. 독일이나 독일의 영향을 많이 받은 대한민국 같은 경우에는 쉽게 얘기하면 법명제를 만들어서 그 법명제로 문제를 해결하려고 많이 합니다. 그걸 영어로 도그마틱 쉽게 얘기하면 도그마를 만드는 거죠. 그런데 미국의 경우에는 헤게스트리라고 해서, 그때그때 사례별(case by case) 결론을 내리는 경향이 크다고 얘기하면 틀리지 않을 것 같습니다. 미국의 경우에는 그걸 미니멀니즘이라고 해서 거대 이론에 기초한 거대 경제를 만들지 않고, 그 case에 관해서 밸런싱을 해 가지고 결론을 맡기지요. 이것은 여러 장점이 있습니다. 왜냐하면 그 시대에 따라서 이른바 형량 요소의 가중치가 다르지 않겠습니까? 어떨 때는 분배를 중시하는 생각이 있을 수 있고, 어떨 때는 경제가 안 좋을 수도 있고, 그런 것들을 받아들일 수가 있다는 거죠. 그래서 미국의 경우에는 여러 가지 요소들이 고려되어서 패브릭이 만들어지는 반면 우리나라나 독일의 경우에는 도그마틱을 해야 한다고 생각을 하고 있는데, 그런 점에서 차이가 있지 않나 싶습니다. 그래서 메타학에 보면, 미국의 헤게스트리에 대해서는 일관성이 있죠. 구체적인 법이론에 관해서는 온갖 것의 담론들이 다 들어와서 섞어찌개 잡탕이 되어서 도대체 뭐가 문제이고, 무슨 말인지

모르겠다고 하지만, 미국의 법 감독 부분이 있기 때문에 이렇다고 생각하시면 미국 판례의 관점이나 이런 것들을 이해하시는 데 도움이 되지 않을까 싶어서 말씀드렸습니다.

● 조성국: 최 교수님 말씀에 전적으로 동감을 합니다. 저도 그런 부분들에 대해서 고민을 많이 하고 있습니다. 실제로 공정거래위원회 내에는 교수님의 의견을 따르는 분위기인 것 같지만 논란도 많았거든요. 독점금지정책의 경제적 목표에 대해 공정거래위원회는 기본적으로 경제적 효율성이라는 개념이 소비자잉여하고 생산성 향상으로 나눠져 있다고 생각하고 있습니다. 현실적으로 그것을 하나로 통합하는 것은 불가능하다고 할 수 있지 않을까요. 현실적으로는 자유롭고 공정한 경쟁을 저해하면 목적에 위반되고, 다른 한편 간접적인 기준으로 산업 피해라든지 자유로운 경쟁을 저해하면 경험적으로 효율성을 저해한다는 개념 말입니다. 현실적으로는 그걸 그렇게 깊이 있게 분석하지 않는다는 거죠. 공정거래위원회의 많은 직원들이 공감을 하는 이야기가 뭐냐면 미국에서도 데이브라든지 페라리 같은 경우인데, 사업자 보호를 강조했다는 겁니다. 제가 듣기로는 FTC 위원을 역임한, 조지 워싱턴 대학의 호와티 교수가 미국 경쟁법은 '진자와 같다'라는 표현을 했는데, 그 의견에 동감하는 공정거래위원회 직원들이 많습니다. 미국 사회에서도 왔다 갔다 한다는 거죠. 실제적으로 보면 각자 개인들은 효율성이라든지 소비자보호, 소비자와 생산자 맞대응 관계 등도 고민을 많이 하시지만, 현실적으로 주어진 과업에서 본인의 철학에 따라서 행동하지 않습니까. 깊이 있게 보기보다는 감으로 딱 느끼지 않습니까. 누구나 정치적인 생각이 있고. 그래서 저는 한편으로는 반독점(antitrust)은 법학이나 경제학이라기보다는 오히려 정치적인 것이 아닌가 하는 생각을 가지고 있습니다.

◉ 토론: 산업정책과 소비자문제

● 이성구: 산업정책이라는 정의 자체가 굉장히 다양하고, 어떤 사람은 경쟁정책이 최선의 산업정책이라고 얘기하기도 하고 나아가서는 가장 좋은 소비자정책이 가장 좋은 산업정책이라고까지 얘기하니까, 혼란이 극에 달하고 있습니다. 그렇기 때문에 저는 그냥

산업정책 그러면 복잡한 이론적인 개념에서 벗어나서 우리나라의 경우에 산업 관련 주무부서가 어쨌든 산업계에 영향을 미치고자 채택한 정책의 집합을 산업정책으로 보았습니다. 그러다 보면 그 안에 소비자정책도 있게 됩니다.

산업정책은 산업 경쟁력의 유지라든가 동태적인 비교우위의 확보를 위한 자원 배분에 중점을 두고 있고, 소비자정책이라는 건 소비자의 합리적인 선택이나 권리 확보에 주안점을 두고 있다는 면에서, 언어상으로는 엄청난 차이가 있는 것 같은데, 실제 어떤 정책이 산업정책이냐, 소비자정책이냐를 구분하기는 굉장히 어려운 것 같습니다. 왜냐하면 주무부서들의 정책 패키지 속에서 어떤 산업의 비교우위를 갖거나 경쟁력을 유지하려고 하는데, 결국은 수요자에게 영향을 미치는 것도 굉장히 중요한 요소이다 보니까, 소비자정책을 동반하게 되는 거죠. 수요에 대한 영향까지도 미치려고 하다 보니까. 그래서 산업정책하고 소비자정책의 구분이 이론적으로는 가능하지만, 실제적으로는 굉장히 어려운 문제들이 있습니다.

사실 대부분의 산업정책들이 소비자 선택을 제한하게 되잖아요. 특히 표준 문제로 가게 되면. 경우에 따라서는 소비자들이 선택을 하지 않을 자유를 주장하는 경우도 간혹 있고, 또 소비자단체들도 간혹 보면 소비자들에게 선택권을 주기보다는 위험한 선택으로부터 배제시켜 주자는 주장을 하는 경우도 많아요. 이런 경우에 실제적으로 서로 충돌이 일어날 것 같은데, 의외로 서로 생각이 일치하는 경우도 참 많은 것 같습니다.

그러니까 소비자보호를 위해서 포장된 여러 가지 규제들이 대부분 소비자문제를 야기하는, 그런 시스템으로 되어 있는데, 우리나라 소비자들이 실제적으로 이 정책과정에 다 참여는 하지만, 제대로 된 목소리를 내고 있느냐 하는 것에 대해서는 의문도 있습니다.

저는 사실 소비자들이 굉장히 중요한 역할을 할 수 있다고 생각을 합니다. 왜냐하면 지금 우리의 산업정책들이 업종별로 주무부서를 정해 놓고 범위가 정해지고, 지원하고 규제하다 보니까 산업정책을 일부만 변경하더라도 그 해당 업종의 사람들 사이에서는 사활을 건 이해관계가 대립이 되는데, 최종 판단자가 없어요. 정부에 대해서는 신뢰가 좀 부족하거든요. 객관적으로 할 때는 소비자들이 최종 수혜자로서 영향력을 발휘할 수 있습니다. 그리고 어떤 기업도 소비자한테 대항해 가지고 성공할 수 있는 기업은 없거든요. 소비자들이 판단을 하고 갈등을 교정해 줄 때, 이러한 첨예한 이해 갈등이 많이 완화되고 해소될 수 있다는 측면에서, 산업정책과 소비자정책이 많이 서로 보완할 수 있다는 것입니다. 아까 얘기한 국산품 애용은 사실은 오래된 규제지만, 어떻게 보면 산업정책도 소비 과정에서 일어나는 소비자의 실패를 보완하는 측면, 산업 표준 같은 문제들입니다. 그러니까 어떤 표준이라는 것도 일종의 이타적인 소비활동이거든요. 말하자면 흔글을 한 사람이라도 더 써 주면 다른 흔글 쓰는 사람들이 편하게 된다는 논리입니다. 변환 프로그램 없이도 서로 쓸 수 있으니까. 그래서 산업 표준과 문제에 있어서는 소비자정책과 산업정책이 서로 협력함으로써 좋은 결과를 낳을 수 있는 분야도 있다는 생각을 합니다.

● 홍명수: 산업정책이라는 것이 굉장히 흥미 있는 주제인데요. 어떤 국가의 정책을 비판하는 관점들이 들어오고, 서로 경쟁하고 그것이 설득하는 과정의 프로세스가 있다고 생각합니다. 산업정책을 소비자정책하고 대비해서 말씀하셨지만, 사실 모든 국가의 정책이라는 것이 근본적으로 국민에게 설득되어져야 하기 때문에, 결국 소비자들에게 호소력이 있어야 되거든요. 그런 측면에서 볼 때 적어도 완벽하게 소비자와 괴리되는 산업정책은 없다고 생각합니다. 그래서 구체적인 과정에서 협력이 필요한데, 여기 쭉 말씀하신 것들 중에 통신 같은 것에 대해 예를 든다면, 지난 참여정부 5년간, 그 이전에도 보면 기본적으로 다들 아시다시피 정보통신부의 기본 정책은 LGT 살리기잖아요. 만약 LGT가 죽으면 결국 한국 통신시장은 SKT와 KTF의 양사 체제로 돌아가는 거니까, 그것에 대한 정책적 부담이 있죠. 정통부 같은 경우에는 왜 LGT를 살리기 위해서 가격인하를 못하게 하고, 이른바 제3의 통신산업자를 살리기 위한 여러 가지 정책을 소비자 희생을 통해서 쓸 수밖에 없는가를 국민에게 설득해야 하고요. 보조금도 풀고 가격도 자유경쟁 시킬 때 결과는 불을 보듯 뻔하거든요. 사실 제3의 사업자가 버텨내기 힘들 거예요. 그러면 SKT와 KTF의 양사 체제로 다시 갔을 때, 장기적으로 소비자에게 괜찮다 하더라도 소비자에게 이익이 갈 거라는 부분을 국민들에게 설득을 해야죠. 외부의 잠재적인 경쟁압력이 있기 때문에 충분히 소비자들에게 이익이 될 수 있다, 장기적으로 가도. 말하자면 그런 부분들이 협상 과정을 통해서 논의가 되어야 한다고 생각합니다. 산업정책이 여러 가지로 누더기라는 표현도 쓰셨는데, 그런 부분이 있기는 있죠. 산업정책의 오류가 있었고, 예를 들어서 통신정책의 경우에도 왜 800MHz의 주파수 대역을 한 사업자에게 몰아주었는지, 그리고 왜 KT라는 거대한 공기업을 미국처럼 분할 없이 민영화시켰는지, 이런 구조적인 정책 오류가 그 이전에 있긴 있었습니다만, 그러나 지금 시점에서 볼 때는 그런 성과에

대한 논의가 필요할 거라고 생각합니다.

● 박명희: 사실 거버넌스의 패턴으로 소비자단체나 참여자들을 형식적으로 다 넣고 있거든요. 이성구 국장님께서 말씀하신 대로 충분히 거기서 소비자의 의견이 전달이 되는가가 문제입니다. 제가 예전에 소비자학 공부를 시작할 때, 이현재 교수님께서 제가 이걸 하겠다고 했더니, 지금은 아니다, 20년 후에나 하면 맞을 거라는 얘기를 저한테 하셨어요. 그래서 저는 20년 후를 위해서 하겠다고 말씀을 드리고, 이쪽을 택했는데. 어떠한 경우에도 산업정책에서 경제의 개발이나 우리가 국가의 어떤 경제 이익이라는 것이 우선적이고, 그 다음에 소비자정책으로 갔었다는 거죠. 정보통신분야를 살리기 위해서 소비자의 희생, 그 전에는 다른 어떤 부분에서, 계속 그런 부분이 있어 왔던 것이 사실인데. 그럼 어느 시점에서 소비자의 이익을 대변해야 되느냐를 결정해야 한다는 생각이 듭니다. 그래서 어느 정도의 규모까지 만들어 주면 그 다음부터 소비자의 이익을 생각해야 되는데, 그게 그렇게 안 간다는 거죠. 계속해서 좀 더 가야 된다, 좀 더 가야 된다 하고 산업을 배불리는 형태로 간다는 거예요. 각 분야별로 전문가 그룹, 소비자를 연구하면서 소비자 차원에서 대응해야 하는 논리 개발이나 이런 걸 하는 전문가 그룹이 각 전문분야에서 결성이 돼야 하는데, 사실 안타깝게도 지금까지 소비자에 관한 R&D가 거의 없어요. 정말 소비자를 위해서 리서치를 하면서 이쪽 분야를 개발해야 하는 부분이 지금 너무 약하기 때문에, 이런 쪽에 관련되시는 분들이 많으시니까, 연구를 많이 해 주시기를 바라는 마음에서 말씀드렸습니다.

● 송보경: 우리가 얘기할 수 있는 환경이 된 것이 5, 6년밖에 안 돼요. 산업정책에 대해서 조금만 비판을 하면, 미안한 얘기지만, 빨갱이라고 했습니다. 자기와 맞지 않으면 빨갱이라는 식이지요. 그런데 지금도 자기 정책하고 맞지 않으면, 시장을 이해하지 못한다고 단정해 버립니다. 소비자운동을 하는 사람들로서는 이런 커다란 문화사회적 환경이 있다는 것을 말씀드리고 싶습니다. 그 다음 두 번째로, 박명희 교수님께서 말씀하셨지만, 너무나 중요한 것이기 때문에 제가 다시 한 번 강조합니다. 미국 같은 경우에 보면 '공익을 생각하는 소비자학자(Consume Scientists for public interest)' 이렇게 해 가지고, GMO 문제가 나오면 미국의 괜찮은 과학자들이 그걸로 인해서 모이고, 거기 있는 과학

자들의 클릭 수를 보면 미국 1, 2위 이런 경우가 있거든요. 그런데 우리나라는 이런 게 안 됩니다. 소비자운동이 성공할 것이냐, 안할 것이냐 하는 것이 회비를 얼마나 걷을 것이냐에도 달려 있지만, 또 다른 쪽으로 그만큼 중요한 것은 전문가들을 어떻게 확보할 것이냐, 그것이 제가 보기에는 관건이라고 생각하는 거죠. 왜냐하면 지금 정부주도의 시대가 아닌데, 급하니까 정부한테 해내라고 하고, 그리고 아까 아파트 얘기처럼 엉터리 주장하는 것은 뻔한데, 그것을 지지하는 전문가들을 확보할 수 없었고, 그것이 아파트 값이 폭등하는 원인이 된 거거든요. 그래서 앞으로 많은 협조를 부탁드립니다.

◉ 토론: 소비자보호정책과 환경보호정책

● 조홍식: 소비자정책과 환경보호정책이, 공통점, 차이점 이런 게 있습니다. 이게 사실 같은 얘기를 하는 것도 같지만, 약간 좀 다릅니다. 일단 결과적인 측면에서 보면, 환경문제가 externality의 문제라고 하지 않습니까. 비용 부담자가 비용을 부담하지 않는다고 하는 문제고, 소비자보호도 마찬가지의 문제죠. 마땅히 지불해야 할 것을 생산자들이 지불하지 않는 문제이기 때문에 결과에 있어서는 외부효과의 문제라고 얘기를 할 수가 있겠습니다. 일단 비용부담자와 수익향유자의 괴리가 있어서 문제가 생긴다는 결론에 있어서는 같은데, 구체적으로 보면 비용부담자와 수익향유자가, 소비자문제와 환경문제에 있어서 좀 달라요. 다르기 때문에 환경보호를 위한 정책이 소비자를 위한 정책으로 바로 귀결되지 않는다는 말씀을 드리고 싶고요. 둘째는, 소비자문제는 장 교수님께서 말씀하셔서 그 5%가 이제 인식이 되기 시작한 것 같은데, 대부분 보상을 해 주면 끝나는 것으로 이렇게 이해되지 않습니까. 돈으로 해결되는 문제라고 얘기를 하는데. 환경문제의 경우에는 돈으로 다 해결이 안 된다는 거죠. 예컨대 천성산을 개발했어요. "관련된 피해자들 다 나와. 돈 얼마 줄게." 하는 식으로 해결될 문제가 아니거든요. 왜냐하면 시장에서 가격이라는 꼬리표가 붙어 있는 재화와 그렇지 아니한 재화가 있고, 그래서 소비자문제는 대충 시장에서 해결이 됩니다. 환경문제는 그렇게 시장에서 해결될 수 없는, 시장 자체가 형성되어 있지 않은 자원이나 가치에 대해서 얘기하는 것이기 때문에 차이가 있습니다. 그래

서 그걸 보통 시장에서 가격이란 꼬리표로 다 해결될 수 있는 것을 commensurable하다고 그러고, 그렇지 않은 것들을 incommensurable하다고 합니다. incommensurable한 것의 문제를 어떤 식으로 해결할 수 있느냐, 그 해법이 일단 commensurable한 건 시장에서 해결할 수가 있기 때문에, 시장기제를 개선한다든지, 아니면 전문가가 계산을 통해서 실제적인 자료, 통계적 자료를 갖고 모델을 만들어서 돌리든지 기타 등등해서 할 수 있을지 모르지만, 가치문제는 그렇지가 않다는 거죠. 예컨대 오늘 저녁에 스카치위스키를 먹으면서 창을 볼 것인가, 아니면 공원을 산책할 것인가에 대해서 어느 것이 더 좋은지, 사람마다 생각이 다 다르잖아요. 스스로도 오늘 다르고, 내일 다르고, 그렇기 때문에 그렇게 간단한 공식에 의해서 문제가 해결되지 않는다는 겁니다, 환경문제에 있어서는. 그래서 그 해법이 다를 수밖에 없다고 한다면, 양 정책이 결국 서로 엇나가서 쓸데없는 비용을 지불하는 경우가 있을 수 있으니까, 그것을 최소화해 보는 방식이 무엇이 있을지를 한 번 생각해 보려고 합니다.

● 박명희: 소비자정책과 환경정책이 너무나 다르다고 생각합니다. 어디에서 그것을 명확하게 알 수 있는가 하면 소비자단체는 회원을 모집하기가 쉽지가 않아요. 아까 말씀드린 것처럼. 문제가 발생했을 때는 그 문제에 관련돼서 회원들이 모였다가 그 문제가 해결되면 자기 문제가 해결됐기 때문에 떠나거든요. 그렇게 되는 것이 소비자단체의 특성이고요. 환경의 경우에는 아까 얘기한 것처럼 국민 일반에 관한 부분이기 때문에, 환경에 관한 생각을 갖고 있는 경우에는 지속적으로 환경개선을 위한 회원이 가능하다는 거죠. 어떤 공동선이라든가, 환경에 대한 보존, 이런 것들을 하기 때문에 굉장히 다르다고 하는 것은 너무나도 당연합니다. 거의 대부분 자연환경 외에 모든 것들은 다 소비제품으로 연결되어 있잖아요. 이에 대해 여기서 더 많이 논의가 되어야 할 거라는 생각을 했습니다.

● 전삼현: 어제와 오늘 논의된 것을 보면 소비자라는, 소비자의 이익이라는 사익의 문제로 계속 접근해 왔거든요. 하지만 소비자문제도 사익의 문제를 벗어나서 공익의 측면도 검토해 봐야 할 거예요. 예를 들어 특정 소비자를 보호하다 보니까 나머지 소비자들이 손해를 볼 수 있다는 지적처럼 이제는 소비자보호가 어떤 특정 피해자에 대한 보호보다는 공익 차원의 접근이 필요합니다. 결국은 환경보호문제도 소비자를 공익적으로 접근

할 필요하다는 시각 하에서 보게 되면 좀 좋지 않을까 생각합니다.

● 박명희: 그래서 녹색소비자연대 같은 경우에 공익적 소송을 하고 있거든요. 예를 들면, 멜론 서비스 같은 것의 문제가 발생했을 때 각 서비스로 인해 피해를 입은 사람들은 개인적인 피해지만, 그것을 공익적 소송을 함으로써 다른 사람들, 잠재적인 피해자들을 보호한다는 생각에서 이런 공익적인 소비자운동을 해야 한다는 인식을 가지고 진행하고 있는데, 환경에 관한 이슈가 결국 여기에 들어갈 수 있다고 생각을 합니다.

● 홍명수: 그 조화를 모색하신다고 하셨는데, 이미 기본적으로 소비자기본법 같은 경우에, 소비자의 이익이라는 것이 환경 이익이라는 것에 비해 보다 광범위하고 보편화된 개념인데, 지속가능한 소비의 경우를 포함해서. 양자의 조화를 어떻게 모색해야 할지?

● 박명희: 거기에 덧붙이려면 소비자의 윤리라든가 하는 부분도 포함되어야 하거든요. 소박한 삶에 대한, 라이프스타일이라든가. 왜냐하면 소비로 인해 쓰레기라든가 이런 것들이 발생되는데, 그러면 결국 소비자들의 라이프스타일에 변화가 있어야 되기 때문에 그런 차원에서 소비자의 윤리를 환경과 엮여서 원고가 나오면 좋은 관점이 될 거라고 생각합니다.

● 송보경: 소비자문제가 사익이라는 얘기는 여기서 처음 들어보는 것 같은데, 왜냐하면 개인만 있을 때는 그걸 소비자문제라고 하지 않기 때문에, 소비자피해라고 하는 것은 이미 공익의 차원이지, 사익의 차원은 아니지요. 어떤 개인을 보호하는 것은 아닙니다. 우리가 노동단체와 소비자단체를 비교하는데, 공익이냐 사익이냐 이렇게 나눠 보면 노동조합은 자기들의 주장에서 권익을 얻어 가려고 하는 거지만, 소비자는 그게 실현이 돼도 자기 개인뿐 아니라 불특정 다수에게 다 돌아가기 때문에 공익활동이라고 정의하고 있거든요.

● 박명희: 소비자운동은 그렇지요. 그렇지만 소비자문제, 개별적인 소비자문제는 사익이라는 거죠.

● 조홍식: 제가 간단히 말씀드리겠습니다. 공익이라는 것이 바깥에 있는 어떤 성배를 찾는 문제라고 생각하실 수도 있겠고요. 그냥 그 사회 구성원들의, 수도 없이 많은 개개인들의 이익이 모인 것이 공익이라고 생각하실 수도 있고요. 저는 벤담의 의견에 속해 있는 사람으로서, 지금 말씀하신 대로 개개인의 이익이 모여서 공익이라고 생각하기 때문에 소비자문제도 공익의 문제라고 생각합니다. 그것은 너무나 당연한 것이라고 생각합니다. 소비자 자각성, 환경문제, 지속성, 이것은 아까도 말씀드렸지만, 소비자문제는 쉽게 말씀드리면 이데올로기적 요소가 적어요. 그렇기 때문에 현실적으로 committment가 강합니다. 내가 필요한 것을 받으면 되거든요. 기본적으로 시장에서 해결될 수 있다는 거예요. 그것이 본질적인 차이입니다. 예컨대, 소비자의 9대 기본 권리로서 환경적 요소가 들어와 있다고 말씀하셨잖아요. 그런 정책이나 법 내용이 적절한 것인지에 대해서 생각해봐야 한다고 생각합니다.

찾아보기

ㄱ

ㅇ

ㅈ

ㅊ

ㅋ

ㅌ

ㅍ

ㅎ

Abstract

Consumers and the Rule of Law

Edited by Jungsung Yeo, Jongwon Choi, and Seung Wha Chang

Even though the level of consumer protection legislation in Korea is as global as so-called 'advanced' industrial countries, it is a fact that there are still many consumer problems in the Korean market. This book answers why consumer problems threatening consumer safety and reasonable decision making prevail in the market by analyzing the enactment of consumer-related legislation and the political process. The first part of this book includes detailed analysis of current legislation such as the Consumer Protection Law, Fair Trade and Competition Law, Contract Law, and other contract-related laws. Then the book analyzes the political process of consumer policies by discussing the political economy of consumer policy, the role of consumer associations in policy making, and the current status of consumer policy implementation. Then the book deals with consumer dispute remedies by comparing the old established legislative alternatives with the relatively new legislative proposals and alternative dispute resolution systems. Finally, the book tries to introduce how consumer interests and/or consumer welfare are dealt with in other policy arenas such as international trade policy, industrial policy, monopoly regulation, financial regulation, and environmental regulation.

집필진 약력 및 연구업적(가나다 순)

권대우
한양대학교 법과대학 교수
독일 본대학교 법학 박사(Dr. Ius.)
공정거래위원회 약관심사자문위원, 한국문예학술저작권협회 부회장, 한국소비자학회 이사 역임
『약관규제법해설』(1987), 『소비자보호법해설』(1987)

김성천
한국소비자원 정책연구본부 연구위원
한국외국어대학교 법학 박사
한국외국어대학교, 서울대학교, 성균관대학교, 인하대학교 시간강사 및 겸임교수, 사법연수원 외래교수 역임
소비자기본법, 방문판매법, 할부거래법, 전자상거래소비자보호법 등 다수의 소비자법 제・개정에 관여
『소비자분쟁해결을 위한 알기 쉬운 민법』(2006), 『서비스안전법제의 개선방안연구』(2005), 『소비자개념에 관한 법제개선방안』(2004), 『일반인을 위한 소비자보호 생활법률의 기본 지식』(2003) 등

박명희
동국대학교 교수, 한국소비자원 원장
고려대학교 박사
한국소비자학회 회장, 녹색소비자연대 공동대표, 공정거래위원회 소비자정책 자문위원장, 대한가정학회 회장, 전자거래 분쟁조정위원 역임
『생각하는 소비문화』(2006, 공저), 『토론으로 배우는 소비자의사결정론』(2005), 『소비자상담의 이론과 실제』, 『한국의 생활문화』(2003)

송보경
서울여자대학교 바롬교육부 교수
필리핀대학교 철학 박사
대통령 직속 규제개혁위원회 위원, 주식백지신탁위원회 위원장, 소비자리포트 대표, (사)소비자문제를 연구하는 시민의 모임 이사 역임
『한국소비자운동』(2003, 공저), 『소비사회학』(1997, 공저), 『소비자운동』(1987, 공저)

신영수
경북대학교 법과대학 교수
서울대학교 법학 박사
UC Berkeley Law School 방문교수, 한국법제연구원 부연구위원, 창원대학교 법학과 조교수 역임
『은행합병의 규제법리』(2005), 「혼합형 기업결합의 포트폴리오 효과에 대한 규제」(『법제연구』 28, 2005), 「잠재적 경쟁이론의 내용과 실제 적용」(『경쟁법연구』 10, 2004), 「통신시장의 경쟁촉진을 위한 규제기관의 권한조정」(『중앙법학』 제6집 제1호, 2004) 등

안덕근
서울대학교 국제대학원 교수
미시간대학 경제학 박사, Juris Doctor
KDI 국제정책대학원 부교수(WTO 통상전략센터 소장), 스위스 World Trade Institute 겸임교수, 외교통상부 정책자문위원 및 FTA 민간자문위원, 산업자원부 정책평가위원 및 FTA 대책반 자문위원 역임
WTO Trade Remedy System: East Asian Perspective(2006, 공저), 『WTO 세이프가드제도 분쟁사례 연구』(2006), *WTO and East Asia: New Perspectives*(2004, 공저), 『WTO 보조금협정 연구』(2003)

여정성
서울대학교 소비자학과 교수
미국 코넬대학교 소비자경제학 박사
공정거래위원회 경쟁정책자문위원회 자문위원, 공정거래위원회 소비자정책자문위원회 자문위원, 한국소비자학회 부회장, 한국소비자정책교육학회 부회장, 미국연방거래위원회(FTC) 경제국(Bureau of Economics) 초빙연구원 역임
『열일곱 가지 소비자이슈』(2008, 공저), 『디지털 경제시대의 소비자보호』(2001, 공저), 『21세기 소비자정책의 방향과 그 수행에 관한 연구』(1996), 『소비자학의 이해』(1995, 공저)

이봉의

서울대학교 법과대학 교수

Johannes Gutenberg-Uni. (Mainz, Germany) 법학 박사(Dr. Ius.)

(사) 한국공정거래협회 공정거래연구소 연구위원, 공정거래위원회 경쟁정책평가위원회 평가위원, 공정거래위원회 경쟁정책자문위원회 자문위원, 공정거래위원회 카르텔자문위원회 자문위원 역임

「방송산업 경쟁이슈에 관한 고찰」(『경쟁법연구』 제15권, 2007), 「가스산업의 시장화에 따른 경쟁법적 과제」(『법제연구』 32), 「석유산업규제의 근거와 한계」(『석유』 222, 2006), 「신문시장에서의 공정경쟁보호에 관한 연구」(『법과 사회』 30, 2006), 「공정거래법상 필수설비법리의 현황과 과제」(『상사판례연구』 191, 2006), 「대기업과 중소기업간 규형발전을 위한 법제개선방안」(『법제연구』 28, 2005)

이성구

국가경쟁력강화위원회 규제개혁추진단장

일본 도쿄대학 경제학 박사

공정거래위원회 행정법무담당관, 소비자보호국 과장, 기업협력단 단장, 국무조정실 규제개혁기획관 역임

「기술이전과 정부규제」(1999, 박사학위논문), 일본의 기업계열과 한국의 기업집단, 산업조직연구; 중소기업지원수단으로서 소비자보호; 금융소비자편익제고를 위한 규제개선방향

장승화

서울대학교 법과대학 교수, ICC 국제중재법원 중재인

Harvard Law School 법학박사(S.J.D.)

서울지방법원 판사, WTO 분쟁해결 패널위원 역임

『국제기준과 법의 지배』(2004), 『절차적 정의와 법의 지배』(2003), 『법률가의 윤리와 책임: '열린' 법학과 '열린' 법조계』(2003), 『공정거래법상 컴퓨터 소프트웨어의 끼워팔기 규제』(2002)

전삼현

숭실대학교 법학과 교수, 교양특성화대학 학장

독일 프랑크푸르트대학교 법학박사

기업소송연구회 회장, 숭실대학교 생협 이사장, 독일프랑크푸르트대학교 연구교수, 법무부상법특례법 제정위원 역임

『징벌적 배상제도의 입법론적 연구』(2007), 『흔들리는 디케의 저울: 기업경영에 관한 법관의 법』(2006), 『독일 근로자경영참여와 감사회』(2004), 『사외이사와 감사위원회』(1998), 『회사법의 쟁점』(1998)

전성인
홍익대학교 경제학과 교수
미국 MIT 대학원 경제학 박사
미국 텍사스대학교 교수, 한국개발연구원 연구원 역임
『통계학』(2002), 『화폐와 신용의 경제학』(1996)

조성국
중앙대학교 법과대학 법학과 교수
School of Law, Univ. of Texas(LL.M)
공정거래위원회 서기관, 2004년 공정거래위원회 약관과장 역임
『미국 카르텔규제법리의 발전과 우리나라에 주는 시사점』(2007), 「경쟁당국 조직 및 사건처리절차에 관한 법률적 쟁점」(한국경쟁법학회 신년학술대회 발표논문, 2007), 『독점규제법 사건의 합의해결에 대한 국제동향과 시사점』(2006), 『독립규제기관의 사건처리절차 개선방안』(2006), 『보험사들의 부당한 공동행위에 대한 판례평석』(2006)

조홍식
서울대학교 법과대학 교수
University of California, Berkeley, School of Law, 법학 박사(J.S.D.)
부산지방법원 판사, 미국 뉴욕주 변호사, U.C.Berkeley School of Law, Duke Law School, 동경대학 법학부 객원교수(Visiting Professor), 서울대학교 법과대학 부학장 역임
『민주주의와 법치주의』(2007), 『공정거래와 법치』(2004, 공저), 『국제기준과 법의 지배』(2004, 공저), 『16대 대선의 선거과정과 의의』(2003, 공저), 『법률가의 논리와 책임』(2000, 공저), 『대형개발사업의 환경친화적 추진체계 구축방안』(2000, 공저)

최병선
서울대학교 행정대학원 교수, 한국규제학회장, 한국규제개혁위원회 위원장
하버드대학교 정책학 박사
경제행정규제완화 실무위원회 위원, 대통령 자문 정책기획위원회 위원, 규제개혁위원회 위원, 미국 캘리포니아 대학(USCD) 객원 교수 역임
『국가운영시스템』(2008, 공편저), 『규제의 역설』(2006, 공편저), 『무역정치경제론』(1999), 『정부규제론: 규제와 규제완화의 정치경제』(1992), 『국가와 공공정책』(1991, 공저) 등

최은실
한국소비자원 경영지원본부 부장
서울대학교 소비자학 박사
이화여자대학교 소비자학과 겸임교수, 전파연구소 자문위원, 농림부 지리적표시등록심의위원회 위원(2001년~현재), 환경부 유해물질 전과정 위해성 평가위원회 위원, 환경부 실내공기질 생활소음 분야 분과위원회 위원, 영상물 등급위원회 사후관리 위원
「공산품의 소비자위험 수준과 특성연구」(박사논문), 「온라인게임을 이용하는 청소년들의 소비자불만 및 온라인게임 유보가격에 영향을 미치는 요인」(『소비문화연구』, 2006.9.)

최종원
서울대학교 행정대학원 교수
미국 미시간대학교(University of Michigan) 정책학 박사
경제기획원 행정사무관, 통신개발연구원(KISDI) 책임연구원, 한국개발연구원(KDI) 연구위원, 규제개혁위원회 간사위원, 정책기획위원회 위원 역임
『국가운영시스템: 과제와 전략』(2008, 공편), 『장관리더십』(2007, 공저), 『정책사례 연구』(2006, 공저), 『행정의 시차적 접근』(2005, 공저), 『정책·행정서비스의 업그레이드』(2005, 공저)

홍명수
명지대학교 법학과 교수
서울대학교 법학박사(경제법)
서울대학교 법과대학 BK21 연구원, 사법연수원 외래교수(약관 및 소비자보호법), 공정거래위원회 하도급자문위원 역임
『경제법론』(2008), 『정보통신과 공정거래』(2006, 공저), 『재벌의 경제력집중 규제』(2006), 『통신산업과 경쟁법』(2004, 공저), 『제조물책임법』(2003, 공저)

서울대학교 법학연구소
법의지배센터 연구시리즈 2008-1

소비자와 법의 지배

편자 여정성 최종원 장승화

2008년 9월 30일 초판 제1쇄 발행
2008년 11월 10일 초판 제2쇄 발행

발행인 이장무
발행처 서울대학교출판부
151-742 서울 관악구 관악로 599
마케팅과 (02) 889-4424, 880-7995
팩시밀리 (02) 888-4148

E-mail snubook@snu.ac.kr
Home-page http://www.snupress.com

출판등록 제15-3호

ISBN 978-89-521-0930-9 93360

값 24,000원